Matthias H. J. Gouthier

Kundenentwicklung im Dienstleistungsbereich

GABLER EDITION WISSENSCHAFT

Focus Dienstleistungsmarketing

Herausgegeben von
Universitätsprofessor Dr. Dr. h.c. Werner Hans Engelhardt,
Ruhr-Universität Bochum,
Universitätsprofessor Dr. Michael Kleinaltenkamp,
Freie Universität Berlin,
Universitätsprofessor Dr. Anton Meyer,
Ludwig-Maximilians-Universität München,
Universitätsprofessor Dr. Hans Mühlbacher,
Leopold-Franzens-Universität Innsbruck,
Universitätsprofessor Dr. Bernd Stauss,
Katholische Universität Eichstätt-Ingolstadt und
Universitätsprofessor Dr. Herbert Woratschek,
Universität Bayreuth (schriftführend)

Der Wandel von der Industrie- zur Dienstleistungsgesellschaft ist de facto längst vollzogen, er stellt jedoch mehr denn je eine Herausforderung für Theorie und Praxis, speziell im Marketing, dar. Die Schriftenreihe will ein Forum bieten für wissenschaftliche Beiträge zu dem bedeutenden und immer wichtiger werdenden Bereich des Dienstleistungsmarketing. In ihr werden aktuelle Ergebnisse der betriebswirtschaftlichen Forschung in diesem Bereich des Marketing präsentiert und zur Diskussion gestellt.

Matthias H. J. Gouthier

Kundenentwicklung im Dienstleistungsbereich

Mit einem Geleitwort von Prof. Dr. Bernd Stauss

Deutscher Universitäts-Verlag

2003

BV 016 961 763

Bibliografische Information Der Deutschen Bibliothek
Die Deutsche Bibliothek verzeichnet diese Publikation in der Deutschen
Nationalbibliografie; detaillierte bibliografische Daten sind im Internet über
<http://dnb.ddb.de> abrufbar.

Dissertation Katholische Universität Eichstätt-Ingolstadt, 2002

Gedruckt mit Unterstützung des Förderungs- und Beihilfefonds Wissenschaft der VG Wort.

1. Auflage Februar 2003

Lektorat: Brigitte Siegel / Sabine Schöller

Der Deutsche Universitäts-Verlag ist ein Unternehmen der
Fachverlagsgruppe BertelsmannSpringer.
www.duv.de

Umschlaggestaltung: Regine Zimmer, Dipl.-Designerin, Frankfurt/Main
Druck und Buchbinder: Rosch-Buch, Scheßlitz
Gedruckt auf säurefreiem und chlorfrei gebleichtem Papier
Printed in Germany

ISBN 3-8244-7675-4

Geleitwort

Bei Dienstleistungen sind Kunden an der Produktion direkt beteiligt. Daher hängen die Produktivität und die vom Kunden wahrgenommene Qualität entscheidend davon ab, inwieweit Kunden in der Lage sind, die ihnen zugewiesenen Rollen im Produktionsprozess zu erfüllen. Dienstleistungskunden müssen somit über spezifische Qualifikationen verfügen, und es wird zur unternehmerischen Aufgabe, den Kunden adäquat zu qualifizieren. Dieser Aufgabe der Kundenentwicklung wird in der Praxis vielfach nur wenig Aufmerksamkeit geschenkt, und auch in der wissenschaftlichen Diskussion hat sie bisher keine systematische Beachtung gefunden.

Vor diesem Hintergrund stellt die vorliegende Dissertation eine sehr eigenständige und innovative Leistung dar. Herr Gouthier entwirft mit der Kundenentwicklung ein umfangreiches und in sich stimmiges Managementkonzept zur Qualifizierung von Dienstleistungskunden. Er fundiert dieses Konzept theoretisch, zeigt strategische Handlungsmöglichkeiten auf und entwickelt es differenziert in allen operativen Facetten der Analyse, Planung, Realisierung, Kontrolle und Implementierung. Dabei greift er - wo möglich - analoge Diskussionen und Erkenntnisse aus dem Bereich der Personalentwicklung auf und reflektiert realistisch und kreativ zugleich, inwiefern und mit welchen Modifikationen und Ergänzungen ein Transfer auf den Anwendungsfall des Kunden im Dienstleistungsbereich möglich ist.

Insgesamt gelingt es Herrn Gouthier auf überzeugende Weise, die Kundenentwicklung als umfassenden Managementansatz zu entwerfen und diesen konzeptionellen Rahmen mit einer Vielzahl von neuartigen Vorschlägen für den systematischen Einsatz von Kundenentwicklungsinstrumenten auszufüllen. Auf diese Weise erhalten Dienstleistungsunternehmen eine Fülle von stimulierenden Anregungen und konkreten Handlungsempfehlungen. In wissenschaftlicher Hinsicht liefert die Dissertation nicht nur einen exzellenten Beitrag zur Erweiterung des dienstleistungsbezogenen Managementwissens, sondern gibt auch wichtige Impulse für die weitere Dienstleistungsforschung.

Insofern sei diese Dissertation Praktikern und Wissenschaftlern im Dienstleistungsbereich gleichermaßen zur Lektüre empfohlen. Das vorgelegte Managementkonzept der Kundenentwicklung lädt ein zur Anwendung, Erprobung und Weiterentwicklung. Ich wünsche mir sehr, dass Dienstleistungspraxis und -forschung diese Einladung annehmen.

Bernd Stauss

Vorwort

Die vorliegende Arbeit wurde im Wintersemester 2001/2002 von der Wirtschaftswissenschaftlichen Fakultät Ingolstadt der Katholischen Universität Eichstätt-Ingolstadt als Dissertation angenommen. Diese entstand während meiner Tätigkeit als Wissenschaftlicher Mitarbeiter am Lehrstuhl für Dienstleistungsmanagement in Ingolstadt. Dabei wurde ich von den verschiedensten Seiten aus unterstützt, die letztlich zum Gelingen der Arbeit beigetragen haben.

Mein besonderer Dank gilt meinem akademischen Lehrer und Doktorvater, Herrn Prof. Dr. Bernd Stauss. Er dirigierte mich durch die schwere Zeit der Themenfindung, förderte den Fortschritt der Arbeit durch kritisch-konstruktive Gespräche und unterstützte meine Teilnahme an mehreren nationalen sowie internationalen Konferenzen und die frühzeitige Abfassung von Publikationen, deren fruchtbare Erkenntnisse ebenfalls in die Erstellung der Arbeit eingeflossen sind.

Herrn Prof. Dr. Max Ringlstetter gebührt aufrichtiger Dank für die Übernahme des Korreferats, das er in äußerst kurzer Zeit anfertigte.

Zu großem Dank verpflichtet bin ich meinem Kollegen am Lehrstuhl, Herrn Dipl.-Kfm. Martin Mende, für die konstruktive Kommentierung eines ersten Entwurfs dieser Arbeit. Daneben möchte ich insbesondere meinem Freund Prof. Dr. Lothar Weinland Dank sagen, der sich trotz seiner vielfältigen Aufgaben die Zeit nahm, die Arbeit in seiner unnachahmlich akribischen und kritischen Art durchzusehen und mit mir zu diskutieren.

Vor allem aber möchte ich mich bei meinen „drei Familien" bedanken: Bei meinen Eltern und meinen Brüdern, die mich sowohl in materieller als auch immaterieller Weise unterstützt haben; bei meinen Schwiegereltern und meiner Schwägerin, die mir ein zweites Zuhause gegeben haben; und am meisten habe ich mich bei meiner eigenen Familie zu bedanken. So stand mir meine Frau Silke während guter und schlechter Promotionsphasen immer hilfreich, verständnisvoll und unterstützend zur Seite, gab mir Hoffnung und Antrieb und hat damit entscheidend zum Gelingen der Arbeit beigetragen. Einen besonderen Anteil an der Arbeit hat meine Tochter Marlene Marie, die mir immer wieder zeigte, dass es noch wichtigere Dinge im Leben gibt als die Wissenschaft.

Matthias H. J. Gouthier

Inhaltsübersicht

Inhaltsverzeichnis

        wicklungsaktivitäten   365

7.3.5   Positionierung und Bepreisung von Kundenentwicklungs-
        aktivitäten   367

8   Realisation der integrationsgerechten Qualifizierung der
    Kunden im Dienstleistungsbereich   372

8.1   Einstieg und Überblick   372

8.2   Einführung von Neukunden als ergänzendes Aktivitätsfeld der
      Kundenentwicklung im Dienstleistungsbereich   373

      8.2.1   Allgemeine Grundlagen zum Verständnis der Einführung
              versus Sozialisation von Neukunden im Dienstleistungs-
              bereich   373

      8.2.2   Anforderungen an Einführungsprozesse in Abhängigkeit
              von einer kompetenzbezogenen Neukundentypolo-
              gisierung und der Komplexität der zu erbringenden
              Service Customer Performance   376

              8.2.2.1   Anforderungen an Einführungsprozesse in
                        Abhängigkeit von einer kompetenzbezogenen
                        Neukundentypologisierung   376

              8.2.2.2   Anforderungen an Einführungsprozesse in
                        Abhängigkeit von der Komplexität der zu
                        erbringenden Service Customer Performance   378

      8.2.3   Einführungsmaßnahmen für Neukunden im Dienstleis-
              tungsbereich   380

8.3   Strukturierung der Kundenentwicklungsaktivitäten nach deren
      Förderung von Wollen, Kennen, Können und Dürfen des
      Kunden   383

8.4   Stimulierung der Integrationsbereitschaft (Wollen) von
      Dienstleistungskunden   385

      8.4.1   Allgemeine Grundlagen zu Anreizen und Anreizsystemen   386

      8.4.2   Anreizsysteme als Instrumentarium zur Förderung der
              Integrationsbereitschaft von Kunden im Dienstleistungs-
              bereich   389

              8.4.2.1   Anreize zur Verbesserung des Wollens der
                        Kunden   389

              8.4.2.2   Service Customer Performance als
                        Bemessungsgrundlage   394

              8.4.2.3   Ansätze der Kriteriums-Anreiz-Relation   397

              8.4.2.4   Anforderungen an die Ausgestaltung eines
                        kundenintegrationsbezogenen Anreizsystems   398

Abbildungsverzeichnis

Abkürzungsverzeichnis

FAA	Federal Aviation Administration
FAQ	Frequently Asked Question
FhG-ISI	Fraunhofer Institut für Systemtechnik und Innovationsforschung
FRAP	Frequenz-Relevanz-Analyse für Probleme
KEIS	Kundenentwicklungs-Informationssystem
KIS	Kundenorientiertes Informationssystem
MAIS	Marketing-Informationssystem
NYSE	New York Stock Exchange
PC	Personal Computer
POI	Point-of-Information
POS	Point-of-Sale
RoCEd	Return on Service Customer Education
SAM	Vollelektronischer Serviceautomat der Volkswagen AG
WpHG	Wertpapierhandelsgesetz
ZEW	Zentrum für Europäische Wirtschaftsforschung

„We accept the ignorance of the customer. We are afraid of educating the customer; that is not the business of business."

Gummesson 1996, S. 258

1 Einführung

1.1 Kundenqualifizierung als vernachlässigtes Aktivitätsfeld des Dienstleistungsmarketing

Der Gedanke der Kundenorientierung als Leitmaxime von Unternehmen hat in den letzten Jahren nach einer Welle von Kostensenkungsaktivitäten geradezu eine Renaissance erlebt (Meffert 2000, S. V). Unternehmen richten ihre Entscheidungen konsequent an den Erfordernissen und Bedürfnissen ihrer Kunden aus (Meffert 1999a, S. 410), um diesen optimale Problemlösungen anbieten zu können. Dazu bedarf es der Erhebung verschiedenster Informationen über ihre Kunden. Mit dieser Informationsbasis wird es Unternehmen ermöglicht, von ihren Kunden zu lernen und sich kundenorientiert weiterzuentwickeln (Simon/Tacke 1996, S. 171).

Ein solches kundenbezogenes Unternehmenslernen (Bullinger/Schäfer 1997, S. 8 f.) ist aber zu einseitig, um eine erfolgreiche Einführung und Diffusion von Sachgütern sowie Dienstleistungen gewährleisten zu können. Idealiter sollten sich, aus der Unternehmensperspektive betrachtet, auch die Kunden an den Erfordernissen und Bedürfnissen des Unternehmens orientieren. Dies gilt insbesondere im Rahmen der Einbindung des Kunden in die betrieblichen Leistungserstellungsprozesse. Die Kundenbeteiligung stellt Unternehmen vor die Herausforderung, „für eine effektive und effiziente Integration externer Faktoren" (Kleinaltenkamp 1997, S. 353; siehe auch Meyer/Blümelhuber 1997, S. 68) zu sorgen. Stauss (1995, S. 36) betont, dass „erfolgreiche Interaktionen auch konkrete Anforderungen an den Kunden stellen". Der Kunde muss für eine aus Unternehmenssicht optimale Beteiligung an der Leistungserstellung lernen, welche Rollen bzw. Aufgaben ihm im Rahmen der Leistungserstellung zukommen und wie er diese erfolgreich bewältigen kann (Thompson 1962,

S. 318). Er sollte sich somit im unternehmerisch gewünschten Sinne qualitativ wei-
terentwickeln.

Es lässt sich festhalten, dass die unternehmerische Leitidee der Kundenorientierung
zwei komplementäre Perspektiven aufweist: Orientierung am Kunden (Outside-in-
Betrachtung) und Orientierung des Kunden (Inside-out-Perspektive; siehe Abbildung 1). Im ersten Fall analysiert das Unternehmen, wie aus Kundenperspektive die
bestehenden Leistungen und die aktuellen kundenbezogenen Prozesse verbessert
oder innovative Leistungen bzw. Prozesse kreiert werden können (Meyer/Blümel-
huber 1997, S. 63). Im zweiten Fall ist zu erörtern, welche Orientierungsmöglichkei-
ten dem Kunden in Bezug auf seine Leistungsbeteiligung zur Verfügung gestellt
werden müssen (siehe grundsätzlich auch Simon/Tacke 1996, S. 173).

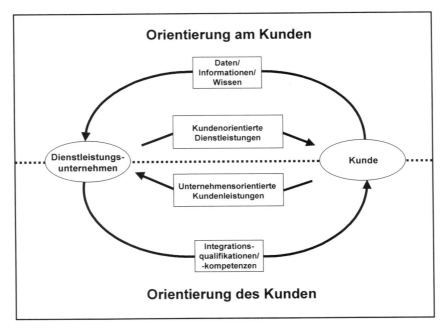

Abb. 1:   Perspektiven der Kundenorientierung eines Dienstleistungsunternehmens
Quelle: Eigene Überlegungen.

Die Orientierung des Kunden gewinnt insbesondere im Dienstleistungsbereich an
Bedeutung, da diesem eine hohe Kundenbeteiligung immanent ist. Der Kunde benö-

tigt vom Dienstleistungsunternehmen verschiedenste „Orientierungshilfen", weil er an dem Prozess der Dienstleistungserstellung sowohl aktiv als auch passiv beteiligt sein kann. So ist eine Direkt-Bank nicht imstande, ihre Dienstleistungen ohne die grundsätzliche Bereitschaft und Akzeptanz („Wollen") des Kunden zu Online-Transaktionen zu erbringen. Ein Steuerberater vermag die Einkommensteuererklärung zudem nicht ohne die benötigten Informationen bzw. Unterlagen und Belege des Klienten erstellen. Dazu sollte der Klient jedoch über grundlegende Kenntnisse („Wissen") verfügen, z. B. dass er sich sämtliche relevanten Ausgaben quittieren lassen muss. Ein Fitnesscenter ist darauf angewiesen, dass sich die Mitglieder die entsprechenden Fähigkeiten und Fertigkeiten („Können") zur richtigen Benutzung der Fitnessgeräte aneignen (Kelley/Donnelly/Skinner 1990, S. 319; Lovelock 2001, S. 289 f.). Wollen, Wissen und Können der Kunden beeinflussen damit unmittelbar sowohl den Leistungserstellungsprozess als auch das -ergebnis. Produktivität, aber auch Qualität einer Dienstleistung bzw. deren Wahrnehmung durch den Kunden hängen also u. a. von dessen Qualifikationen ab (siehe ähnlich Corsten 2000, S. 162).

Im Falle einer fehlerhaften Kundenbeteiligung[1] aufgrund eines unzureichenden Qualifikationsniveaus treffen die sich hieraus ergebenden negativen Auswirkungen den Dienstleister besonders hart. Für ihn entstehen zum Teil beträchtliche zusätzliche Kosten (Corsten 1997a, S. 256; Reckenfelderbäumer 1998, S. 399). Dazu können Arbeitskosten durch ein erhöhtes Beschwerdeaufkommen, Bindung von Personalkapazitäten aufgrund von Nachbesserungen, Erfüllung von Garantiezusagen und negative Referenzen gehören. Verfügt dagegen ein Kunde über die erforderlichen Qualifikationen zur Erfüllung seiner Aufgaben, so hilft er zunächst dem Dienstleistungsunternehmen, dass solche zusätzlichen Kosten gar nicht erst auftreten. Außerdem ist er in der Lage, für den Dienstleister weiteren Nutzen in Form von Wiederkäufen, positiven Referenzen, Ideen und Anregungen oder Beiträgen zur Qualitätsverbesserung, Kosteneinsparung sowie Produktivitätssteigerung zu erbringen. Normann (1987, S. 74) spricht auch von dem „gute[n] Kunde[n]", der „für eine erfolgreiche Entwicklung des Dienstleistungssystems eine wesentliche Voraussetzung" ist.[2]

---

[1] Lefton (1970, S. 20) spricht in diesem Falle von einer so genannten „malintegration".
[2] Auch Bowers/Martin/Luker (1990, S. 55) weisen darauf hin, dass „if the customer somehow becomes a better customer - for example, more knowledgeable - the quality of the interaction will likewise improve".

Demgemäß bezeichnet z. B. die führende US-amerikanische Fluggesellschaft Southwest Airlines die gute Qualifikation ihrer Kunden als Wettbewerbsvorteil (Barrett 1999, S. 42).

Folglich empfiehlt es sich für Dienstleistungsunternehmen, die Kunden adäquat zu qualifizieren. Mit einer systematischen Entwicklung des Kunden werden zum einen die angesprochenen negativen Folgen eines aus unternehmerischer Perspektive inkompetenten Kunden beseitigt bzw. treten erst gar nicht auf, zum anderen findet eine Förderung der positiven Auswirkungen statt. In der Praxis wird diese Aufgabe des Dienstleistungsmarketing bei der Neueinführung oder der Modifikation von Dienstleistungen allerdings allzu oft vernachlässigt (Meyer/Blümelhuber 1997, S. 68).

Vor dem beschriebenen Hintergrund finden sich in der angloamerikanischen Literatur Überlegungen von Autoren, die dafür plädieren, den Kunden aufgrund seiner Beteiligung an der Leistungserstellung als Mitglied des Service-Systems und damit als Teil der Dienstleistungsorganisation zu verstehen (Zeithaml/Bitner 2000, S. 322). Dementsprechend wird der Kunde als „Partial employee" bezeichnet (Mills/Chase/ Margulies 1983; Mills/Morris 1986), der u. a. zur Steigerung der unternehmenseigenen Produktivkapazitäten beitragen kann (Fitzsimmons/Fitzsimmons 2001, S. 126 f.).

Wenn nun der Kunde als partieller Mitarbeiter angesehen wird, liegt der Gedanke nahe, personalwirtschaftliche Ansätze auf das Kundenmanagement zu übertragen. Diese Vorgehensweise ist i. d. R. jedoch erst dann sinnvoll, wenn von einer Geschäftsbeziehung zum Kunden ausgegangen werden kann, da die Amortisation der Kundenentwicklung als unternehmerische Investition nur dann gewährleistet ist, wenn eine ausreichend lange Verweildauer in der Geschäftsbeziehung vorliegt (siehe hierzu grundsätzlich Meffert 1994, S. 526). Unter dieser Prämisse, dass im Blickpunkt Dienstleistungskunden stehen, mit denen eine über einzelne Transaktionen hinaus reichende Geschäftsbeziehung angestrebt wird, erscheint eine Übertragung personalpolitischer Überlegungen auf die Beziehung zu externen Kunden grundsätzlich möglich und zur Gewinnung neuer wissenschaftlicher Erkenntnisse fruchtbar.

Das Ziel der vorliegenden Arbeit ist dementsprechend die Ausarbeitung eines Konzepts zur Kundenentwicklung im Dienstleistungsbereich. Eine besondere Herausforderung besteht dabei in der Klärung des Begriffs der Kundenentwicklung, der in dieser Ausprägungsform neu ist. Darauf aufbauend wird ein Konzept zur Kundenentwicklung im Dienstleistungsbereich erarbeitet. Strukturell orientiert sich die Arbeit auf der obersten Ebene am Strategischen Management. Auf einer nachgeordneten Strukturebene sowie konzeptionell-instrumentell liefert die Personalentwicklung wertvolle Ansätze.

Die Arbeit befasst sich mit einem Thema, das vom theoretisch-konzeptionellen Ansatz in der deutschsprachigen Literatur noch nicht und in der angloamerikanischen Literatur unter dem Begriff der „Customer education" bei Dienstleistungen (siehe z. B. Lovelock 2001, S. 285-313; Zeithaml/Bitner 2000, S. 333-335) erst rudimentär und eher stiefmütterlich behandelt wurde. Zwar wächst das Bewusstsein für die Relevanz der Kundenqualifizierung - so wurde z. B. der zehnte Teil des Standardwerks „Services Marketing" von Christopher Lovelock bei der Aktualisierung von der dritten auf die vierte Auflage umbenannt von „Communicating and Promoting Services" (Lovelock 1996, S. 376-397) hin zu „Customer Education and Service Promotion" (Lovelock 2001, S. 285-313), eine systematische Konzipierung einer Kundenentwicklung im Dienstleistungsbereich, die auf Überlegungen zur Personalentwicklung beruht, steht indes noch immer aus.

1.2 Gang der Untersuchung

Der grundsätzliche Aufbau der Arbeit ist aus Abbildung 2 ersichtlich. Zunächst werden im zweiten und dritten Teil die allgemeinen Grundlagen gelegt. Im Anschluss an das einleitende und überblicksartige Kapitel 2.1 wird in Kapitel 2.2 der derzeitige Forschungsstand des Dienstleistungsmarketing in kurzen Zügen wiedergegeben. Kapitel 2.3 widmet sich sodann den konstitutiven Merkmalen von Dienstleistungen und einer für die weitere Arbeit zweckmäßigen Begriffsfassung.

Da die Kernthematik der Arbeit in der Qualifizierung von Kunden zu sehen ist, gilt es im Weiteren, das Begriffsverständnis von Dienstleistungskunden zu erörtern (Abschnitt 2.4.1). In Abschnitt 2.4.2 werden diese unter Bezugnahme auf organisationstheoretische Ansätze als Mitglieder des Dienstleistungsunternehmens („Partial employees") betrachtet. Diese erbringen für Unternehmen verschiedene Leistungen (Service Customer Performance), die im Blickpunkt der Erörterungen von Kapitel 2.5 stehen. Unabhängig vom gewählten Systematisierungsansatz ist ein grundsätzliches Anliegen von Dienstleistungsunternehmen darin zu sehen, dass sie dazu beitragen, die Service Customer Performance ihrer Kunden zu verbessern. Dazu bedarf es insbesondere der Schaffung einer adäquaten Integrationsbereitschaft und -fähigkeit der Kunden (Kapitel 2.6).

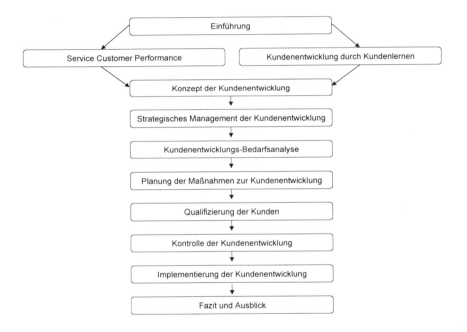

Abb. 2:   Aufbau der Arbeit
Quelle: Eigene Überlegungen.

Die Entwicklung der Integrationsbereitschaft und -fähigkeit, d. h. der Integrationsqualifikation von Kunden, stellt die zentrale Aufgabe der Kundenentwicklung im Dienstleistungsbereich dar. Dementsprechend setzt sich Teil 3 mit der integrationsgerichteten Qualifizierung von Dienstleistungskunden auseinander, die auf Lernprozessen der Kunden basieren. Daher erfolgt der Einstieg in das Thema der Kundenentwicklung mit einer Erörterung des Kundenlernens (Kapitel 3.1), bevor auf das Konstrukt der Kundenentwicklung als integrationsgerechte Qualifizierung von Kunden im

Dienstleistungsbereich eingegangen werden kann (Kapitel 3.2). Neben der Darlegung allgemeiner Grundlagen zur Kundenentwicklung (Abschnitt 3.2.1), die u. a. eine
Eingrenzung der Kundenentwicklung auf relevante Bereiche enthält (Absatz 3.2.1.4),
ist insbesondere die Kundenentwicklung gegenüber benachbarten Konzepten der
Vermittlung von Qualifikationen an Kunden im weitesten Sinne abzugrenzen (Abschnitt 3.2.2).

Im vierten Teil erfolgt eine Ausarbeitung des Managementkonzepts der Kundenentwicklung im Dienstleistungsbereich basierend auf Erkenntnissen der Personalentwicklung. Dazu sind zunächst in Kapitel 4.1 grundlegende Anmerkungen zur
Übertragbarkeit von Ansätzen der Personalentwicklung auf das Aktivitätsfeld der
Kundenentwicklung erforderlich. Hieran anknüpfend beschäftigt sich Kapitel 4.2 mit
den Grundzügen der betrieblichen Personalentwicklung, da diese den konzeptionellen Bezugsrahmen für die vorliegende Abhandlung liefert. Besonders wichtig ist hierbei die Herausarbeitung von Unterschieden zwischen Personal- und Kundenentwicklung (Abschnitt 4.2.2). Kapitel 4.3 gibt anschließend einen Überblick über das
Gesamtkonzept dieser Arbeit, das auf dem strategischen Management und der
strategischen Personalentwicklung als strukturellen und der Personalentwicklung als
inhaltlich-konzeptionellen Rahmenkonzepten aufbaut.

Strategische Elemente eines Managements der Kundenentwicklung im Dienstleistungsbereich stehen im Blickpunkt des fünften Teils der Arbeit. Ausgangspunkt der
Überlegungen stellt zunächst die Schaffung der notwendigen Informationsgrundlagen dar (Kapitel 5.1), um die Integration des Konzepts der Kundenentwicklung in das
strategische Managementkonzept eines Dienstleistungsunternehmens gewährleisten
zu können. Grundsätze bzw. Leitlinien der Kundenentwicklung stehen sodann im
Mittelpunkt von Kapitel 5.2. Daran anknüpfend zeigt Kapitel 5.3 die Ziele der Kundenentwicklung auf, die insbesondere aus der Perspektive des Dienstleisters und
der Kunden formuliert werden können.

Zur Realisierung der Kundenentwicklungsziele stehen einem Dienstleistungsunter-
nehmen verschiedene Strategien zur Verfügung (Kapitel 5.4), wie insbesondere die
Handlungsstrategievarianten der antizipativen und der reaktiven Kundenentwicklung
(Abschnitt 5.4.2) und der Entertainment-Strategie (Abschnitt 5.4.4). Zum Abschluss

des fünften Teils werden Risiken und Grenzen einer Kundenentwicklung im Dienstleistungsbereich aufgezeigt (Kapitel 5.5).

Vor der Planung und Gestaltung von Kundenentwicklungsmaßnahmen sollte stets
eine Kundenentwicklungs-Bedarfsanalyse durchgeführt werden, die dementsprechend im Fokus des sechsten Teils steht. Um dem Leser den Einstieg zu erleichtern,
gibt Kapitel 6.1 zunächst einen grundlegenden Überblick über die zu behandelnden
Themen. Da die Ziele der Kundenentwicklung aus verschiedenen Perspektiven formuliert werden können, lassen sich folglich auch unterschiedliche anspruchsgrup-
penbezogene Bereiche des Kundenentwicklungsbedarfs identifizieren (Kapitel 6.2).
Dabei konzentrieren sich die weiteren Ausführungen auf die Entwicklungsbedarfe
aus Sicht des Unternehmens und der Kunden. Bevor jedoch auf die konkrete Ermittlung des Entwicklungsbedarfs näher eingegangen werden kann, ist zunächst das
theoretische Fundament hierfür zu legen (Abschnitt 6.3.1). Daneben wird ein Modell
entwickelt, das die im Rahmen der Kundenentwicklungs-Bedarfsanalyse zu untersu-
chenden Lücken aufzeigt („Service Customer Performance Gap-Modell"; Abschnitt
6.3.2). Je nach Art der durchzuführenden Kundenentwicklungs-Bedarfsanalyse stehen dabei andere Gaps im Blickpunkt der Betrachtung. Dabei lassen sich unter Bezugnahme auf die Handlungsstrategien die antizipative und die reaktive Kundenentwicklungs-Bedarfsanalyse unterscheiden (Abschnitt 6.3.3).

Bei einer antizipativen Bedarfsanalyse der Kundenentwicklung wird der zukunftsori-
entierte Entwicklungsbedarf der Kunden erhoben (Kapitel 6.4). Dies geschieht aus
dem Grund, da ein Dienstleister schon vor Markteinführung einer neuen Dienstleistung die dazugehörige Kundenentwicklung planen sollte, um die entsprechenden
Qualifikationspotentiale beim Kunden möglichst frühzeitig zu schaffen.

Trotz dieser antizipativen Analyse des Entwicklungsbedarfs können aufgrund individueller und situativer, schwer abschätzbarer Faktoren Kundenprobleme auftreten,
die auf einem unzureichenden Qualifikationsniveau der Kunden beruhen. Daher ist
ergänzend zur antizipativen der Einsatz einer reaktiven Strategie sinnvoll, um auftretende Unabwägbarkeiten beseitigen zu können. Die Erfassung des kurzfristigen
Entwicklungsbedarfs im Rahmen einer reaktiven Kundenentwicklungs-Bedarfsanalyse bildet den Inhalt von Kapitel 6.5.

Nachdem der Kundenentwicklungsbedarf ermittelt wurde, gilt es, die Maßnahmen der Kundenentwicklung konkret zu planen (Teil 7). Dazu sind in einem ersten Schritt die anzusprechenden Zielkunden bzw. -gruppen zu identifizieren (Kapitel 7.1). Daneben ist es wichtig, dass sich Dienstleistungsunternehmen überlegen, welche Verhaltensweisen durch die Kundenentwicklung überhaupt erzeugt werden sollen. Dies bedeutet, dass die anzustrebenden Kundenlernziele zu definieren sind (Kapitel 7.2). Diese bilden die Basis der Ausarbeitung weiterer methodisch-didaktischer und organisatorischer Planungsinhalte (Kapitel 7.3), wie Festlegung der Lerninhalte (Abschnitt 7.3.1), Einsatz von Kommunikationsinstrumenten zur Bekanntmachung der Instrumente (Abschnitt 7.3.2), Festlegung von Anreizmöglichkeiten zur Erhöhung der Teilnahme- sowie Lernbereitschaft der Kunden (Abschnitt 7.3.3), zeitwahrneh-mungsabhängige Gestaltung der Maßnahmen (Abschnitt 7.3.4) und schließlich Positionierung sowie Bepreisung der Aktivitäten (Abschnitt 7.3.5).

Im Anschluss an die operative Planung setzt die eigentliche integrationsbezogene Qualifizierung der Dienstleistungskunden ein (Teil 8). Zum besseren Verständnis wird dem Leser in Kapitel 8.1 zunächst ein allgemeiner Überblick gegeben. Da die Zielgruppe der Neukunden besondere Anforderungen an die Kundenentwicklung stellt, beschäftigt sich Kapitel 8.2 ausführlich mit deren Sozialisation. Im Anschluss an dieses spezielle Aktivitätsfeld erfolgt in Kapitel 8.3 eine Strukturierung der Kundenentwicklungsmaßnahmen nach ihrem Beitrag zur Förderung der Wollen-, Kennen- oder Können-Komponente der Integrationsqualifikation sowie des Dürfen-Aspekts. Dem dargelegten Systematisierungsansatz folgend setzt sich Kapitel 8.4 zunächst mit den Möglichkeiten zur Stimulierung der Integrationsbereitschaft der Kunden auseinander, die auf anreiz-beitrags-theoretischen Überlegungen fußen. Im Anschluss hieran, und als eigentlicher Kernbereich der Kundenqualifizierung, werden die Maßnahmen zur Förderung der Integrationsfähigkeit der Kunden diskutiert (Kapitel 8.5). Eher als supplementärer Bereich sind in Kapitel 8.6 die Möglichkeiten zur Veränderung des Handlungsspielraums der Kunden (Abschnitt 8.6.1) und zur Gestaltung des physischen Umfelds (Abschnitt 8.6.2) dargestellt, die als Einflussfaktoren der Kundenentwicklung aufgefasst werden können.

Kundenentwicklung ist als eine Investition des Unternehmens anzusehen. Damit rückt die Kontrolle der Kundenentwicklung in den Blickpunkt des unternehmerischen

Interesses (Teil 9). Nach einer Verortung der Kontrolle als wichtige Aufgabe eines unternehmerischen Controllings (Kapitel 9.1) erfolgt in Kapitel 9.2 die Fokussierung auf den Kontrollaspekt. Mit den Inhalten und der Systematisierung einer Kontrolle der Kundenentwicklung im Dienstleistungsbereich beschäftigt sich anschließend Kapitel 9.3. Als ein Kernbereich der Kontrolle ist die Analyse und Überwachung der Kosten der Kundenentwicklung anzusehen (Kapitel 9.4). Allerdings darf sich die Kontrolle nicht nur auf die Ermittlung und Analyse der Kosten konzentrieren, sondern sollte des Weiteren den Nutzen der Kundenentwicklung ermitteln (Kapitel 9.5). Beide Größen sind notwendig, um schließlich grundsätzliche Überlegungen zur Rentabilität der Kundenentwicklung anstellen zu können (Kapitel 9.6).

Teil 10 der Arbeit beschäftigt sich mit ausgewählten Implementierungsaspekten der Kundenentwicklung im Dienstleistungsbereich. Zunächst gilt es, nach einem einführenden Kurzüberblick (Kapitel 10.1) die zentralen Barrieren der Kundenentwicklungsimplementierung zu erörtern (Kapitel 10.2). Diese bilden die Ausgangsbasis eines systematischen Implementierungsansatzes, der die Phasen der Durch- und Umsetzung beinhaltet (Kapitel 10.3). Demgemäß beschäftigt sich Kapitel 10.4 zunächst mit der Durchsetzung der Kundenentwicklungsimplementierung, bevor Kapitel 10.5 auf wichtige Aspekte der Umsetzung eingeht.

Den Abschluss der Arbeit bilden im elften Teil eine Zusammenfassung sowie ein Ausblick.

2 Service Customer Performance als Erfolgsfaktor des Dienstleistungsmarketing

2.1 Einleitende Bemerkungen

Dienstleistungen zeichnen sich gegenüber Sachgütern durch die Notwendigkeit der Integration des Kunden in den Leistungserstellungsprozess aus. Daraus folgt, dass ein Dienstleistungsunternehmen für eine optimale Einbindung und Mitwirkung des Kunden Sorge zu tragen hat. In Abhängigkeit von der Art der nachgefragten Leistung muss der Kunde verschiedenste Aufgaben erfüllen, die zusammen mit der Entgeltzahlung dessen Gesamtkosten für die Inanspruchnahme einer Dienstleistung darstellen. Aus der Perspektive eines Dienstleistungsunternehmens betrachtet, erbringt ein Kunde dementsprechend verschiedenste Leistungen, die im Rahmen dieser Arbeit als Service Customer Performance bezeichnet werden sollen.

Eine adäquate Service Customer Performance bedarf einer entsprechenden Integrationsbereitschaft und -fähigkeit des Kunden. Nur wenn der Kunde bereit ist, an der Leistungserstellung mitzuwirken, und zudem auch weiß, was seine Rollen sowie Aufgaben sind, und wie er diese erfüllen kann, wird es möglich, einen für beide Seiten erfolgreichen Leistungsaustausch zu erlangen. Folglich benötigen Kunden eine integrationsgerechte Qualifizierung, um optimal zu partizipieren. Die Schaffung dieser Integrationsqualifikation ist eine wichtige Aufgabe des Dienstleistungsmarketing.

Der Einstieg in diesen zweiten Teil der Arbeit erfolgt über eine kurze Skizzierung des aktuellen Forschungsstands des Dienstleistungsmarketing in Kapitel 2.2. Dabei ist es im Rahmen der Arbeit nicht möglich und vor allen Dingen auch nicht sinnvoll, die Grundsatzdiskussion zum Begriff der Dienstleistung nochmals vollständig aufzurollen und fortzuführen. Eine vertiefte Auseinandersetzung mit der terminologischen Problematik auf einer abstrakt-theoretischen Ebene würde die vorliegende Arbeit bzw. die ihr zugrunde liegende Forschungsproblematik nicht substantiell voranbringen. Stattdessen präsentiert Kapitel 2.3 die für die folgenden Ausführungen relevanten Dienstleistungscharakteristika der Intangibilität und vor allem der Integrativität sowie eine für die weitere Arbeit zweckmäßige Definition von Dienstleistungen.

Des Weiteren ist es unabdingbar, sich mit dem Verständnis von Dienstleistungskunden auseinander zu setzen, da zum einen nur Endkunden im Interesse der Untersuchung stehen und zum anderen diese als Mitglieder des Service-Systems angesehen werden. Ein derartiges Grundverständnis von Dienstleistungskunden, das im Fokus von Kapitel 2.4 steht, bildet die Basis, um Erkenntnisse und Ansätze der Personalentwicklung an späterer Stelle auf Kundenbeziehungen modifiziert anwenden zu können. Ein zentraler Schwerpunkt des zweiten Teils liegt sodann auf Kapitel 2.5, das die theoretischen Grundlagen zum Begriff und der Strukturierung der Service Customer Performance beschreibt. Den Abschluss bildet in Kapitel 2.6 der Hinweis auf die besondere Relevanz der Integrationsbereitschaft und -fähigkeit der Kunden als zentrale Determinanten der Service Customer Performance.

2.2   Forschungsstand des Dienstleistungsmarketing und Konsequenzen für die Arbeit

Während noch bis zum Beginn der achtziger Jahre in Deutschland ein eher geringes wissenschaftliches Interesse an Problemen von Dienstleistungsunternehmen herrschte (Berekoven 1983, S. 8; Corsten 1986, S. 16; 1997a, S. IX; Engelhardt/Schwab 1982, S. 503; Hilke 1989, S. 6; Meffert 1994, S. 520; Meyer 1991, S. 195), hat seitdem der Dienstleistungsbereich rapide an Aufmerksamkeit gewonnen (Stauss 1994, S. 235), z. B. widerspiegelnd in der zunehmenden Zahl an einschlägigen Publikationen. Der Forschungsbereich des Dienstleistungsmarketing bzw. -managements konnte sich mittlerweile in Deutschland sogar als eigenständige spezielle Betriebswirtschaftslehre etablieren.[3] Dies spiegelt sich jüngst in einer steigenden Tendenz zur Umwidmung oder Neugründung von Lehrstühlen mit dem Vertiefungsfach des Dienstleistungsmarketing bzw. -managements wider.

Zwar herrscht bezüglich der Relevanz dieses Forschungszweigs allgemein Einvernehmen, um inhaltliche Kernbereiche des Dienstleistungsmarketing finden aber heftige Diskussionen statt. Trotz einer beachtlichen Zahl an Publikationen existiert noch

---

[3]   Diese Entwicklung ist jedoch nicht unbeanstandet geblieben. Zur Kritik an der Institutionalisierung von Dienstleistungsmarketing als Studienschwerpunkt siehe Engelhardt/Schnittka (1998, S. 930).

immer keine Einstimmigkeit über die Definition von Dienstleistungen und deren Abgrenzung zu Sachgütern (für viele: Corsten 1997a, S. 30; Engelhardt/Schwab 1982, S 504; Engelhardt/Kleinaltenkamp/Reckenfelderbäumer 1993, S. 404; Gouthier/ Spielkamp 1995, S. 26; Johns 1999; Meffert/Bruhn 2000, S. 3; Nerdinger 1999, S. 137; Reckenfelderbäumer 1995, S. 10; Stauss 1996a, Sp. 319).[4]

2.3   Definition und besondere konstitutive Merkmale von Dienstleistungen

2.3.1   *Überblick über die in der Literatur zum Dienstleistungsmarketing vorherrschenden Definitionsansätze von Dienstleistungen*

Eine zentrale Zielsetzung der Begriffsbestimmung von Dienstleistungen ist deren Abgrenzung zu Sachgütern (Meffert 1994, S. 521). Die Ausarbeitung von Unterschieden kann verschiedenartig angegangen werden. Grundsätzlich lässt sich zwischen einer institutionellen oder auch volkswirtschaftlich geprägten und einer funktionellen bzw. betriebswirtschaftlich geprägten Dienstleistungsperspektive unterscheiden (Berekoven 1983, S. 6-16; Corsten 1985, S. 34; Johns 1999, S. 959; Meyer 1994, S. 6-13). Während unter institutionellen Gesichtspunkten der Betrieb oder das Unternehmen als Einheit, die eine Dienstleistung erzeugt, im Fokus steht (Statistisches Bundesamt 1990, S. 7-11), ist diese Perspektive bei einer funktionellen Betrachtung von nachgeordneter Bedeutung. Stattdessen interessieren hier primär die Funktionen, die Dienstleistungen zu erfüllen haben.

Im Rahmen der Arbeit wird der zu betrachtende Dienstleistungsbereich weit gefasst, d. h. Forschungsobjekt sind nicht nur reine Dienstleistungsunternehmen im Sinne eines institutionellen Dienstleistungsmarketing, sondern entsprechend des geschilderten funktionellen Verständnisses auch Dienstleistungen von Sachleistungsproduzenten, sofern sie extern am Markt angeboten werden (Berekoven 1983, S. 5; 1986,

---

[4]   Zu dieser Problematik sei angeführt, dass der Tatbestand einer Heterogenität von Definitionen in der Betriebswirtschaftslehre nur allzu häufig anzutreffen ist. So existiert bis heute z. B. noch immer kein einheitliches Begriffsverständnis von Marketing. Daher wird im Rahmen dieser Arbeit von einem definitorischen Perfektionismus im Sinne eines übertriebenen Strebens nach Vervollkommnung (Drosdowski et al. 1996, S. 559) der Definition von Dienstleistungen Abstand genommen.

S. 24).[5] Die Frage, ob die Erstellung einer Dienstleistung für einen externen Kunden durch ein reines Dienstleistungsunternehmen im Sinne eines institutionellen Dienstleistungsanbieters oder durch einen Sachgüterproduzenten im Sinne eines funktionellen Dienstleistungsanbieters (Laib 1998, S. 515), z. B. Finanzierungsleistungen von Automobilherstellern, erfolgt, ist für die Ausarbeitung eines grundlegenden Konzepts der Kundenentwicklung eher von nachrangiger Bedeutung. Aus Gründen der sprachlichen Einfachheit werden im Folgenden institutionelle als auch funktionelle Dienstleister unter dem allgemeineren Begriff der Dienstleistungsunternehmen subsumiert.

Die Marktfähigkeit und das Angebot einer Dienstleistung am Markt sind von besonderer Relevanz, da in diesem Falle vollkommen andere Rahmenbedingungen vorliegen als bei den so genannten Input-Dienstleistungen, die „in den Leistungserstellungsprozeß zur Erzeugung weiterer Güter eingehen" (Stauss 1996a, Sp. 318). Zu den Input-Dienstleistungen zählen sowohl die investiven als auch die internen Dienstleistungen (siehe auch Corsten 1997a, S. 31 f.; Engelhardt 1990, S. 273-276; Engelhardt/Schwab 1982, S. 504 f.).

Innerhalb des funktionell geprägten Definitionsverständnisses von Dienstleistungen finden sich in der Literatur folgende Ansätze (Corsten 1997a, S. 21; Meyer 1991, S. 197):

- enumerative Definitionsansätze (siehe z. B. die Auflistung bei Langeard 1981, S. 233),

- Negativdefinitionen (u. a. Altenburger 1980, S. 21-24) und

- Definitionsansätze über die Identifikation konstitutiver Merkmale (für viele: Berekoven 1974, S. 21-31; Corsten 1985, S. 85-167; Hilke 1989, S. 10-15; Kulhavy 1974, Sp. 456).

Letztere haben sich für betriebswirtschaftliche Überlegungen als am fruchtbarsten erwiesen (Meffert/Bruhn 2000, S. 27; Stauss 1996a, Sp. 319). Daher werden diese Ansätze nachfolgend näher beschrieben.

---

[5]   Zur Unterscheidung von funktionellem und institutionellem Dienstleistungsmarketing siehe Hilke (1989, S. 9).

Grundsätzlich lassen sich, unabhängig von der Art der Leistung, folgende drei Dimensionen[6] unterscheiden (Engelhardt/Kleinaltenkamp/Reckenfelderbäumer 1993, S. 398): die Bereitstellungsleistung, der Leistungserstellungsprozess und das Leistungsergebnis (zur Relevanz dieser Dimensionen und deren Inhalt siehe auch Corsten 1997a, S. 21-30; Engelhardt 1990, S. 278-281; Engelhardt/Kleinaltenkamp/ Reckenfelderbäumer 1993, S. 398; Hilke 1989, S. 10-15; Meyer 1991, S. 197; Reckenfelderbäumer 1995, S. 10-13). Innerhalb dieser Dimensionen werden von verschiedenen Autoren jeweils solche Merkmale gesucht, die sich am besten dazu eignen, Dienst- von Sachleistungen zu unterscheiden. Dementsprechend finden sich in der Literatur Definitionsansätze auf Potential-, Prozess- und Ergebnisebene (Corsten 1997a, S. 21; Engelhardt 1990, S. 278; Engelhardt/Kleinaltenkamp/ Reckenfelderbäumer 1993, S. 398; Hentschel 1992, S. 19 f.; Meffert 1994, S. 521; Meffert/Bruhn 2000, S. 27; Meyer 1991, S. 197; Reckenfelderbäumer 1995, S. 11).

Auf den einzelnen Dimensionen haben sich folgende Unterscheidungsmerkmale als am weitesten verbreitet herauskristallisiert (Berekoven 1974, S. 29 f.; 1983, S. 23; Corsten 1986, S. 17-32; Engelhardt/Kleinaltenkamp/Reckenfelderbäumer 1993, S. 398-404; Hentschel 1992, S. 19-25; Hilke 1989, S. 10-15; Meffert 1994, S. 521; Meyer 1991, S. 197; Meyer/Mattmüller 1987, S. 188 f.; Reckenfelderbäumer 1995, S. 11; Schüller 1967, S. 24):

- Vermarktung einer Fähigkeit und Bereitschaft zur Leistungserstellung (Potentialdimension),[7]
- Integration eines externen Faktors bzw. Integrativität (Prozessdimension) und
- Immaterialität bzw. Intangibilität (Ergebnisdimension).

Aber auch diese Charakteristika sind nicht ohne Kritik bezüglich ihrer Abgrenzungsschärfe geblieben (siehe hierzu ansatzweise Engelhardt 1990, S. 278-281, aber insbesondere Engelhardt/Kleinaltenkamp/Reckenfelderbäumer 1993, S. 398-404). Zwar ist eine trennscharfe Abgrenzung von Dienst- zu Sachleistungen über die einzelnen Leistungsmerkmale nicht möglich (Engelhardt/Kleinaltenkamp/Reckenfelderbäumer

---

[6]   Engelhardt/Kleinaltenkamp/Reckenfelderbäumer (1993, S. 398) weisen dabei darauf hin, dass in der Literatur anstatt von Dimensionen zwar auch von den „Phasen" einer Leistung gesprochen wird (Hilke 1989, insbesondere S. 10 und S. 15; siehe auch Hentschel 1992, S. 21), dies aber aufgrund der fehlenden chronologischen Abfolge eher irreführend sei.

[7]   Nach diesem Verständnis stellen Dienstleistungen Leistungsversprechen dar.

1993, S. 423; Stauss 1996a, Sp. 319),[8] die Implikationen aus einer unterschiedlichen Ausprägung sind für die Ausarbeitung des Konzepts der Kundenentwicklung aber immens. Deshalb wird im Folgenden auf die beiden Leistungsmerkmale der Intangibilität und Integrativität näher eingegangen, die als zentrale Merkmale von Dienstleistungen bezeichnet werden können (Stauss 1998, S. 1260). Auf die Darstellung der Vermarktung einer Fähigkeit und Bereitschaft zur Leistungserstellung wird dagegen verzichtet, da sich deren Auswirkungen aus den Merkmalen der Intangibilität und Integrativität ableiten lassen (Reckenfelderbäumer 1995, S. 12).

Die Merkmale der Intangibilität und Integrativität stehen im Blickpunkt des Typologisierungsansatzes für Leistungsbündel von Engelhardt/Kleinaltenkamp/Reckenfelderbäumer (1993, S. 415-418), der die Basis der weiteren Überlegungen bildet. Dieser stellt die Immaterialitäts- und Integrativitätsdimensionen unabhängig voneinander auf zwei Ebenen dar, wodurch der Ansatz zu vier Grundtypen von Leistungen gelangt (siehe Abbildung 3). Durch diese Typologiebildung können die beiden Merkmale als Kontinuen dargestellt werden (Engelhardt/Kleinaltenkamp/Reckenfelderbäumer 1995, S. 674; siehe auch die Überlegungen von Meyer 1991, S. 204 und S. 207), womit das Problem einer dichotomen Ausprägung entfällt.

Nach diesen einführenden Erläuterungen zur Definition von Dienstleistung und der Herausarbeitung ihrer konstitutiven Merkmale widmen sich Abschnitt 2.3.2 der näheren Beschreibung von Intangibilität und Abschnitt 2.3.3 der Darlegung von Integrativität.

2.3.2   Intangibilität

Intangibilität ist das in der Literatur am häufigsten genannte Kriterium zur Unterscheidung von Dienst- und Sachleistung (Swartz/Bowen/Brown 1992, S. 3). Dennoch erfährt dieses Charakteristikum von Dienstleistungen im Rahmen dieser Arbeit gegenüber der Integrativität eine vergleichsweise gestraffte Behandlung. Dies ist darauf zurückzuführen, dass die Implikationen aus der Integrativität für die Konzeption der

---

[8]   Zur Problematik der klassischen Trennung von Dienst- zu Sachleistungen siehe auch Gummesson (1996, S. 251).

Kundenentwicklung eine weitaus bedeutendere Rolle spielen als diejenigen der Intangibilität.

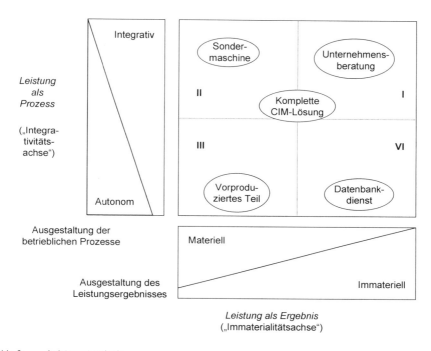

Abb. 3:   Leistungstypologie
Quelle: Engelhardt/Kleinaltenkamp/Reckenfelderbäumer 1993, S. 417.

Um ein solides Fundament für die späteren Ausführungen zu bilden, gilt es zunächst, den Begriff der Intangibilität zu klären (Absatz 2.3.2.1). Des Weiteren sind zentrale Konsequenzen der Intangibilität für das Dienstleistungsmarketing zu präsentieren, die - wie noch zu zeigen sein wird - von Relevanz für die Kundenentwicklung sind (Absatz 2.3.2.2).

2.3.2.1   Definition von Intangibilität

Intangibilität, Immaterialität oder auch Nichtgreifbarkeit bedeutet, „dass eine Dienstleistung im Gegensatz zu einem Sachgut nicht präsent ist" (Stauss 1998, S. 1260). Daher können Dienstleistungen „nicht materiell besessen werden, sondern werden im Rahmen einer Aktivität erstellt und verbraucht" (Stauss 1996a, Sp. 319). Schon 1974 hat Berekoven (1974, S. 29 f.) auf den Prozesscharakter von Dienstleistungen und die Notwendigkeit der Synchronität des Kontakts der Marktpartner hingewiesen.

Eine verallgemeinernde Einstufung von Dienstleistungen als rein immaterielle Güter und von Sachleistungen als rein materielle Güter im Sinne einer dichotomen Zuordnung ist aber unzulässig (Johns 1999, S. 959; Rushton/Carson 1989, S. 27). Stattdessen existiert ein Kontinuum zwischen Materialität und Immaterialität, auf dem sich die verschiedenen Güter anordnen lassen (Engelhardt/Kleinaltenkamp/Reckenfeldebäumer 1993, S. 400 f.; McDougall/Snetsinger 1990, S. 28; Reckenfelderbäumer 1995, S. 13; Rushton/Carson 1989, S. 27-29; Shostack 1982, S. 52). Während Rushton/Carson (1989, S. 27-29) in ihrem Aufsatz eine sehr grobe Visualisierung dieses Kontinuums vornehmen (siehe Abbildung 4), lassen sich bei Shostack (1982, S. 52) exemplarische Zuordnungen mittels Abbildung der dominanten Elemente finden (siehe Abbildung 5).

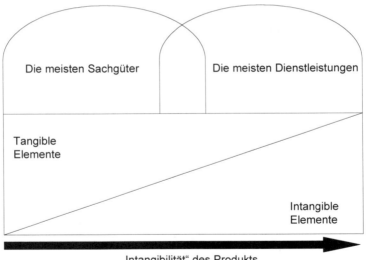

Abb. 4:   Skala der dominierenden Elemente
Quelle: Rushton/Carson 1989, S. 28 (Eigene Übersetzung).

Immaterialität bzw. Intangibilität kann in eine physische („palpable intangibility") und eine mentale Komponente („mental intangibility") differenziert werden (Bowen/ Schneider 1985, S. 128; Hentschel 1992, S. 25 und S. 28; McDougall/Snetsinger 1990, S. 28; Reckenfelderbäumer 1995, S. 18; Rushton/Carson 1989, S. 26). Dabei bezieht sich die physische Immaterialität auf die Unstofflichkeit der Leistung, also auf deren fehlende Sicht- und Fühlbarkeit (Hentschel 1992, S. 25). Demgegenüber betrifft die mentale Komponente die psychisch-intellektuelle Seite (Hentschel 1992, S. 25; Reckenfelderbäumer 1995, S. 18 f.). Zwischen beiden Komponenten besteht jedoch vermutlich eine Beziehung derart, dass die physische Immaterialität die Basis für die mentale Intangibilität ist.

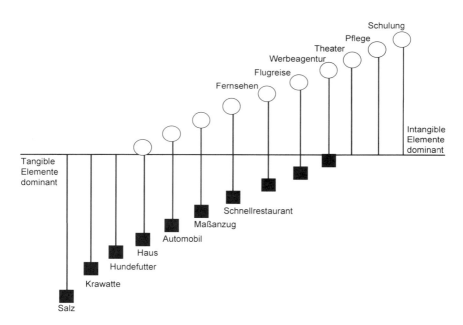

Abb. 5:   Skala der dominanten Elemente
Quelle: In Anlehnung an Shostack 1982, S. 52.

Als problematisch zeigt sich die unzulängliche Messbarkeit dieses Leistungsmerkmals. Dadurch werden konkrete Entscheidungshilfen eher erschwert (Reckenfelderbäumer 1995, S. 18). Grundsätzlich lässt sich festhalten, dass der physische Immaterialitätsgrad einer Leistung von dem Immaterialitätsgrad der internen Produktionsfaktoren und des externen Faktors abhängt. Eine exakte Operationalisierung er-

scheint aber ausgeschlossen (Reckenfelderbäumer 1995, S. 20).[9] Da eine Operationalisierung für die weitere Arbeit auch keinen wesentlichen Erkenntnisgewinn mit
sich bringen würde, sei auf eine vertiefende Erörterung verzichtet. Von weiter ge-
hendem Interesse sind allerdings die sich aus der Intangibilität ergebenden Konsequenzen, deren Erläuterung nunmehr erfolgt.

2.3.2.2   Ausgewählte Konsequenzen der Intangibilität für das Dienstleistungsmar- keting

Die Intangibilität bringt sowohl für das Dienstleistungsunternehmen als auch für den
Kunden verschiedene Konsequenzen mit sich, die im Fokus dieses Absatzes stehen.
Sie bewirkt, dass ein Kunde vor dem Kauf einer Dienstleistung diese im Vergleich zu
einem Sachgut nur sehr schwer, wenn überhaupt bewerten kann. Dienstleistungen
zeichnen sich oftmals durch einen Mangel an im Vorfeld bewertbaren Eigenschaften,
so genannten Sucheigenschaften (search qualities), aus. Dementsprechend vermag
der Kunde eine Dienstleistung oftmals erst nach ihrer Inanspruchnahme zu beurteilen. Erfahrungseigenschaften (experience qualities) treten in den Vordergrund. Kann
ein Kunde sogar nach Inanspruchnahme einer Dienstleistung diese nicht bewerten,
z. B. häufig im Falle von Leistungen eines Arztes, so dominieren bei solchen
Dienstleistungen die so genannten Vertrauenseigenschaften (credence qualities)
(Zeithaml 1981, S. 186 f.).

Für den Kunden gehen damit verschiedene Konsequenzen einher. So führt Intangi-
bilität zu einer schlechten bis gar fehlenden Vergleichbarkeit der verschiedenen am
Markt erhältlichen Angebote (Burton 1990, S. 59; Engelhardt/Kleinaltenkamp/
Reckenfelderbäumer 1993, S. 418 f.; Liechty/Churchill 1979, S. 510; McDougall/
Snetsinger 1990, S. 28). Mundkommunikation, z. B. Empfehlungen von Freunden,
Verwandten und Kollegen, spielt daher für den Kunden eine wichtige Rolle (Crane/
Clarke 1988, S. 57 f.; Engelhardt/Kleinaltenkamp/Reckenfelderbäumer 1993, S. 419;
Freiden/Goldsmith 1989, S. 50; Hilke 1989, S. 17; Langeard 1981, S. 233; McDou-

---

[9]   Einen Ansatz zur Operationalisierung von Tangibilität bzw. Intangibilität versuchen McDougall/
Snetsinger (1990) zu liefern. Sie sprechen von „Tangibility" und verstehen darunter „the ability to
picture the service" (McDougall/Snetsinger 1990, S. 31).

gall/Snetsinger 1990, S. 28; Parasuraman/Varadarajan 1988, S. 58; Staffelbach 1988, S. 279; Zeithaml 1981, S. 187). Zudem muss er bei seiner Kaufentscheidung auf Surrogate ausweichen, die als Indikatoren für die Dienstleistungsqualität dienen. Dies sind insbesondere Merkmale der Bereitstellungsleistung, wie Aussehen der Geschäftsräume, Auftreten und Verhalten der Mitarbeiter (Crane/Clarke 1988, S. 56-58; Engelhardt/Schwab 1982, S. 508; Engelhardt/Kleinaltenkamp/Reckenfelderbäumer 1993, S. 419; Grund 1998, S. 27). Ferner spielt auch der Preis eine wichtige Rolle, da er als Qualitätsindikator herangezogen werden kann (Burton 1990, S. 63; Engelhardt/Kleinaltenkamp/Reckenfelderbäumer 1993, S. 419; Liechty/Churchill 1979, S. 510; McDougall/Snetsinger 1990, S. 28; Meyer 1991, S. 200; Rushton/Carson 1989, S. 35; Wiswede 1995, S. 283; Zeithaml 1981, S. 187).

Immaterialität bedeutet für Unternehmen, dass eine Lagerung von Dienstleistungen oftmals nicht möglich ist. Produktion und Konsum erfolgen simultan, was auch als uno-actu-Prinzip bezeichnet wird (Berekoven 1974, S. 29; 1986, S. 31; Corsten 1985, S. 110 f.; 1997a, S. 22; Engelhardt/Kleinaltenkamp/Reckenfelderbäumer 1993, S. 419; Hilke 1989, S. 13; Lehmann 1989, S. 147-152; Meyer 1991, S. 198; Meyer/Mattmüller 1987, S. 188; Normann 1987, S. 20; Parasuraman/Varadarajan 1988, S. 58 und S. 60; Wohlgemuth 1989, S. 340).

2.3.3   *Integrativität*

Integrativität spielt für das Konzept der Kundenentwicklung eine bedeutende Rolle.[10] Dazu werden in diesem Abschnitt die theoretischen Fundamente der weiteren Ausführungen gelegt. Nach einer begrifflichen Fassung von Integrativität (Absatz 2.3.3.1) stehen deren Konsequenzen für das Dienstleistungsmarketing im Mittelpunkt der folgenden Überlegungen (Absatz 2.3.3.2).

---

[10]   Die Relevanz der Einbindung des Kunden in die Dienstleistungserstellungsprozesse wird insbesondere in Kapitel 2.5 ersichtlich.

2.3.3.1   Definition von Integrativität

Das zweite zentrale Merkmal von Dienstleistungen ist die Integration eines externen Faktors, oder auch Integrativität[11] genannt.[12] Dabei geht der Begriff der Integration ursprünglich auf Parsons (1970) zurück, der in seinem Artikel „How Are Clients Integrated in Service Organizations?" diesen explizit in die Literaturdiskussion eingeführt hat.

Unter der Integrativität ist zu verstehen, dass der Kunde sich selbst oder eines seiner Güter in den Prozess einbringen muss (Berekoven 1986, S. 24; Stauss 1998, S. 1261). Ansonsten ist die Erstellung einer Dienstleistung nicht möglich (Corsten 1985, S. 127; Hilke 1989, S. 12; Lehtinen 1986, S. 32; Meyer 1991, S. 199; 1994, S. 22; Meyer/Mattmüller 1987, S. 189). So vermag die Fluggesellschaft den Personentransport nicht ohne den Passagier, die Autowerkstatt die Reparatur nicht ohne das Kundenfahrzeug oder der Steuerberater die Einkommensteuererklärung nicht ohne die benötigten Klienteninformationen zu erbringen. Dabei gelangt der externe Faktor zeitlich begrenzt in den Verfügungsbereich des Dienstleistungsunternehmens (Katz/Kahn 1966, S. 115) und wird mit den internen Produktionsfaktoren und eventuell weiteren externen Faktoren (z. B. anderen Kunden) in einen Verarbeitungsprozess integriert (Engelhardt/Kleinaltenkamp/Reckenfelderbäumer 1993, S. 401; Meyer/Westerbarkey 1995, S. 99). Hier ist der Hinweis wichtig, dass sich die Kundenintegration allerdings nicht nur auf den finalen Leistungserstellungsprozess bezieht, vielmehr „sind grundsätzlich alle Arten von betrieblichen Prozessen gemeint, also auch z. B. solche, die der Konfigurierung der Bereitstellungsleistung dienen, d. h. der Zusammenstellung der für die Schaffung des Potentials zur Leistungserstellung erforderlichen Produktionsfaktoren" (Engelhardt/Kleinaltenkamp/Reckenfelderbäumer 1993, S. 411). Die denkbare Integration des Kunden in die verschiedenen unternehmerischen Funktionsbereiche veranschaulicht Abbildung 6. Zur näheren Erläute-

---

[11]   Demgegenüber verwenden Engelhardt/Kleinaltenkamp/Reckenfelderbäumer (1993, S. 414) den Begriff der Integrativität als Synonym zum Begriff der Eingriffsintensität (siehe auch den Begriff der Integrationsintensität; u. a. Meyer 1994, S. 86). In einer späteren Abhandlung der Autoren wird allerdings der Begriff der Integrativität gleichgesetzt mit der Integration externer Faktoren in die betrieblichen Leistungserstellungsprozesse (Engelhardt/Kleinaltenkamp/Reckenfelderbäumer 1995, S. 674).

[12]   Zur historischen Entstehung des Begriffs des externen Faktors siehe die Ausführungen von Stuhlmann (1999) und zu den diversen Erscheinungsformen findet sich bei Maleri (1997, S. 182) ein systematischer Überblick.

rung muss darauf hingewiesen werden, dass gerade bei Dienstleistungen eine funktionale Organisationsstruktur problematisch ist (Engelhardt/Schnittka 1998, S. 925; siehe auch Grönroos 1983, S. 13 f. und Swartz/Bowen/Brown 1992, S. 2).[13] So lassen sich beispielsweise Produktion und Absatz bei Dienstleistungen oftmals nicht voneinander trennen, weshalb diese in Abbildung 6 zusammengefasst wurden.

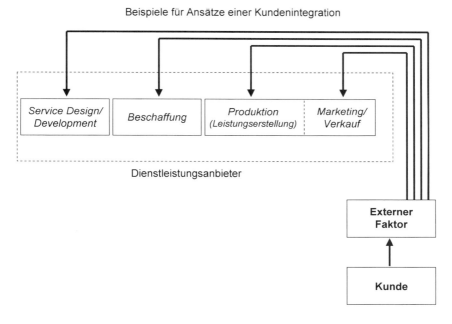

Beispiele für Ansätze einer Kundenintegration

Abb. 6:   Möglichkeiten der Kundenintegration bei einem Dienstleistungsunternehmen
Quelle: In Anlehnung an Engelhardt/Kleinaltenkamp/Reckenfelderbäumer 1993, S. 413.

Zur Generierung eines Produkts ist die Erfüllung verschiedener Teilaufgaben vonnöten. Die Koordination dieser Teilaufgaben erfolgt üblicherweise im Rahmen der

---

[13]   Dies lässt sich darauf zurückführen, dass im Gegensatz zu Sachleistungen bei vielen Dienstleistungen deren Produktion erst dann möglich ist, wenn ein Käufer gefunden ist. Der Absatz ist also der Produktion zeitlich vorgelagert (Altenburger 1980, S. 63; Fletcher/Snee 1985, S. 75; Reckenfelderbäumer 1995, S. 27; Zilahi-Szabó 1993, S. 76). Produktion und Konsum finden zum Teil zeitlich parallel statt (uno-actu-Prinzip).

Aufbauorganisation (Ringlstetter 1997, S. 13 f.).[14] Hierbei lassen sich verschiedene Formen unterscheiden, wovon die funktionale Organisationsstruktur (Ringlstetter 1997, S. 69-72) eine der Verbreitetsten darstellt. Die Erfüllung dieser Funktionen erfolgen bei Sachgüterproduzenten weitgehend autonom (Reckenfelderbäumer 1995, S. 28).[15] Eine Ausnahme stellt der Funktionsbereich des Absatzes dar, bei dem es zu einer direkten Interaktion zwischen Hersteller und Kunde kommt, falls kein Intermediär dazwischen geschaltet ist. Eine weitere Ausnahmeerscheinung ist die Einbindung des Kunden in die Innovationsprozesse, sei es in die Phase der Invention oder der Markteinführung.

Während die genannten Integrationstendenzen gleichermaßen für Sach- und Dienstleistungsproduzenten feststellbar sind (siehe die Ausführungen von Chase 1991; Chase/Garvin 1989), liegt die Besonderheit von Dienstleistungen in der Einbindung der Kunden in den Produktionsprozess (für viele: Meyer 1994, S. 37; Swartz/Bowen/Brown 1992, S. 3). Dabei lassen sich verschiedene Eingriffstiefen des Kunden bzw. externen Faktors unterscheiden. Die Eingriffstiefe beschreibt, an welcher Stelle der betrieblichen Wertschöpfungskette der externe Faktor in die Leistungserstellung mit eingebunden wird (Engelhardt/Kleinaltenkamp/Reckenfelderbäumer 1993, S. 413 f.; Reckenfelderbäumer 1995, S. 26). Je früher er in den Erstellungsprozess integriert ist, desto mehr nimmt die Eingriffstiefe zu.

Ein Ansatz zur weiteren Untergliederung des Merkmals der Integrativität hat Meffert (1994) entwickelt. Meffert (1994, S. 523) greift den Typologisierungsansatz von Engelhardt/Kleinaltenkamp/Reckenfelderbäumer (1993) auf und zerlegt die Integrativitätsachse ihrerseits wiederum in die zwei Teildimensionen des Interaktionsgrads und Individualisierungsgrads (siehe Abbildung 7).

---

[14]   Ringlstetter (1997, S. 1 f.) spricht vom so genannten „Organisationsproblem". Darunter ist die Aufteilung einer (komplexen) Aufgabe in entsprechende Teilaufgaben zu verstehen, die wiederum koordiniert werden müssen, um die Aufgabe zu erfüllen.

[15]   Diese Autonomität der Sachgüterproduzenten schwindet allerdings. Immer stärker treten Tendenzen der Einbindung des Kunden auf. So sprechen Hansen/Hennig (1995a; 1996) und Hennig-Thurau (1998) auch von dem so genannten „Customer-active-Paradigma" und bezeichnen damit die stärkere Einbettung des Kunden in die betrieblichen Wertschöpfungsprozesse.

Diese beiden Dimensionen stehen als eigenständige Dimensionen neben dem Immaterialitätsgrad (Meffert 1995, S. 680). Während sich der Interaktionsgrad[16] „auf jegliche Form einer Einbindung des externen Faktors in den Leistungserstellungsprozeß" (Meffert 1994, S. 524) bezieht,[17] handelt es sich beim Individualisierungsgrad um „die kundenbezogene Spezifität der Bereitstellungsleistung und des sich anschließenden Leistungserstellungsprozesses" (Meffert 1994, S. 523; siehe auch Corsten 1986, S. 29). Im Falle der Mitwirkung des Kunden ist somit der Integrationsprozess als ein zweiseitiger Interaktionsprozess zu verstehen (Meyer/ Mattmüller 1987, S. 189).

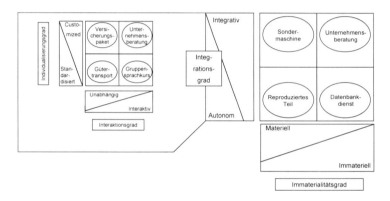

Abb. 7:		Erweiterte Leistungstypologie
Quelle:		Meffert 1994, S. 524.

Trotz aller Kritik an der beschriebenen Modifikation dieser Leistungstypologisierung (siehe hierzu die Ausführungen von Engelhardt/Kleinaltenkamp/Reckenfelderbäumer 1995, insb. S. 675 f. und die Entgegnung von Meffert 1995) wird diese Erweiterung aufgegriffen, da sie wertvolle Implikationen für das Konzept der Kundenentwicklung im Dienstleistungsbereich liefert.

Nach dieser vertieften Auseinandersetzung mit dem Begriff und den Inhalten der Integrativität ist weiterhin zu klären, welches Verständnis von Dienstleistungskontakten

---

[16]   Auch Wohlgemuth (1989, insbesondere S. 339) benutzt zur Ableitung von Implikationen für die Führung von Dienstleistungsunternehmen die Dimension der Interaktionsintensität.
[17]   Grundsätzlich können unter Interaktionen „Sequenzen interdependenter Handlungen von einzelnen oder Gruppen von Personen mittels personaler und/oder medialer Kontakte" (Neuhaus 1996, S. 76) verstanden werden.

der Arbeit zugrunde gelegt wird. Interaktionen von Kunden und Dienstleistungsunternehmen zeichnen sich durch die Kontaktsituation im Moment der Leistungserstellung aus. Dieser Dienstleistungskontakt lässt sich auch als „Kontaktpunkt", „Service encounter", „Augenblick der Wahrheit" oder „Moment of Truth" bezeichnen (Stauss 1995, S. 28; 1999a, S. 273; 2000a, S. 323). Die Summe aller Kontaktpunkte im zeitlichen Ablauf der Leistungserstellung stellt den so genannten Kundenprozess bzw. Kundenpfad dar (Stauss 1995, S. 29). Die dem Konstrukt des Kontaktpunkts zugrunde liegenden Verständnisse verschiedener Autoren differieren jedoch zum Teil sehr stark. Zunächst finden sich bezüglich der einbezogenen Elemente des Leistungssystems in der Literatur zum Dienstleistungsmanagement ein engeres und ein weiteres Verständnis.

Czepiel et al. (1985, S. 3) grenzen den Dienstleistungskontakt auf die Situationen ein, in denen „one human being (is) interacting with another". Solomon et al. (1985, S. 100) schließen sich dieser Definition an, indem sie den Service encounter als „face-to-face interactions between a buyer and a seller in a service setting" spezifizieren. Die genannten Autoren sind damit Vertreter der engeren Sichtweise von Dienstleistungskontakten, die auf eine persönliche Interaktion zwischen Kunden und Mitarbeitern des Dienstleistungsunternehmens fokussieren (Stauss 1999a, S. 274).

Eine Vertreterin eines weiteren Verständnisses des Service encounter ist dagegen Shostack (1985, S. 243), die den Dienstleistungskontakt als „a period of time during which the consumer directly interacts with a service" bezeichnet. Diese Sichtweise schließt sämtliche Kontakte des Kunden mit Mitarbeitern des Anbieters und dem tangiblen Umfeld des Unternehmens ein, darüber hinaus auch die Kontakte, die Mensch-Maschine- bzw. Maschine-Maschine-Interaktionen umfassen (siehe hierzu auch Bitner/Booms/Tetreault 1990, S. 72; Grund 1998, S. 26; Nerdinger 1994, S. 61; Stauss 1999a, S. 274). Um ein möglichst umfassendes Konzept der Kundenentwicklung zu generieren - auch und gerade in Bezug auf das operative Management der Kundenentwicklung -, wird ein weites Verständnis von Dienstleistungskontakten der Arbeit zugrunde gelegt.

Dienstleistungskontakte werden obendrein hinsichtlich des Aggregationsgrades des Kundenprozesses während der Dienstleistungserstellung unterschieden (Stauss

1999a, S. 274-276). Dementsprechend bezieht sich der Dienstleistungskontakt entweder auf die gesamte Dienstleistungstransaktion, die einzelne -episode oder den singulären -kontaktpunkt. Dabei setzt sich eine Dienstleistungstransaktion, z. B. ein Hotelaufenthalt, aus mehreren Dienstleistungsepisoden zusammen, wie der Check-in- und Check-out-Phase, die wiederum aus mehreren Kontaktpunkten bestehen (siehe Abbildung 8), z. B. Aufsuchen der Rezeption, Begrüßung, Formalitäten, Zimmerschlüsselübergabe, Zahlen der Rechnung und Verlassen des Hotels. Auch hier erfolgt eine weite Fassung des Verständnisses von Dienstleistungskontakten, d. h. Kundenentwicklung sollte kontaktpunktspezifisch erfolgen.[18]

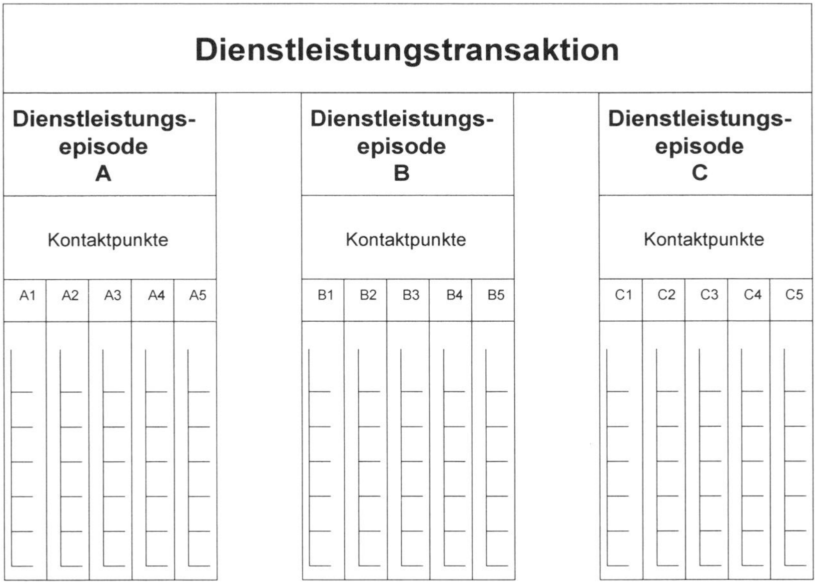

Dienstleistungstransaktion

Dienstleistungs-episode A					Dienstleistungs-episode B					Dienstleistungs-episode C				
Kontaktpunkte					Kontaktpunkte					Kontaktpunkte				
A1	A2	A3	A4	A5	B1	B2	B3	B4	B5	C1	C2	C3	C4	C5

Abb. 8:   Elemente eines dienstleistungsbezogenen Kundenprozesses
Quelle: Stauss/Seidel 1998a, S. 209.

Die bisherigen Ausführungen zu Dienstleistungskontakten lassen erkennen, dass sich Dienstleistungen durch einen Kontaktzwang auszeichnen. Im Kontext der Diskussion um die konstitutiven Merkmale von Dienstleistungen schlägt daher Hent-

---

[18]   Einen kompakten Überblick über die verschiedenen Dimensionen von Kundenkontakten gibt Zollner (1995, S. 69-75).

schel (1992, S. 23) vor, statt auf die Kundenbeteiligung bzw. Integration des externen Faktors abzustellen, doch besser von einem Kontaktzwang zu sprechen. Damit würde jedoch der Fokus der Arbeit auf einem situativ geprägten Kundenkontakt und nicht primär auf dem Kundenverhalten liegen. Daher soll das Konzept der Kundenbeteiligung beibehalten werden. Dieses „is a behavioral concept emphasizing the active role the consumer plays in the service encounter" (Silpakit/Fisk 1985, S. 117).

Vielfach werden die Begriffe „Integration des externen Faktors", „Integrativität", „Kundenbeteiligung" und „Mitwirkung des Kunden" synonym verwendet (siehe z. B. den synonymen Einsatz dieser Begriffe bei Engelhardt/Schnittka 1998, S. 918 f. und Hentschel 1992, S. 23). Dies ist aber eine unzulängliche Verkürzung bzw. Verallgemeinerung der Informationsgehalte der verschiedenen Begriffe. Während die Integration des externen Faktors bzw. Integrativität z. B. auch die Einbindung eines Sachguts beinhalten kann, handelt es sich bei der Kundenbeteiligung („consumer participation"; Silpakit/Fisk 1985, S. 117) beim externen Faktor immer um den Kunden. Silpakit/Fisk (1985, S. 117) verstehen dementsprechend unter Kundenbeteiligung „the degree of consumers' effort and involvement, both mental and physical, necessary to participate in production and delivery of services".[19]

2.3.3.2   Ausgewählte Konsequenzen der Integrativität für das Dienstleistungsmarketing

Vergleichbar der Intangibilität bedingt die Integrativität ein für den Kunden nur schwer absehbares Leistungsergebnis. Sowohl Leistungserstellungsprozess als auch -ergebnis hängen u. a. von den eingebrachten externen Faktoren ab (Engelhardt/Kleinaltenkamp/Reckenfelderbäumer 1993, S. 421; Rushton/Carson 1989, S. 36; Zeithaml 1981, S. 187). Der Kunde nimmt damit tendenziell eine höhere Beschaffungsunsicherheit wahr, da er sich schwer tut, das Integrationsvermögen des Dienstleisters einzustufen. Daraus folgt, dass die zu erreichende Qualität für ihn nur schwer einschätzbar ist (Corsten 1986, S. 24 f.; Engelhardt/Kleinaltenkamp/

---

[19]   Der Begriff der Kundenbeteiligung findet sich auch bei Langeard (1981, S. 233), wobei er lediglich darauf hinweist, dass die Empfänger von Dienstleistungen häufig auch an der Erstellung beteiligt sind.

Reckenfelderbäumer 1993, S. 421; Meffert 1994, S. 525). Die damit einhergehende hohe Marktintransparenz führt i. d. R. zu einer mangelhaften Evidenz beim Kunden hinsichtlich des vorhandenen Angebots (Burton 1990, S. 59; Engelhardt/ Kleinaltenkamp/Reckenfelderbäumer 1993, S. 421). Daher spielen auch hier cre-dence qualities eine wichtige Rolle (Engelhardt/Kleinaltenkamp/Reckenfelder-bäumer 1993, S. 421; Meffert 1994, S. 525; Zeithaml 1981, S. 187 f.).

Für den Kunden ist von Vorteil, dass er mittels seiner Einbindung in den Leistungs-erstellungsprozess auch Einfluss auf diesen und dessen Ergebnis nehmen kann (Corsten 1986, S. 32; Engelhardt/Kleinaltenkamp/Reckenfelderbäumer 1993, S. 421; Langeard 1981, S. 235 f.). Für das Dienstleistungsunternehmen bedeutet dies je-doch, dass es die Autonomie im Hinblick auf die Steuerung und die Kontrolle seiner internen Prozessabläufe verliert. Damit einhergehen können positive, neutrale oder negative Einflüsse des Kunden auf die Qualität (Corsten 1986, S. 25; Engelhardt/ Kleinaltenkamp/Reckenfelderbäumer 1993, S. 422; Hilke 1989, S. 26 f.; Lehmann 1989, S. 189; Meyer 1994, S. 86 f.; Meyer/Mattmüller 1987, S. 193; Schneider 1998, S. 172; Wohlgemuth 1989, S. 340). Hierdurch stellen sich besondere Herausforde-rungen an die Produktionssteuerung und an das Qualitätsmanagement des Dienstleisters (Engelhardt/Kleinaltenkamp/Reckenfelderbäumer 1993, S. 422; Hilke 1989, S. 27; Meyer 1991, S. 203; Parasuraman/Varadarajan 1988, S. 58). Engel-hardt/Kleinaltenkamp/Reckenfelderbäumer (1993, S. 422) führen in diesem Kontext aus: „Der Anbieter muss die Eingriffe von außen im Rahmen seiner Integrationsbe-mühungen so weit wie möglich kalkulierbar machen und versuchen, sie in seinem Sinne zu manipulieren."

2.3.4   *Begriffsfassung von Dienstleistungen*

Die bisherigen Ausführungen haben gezeigt, dass Intangibilität und Integrativität als konstitutive Merkmale von Dienstleistungen mit zentralen Implikationen für das Dienstleistungsmarketing einhergehen. Da diese beiden Dienstleistungscharakteris-tika zudem eine wichtige Rolle für das Konzept der Kundenentwicklung spielen, soll der Dienstleistungsbegriff im Rahmen der Arbeit wie folgt festgelegt werden (siehe ähnlich Hentschel 1992, S. 26):

Dienstleistungen sind Produkte, die sich durch einen hohen Grad an In-
tangibilität und Integrativität auszeichnen.

Damit werden in die weitere Betrachtung auch Sachleistungsanbieter einbezogen, sofern diese Dienstleistungen als marktfähige Angebote extern vertreiben (siehe Abschnitt 2.3.1). Diese Begriffsfassung erhebt nicht den Anspruch auf Allgemeingültigkeit, sondern stellt eine für die weitere Arbeit zweckmäßige Definitionswahl dar.

2.4   Theoretische Grundlagen zum Verständnis von Dienstleistungskunden

Im Fokus der Arbeit steht die Entwicklung von Dienstleistungskunden. Die Spannbreite des Begriffs Dienstleistungskunde ist jedoch nicht zu unterschätzen. In der Literatur existieren unterschiedlichste begriffliche Fassungen und Systematisierungen von Kunden. Infolgedessen ist zunächst in Abschnitt 2.4.1 zu klären, welches Verständnis von Dienstleistungskunden der Arbeit zugrunde gelegt wird. Durch die Integrativität stehen Dienstleistungskunden in einem besonderen Verhältnis zu Unternehmen. Wie sich diese Beziehung aus einer organisationstheoretischen Perspektive gestaltet, beschreibt Abschnitt 2.4.2.

2.4.1   Begriff des Dienstleistungskunden

Der Begriff des Kunden taucht in Deutschland im 16. Jahrhundert erstmals im kommerziellen Sinne auf. Ein Kunde ist, „wer (regelmäßig) ein Geschäftsangebot wahrnimmt, einen Laden, Dienstleistungsbetrieb (wiederholt) in Anspruch nimmt" (Pfeifer 1997, S. 744). Er bildet die (potentielle) Marktpartei auf der Nachfrageseite eines Markts (Diller 1992) und zeichnet sich dadurch aus, dass er Geld an das Unternehmen im Tausch gegen dessen Leistung(en) liefert (Simon 1981, S. 59). Grundsätzlich können auch Interessenten zu den (potentiellen) Kunden gezählt werden (Cornelsen 1996, S. 4). Die Sinnhaftigkeit des Einbezugs der Interessenten in die Gesamtheit der Kunden hängt von der jeweiligen Zielsetzung ab. Gerade für ein Konzept der Kundenentwicklung bilden Interessenten in vielen Fällen eine hochinteressante Zielgruppe.[20] Dennoch liegt der Fokus der Arbeit ganz eindeutig auf den aktuellen Kunden. Von daher folgt die Arbeit weitgehend der Definition von Nötzel (1979, S. 392), der den Unterschied zwischen den Begriffen des Käufers und des Kunden in der Regelmäßigkeit des Vollzugs von Kaufakten sieht. Dementsprechend ist für Nötzel (1979, S. 392) ein Kunde ein regelmäßiger Käufer im Sinne eines Stammkunden. Allerdings findet diese Definition im Rahmen der Arbeit insofern eine Erweiterung, als auch Neukunden, die eine (mittel- bis langfristige) Geschäftsbeziehung anstreben, in die Betrachtung mit einbezogen werden.

Kauf und Nutzung einer Leistung bilden die Kernelemente des Kundenverständnisses. Demgemäß findet sich in der Literatur die Unterscheidung von Käufer und Nutzer einer Leistung (Altenburger 1980, S. 81). Des Weiteren können Dienstleistungskunden danach klassifiziert werden, ob sie Privatpersonen oder ein gewerbliches Unternehmen sind (Engelhardt/Schwab 1982, S. 505; Meffert/Bruhn 20000, S. 19 f.). Folglich lassen sich institutionelle und private Kunden unterscheiden (Nieschlag/Dichtl/Hörschgen 1991, S. 620).[21] Daneben soll eine Systematisierung in Individualkunden und Kundengruppen (Meffert 1992, S. 38) erfolgen, da hiervon grundsätzliche Überlegungen zur Kundenentwicklung abhängen. Die daraus abzuleitenden Grundtypen von Kunden sind in Abbildung 9 dargestellt.

	Privater Bereich	**Gewerblicher Bereich**
Individualkunde(n)	• Privatkunde(n)	• Geschäftskunde(n)
Kundengruppe(n)	• Privatkundengruppe(n)	• Geschäftskundengruppe(n)

Abb. 9:   Grundtypen von Kunden
Quelle: In Anlehnung an Meffert 1992, S. 38 und Nieschlag/Dichtl/Hörschgen 1991, S. 620.

---

[20]   So ist beispielsweise die Gruppe der potentiellen Patienten für ein Konzept der Patientenentwicklung im Krankenhaus sehr interessant; siehe Gouthier (1999a, S. 8).

[21]   Übertragen auf Dienstleistungen können diese im Sinne einer marktgerichteten Dimension (Meffert/Bruhn 2000, S. 19-21) in konsumtive und investive Dienstleistungen klassifiziert werden (Engelhardt/Schwab 1982, S. 505; Ernenputsch 1986, S. 10 f.; Hilke 1989, S. 7).

Im Blickpunkt dieser Arbeit stehen ausschließlich private Kunden, die sowohl Käufer als auch Nutzer einer Dienstleistung sind.

2.4.2 Organisationstheoretische Betrachtung des Dienstleistungskunden als Mitglied des Unternehmens

Ausgangspunkt der nun folgenden Überlegungen ist das Verständnis von Unternehmen bzw. Organisationen als offene Systeme (Katz/Kahn 1966, S. 122). Dabei kann unter einem System ganz allgemein „eine geordnete Gesamtheit von beliebigen Elementen mit wechselseitigen Beziehungen untereinander verstanden werden" (Ulrich/Fluri 1988, S. 17). Dieses ist „offen" gestaltet, wenn es Beziehungen zur Umwelt aufrechterhält, und damit die Systemgrenze durchlässig ist (Güldenberg 1998, S. 56). Innerhalb des Systems existieren Teilgesamtheiten, deren interne Beziehungsintensität wesentlich höher ist als deren externe, d. h. gegenüber anderen Teilgesamtheiten. Diese Teilgesamtheiten sind daher auch als Subsysteme zu bezeichnen (Güldenberg 1998, S. 53). Die kleinste Einheit ist sodann das einzelne Element eines Systems (Ulrich/Fluri 1988, S. 17 f.). Unter einem System ist somit eine Menge von Elementen und die zwischen ihnen bestehenden Beziehungen zu verstehen (Nerdinger 1994, S. 77).

Dieses Grundmodell eines Unternehmens basiert auf verschiedenen Prämissen. Eine zentrale Annahme ist, dass nicht der gesellschaftsrechtliche Status des Unternehmens als Zweckverband der Kapitaleigentümer, sondern der soziologische Status des Unternehmens als Organisation, d. h. als ein strukturiertes arbeitsteiliges System von Menschen, die verschiedene Beiträge für die Funktionsfähigkeit des Unternehmens leisten, als Grundcharakteristikum gilt (Ulrich/Fluri 1988, S. 18). Organisationen sind nach diesem Verständnis offene Systeme mit einer unterschiedlich stark ausgeprägten Permeabilität der organisationalen Grenzen (Katz/Kahn 1966, S. 122-124). Engelhardt/Schnittka (1998, S. 930) greifen diesen Gedanken auf und wenden ihn speziell für Dienstleistungsorganisationen an: „Die Erstellung von Dienstleistungen erfolgt in einem offenen System, in dem die Unternehmensgrenzen fließend sind" (so auch Bowen/Schneider 1985, S. 133 und Fitzsimmons/Fitzsimmons 2001, S. 34-37). Damit können als Systemmitglieder nicht nur die

Kapitaleigentümer oder die Mitarbeiter angesehen werden, sondern aufgrund der Integrativität gerade auch die Dienstleistungskunden: „boundaries of the service organization have to be expanded to incorporate the consumers as temporary members or participants" (Mills/Morris 1986, S. 726; siehe auch Creusen 1995, S. 7; Fitzsimmons/Fitzsimmons 2001, S. 34-37; Mills/Chase/Margulies 1983, S. 305; Swartz/Bowen/Brown 1992, S. 6).[22] Dieser Gedanke findet sich bei Parsons (1970, u. a. S. 2) wider, der postuliert, dass Dienstleistungsanbieter und Kunden als (ebenbürtige) Mitglieder einer Gemeinschaft angesehen werden können, die u. a. basierend auf Selbstinteresse Inputs und Outputs miteinander austauschen (Parsons 1970, S. 7). Damit existieren bei Dienstleistungsorganisationen sowohl eine Personalmitgliedschaft („Staff membership") als auch eine Kundenmitgliedschaft („Customer membership") (in Anlehnung an Parsons 1970, S. 8 f.).

Schon 1933 hat Allport (1933, S. 96 f.) mit seinem „Concept of partial inclusion" auf die partielle Einbeziehung („Partial inclusion") der Mitglieder einer Gruppe bzw. eines Systems hingewiesen. Demnach bringen Individuen nicht ihre gesamte Persönlichkeit in die soziale Organisation ein, sondern nur ein Segment ihrer Persönlichkeit wird Teil des Systems: „We shall speak of it as a situation of *partial inclusion* [Hervorhebung im Original]; because not the whole personality, but only a limited segment of it is involved in the individuals concerned" (Allport 1933, S. 96). Weder fordern noch wollen Organisationen, dass ihre Mitglieder die ganze Persönlichkeit einbringen (Katz/Kahn 1966, S. 50).[23]

Katz/Kahn (1966, S. 115) greifen dieses Konzept auf und wenden es für personenbezogene Dienstleistungen an. Am Beispiel von Bildungsinstitutionen und Krankenhäusern weisen die Autoren darauf hin, dass die Kunden die Grenze der Organisation überschreiten und damit temporär in deren Verfügungsbereich gelangen (Katz/Kahn 1966, S. 115): „The educational institution or the hospital is concerned with changing people who come within its boundaries and who become temporary members of the organization." Dabei hängt die Art der Partial inclusion des Kunden ins-

---

[22] Dieser Gedanke erlebt gerade durch das Internet einen immensen Aufschwung. Hier lassen sich Kunden als „cocreators of value" (Prahalad/Ramaswamy 2000, S. 80) ansehen, die einen Teil des „enhanced network" (Prahalad/Ramaswamy 2000, S. 80 f.) von Unternehmen darstellen.

[23] Es finden sich gleichwohl in der psychologisch-geprägten Literatur zur Personalentwicklung Empfehlungen dahingehend, dass doch die Gesamtpersönlichkeit des Unternehmensmitglieds im Fokus der Betrachtung stehen sollte (Sonntag 1999a, S. 18).

besondere von den Aufgaben des bzw. Anforderungen an den Kunden und dessen Qualifikation im Kontext der Dienstleistungserstellung ab (Mills/Morris 1986, S. 727).

Vor dem geschilderten Hintergrund ist es naheliegend, den Kunden als Mitglied des Service-Systems[24] (Mills/Chase/Margulies 1983, S. 302; Parsons 1970, u. a. S. 2) und damit als Teil des Dienstleistungsunternehmens anzusehen. Wie ein offenes System der Dienstleistungserstellung grundsätzlich gestaltet sein kann, geht aus Abbildung 10 hervor. Hieran wird ersichtlich, dass der Kunde als Inputfaktor agiert, der in den Leistungsprozess eingebunden ist (Fitzsimmons/Fitzsimmons 2001, S. 34 f.).

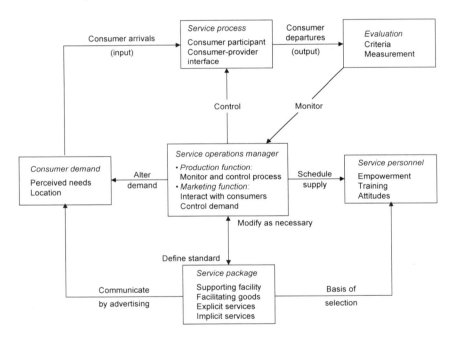

Abb. 10:   Kunden als Teil eines offenen Dienstleistungserstellungssystems
Quelle: Fitzsimmons/Fitzsimmons 2001, S. 35.

Es sei gleichwohl ergänzend darauf hingewiesen, dass dieses Verständnis primär aus der Perspektive von Dienstleistungsunternehmen erfolgt. Diese können Dienst-

---

[24]   Diese Mitgliedschaft variiert zwischen „more or less formal" (Parsons 1970, S. 3); siehe hierzu auch die Ausführungen von Lovelock (1983, S. 13 f.), der zwischen „membership relationship" und „no formal relationship" unterscheidet.

leistungskunden als „temporary participants in the service delivery process of the service organization" (Kelley/Donnelly/Skinner 1990, S. 316) ansehen (siehe auch Berthon et al. 1999, S. 93). Demgegenüber verstehen sich die Kunden selbst nicht (unbedingt) als Mitglieder einer Service-Organisation (Berry/Lampo 2000, S. 267; Kelley/Donnelly/Skinner 1990, S. 315).

Dieses Service-System, das ein Subsystem des Dienstleistungsunternehmens darstellt (Nerdinger 1994, S. 78) und auch die Bezeichnung „Front office" (Chase/Tansik 1983, S. 1042; siehe auch Wohlgemuth 1998, S. 783) trägt,[25] ist durch das kooperative Handeln von zwei oder mehr Personen (Barnard 1970, S. 72), d. h. durch das Kundenkontaktpersonal („boundary-spanning-role employees"; Bowen/Schneider 1985, S. 127) sowie den bzw. die Kunden geprägt (Bowen/Schneider 1985, S. 128; Bowers/Martin/Luker 1990, S. 56; Kelley/Donnelly/Skinner 1990, S. 326). Effektivität und Effizienz des Service-Systems hängen insofern nicht nur von den Leistungen des Kundenkontaktpersonals ab, sondern insbesondere auch von den Leistungen der Kunden (Bowen 1986, S. 375; Bowers/Martin/Luker 1990, S. 55).

Schon 1938 hat Barnard (1938, S. 69, S. 71 und S. 77) darauf hingewiesen, dass bei kooperativem Handeln Kunden als Mitglieder bzw. Mitwirkende einer (industriellen) Organisation angesehen werden können. Diese Auffassung Barnards teilt Simon (1981, S. 151), der zudem darauf hinweist, dass dieses Verständnis allerdings „offenbar noch keine breite Akzeptanz bei Organisationstheoretikern gefunden" hat. Dagegen hat diese Auffassung von Kunden als Organisationsmitglieder (Berry/ Lampo 2000, S. 267) im wirtschaftswissenschaftlichen Forschungszweig des Dienstleistungsmarketing eine grundsätzliche Zustimmung gefunden. Lehtinen (1986, S. 32) beschreibt Kunden explizit als „an essential part of the service organization" (siehe auch Biehal 1994, S. 50). Mills/Chase/Margulies (1983) und Mills/Morris (1986) gehen noch einen Schritt weiter, indem sie den Kunden als „Partial employee"[26] bezeichnen, der im Zusammenhang mit seiner Beteiligung an der

---

[25] Dagegen laufen im so genannten „back office" die Prozesse ohne Beteiligung von Kunden ab (Chase/Tansik 1983, S. 1042; Hardt 1996, S. 100).

[26] Mitarbeiter des Unternehmens werden dagegen als „Regular employees" (Mills/Morris 1986, S. 727) bezeichnet.

Leistungserstellung verschiedene Aufgaben zu erfüllen hat (siehe auch Bowen/ Schneider 1985, S. 136). So ist der Dienstleistungskunde „nicht nur Abnehmer der Leistung, sondern auch Lieferant der externen Faktoren sowie zeitlich begrenzt Mitwirkender am Leistungserstellungsprozeß des Unternehmens" (Engelhardt/ Schnittka 1998, S. 930). Auch Kießling/Koch (1999, S. 25) und Klaus (1984, S. 470) bezeichnen die Kunden explizit als Mitarbeiter des Unternehmens. Wohlgemuth (1989, S. 344) formuliert gar die These, „daß sich im Dienstleistungsbereich *entscheidende Wettbewerbsvorteile erringen lassen, indem der Kunde künftig in noch viel stärkerem Maß als 'Teil' der Unternehmung* [Hervorhebung im Original] betrachtet wird".

Kritisch zur Bezeichnung des Dienstleistungskunden als „partieller Mitarbeiter" äußert sich dagegen Nerdinger (1994, S. 243). Er zieht den Begriff der Kunden (Bedienten) als „unbezahlte Mitarbeiter" (Nerdinger 1994, S. 243) vor, da seiner Meinung nach deren gezielter Einbezug letztlich nur der Kostensenkung diene (siehe auch Ritzer 1995, S. 80 f.). Zwar kann Nerdinger (1994) insoweit Recht gegeben werden, dass ein wichtiger Aspekt der verstärkten Integration von Kunden in der Einsparung von unternehmerischen Kosten zu sehen ist. Daneben spielen allerdings viele weitere Aspekte - wie in Kapitel 2.5 noch zu zeigen sein wird, z. B. die Steigerung der Kundenzufriedenheit aufgrund einer guten Beteiligung an der Leistungserstellung - eine wichtige Rolle. Zudem erklären sich Kunden im Sinne der Anreiz-Beitragstheorie - siehe insbesondere Abschnitt 5.3.2 und Abschnitt 8.4.2 - nur gegen entsprechende Anreize zu einer Leistungsbeteiligung bereit. Folgende Aussage des Nobelpreisträgers Herbert A. Simon (1981, S. 141) belegt diesen Sachverhalt: „Individuen [in diesem Falle die Kunden; Anm. d. Verf.] sind bereit, die Mitgliedschaft in einer Organisation zu akzeptieren, wenn ihre Tätigkeit in der Organisation direkt oder indirekt zu ihren eigenen persönlichen Zielen beiträgt."

Der Einbezug des Kunden in das Service-System eines Unternehmens spiegelt sich auch in Aussagen von Autoren wider, die den Kunden gar als wichtig(st)e Ressource eines Dienstleistungsunternehmens ansehen. Beispielsweise bezeichnet Reckenfelderbäumer (1995, S. 222) Kunden „als die zentrale Ressource der Unternehmung", Bitner et al. (1997, S. 197) sprechen von „Customers as productive resources", Lengnick-Hall (1996, S. 797) vom „Customer as resource" und Gersuny/

Rosengren (1973, S. 139) vom Kunden als „Human resource". Schneider/Bowen (1995, S. 3 f.) betonen gleichermaßen, dass Kunden „are no less a part of a firm's human resources than its employees" (siehe auch Bowen 1986, S. 371).

Auch aus einer theoretischen und nicht nur umgangssprachlichen Perspektive lassen sich Kunden und Kundenbeziehungen als Ressourcen eines Dienstleistungsunternehmens bezeichnen,[27] wie Gouthier/Schmid (2001) anhand der ressourcenbasierten Ansätze des Strategischen Managements nachweisen. Diese kritischen Ressourcen von Dienstleistungsunternehmen müssen dementsprechend, wie auch die anderen unternehmerischen Ressourcen, unter Managementgesichtspunkten betrachtet und gesteuert werden (Bowen/Schneider 1985, S. 136; Canziani 1997, S. 5; Ostrom/Roundtree 1998, S. 14; Swartz/Bowen/Brown 1992, S. 6).

2.5 Theoretische Grundlagen zur Service Customer Performance

Kunden können - wie im vorherigen Kapitel gezeigt - durchaus als Mitglieder und Ressourcen von Dienstleistungsunternehmen angesehen werden. Dies beinhaltet die Erkenntnis, dass Dienstleistungskunden verschiedene Leistungen für ein Unternehmen erbringen. Die Gesamtheit dieser unternehmensgerichteten Leistungen des Kunden soll als Service Customer Performance bezeichnet und in Abschnitt 2.5.1 näher definiert werden. Der Systematisierung der einzelnen Teilleistungen ist dagegen Abschnitt 2.5.2 gewidmet.

2.5.1   Begriff der Service Customer Performance

Im Dienstleistungsbereich gilt wie grundsätzlich in allen anderen Wirtschaftsbereichen auch, dass auf einem Markt Tauschrelationen zwischen den Marktpartnern erfolgen (Scheuch 1982, S. 82). Dabei findet die Leistung eines Marktpartners ihre Entsprechung in der Gegenleistung des jeweils anderen Marktpartners (Wiswede

---

[27] Dabei liegt jedoch eine begriffliche Unsauberkeit vor. Nicht der Kunde an sich stellt eine Ressource des Unternehmens dar, sondern dessen Einstellungen, Wissen und Verhalten, d. h. letztlich die Leistungen, die er für das Unternehmen erbringt, sind die Ressourcen eines Dienstleisters (Plinke 1998, S. 182; siehe auch Kelley/Donnelly/Skinner 1990, S. 315).

1995, S. 98). Dieser ökonomisch geprägte Tauschakt bzw. die Tauschbeziehung wird im Allgemeinen als Transaktion bezeichnet (Nerdinger 1994, S. 59). Bei Sachgüterproduzenten bedeutet dies, dass der Käufer als Gegenleistung für den Erhalt eines Produkts den entsprechenden Kaufpreis zu entrichten hat, getreu dem Motto: „Produkt gegen Geld".[28] Dieses Prinzip gilt zwar gleichermaßen für den Dienstleistungsbereich (Nerdinger 1994, S. 53 und S. 59); hier verpflichtet sich aber der Kunde mit dem Erwerb einer Dienstleistung „nicht nur zur Entgeltzahlung, sondern [er] übernimmt i. d. R. immer auch einzelne Teile der Leistungserstellung selbst. Aus der Perspektive des Nachfragers sind damit Kosten verbunden, die zusammen mit dem Entgelt seine Gegenleistung ausmachen" (Engelhardt/Schnittka 1998, S. 925).[29] Diese Gegenleistung des Dienstleistungskunden kann die rein rechtlich aus dem Dienst- oder Werkvertrag erwachsenden Pflichten des Auftraggebers, wie insbesondere die Mitwirkungspflichten (Bartl 1998, S. 366 f.), übersteigen. Sie wird im Folgenden als „Service Customer Performance" (in Anlehnung an Honebein 1997, S. 25; Bowen 2000; Mills/Morris 1986, S. 726) bezeichnet.

Service Customer Performance ist insofern die Leistung, die ein Dienstleistungskunde für das Unternehmen erbringt und die zu einem vom Unternehmen gewünschten Ergebnis beiträgt (Honebein 1997, S. 25). Service Customer Performance beeinflusst folglich die Performance des Gesamtunternehmens. Dementsprechend können Dienstleistungskunden zur Verbesserung oder Verschlechterung der Unternehmensperformance beitragen (Mills/Chase/Margulies 1983, S. 301). Der Unterschied zur Leistung eines Käufers von Sachgütern liegt demgemäß in der Integrativität begründet. Daher ist auch von integrationsbedingten Kundenleistungen zu sprechen.

Damit entsteht Service Customer Performance durch ein leistungsbezogenes Verhalten des Kunden. Sie ist als eine Tätigkeit bzw. als ein Handeln des Kunden zu verstehen, die bzw. das sich im Kontext von Integrationsaufgaben entfaltet und zu einem Leistungsergebnis führt (siehe grundsätzlich Hoyos 1980, S. 59). Unter Kundenverhalten - in der Literatur sind auch die Begriffe des Verbraucher- und Konsu-

---

[28]   Die Hauptpflichten der beiden Vertragsparteien, welche die Lieferung eines Produktes gegen Entgelt betreffen, sind in § 433 BGB geregelt, der sich dementsprechend der Behandlung von Kaufverträgen widmet (Bartl 1998, S. 357).

[29]   Dementsprechend werden diese Leistungen vom Kunden auch als nicht-monetäre Kosten bzw. als nicht-monetäre Preiselemente wahrgenommen (Berry/Yadav 1997, S. 60; Meyer/Streich 1998, S. 849).

mentenverhaltens mit ihren jeweils spezifischen Fokussierungen gebräuchlich - sollen „sämtliche Verhaltensweisen, die auf die Erlangung und private Nutzung wirtschaftlicher Güter (einschließlich Dienstleistungen) gerichtet sind" (Wiswede 1995, S. 298), verstanden werden. Damit treten neben die Kaufhandlung weitere vor- und nachgelagerte Vorgänge, wie Bedürfnisbildung, Entscheidungsvorbereitung, Informationsbeschaffung und Nutzung der Dienstleistung, die sich in einer Veränderung der Service Customer Performance widerspiegeln können, aber nicht unbedingt müssen.

Gemäß dem allgemeinen Begriffsverständnis von Leistung[30] ist die integrationsbezogene Kundenleistung ergebnisbezogen oder prozessual aufzufassen (Berekoven 1974, S. 13). Im Falle einer ergebnisbezogen Betrachtung, d. h. die Betrachtung der integrationsbedingten Kundenleistung erfolgt von ihrem Ergebnis her, wird auch von der kundenseitigen Transaktionsleistung gesprochen. Steht dagegen der Prozess bzw. die Aktion der Leistungsbeteiligung im Vordergrund, so handelt es sich um eine kundenseitige Interaktionsleistung.

Die kundenseitige Interaktionsleistung bzw. das Interaktionsverhalten des Kunden setzt sich zusammen aus instrumentellen, rein technischen Handlungen[31], die auf die Lösung seines Problems gerichtet sind, und sozialen Handlungen (Nerdinger 1994, S. 60 f.). Zur ersten Gruppe, d. h. zu den instrumentellen Kundenhandlungen, zählen z. B. die Vermittlung von Informationen, über die der Dienstleister zur korrekten (technischen) Leistungserstellung verfügen muss, bis hin zu der menschlichen Arbeitsleistung, die zum Teil von Kunden gefordert wird. Darüber hinaus bedingen Abstimmungsprozesse zwischen Dienstleister und Kunde zudem soziale Handlungen, wie den Austausch von Höflichkeiten und Achtungsbezeugungen (Nerdinger 1994, S. 65).[32]

---

[30] Leistungen bewirken ganz allgemein Veränderungen in dem Sinne, dass „ein ursprünglich gegebener Zustand in einen anderen überführt wird" (Berekoven 1974, S. 13). Diese Veränderung ist die Folge eines zweckgerichteten Mitteleinsatzes.
[31] Die Begriffe des Verhaltens und des Handelns werden wie im umgangssprachlichen Sinne im Rahmen dieser Arbeit synonym gebraucht, wobei der Begriff des Verhaltens die Bevorzugung erhält. Nach Schanz (1993, S. 63) ist unter Handeln ein zielgerichtetes Verhalten zu verstehen und lässt sich damit eindeutig von einem rein passiven sowie reflexiven Verhalten abgrenzen (Hentze/Lindert 1998, S. 1015). Zur genauen Differenzierung dieser beiden Begriffe aus wirtschaftspsychologischer Perspektive siehe Wiswede (1995, S. 23 f.).
[32] Um Missverständnisse auszuschließen, sei darauf hingewiesen, dass mit sozialem Handeln nicht (primär) ein sozialfürsorgliches Verhalten gemeint ist (Wiswede 1995, S. 24).

Diese Unterscheidung findet sich auch bei Kelley/Donnelly/Skinner (1990, S. 317), die zwischen einer „Customer technical quality" und einer „Customer functional quality" unterscheiden.[33] Was der Kunde in den Leistungserstellungsprozess einbringt, beinhaltet die „Customer technical quality". Dies können Kundenbeiträge sein wie die Bereitstellung von Informationen zur Leistungserstellung oder auch die menschliche Arbeitskraft des Kunden. Dagegen betrachtet die „Customer functional quality" wie sich der Kunde während der Leistungserstellung verhält. Damit beeinflussen Faktoren wie das Auftreten des Kunden, seine leistungsbezogenen Einstellungen und sein Verhalten die Customer functional quality. Insbesondere sind hiermit interpersonelle Aspekte, d. h. zwischen Kunde und Mitarbeiter oder zwischen Kunde sowie anderen Kunden, angesprochen (Kelley/Donnelly/Skinner 1990, S. 317).

Es bietet sich nun an, diesen Systematisierungsansatz zur konzeptionellen Differenzierung der Service Customer Performance heranzuziehen. Allerdings sind die Begriffe der „technical quality" und „functional quality" aufgrund ihrer sprachlichen Nähe eher verwirrend als hilfreich. Daher wird im Folgenden zwar der inhaltliche Strukturierungsansatz übernommen, jedoch eine eindeutigere sprachliche Ausdrucksweise gewählt. In Anlehnung an die oben beschriebene Unterscheidung von Kelley/Donnelly/Skinner (1990, S. 317) werden die instrumentellen Handlungen des Dienstleistungskunden im Rahmen dieser Arbeit auch als „Service Customer Instrumental Performance" und die sozialen Handlungen als „Service Customer Social Performance" bezeichnet. Beide Leistungsdimensionen können unterschiedlich stark ausgeprägt sein, weshalb sich eine Matrix-Darstellung anbietet (siehe Abbildung 11). Die gewählte Veranschaulichung ist zwar nicht unproblematisch, z. B. bezüglich der Operationalisierbarkeit der Dimensionen, sie dient indes der Illustration des Typologisierungsansatzes.

Im Sinne einer Übermittlung von Informationen an den Dienstleister ist grundsätzlich immer eine instrumentelle Handlung von Kundenseite erforderlich. Dagegen muss nicht automatisch auch eine soziale Handlung des Dienstleistungskunden vorliegen.

---

[33]   Dabei lehnen sich die Autoren an dem Modell der Dienstleistungsqualität von Grönroos (1983, S. 9 f.) an. Dieser unterscheidet grundsätzlich folgende zwei Qualitätsdimensionen von Dienstleistungen: zum einen die technische Qualität (technical quality), die sich mit der Frage beschäftigt, „was" der Kunde erhält, und zum anderen die funktionale Qualität (functional quality), die zum Ausdruck bringt, „wie" dem Kunden die technische Qualität dargeboten wird (siehe auch Grönroos 1990a, S. 37-39; Stauss/Hentschel 1991, S. 239; Swartz/Bowen/Brown 1992, S. 4).

So zeichnen sich z. B. Internet-Services häufig durch rein instrumentelle Interaktionen zwischen Kunde und Provider aus. Damit kann der Anteil an Service Customer Social Performance an einer Dienstleistung, wie auch im Falle des Geldabhebens an einem Geldautomaten, gleich null sein.

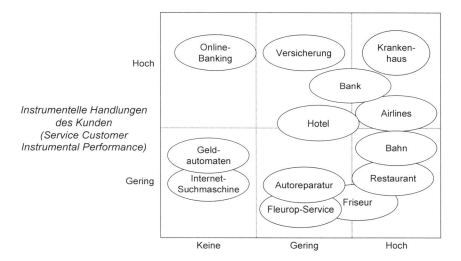

Abb. 11:   Kundenleistungstypologie
Quelle: Eigene Überlegungen.

Um für ein Dienstleistungsunternehmen eine Service Customer Performance zu erbringen, muss ein Kunde zunächst über eine entsprechende Integrationsbereitschaft und -fähigkeit verfügen. Diese sind damit Determinanten der Service Customer Performance.[34] Der Kunde muss - analog zum Dienstleister - ein adäquates Leistungspotential bzw. -vermögen (Kundenpotential) aufweisen, um zu einem effizienten sowie effektiven Leistungserstellungsprozess und dem gewünschten Leistungsergebnis beizutragen. Dabei ist unter dem Kundenpotential das potentiell realisierbare Leistungsvermögen des Kunden zu verstehen. Damit wird die spätere Ge-

---

[34]   Dieser Zusammenhang ist in Analogie zur Arbeitsleistung von Mitarbeitern zu sehen. Auch hier fungieren die Bereitschaft und die Fähigkeiten der Mitarbeiter als Determinanten der Arbeitsleistung (Schanz 1993, S. 9).

samtqualität einer Dienstleistung bereits im Vorfeld der eigentlichen Leistungserstellung durch die Bereitschaft und eine Reihe von unterschiedlichen Fähigkeiten sowohl des Dienstleistungsanbieters als auch der Kunden determiniert (Meyer/Mattmüller 1987, S. 191; Meyer/Westerbarkey 1995, S. 92; Schneider 1998, S. 172).

Das Kundenpotential besteht aus ihm selbst sowie eventuell aus seinen einzubringenden Objekten (Meyer/Mattmüller 1987, S. 189). Auch die Objekte üben einen Einfluss auf den Erstellungsprozess und das Ergebnis aus: „Bereits dann, wenn der Dienstleistungs-Nachfrager ‚nur‘ an einem *materiellen Gut* ..., an einem *Tier* ... oder an einem *Nominalgut* [Hervorhebungen jeweils im Original] ... die gewünschten Dienstleistungen vollziehen lassen möchte, können von diesen Fremd-Faktoren positive, neutrale oder negative Wirkungen auf den Dienstleistungs-Prozeß und das Dienstleistungs-Ergebnis ausgehen" (Hilke 1989, S. 26). Wie sich jedoch z. B. ein Tier verhält, das in die Leistungserstellung gelangt, soll aus der weiteren Diskussion ausgeklammert werden. Im Mittelpunkt dieser Arbeit stehen rein Überlegungen zu solchen Aufgaben, die der Kunde (persönlich) erbringen muss. Im Kontext des Konzepts der Kundenentwicklung interessieren ausschließlich die beim Kunden vorhandenen bzw. notwendigen menschlichen Leistungsfähigkeiten (siehe zum Merkmal der menschlichen Leistungsfähigkeit Meyer 1991, S. 198; 1994, S. 17-19) und dessen Leistungsbereitschaft, die als Leistungsvoraussetzungen zur Erstellung einer Dienstleistung fungieren (siehe analog im Personalbereich; Bullinger/Krogoll 1992, Sp. 54).

2.5.2   *Systematisierungsansätze von Service Customer Performance*

Nachdem im vorangegangenen Abschnitt Service Customer Performance definiert wurde, widmet sich dieser Abschnitt der Frage, wie diese in sinnvoller Weise zu systematisieren ist.

Wenn Service Customer Performance als vom Unternehmen bzw. genauer gesagt vom Management eines Unternehmens erwartete Gegenleistung des Dienstleistungskunden verstanden wird, liegt es nahe zu betrachten, was aus einer Unternehmensperspektive heraus erwartete Leistungen des Kunden sein können. Da somit ein Bündel von Erwartungen an den Kunden im Fokus der weiteren Ausführungen steht, bietet sich eine Diskussion aufbauend auf rollentheoretischen Überlegungen an (Absatz 2.5.2.1). Mit diesem Ansatz lassen sich sowohl die Rollen, die ein Kunde im Rahmen einer Dienstleistungstransaktion zu erfüllen hat, als auch die beziehungsbezogene Rolle als Partner des Unternehmens abbilden.

Bei diesen Ausführungen zeigt sich schon ansatzweise, dass gewisse Rollenerwartungen aus der Unternehmensperspektive auf jeden Fall erfüllt sein müssen, da andernfalls eine Transaktion nicht erfolgreich abgeschlossen werden kann. So ist es zum Transaktionsabschluss unbedingt notwendig, dass der Kunde seiner Rolle als Käufer nachkommt. Dementsprechend kann die Käuferrolle auch als Basisrolle bezeichnet werden. Demgegenüber stellt die Weiterempfehlung des Unternehmens im Bekanntenkreis eine zusätzliche, nicht absolut unerlässliche Leistung des Kunden als Co-Marketer dar. Eine derartige Unterscheidung der Service Customer Performance in Basis- und Zusatzleistungen erfolgt in Absatz 2.5.2.2.

2.5.2.1   Rollenbasierter Ansatz

Dienstleistungen zeichnen sich durch die Interaktivität zwischen Dienstleister und Kunde aus. Dieser Interaktivität liegen „gelernte, häufig ritualisiert erscheinende Verhaltensmuster" (Nerdinger 1994, S. 100; siehe auch Solomon et al. 1985, S. 100) zugrunde. Gerade bei Interaktionen zwischen Menschen, d. h. bilateral personenbezogenen Dienstleistungen, zeichnet sich die Interaktion nicht nur durch instrumentelle Handlungen bzw. Aktivitäten der Interaktionspartner aus, sondern auch durch soziale Handlungen. Instrumentelle und soziale Eindrücke sind in diesem Falle untrennbar miteinander verbunden. Dies führt im Dienstleistungs- im Gegensatz zum Sachgutbereich zu einer „Vermengung der auf den Äquivalententausch zurückgehenden, komplementären Rechte und Pflichten [Leistung und Gegenleistung; Anm. d. Verf.] mit reziproken sozialen Normen" (Nerdinger 1994, S. 69). Neben die kontraktuell geregelten Rechte und Pflichten treten zusätzlich normenregulierte Erwartungen der Kunden, z. B. Erwartung eines demütigen Verhaltens des Mitarbeiters, und des Kundenkontaktpersonals, z. B. Erwartung einer höflichen Behandlung durch den Kunden.

Auf die Frage, wie Interaktionen zwischen sich eigentlich fremden Personen organisiert sind, versucht die Rollentheorie eine Antwort zu geben (Nerdinger 1994,
S. 100). Um einen systematischen Zugang zu erhalten, beschäftigt sich Unterabsatz
2.5.2.1.1 zunächst mit den rollentheoretischen Grundlagen. Darauf aufbauend erfolgt
in Unterabsatz 2.5.2.1.2 eine Grobstrukturierung nach transaktions- und beziehungsorientierten Rollen der Dienstleistungskunden. Während die transaktionsorientierten Kundenrollen im Fokus von Unterabsatz 2.5.2.1.3 stehen, widmet sich Unterabsatz 2.5.2.1.4 der beziehungsorientierten Rolle.

2.5.2.1.1 Rollenverständnis

Zwischen Kunden und Dienstleistungsunternehmen bzw. deren Kontaktmitarbeitern
finden vor, während und nach der Leistungserstellung vielfältige mehr oder weniger
strukturierte sowie zielorientierte Interaktionen statt (Nerdinger 1994, S. 64 und
S. 100; Solomon et al. 1985, S. 101). Die mit der Interaktion verfolgten Ziele (Bitner
1992, S. 61) sind zumeist kurzfristig und klar definiert, z. B. bei einer Bargeldeinzah-
lung oder dem Kauf eines Flugtickets. Über diese Ziele herrscht im Allgemeinen
auch ein gesellschaftlicher Konsens (Solomon et al. 1985, S. 101).

Mit den verschiedenen Interaktionen gehen sowohl bei den Kunden als auch bei den
Dienstleistungsunternehmen relativ konkrete Vorstellungen einher, wie man sich
selbst und wie sich der jeweilige Marktpartner verhalten sollte (gegenseitige Rollenerwartungen; Wiswede 1995, S. 295).[35] Dieses „Bündel normativer Erwartungen"
(Fischer 1992, Sp. 2224) an den jeweiligen Interaktionspartner[36] wird auch als (soziale) Rolle bezeichnet (Nerdinger 1994, S. 70 und S. 100; siehe auch Wiswede 1995,
S. 104).[37] Solomon et al. (1985, S. 102) führen in diesem Zusammenhang an, dass
ein „role theoretic approach emphasizes the nature of people as social actors who

---

[35] Thompson (1962, S. 309) spricht in diesem Kontext von Output-Rollen: *„Output roles* [Hervorhe-
bung im Original], designed to arrange for distribution of the organization's ultimate product,
service, or impact to other agents of the society thus are *boundary-spanning* [Hervorhebung im
Original] roles linking organization and environment through interaction between member and non-
member [Kunden; Anm. d. Verf.]".

[36] Generell wird vom Inhaber einer sozialen Position gesprochen (Wiswede 1995, S. 104).

[37] Wie bei vielen anderen sozial-, aber auch wirtschaftswissenschaftlichen Begriffen ist auch die
Definition von Rolle bis heute noch umstritten (Nerdinger 1994, S. 100). Eine einheitliche Rollentheorie existiert nicht (Wiswede 1995, S. 105).

learn behaviors appropriate to the positions they occupy in society". In sozialen Organisationen repräsentieren demnach Rollen „prescribed or standardized forms of activity" (Katz/Kahn 1966, S. 49).

Dabei bildet nicht nur der Kunde Erwartungen über das Verhalten und die Leistungen des Dienstleistungsunternehmens bzw. der Mitarbeiter (Meffert 1994, S. 535; Parasuraman/Zeithaml/Berry 1985, u. a. S. 42), sondern auch das Dienstleistungsunternehmen bzw. die Kontaktmitarbeiter entwickeln Vorstellungen über die Rolle(n) des Kunden (Bitner/Booms/Tetreault 1990, S. 72; Liechty/Churchill 1979, S. 510; Meyer/Westerbarkey 1995, S. 90).[38] So wie die Arbeitsanforderungen an die Mitarbeiter als berufliche Rollenerwartungen interpretiert werden können (Wiswede 1995, S. 183), so sind eben auch die Integrationsanforderungen an die Kunden als Rollenerwartungen zu verstehen (Swartz/Bowen/Brown 1992, S. 6). Bowen (1986, S. 374) führt dazu aus: „on-site service customers [d. h. physisch präsente Dienstleistungskunden; Anm. d. Verf.] often are expected to do things to help create the service they receive". Kunden müssen ein relativ standardisiertes Verhaltensset adoptieren, wenn sie in den Marktprozess eintreten (Solomon et al. 1985, S. 102). Damit lässt sich festhalten, dass ein Rollenset auch als ein spezifisches Bündel von Aufgaben aufgefasst werden kann (Ringlstetter 1997, S. 63).

Rollen sind komplementär zu verstehen (Wiswede 1995, S. 104). Jede Rolle ist nur in Bezug zu weiteren, komplementären Rollen existent (Nerdinger 1994, S. 70).[39]

Dementsprechend betonen Solomon et al. (1985, S. 102) zur Kundenrolle: „The recipient of the service also plays a role. The customer/client role is composed of a set of learned behaviors, a repertoire of roles" (siehe auch Bateson/Hoffman 1999, S. 39). Das Service-System als soziales Subsystem eines Dienstleistungsunternehmens besteht insofern generell aus den komplementären Positionen des Kunden-

---

[38] Es sei darauf hingewiesen, dass es grundsätzlich denkbar ist, dass die Erwartungen an die Kunden von Managementseite und Kundenkontaktmitarbeiterseite voneinander abweichen. So wünscht sich das Management beispielsweise Kunden als aktive Beschwerdeführer, wobei die Kundenkontaktmitarbeiter den Kunden in diesem Falle lieber eine passive Rolle zuschreiben. Zur Komplexitätsreduktion ist jedoch von einheitlichen Erwartungen bzw. einer Dominanz der Managementerwartungen auszugehen.

[39] Dabei werden die Rollen der Kontaktmitarbeiter zum Teil über die reziproken Kundenrollen definiert (Thompson 1962, S. 309): „Teacher, salesman, and caseworker roles can only be understood in relation to pupil, customer, and client roles."

kontaktmitarbeiters und des Kunden, die in einer geregelten Beziehung zueinander stehen. Die Zuordnung eines Individuums zu solch einer Position geht wie beschrieben einher mit der Zuweisung eines speziellen Bündels von Verhaltenserwartungen und damit einer speziellen Rolle an den jeweiligen Interaktionspartner (Nerdinger 1994, S. 102).

Die Rollenerwartungen an den jeweiligen Interaktionspartner sind dabei nicht individuell verschieden, sondern werden extra-individuell formuliert (Bateson/Hoffman 1999, S. 40; Solomon et al. 1985, S. 102). Diese „offiziellen" Erwartungen (Lefton 1970, S. 18) müssen sich allerdings nicht zwingend im konkreten Verhalten des Rollenträgers („Role occupant"; Lefton 1970, S. 22) widerspiegeln (Meyer/ Westerbarkey 1995, S. 90); vielmehr stecken Rollenerwartungen nur einen Rahmen ab, in dem sich das Verhalten in Einzelsituationen entfaltet (Nerdinger 1994, S. 100 und S. 108). Dazu bemerken Bateson/Hoffman (1999, S. 40): „In service encounters, role expectation defines the behaviors of both staff and customer; it sets the parameters within which each is expected to perform." Die Rolle als Verhaltensnorm schränkt damit den potentiellen Verhaltensspielraum auf beiden Seiten beträchtlich ein. Auf diese Weise lässt sich, unter Voraussetzung kongruenter Rollenerwartungen (Solomon et al. 1985, S. 109), Unsicherheit und Risiko abbauen, sowie Komplexität reduzieren; das Verhalten der Interaktionspartner wird durch das Vorliegen von Verhaltensnormen berechenbarer (Neuhaus 1996, S. 112; Solomon et al. 1985, S. 101-103).

Dabei lassen sich die seitens des Unternehmens gewünschten Verhaltensnormen in so genannte Schlüsselnormen (Muss- bzw. Grundnormen) und Randnormen (Soll- bzw. Kann-Normen) unterscheiden. Während die Einhaltung der Schlüsselnormen eine Grundvoraussetzung für eine anhaltende Mitgliedschaft in einer Organisation darstellt, ist die Erfüllung der Randnormen zwar gewünscht, aber nicht absolut notwendig (Schein 1980, S. 104). Dementsprechend liegt in der Legalität des Kundenverhaltens eine zentrale Schlüsselnorm vor. Folglich ist die Illegalität von Kundenhandlungen (Bumbacher 2000, S. 428 f.), wie z. B. Schwarzfahren in öffentlichen Verkehrsmitteln, als eindeutiger Verstoß hiergegen anzusehen und dementsprechend vom Dienstleistungsunternehmen zu ahnden. Bumbacher spricht bei derartigen Kunden von „potentiellen Gesetzesbrechern" (Bumbacher 2000, S. 428) und fasst darunter u. a. Bankräuber, Flugzeugentführer, Diebe und Hooligans sowie rachsüchtige und stark frustrierte Kunden. Aber selbst ansonsten alltägliche Verhaltensweisen können in speziellen Service-Systemen zum Ausschluss bzw. Nicht-Eintritt führen. So besteht beispielsweise bei den meisten Spielbanken in Deutschland, wie in Baden-Baden, eine strikte Kleiderordnung, d. h. mit Jeans bekleidet gelangt man erst gar nicht ins Service-System. Eine Randnorm wäre im Falle von Spielbanken z. B. das Einhalten eines kultivierten Verhaltens. Als Beispiel für eine Randnorm aus einer anderen Dienstleistungsbranche kann das Handyverbot in den Ruhewagen der ICEs genannt werden. Reisende, die sich nicht an dieses Verbot halten, werden deshalb nicht aus dem Service-System ausgestoßen.

Je nachdem, ob ein Kunde die Normen erfüllt oder sich konträr verhält, lassen sich verschiedene normenkonformitätsbezogene Kundentypen identifizieren (siehe Abbildung 12). Im Falle, dass das Verhalten des Kunden den Erwartungen des Dienstleistungsunternehmens sowohl bezüglich der Schlüssel- als auch der Randnormen entspricht, wird von einem konformen Kunden(verhalten) gesprochen.[40] Dies wäre im Falle von Patienten derjenige, der sowohl die ärztlichen Anweisungen befolgt (Schlüsselnorm) als auch einen Termin frühzeitig vereinbart (Randnorm).

Indes sind Kunden, die gegen Schlüssel- und/oder Randnormen verstoßen, als non-konforme Kunden und deren Handlungen als abweichendes bzw. nonkonformes Kundenverhalten[41] (Wiswede 1995, S. 28) zu bezeichnen. Diese Kundengruppe lässt sich des Weiteren danach unterteilen, welche Norm(en) sie übertreten. Falls Kunden den Schlüsselnormen eines Dienstleisters zuwiderhandeln, sind sie schnellstmöglich aus dem Service-System auszuschließen, unabhängig davon ob sie sich gleichzeitig an Randnormen halten („Charmante Gauner") oder nicht („Outsider"). Dies ist darauf zurückzuführen, dass eine derartige Nichterfüllung der Rollenerwartung im Interaktionsprozess zu einer immensen Störung des Interaktionsverlaufs führt (Wiswede 1995, S. 295).

---

[40] Dieser Kunde wird vom Unternehmen als ein „guter" Kunde angesehen, da er sich an die (impliziten) Normen bzw. Spielregeln hält und keine Schwierigkeiten macht (Nerdinger 1994, S. 139).
[41] Stauss (1995, S. 37) spricht auch vom gewünschten und nicht gewünschten Verhalten des Kunden.

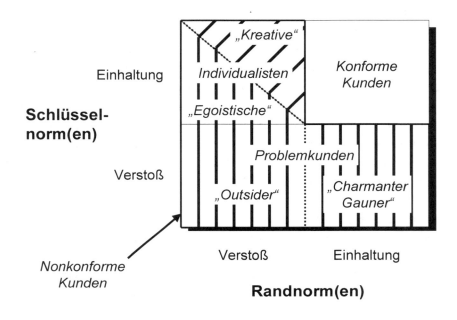

Abb. 12:   Normenkonformitätsbezogene Kundentypen
Quelle: Eigene Überlegungen.

Ein nonkonformes Verhalten kann, gerade bei illegalen Handlungen des Kunden (z. B. Bumbacher 2000, S. 428 f.) als Verstoß gegen Schlüsselnormen, muss aber nicht automatisch immer negativ für das Dienstleistungsunternehmen sein (Solomon et al. 1985, S. 108). Interessant sind für Unternehmen solche Kunden, welche die Schlüsselnormen anerkennen, sich aber gleichzeitig nicht unbedingt an die Randnormen halten. Diese „kreativen Individualisten" vermögen einem Dienstleistungsunternehmen zur Generierung von Innovationen wertvolle Dienste zu leisten. So ermöglicht eventuell erst ein abweichendes Prozessverhalten der Kunden die Kenntnisnahme von Verbesserungspotentialen durch den Dienstleister. Von diesen für das Unternehmen grundsätzlich nützlichen Kunden sind die „egoistischen Individualisten" abzugrenzen, die sich durch ein opportunistisch geprägtes Verhalten (Gruen 1995, S. 459 f.; Mills/Morris 1986, S. 732) auszeichnen.

Abschließend sei noch darauf hingewiesen, dass diesem Abschnitt ein - jedoch eingeschränkt - struktur-funktionalistisches Rollenverständnis zugrunde liegt, um die Komplexität der vorliegenden Fragestellung zu reduzieren. Um ein eingeschränkt struktur-funktionalistisches Rollenverständnis handelt es sich, da sich die ausgearbeiteten Rollen nicht ausschließlich auf gesellschaftlich fixierte Normen, wie z. B. Höflichkeit, beziehen, sondern auf sämtliche Erwartungen, die das Unternehmensmanagement auf ein Individuum in seiner Position als Kunde projiziert. Ziel dieser Erwartungen ist es hierbei, ein vom konkreten Interaktionspartner unabhängiges, aber dennoch funktionsfähiges Service-System zu gewährleisten. Formale Interaktionen stehen damit im Vordergrund der Betrachtung. Vernachlässigt wird dagegen in diesem Abschnitt die Frage der situationsspezifischen Ausgestaltung von Interaktionen, die einen zentralen Aspekt eines symbolisch-interaktionistischen Rollenkonzepts darstellt (Nerdinger 1994, S. 101). Bei diesem Konzept sind die Rollen erst Ergebnis von Verhandlungen der Interaktionspartner während ihrer Interaktion (Nerdinger 1994, S. 114). Die konkrete Ausgestaltung von Rollen findet im so genannten Rollenspiel statt (Nerdinger 1994, S. 119).[42] Aspekte des Rollenspiels und hieraus abzuleitende Managementimplikationen, insbesondere für ein Konzept der Kundenentwicklung im Dienstleistungsbereich, stellen ein interessantes Feld für weitere Forschungstätigkeiten dar.

Mit dieser recht ausführlichen Darstellung des Rollenverständnisses wurde das theoretische Fundament gelegt, um im Folgenden eine Strukturierung der Service Customer Performance anhand der Rollenerwartungen von Dienstleistungsunternehmen an ihre Kunden vornehmen zu können.

2.5.2.1.2 *Grobstrukturierung der Rollen des Dienstleistungskunden*

Bisher standen sehr stark die Erwartungen der Kunden an ein Dienstleistungsunternehmen bzw. an deren Kundenkontaktpersonal im Mittelpunkt des wissenschaftlichen Forschungsinteresses. Demgegenüber führt die Diskussion der Rollenerwartungen von Dienstleistungsunternehmen an deren Kunden, d. h. die Definition der

---

[42]   Zum Konzept des „role making" im Service-System siehe auch Mills/Morris (1986, S. 732).

instrumentellen und sozialen Aufgaben der Dienstleistungskunden im Sinne der Service Customer Performance, eher ein Schattendasein (Baron/Harris/Davies 1996, S. 78; siehe auch Webb 2000).[43] Dies ist verwunderlich, da die Diskussion der Kundenrollen im Dienstleistungs- im Vergleich zum Sachgüterbereich eigentlich eine lange Tradition hat. Schon 1973 haben Gersuny/Rosengren auf vier wichtige Rollen des Kunden in der Dienstleistungsgesellschaft hingewiesen: „buyer, worker [im Sinne eines Co-Producers; Anm. d. Verf.], client and resource" (Gersuny/Rosengren 1973, S. 139). Die wenigen existierenden wissenschaftlichen Abhandlungen beschränken sich aber auf eine rein enumerative Nennung und Beschreibung verschiedener Rollen des Dienstleistungskunden (siehe u. a. Bitner et al. 1997; Lehmann 1998a; 1998b; Storbacka 1993).

Eine Ausnahme findet sich bei Lengnick-Hall (1996), die zwischen input- und outputorientierten Rollen des Dienstleistungskunden unterscheidet. Canziani (1997, S. 8) greift diese Unterscheidung auf, fokussiert jedoch ihre Ausführungen auf die inputbezogenen Kundenrollen („Customer task roles") und differenziert hierbei zwischen „General consumer roles", „Product core roles" und „Firm specific roles". Diese Systematisierung basiert auf der Spezifität der Rollen. Während sich die General consumer roles auf Rollenerwartungen beziehen, die generell für alle Dienstleistungskunden gelten, z. B. Reservierungen vornehmen, handelt es sich bei den Product core roles um branchenspezifische Rollen, z. B. Tablett zurückstellen, und bei den Firm specific roles um unternehmensspezifische Rollen, z. B. spezielle Software für Banktransaktionen benutzen, die sich aus speziellen Abläufen im Rahmen des unternehmensindividuellen Service-Systems ergeben.[44]

Eine differenzierte Ausarbeitung von branchen- und firmenspezifischen Kundenrollen ist im Rahmen dieser Arbeit nicht zu leisten, auch wenn dieser für eine unternehmensindividuelle Realisierung des Konzepts der Kundenentwicklung - wie später noch gezeigt wird (siehe z. B. Unterabsatz 3.2.1.1.4) - eine zentrale Bedeutung zukommt. Die folgenden Ausführungen konzentrieren sich auf die generellen Rollen von Dienstleistungskunden, ergänzt um branchen- und firmenspezifische Beispiele.

---

[43]   Zu einer frühen Darstellung der verschiedenen Rollen von Verbrauchern siehe Stauss (1982).
[44]   Weitere Beispiele finden sich bei Canziani (1997, S. 10).

Die in der Literatur skizzierten Rollen beziehen sich primär auf die Erfüllung der dem Kunden zugeschriebenen Aufgaben im Rahmen einer einzelnen, „einmaligen" Dienstleistungstransaktion,[45] weshalb im Weiteren von den so genannten transaktionsorientierten Rollen des Dienstleistungskunden gesprochen werden soll.

2.5.2.1.3 Transaktionsorientierte Rollen des Dienstleistungskunden

Jede Einzeltransaktion basiert auf einem allgemeinen Dienstleistungserstellungssystem. Das der Herstellung von Dienstleistungen zugrunde liegende Produktionssystem setzt sich - wie auch das Produktionssystem für Sachleistungen - aus den Elementen Input, Throughput und Output zusammen (Corsten 1997a, S. 120; Mills/ Chase/Margulies 1983, S. 302 f.). Das Spezifische der Dienstleistungsproduktion ist nun die Integration des externen Faktors, wodurch sich das Produktionssystem für Dienstleistungen von demjenigen für Sachgüter unterscheidet. Der Produktionsprozess (Throughput) splittert sich auf in eine relativ autonome, d. h. vom Kunden unabhängige Vorkombination und eine kundenintegrierte Endkombination (Corsten 1986, S. 20 f.; Meyer 1994, S. 70). Im Rahmen der Vorkombination werden die internen Produktionsfaktoren zum Aufbau des Leistungspotentials gezielt kombiniert, um die benötigte Leistungsbereitschaft zu schaffen. Die Endkombination strebt aufbauend auf der Leistungsbereitschaft, der Hinzufügung weiterer interner Faktoren sowie des externen Faktors die Erstellung marktfähiger Leistungen an (Stuhlmann 1999, S. 25). Im Gegensatz zu Corsten (1986, S. 20 f.) wird allerdings von einer relativ und nicht vollständig autonomen Vorkombination ausgegangen, da sich die Integration des externen Faktors in Gestalt des Dienstleistungskunden nicht nur auf den so genannten finalen Leistungserstellungsprozess (Production-End-Throughput) bezieht, sondern grundsätzlich bei allen Arten von betrieblichen Prozessen möglich ist (Engelhardt/Kleinaltenkamp/Reckenfelderbäumer 1993, S. 411). So kann der Kunde in die Planung der Leistung an sich und der Leistungsbereitschaft des Dienstleistungsanbieters integriert werden.

---

[45]   Dabei soll nach Stauss/Seidel (1998a, S. 208) unter einer Dienstleistungstransaktion „eine spezifische und vollständige Dienstleistungsnutzung aus Kundensicht mit fixierbarem Beginn und Ende" verstanden werden.

Unter Zugrundelegung dieses Dienstleistungsproduktionssystems kommen dem Kunden während einer Dienstleistungstransaktion verschiedene Aufgaben zu, durch die er die Leistungserstellung und das -ergebnis wesentlich beeinflusst (siehe für viele: Langeard 1981, S. 235 f.). Diese Aufgaben prägen die Erwartungen der Dienstleistungsorganisation an die Kunden, d. h. die Rollen des Dienstleistungskunden. Diese Kundenrollen sind systematisiert nach den Elementen des Dienstleistungsproduktionssystems Input, Throughput und Output. Einen Überblick über die verschiedenen transaktionsorientierten Kundenrollen - aufbauend auf dem modifizierten Dienstleistungsproduktionsmodell (in Anlehnung an Corsten 1997a, S. 139 und Maleri 1998, S. 131) - vermittelt Abbildung 13.

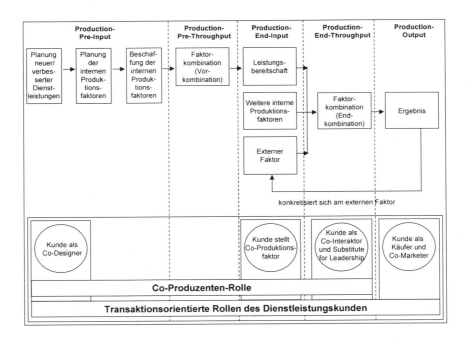

Abb. 13:   Transaktionsorientierte Rollen des Dienstleistungskunden
Quelle: Gouthier/Schmid 2001, S. 225.

Zunächst einmal stellt der Kunde eine wichtige Informations- und Ideenquelle zur kundenorientierten Planung neuer und zur Verbesserung bestehender Dienstleistungen dar (Botschen/Botschen 1999; Meyer/Blümelhuber 1997, S. 67). So liefert der

Kunde beispielsweise neben Verbesserungs- und „visionären" Innovationsvorschlägen auch Beschwerden sowie Informationen über Konkurrenzleistungen (Cornelsen 1996, S. 20 f.; Creusen 1995, S. 8; Günter 1996, S. 98; Homburg/Schnurr 1999, S. 5). Niemand sonst besitzt derartig konkrete und alltägliche Erfahrungen mit dem Unternehmen bzw. dessen Dienstleistungen. Gerade die Mängel von Dienstleistungskonzepten zeigen sich zumeist erst in der praktischen Nutzung.[46]

Die Besonderheit bei Dienstleistungen im Vergleich zu Sachgütern ist, dass durch die Offenheit von Dienstleistungsorganisationen und der hohen Permeabilität der organisationalen Grenzen der Kunde Einblicke in die Organisation des Service-Systems erhält (Bowen/Schneider 1985, S. 133). Damit verfügt der Kunde über eine wichtige Erfolgsressource des Unternehmens: das Expertenwissen über die praktische Nutzung einer Dienstleistung (Kießling/Koch 1999, S. 61 f.; siehe auch Biehal 1994, S. 50; Prahalad/Ramaswamy 2000, S. 81). Unternehmen sollten daher direkt auf die „erfahrungs- bzw. praxisgesättigte Expertise der Kunden" (Kießling/Koch 1999, S. 19) zurückgreifen (Canziani 1997, S. 7 f.). Davenport (1998) bezeichnet das Expertenwissen der Kunden gar als „high-octane power" für Unternehmen, da es bisher noch immer zu sehr unterschätzt wird (Müller 1999, S. 345).

Lehmann weist dementsprechend auf die spezifische Rolle des Kunden als Qualitäts(sicherungs)ressource hin (Lehmann 1998a, S. 838; 1998b, S. 44 f.; siehe auch Bowen 1986, S. 382; Homburg/Schnurr 1999, S. 5; Lehtinen 1986, S. 32; Normann 1987, S. 73; Prahalad/Ramaswamy 2000, S. 81), die möglichst frühzeitig in den Entwicklungsprozess der Marktleistung einzubeziehen ist (Normann 1987, S. 74). Diesen Gedanken hat sich OBI, Branchenführer unter den Bau- und Heimwerkermärkten in Deutschland (Creusen 1999, S. 609), schon sehr frühzeitig zu Nutze gemacht. Das Unternehmen führt seit den achtziger Jahren Kundenforen durch, in denen Kunden neue Leistungen für das Unternehmen entwickeln (Creusen 1999, S. 614; siehe auch Creusen 1995). Auch der Otto Versand nutzt - wie viele andere

---

[46] Dabei kann es für Dienstleistungsunternehmen von besonderer Relevanz sein, nicht nur mündliche Kundenbefragungen, sondern auch Kundenbeobachtungen durchzuführen. Zum Teil sind sich Kunden ihrer eigenen Bedürfnisse nicht explizit bewusst und können diese dementsprechend auch nicht im Rahmen einer Befragung verbal zum Ausdruck bringen (Leonard/Rayport 1998, S. 68).

Dienstleister - das Instrument des Kundenforums zur Gewinnung neuer Informationen und Ideen (Höcht 1999, S. 627).[47]

Auch empirisch lässt sich die Relevanz des Kunden als Ideengeber belegen. Nach einer Studie des Zentrums für Europäische Wirtschaftsforschung ZEW in Zusammenarbeit mit dem Fraunhofer Institut für Systemtechnik und Innovationsforschung (FhG-ISI) und infas über die Innovationsaktivitäten im Dienstleistungssektor kommt Kunden die größte Bedeutung als Informationsquelle zu (Licht et al. 1997, S. 38). Gerade bei Branchen, die sich durch einen intensiven Kundenkontakt und damit einhergehend kundenindividuelle Leistungen auszeichnen, nehmen Kunden als Informationslieferanten einen hohen Stellenwert ein (Licht et al. 1997, S. 40 f.). Dies bestätigt grundsätzlich auch eine Studie von Hünerberg/Mann (2001), nach der 24,2 % der befragten Dienstleister ihre Kunden an marktbezogenen Entscheidungen aktiv beteiligen. Dazu setzen 36,2 % der Unternehmen Kundengremien ein, 24,6 % verfügen über Kundenbeiräte und 15,9 % über Customer-Advisory-Boards.[48] An erster Stelle steht dabei die Beteiligung von Kunden an Innovationsentscheidungen (42,1 %), dicht gefolgt von der Mitwirkung bei Serviceentscheidungen (39,5 %). Kunden können aber sogar an der Gestaltung der Unternehmenspolitik oder des Werbeauftritts beteiligt werden. So bindet z. B. die Raiffeisenbank Witzenhausen eG ihre Kunden im Rahmen einer so genannten Erlebnis-Mitgliedschaft an der Erstellung ihres Leitbildes ein (Thiesler 2001, S. 205). Der Baufachmarkt Hagebau setzt dagegen in seinen Baufachmärkten Infotheken ein, an denen Kunden Ideen für die neue Hagebau-Werbung eingeben können (o. V. 2001d).

Es lässt sich also festhalten, dass der Kunde in dieser frühen Phase die Rolle eines „Co-Designers" (Schneider/Bowen 1995, S. 106) bzw. „Co-Developers" (Prahalad/Ramaswamy 2000, S. 80) erhält. Der Kunde wirkt direkt am Entwicklungs- und Designprozess mit (Biehal 1994, S. 34; Homburg/Schnurr 1999, S. 4; Lehtinen 1986, S. 31; Slywotzky 2000, S. 40),[49] wodurch er - wie auch schon in Abschnitt 2.4.2 aus

---

[47] Generell lässt sich jedoch zum Instrument des Kundenforums festhalten, dass dieses in der Praxis zur Informationssammlung eher selten eingesetzt wird (Hünerberg/Mann 2001).

[48] Dabei waren Mehrfachantworten möglich. Sonstige Formen finden sich bei 37,6 % der befragten Firmen.

[49] Hühn (2000, S. 534) bezeichnet die gemeinsame Entwicklung von Produkten bzw. Leistungen durch das Unternehmen und die Kunden als „Co-Creation".

organisationstheoretischer Perspektive diskutiert - zum „Mitarbeiter" eines Unternehmens wird (Berthon et al. 1999, S. 94; Biehal 1994, S. 50; Kießling/Koch 1999,
S. 25).[50] Damit tragen die Kunden als „new source of competence for the corporati-
on" (Prahalad/Ramaswamy 2000, S. 80) zur Verbesserung der Wettbewerbssituation
bei. So wurde z. B. die Vertriebsstruktur der Münchner Direkt Anlage Bank, die sich
auf Börsengeschäfte per Internet spezialisiert hat, auf Kundenwunsch um so genannte DAB Anlage-Center in Kaufhof Filialen ergänzt (Maier 2000).

Informationen können zwar vor, während und nach der Dienstleistungserstellung
vom Kunden geliefert werden, da sie sich aber prinzipiell auf die Gestaltung von
Dienstleistungen beziehen, sollen sie unabhängig von ihrem zeitlichen Auftreten der
Rolle des Co-Designers zugerechnet werden.

Eine essentielle Aufgabe des Kunden ist es ferner, den externen Faktor als Co-
Produktionsfaktor zur Verfügung zu stellen. Unabhängig von der jeweiligen Ausprägung des externen Faktors muss dieser dem Dienstleistungsunternehmen vom Kunden zugänglich gemacht werden, damit dieser Co-Produktionsfaktor sodann in die
objektbezogene Leistungserstellung (Production-End-Throughput) gelangt. Einer der
wichtigsten Inputfaktoren ist dabei die Übermittlung von zur Erstellung der gewünschten Dienstleistung benötigten Informationen an den Dienstleister (Bowen
1986, S. 378; Mills/Chase/Margulies 1983, S. 302 f.). Meyer/Blümelhuber (1998,
S. 182) sprechen in diesem Fall auch von der Notwendigkeit einer gemeinsamen
„Zielformulierung von Kunden und Mitarbeiter" im Sinne einer Spezifizierung der zu
erstellenden Leistung. Des Weiteren gehören zu den Inputfaktoren Aktivitäten wie
z. B. der Einwurf eines Briefs in einen Briefkasten der Post oder das Abliefern eines
Pkw bei der Kfz-Werkstätte (Meyer 1994, S. 74). Dienstleistungskunden müssen
folglich zum Teil eigene Leistungen vor der eigentlichen Leistungserstellung selbst
erbringen; sie haben die Begegnung mit dem Dienstleistungsunternehmen vorzubereiten (Bowen 1986, S. 378). Zu diesen vorbereitenden Tätigkeiten gehören ferner
z. B. auch das Zusammenstellen von Unterlagen für den Steuerberater (Nerdinger

---

[50] Storbacka (1993, S. 84) spricht auch von den „Customers as Competence Providers" und Betten-
      court (1997, S. 386 f.) sowie Schneider/Bowen (1995, S. 86 f. und S. 104-106) von den „Custo-
      mers as Organizational Consultants". Etwas allgemeiner sehen Bitner et al. (1997, S. 197) den
      Kunden in der Rolle einer „Productive resource".

1994, S. 243) oder das Zusammenpacken des Mobiliars vor dem eigentlichen Umzug (Kelley/Donnelly/Skinner 1990, S. 327).

In den geschilderten Fällen wirkt der Kunde vor und während der Leistungserstellung aktiv mit (Langeard 1981, S. 236).[51] Er erhält direkt die Rolle eines Mitproduzenten (Engelhardt 1990, S. 280) bzw. „Co-Produktionsfaktors" (Meyer/Blümelhuber 1997, S. 67 f.). Dienstleistungskunden „müssen gewissermaßen mitarbeiten, damit die Dienstleistung gelingt" (Nerdinger 1994, S. 50). Der Kunde erbringt eine objektbezogene, menschliche Arbeitsleistung und übernimmt damit im Sinne einer Externalisierung einen Teil der Arbeit des Dienstleisters (Bowen 1986, S. 377; Link/Hildebrand 1995, S. 34; Meffert/Bruhn 2000, S. 42; Normann 1987, S. 73).

Eine an Bedeutung zunehmende Aufgabe von Kunden ist das zur Verfügung stellen von Inhalten, so genanntem Content, den ansonsten der Dienstleister liefern müsste. Ein Beispiel ist die neue Funktion von Radiohörern als so genannte „Stau-Scouts" bzw. „Stau-Melder". Daneben hat gerade im Internet das Liefern von Content einen mittlerweile beachtlichen Umfang angenommen. So beantworten z. B. Kunden von AOL die Fragen anderer Kunden in Bezug auf spezifische Aspekte der Anbieterleistung (o. V. 1999a).

Auf einer generellen Ebene kann menschliche Arbeit als „eine auf Bedürfnisbefriedigung gerichtete produktive Aktivität [im Original zum Teil hervorgehoben]" (Schanz 1992a, Sp. 405) angesehen werden. Demgemäß kann auch aus einer begrifflichen Perspektive von einer Mitarbeit des Kunden gesprochen werden. Da die Mitarbeit des Kunden als produktive Aktivität angesehen wird, hat das Integrationsverhalten des Kunden auch stets einen Leistungsbezug (in Anlehnung an Schanz 1992a, Sp. 406).

Wie aus Abbildung 13 ersichtlich, erfolgt im Rahmen der Endkombination eine Verknüpfung des Co-Produktionsfaktors (externer Faktor) mit der Leistungsbereitschaft

---

[51]   Corsten (1985, S. 130) spricht lieber vom Aktivitätsgrad des Kunden, der Werte von Null bis Eins annehmen kann. Ein Aktivitätsgrad von Null bedeutet, dass der Dienstleistungskunde keine Aktivität entfaltet, während er bei Eins alle Aktivitäten, die er im Kontext einer Dienstleistungsproduktion übernehmen kann, auch erfüllt.

des Dienstleistungsunternehmens und weiteren internen Produktionsfaktoren, um letztlich die gewünschte Dienstleistung zu erstellen. Der Kunde wird somit in den Faktorkombinationsprozess im Rahmen der Endkombination mit eingebunden und erhält die Rolle eines „Co-Interaktors"[52]: Die Aufgabe, die dem Kunden hierbei zukommt, ist die optimale Interaktion mit den weiteren internen und externen Produktionsfaktoren, damit eben dieser Faktorkombinationsprozess möglichst reibungslos vonstatten geht. Dabei können dem Kunden verschiedene Teilaufgaben instrumenteller und sozialer Art zukommen. So hat zunächst ein Dienstleistungskunde oftmals Entscheidungen zu treffen, z. B. zwischen mehreren Leistungsalternativen bzw. weiteren Prozessabläufen (Bowen 1986, S. 378). Darüber hinaus kann ein Kunde als Informationsquelle zur Leistungskoordination beim Dienstleister dienen. Gerade beim Durchlaufen von mehrstufigen Leistungserstellungsprozessen, z. B. in Krankenhäusern, werden Kunden von einer Stelle zur nächsten geschickt. Dabei fungiert der Kunde durch seine Auskunft über den bisherigen Prozess und die weiteren beabsichtigten Schritte als Koordinator zwischen verschiedenen Subsystemen bzw. Mitarbeitern (Canziani 1997, S. 15).

Bei kollektiven Dienstleistungen[53] treten neben die Mitarbeiter-Kunden-Interaktionen auch Kunden-Kunden-Interaktionen (Martin/Pranter 1989; Pranter/Martin 1991, S. 43 f.; Zollner 1995, S. 71). Hierbei ist es u. U. für die Dienstleistungsqualität sehr wichtig, dass sich Kunden an bestimmte Erwartungen bzw. Regeln halten (Meyer/ Westerbarkey 1995, S. 89 und S. 94-96), die vom Dienstleistungsunternehmen zu definieren und den Kunden gegenüber zu kommunizieren sind.[54] Pranter/Martin sprechen hierbei auch von der Rolle des Dienstleisters als „Legislator" (Pranter/ Martin 1991, S. 47 f.). Beispielsweise wird von Reisenden in den so genannten Ruhewagen des ICE erwartet, dass sie nicht per Handy mobil telefonieren. Das Verhalten von Dienstleistungskunden kann sich aber auch auf die Interaktionen positiv auswirken. So agieren Dienstleistungskunden als Tutoren für andere Kunden

---

[52]   Prahalad/Ramaswamy (2000, S. 80) sprechen im Falle von Internet-Kunden auch von „Collaborators".

[53]   Kollektive Dienstleistungen werden u. a. von Hotels, Kirchen, Schulen und Universitäten, Krankenhäusern, Kinos, Theater, Kunsthallen, Fluggesellschaften, der Bahn und der Gastronomie angeboten (Martin/Pranter 1989, S. 6).

[54]   Die Relevanz der Einhaltung von Regeln durch die Kunden hängt von verschiedenen Faktoren ab, auf die nicht näher eingegangen werden soll. Ein Überblick über die Faktoren findet sich bei Martin/Pranter (1989, S. 10 f.).

(Gremler/Brown 1998, S. 122; Grove/Fisk 1997, S. 78) und helfen damit anderen Kunden (Goodwin 1988, S. 74; Meyer 1994, S. 89; Prahalad/Ramaswamy 2000, S. 81). Ein Beispiel sind Fitness-Clubs, in denen neue Mitglieder von erfahrenen Kunden beim Training Hilfestellungen erhalten (Goodwin 1988, S. 77). Damit beeinflussen Kunden die Zufriedenheit der anderen Kunden (Martin/Pranter 1989, S. 5 f.; Pranter/Martin 1991, S. 44). Im Rahmen der Interaktion vermag der Kunde auch gleichzeitig wertvolle Qualitätsverbesserungs- und Innovationsanregungen zu liefern. Hieran wird deutlich, dass die verschiedenen Kundenrollen durchaus zeitgleich bzw. zeitnah auftreten können.

Bei der Interaktion mit dem Kundenkontaktpersonal kommt dem Kunden des Weiteren die Rolle eines so genannten „Substitute for Leadership" zu (Lehmann 1998a, S. 835 f.; 1998b, S. 35-40; Normann 1987, S. 73; Schneider/Bowen 1995, S. 86 und S. 101-104). Dies bedeutet, dass der Kunde einen Teil der innerbetrieblichen Führungsfunktionen[55] übernehmen kann (Engelhardt/Schnittka 1998, S. 926; Lehmann 1998 b, S. 40), d. h. durch sein Verhalten die Motivation, die Einstellungen und das Verhalten des Kundenkontaktpersonals beeinflusst (Thompson 1962, S. 310; siehe im weitesten Sinne auch Meyer/Westerbarkey 1995, S. 98) sowie dessen Aufgaben, Kompetenzen und Verantwortlichkeiten mitbestimmt oder gar festlegt (Schneider/ Bowen 1995, S. 86).

Die bisher beschriebenen Rollen werden unter der übergreifenden Rolle des „Co-Produzenten" zusammengefasst.

Auch bei Dienstleistungen hat der Kunde - wie im Sachgüterbereich - die „klassische" Rolle des Käufers zu erfüllen.[56] Parsons (1970, S. 3) spricht vom „ideal type of the market-consumer role which is generally treated as almost wholly ‚one-way'; that is, a product is offered on the market and the consumer either takes it or leaves it". Ein weiter gefasstes Verständnis vertritt Lehmann (1998a, S. 831 f.; 1998b, S. 20-

---

[55] Die Einflussmöglichkeiten der Führungskräfte sind bezüglich des Kundenkontaktpersonals relativ eingeschränkt und eher indirekter Natur, z. B. mittels Zielvorgaben (Wohlgemuth 1989, S. 340).

[56] Zwar ist der Kaufakt immer mit einer Interaktion zwischen Kunde und Dienstleister verbunden, so dass sich eine Überschneidung zwischen Co-Interaktoren-Rolle und Käuferrolle ergibt. Allerdings steht im Mittelpunkt der Käuferrolle nicht die menschliche Kundenleistung im Fokus, sondern das Entrichten des Kaufpreises, d. h. die monetäre Leistung.

24) indem er den Kunden als Nachfrager bezeichnet. Damit soll zum Ausdruck kommen, dass der Dienstleister sich auf den Kunden als Nachfrager einzustellen hat. Da dieser Aspekt jedoch schon in der „Co-Designer"- und/oder „Co-Interaktoren"-Rolle zum Tragen kommt, erfolgt eine Konzentration auf die Rolle des Kunden als Käufer. Des Weiteren lässt sich bei Lengnick-Hall (1996, S. 809-812) die Rolle des Kunden als „Nutzer" von Dienstleistungen finden. Da aber bei Dienstleistungen oftmals das so genannte uno-actu-Prinzip vorherrscht, also Konsum und Produktion zeitgleich vorliegen,[57] kommt dieser Rolle eine eher untergeordnete Bedeutung im Dienstleistungsbereich zu.

Weil der Kauf einer Dienstleistung aufgrund der Besonderheiten von Dienstleistungen, insbesondere der Immaterialität von Dienstleistungen, mit einem höheren wahrgenommenen Risiko verbunden ist (Stauss 1994, S. 236; Zeithaml 1981, S. 188), spielen Referenzen für weitere potentielle Käufer einer Dienstleistung eine noch höhere Bedeutung als bei Sachleistungen (Meffert/Bruhn 2000, S. 350; Stauss 1998, S. 1260 f.). Damit kommt dem Kunden aus der Perspektive des Dienstleistungsunternehmens die wichtige Rolle des „Co-Marketers" (Biehal 1994, S. 52; Bowers/Martin/Luker 1990, S. 63; Cornelsen 1996, S. 14-18; Gremler/Brown 1998, S. 121; Höcht 1999, S. 621; Lehmann 1998a, S. 836-838; 1998b, S. 40-44; Lehtinen 1986, S. 32; Lovelock 2001, S. 298; Normann 1987, S. 74; Storbacka 1993, S. 83) zu. Christopher/Payne/Ballantyne (1991, S. 22) sprechen auch vom Kunden als „Advocate" des Unternehmens[58] und Bettencourt (1997, S. 385) vom „Customer as Promotor of the Firm". Dabei reicht das Spektrum dieser Co-Marketer-Rolle von der einfachen Beurteilung einer Leistung bzw. eines Produkts bis hin zur aktiven Werbung von anderen Kunden. Gerade im Internet spielen Leistungs- bzw. Produktbeurteilungen eine zunehmend wichtiger werdende Rolle. Als ein Beispiel lassen sich die Buchbewertungen bei Amazon.de nennen. Dienstleistungskunden können des Weiteren im Rahmen der Mitgliederwerbung auch direkt als Verkäufer bzw. Vertreter des Unternehmens fungieren (Bowers/Martin/Luker 1990, S. 63). Als Extrembei-

---

[57] Im Kontext der Doppelrolle des Kunden als (Co-)Produzent und Konsument taucht auch des Öfteren der Begriff des „Prosumers" (Toffler 1980, S. 273) auf (siehe u. a. Engelhardt 1990, S. 280; Hentschel 1992, S. 22 f. und Meyer 1991, S. 199).

[58] Siehe auch Griffin (1995, S. 159-182), Payne/Rapp (1999, S. 8) und Prahalad/Ramaswamy (2000, S. 86).

spiele finden sich Tupperware, Avon oder Mary Kay (Prahalad/Ramaswamy 2000, S. 86).

Der Vollständigkeit halber sei auf die Rolle des Kunden als Beschwerdeführer hingewiesen. Da deren Nutzeneffekte, wie Informationen zur Qualitätsverbesserung und positive Mundkommunikation, in den beschriebenen transaktionsorientierten Rollen zum Ausdruck kommen, wird diese nicht explizit aufgeführt.[59]

Es ist ersichtlich, dass der Dienstleistungskunde im Rahmen einer Dienstleistungstransaktion verschiedenartige Rollen erfüllen soll.[60] Das breite Spektrum der leistungsbezogenen Verhaltenserwartungen an den Dienstleistungskunden lässt sich zusammengefasst unterteilen in Leistungserstellungs-, Käufer- und Co-Marketing-Funktionen. Einzelne Aufgaben können vom Dienstleistungskunden zum Teil auch außerhalb der eigentlichen Transaktionszeit ausgeführt werden, z. B. das Geben von Feedback-Informationen im Anschluss an einen Hotelaufenthalt. Da aber ein direkter Bezug zur einzelnen Dienstleistungstransaktion besteht, lassen sich diese Aufgaben auch noch einer vorangegangenen Dienstleistungstransaktion zurechnen.

Die Definition der Rollenerwartungen ist eine essentielle Aufgabe jedes Dienstleisters („define the customer's job"; Bowers/Martin/Luker 1990, S. 62). In Abhängigkeit von der Art der Dienstleistungstransaktion sowie von weiteren Faktoren (z. B. Merkmale des Kunden) können die Rollenerwartungen an den Kunden jedoch variieren (Lehtinen 1986, S. 31; Solomon et al. 1985, S. 103). Dies heißt: Nicht alle der zuvor beschriebenen Rollenelemente müssen in jedem Fall vorliegen. Auch erhebt dieser Absatz nicht den Anspruch auf vollständige Abbildung aller möglichen transaktionsorientierten Kundenrollen. Im Rahmen dieser Arbeit wurden lediglich zentrale Schlüsselerwartungen an Dienstleistungskunden aus der Perspektive von Dienstleistungsunternehmen formuliert. Zudem sind Rollen nicht als statische Grö-

---

[59]   Zu Zielen und Aufgaben eines Beschwerdemanagements im Dienstleistungsbereich siehe z. B. Stauss (1989 und 1998).

[60]   Einige Autoren (z. B. Bowen 1986, S. 378; Nerdinger 1994, S. 243) weisen noch auf Tätigkeiten hin, die nach der Leistungserstellung durch den Kunden durchzuführen sind. Als Standardbeispiel dient der Patient, der im Anschluss an eine Behandlung den Anordnungen des Arztes, z. B. Medikamenteneinnahme, weiterhin zu folgen hat. Da diese post-integrativen Eigenleistungen des Kunden als Leistungspotentiale einer kommenden Leistungserstellung angesehen werden können, wird ihnen keine separate Rolle zugewiesen.

ßen zu sehen, sondern sie sind dynamischer Natur. Dementsprechend spricht Broderick (1998, S. 349) auch von „Role evolution".

2.5.2.1.4 Beziehungsorientierte Rolle des Dienstleistungskunden als Partner des Unternehmens

Führt ein Kunde mehrere Transaktionen mit einem Dienstleistungsunternehmen
durch bzw. beabsichtigt dieses,[61] so tritt neben die Betrachtung der einzelnen
Dienstleistungstransaktion eine weitere Dimension: die Dienstleistungsbeziehung. Zu
dieser zählen alle von ökonomischen oder nicht-ökonomischen Zielen geleiteten,
direkten, integrativen und auf mehrmalige Dienstleistungstransaktionen ausgerichteten Interaktionsprozesse zwischen einem Dienstleistungsanbieter und -kunden in
Verbindung mit dem Kauf einer Dienstleistung (in Anlehnung an Diller 1994, S. 205).
Dabei wird von dem grundsätzlichen Willen beider Interaktionspartner, „den einmal
gefundenen Kontakt aufrechtzuerhalten und gegebenenfalls weiterzuentwickeln"
(Diller 1995a, S. 442), ausgegangen.

Liegt eine derartige Geschäftsbeziehung zwischen Dienstleistungsunternehmen und
Kunde vor, so verändern sich die jeweiligen Erwartungen der Interaktionspartner im
Vergleich zu einer diskreten Transaktion.[62] Eine Dienstleistungsorganisation investiert in diesem Fall in die Kundenbeziehung und verfolgt hiermit das Ziel, den Kunden
an sich zu binden. Diese erwartet, dass sich der Kunde ihr gegenüber loyal verhält
und mit ihr eine Partnerschaft eingeht. Im Gegensatz zur Kundenbindung beschreibt
der Begriff der Kundenloyalität „lediglich die nachfragerbezogene Perspektive einer
Bindung, das heißt der Kunde hat seinerseits eine verringerte Wechselbereitschaft"
(Homburg/Bruhn 1999, S. 8).[63] Dementsprechend lässt sich dem Dienstleistungskunden die Rolle eines Partners des Unternehmens als beziehungsorientierte Kun-

---

[61] Diller/Kusterer (1988, S. 211) sehen einen Interaktionsprozess zwischen zwei oder mehr Personen ab dem ersten Geschäftsabschluss als Geschäftsbeziehung an. So liegt z. B. bei einer Arzt-
Patienten-Beziehung schon bei einem einmaligen direkten Kontakt eine latente Geschäftsbeziehung vor (Diller 1994, S. 206).
[62] Diskutiert werden im Rahmen dieser Arbeit allerdings nur die kundenseitigen Rollen.
[63] Als weiterführende Literatur zum Begriff der Kundenloyalität sei insbesondere auf die Artikel von
Diller (1996) und Stahl (1999) hingewiesen. Zu verschiedenen Ausprägungen der Loyalität siehe
darüber hinaus Bliemel/Eggert (1998).

denrolle zuweisen (Biehal 1994, S. 45; Gummesson 1996, S. 251; Hühn 2000,
S. 534; Meyer/Blümelhuber 1997, S. 68; Payne/Rapp 1999, S. 8 f.; Weinberg 1999,
S. 49). Gummesson (1996, S. 255) weist darauf hin, dass „both the customer and
the seller can be active parties; they should see each other as equal partners in a
win-win relationship" (siehe hierzu grundsätzlich auch Hägele/Sljivljak/Köhler 2000,
S. 3).

Gegenüber den transaktionsorientierten Rollen kommt es beim Übergang zur Part-
nerrolle zu einer Modifikation der Erwartungen, die das Unternehmen an den
Dienstleistungskunden auf einer affektiven, kognitiven und intentionalen Ebene stellt.
Auf der affektiven Ebene erhoffen sich Dienstleistungsanbieter, dass die Kunden
Commitment ihnen gegenüber aufbauen. Commitment kann sich auch in der Bildung
von sozialen Beziehungen des Dienstleistungskunden zu anderen Kunden und/oder
zu eigenen Mitarbeitern des Unternehmens (zu „Social relationships" siehe Gremler/
Brown 1998, S. 121) ausdrücken. Dies sind z. B. Freundschaften, soziale Hilfestel-
lungen für andere Kunden oder die Bildung von Gemeinschaften, wie Fanclubs.

Daneben sollen sie Vertrauen in die Geschäftsbeziehung entwickeln (Gruen 1995,
S. 453-455). Dieses Vertrauen „is a function of the extent to which the organization
can be expected to ‚deliver' in the sense of making binding operative decisions which
contribute to the solution of real problems" (Parsons 1970, S. 10). Commitment und
Vertrauen in den Dienstleister erhöhen dabei die Leistungsbereitschaft des Kunden.

Auf der kognitiven Ebene sollen sich die Dienstleistungskunden Kenntnisse über den
Dienstleistungsanbieter, die Dienstleistung(en) und die Interaktionen aneignen sowie
Fähigkeiten zur Leistungserbringung entwickeln. Dies stärkt die Leistungsfähigkeit
des Kunden. Unmittelbar am interessantesten erscheinen für die Dienstleistungsorganisation die angestrebten Veränderungen auf der intentionalen Ebene in Form
einer erhöhten Wiederkauf-, Zusatzkauf- und Weiterempfehlungsabsicht (Hom-
burg/Faßnacht 1998a, S. 415). Letztlich soll sich die Partnerschaft darüber hinaus im
tatsächlichen Wiederkauf- und Weiterempfehlungsverhalten des Kunden bemerkbar
machen (Homburg/Bruhn 1999, S. 8 f.; Homburg/Faßnacht 1998, S. 415). Leistungsbereitschaft und Leistungsfähigkeit des Kunden werden damit zu wichtigen
Determinanten der Kundenbeziehung.

2.5.2.2   Verhaltensbasierter Ansatz

Die Service Customer Performance lässt sich nach ihrer Notwendigkeit und Freiwilligkeit der Erbringung in Basis- und Zusatzleistung unterteilen. Die Unterscheidung fußt auf einer aus der Forschungsrichtung des „Organizational behavior" stammenden Differenzierung der Arbeitsleistung des Mitarbeiters in „In-role-behavior" und „Extra-role-behavior". „In-role-behavior is required or expected behavior" (Van Dyne/ LePine 1998, S. 108), d. h. diese reguläre Arbeitsleistung (Normalleistung; Hoyningen-Huene 1992, Sp. 425) beruht auf den in Stellenbeschreibungen genannten Arbeitsaufgaben. Demgegenüber liegt das Extra-role-behavior im freien Ermessen des Mitarbeiters. Es ist „(1) not specified in advance by role prescriptions, (2) not recognized by formal reward systems, and (3) not a source of punitive consequences when not performed by job incumbents" (Van Dyne/LePine 1998, S. 108). Diese freiwilligen, unternehmens- und kundenorientierten Mitarbeiterleistungen, die eben nicht in Arbeitsplatz- bzw. Stellenbeschreibungen schriftlich festgehalten sind, werden auch als „Organizational citizenship behavior" bezeichnet (Welbourne/Johnson/Erez 1998, S. 540 f.). Bei diesem Verhalten lassen sich drei Dimensionen unterscheiden (Nerdinger 1995, S. 17):

- Fairness im Sinne einer Bereitschaft des Mitarbeiters, auch sub-optimale Arbeitsbedingungen zu tolerieren, ohne sich permanent zu beschweren;

- Bürgertugenden, wie die freiwillige Teilhabe und ein Interesse am Leben des Unternehmens;

- Hilfreiches Verhalten, d. h. den Kollegen bei Problemen rund um den Arbeitsplatz zu helfen.

Zu diesem Mitarbeiterverhalten gehören dementsprechend z. B. die Unterstützung von Kollegen, das Einreichen von Verbesserungsvorschlägen und das Eingehen auf besondere Kundenwünsche (Schwetje 1999, S. 18 f.). Damit spielt das Organizational citizenship behavior für die (Verbesserung der) Dienstleistungsqualität eine eminent wichtige Rolle (Morrison 1996).

Die Unterscheidung in ein notwendiges, „unbedingt" erforderliches, formal vorgeschriebenes und ein freiwilliges, positives Arbeitsverhalten ist nun auf das Verhalten bzw. die Leistungen des Dienstleistungskunden übertragbar (Mills/Morris 1986,

S. 732). Dienstleistungen zeichnen sich grundsätzlich dadurch aus, dass die Interaktionspartner, d. h. Unternehmen bzw. Kundenkontaktmitarbeiter und Dienstleistungskunde, über die Leistungserstellung hinaus zu keinen weiteren Verpflichtungen verbunden sind (Nerdinger 1994, S. 51). Im Rahmen der Leistungserstellung hat der Kunde sich allerdings so zu verhalten, dass zumindest die minimalen quantitativen und qualitativen Standards des Service-Systems erreicht, wenn möglich übertroffen werden.[64] Mills/Morris (1986, S. 732) bezeichnen dieses Verhalten des Kunden als „dependable client behavior". Alles was über die notwendige Leistungsbeteiligung hinausgeht und zum Wohl des Unternehmens beiträgt, fassen Mills/Morris (1986, S. 732) unter den Begriff des „spontaneous and innovative client behavior". Bowen/ Schneider (1985, S. 133) verwenden hierfür den Begriff des „supportive behavior".

Dieses unterstützende Kundenverhalten ist gerade im Internet in Extremform vorhanden. So agieren Kunden als „Guides", „Rangers" oder „Leaders" von Online Communities und erbringen im Rahmen dieser freiwilligen Rollen für ihren Service-Provider verschiedenste Leistungen, wie die Beantwortung der Fragen anderer Kunden, die Sicherung der Regeleinhaltung in Communities und das Generieren neuer Inhalte (o. V. 1999a). Der Internet-Provider AOL hat beispielsweise 14.000 solcher Freiwilligen, gleichzeitig aber nur 12.000 Mitarbeiter (o. V. 1999a). Aber auch bei traditionellen Dienstleistungen vermögen Kunden durch ein unterstützendes Verhalten zur Verbesserung des Service-Systems beizutragen. Schon ein freundliches Wort der Kunden zu anderen Kunden oder ein Lächeln schafft ein angenehmes Klima und erhöht damit die Kundenzufriedenheit (Martin/Pranter 1989, S. 5).

Grundsätzlich ist eine Übertragung dieses mitarbeiterbezogenen Ansatzes auf die Kundenbeziehung aufgrund der postulierten Parallelen zwischen Kunde(n) und Mitarbeiter(n) möglich. Schneider/Bowen (1995, S. 85) bezeichnen Kunden explizit als „Human resources" analog der Mitarbeiter und auch Normann (1987, S. 15) schlägt vor, dass Dienstleister ihre „Konsumenten als einen Teil der eigenen Arbeitskräfte

---

[64] Ein interessanter Ansatz könnte hierbei in der Übertragung von Erkenntnissen aus der Forschung zur Dienstleistungsqualität zu den Toleranzzonen von Kundenerwartungen (siehe z. B. Bruhn 2000a, S. 1033-1035) liegen. So verfügen auch Manager bzw. Kontaktmitarbeiter voraussichtlich über verschiedene Erwartungsniveaus, was die Kundenleistung anbelangt. Denkbar sind auch hier ein adäquates und gewünschtes Erwartungsniveau; siehe hierzu auch die Aussagen von Stauss/Mang (1999, u. a. S. 333 f.).

betrachten" sollen. Dabei findet sich als kundenseitiges Pendant des „Organizational citizenship behavior" in der Literatur zum Dienstleistungsmanagement der Begriff des „Customer citizenship behavior" (Gremler/Brown 1998, S. 121). Daneben sind folgende Begriffe in der Literatur anzutreffen, die den gleichen Sachverhalt schildern: „Customer organizational commitment" (Kelley/Donnelly/Skinner 1990, S. 322), „Customer voluntary performance" (Bettencourt 1997) und „Customer discretionary behavior" (Zabava Ford 1995). Zwar liegen mit den genannten Quellen einige, insgesamt gesehen jedoch wenige Abhandlungen zur Thematik von Zusatzleistungen der Kunden vor, weshalb insgesamt diesem doch durchaus relevanten Bereich des Dienstleistungsmarketing ein Forschungsmanko bescheinigt werden kann, wie dies Martin/Pranter (1989, S. 6) auch für die freiwilligen Kundenleistungen im Rahmen von Kunden-Kunden-Interaktionen postulieren.

Bevor auf die freiwilligen Kundenleistungen eingegangen wird, sollen jedoch zunächst die notwendigen Kundenleistungen angeführt werden. Unerlässlich ist die Bereitstellung des Co-Produktionsfaktors, da eine Leistungserstellung ohne ihn nicht möglich ist. Des Weiteren kommt es immer zu einer Interaktion zwischen Dienstleistungskunde und Unternehmen (Engelhardt/Schnittka 1998, S. 919). Schließlich muss der Kunde den Kaufpreis für die Dienstleistung entrichten. Damit lassen sich als Basisleistungen des Dienstleistungskunden identifizieren:

- Kunde stellt bzw. ist Co-Produktionsfaktor,
- Kunde ist Co-Interaktor und
- Kunde ist Käufer.

Die darüber hinausgehenden Aufgaben erfüllt der Kunde freiwillig, weswegen von den Zusatzleistungen gesprochen werden soll. Dabei handelt es sich um die Zusatzleistungen des

- Kunden als Co-Designer,
- Kunden als Substitute for Leadership und
- Kunden als Co-Marketer.

Allerdings muss ergänzend hierzu darauf hingewiesen werden, dass auch innerhalb der Basisleistung des Dienstleistungskunden als Co-Interaktor ein Customer citizenship behavior auftreten kann. So ist es durchaus denkbar, dass z. B. Dienstleistungskunden innerhalb ihrer Basisrolle des Co-Interaktors die Zusatzrolle eines Tutors wahrnehmen (Bowers/Martin/Luker 1990, S. 63) und damit für das Dienstleistungsunternehmen eine wertvolle Zusatzleistung erbringen.

Abschließend sei noch auf die besondere Bedeutung der beziehungsorientierten Rolle des Dienstleistungskunden als Partner eines Unternehmens für die Ausgestaltung der Basis- und insbesondere der Zusatzleistungen hingewiesen. Sowohl die Basis- als auch die Zusatzleistungen sollen durch den Aufbau einer Partnerschaft mit dem Dienstleistungskunden positiv beeinflusst werden.

2.6 Integrationsbereitschaft und Integrationsfähigkeit von Dienstleistungskunden als relevante Einflussfaktoren der Service Customer Performance

Kunden können, wie in Abschnitt 2.4.2 erörtert, als Mitglieder des Service-Systems eines Unternehmens angesehen werden. Insofern stellt sich Dienstleistungsunternehmen die Frage bzw. die Herausforderung, wie Kunden zu managen sind bzw. wie deren Verhalten zu lenken ist (Bowen/Schneider 1985, S. 136; Fassott 1995, S. 93; Ostrom/Roundtree 1998, S. 14; Parasuraman/Varadarajan 1988, S. 58; Swartz/Bowen/Brown 1992, S. 6), um die Voraussetzungen für eine angemessene Service Customer Performance zu schaffen (Bowen 1986, S. 371 f.).

Service Customer Performance als integrationsbedingte Kundenleistung hängt in besonderem Maße von der Integrationsbereitschaft und den -fähigkeiten des Kunden ab.[65] So erbringt ein Dienstleistungskunde im Sinne eines Service customer citizenship behavior nur dann freiwillige Zusatzleistungen, wenn er auch die entsprechende Bereitschaft hierzu hat. Des Weiteren ist es unabdingbar, dass ein Dienstleistungskunde z. B. zur Erfüllung seiner Co-Interaktorenrolle über den Ablaufprozess und seine eigene Rolle hierbei Bescheid weiß. Er muss dementsprechend über adäquate Integrationskenntnisse verfügen. Schon Thompson (1962, S. 310) hat dar-

---

[65] Schon 1966 haben Katz/Kahn (1966, S. 116) darauf hingewiesen, dass sich Integrationsbereitschaft und -fähigkeiten des Kunden auf die Dienstleistungsqualität auswirken (siehe hierzu auch Corsten 1986, S. 25; Hilke 1989, S. 13; Schneider 1998, S. 172).

auf hingewiesen, dass der Erfolg einer Transaktion zum Teil von den Wünschen, Einstellungen und Aktivitäten des Kunden abhängt. Im Extremfall ist der Kunde sogar gänzlich dafür verantwortlich, ob der Dienstleistungserstellungsprozess erfolgreich beendet werden kann oder nicht (Corsten 1986, S. 25).

Dass die Integrationsbereitschaft und die -fähigkeiten von Dienstleistungskunden einen bedeutenden Einflussfaktor der Service Customer Performance darstellen, hängt mit den Charakteristika von Dienstleistungen zusammen. Aufgrund der Integrativität können für den Kunden u. a. Probleme beim Vollzug der Dienstleistung entstehen. Häufig sind bei Dienstleistungen Verrichtungsablauf und Nutzen erklärungsbedürftig (Scheuch 1982, S. 94). Diese Erklärungsbedürftigkeit bezieht sich insbesondere auch auf die notwendige Beteiligung des Kunden an der Verrichtung in einer adäquaten Form (Bowers/Martin/Luker 1990, S. 62). Dies betrifft zum einen die Aufnahmebereitschaft des Kunden und zum anderen das Know-how zur Inanspruchnahme der Dienstleistung (Scheuch 1982, S. 94 f.). Der Kunde muss somit die Möglichkeit erhalten, die integrationsnotwendigen Fähigkeiten und Fertigkeiten zu erlernen (Scheuch 1979, S. 18), die er zur Erfüllung seiner Leistungen benötigt (Bowers/Martin/Luker 1990, S. 63 f.). Eine perfekte Quintessenz dieser Erkenntnisse liefern Mills/Morris (1986, S. 734; siehe ähnlich Fassott 1995, S. 93 f.): „As active participants, clients and customers must acquire the knowledge, skills, and dispositions that will enable them to perform as effective ‚partial' employees".

Die Aneignung von Kenntnissen, Fähigkeiten und Fertigkeiten sowie die Entwicklung einer Bereitschaft zur Mitwirkung an der Leistungserstellung ist jedoch nicht nur von Unternehmen passiv mitzuverfolgen, sondern aktiv zu planen, zu steuern und zu kontrollieren (Broderick 1998, S. 349; Nerdinger 1994, S. 78). Fitzsimmons/Fitzsimmons (2001, S. 35) bezeichnen die Qualifizierung des Kunden zur aktiven Teilhabe am Leistungserstellungsprozess sogar als eine zentrale Marketingfunktion von Dienstleistungsmanagern. Einem Dienstleistungsunternehmen stehen dabei zur Steuerung des Kunden verschiedene Instrumente zur Verfügung, damit sich der Kunde so verhält, wie dies im Rahmen seiner Kundenrollen von ihm erwartet wird (Bowen/Schneider 1985, S. 140).

3   Kundenentwicklung durch Kundenlernen zur integrationsgerichteten Qualifizierung von Dienstleistungskunden

Ein Kunde muss sich zur Erbringung der vom Unternehmen erwünschten Service Customer Performance verschiedene Integrationsfähigkeiten aneignen und über eine entsprechende Integrationsbereitschaft verfügen. Der Dienstleistungskunde sollte dabei vom Unternehmen die Möglichkeit erhalten, die benötigten Qualifikationen zu erlernen. Dazu benötigen Dienstleistungsunternehmen entsprechende lerntheoretische Grundkenntnisse, die im Mittelpunkt von Kapitel 3.1 stehen. Das Kundenlernen ist in einen Managementprozess einzubetten, der sich mit der integrationsbedingten Qualifizierung von Dienstleistungskunden beschäftigt. Es gilt dementsprechend, Kunden im Sinne des Unternehmens weiterzuentwickeln. Diese Leitidee der Kundenentwicklung ist Gegenstand der Erörterung in Kapitel 3.2.

3.1   Kundenlernen im Dienstleistungsbereich

Zur integrationsbezogenen Qualifizierung des Kunden bedarf es von Seiten des Dienstleistungsunternehmens der Kenntnis der beim Kunden ablaufenden Lernvorgänge. Daher vermittelt Kapitel 3.1 die dafür benötigten lerntheoretischen Grundlagen. Nach der Definition von Lernen (Abschnitt 3.1.1) erfolgt ein kurzer Einstieg in die Lerntheorien (Abschnitt 3.1.2) bevor darauf aufbauend eine Begriffsfassung von Kundenlernen vorgenommen wird (Abschnitt 3.1.3). Hieran anschließend werden verschiedene Lernformen präsentiert (Abschnitt 3.1.4), die sich zur Erklärung spezifischer Lernprozesse von Dienstleistungskunden eignen.

3.1.1   Definition des Lernens

Lernen im umgangssprachlichen Sinne wird zumeist mit dem Aneignen von Wissen und von kognitiven Prozessen, wie Sprechen, Lesen und Rechnen, gleichgesetzt (Bauer 1997, S. 1038; Güldenberg 1998, S. 77). Diese Art des Lernens als Prozess der Informationsspeicherung im Gedächtnis ist aber nur ein kleiner Ausschnitt eines wissenschaftlich umfassenderen Lernbegriffs (Rosemeier 1987, S. 61; siehe auch

Hofstätter 1957, S. 196). Die meisten Lerntheorien beschäftigen sich dagegen mit der Ausformung menschlichen Verhaltens und der Entstehung spezieller Verhaltensmuster (Wiswede 1995, S. 68). Damit reicht dieses Verständnis weit über den reinen Erwerb und die Speicherung von Wissen hinaus (Bauer 1997, S. 1038).

Lernen geht jedoch nicht automatisch auch mit einer Verhaltensänderung einher. Schon Hofstätter hat auf diesen Sachverhalt hingewiesen: „Veränderungen in der Wahrscheinlichkeit [Hervorhebung durch den Verf.], mit der Verhaltensweisen in bestimmten Reizsituationen auftreten, bezeichnet man als Lernen" (Hofstätter 1957, S. 195). Folglich lässt sich Lernen als eine veränderte Verhaltensmöglichkeit auffassen (Kroeber-Riel/Weinberg 1999, S. 316; Musahl 1999, S. 328). Dies bedeutet, dass sich durch Lernen häufig, aber eben nicht zwangsläufig, beobachtbare Verhaltensänderungen ergeben (Behrens 1995, Sp. 1406; Rother 1996, S. 81). Daneben sei darauf hingewiesen, dass nicht jede Verhaltensveränderung auf Lernprozessen beruht (Bauer 1997, S. 1038; Staehle 1994, S. 192). Eine Änderung des eigenen Verhaltens kann z. B. auch durch Krankheit, Drogen, Zwangseinwirkung und Ermüdung hervorgerufen werden (Hofstätter 1957, S. 195; Steiner 1992, Sp. 1264). Demnach liegt Lernen nur dann vor, wenn die Verhaltensänderungen auf Erfahrungen (Übungen) und/oder Erkenntnissen beruhen (Behrens 1995, Sp. 1406; Kroeber-Riel/Weinberg 1999, S. 316).

3.1.2   Lerntheoretische Grundlagen

Lernen kann in den unterschiedlichsten Formen und Ausprägungen auftreten. So vermag ein Individuum z. B. unbeabsichtigt (inzidentell) oder absichtlich (intentionell), perzeptiv (auf die Wahrnehmung bezogen) oder motorisch lernen. Es existieren dementsprechend eine Vielfalt von Lernphänomenen, womit sich die Lerntheorien auseinandersetzen. Diese beschreiben, analysieren und erklären die den Lernphänomenen zugrunde liegenden Prozesse (Bauer 1997, S. 1040). Einen Einstieg in für die Arbeit relevante Lerntheorien liefert dieser Abschnitt.

3.1.2.1   Überblick über die Lerntheorien

Der Bereich der Lerntheorien lässt sich als eines der am weitesten entwickelten Theoriegebiete der Sozialwissenschaften bezeichnen (Grün 1993, Sp. 2596). Dennoch existiert keine völlig in sich geschlossene Lerntheorie (Kroeber-Riel/Weinberg 1999, S. 318), sondern es liegt eine Reihe lerntheoretischer Ansätze vor, die sich bewährt haben (Rosemeier 1987, S. 61). Jeder dieser Ansätze erklärt einige Phänomene gut, während andere völlig unberücksichtigt sind (Hilgard 1948, zitiert nach Bloom 1974, S. 31). Daher lassen sich die verschiedenen Lerntheorien als komplementäre Ansätze verstehen (Kroeber-Riel/Weinberg 1999, S. 324; Musahl 1999, S. 329).

Das Ziel dieses Abschnitts kann es nicht sein, eine Darstellung sämtlicher lerntheoretischer Ansätze zu geben. Stattdessen stehen die für die weiteren Ausführungen zentralen lerntheoretischen Grundlagen eines Kundenlernens im Dienstleistungsbereich im Fokus der Betrachtung. Dazu gehören insbesondere die instrumentelle Konditionierung und das Modell-Lernen. Während die instrumentelle Konditionierung erklärt, warum ein bestimmtes Verhalten verstärkt auftritt, beschäftigt sich das Modell-Lernen mit dem Erwerb neuer Handlungsmöglichkeiten (Musahl 1999, S. 334). Diese Ansätze stellen die Voraussetzung zum Verständnis von Skriptlernen und Sozialisationsprozessen dar, die zentrale Ansätze eines Kundenlernens im Dienstleistungsbereich verkörpern und vom Interaktionsgedanken geprägt sind.

Das Grundkonzept allen Lernens basiert auf folgenden zwei Variablen: Reize (Stimuli) und Reaktionen (Responses). Dieses grundlegende Modell zählt zu den behavioristischen Lerntheorien[66] und findet sich auch unter der Bezeichnung „S-R-Modell"[67] (Rother 1996, S. 83; Steiner 1992, Sp. 1265), gemäß des linearen Zusammenhangs von Stimuli (S) und Responses (R). Ein Reiz ist ein Ereignis, das ein Individuum aktiviert, sozusagen ein Impuls. Auf diesen Reiz folgt die Reaktion als eine Handlung bzw. ein Verhalten des Individuums (Grün 1993, Sp. 2595 f.). Dieses Modell sagt jedoch nichts über die internen Verarbeitungsprozesse beim Individuum

---

[66]   Zur Kritik an den behavioristischen Lerntheorien siehe Rother (1996, S. 86).
[67]   Zum behavioristischen S-R-Paradigma und dessen Anwendung im Dienstleistungsbereich siehe auch Rosenstiel/Neumann (1998, S. 38).

aus. Der Organismus (Abläufe im Individuum) wird quasi als „black box" betrachtet (Güldenberg 1998, S. 78; Rother 1996, S. 83).

Falls ein Individuum auf einen bestimmten Reiz häufiger (mit einer höheren Wahrscheinlichkeit) in einer bestimmten Art und Weise reagiert als vorher, hat es gelernt. Reagiert das Individuum dagegen auf unterschiedliche Reize mit demselben spezifischen Verhalten, d. h. das Individuum zeigt keine der Reizkonstellation angepasste Reaktion auf, hat Lernen als situationsbedingtes Anpassungsverhalten (noch) nicht stattgefunden. Dies ist auch dann der Fall, wenn auf den gleichen Reiz jeweils unterschiedlichste Reaktionen folgen (Kroeber-Riel/Weinberg 1999, S. 320).

In der Realität existieren allerdings nicht nur gleiche und völlig andere (unterschiedliche) Reize, sondern im Sinne eines Kontinuums sind auch ähnliche anzutreffen. Falls auf ähnliche Reize die gleiche Reaktion folgt, wird von einer Stimulus- bzw. Reizgeneralisierung gesprochen (Bauer 1997, S. 1043; Hofstätter 1957, S. 60). Hier verhält sich das Individuum auf ähnliche Reize, als ob es die Gleichen wären (Staehle 1994, S. 195). Damit wird die Bedeutung eines Reizes verallgemeinert (generalisiert) und auf andere übertragen. Ein zur Reizgeneralisierung komplementärer Vorgang ist die Reizdiskriminierung (Differenzierungslernen; Staehle 1994, S. 195). Hierbei lernt das Individuum, eine Menge von bisher nicht differenzierten Reizen immer feiner zu unterscheiden und auf diese spezifisch zu reagieren (Bauer 1997, S. 1043; Kroeber-Riel/Weinberg 1999, S. 323).

3.1.2.2   Instrumentelle Konditionierung

Eine Schlüsselvariable und ein zentrales Grundprinzip der behavioristischen Lerntheorien ist die instrumentelle Konditionierung[68], auch bezeichnet als „Lernen am

---

[68]   In der Literatur findet sich auch der Begriff der operanten Konditionierung. Der Unterschied zur instrumentellen Konditionierung wird „in der unterschiedlichen Reizgebundenheit der geäußerten Reaktionen gesehen" (Kroeber-Riel/Weinberg 1999, S. 331; zur operanten Konditionierung siehe auch Steiner 1992, Sp. 1267 f.). Diese Unterscheidung ist aber für die folgenden Ausführungen von untergeordnetem Interesse.

Erfolg" (Hofstätter 1957, S. 196; Rosemeier 1987, S. 63; Rother 1996, S. 84).[69] Hierbei stellt Lernen ein aktives Verhalten eines Individuums dar (Bauer 1997, S. 1042),
wobei der Erfolg bzw. Misserfolg eines bestimmten Verhaltens dessen künftige Auf-
trittswahrscheinlichkeit bestimmt (Musahl 1999, S. 332). Das bedeutet, dass das
Verhalten des Individuums durch die Verhaltenskonsequenzen (Folgereize) geprägt
und aufrechterhalten wird. Dies ist eine der zentralen Grundregeln des instrumentellen Lernens, auch bezeichnet als „Effektgesetz" („Law of effect"; Rosemeier 1987,
S. 63; siehe auch Behrens 1995, Sp. 1407 f.; Grün 1993, Sp. 2596; Hofstätter 1957,
S. 191; Kroeber-Riel/Weinberg 1999, S. 331; Musahl 1999, S. 332 f.; Rother 1996,
S. 84; Steiner 1992, Sp. 1266). Die zentralen Aussagen sind:

- Erfährt ein Individuum bei einem bestimmten Verhalten eine positive Verstärkung,
  so erhöht sich die Wahrscheinlichkeit, dass dieses Verhalten(smuster) auch in
  Zukunft wieder eingesetzt wird.

- Demgegenüber sinkt die Wahrscheinlichkeit für das Auftreten einer bestimmten
  Verhaltensweise, wenn eine negative Verstärkung (aversiver Reiz) hierauf erfolgt.

Eine zentrale Rolle spielen in diesem Kontext die so genannten Verstärker (reinfor-
cer). Dies sind Reize, welche die Wahrscheinlichkeit des Auftretens einer vorausge-
gangenen Verhaltensweise erhöhen. Damit können Verstärker zur Manipulation der
Wahrscheinlichkeit des Auftretens einer bestimmten Verhaltensweise in einer vergleichbaren Situation eingesetzt werden.[70] Sie stellen somit ein Instrument der Verhaltenssteuerung dar (siehe auch Abschnitt 8.4.2). Folglich wird diese Art der Konditionierung als instrumentell bezeichnet, da die gelernte Reaktion für das lernende
Individuum einem Instrument gleicht, um zu einer Verstärkung zu gelangen (Steiner
1992, Sp. 1267). Ein anderer Begriff für eine positive Verstärkung ist Belohnung und

---

[69] Neben der instrumentellen Konditionierung existiert eine zweite Gruppe behavioristischer Lernthe-
      orien, die sich auf das so genannte Kontiguitätsprinzip (klassische Konditionierung) stützen (für
      viele: Musahl 1999, S. 331; Rosemeier 1987, S. 61-63; Staehle 1994, S. 194-196). Dieses erklärt
      Lernen als Ergebnis des gemeinsamen Auftretens zweier Reize (Kroeber-Riel/Weinberg 1999,
      S. 328 f.). Hier hat insbesondere das Hunde-Experiment von Pawlow weltweit für Aufsehen ge-
      sorgt (Hofstätter 1957, S. 55 f.). Die klassische Konditionierung spielt für den Marketing-
      Instrumentalbereich der Werbung eine wichtige Rolle, kann aber im Rahmen dieser Arbeit eher
      vernachlässigt werden.
[70] Allerdings ist es aus theoretischer Sicht eigentlich unzulässig, einen Reiz im Vorhinein als Beloh-
      nung oder Bestrafung zu bezeichnen, da sich erst im Nachhinein (post-hoc) feststellen lässt, ob
      die intendierte Wirkung der Verhaltensveränderung auch wirklich eingetroffen ist (Musahl 1999,
      S. 328). Darüber hinaus ist es genauso problematisch, Reize generell als Belohnungen oder Be-
      strafungen zu bezeichnen. Die Bewertung der Reize und damit die Wahrnehmung als Belohnung
      oder Bestrafung erfolgt ausschließlich durch den Empfänger (Musahl 1999, S. 332).

für eine negative Verstärkung Bestrafung[71] (Behrens 1995, Sp. 1408; Grün 1993, Sp. 2596; Kroeber-Riel/Weinberg 1999, S. 330; Rosemeier 1987, S. 63). Diese Ausdrucksweise entspricht auch eher dem betriebswirtschaftlichen Sprachverständnis. Verstärkungen können einerseits tatsächlich stattfinden oder andererseits lediglich in Aussicht gestellt werden (Antizipation der Verstärkung; Grün 1993, Sp. 2596). Auf jeden Fall ist das Individuum selbst aktiv und reagiert nicht nur passiv auf seine Umwelt (Staehle 1994, S. 196).

Ein weiterer wichtiger Aspekt im Rahmen dieses Lernens am Erfolg ist die Extinktion (Löschung; Steiner 1992, Sp. 1266). Darunter versteht man „das Absinken der Verhaltensrate bis zu ihrem Verschwinden" (Rosemeier 1987, S. 64). Der Vorgang des Vergessens ist damit als Extinktion aufzufassen (Staehle 1994, S. 194): Die gelernte Reaktion verlöscht, falls nicht die Verknüpfung eines bestimmten Verhaltens und der entsprechenden Verstärkung in gewissen Abständen wiederhergestellt wird (Musahl 1999, S. 333). Konkret bedeutet dies, dass eine konditionierte Verhaltensweise verlöschen kann, wenn

- die entsprechende Belohnung entfällt,
- eine Bestrafung für dieses Verhalten erfolgt oder
- ein neutraler Reiz anstelle der Belohnung auftritt (Rosemeier 1987, S. 64).

Mit dem Phänomen des Vergessens beschäftigt sich die Theorie des autonomen Verfalls und forscht nach möglichen Ursachen hierfür. Dieser Ansatz postuliert, dass das Vergessen ein passiver Vorgang ist, der von der Zeit abhängt. Generell lässt sich eine typische Vergessensfunktion konstruieren, nach der zunächst schnell, dann immer langsamer vergessen wird (Güldenberg 1998, S. 93). Zudem determinieren verschiedene Faktoren, wie z. B. Lernmaterial, situative Einflüsse und persönliche Merkmale, den Vergessensverlauf (Behrens 1995, Sp. 1410).

Vom passiven Prozess des Vergessens ist der aktive Prozess des Verlernens[72] abzugrenzen. Dieser „Akt des bewußten Vergessens" (Fischer 1996, S. 231) führt beim

---

[71] Eine kritische Reflexion der Verwendung des Begriffs der Bestrafung findet sich bei Musahl (1999, u. a. auf S. 332). Aufgrund des allgemeinen Sprachgebrauchs wird jedoch trotz der bestehenden theoretischen Begriffsmängel diese Bezeichnung verwendet.

[72] In der Literatur findet sich auch der Begriff des „Entlernens" (Unlearning); siehe Bilstein (1998); Henning et al. (1997, S. 25) und Probst/Raub/Romhardt (1997, S. 288).

Individuum zu einem absichtlich herbeigeführten Wissensverlust (Flohr/Niederfeichtner 1982, S. 25). Damit kommt es zu einem Verlernprozess, bei dem neue Wissensbestände die Alten ersetzen (Güldenberg 1998, S. 91). „Verlernen heißt in dieser Logik daher bereit zu sein, eigene Routinen zu hinterfragen und Gewohntes loszulassen" (Probst/Raub/Romhardt 1997, S. 288).

Gerade im betriebswirtschaftlichen Bereich herrscht ein reges Interesse an dem Abbau von bisherigen Einstellungen, Kenntnissen und Verhaltensweisen (Bilstein 1998; Reichardt 1996), d. h. dem Verlust von Qualifikationen (Flohr/Niederfeichtner 1982, S. 25). In etlichen Situationen ist es notwendig, dass eingeübtes Verhalten auch wieder aufgegeben werden muss (Fischer 1996, S. 233; Schanz 1992b, S. 12), z. B. bei einer Substitution menschlicher Arbeitsleistungen durch Maschinen (Große-Oetringhaus 1993, S. 275; Reichardt 1996, S. 65). Hierbei besteht der Lernerfolg im möglichst raschen und vollständigen Vergessen oder Verlernen (Grün 1993, Sp. 2601), wobei allerdings „allmählich Gelerntes auch nur allmählich verlernt werden kann" (Schanz 1992b, S. 19). Ein Beispiel in Bezug auf Kunden wäre die gezielte Löschung von Flugangst bei Passagieren (Staehle 1994, S. 194). Gerade die genannten Beispiele verdeutlichen allerdings, dass die Übergänge von Vergessen und Verlernen in der Praxis fließend sind.

Während beim Verlernen der Fokus des Interesses auf dem Aufgeben bisheriger Einstellungen, Kenntnisse oder Verhaltensweisen steht, zielt ein Umlernen auf die Aneignung einer im Vergleich zu aktuellen Einstellungen, zu Wissen oder Tätigkeiten völlig andersartigen Ausprägung (Schelten 1995, S. 11). Stehen die neu zu erwerbenden Einstellungen, Kenntnisse und/oder Verhaltensweisen im Widerspruch zu den bisherigen, so sind diese zunächst zu verlernen, bevor die neuen erfolgversprechend erlernt werden können (Schein 1980, S. 59). Zurückgreifend auf das Beispiel von Passagieren mit Flugangst haben diese in einem ersten Schritt ihre Flugangst zunächst zu verlernen, bevor sie sich eine positive Einstellung gegenüber dem Fliegen aneignen können. Insgesamt gesehen lässt sich zu dem Bereich des Verlernens und Umlernens konstatieren, dass sich relativ wenige, überhaupt wirtschaftswissenschaftlich orientierte Abhandlungen mit diesen lerntheoretischen Feldern beschäftigen. Der eigentliche Forschungsschwerpunkt liegt dagegen auf dem Neulernen, bei dem der Erwerb völlig neuer Einstellungen, Kenntnisse und/oder Verhaltensweisen

im Blickpunkt steht, sowie dem Zulernen, bei dem an bisherige Qualifikationen ange-
knüpft werden kann (Schelten 1995, S. 10 f.).

3.1.2.3   Modell-Lernen

Der Nachteil des beschriebenen konditionierungstheorethischen Ansatzes ist das
eingeschränkte Lernverständnis im Sinne eines mechanischen Reiz-Verhaltens-
Verknüpfungsvorgangs. Menschen können aber nicht nur durch eine externe Manipulation lernen, sondern auch durch die Verknüpfung oder Umbewertung bereits
vorhandener kognitiver Elemente, d. h. mittels eines planvollen, „einsichtigen Lernens" (Rosemeier 1987, S. 67; siehe auch Rother 1996, S. 87). Individuen eignen
sich beim Lernen nicht nur Verhaltenselemente (Reaktionen) an, sondern entwickeln
selbst Wissenselemente (Kognitionen), die sich auf andere, aber ähnliche Situationen abbilden (Antizipation) oder verändert nutzen lassen (Rosemeier 1987, S. 67).
Damit werden im Rahmen dieses kognitiven Lernens innere Modelle, Erwartungen
und Bewertungen bezüglich des Lerngegenstands erworben.

Individuen können nicht nur durch eigene Erfahrungen lernen, sondern auch durch
Beobachtung und Imitation (Bauer 1997, S. 1045; Kroeber-Riel/Weinberg 1999,
S. 620). Dieses Lernen aus „zweiter Hand" (Musahl 1999, S. 334) ist Gegenstand
der Theorie des Modell-Lernens (Behrens 1995, Sp. 1414; Grün 1993, Sp. 2602;
Wiswede 1995, S. 73).[73] Hier erfolgt eine Verknüpfung kognitionstheoretischer
Überlegungen mit sozialen Aspekten, weshalb auch von einer sozial-kognitiven
Lerntheorie (Rosemeier 1987, S. 67-69; Rother 1996, S. 97; Steiner 1992, Sp. 1268)
gesprochen wird.

Oftmals hat ein Beobachtungslernen, d. h. Lernen anhand fremder Erfahrungen, für
ein Individuum den Vorteil, dass es kostengünstiger, effizienter und schneller ist als
so genannte „trial-and-error"-Verfahren (Lernen nach Irrtum und Erfolg; siehe Bauer
1997, S. 1045; Kroeber-Riel/Weinberg 1999, S. 620; Rother 1996, S. 97; Steiner
1992, Sp. 1267). Es eignet sich zur Veränderung vorhandener und dem Zugewinn

---

[73]   Synonyme Bezeichnungen sind Lernen am Modell, Imitationslernen, Beobachtungslernen und
      soziales Lernen (siehe Rosemeier 1987, S. 68; Staehle 1994, S. 202; Steiner 1992, Sp. 1269).

neuer sowie komplexer sozialer, affektiver, kognitiver und psychomotorischer Verhaltensmuster (Musahl 1999, S. 334; Rosemeier 1987, S. 68 f.).

Lernen bedeutet in diesem Falle aber nicht automatisch auch eine Übernahme der Verhaltensmuster (Behrens 1995, Sp. 1414; Kroeber-Riel/Weinberg 1999, S. 620), sondern nur eine Verhaltensprädisposition (latentes Verhalten). Bei den sozialkognitiven Lerntheorien lässt sich klar zwischen Lernen (als Verhaltensaneignung) und Verhaltensausführung, d. h. die Anwendung des Gelernten in Form von konkreten Handlungen, trennen (Bauer 1997, S. 1045). Beim Lernen werden lediglich die in der Akquisitionsphase wahrgenommenen Reize und Reizfolgen im Langzeitgedächtnis abgespeichert. Erst in der Ausführungsphase erfolgt durch entsprechende Verstärkungsprozesse, z. B. in Aussicht gestellte Belohnungen, eine Umsetzung der Lernerfahrungen in die Realität (Wiswede 1995, S. 73). Ob letztlich das Beobachtungslernen auch zu einer tatsächlichen Verhaltensveränderung beim Beobachter führt, hängt von dessen Beachtung des Modells, d. h. der ihm geschenkten Aufmerksamkeit, der Erinnerung des Beobachteten, der Imitationsfähigkeit bzw. Umsetzbarkeit des Verhaltens und der Motivation zum Ausführen des Verhaltens ab (Kroeber-Riel/Weinberg 1999, S. 620 f.; Musahl 1999, S. 332; Wiswede 1995, S. 73 f.). Zusammengefasst heißt dies, dass ein Lernen am Modell in (mindestens) zwei Stufen erfolgt: „Erst wird ein Verhaltensmodell gelernt und im Gedächtnis gespeichert, später wird es *in geeigneten Situationen* [Hervorhebung im Original] in tatsächliches Verhalten umgesetzt" (Kroeber-Riel/Weinberg 1999, S. 621).

Die Theorie des Modell-Lernens eignet sich besonders gut zur Erklärung von (ökonomischen) Sozialisationsprozessen von Konsumenten. Im Mittelpunkt dieser Konsumentensozialisation steht die Integration eines Individuums in die Konsumkultur einer Gesellschaft. Das Individuum lernt hierbei, seine Konsumentenrolle zu spielen (Kroeber-Riel/Weinberg 1999, S. 621); es entwickelt ein normatives Gleichgewichtssystem (Hofstätter 1957, S. 268). So lernen Kinder schon in einem sehr frühen Stadium ein Konsumverhalten von ihren Eltern (Eltern als Modell). Diese fungieren als so genannte Sozialisationsagenten ebenso wie die gleichaltrigen Freunde.[74] Aber auch Erwachsene durchlaufen Sozialisationsprozesse. So erfolgt die Übernahme

---

[74]   Zur Sozialisation von Kindern siehe vertiefend Kroeber-Riel/Weinberg (1999, S. 621-629) und die dort angegebene Literatur.

wirtschaftlicher Rollen, wie z. B. als neuer Mitarbeiter in einem Betrieb und die Übernahme von neuen bzw. modifizierten Kundenrollen, zu einem gewissen Teil durch
Modell-Lernen (Wiswede 1995, S. 74, S. 105 und S. 186).

3.1.3   Definition des Kundenlernens

Ausgehend von dem Begriffsverständnis von Lernen und den bisher erörterten lerntheoretischen Grundlagen soll unter Kundenlernen eine veränderte Verhaltensprädisposition des Kunden verstanden werden. Hierunter fällt prinzipiell jegliches Lernen
des Kunden und damit auch Lernerfahrungen im privaten Umfeld des Kunden oder
z. B. Situationen, in denen der Kunde lernt, dass das Konkurrenzunternehmen bessere Leistungen erbringt, und daraufhin abwandert. Dieses Verständnis eines Kundenlernens i. w. S. ist allerdings für ein unternehmerisch ausgerichtetes Konzept zu
weit gefasst. Daher bietet es sich an, eine engere Begriffsfassung vorzunehmen:
Kundenlernen i. e. S. bedeutet eine anbieterseitig von der Zielgröße der Service
Customer Performance geleitete Veränderung der Verhaltensprädisposition des
Kunden (in Anlehnung an Gouthier 1999b, S. 5). Dieses Kundenlernen erfolgt aber
nur dann, wenn Kunden ein besonderes Interesse, eine besondere Motivation haben, die Mühen eines Lernens auch aufzubringen (Staehle 1994, S. 192).

3.1.4   Ausgewählte Lernformen im Dienstleistungsbereich

Im Fokus dieses Abschnitts stehen zwei Lernformen, welche die Charakteristika von
Dienstleistungen - Intangibilität und insbesondere Integrativität - in ihren lerntheoretischen Implikationen besonders gut abbilden. Die Integration des Kunden in den
Leistungserstellungsprozess bedeutet, dass er über den Prozessablauf und seine
Rolle darin Bescheid wissen muss (Stauss 1995, S. 37). Damit bietet sich das
Skriptlernen als besondere Lernform gerade im Dienstleistungsbereich an (Absatz
3.1.4.1). Aufgrund der Intangibilität von Dienstleistungen ist eine verbale bzw. schriftliche Beschreibung der Aufgaben, die ein Kunde zu erfüllen hat, oftmals unzureichend bzw. für den Dienstleistungskunden schwer verständlich. Es ist daher für ihn

naheliegend, anhand des Verhaltens anderer zu lernen, d. h. sich sozialisieren zu lassen (Absatz 3.1.4.2).

3.1.4.1   Lernen von Dienstleistungsskripts

In Absatz 2.5.2.1 wurden die verschiedenen Rollen von Dienstleistungskunden anhand eines eingeschränkt struktur-funktionalistischen Rollenkonzepts eingehend beschrieben. Die dort skizzierten Erwartungen des Managements an den Kunden sind allerdings viel zu allgemein gehalten, um eine konkrete Organisation des Service-Systems bzw. den Ablauf einer Dienstleistungserstellung treffend beschreiben zu können. Hier bietet das kognitionspsychologische Konzept des „Skripts", das zu den Information-Processing-Theorien (Staehle 1994, S. 199) zu rechnen ist, eine adäquatere Erklärungsmöglichkeit (Nerdinger 1994, S. 102). Information-Processing-Theorien beschäftigen sich grundsätzlich mit menschlichen Denkprozessen und zielen auf eine möglichst präzise Beschreibung von kognitiven Prozessen (Muthig 1999, S. 251; Wiswede 1995, S. 92 f.). Sie zählen damit zu den kognitiv-orientierten Lerntheorien (Bauer 1997, S. 1044; siehe auch Muthig 1999).

Kognitive Prozesse sind gedankliche Vorgänge, die vor allem dazu dienen, das Verhalten gedanklich zu kontrollieren und willentlich zu steuern (Kroeber-Riel/Weinberg 1999, S. 224). Der Mensch wird sozusagen als informationsverarbeitendes System angesehen (Behrens 1995, Sp. 1411), ähnlich einem Computer (Muthig 1999, S. 252). Das Verhalten lässt sich demgemäß durch eine Sequenz elementarer Informationsverarbeitungsprozesse beschreiben (Muthig 1999, S. 252), wozu die Informationsaufnahme, -verarbeitung und -speicherung gehören (Kroeber-Riel/ Weinberg 1999, S. 224).

Diese Informationsprozesse hängen vom Vorwissen eines Individuums ab. Gerade ein erwachsener Mensch verfügt über sehr viel Vorwissen (Steiner 1992, Sp. 1270). Dieses vorhandene Wissen spielt eine zentrale Rolle für das Lernen (Kroeber-Riel/Weinberg 1999, S. 335). Das Vorwissen besteht zu einem großen Teil aus relativ standardisierten Vorstellungen darüber, wie ein Sachverhalt typischerweise aussieht. Derartige Wissensstrukturen werden auch als (gedankliche) Schemata bezeichnet und erfüllen wichtige Funktionen. Sie steuern die Wahrnehmung, organisieren die Informationsspeicherung und vereinfachen Denkvorgänge (Kroeber-Riel/Weinberg 1999, S. 233). Schemata sind im Gedächtnis mit verbalen oder visuellen Vorstellungen verbunden, d. h. sprachlich oder bildlich vertreten (Kroeber-Riel/Weinberg 1999, S. 233). Weiterhin lassen sie sich nach ihrem Gegenstandsbereich in Schemata bezüglich Personen, Sachverhalten und Ereignissen unterscheiden. Eine Systematisierung von Schemata mit Beispielen speziell aus dem Dienstleistungsbereich findet sich in Abbildung 14.

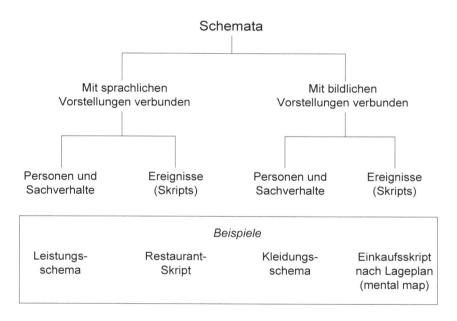

Abb. 14:   Systematisierung gedanklicher Schemata
Quelle: In Anlehnung an Kroeber-Riel/Weinberg 1999, S. 234.

Als Beispiel für ein Sachverhaltsschema sei das eines Sparbuchs angeführt. Es könnte wie folgt aussehen:

Sparbuchschema:

• Übergeordnete Kategorie: Anlageform;

• Zinssatz: 2,5 %;

• Monatlicher Verfügungsrahmen: maximal 2.000 DM;

• Risikograd: Maximale Sicherheit.

Das beschriebene Schema zeigt eine Konfiguration von Merkmalen auf, die ein Sparbuch grundsätzlich kennzeichnen. Dabei bleibt aber offen, wie diese Merkmale im Einzelfall aussehen. Wenn nun allerdings in einem wahrgenommenen Einzelfall eine signifikante Merkmalsabweichung vorliegt, z. B. gibt es statt den erwarteten 2,5 % nur 2 % Sparzinsen, so entsteht eine schema-inkongruente Information, die zu verstärkter Aufmerksamkeit des Kunden führt.

Schemata von Ereignissen, d. h. von prozessualen Wissensstrukturen (Wiswede 1995, S. 92), werden als Skripts bezeichnet (Kroeber-Riel/Weinberg 1999, S. 233; Steiner 1992, Sp. 1270). Damit eignen sie sich insbesondere für den Einsatz im Dienstleistungsbereich (Solomon et al. 1985, S. 105). Neben Informationen über die Rollen der Kunden und Kontaktmitarbeiter (Solomon et al. 1985, S. 105) beinhaltet ein Dienstleistungsskript eine „coherent sequence of events expected by the individual, involving him either as a participant or as an observer [im Original kursiv]" (Abelson 1976, S. 33). Damit kristallisieren sich drei zentrale Aspekte dieses Konzepts heraus:

1. Rollenerwartungen stellen die Basis für Dienstleistungsskripts dar (Nerdinger 1994, S. 112; Solomon et al. 1985, S. 108). Diese fungieren demgemäß als Voraussetzung einer kompetenten Teilhabe von Dienstleistungskunden an der Leistungserstellung (Nerdinger 1994, S. 112).
2. Skripts bilden Handlungssequenzen ab (Behrens 1995, Sp. 1411; Wiswede 1995, S. 94), in denen Dienstleistungen gewöhnlich ablaufen.
3. Dienstleistungsskripts dienen der Handlungsplanung (Nerdinger 1994, S. 109).

Ein häufig benutztes Beispiel zur Erläuterung von Dienstleistungsskripts ist das Restaurantskript. Dieses beinhaltet eine logische Sequenz von Ereignissen beginnend mit dem Eintreten ins Restaurant, der Suche nach einem freien Platz, dem Warten auf die Speise- und Getränkekarte, der Auswahl sowie Bestellung von Speisen und Getränken, dem eigentlichen Zu-sich-Nehmen der Speisen, dem Bestellen der Rechnung, der Bezahlung, der Frage nach einem angemessenen Trinkgeld und dem Verlassen des Restaurants. Dieses Skript gestaltet sich bei einem Schnellimbiss wieder ganz anders, so dass Kunden über eine Reihe von Skriptvarianten verfügen. Dazu führen Solomon et al. (1985, S. 102) aus: „the particular script which is read depends upon the demands of the specific service environment and other situational cues".

Diese Skripts, und damit auch die jeweiligen Rollen (Solomon et al. 1985, S. 102), werden von den Kunden gelernt[75] und steuern in beträchtlichem Maße deren Verhalten (Kroeber-Riel/Weinberg 1999, S. 233; Mann 1998, S. 153).[76] Lernen bedeutet demgemäß aus einer skripttheoretischen Perspektive betrachtet Erwerb und Modifikation von Skripts: „Although a high degree of consensus can be expected across people regarding script components, a process-oriented approach must acknowledge the fluid nature of such a construct" (Solomon et al. 1985, S. 106). Bei jeder Veränderung der Leistungserstellung müssen Dienstleistungskunden eine neue Skriptvariante erlernen. Dies kann über eine aktive Teilnahme an der Leistungserstellung, der Beobachtung einer Leistungserstellung und durch Berichte anderer (Nerdinger 1994, S. 110), d. h. durch Modell-Lernen, geschehen.

Zum Erwerb oder der Modifikation von Skripts gehören Prozesse des Wissenszuwachses als assimilativem Lernprozess und des Ausbaus bzw. der Feinabstimmung sowie der Umstrukturierung als akkomodative Lernprozesse (Behrens 1995, Sp. 1414; siehe auch Kroeber-Riel/Weinberg 1999, S. 335-337). Ein reiner Wissenszuwachs bildet einen assimilativen Prozess ab. Zwar werden Informationen in das Skript eingebaut, aber die Skriptstruktur an sich bleibt unverändert. Demgegenüber erfolgt beim Ausbau eine Ergänzung des Skripts mit neuen Handlungssequenzen, wodurch die Anwendbarkeit des Skripts optimiert werden soll. Der größte Eingriff geschieht bei der Umstrukturierung. Hier ereignet sich eine zum Teil gänzliche Umstellung des Skripts.

Falls nun ein Kunde zum ersten Mal eine Dienstleistung in Anspruch nimmt, z. B. die Leistungen eines Rechtsanwalts, so greift er auf ein ähnlich strukturiertes Skript zurück (Solomon et al. 1985, S. 103), z. B. eines Arztes, und modifiziert dieses im oben beschriebenen Sinne durch Erfahrungen bzw. Beobachtungen im Laufe der Zeit. Der Kunde stützt sich dabei insbesondere auf diverse Orientierungshilfen des Dienst-

---

[75]   „Each role that one plays is learned" (Solomon et al. 1985, S. 102).
[76]   Dienstleistungsskripts werden allerdings nicht nur vom Kunden, sondern auch vom Mitarbeiter gelernt (Solomon et al. 1985, S. 108).

leisters, wie z. B. Hinweisschilder und Informationen der Angestellten (Bowen 1986, S. 379).

Skripts umfassen zudem Handlungsanweisungen und führen damit zu mehr oder weniger automatischem Verhalten. Daher eignen sich Skripts besonders gut für standardisierte Dienstleistungen. Hier gelingt es u. U. dem Dienstleistungsunternehmen, die Kundenerwartungen zu standardisieren, wodurch ein skriptgesteuertes Vorgehen erst möglich wird (Nerdinger 1994, S. 152). Des Weiteren kann es bei ähnlichen Skripts zwischen Dienstleister und Kunde, d. h. bei einem gemeinsam geteilten Wissen bezüglich des Prozessablaufs, zu einer ritualisiert ablaufenden Interaktion kommen. Diese läuft umso effizienter ab, je eindeutiger das Skript definiert ist (Nerdinger 1994, S. 126).

Die Ziele, die ein Dienstleistungskunde durch Interaktionen mit dem Dienstleister verfolgt, und die zur Umsetzung notwendigen Handlungspläne sind direkt und automatisch mit Repräsentationen entsprechender situativer Abläufe verbunden (Nerdinger 1994, S. 112). Eine Aktivierung dieser gelernten Handlungspläne erfolgt durch entsprechende Hinweisreize aus der Umwelt. Allerdings müssen für eine wirksame Steuerung des Verhaltens folgende drei Bedingungen erfüllt sein (Abelson 1981, S. 719):

- Der Kunde verfügt über eine stabile gedankliche Repräsentation der speziellen Ereignissequenz.
- Es liegt eine Situation vor, die das Skript aktiviert.
- Der Kunde erkennt, dass sich die Handlungssituation und das Handlungsskript entsprechen.

Diese drei Bedingungen muss ein Dienstleister daher bei der Planung der Unterstützung des Kundenlernens beachten.

3.1.4.2   *Sozialisation und Einführung von Dienstleistungskunden in ein Service-*
           System als individuelle Lernprozesse

Die Eingliederung - auch Integration oder Assimilation genannt - neuer Dienstleistungskunden in ein Service-System kann als ein spezieller kundenbezogener Prozess der Sozialisation angesehen werden („Customer organizational socialization";
Kelley/Donnelly/Skinner 1990, S. 318). Generell ist unter Sozialisation das Lernen
von Werten, Normen und (sozialen) Verhaltensweisen zu verstehen, mit denen sich
ein Individuum in ein soziales System integriert.[77] Dabei steht das Lernen von sozialen Rollen im Vordergrund (Kroeber-Riel/Weinberg 1999, S. 619). Die Sozialisation
von Organisationsmitgliedern, und damit auch von Dienstleistungskunden (Kel-
ley/Donnelly/Skinner 1990, S. 316),[78] ist folglich als ein sozialer Lernprozess (Wiswede 1995, S. 186) zu verstehen. In diesem erwerben Neukunden soziale Verhaltensweisen, Werte und unterstützende Einstellungen, die notwendig sind, um als
Mitglieder des Dienstleistungsunternehmens bzw. des Service-Systems zu fungieren
(Nerdinger 1994, S. 243). Von daher soll im Folgenden auch von einem integrationsbezogenen Sozialisationsprozess gesprochen werden. Das diesem Prozess zugrunde liegende Lernen lässt sich insofern als sozial bezeichnen, da es zum einen im
Kontakt mit der sozialen Umwelt entsteht und sich zum anderen auf den Erwerb von
Verhaltensmustern bezieht, die den Umgang mit der sozialen Umwelt betreffen
(Kroeber-Riel/Weinberg 1999, S. 619).

Kelley/Donnelly/Skinner (1990, S. 318) merken zu diesem speziellen kundenbezogenen Sozialisationsprozess an: „Through organizational socialization it is possible
for service customers to gain an appreciation of specific organizational values,
develop the abilities necessary to function within a specific organization, gain an
understanding of what the organization expects of them, and gain the knowledge
necessary to interact with employees and other customers."

---

[77]   Aus einer wissensmanagementtheoretischen Perspektive wird unter Sozialisation der Erwerb von
        implizitem Wissen verstanden. Implizites Wissen des Kunden existiert nur in dessen Kopf, wie
        z. B. Verhaltensregeln (Bea 2000, S. 362).
[78]   Siehe hierzu die theoretischen Vorüberlegungen zum Kunden als Mitglied einer Dienstleistungsor-
        ganisation in Abschnitt 2.4.2.

Das den Arbeiten von Kelley/Donnelly/Skinner (1990) und diversen weiteren anglo-amerikanischen Autoren, wie Bowen/Schneider (1985, S. 137), Goodwin (1988) und Ostrom/Roundtree (1998, S. 16), zugrunde gelegte Verständnis von Sozialisation schließt nicht nur eine Eingliederung des Kunden, wobei hierunter sowohl Neu- als auch Stammkunden gefasst werden, im Sinne der Vermittlung von Werten, Normen und sozialen Verhaltensweisen mit ein, sondern beinhaltet gleichfalls, wie aus obigem Zitat ersichtlich, eine Einarbeitung des Kunden zur Erfüllung seiner instrumentellen Handlungen. Folglich tritt bei diesem Verständnis neben den eigentlichen Sozialisations- zusätzlich der Qualifizierungsaspekt. Im Rahmen dieser Arbeit sollen diese zwei Aspekte auf einer theoretischen Ebene jedoch sowohl sprachlich als auch inhaltlich voneinander getrennt behandelt werden. Im Falle des Lernens von unternehmerischen Werten, Normen und sozialen Verhaltensweisen, um sich in ein Service-System zu integrieren, soll weiterhin von einem Sozialisations- bzw. Eingliederungsprozess des Kunden gesprochen werden. Dagegen wird der Aspekt der Vermittlung von Integrationsqualifikationen an den Neukunden als Einarbeitungs- und damit als Qualifizierungsprozess bezeichnet. Fasst man diese beiden Prozesse zusammen, so kann dieses unternehmerische Aktivitätsfeld in Anlehnung an den personalwirtschaftlichen Sprachgebrauch (Huber 1992, Sp. 764) als Einführung neuer Kunden bezeichnet werden.

Während sich die Sozialisation neuer Dienstleistungskunden auf deren sozialen Handlungen und folglich auf die Service Customer Social Performance auswirkt, verbessert die Qualifizierung neuer Kunden sowohl die instrumentellen als auch die sozialen Handlungen. Insofern beeinflusst die Einarbeitung von Neukunden sowohl die Service Customer Instrumental Performance als auch die Service Customer Social Performance (siehe Abbildung 15).

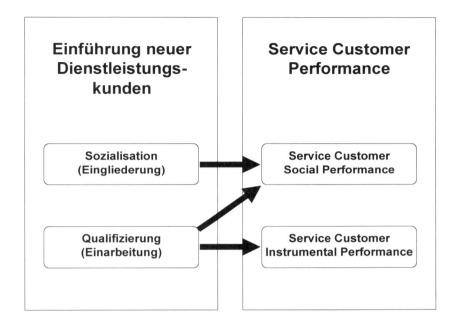

Abb. 15:   Zusammenhang zwischen der Einführung neuer Dienstleistungskunden und der Service
            Customer Performance
Quelle: Eigene Überlegungen.

Problematisch ist und bleibt bei dieser Zweiteilung zum Ersten ein gewisser Überschneidungsbereich bezüglich dem Erlernen sozialer Verhaltensweisen. Diese fallen
sowohl unter den Qualifizierungsaspekt im Sinne der Vermittlung von Sozialkompetenzen als auch unter den Sozialisationsaspekt. Zum Zweiten ist die Trennung in
Sozialisation und Qualifizierung von Kunden auf der methodischen Ebene nicht aufrechtzuerhalten. Hier verschmelzen bei den meisten Instrumenten Sozialisations-
und Qualifizierungsaspekte. Da Sozialisation und Qualifikation von Neukunden ohnehin oftmals Hand in Hand gehen, wird bei der Darstellung der Instrumente zur
Einführung von neuen Dienstleistungskunden (siehe Kapitel 8.2) nicht mehr explizit
zwischen Sozialisations- und Qualifizierungsmethoden unterschieden. Da die Qualifizierung von Kunden an anderen Stellen der Arbeit einen großen Raum einnimmt,
wird sich im Folgenden auf die Darstellung grundlegender Aspekte der Sozialisation
konzentriert.

Da der Lernprozess bei einer Sozialisation auf verschiedene Stimulatoren zurückzuführen ist, sind dementsprechend verschiedene Sozialisationsformen zu unterscheiden. Dazu gehören:

- Konsumentensozialisation[79], d. h. durch Eltern, Freunde etc. (persönliches Umfeld);
- Sozialisation im Service-System, d. h. durch Interaktionen;
- Sozialisation durch das Dienstleistungsunternehmen selbst, d. h. durch die Gestaltung und Beeinflussung der Interaktionsstrukturen.

Während die Konsumentensozialisation allenfalls mittelbar durch ein Dienstleistungsunternehmen beeinflussbar ist, hat eine Dienstleistungsorganisation über ihr Kontaktpersonal und die Gestaltung der Interaktionsstrukturen unmittelbare Einflussmöglichkeiten auf die Kunden.

Integrationsbezogene Sozialisation ist ein Prozess, der sich idealtypisch aus drei Phasen zusammensetzt[80] (Mills 1986, S. 142-145):

1. die antizipatorische Phase,
2. die Phase der Begegnung und
3. die Phase der Anpassung.

Der Einführungsprozess von Dienstleistungskunden beginnt bereits in einem Vorstadium („Prearrival"), der so genannten antizipatorischen Phase, da potentielle Kunden i. d. R. schon gewisse (Rollen-)Erwartungen, Vorstellungen und Einstellungen zu einer Dienstleistung haben (Goodwin 1988, S. 76). Die normativen Erwartungen des Dienstleistungskunden bezüglich der Leistungserstellung beziehen sich darauf, was der Kontaktmitarbeiter zu tun hat (Employee Instrumental Performance), wie sich der Kontaktmitarbeiter verhalten sollte (Employee Social Performance), was der Kunde selbst zu tun hat (Service Customer Instrumental Performance) und wie sich der

---

[79] Schon Kinder durchlaufen in westlichen Industrienationen bezüglich ihres späteren Konsumentenverhaltens einen frühzeitigen Sozialisationsprozess, z. B. während des Einkaufens mit ihren Eltern. Diese Konsumentensozialisation bezieht sich auf die Entwicklung von generell marktbezogenem Konsumentenwissen, -fähigkeiten und -einstellungen (Kelley/Donnelly/Skinner 1990, S. 318).

[80] Zur grundsätzlichen Dreiteilung des Sozialisationsprozesses siehe auch Nerdinger (1994, S. 243) und Schanz (1993, S. 331).

Kunde selbst verhalten sollte (Service Customer Social Performance) (siehe ähnlich Kelley/Donnelly/Skinner 1990, S. 317; vgl. auch Abschnitt 2.5.1).[81]

Dementsprechend steht im Mittelpunkt dieses Sozialisationsabschnittes der Erwerb eines Skripts für eine spezifische Dienstleistung. Dieses Skript, das sich der Interessent aneignet, enthält neben der Rollenverteilung auch die entsprechenden Ereignissequenzen (siehe vorherigen Absatz 3.1.4.1). Die Aneignung der in den Skripts gespeicherten Erwartungen kann der potentielle Kunde über die verschiedensten Informationsquellen aufnehmen, wie von Verwandten, Kollegen, Freunden, weiteren Kunden und aus Medien. Das benötigte Integrationsverhalten wird im Wesentlichen durch Beobachtung (siehe Absatz 3.1.2.3 zum Modell-Lernen) und/oder Teilhabe erworben. So können Interessenten mittels Modellernen bei den Stammkunden[82] erfahren, was ihre Rollen und Aufgaben wären (Kelley/Donnelly/Skinner 1990, S. 318 f.; Nerdinger 1994, S. 245). Damit wird der spätere Einführungsprozess sehr stark von den bisherigen Lern- und Erfahrungsprozessen der potentiellen Kunden geprägt.

Während der Phase der Begegnung, also der Zusammenkunft von Neukunden und Dienstleistungsanbieter (Stichwort: Service encounter; siehe Absatz 2.3.3.1), treffen die erworbenen Verhaltensdispositionen, Werte und Einstellungen der Kunden auf die entsprechenden Verhaltensdispositionen, Werte und Einstellungen des Dienstleistungsunternehmens, insbesondere der Kundenkontaktmitarbeiter. Folglich können in dieser Phase erstmals Enttäuschungen (Unzufriedenheit) als negative Differenz zwischen Erwartungen und Wahrnehmungen sowohl auf Kunden- als auch Unternehmensseite auftreten. Damit ist diese Phase als besonders kritisch anzusehen, da bei einer starken Ausprägung der Unzufriedenheit dies negative Auswirkungen bis hin zur Abwanderung des Kunden haben kann. Für den Dienstleister besteht in dieser speziellen Sozialisationsphase die Möglichkeit, über die Mitarbeiter direkt auf den Kunden einzuwirken. Eine weitere Variante ist die Einsetzung erfahrener Stammkunden im Sinne von direkten Ansprechpartnern. Insgesamt betrachtet sollen

---

[81] Wie in Abschnitt 2.5.1 erläutert, werden abweichend von den in der Literatur üblicherweise verwendeten Begriffe „technical" und „functional" vom Autor die Bezeichnungen „instrumental" und „social" präferiert.

[82] Diese lassen sich auch als Sozialisationsagenten bezeichnen (Kroeber-Riel/Weinberg 1999, S. 622).

erwünschte Verhaltensweisen, Werte und Einstellungen verstärkt, unerwünschte beseitigt werden, womit ein fließender Übergang zur dritten Phase vorliegt.

In der Anpassungsphase steht insbesondere die Bewältigung von Eingliederungsproblemen im Vordergrund. So sind neue Werte zu internalisieren und neue Verhaltensweisen zu erlernen sowie Rollenunklarheiten möglichst frühzeitig zu beseitigen. Gegebenenfalls entwickelt der Dienstleistungskunde in dieser Phase auch ein neues Selbstbild. Er verinnerlicht seine Kundenrolle und eignet sich kulturelle Werte an (Goodwin 1988, S. 77).[83] Der Prozess der Sozialisation von Dienstleistungskunden führt infolgedessen beim Kunden zum Verstehen der organisationalen Werte und damit auch zu einem besseren Verständnis der normativen Erwartungen des Dienstleisters bezüglich seiner Kundenrolle (Kelley/Donnelly/Skinner 1990, S. 319). Erfolgreich sozialisierte Dienstleistungskunden haben somit akkuratere Erwartungen bezüglich der zu erbringenden Service Customer Performance als nicht sozialisierte Kunden (Kelley/Donnelly/Skinner 1990, S. 319).

Die zeitliche Terminierung der Phase der Anpassung ist nur sehr schwer, wenn überhaupt vorzunehmen.[84] In einer weiten Auslegung des Sozialisationsbegriffs ist damit auch nur ein erster Teil des gesamten integrationsbezogenen Sozialisationsprozesses abgeschlossen. Gemäß diesem Verständnis erstreckt sich der Sozialisationsprozess über die gesamte Dauer der Mitgliedschaft des Kunden (Goodwin 1988, S. 72). Mit Durchlaufen des Kundenlebenszyklus verändern sich die Verhaltensweisen und Einstellungen der Kunden in Abhängigkeit von den Aktivitäten des Dienstleistungsunternehmens.

Nach dieser ausführlichen Erläuterung der Phaseneinteilung des Sozialisationsprozesses sei für die weitere Arbeit eine wichtige Einschränkung vorgenommen. So wird die antizipatorische Phase aus der weiteren Betrachtung ausgeschlossen. Diese bezieht sich auf potentielle Kunden und ist dem unternehmerischen Aktivitätsfeld der Kundenakquisition zuzurechnen.

---

[83] Die Gestaltung und der Verlauf eines Sozialisationsprozesses sind dabei von verschiedenen Merkmalen abhängig, z. B. dem Commitment des Kunden (Goodwin 1988, S. 77).
[84] Zur generellen Problematik der zeitlichen Fixierung der Kundenbeziehungs-Lebenszyklusphasen siehe Bruhn (2001, S. 52).

3.2 Kundenentwicklung als integrationsgerichtete Qualifizierung von Kunden im Dienstleistungsbereich

Die Ausführungen des Kapitels 3.1 zeigten, dass Dienstleistungsunternehmen aktiv auf die integrationsbezogenen Lernprozesse ihrer Kunden einwirken können. Damit gerät das Management der integrationsgerichteten Qualifizierung von Dienstleistungskunden in das Blickfeld des unternehmerischen Interesses. Diese Managementaufgabe wird systematisch im Konzept der Kundenentwicklung aufgearbeitet. Dazu ist in einem ersten Schritt zu klären, was genau unter dem Begriff der Kundenentwicklung zu fassen ist (Abschnitt 3.2.1). Insbesondere sind die für die Arbeit zentralen Konstrukte der Integrationsqualifikation und der -kompetenz zu erörtern (Absatz 3.2.1.1). Darauf aufbauend können der Begriff der Kundenentwicklung im Dienstleistungsbereich definiert (Absatz 3.2.1.2) sowie der Zusammenhang von Kundenlernen und -entwicklung diskutiert werden (Absatz 3.2.1.3). Schließlich wird der Objektbereich auf für die Arbeit relevante Felder eingegrenzt (Absatz 3.2.1.4). Mit der Schulung von Dienstleistungskunden beschäftigt sich jedoch nicht nur das Konzept der Kundenentwicklung. Daher stellt Abschnitt 3.2.2 benachbarte Konzepte der Qualifikationsvermittlung vor und grenzt diese von der Kundenentwicklung im Dienstleistungsbereich ab.

3.2.1 Allgemeine Grundlagen zur Kundenentwicklung im Dienstleistungsbereich

Im Dienstleistungsbereich haben Kunden im Zusammenhang mit ihrer Mitwirkung an der Leistungserstellung verschiedene Rollen und Integrationsaufgaben zu erfüllen (siehe Absatz 2.5.2.1), wofür sie spezifische Qualifikationen benötigen (siehe ähnlich Lovelock 2001, S. 289). Diese leiten sich aus den Rollen ab, die der Kunde aufgrund der Integrativität zu erfüllen hat. Während die Personalentwicklung die Qualifizierung der Mitarbeiter und Führungskräfte anstrebt, dient die Kundenentwicklung im Dienstleistungsbereich der Vermittlung von integrationsrelevanten Qualifikationen (Integrationsqualifikationen) an die Kunden. Der Dienstleistungsanbieter löst damit beim Kunden gezielte Lernprozesse aus, die dessen Qualifikation bzw. sein Qualifikationspotential[85] zur Bewältigung integrationsbedingter Aufgaben erhöhen, und letztlich zu einer zielgerichteten Beeinflussung des Kundenverhaltens und damit der Service Customer Performance führen sollen.

Folglich ist im Rahmen dieses Abschnitts zunächst zu klären, was unter Integrationsqualifikationen zu verstehen ist. Im Zuge dieser Erläuterungen ist eine Abgrenzung zum Begriff der Integrationskompetenzen vorzunehmen, da sich in der Literatur synonym zu dem Begriff der Qualifikation auch oft der Begriff der Kompetenzen findet (Absatz 3.2.1.1). Aufbauend auf diesen theoretischen Grundüberlegungen kann in einem zweiten Schritt der Begriff der Kundenentwicklung definiert werden (Absatz 3.2.1.2). Abschließend ist der Zusammenhang von Kundenentwicklung und -lernen zu klären (Absatz 3.2.1.3) sowie eine Eingrenzung des zu betrachtenden Objektbereichs vorzunehmen (Absatz 3.2.1.4).

3.2.1.1 Integrationsqualifikation und Integrationskompetenz von Dienstleistungskunden

Zur Erbringung der Service Customer Performance muss ein Kunde über eine entsprechende Qualifikation[86] verfügt. Diese Qualifikation leitet sich aus den integrationsbedingten Anforderungen an Dienstleistungskunden[87] ab. Daher wird diese Art der Qualifikation eines Kunden im Folgenden auch als Integrationsqualifikation bezeichnet.

---

[85]   Der Begriff der Qualifikation ist primär zeitpunktbezogen (Becker, F. G. 1999, S. 275 f.), d. h. zu einem bestimmten Zeitpunkt verfügt der Kunde über ein individuelles Leistungsvermögen, während das Qualifikationspotential im Sinne individueller Entwicklungsmöglichkeiten einen Zeitraumbezug aufweist (Schanz 1993, S. 91 f.). Das Qualifikationspotential eines Dienstleistungskunden benennt somit die durch ein Kundenlernen künftig (noch) realisierbaren Elemente des Leistungsvermögens des Kunden (in Anlehnung an Flohr/Niederfeichtner 1982, S. 23).

[86]   Dabei stammt der Begriff der Qualifikation aus dem 16. Jahrhundert und wurde im Sinne von „Eignung, Befähigung, Ausbildungsgrad" (Pfeifer 1997, S. 1065) benutzt.

[87]   Eine Darstellung integrationsbedingter Anforderungen erfolgt in Teil 6 der Arbeit.

3.2.1.1.1 Zur Unterscheidung von Integrationsqualifikation und Integrationskompetenz

Dieser Unterabsatz beschäftigt sich mit der begrifflichen Unterscheidung von Integrationsqualifikation und -kompetenz des Kunden. Während die Integrationsqualifikation rein kundenbezogen auf dessen Wissen, Fähigkeiten und Fertigkeiten sowie dessen Motivation abstellt, kann die Integrationskompetenz des Kunden definiert werden als „goodness of fit between customer inputs (skills, knowledge and motivation) and customers' corresponding task roles in the service delivery system of the firm" (Canziani 1997, S. 8). Die Integrationskompetenz ist dementsprechend spezifischer ausgerichtet als der Begriff der Integrationsqualifikation. Integrationskompetenz beinhaltet „Zusammentreffen, Symmetrie, Analogie" (Pfeifer 1997, S. 699) zwischen den Integrationsanforderungen und den kundenindividuellen Qualifikationen als Ergebnis eines Soll-Ist-Vergleichs. Damit bezieht sie sich auf eine spezifische Qualifikation im Sinne der Eignung (Verwertbarkeit; Becker, M. 1999, S. 177) für eine spezielle Kundenrolle bzw. Integrationsaufgaben (in Anlehnung an Becker, F. G. 1999, S. 276). Zusammenfassend lässt sich festhalten: Um einen integrationskompetenten Kunden zu erhalten, muss dieser den integrationsbezogenen Anforderungen entsprechend qualifiziert werden.

Dieser grundsätzliche Unterschied von Qualifikation und Kompetenz des Kunden ist jedoch in der Literatur oftmals nicht explizit thematisiert, sondern lässt sich allenfalls implizit zwischen den Zeilen herauslesen. Als Beispiel sei auf die Definitionsfassung von „Customer competence"[88] von Prahalad/Ramaswamy (2000, S. 80) hingewiesen: „The competence that customers bring is a function of the knowledge and skills they possess, their willingness to learn and experiment, and their ability to engage in an active dialogue." Im Rahmen dieser Arbeit sollen die Begriffe der Integrationsqualifikation und der -kompetenz nicht synonym, sondern wie dargelegt komplementär verwendet werden. Der Argumentation entsprechend werden zunächst der Begriff der Integrationsqualifikation in seine Komponenten zerlegt und daran anknüpfend jeweils die entsprechenden Bestandteile der Integrationskompetenz geschildert.

---

[88] Diese Definition lässt den engen Bezug zu den Anforderungen an Internet-Kunden erkennen, der dem Artikel von Prahalad/Ramaswamy (2000) zugrunde liegt.

3.2.1.1.2 Komponenten der Integrationsqualifikation und der Integrationskompetenz
von Dienstleistungskunden

Das Konstrukt der Integrationsqualifikation besteht aus verhaltenstheoretischer Perspektive aus drei Hauptkomponenten. Dabei wird auf die grundsätzliche Zusammensetzung der Qualifikation von Mitarbeitern in „Kennen", „Können" und „Wollen"[89] (Becker/Günther 1998, S. 755; siehe auch Flarup 1997, S. 406; Flohr/Niederfeichtner 1982, S. 13; Holling/Liepmann 1993, S. 286; Schanz 1993, S. 9; Sonntag/Schaper 1999, S. 212) zurückgegriffen.[90] Die Integrationsqualifikation besteht dementsprechend aus dem integrationsgerichteten Kennen, dem Können und dem Wollen des Kunden in Bezug auf seine Eigenschaft als „boundary resource" (Gouthier/Schmid 2001, S. 229) von Dienstleistungsunternehmen (Canziani 1997, S. 8; siehe auch Abbildung 16).[91]

Unter dem integrationsbezogenen Kennen sind die unternehmens- bzw. primär dienstleistungsspezifischen Kenntnisse des Kunden zu verstehen. Gerade diese Qualifikationskomponente gewinnt in der wirtschaftswissenschaftlichen, aber auch unternehmerischen Diskussion immens an Bedeutung. Sowohl in der Praxis als auch in der Wissenschaft hat sich die Erkenntnis durchgesetzt, dass die Kunden über einen reichen Erfahrungsschatz bezüglich des Unternehmens bzw. dessen Dienstleistungen verfügen. Niemand sonst im Unternehmen hat ein solch ausgeprägtes Expertenwissen über die praktische Nutzung einer Dienstleistung (Biehal 1994, S. 50; Kießling/Koch 1999, S. 61 f.; Prahalad/Ramaswamy 2000, S. 81). Daher versuchen Unternehmen verstärkt, dieses Wissen des Kunden zu identifizieren (siehe auch Absatz 2.5.2.1) und zu absorbieren. Kundenwissen wird damit zum Bestandteil

---

[89]   In der Literatur zum Personalmanagement wird die Inklusion der Komponente des Wollens, d. h. der Leistungsbereitschaft, kontrovers diskutiert. Häufig findet sich die Motivationskomponente separat im Rahmen von Anreizsystemen behandelt, wobei dann allerdings auf starke Komplementaritäten zwischen Leistungsbereitschaft und -fähigkeit hingewiesen wird.

[90]   Weitere mögliche Systematisierungsansätze von Qualifikation finden sich bei Flohr/Niederfeichtner (1982, S. 13).

[91]   Ein etwas gröberer Systematisierungsansatz der Kompetenz von Kunden findet sich bei Hennig-Thurau (1998, S. 62-67). Der Autor unterscheidet zwischen der Fach- und Sozialkompetenz von Kunden, wobei die Fachkompetenz sowohl das Wissen als auch die Fertigkeiten des Kunden beinhaltet. Dabei erfolgt eine sehr differenzierte Auseinandersetzung mit dem Konstrukt der Sozialkompetenz (siehe hierzu auch Hennig-Thurau/Thurau 1999).

eines unternehmerischen Wissensmanagements (Davenport 1998).[92]

Falls dieses integrationsrelevante Kundenwissen („Customer knowledge"; Canziani 1997, S. 8; Honebein 1997, S. 14) mit den unternehmerischen Anforderungen übereinstimmt, kann von der fachlichen bzw. sachlichen Integrationskompetenz des Dienstleistungskunden gesprochen werden (in Anlehnung an Sach- bzw. Fachkompetenz der Mitarbeiter; Becker, F. G. 1996, Sp. 1374; 1999, S. 276; Berthel 1997, S. 228).

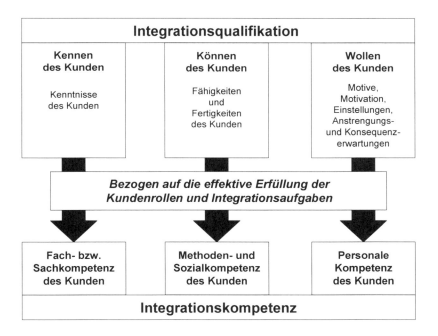

Abb. 16:   Integrationsqualifikation und -kompetenz
Quelle: Eigene Überlegungen.

---

[92] Gerade in der Forschungsdisziplin des Wissensmanagements existieren Ansätze, die unter den Begriff des Wissens auch sämtliche Fähigkeiten, Fertigkeiten, Motivationen und Einstellungen eines Individuums fassen (Güldenberg 1998, S. 157). Dementsprechend wird im Wissensmanagement zwischen Faktenwissen (analog zur Fachkompetenz), Methodenwissen (analog zur Methodenkompetenz) und Verhaltenswissen (analog zur Sozialkompetenz) unterschieden (Bea 2000, S. 363).

Zunächst muss jeder Kunde Kenntnisse über die Dienstleistungen und die Kompetenzen eines Unternehmens haben (Bullinger/Schäfer 1997, S. 10). Für den Dienstleister ist es darüber hinaus von essentieller Bedeutung, dass der Kunde die an ihn gerichteten Erwartungen im Sinne seiner Kundenrollen kennt („Rollenklarheit"; Bowen 1986, S. 379; Kelley/Donnelly/Skinner 1990, S. 321; Nerdinger 1994, S. 244; Ostrom/Roundtree 1998, S. 14), wozu es einer offenen Kommunikation über die Rollenerwartungen von Seiten des Dienstleisters bedarf (Solomon et al. 1985, S. 104).[93] Insbesondere ist es notwendig, dass der Kunde die zur Erfüllung dieser Rolle notwendigen Informationen, z. B. Kenntnis des grundsätzlichen Prozessablaufs im Sinne eines Dienstleistungsskripts und der zu erledigenden Integrationsaufgaben, erhält („Rollenerfüllungswissen") (siehe grundsätzlich auch Stauss 1995, S. 37).

Durch das Mitwirken an der Leistungserstellung muss sich der Kunde im Service-System zurecht finden; er braucht die entsprechende Orientierung. Dabei unterscheidet Wener (1985, S. 104) zwischen einer Raumorientierung („Place orientation") und einer funktionellen Orientierung („Function orientation") des Kunden. Bei der Raumorientierung wird das räumliche Zurechtfinden des Kunden angesprochen. Dabei stehen Fragen wie „Wo bin ich?" und „Wie komme ich von hier nach dort?" im Blickpunkt (Wener 1985, S. 104; siehe auch Bowen 1986, S. 379). Dagegen zielt die funktionelle Orientierung auf das Wissen um die Leistungserstellungsprozesse. Die Frage, die sich für den Kunden stellt, ist: „Wie funktioniert diese Organisation?" (Wener 1985, S. 104; siehe auch Bowen 1986, S. 379). Diese funktionelle Orientierung ist gerade bei Selbstbedienungsprozessen von besonderer Relevanz (Nerdinger 1994, S. 244).

Am Beispiel des Wechsels der Kfz-Versicherung lassen sich die Relevanz und die möglichen Inhalte des integrationsbezogenen Kundenwissens als Komponente der Integrationsqualifikation verdeutlichen.[94] So muss der Versicherungsnehmer bei Abschluss eines Neuantrags der Kraftfahrtversicherung bei einer anderen Versicherungsgesellschaft Angaben machen über:

---

[93] Kossbiel (1994, S. 76) spricht auch von einer notwendigen Instruktion der Organisationsmitglieder, „welche Verhaltensweisen von ihnen normativ erwartet werden".

[94] Weitere Beispiele aus verschiedenen Dienstleistungsbereichen finden sich bei Goodwin (1988, S. 73).

- Ausstelldatum des Führerscheins,
- Bankverbindung,
- gewünschte Zahlweise,
- Fahrzeug, inkl. Daten über:
  - Hersteller und Art des Fahrzeugs,
  - Kilowatt-Leistung des Fahrzeugs,
  - amtliches Kennzeichen,
  - erstmalige Zulassung des Fahrzeugs auf den Versicherungsnehmer,
  - Erstzulassung des Fahrzeugs,
  - Fahrgestellnummer,
- Verwendung des Fahrzeugs, wie:
  - jährliche km-Leistung und
  - sonstige Nutzungsgewohnheiten (Privatnutzung, Zweitwagen, Garagenwagen, Anzahl der Fahrer, usw.),
- gewünschte Variante der Kfz-Versicherung, z. B.:
  - nur Haftpflichtversicherung oder Vollkaskoversicherung
  - mit oder ohne Selbstbeteiligung,
  - aktueller Beitragssatz bei der bisherigen Versicherung.

Das integrationsbezogene Können bezieht sich auf die Fähigkeiten und Fertigkeiten des Kunden, die er zur gewünschten Rollenerfüllung benötigt.[95] Fähigkeiten des Kunden („Customer abilities"; Ostrom/Roundtree 1998, S. 14) sind grundlegende, integrationsübergreifende Eigenschaften bzw. Persönlichkeitsmerkmale (Nerdinger 1995, S. 16), die für die Ausarbeitung einer Vielzahl von Integrationsaufgaben von Relevanz sind. Es handelt sich damit um situationsübergreifende, flexibel einzusetzende Fähigkeiten (Sonntag/Schaper 1999, S. 212) des Kunden. Diese lassen sich wiederum aufteilen in angeborene[96] und erworbene, d. h. individuell erlernte Eigenschaften (Schanz 1993, S. 82 und S. 91). Zu letzteren zählen beispielsweise die Lernfähigkeit und die Selbstmanagementfähigkeiten eines Kunden. Lernfähigkeit

---

[95] Kossbiel (1994, S. 77) spricht im Falle von Organisationsmitgliedern vom Können 1. Art, das notwendig ist, „die normativen Verhaltenserwartungen zu erfüllen". Das Können 2. Art bezieht sich dagegen auf das Vorliegen entsprechender Rahmenbedingungen, um den geforderten Verhaltensansprüchen auch zu genügen („Präparation"; Kossbiel 1994, S. 77).

[96] Diese Fähigkeiten lassen sich auch unter dem Begriff der Leistungs- bzw. Integrationsdisposition des Kunden subsumieren (in Anlehnung an Schanz 1993, S. 82 und S. 87).

eines Kunden bedeutet: „er [der Kunde; Anm. d. Verf.] beobachtet die Folgen seiner Bewegungen und korrigiert sie, um den gewünschten Zweck zu erreichen" (Simon 1981, S. 120). Zu den Selbstmanagementfähigkeiten gehört z. B. die autodidaktische Aneignung von Fertigkeiten (Döring 1999, S. 24).

Fertigkeiten des Kunden („Customer skills"; Canziani 1997, S. 8; Honebein 1997, S. 14 f.) stellen demgegenüber eine integrationsbezogene Qualifikation dar, die einen engen Bezug zum tatsächlichen Leistungsverhalten hat (in Anlehnung an Hoyos 1980, S. 65). Demgemäß bedarf es elementarer Fähigkeiten, um integrationsspezifische Fertigkeiten zu erlangen. Fertigkeiten sind folglich sehr stark aufgabenorientiert (Hoyos 1980, S. 65; Nerdinger 1995, S. 16).

Auf der Ebene der Kundenkompetenz kann in Anlehnung an Methoden- und Sozialkompetenz[97] von Mitarbeitern (Becker, F. G. 1996, Sp. 1374; 1999, S. 276; Berthel 1997, S. 228) zwischen methodischer und sozialer Integrationskompetenz der Kunden unterschieden werden. Gerade im Dienstleistungsbereich spielen Sozialkompetenzen sowohl auf Mitarbeiterseite, aber auch auf Kundenseite aufgrund der zahlreichen Interaktionsprozesse bei der Leistungserstellung eine wichtige Rolle (Hennig-Thurau/Thurau 1999, S. 297 und S. 299). Als Methodenkompetenz des Kunden können u. a. seine Fähigkeiten und Fertigkeiten angesehen werden, diejenigen Mitwirkungsschritte zu antizipieren, die für seine Integrationsleistung erforderlich sind. Daneben sind gerade technische Fähigkeiten und Fertigkeiten der Kunden von besonderer Relevanz für Dienstleistungsunternehmen, sei es in Bezug auf den zunehmenden Einsatz von technologisch geprägten Selbstbedienungsleistungen und/oder die Bedeutung des Internets.[98]

Zur Verdeutlichung dieser zwei Arten von Integrationskompetenz dient je ein Beispiel aus dem Gesundheitsbereich (Gouthier 1999a, S. 7 f.). Nach einer Knieoperation muss der Patient im Rahmen der Rehabilitation seine Beinmuskulatur an speziellen Trainingsmaschinen wieder aufbauen. Dazu bedarf es jedoch einer vorherigen

---

[97]   „Social skills" (Sonntag/Schaper 1999, S. 212); zur Problematik der Begriffsheterogenität von Sozialkompetenz siehe u. a. Stahl (1996, S. 229).

[98]   Welche speziellen Kompetenzinhalte ein Internetuser benötigt, kann bei Döring (1999, S. 24) nachgelesen werden.

„fachmännischen" Schulung des Patienten an diesen Maschinen zum Aufbau einer methodischen Kompetenz (Meyer 1994, S. 118), d. h. zur Erlangung allgemeiner psychomotorischer Fähigkeiten und spezieller maschinenbezogener Fertigkeiten. Eine angestrebte Gesundung stellt sich also nur dann ein, wenn der Patient über die entsprechenden methodischen Fähigkeiten und Fertigkeiten zur richtigen Anwendung der Maschinen verfügt. Andernfalls können sogar gesundheitliche Schäden auftreten.

Daneben sollte der Patient auch eine angemessene Sozialkompetenz aufweisen.[99] Finden z. B. im Rahmen der Rehabilitation Gruppentherapien statt, so ist es für den Dienstleister wünschenswert, wenn sich der Patient u. a. kommunikativ und hilfsbereit gegenüber den anderen Patienten verhält.[100] Negative Interaktionen zwischen verschiedenen Kunden führen zu einem wahrgenommenen Qualitätsverlust (Meyer 1998a, S. 1079 und S. 1086).

Motive, Motivation, Einstellungen, Anstrengungs- und Konsequenzerwartungen des Kunden werden unter dessen Wollen subsumiert („Customer motivation"; Canziani 1997, S. 8; Ostrom/Roundtree 1998, S. 16). Motive versorgen dabei den Kunden mit Energie und richten dessen Verhalten auf ein Ziel aus (Meffert/Bruhn 1999, S. 76). Dementsprechend stellt die Motivation eines Kunden ein Bündel von Emotionen dar, die mit einer Zielorientierung in Bezug auf das eigene Verhalten verbunden sind (Kroeber-Riel/Weinberg 1999, S. 53). Einstellungen basieren auf der Motivation und sind zusätzlich mit einer kognitiven Gegenstandsbeurteilung verknüpft (Kroeber-Riel/Weinberg 1999, S. 54). Damit lassen sie sich als innere Bereitschaften (Prädispositionen) eines Kunden beschreiben, auf bestimmte Reize der Umwelt konsistent positiv oder negativ zu reagieren (Meffert/Bruhn 1999, S. 78).

---

[99]   Zur Relevanz der Vermittlung von Sozialkompetenz an Kunden siehe Hennig-Thurau (1998, S. 65 f.) und Hennig-Thurau/Thurau (1999, S. 299).

[100] Meyer/Mattmüller (1987, S. 192) sprechen im Falle von möglichen Kontakten und Interaktionen zwischen mehreren Nachfragern von den so genannten Interaktivitätspotentialen der Nachfrager (siehe auch Meyer/Westerbarkey 1995, S. 89). Demgegenüber handelt es sich beim Integrationspotential der Nachfrager um die „beim Kunden vorhandenen Grundeinstellungen bezüglich seiner physischen, intellektuellen oder emotionalen Mitwirkung an der eigentlichen Dienstleistungserstellung" (Meyer/Mattmüller 1987, S. 193). Da nach der gängigen Begriffslage jedoch die Interaktion eine Unterdimension der Integration darstellt, wird dieser Kategorisierung nicht gefolgt. Stattdessen werden unter Interaktionen sowohl solche mit den internen Produktionsfaktoren als auch anderen Kunden verstanden.

Unter Anstrengungserwartung des Kunden ist die von ihm empfundene Wahrscheinlichkeit zu verstehen, mit der eigenen Integrationsqualifikation, mittels seiner Anstrengungen und durch das physische Umfeld bedingt eine bestimmte integrationsbezogene Leistung hervorbringen zu können. Dabei betrifft das kognitive Kalkül, das
der Kunde vollzieht, insbesondere die ergebnisbezogenen Auswirkungen von Mehr-
und/oder Minderanstrengungen. Wenn er das positive Ergebnis der Kundenbeteiligung sich selbst zuschreibt, wird er in Zukunft eher bereit sein, sich in einem stärkeren Maße zu beteiligen (Silpakit/Fisk 1985, S. 119). Der nächste Schritt ist sodann in
der Konsequenzerwartung der Kunden zu sehen. Hierbei handelt es sich um die vom
Kunden subjektiv empfundene Wahrscheinlichkeit, dass sich seine integrationsbezogenen Leistungen auch in einem von ihm angestrebten Ergebnis bzw. einer Grati-
fikation niederschlagen (in Anlehnung an Becker, F. G. 1999, S. 289; Hentze/Lindert
1998, S. 1017; Schanz 1992a, Sp. 413; 1992b, S. 11).

Voraussetzung für die Erreichung einer angemessenen Service Customer Performance ist eine entsprechende Motivation des Kunden.[101] Daher muss ein Dienstleistungskunde die Bereitschaft zur Integration aufweisen (Meyer 1994, S. 74); oder
anders ausgedrückt: es sollte eine grundsätzliche Bereitschaft zur konstruktiven
Leistungsbeteiligung vorhanden sein (Engelhardt/Schnittka 1998, S. 925).

Auf die Kompetenzebene übertragen kann von der personalen Kundenkompetenz
gesprochen werden (in Anlehnung an die personale Kompetenz von Mitarbeitern;
siehe Sonntag/Schaper 1999, S. 212). Diese thematisiert, wie bereits beschrieben,
die motivationalen und emotionalen persönlichkeitsbezogenen Dispositionen.

Als Beispiel sei auf die Innovation des „Selfscanning" im Einzelhandel hingewiesen.
Diese neue Technologie ermöglicht, dass der Kunde mit Hilfe eines Handscanners
seine Einkäufe selbst erfasst und an einem besonderen Service-Schalter bezahlt
(Clemens 1999; Staudte 1998a). Zwar ist die Bedienung des Handscanners sehr
einfach, dennoch bedarf es insbesondere des „Wollens", der Motivation des Kunden
zur Nutzung dieser neuen Technologie (Clemens 1999).

---

[101]   Siehe generell zur Relevanz der persönlichen Motivation eines Individuums zur Erledigung von
        Aufgaben u. a. Hoyos (1980, S. 67) und Schanz (1992a, Sp. 405; 1993, S. 82). Dagegen beschäf-
        tigt sich Kossbiel (1994, S. 76 f.) speziell mit der Relevanz der Motivation eines Organisationsmit-
        glieds zur Erreichung eines konformen Verhaltens.

Unbekannte Prozesse können Ängste wecken, zumal oftmals die Furcht vor einer möglichen Blamage hinzukommt (Scheuch 1979, S. 10 f.). Daher ist die Schaffung einer entsprechenden Motivation des Dienstleistungskunden zur Kooperation mit dem Unternehmen bzw. zur Inanspruchnahme der Dienstleistung eine zentrale Voraussetzung für ein erfolgreiches Dienstleistungsergebnis (Honebein 1997, S. x; Katz/Kahn 1966, S. 116; Lefton 1970, S. 19; Meyer/Blümelhuber 1997, S. 68; Scheuch 1979, S. 5). Damit treten Aspekte der Schaffung einer hohen Aufmerksamkeit, angenehmer Empfindungen und einer effizienten Informationsverarbeitung des Kunden gemäß des aktivationstheoretischen Ansatzes in den Blickpunkt des unternehmerischen Interesses (Wiswede 1995, S. 299).

Neben der Motivation können Einstellungen eine bedeutende Rolle spielen. Gerade die Einstellung des Kunden gegenüber seinen Interaktionspartnern, d. h. gegenüber den Kundenkontaktmitarbeitern und eventuell anderen Kunden, prägt das konkrete Verhalten des Kunden (Hennig-Thurau/Thurau 1999, S. 308). So weist beispielsweise Biehal (1994, S. 19) auf die Relevanz für das Dienstleistungsunternehmen hin, „daß der Kunde keine unsinnigen Leistungen fordert und in seinen Ansprüchen nicht das Augenmaß verliert" sowie „daß die Konsumenten von Dienstleistungen auch Wertschätzung für die Ressource menschlicher Arbeitskraft und Zuwendung entwickeln".

Insgesamt betrachtet ist es wichtig, dass Dienstleistungskunden sowohl ein Wollen als auch ein Kennen und ein Können aufweisen. Die reine Bereitschaft zur Integration garantiert noch lange nicht einen ausreichend effizienten Leistungserstellungsprozess bzw. ein optimales Leistungsergebnis. Erst das entsprechende Wissen und die Fähigkeiten sowie Fertigkeiten (kurz: Integrationsfähigkeit[102]) sind die Basis für ein angemessenes leistungsbezogenes Kundenverhalten (Thompson 1962, S. 316).[103] Zudem stellen ausreichende - faktisch vorhandene sowie subjektiv wahrgenommene - Kenntnisse und Fertigkeiten oftmals die Voraussetzung des Wollens dar (Honebein 1997, S. 16; siehe hierzu auch Scheuch 1979, S. 11 und Schröder/ Schweizer 1999, S. 620) bzw. fördern dieses. Dieser Zusammenhang ist in der Aus-

---

[102] Der sprachlichen Einfachheit wegen seien die beiden Integrationsqualifikationskomponenten Kennen und Können unter dem Begriff der Integrationsfähigkeit zusammengefasst.

[103] Siehe zur Relevanz des Könnens als Determinante des Verhaltens im betrieblichen Kontext Nerdinger (1995, S. 9).

prägung der Anstrengungserwartung des Kunden zu sehen. Diese drückt die individuell wahrgenommene Wahrscheinlichkeit aus, aufgrund bestimmter äußerer Bedingungen und der eigenen Kenntnisse, Fertigkeiten, Fähigkeiten und Verhaltensweisen eine bestimmte Aufgabe erfolgreich erledigen zu können (Becker/Günther 1998, S. 756). Die Anstrengungserwartung steigt mit einer verbesserten (wahrgenommenen) Integrationsfähigkeit des Kunden.

Abschließend soll am Beispiel der so genannten „Problemevidenz" die Verbindung von Kennen, Können und Wollen sowie deren kompetenzbezogenen Pendants (Fach-, Methoden-, Sozial- und personale Kompetenz) verdeutlicht werden. Unter der Problemevidenz „soll die Einsicht des Nachfragers in die Tatsache verstanden werden, daß er eine bestimmte Dienstleistung zur Lösung seiner Probleme benötigt" (Engelhardt/Schwab 1982, S. 506). Hierbei lassen sich drei Formen der Problemevidenz unterscheiden (Engelhardt/Schwab 1982, S. 507; Ernenputsch 1986, S. 51 f.):

1. Ein Kunde erkennt nicht, dass die Inanspruchnahme einer Dienstleistung zur Lösung seiner Probleme beiträgt.

2. Der Kunde weiß zwar, dass er eine bestimmte Art von Dienstleistung benötigt, kann diese aber nicht näher spezifizieren.

3. Der Kunde weiß genau, welche Art von Dienstleistung er benötigt.

Erst wenn die Problemevidenz vorhanden ist, wird er überhaupt bereit sein, eine Dienstleistung in Anspruch zu nehmen (Ernenputsch 1986, S. 50). Während im ersten Falle der Dienstleistungskunde über die Vorteile der Dienstleistung aufzuklären ist, womit auch die entsprechende Bereitschaft geschaffen wird, spricht der zweite Fall verstärkt die kognitive Qualifikationskomponente des Kunden an. Der Dienstleistungskunde weiß nicht, was er will (Engelhardt/Schwab 1982, S. 511). Im dritten Falle besteht kein diesbezüglicher Qualifikationsbedarf.

3.2.1.1.3 Zusammenhang zwischen Integrationsqualifikation und Service Customer Performance

Als Fazit des vorherigen Unterabsatzes wurde festgestellt, dass weder die Integrationsbereitschaft noch die -fähigkeit isoliert betrachtet zu einem adäquaten integrationsbezogenen Kundenverhalten führen. Damit lässt sich die Service Customer Performance als leistungsbezogenes Kundenverhalten als eine Funktion der Integrationsbereitschaft und -fähigkeit verstehen:[104]

Service Customer Performance = f {Integrationsbereitschaft; Integrationsfähigkeit}

Über die mathematische Verknüpfung der beiden Größen sagt die obige Gleichung jedoch noch nichts aus. Grundsätzlich plausibel erscheinen auf den ersten Blick eine additive oder eine multiplikative Verknüpfung. Da sich bei einer hohen Integrationsfähigkeit aber einer mangelnden Integrationsbereitschaft das vom Unternehmen gewünschte Kundenverhalten voraussichtlich nicht einstellt - Ausnahmen sind Zwangssituationen wie Schule und Haftanstalt - ist eher von einer multiplikativen als von einer additiven Verknüpfung auszugehen. Gleichermaßen führt eine hohe Motivation des Kunden ohne entsprechende Integrationsfähigkeit, z. B. Kenntnis der Prozessschritte, zumeist nicht zum gewünschten Erfolg. Dies soll jedoch nicht zu der Annahme verleiten, dass keinerlei substitutive Beziehungen zwischen Integrationsbereitschaft und -fähigkeit möglich sind. In einem gewissen Rahmen können mangelhafte Fähigkeiten des Kunden durch eine ausgeprägte Motivation und damit höhere Anstrengungsbereitschaft kompensiert werden.

Hierdurch gelangen wir zu folgendem formelmäßigen Zusammenhang zwischen Service Customer Performance und den Integrationsqualifikationskomponenten:

Service Customer Performance = f {Integrationsbereitschaft x Integrationsfähigkeit}

Damit setzt sich das Leistungspotential von Dienstleistungskunden genau wie das Leistungspotential eines Dienstleisters (Hilke 1989, S. 11) aus den Komponenten Kennen, Können und Wollen zusammen. Während die Fach- und die Methodenkompetenz des Dienstleistungskunden die Service Customer Instrumental Performance beeinflussen, determiniert die Sozialkompetenz des Dienstleistungskunden

---

[104] Die weiteren Ausführungen hierzu basieren auf einem Analogieschluss der Verknüpfung von Arbeitsleistung von Mitarbeitern und deren Leistungsfähigkeit sowie -bereitschaft; siehe Schanz (1992a, Sp. 407 f. und 1993, S. 82 f.).

die Service Customer Social Performance.[105] Als weiterer Einflussfaktor spielt die personale Kompetenz des Dienstleistungskunden eine wichtige Rolle, die ihrerseits vom Kennen und Können des Kunden beeinflusst wird (siehe Abbildung 17).

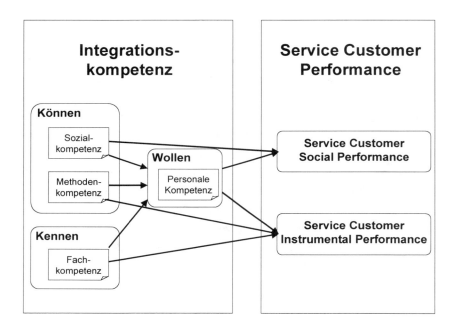

Abb. 17:   Integrationskompetenz und Service Customer Performance
Quelle: Eigene Überlegungen.

Die Verbesserung der Integrationskompetenz hängt nun zum einen von der Lernfähigkeit des Kunden und zum anderen von seiner Bereitschaft zur Aneignung von Integrationsqualifikationen ab, d. h. von dessen Lernmotivation. Während die Lernfähigkeit als integrales Element der Können-Komponente der Integrationskompetenz angesehen wird, sei die Lernmotivation als explizite Einflussgröße der Vermittlung von Integrationsqualifikation und damit auch der Komponenten der Integrationskompetenz ausgewiesen (siehe Abbildung 18). Lernmotivation kann als zentrale Voraussetzung des Erwerbs von Integrationsqualifikationen angesehen werden. Falls ein

---

[105]   Zu den Begriffen der Service Customer Instrumental Performance und Service Customer Social Performance siehe Abschnitt 2.5.1.

Kunde über eine hohe Lernmotivation verfügt, wird er stärker dazu bereit sein, sich die benötigten Integrationsqualifikationen anzueignen, d. h. zu erlernen.

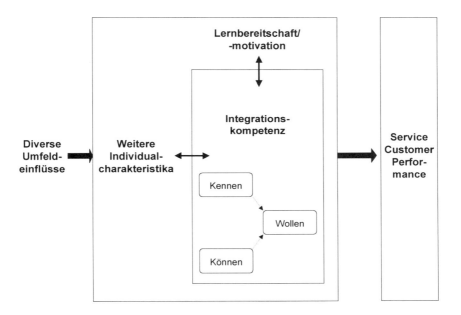

Abb. 18:   Integrationskompetenz und Lernmotivation
Quelle: Eigene Überlegungen.

Bei der Lernmotivation zeigen sich enge Verknüpfungen zur Wollen-Komponente der Integrationskompetenz (siehe analog im Personalbereich; Schanz 1992b, S. 7 f.). Eine hohe Motivation zur Leistungserbringung wird auch die Motivation zur Teilnahme an Kundenentwicklungsaktivitäten, d. h. die Lernbereitschaft fördern. Des Weiteren wirken sich diverse individuelle Charakteristika des Kunden, z. B. Persönlichkeitsmerkmale, und Umfeldvariablen, z. B. Dienstleistungskomplexität, auf die Integrationskompetenz eines Kunden (Ostrom/Roundtree 1998, S. 14-17) und dessen Lernbereitschaft aus. Auf die verschiedenen Faktoren wird im Rahmen der Analyse des Kundenentwicklungsbedarfs (Teil 6 der Arbeit) näher eingegangen.

Die gelernte Integrationskompetenz spiegelt sich nicht immer und automatisch im Kundenverhalten und damit der Service Customer Performance wider. Kennen,

Können und Wollen des Kunden bestimmen lediglich die personellen Realisie-
rungsmöglichkeiten eines Kunden (Hentze/Lindert 1998, S. 1019). Wie sich ein
Dienstleistungskunde verhält, hängt auch von der jeweiligen integrationsbezogenen
Situation ab (Bitner 1992, S. 64; Hentze/Lindert 1998, S. 1015; siehe grundsätzlich
auch Nerdinger 1995, S. 9 und S. 17).[106] Dieser Aspekt wird auch Situationsspezifität
oder -determiniertheit des Verhaltens genannt (Schanz 1993, S. 64).

Relevant für ein Dienstleistungsunternehmen werden die situativen Voraussetzungen der Service Customer Performance, falls diese vom Unternehmen gestaltbar
sind. In diesem Fall verfügen Dienstleistungsunternehmen über verschiedene Ein-
wirkungsmöglichkeiten auf das leistungsbezogene Integrationsverhalten der Kunden,
wobei von einem Dürfen (Hentze/Lindert 1998, S. 1015; Nerdinger 1995, S. 10) des
Kunden gesprochen werden soll.[107] Von besonderer Relevanz für Dienstleistungsunternehmen erscheinen insbesondere (siehe Abbildung 19):

- Situative Leistungsanreize,
- Handlungsspielraum des Kunden und
- Aspekte des physischen Umfelds.

Kunden werden sich nur dann im Sinne des Unternehmens verhalten, d. h. ihre Ser-
vice Customer Performance erbringen, wenn sie zur Leistungserbringung auch entsprechend motiviert sind. Damit stellt sich Dienstleistern oftmals die Frage nach dem
Angebot adäquater Leistungsanreize (Bowers/Martin/Luker 1990, S. 65; Ostrom/
Roundtree 1998, S. 16). Des Weiteren wirkt sich die Gestaltung des physischen
Umfelds auf die konkrete Erbringung der Kundenleistung aus (Ostrom/Roundtree
1998, S. 16). Darüber hinaus beeinflusst das Design des Handlungsspielraums des
Kunden dessen Verhalten. Zu beachten gilt, dass sich alle drei beschriebenen situa-
tionsbezogenen Determinanten als auch das Kundenverhalten wiederum auf die
Ausprägung der Integrationskompetenz auswirken.

---

[106] Siehe hierzu die lerntheoretischen Ausführungen in diesem Teil der Arbeit (Kapitel 3.1).
[107] Bei Kossbiel (1994, S. 76 f.) finden sich dafür die Begriffe der Präparation bzw. eines Könnens
2. Art.

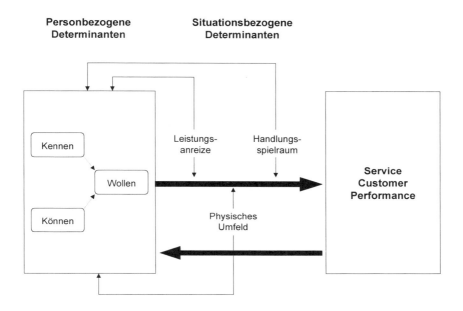

Abb. 19: Determinanten der Service Customer Performance
Quelle: Eigene Überlegungen.

Da die situationsbezogenen Determinanten als Instrumente zur Kundenentwicklung im Dienstleistungsbereich eingesetzt werden können, erfolgt eine detaillierte Schilderung im entsprechenden Maßnahmenteil der Arbeit (Teil 8). Mit der Darstellung von Leistungsanreizen aus der Perspektive der Kunden beschäftigt sich Abschnitt 8.4.2. Die Möglichkeiten der Gestaltung des Handlungsspielraums des Kunden stehen im Blickpunkt des Abschnitts 8.6.1 und die des physischen Umfelds in Abschnitt 8.6.2.

3.2.1.1.4 Spezifitätsbezogener Systematisierungsansatz der Integrationskompetenz von Dienstleistungskunden

Nach Canziani (1997, S. 8 f.) sind Kundenkompetenzen in Abhängigkeit von dem Aggregationsniveau der Kundenrollen (siehe Unterabsatz 2.5.2.1.2) in eine generelle, eine branchen- und eine unternehmensspezifische Kompetenz zu unterteilen. Die jeweilige Kundenkompetenz lässt sich des Weiteren nach den Kompetenzkomponenten unterscheiden, so dass eine 9-Felder-Matrix entsteht (siehe Abbildung 20).

	Generelle Kundenkompetenz	Branchenspezifische Kundenkompetenz	Firmenspezifische Kundenkompetenz
Fachkompetenz der Kunden	Generelle Fachkompetenz	Branchenspezifische Fachkompetenz	Firmenspezifische Fachkompetenz
Methoden- und Sozialkompetenz der Kunden	Generelle Methoden- und Sozialkompetenz	Branchenspezifische Methoden- und Sozialkompetenz	Firmenspezifische Methoden- und Sozialkompetenz
Personale Kompetenz der Kunden	Generelle personale Kompetenz	Branchenspezifische personale Kompetenz	Firmenspezifische personale Kompetenz

Abb. 20:   Systematisierungsansatz der Kundenkompetenz
Quelle: In Anlehnung an Canziani 1997, S. 8.

Da die der generellen und branchenspezifischen Kundenkompetenz zugrunde liegenden Integrationsqualifikationen auch durch andere Dienstleistungsanbieter genutzt werden können,[108] konzentriert sich die Arbeit vorwiegend auf die Vermittlung firmenspezifischer Integrationsqualifikationen. Diese können sich in einzigartigen Leistungsobjekten, speziellen Maschinen und/oder Kundenprozessen widerspiegeln. Durch die unternehmensbezogene Qualifizierung wird tendenziell eine Transferierbarkeit von Integrationsqualifikationen auf andere Dienstleistungsorganisationen erschwert.

3.2.1.2   Definition der Kundenentwicklung im Dienstleistungsbereich

Unter Bezug auf die bisher erörterten begrifflichen Grundlagen wird unter Kundenentwicklung im Dienstleistungsbereich folglich die anbieterseitig von der Zielgröße der Service Customer Performance geleitete systematische Vermittlung von Integrationsqualifikationen zur Schaffung integrationskompetenter Dienstleistungskunden verstanden.[109] Die Basis hierfür bildet ein gezieltes Kundenlernen in Dienstleistungs-

---

[108]   Zu dieser Problematik, die gleichermaßen im Konsumgüterbereich auftritt, siehe Hansen/Hennig (1995b, S. 84).

[109]   Die Managementaufgabe der Vermittlung von unternehmens- bzw. produktbezogenen Qualifikationen an die Kunden findet sich im angloamerikanischen Sprachraum unter dem Begriff der „Customer education" wieder; siehe z. B. die einschlägigen Monographien von Honebein (1997) und Meer (1984). Da sich die Arbeit speziell mit der Qualifizierung von Dienstleistungskunden beschäftigt, soll auch von einer Service customer education gesprochen werden.

beziehungen, wobei die individuellen Bedürfnisse und Ziele der Kunden zu berücksichtigen sind (Bowers/Martin/Luker 1990, S. 65). Kundenentwicklung im Dienstleistungsbereich zielt neben der Entwicklung von Qualifikationen und des Qualifikationspotentials, die sich in der Integrationsbereitschaft und -fähigkeit ausdrücken, immer auch auf eine Verhaltensentwicklung im Sinne der Veränderung der Integrationsleistung ab. Damit soll Kundenentwicklung einerseits einen wesentlichen Beitrag zur Erreichung ökonomischer und vor-ökonomischer Unternehmensziele leisten und andererseits ein hohes Maß an Kundenzufriedenheit sowie -bindung sichern (siehe vertiefend Abschnitt 5.3.2).

Das Konzept der Kundenentwicklung im Dienstleistungsbereich beinhaltet demzufolge nicht die quantitative Veränderung des Kundenbestands im Sinne einer temporären Entwicklung der Anzahl von Kunden eines Dienstleistungsunternehmens oder der Entwicklung des Vermögens der Kunden.[110]

Kundenentwicklung lässt sich als eine Investition des Dienstleistungsunternehmens in zukünftige Transaktionen mit dem Kunden ansehen. Im Mittelpunkt der Kundenentwicklung im Dienstleistungsbereich steht in erster Linie der Kunde und erst an zweiter Stelle die Leistung(en). Diese Auffassung trägt der Erkenntnis Rechnung, dass Kunden bzw. Kundenbeziehungen dem Dienstleistungsunternehmen Umsatz erbringen und Kosten verursachen (Diller 1995b, Sp. 1369). Dementsprechend sind diese im Sinne einer investitionspolitischen Perspektive als Investitionsfelder zu betrachten, die es effizient und ressourcenbewusst zu bearbeiten gilt (Homburg/Daum 1997, S. 400).

Grundsätzlich ist der Gedanke der Kundenentwicklung, d. h. die systematische integrationsgerichtete Qualifizierung von Dienstleistungskunden, insbesondere auch auf die Gruppe der potentiellen Kunden übertragbar (Lovelock 2001, S. 286; Marchetti 1992, S. 36 f.; McDougall/Snetsinger 1990, S. 38; Meer 1984, S. vii). Hierbei werden den Dienstleistungsinteressenten hauptsächlich Kenntnisse zum Kundennutzen der Dienstleistung vermittelt, um damit die Bereitschaft zum Kauf der Dienstleistung zu fördern (Lovelock 2001, S. 286; Meer 1984, S. 122). So bietet z. B. Merrill Lynch, ein

---

[110] Siehe Küspert (1991, S. 206-217) zu diesem quantitativ geprägten Begriffsverständnis der Entwicklung von Kunden(gruppen).

Finanzdienstleister, der sich vor allem dem Investment, z. B. Aktien und Fonds, für seine Kunden widmet, ein so genanntes Public education-Programm an. Dieses zielt darauf, Kunden, aber vor allem potentielle Kunden über allgemeine Aspekte von Finanz- und Investmentfragen aufzuklären und sie von den Vorteilen der Investments zu überzeugen (Meer 1984, S. 123). In diesem Sinne werden Broschüren über Optionen und Margen herausgegeben sowie Seminare zu Investmentfragen gesponsert (Honebein 1997, S. 13; Marchetti 1992, S. 36; Meer 1984, S. 97-103). Auch der Discount-Wertpapierhändler Charles Schwab Europe offeriert seinen Kunden die Teilnahme an Investmentseminaren und preist diese als Events an. Die Entwicklungsaufgabe liegt in beiden Fällen darin, dass „these customers [potentielle Neukunden; Anm. d. Verf.] have a vivid image of the firm's service offerings" (McDougall/ Snetsinger 1990, S. 38). Diese Aufgabe bezeichnen McDougall/Snetsinger (1990, S. 38) auch als „Basic education task" eines Dienstleistungsunternehmens.

Die Entwicklung dieser speziellen Zielgruppe einer Kundenentwicklung i. w. S. soll jedoch in der Arbeit nur insofern betrachtet werden als diese Intention auch bei Stammkunden im Rahmen der Markteinführung neuer Dienstleistungen vonnöten ist. Auf die speziellen Charakteristika von Interessenten und deren Auswirkungen auf die Gestaltung der Kundenentwicklung im Dienstleistungsbereich sei jedoch nicht näher eingegangen.

3.2.1.3   Relevanz des Kundenlernens als (lern)theoretische Grundlage zur Gestaltung von Kundenentwicklungsmaßnahmen

Die Integrationsqualifikation von Kunden setzt sich aus dem integrationsbezogenen Wollen, Kennen und Können zusammen. Bei allen drei Qualifikationskomponenten sind Lernprozesse beim Kunden vorhanden und relevant. Wirtschaftliches Verhalten des Kunden stellt immer ein gelerntes, kein angeborenes Verhalten dar (Wiswede 1995, S. 58 und S. 67). Daher basiert eine erfolgreiche Kundenentwicklung im Dienstleistungsbereich auf optimal gestalteten Lernvorgängen/-prozessen beim

Kunden.[111] Dazu sollten Dienstleistungsunternehmen über grundsätzliche lerntheoretische Erkenntnisse verfügen, die im Fokus von Kapitel 3.1 standen.

Dieses Lernen des Kunden tritt bei jeder Interaktion mit dem Dienstleister auf, weshalb Knudsen/Johnsen (1997, S. 7) den „Service encounter as a learning process"
bezeichnen. Während also schon jede Einzeltransaktion Kundenlernen impliziert und
damit vom Dienstleistungsunternehmen geplant, gesteuert und kontrolliert werden
sollte, liegt die eigentliche unternehmerische Herausforderung im Übergang vom
transaktionsbezogenen Kundenlernen zur beziehungsbasierten Entwicklung des
Kunden. Um weitreichende integrationsqualifikatorische Erfolge erzielen zu können,
sollten die einzelnen Lernmaßnahmen zu einem System integriert werden, das den
Kunden während seines gesamten Kundenbeziehungs-Lebenszyklus begleitet.

Kundenlernen spielt sowohl im Rahmen des Transaktions- als auch im Beziehungsmarketing eine zentrale Rolle. Denn schon beim einmaligen Kauf eines Produkts
oder einer Leistung auf den so genannten „wilden" Märkten[112] ist der Kunde oftmals
Lernprozessen ausgesetzt. Weit interessanter erscheint jedoch das Kundenlernen
im Rahmen eines Beziehungsmarketing auf so genannten „domestizierten" Märkten.
Auf diesen Märkten wird „von der Vorstellung langfristiger und freiwilliger Bindungen
sowie geplanter und verwalteter Transaktionen zwischen Anbietern und Nachfragern
ausgegangen" (Hentschel 1991, S. 25). Die Austauschprozesse finden als eine „Sequenz von Transaktionen im Rahmen einer kontinuierlichen Anbieter-Nachfrager-
Beziehung" (Hentschel 1991, S. 25) statt. Während sich im Transaktionsmarketing
ein Kundenlernen auf einen einmaligen Aufwand beschränkt, kommen beim Beziehungsmarketing zeitliche Aspekte in Bezug auf ein Kundenlernen ins Spiel. Hier tritt
nun auch die Vorstellung einer eigentlichen Kundenentwicklung auf. Denn eine Entwicklung ist per definitionem keine statische, sondern eine dynamische Größe. Dies
ist gerade für den Dienstleistungsbereich relevant, da oftmals eine Kontinuität von
Dienstleister-Kunde-Beziehung[113] vorliegt (Hentschel 1991, S. 25).

---

[111] Dies gilt analog bei der Personalentwicklung (Holling/Liepmann 1993, S. 293; Rosemeier 1987,
S. 61).
[112] Wilde Märkte entsprechen der klassischen Vorstellung von offenen Wettbewerbsmärkten (Hentschel 1991, S. 25).
[113] Beispiele sind langanhaltende Beziehungen zwischen den jeweiligen Kunden sowie der Bank- und
Versicherungs-, Werbe-, Steuerberatungs- und Softwarebranche (Hentschel 1991, S. 25).

Steht im Zentrum des Marketing nicht mehr die einzelne Transaktion, sondern die gesamte Geschäftsbeziehung[114], so ergeben sich hieraus u. a. folgende Kritikpunkte an dem oben genannten „klassischen" transaktionsbezogenen Lernverständnis:

- Kundenlernen richtet sich ausschließlich am einzelnen Kaufakt aus.
- Kundenlernen findet rein punktuell statt.
- Das Unternehmen verfügt über kein bzw. nur ein unsystematisches Kundenlernkonzept.

Kundenentwicklung stützt sich damit zwar auf Kundenlernen in Einzeltransaktionen (Meer 1984, S. vii), d. h. auf die Erhaltung oder Verbesserung der aktuellen Integrationsqualifikation der Kunden, sie ist allerdings von ihrer Leitidee her primär auf den Auf- und Ausbau des Integrationsqualifikationspotentials der Kunden in Geschäftsbeziehungen ausgerichtet (siehe Abbildung 21).[115] Kundenentwicklung hat folglich zum Ziel, Kundenlernprozesse in Geschäftsbeziehungen systematisch zu planen, zu initiieren, zu steuern, zu kontrollieren sowie geeignete Rahmenbedingungen hierfür zu schaffen und bewegt sich damit im Bereich des Relationship Marketing.[116]

Nicht immer ist allerdings ein Relationship Marketing wünschenswert. Im Falle einer geringen Bindungsbereitschaft des Kunden und/oder eines geringen Kundenwerts kann ein transaktionsorientiertes Marketing sinnvoller sein (Meffert 1999a, S. 424). Dementsprechend wäre in solch einem Falle ein rein transaktionsgerichtetes Kundenlernen angebrachter.

---

[114]   Dabei lässt sich unter einem Beziehungsmarketing die „Planung, Koordination und Kontrolle aller auf mögliche und bestehende Geschäftsbeziehungen ausgerichteten Aktivitäten eines Marketers" (Hentschel 1991, S. 25) verstehen.

[115]   Zu den Elementen einer Dienstleistungstransaktion siehe auch die Ausführungen in Absatz 2.3.3.1.

[116]   „Relationship Marketing emphasises a long term interactive relationship between the provider and the customer and a long term profitability" (Gummesson 1996, S. 254).

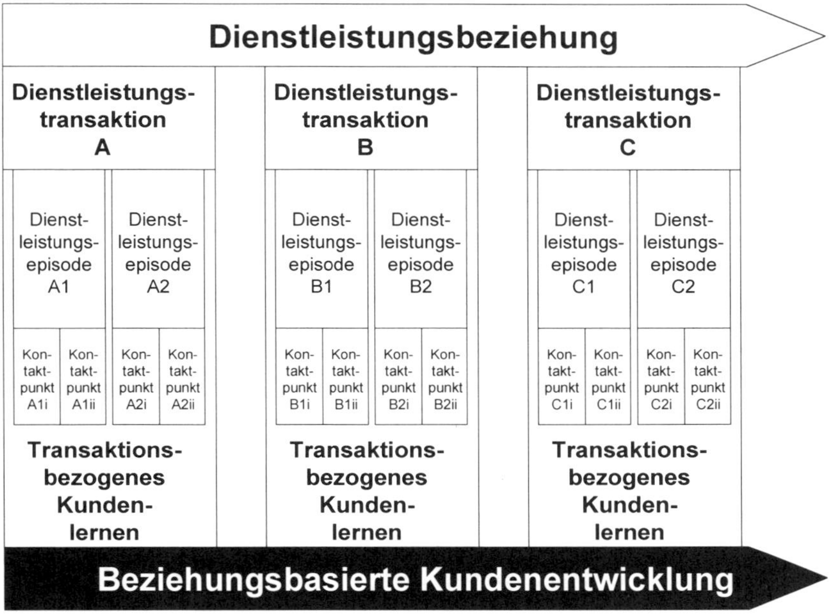

Dienstleistungsbeziehung

Dienstleistungs-transaktion A		Dienstleistungs-transaktion B		Dienstleistungs-transaktion C	
Dienst-leistungs-episode A1	Dienst-leistungs-episode A2	Dienst-leistungs-episode B1	Dienst-leistungs-episode B2	Dienst-leistungs-episode C1	Dienst-leistungs-episode C2
Kon-takt-punkt A1i / Kon-takt-punkt A1ii	Kon-takt-punkt A2i / Kon-takt-punkt A2ii	Kon-takt-punkt B1i / Kon-takt-punkt B1ii	Kon-takt-punkt B2i / Kon-takt-punkt B2ii	Kon-takt-punkt C1i / Kon-takt-punkt C1ii	Kon-takt-punkt C2i / Kon-takt-punkt C2ii
Transaktions-bezogenes Kunden-lernen		**Transaktions-bezogenes Kunden-lernen**		**Transaktions-bezogenes Kunden-lernen**	

Beziehungsbasierte Kundenentwicklung

Abb. 21:   Transaktionsbezogenes Kundenlernen und beziehungsbasierte Kundenentwicklung
Quelle: Unter Bezugnahme auf Stauss/Seidel 1998a, S. 208-210.

3.2.1.4   *Eingrenzung der Kundenentwicklung im Dienstleistungsbereich auf relevante Bereiche*

Die bisherigen Ausführungen lassen erkennen, dass die Sinnhaftigkeit des Einsatzes der Kundenentwicklung nicht in allen Fällen gegeben ist. Von daher liegt das Ziel dieses Absatzes in der Bestimmung zentraler Determinanten, die Aussagen zum Grad der Einsatznotwendigkeit des Konzepts der Kundenentwicklung liefern.

Wie aus dem vorangegangenen Absatz 3.2.1.3 hervorgeht, setzt das Konzept der Kundenentwicklung die Existenz von Geschäftsbeziehungen voraus. Dementsprechend stellt das Vorliegen von Geschäftsbeziehungen eine zentrale Voraussetzung des Einsatzes von Kundenentwicklung im Dienstleistungsbereich dar.

Des Weiteren hängt der Einsatz der Kundenentwicklung von der Komplexität der zu leistenden Service Customer Performance ab. Je komplexer sich die Kundenrollen bzw. die sich aus den Kundenrollen ableitenden Integrationsaufgaben gestalten, desto höher sind die Anforderungen an den Kunden. Dementsprechend benötigt ein Dienstleistungskunde höhere Qualifikationen. Folglich steigt die Notwendigkeit des Angebots von Kundenentwicklungsmaßnahmen mit der Komplexität und Erklärungsbedürftigkeit der Kundenrollen an.

Damit lässt sich die Relevanz der Kundenentwicklung im Dienstleistungsbereich anhand der Dimensionen der „Komplexität der Kundenrollen" und der „Existenz von Geschäftsbeziehungen" ableiten. Von besonderer Relevanz ist der Einsatz der Kundenentwicklung somit bei Vorliegen einer Geschäftsbeziehung in Verbindung mit dem Vorliegen komplexer Kundenrollen (siehe Abbildung 22).

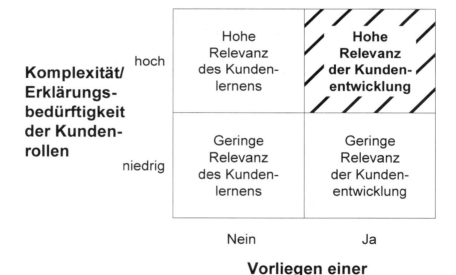

Abb. 22:   Relevanzgrad der Kundenentwicklung im Dienstleistungsbereich
Quelle: Eigene Überlegungen.

Die Komplexität der Kundenrollen hängt nun einerseits von der Anzahl der Kundenrollen (Quantität der Kundenrollen) ab, d. h. sind sämtliche Kundenrollen durch den Kunden zu erfüllen oder muss der Kunde nur den Co-Produktionsfaktor zur Verfügung stellen und den Kauf tätigen. Andererseits spielt die Ausprägung der Kundenrollen (Qualität der Kundenrollen) im Sinne der zu erfüllenden Integrationsaufgaben und deren Komplexität eine wichtige Rolle. Hierbei sind wiederum Anzahl und Ausprägung der Integrationsaufgaben zu unterscheiden, die sich in einer unterschiedlich hohen Komplexität und damit Anforderungen an den Kunden auswirken. Hierbei lässt sich konstatieren, dass die qualifikationsbedingten Anforderungen an die Teilrollen der Co-Produzenten-Rolle des Kunden i. d. R. höher sein werden als die der outputbezogenen Kundenrollen, d. h. insbesondere der Käuferrolle. Daher spielen im Rahmen dieser Arbeit die Teilrollen der Co-Produzentenrolle eine wichtigere Rolle als die Käufer- und Co-Marketerrolle. Zudem sei angemerkt, dass auch praxisorientierte Beispiele von weniger komplexen Kundenhandlungen bzw. Dienstleistungen zur Erläuterung herangezogen werden, sofern diese zu einer Verbesserung des allgemeinen Verständnisses beitragen.

3.2.2 Abgrenzung von Kundenentwicklung im Dienstleistungsbereich zu benachbarten Konzepten der Qualifikationsvermittlung

Im Mittelpunkt des Konzepts der Kundenentwicklung im Dienstleistungsbereich steht die Vermittlung von integrationsgerichteten Qualifikationen an die Kunden. Doch nicht nur durch die Kundenentwicklung erhalten Kunden Qualifikationen zur Unterstützung von Kauf- bzw. Kundenprozessen. Auch bei der Verbraucherpolitik (Absatz 3.2.2.1) und der Klientenschulung sowie -beratung (Absatz 3.2.2.2) werden Qualifikationen an die Konsumenten bzw. Klienten weitergegeben. Damit stellt sich die Frage, ob und inwiefern sich die verschiedenen Konzepte voneinander unterscheiden (Absatz 3.2.2.3).

3.2.2.1 Verbraucherpolitik und Kundenentwicklung im Dienstleistungsbereich

Verbraucherpolitik ist die „Gesamtheit aller staatlichen bzw. staatlich unterstützten

Maßnahmen mit dem Ziel, eine freie Konsumentscheidung der Verbraucher (..) zu gewährleisten und dem Verbraucherinteresse zu einer stärkeren Durchsetzung zu verhelfen" (Stauss 1992a, S. 1194). Dabei kann der Verbraucher als ein nichtgewerblicher Adressat eines marktvermittelten Güterangebots angesehen werden (Stauss 1982, S. 115).

Als zwei zentrale Leitbilder der Verbraucherpolitik haben sich Konsumentensouveränität und Konsumfreiheit etabliert (Kuhlmann 1990, S. 29). Dabei postuliert die Konsumentensouveränität den Verbraucher in einer Herrschaftsrolle, der unter vollkommener Information rational handelt und seinen individuellen Nutzen maximiert (Hansen 1993, Sp. 4465). Konsumfreiheit erhebt die Forderung, dass den Verbrauchern eine Wahlfreiheit zu verschaffen ist (Kuhlmann 1995, Sp. 2531). Die beiden normativen Leitbilder setzen voraus, dass die Verbraucher über eine angemessene Informationsbasis verfügen, auf der sie ihre rationalen marktlichen Entscheidungen treffen können (Stauss 1992a, S. 1195). Dafür benötigen sie zum Teil Informationen, die von den Anbietern nicht bereit gestellt werden (Armbrecht/Moritz 1998, S. 69; Hansen 1993, Sp. 4465; Kuhlmann 1995, Sp. 2532). Dieses Informationsmodell[117] der Verbraucherpolitik (Hansen 1993, Sp. 4465; Stauss 1992a, S. 1195) spiegelt sich im verfügbaren Instrumentalbereich wider.

Als informationsvermittelnde Instrumente stehen insbesondere die Verbraucherinformation und -beratung sowie die Verbraucherbildung zur Verfügung.[118] Im Mittelpunkt der Verbraucherinformation und -beratung steht die anbieterunabhängige Information des Verbrauchers durch die Träger der Verbraucherpolitik. Diese sollen primär dort zum Einsatz kommen, wo die Informationspolitik der Anbieter unzureichend oder verzerrt ist (Armbrecht/Moritz 1998, S. 69). Während sich die Verbraucherinformation an größere Verbrauchersegmente mittels Gebrauch von Massenmedien wendet, richtet sich die Verbraucherberatung an einzelne Verbraucher oder kleine Verbrauchergruppen (Kuhlmann 1995, Sp. 2538 f.). Verbraucherbildung[119]

---

[117] Zur Kritik an dem Informationsmodell siehe Stauss (1992a, S. 1195 f.).
[118] Auf das verbraucherpolitische Instrument des Verbraucherschutzes wird nicht näher eingegangen, da dieses den Schwerpunkt auf rechtliche Aspekte, und nicht auf Informationsvermittlung, legt (Stauss 1992a, S. 1196).
[119] Daneben finden sich in der Literatur noch die Begriffe der Verbrauchererziehung und Verbraucheraufklärung, die inhaltlich in die gleiche bzw. in eine ähnliche Richtung zielen; siehe Kuhlmann (1990, S. 272-304 und S. 386-410) zu diesen Instrumenten.

wendet sich vor allem an Kinder, Jugendliche und Erwachsene in Bezug auf ihre Verbraucherrolle und ist folglich primär langfristig angelegt (Hansen 1993, Sp. 4472).

Zwar tragen sowohl Verbraucherpolitik (Hansen 1993, Sp. 4472) als auch Kunden-entwicklung zur Verbesserung der Kompetenz der Kunden bei, aber sie unterschei-den sich bezüglich der ihnen innewohnenden Intention. Die Absicht der Verbrau-cherpolitik ist es, den Verbraucher zu befähigen, mittels einer fundierteren Informati-onsbasis eine bessere Kaufentscheidung zu treffen. Im Mittelpunkt der Verbraucher-politik stehen dementsprechend der Konsument und dessen Bedürfnisse. Kunden-entwicklung fokussiert dagegen primär auf die Interessen des Dienstleistungsunter-nehmens, wenn auch unter Berücksichtigung der Bedürfnisse und Ziele der Kunden (Gouthier 1999b, S. 22). Diese Interessendivergenz kommt u. a. dadurch zum Aus-druck, dass „das Verbraucherinteresse mehrheitlich in Theorie und Praxis aus kon-fliktären Positionen gegenüber Anbietern definiert wird" (Hansen 1993, Sp. 4470).

3.2.2.2 Klientenschulung sowie -beratung und Kundenentwicklung im Dienstleis-tungsbereich

Freiberufler, wie Anwälte, Steuerberater und Ärzte, bieten Klientenschulungen („Client education"; Honebein 1997, S. 21) an. Diese versuchen die Lebenssituation und das spezifische Problemverständnis ihrer Klienten zu verbessern. Gemäß dem Berufsethos stehen also die Besonderheiten und Bedürfnisse des Klienten im Vor-dergrund. Damit muss der Auffassung von Meer (1984, S. viii), dass Klientenschu-lungen gleichbedeutend sind mit Kundenentwicklungsmaßnahmen, zumindest für das deutsche Freiberuflertum widersprochen werden. Der Begriff des Klienten betont also nicht nur, dass hier eine professionelle Dienstleistung gekauft wird (1984, S. viii), sondern auch dass eine andere Perspektive, ein anderes Berufsverständnis vorliegt.

Die Besonderheiten von Klientenschulungen seien am Beispiel von Patientenschu-lungen erörtert. Bei Patientenschulungen („Patient education"; Gouthier 1999a, S. 9) werden (potentielle) Patienten darin unterrichtet, wie sie ihre Krankheit bewältigen bzw. besser mit ihr umgehen können (Petermann 1997a, S. VII und Petermann

1997b, S. 3). So bieten die meisten Krankenkassen ihren Mitgliedern ein breites Spektrum an Schulungen, wie zu Asthma und Diabetes. Darüber hinaus zählen manche Autoren auch die Vermittlung von gesundheitspräventiven Sachverhalten, wie zur richtigen Ernährung, zur Patientenschulung hinzu (z. B. Klug Redman 1996, S. 1-9).[120]

Damit beschäftigt sich das Konzept der Patientenschulung zwar auch mit der systematischen Qualifizierung von Patienten, dessen Zielsetzung unterscheidet sich aber von der Intention einer Patienten- bzw. Kundenentwicklung im Krankenhaus. Patientenschulungen verfolgen primär eine Verbesserung des Gesundheitszustands des Patienten durch die Förderung von Selbsthilfe bzw. eines Selbstmanagements im Sinne eines eigenverantwortlichen Krankheitsmanagements des Patienten (Petermann 1997a, S. VII und Petermann 1997b, S. 3). Ein wichtiger Erfolgsfaktor ist hierbei das Erzeugen von Selbstvertrauen beim Patienten, damit dieser mit seiner Krankheit umgehen kann (Herzlinger 1997, S. 60 f.). Deshalb soll in diesem Falle auch von einer persönlichkeitsbezogenen Patientenentwicklung gesprochen werden. Bei dieser stehen eindeutig die individuellen Bedürfnisse des Patienten im Vordergrund.[121]

Dagegen steht im Blickpunkt der integrationsbezogenen Patientenentwicklung die Förderung der Integrationsbereitschaft, der -fähigkeit und letztlich auch der Integrationsleistung des Patienten in Bezug auf seine Einbindung in die Leistungserbringung des Krankenhauses aus der institutionellen Perspektive des Krankenhauses, wenn auch unter Berücksichtigung der individuellen Bedürfnisse und Wünsche des Patienten.

---

[120] Wobei sich für diesen Bereich auch der Begriff der Patientenberatung findet (Schmidt/Dlugosch 1997).
[121] Lefton (1970) spricht auch von der „plus-laterality" und meint damit die Einbeziehung der gesamten Persönlichkeit der Kunden. Dies ist besonders bei sozialen Dienstleistungen, wie Gesundheitsleistungen oder Ausbildungsleistungen, von Relevanz.

3.2.2.3 Überschneidungsbereich von Kundenentwicklung im Dienstleistungsbereich zu benachbarten Ansätzen der Qualifikationsvermittlung

Die oben beschriebenen Ansätze der Qualifikationsvermittlung und das Konzept der Kundenentwicklung im Dienstleistungsbereich sind jedoch nicht völlig überschneidungsfrei. Dies soll anhand des Beispiels der Patientenschulung und -entwicklung dargelegt werden. Gerade im Bereich des behandlungsbezogenen Wissens und des Könnens des Patienten treten Überschneidungen auf. So wird im Rahmen von Schwangerschaftskursen den werdenden Müttern erklärt, was sie während der Geburt erwartet, welche Signale möglicherweise auf Probleme hinweisen und wer (Frau, Arzt und Geburtshelfer) welche Aktivitäten unternimmt. Darüber hinaus ist es denkbar, dass schon im Vorfeld ein adäquates Verhalten geprobt wird. Damit können sich die Frauen, falls diese im Krankenhaus entbinden, auch besser in den Prozess der Leistungserstellung einbringen. Diese Überlappung von Kompetenzbereichen ist gleichermaßen im Rahmen der Verbraucherpolitik anzutreffen.

Entsprechend ist vorstellbar, dass Verbraucher- bzw. Klientenschulungen und Kundenentwicklung im Dienstleistungsbereich in einem umfassenderen Konzept der Kundenentwicklung integriert werden, bei dem sich der Dienstleister sowohl um die persönlichkeits- als auch die integrationsbezogene Qualifizierung des Kunden kümmert. Die persönlichkeitsbezogene Entwicklung der Kunden im Sinne einer Selbstentwicklung der Kunden könnte durch flankierende Maßnahmen des Dienstleistungsunternehmens gefördert werden gemäß dem Gedanken „Hilfe zur Selbsthilfe". Allerdings ist kritisch anzumerken, dass es bei solch einer Konstellation, d. h. Integration von persönlichkeits- und integrationsbezogener Qualifizierung des Kunden, oft zu Konflikten kommt, wie im Kontext der Verbraucherpolitik feststellbar. Im Weiteren steht daher die Erörterung der integrationsbezogenen Kundenentwicklung im Vordergrund. Liegt der Schwerpunkt dagegen auf dem Verbraucher bzw. Klient, handelt es sich um eine persönlichkeitsgerichtete Kundenentwicklung, die allerdings in dieser Arbeit nicht bzw. allenfalls am Rande behandelt werden soll.

4 Ausarbeitung eines Konzepts zur Kundenentwicklung im Dienstleistungsbereich basierend auf Erkenntnissen der Personalentwicklung

4.1 Grundlegende Anmerkungen zur Übertragbarkeit von Ansätzen der Personalentwicklung auf das Aktivitätsfeld der Kundenentwicklung im Dienstleistungsbereich

Wenn den Kunden, die als „partielle Mitarbeiter" anzusehen sind, integrationsbezogene Qualifikationen vermittelt werden sollen, liegt der Gedanke nahe, Ansätze der Personalentwicklung auf das unternehmerische Aufgabenfeld der Kundenentwicklung im Dienstleistungsbereich zu projizieren. Der einfachste Weg besteht in einer unmodifizierten Übertragung von Erkenntnissen der Personalentwicklung auf die Kundenentwicklung und dementsprechend in einer Integration der Kundenentwicklung in die Personalentwicklung. Diese Vorgehensweise entspricht weitestgehend dem Verständnis von Meer (1984). Sie betrachtet Customer education als Teilbereich der betrieblichen Bildung und damit als Subsystem der Personalentwicklung (Meer 1984, u. a. S. vii f.). Von einer derartig pauschalen Anwendung theoretischer Ansätze der Personalentwicklung muss jedoch Abstand genommen werden, da sich aufgrund andersartiger Merkmale von Kundenbeziehungen - im Vergleich zu den Beziehungen von Unternehmen zu deren Mitarbeitern - wichtige Implikationen zur Gestaltung eines Konzepts der Kundenentwicklung im Dienstleistungsbereich ableiten lassen.[122]

Ansätze der Personalentwicklung fungieren im Rahmen der Arbeit durchaus als Orientierungsrahmen für kundenentwicklungspolitische Aufgaben. Die Erkenntnisse werden allerdings (stark) modifiziert auf das Management der Kundenentwicklung bzw. des -verhaltens übertragen (Bowen 1986, S. 372). Damit erfolgt eine Erweite-

---

[122] Hier drängt sich eine gewisse Parallelität zum Konzept des internen Marketing auf. Auch hier gab es Anstrengungen, die grundsätzlichen Gedanken des externen Marketing (relativ) unmodifiziert auf die Mitarbeiter bzw. Mitarbeiterbeziehung zu übertragen. Eine sinnvolle Übertragung erfordert aber auch hier eine systematische Modifikation und Anpassung der Ansätze (siehe z. B. Rafiq/Ahmed 1992, S. 189-193; Stauss 2000b, S. 207-210).

rung der traditionellen Grenzen der Personalentwicklung,[123] indem systematisch geprüft wird, inwieweit die Konzepte und Instrumente der Personalentwicklung grundsätzlich auch auf Kunden bzw. Kundenbeziehungen anwendbar sind. Die Analyse darf jedoch nicht an dieser Stelle enden. Parallel hierzu müssen vielmehr Erkenntnisse der bisher, wenn auch lediglich rudimentär vorhandenen Customer education-Diskussion sowie relevante Erkenntnisse des Dienstleistungsmarketing einfließen.

Folglich wird in Kapitel 4.2 die Personalentwicklung als konzeptioneller Bezugsrahmen der Kundenentwicklung im Dienstleistungsbereich erörtert. Aufbauend auf dieser theoretischen Vorarbeit wird sodann in Kapitel 4.3 das Gesamtkonzept einer Kundenentwicklung im Dienstleistungsbereich entworfen, wobei insbesondere Aspekte der Literatur zur Customer education und zum Dienstleistungsmarketing eingehen.

4.2   Personalentwicklung als konzeptioneller Bezugsrahmen einer Kundenentwicklung im Dienstleistungsbereich

Da die Personalentwicklung als konzeptioneller Bezugsrahmen der Kundenentwicklung im Dienstleistungsbereich dient, bedarf es zunächst der Skizzierung dieser in ihren allgemeinen Grundzügen, womit sich Abschnitt 4.2.1 beschäftigt. Eine vollständige Darstellung sämtlicher Aspekte der Personalentwicklung und der gesamten ihr zugrunde liegenden Literatur ist im Rahmen dieser Arbeit jedoch nicht möglich und wäre letztlich auch wenig zielführend. Hier sei der Leser auf die einschlägige Literatur[124] und die in ihr enthaltenen weiteren Quellenangaben verwiesen. Abschnitt 4.2.1 konzentriert sich auf die für die weitere Arbeit relevanten Aspekte. Hieran anknüpfend erläutert Abschnitt 4.2.2 die Besonderheiten der Kundenentwicklung im Vergleich zur Personalentwicklung.

---

[123] Personalentwicklung beschäftigt sich klassischerweise ausschließlich mit Fragestellungen der Qualifizierung des betrieblichen Personals.

[124] Einen sehr fundierten Einstieg in das Forschungsfeld der Personalentwicklung liefern z. B. die Monographien von Kitzmann/Zimmer (1982) und Neuberger (1994) sowie die Aufsätze von Flohr/Niederfeichtner (1982) und Sonntag (1996).

4.2.1   Allgemeine Grundlagen der Personalentwicklung

Die Personalentwicklung ist eine Teilfunktion bzw. Aufgabe des betrieblichen Personalmanagements (Becker, M. 1999, S. 44; Conradi 1983, S. 4; Flohr/Niederfeichtner
1982, S. 11; Hentze 1992, Sp. 1895 f.; Kitzmann/Zimmer 1982, S. 11; Scholz 1995,
S. 232; Thom 1999, S. 434).[125] Zur Strukturierung der verschiedenen Aufgabenfelder
eines Personalmanagements bzw. Humanressourcen-Managements bietet es sich
dabei an, die Kernaufgaben aus den Phasen eines Mitarbeiter-Lebenszyklus abzuleiten (Ringlstetter/Kniehl 1995, S. 151; siehe auch Abbildung 23).

Lebenszyklus eines Mitarbeiters

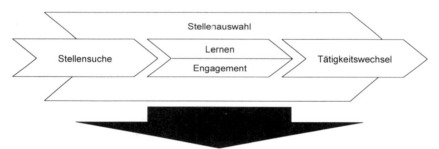

Lebenszyklusorientierte Aufgabenfelder des Personalmanagements

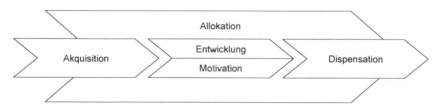

Abb. 23:   Personalentwicklung als Aufgabenfeld eines lebenszyklusorientierten Humanressourcen-
Managements
Quelle: In Anlehnung an Ringlstetter/Kniehl 1995, S. 151-153.

---

[125]   Neben dem hier verwendeten Begriff des Personalmanagements finden sich in der Literatur und
Praxis gleichermaßen die Bezeichnungen Personalwesen, Personalwirtschaft und Human Resource Management bzw. Humanressourcen-Management (siehe Ringlstetter/Kniehl 1995, S. 157
und Thom 1999, S. 433).

Dementsprechend zeigt sich als unternehmerisches Gegenstück der Stellensuche eines (potentiellen) Mitarbeiters die Humanressourcen-Akquisition. Während seiner Mitgliedschaft bei dem (Dienstleistungs-)Unternehmen eignet sich der Mitarbeiter aufgrund von Lerneffekten in mehr oder weniger großem Umfang Qualifikationen im Unternehmen an. Die Unterstützung dieser Lernprozesse geschieht durch eine systematische Humanressourcen-Entwicklung. Des Weiteren wird sich der Mitarbeiter gemäß eines von ihm wahrgenommenen Anreiz-Beitrags-Gleichgewichts für eine Aufgabe engagieren. Die Ausgestaltung adäquater Anreizsysteme ist dabei die unternehmerische Aufgabe der Humanressourcen-Motivation. Im Laufe der Zeit wird der Mitarbeiter zudem verschiedene Arbeitsstellen besetzen. In diesem Kontext stellt sich dem Unternehmen die Herausforderung der Humanressourcen-Allokation. So kann beispielsweise per Placement für einen gezielten Mitarbeitereinsatz gesorgt werden. Schließlich kommt es früher oder später dazu, dass der Mitarbeiter das Unternehmen wieder verlassen wird, z. B. aufgrund einer Kündigung. Somit eröffnet sich dem Unternehmen das Aufgabenfeld der Humanressourcen-Dispensation (Ringlstetter/Kniehl 1995, S. 152).

Das Aufgabenfeld der Personalentwicklung sorgt für eine systematische Förderung der beruflichen Qualifizierung der Mitarbeiter eines Unternehmens (Holling/Liepmann 1993, S. 285) und trägt damit wesentlich zum unternehmerischen Erfolg bei (u. a. Becker 1996, Sp. 1371). So unterstützt die Personalentwicklung z. B. den Aufbau spezifischer Mitarbeiterkompetenzen, die vom Wettbewerb nur schwer imitierbar sind (Riekhof 1992, S. 51 und S. 55; Sattelberger 1989, S. 19 f.). Eingebettet in das unternehmerische Zielsystem lässt sie sich demgemäß als strategischer Erfolgsfaktor bezeichnen, dem eine wachsende Bedeutung zugesprochen werden kann (Becker/Günther 1998, S. 757; Berthel 1997, S. 235; Berthel/Becker 1986, S. 545; Faix/Buchwald/Wetzler 1991, S. 49 und S. 52; Kador 1995, S. 143; Riekhof 1992; Sattelberger 1989; Scholz 1995, S. 235).

Dies gilt gleichermaßen bzw. sogar potenziert für den Dienstleistungsbereich. Zwar lässt die stetige Zunahme der Bedeutung von Technologien bei der Erstellung von Dienstleistungen, z. B. der verstärkte Einsatz von Kontoauszugsdruckern, von Geldautomaten und des Online-Banking im Bankgewerbe, den Schluss zu, dass der Stellenwert der menschlich erbrachten Leistung eher abnimmt, aber gerade das Gegenteil ist der Fall. Wenn viele Interaktionen unpersönlich ablaufen, so sind die verbleibenden persönlichen Interaktionen zwischen Kontaktmitarbeiter und Dienstleistungskunde von erheblicher Relevanz für die Kundenzufriedenheit (Collins/Payne 1999, S. 189). Bei einer Reduktion der Anzahl der persönlichen Interaktionen steigt infolgedessen der Stellenwert der verbleibenden direkten Kontakte an (Grund 1998, S. 24). Mitarbeiter im Kundenkontakt repräsentieren als „Image maker" (Bowen/ Schneider 1985, S. 129) die Dienstleistung (Crane/Clarke 1988, S. 58) und fungieren für diese als Marketer (Solomon et al. 1985, S. 100).

Die fachliche sowie insbesondere die soziale Kompetenz der Kontaktmitarbeiter und deren Motivation gerät somit in den Blickpunkt des unternehmerischen Interesses von Dienstleistern (Schmidt 1996, S. 134). Zum Auf- und Ausbau sowie zur Sicherung der Kompetenzen ist ein unternehmerisches Engagement in eine systematische und zielorientierte Personalentwicklung unerlässlich (Müller 1999, S. 339).[126]

Neben der beschriebenen Bedeutung persönlicher Kontakte, und damit des Personals im Kundenkontakt, sei abschließend noch kurz auf die generelle quantitative Relevanz des Personals hingewiesen. So entfallen im Dienstleistungssektor bis zu 70 % der Gesamtkosten eines Unternehmens auf den Personalbereich (Schmidt 1996, S. 22).

4.2.1.1   Definition und inhaltlicher Umfang der Personalentwicklung

Der Begriff Personalentwicklung tauchte erstmalig Mitte der siebziger Jahre in der deutschsprachigen Literatur zum Personalwesen auf (Conradi 1983, S. 1; Holling/ Liepmann 1993, S. 286; Thom 1987, S. 6). Wie viele andere sozialwissenschaftlich geprägte Begriffe weist auch er eine große Heterogenität und damit einhergehend inhaltliche Unschärfe auf (Becker/Günther 1998, S. 758; Conradi 1983, S. 1; Flohr/Niederfeichtner 1982, S. 11).

---

[126]   Zur besonderen Relevanz der Personalentwicklung bei Dienstleistungsunternehmen siehe u. a. Gouthier (1997).

Neben der begrifflichen Problematik zeichnet sich das Forschungsfeld der Personalentwicklung durch eine Schwäche in der theoretisch-konzeptionellen Fundierung aus. Derartig angelegte Arbeiten sind in diesem Wissenschaftszweig eher die Ausnahme (Oechsler/Strohmeier 1993, S. 75 und S. 79).[127] Der Bereich der Personalentwicklung wird primär von einer instrumentenbezogenen Diskussion dominiert (Flohr/Niederfeichtner 1982, S. 18), wobei diese Interventionsmaßnahmen selten auf einer theoretischen Fundierung basieren (Holling/Liepmann 1993, S. 291).

Insgesamt betrachtet lässt sich als eine grundlegende Gemeinsamkeit der verschiedenen Abhandlungen zur Personalentwicklung die gezielte Veränderungsmöglichkeit von Mitarbeiterqualifikationen[128] postulieren (Becker, F. G. 1996, Sp. 1372; 1999, S. 274; Becker/Günther 1998, S. 758) und zwar im Sinne einer Qualifizierung zur Erfüllung von Stellenanforderungen (Flohr/Niederfeichtner 1982, S. 19; Thom 1987, S. 15). Im Mittelpunkt der Personalentwicklung steht dementsprechend die Frage der zielgerichteten Beeinflussung des Verhaltens der Mitarbeiter (Flohr/Niederfeichtner 1982, S. 12; Kitzmann/Zimmer 1982, S. 11). Außerhalb der Betrachtung stehen dagegen quantitative Veränderungen des Mitarbeiterbestands (Flohr/Niederfeichtner 1982, S. 12).

Unter Personalentwicklung lassen sich entsprechend diejenigen betrieblich veranlassten Maßnahmen verstehen, „mit denen Qualifikationen von Mitarbeitern ... durch die Organisation von Lernprozessen weitgehend systematisch erhalten und erweitert bzw. diese Veränderungen angeregt werden" (Becker, F. G. 1999, S. 275). Personalentwicklung erstreckt sich grundsätzlich auf alle Mitarbeitergruppen eines Unternehmens (Hentze 1992, Sp. 1903) und sollte auch deren individuelle Ziele sowie Bedürfnisse berücksichtigen (Berthel 1997, S. 226; Kitzmann/Zimmer 1982, S. 12). Dabei dienen der zielgerichtete Aufbau und die Weiterentwicklung der Qualifikationen bzw. Qualifikationspotentiale[129] der Meisterung beruflicher Situationen (Sonntag 1996, S. 1; 1999a, S. 18; Thom 1999, S. 436).

---

[127] Zur Verortung der wenigen explizit theoretischen Ansätze der Personalentwicklung siehe Oechsler/Strohmeier (1993, S. 76-78).

[128] Der Mitarbeiterbegriff wird im Rahmen dieser Arbeit zumeist im Sinne der Belegschaft verwendet, d. h. inklusive der Führungskräfte.

[129] Das Qualifikationspotential der Mitarbeiter bezieht sich auf „die durch Lernen künftig noch realisierbaren Elemente des Arbeitsvermögens" (Flohr/Niederfeichtner 1982, S. 23; siehe auch Becker/Günther 1998, S. 757; Berthel 1997, S. 226).

Unter der Mitarbeiterqualifikation ist „ein individuelles Arbeitsvermögen zu verstehen, welches einem Mitarbeiter zu einem bestimmten Zeitpunkt zur Verfügung steht" (Becker 1996, Sp. 1373). Qualifikation setzt sich aus den drei Hauptkomponenten des Kennens, Könnens und Wollens zusammen (Becker/Günther 1998, S. 755). Unter dem Kennen sind die fachspezifischen Kenntnisse, das Wissen eines Mitarbeiters zu verstehen. Zur Komponente des Könnens zählen die Fähigkeiten, Eigenschaften, Fertigkeiten und Verhaltensweisen. Unter dem Wollen werden Motive, Motivation, Einstellungen, Anstrengungs- und Konsequenzerwartungen subsummiert (Becker/Günther 1998, S. 757). In Abhängigkeit vom Grad der Spezifität lassen sich des Weiteren allgemeine („Jedermanns"-Qualifikation), berufliche und betriebsspezifische Qualifikationen unterscheiden (Flohr/Niederfeichtner 1982, S. 34). Grundsätzlich werden Unternehmen Interesse an der Verfügbarkeit aller drei Qualifikationsarten haben.

Demgegenüber bezieht sich die berufliche Handlungskompetenz auf eine spezifische Qualifikation (Schneider/Schechter 1991, S. 218).[130] Diese wird aus einer stark anwendungsorientierten Perspektive in Sach- bzw. Fach-, Methoden- und Sozialkompetenz (Becker/Günther 1998, S. 758; Berthel 1997, S. 228; Flarup 1997, S. 405 f.) sowie personale Kompetenz (Sonntag/Schaper 1999, S. 212) unterteilt.[131] Zur Fachkompetenz zählen beispielsweise die Kenntnisse eines Versicherungsmaklers über den Versicherungsmarkt. Als Methodenkompetenz kann die Vorgehensweise zur Behandlung spezifischer Kundenprobleme angesehen werden. Zur Sozialkompetenz gehört neben der Team- und Kommunikationsfähigkeit u. a. auch die Kundenorientierung (Meffert/Bruhn 1997, S. 472). Damit ist die Qualifizierung von Mitarbeitern ein weitgehend planbarer und steuerbarer Prozess (Becker 1996, Sp. 1372; Domsch/Reinecke 1982, S. 65). Dabei kann das Lernen der Mitarbeiter „stetig oder diskontinuierlich, sprunghaft oder langsam, intendiert oder ‚zufällig' stattfinden" (Becker, F. G. 1999, S. 275). Wichtig ist die individuelle Einschätzung der Qualifikation und des Qualifikationspotentials eines Mitarbeiters, um sowohl Über- als auch Unterforderung zu vermeiden (Flohr/Niederfeichtner 1982, S. 39 f.).

---

[130]   Es finden sich in der Literatur aber auch Ansätze, welche die Termini der Qualifikation und Kompetenz gleichsetzen (Berthel 1997, S. 228).
[131]   Diese thematisiert die motivationalen und emotionalen persönlichkeitsbezogenen Dispositionen.

Sehr unterschiedlich sind die Meinungen zum inhaltlichen Umfang der Personalent-wicklung (Becker/Günther 1998, S. 758). Einen unumstrittenen Kernbereich stellen die geplanten und systematischen beruflichen Bildungsmaßnahmen dar (siehe u. a. Berthel 1997, S. 263; Berthel/Becker 1986, S. 545; Flohr/Niederfeichtner 1982, S. 18; Kitzmann/Zimmer 1982, S. 13). Dazu zählen klassischerweise Ausbildung, Weiterbildung und Umschulung. Weiterhin werden stellenbezogene Maßnahmen im Sinne einer Karriereplanung zur Personalentwicklung gerechnet (Berthel 1997, S. 226; Berthel/Becker 1986, S. 545; Holling/Liepmann 1993, S. 286 und S. 290; Schmidt 1996, S. 138 f.). Dabei ist unter Karriereplanung „eine gezielte individuelle Planung des weiteren Berufswegs" (Holling/Liepmann 1993, S. 303) zu verstehen.

Strittig ist dagegen der Bereich der Veränderung der beruflichen Anforderungen, da dieser zwar einerseits die Qualifikation und das Verhalten der Mitarbeiter beeinflusst, andererseits jedoch nur sehr schwer direkt vom Unternehmen zu managen ist. Zu diesem Feld gehören Maßnahmen der Arbeitsgestaltung bzw. der Arbeitsstrukturie-rung (Becker, M. 1999, S. 4; Berthel 1997, S. 226; Berthel/Becker 1986, S. 545) und damit die Arbeitstätigkeit selbst (Sonntag 1996, S. 1; 1999a, S. 18). Arbeitssituatio-nen sind demzufolge als Lernfelder zu begreifen (Flohr/Niederfeichtner 1982, S. 27). Hierzu gehört auch der Bereich der beruflichen Sozialisation (Becker/ Günther 1998, S. 758; Flohr/Niederfeichtner 1982, S. 27), der allerdings bisher so-wohl von der Wissenschaft als auch der Praxis eher vernachlässigt wird (Huber 1992, Sp. 763). Dabei ist die Sozialisation eine grundlegende Voraussetzung des Aufbaus positiver Einstellungen der Mitarbeiter zum Unternehmen sowie zu dessen Werten und Zielsetzungen.[132] Dementsprechend beinhaltet die betriebliche Sozial-sation die „Vermittlung organisationsfunktionaler formaler und informaler Einstel-lungs- und Verhaltens‚normen' [im Original zum Teil kursiv]" (Marr/Stitzel 1979, S. 333). Allerdings sind die Sozialisationsprozesse vom Unternehmen nur zum Teil steuerbar. Viele Sozialisationsvorgänge laufen eher über informale Prozesse in den Arbeitsgruppen ab (Marr/Stitzel 1979, S. 334).

---

[132] Zu den Inhalten und der Gestaltung von Einführungsprogrammen, d. h. Einarbeitungs- und Ein-gliederungsprogrammen (vgl. auch die Ausführungen in Absatz 3.1.4.2), siehe vertiefend Huber (1992).

4.2.1.2   Strategische Personalentwicklung

Ausgangspunkt der Erarbeitung einer Personalentwicklungskonzeption ist die For-
mulierung von Grundsätzen der Personalentwicklung. Diese lassen sich aus den
Grundsätzen des Unternehmens und des Personalmanagements ableiten. Die
Grundsätze der Personalentwicklung legen den Handlungsrahmen für die Personal-
entwicklungsarbeit fest und sichern deren Transparenz, Stetigkeit und Einheitlichkeit
(Becker, M. 1999, S. 47). In Abbildung 24 seien einige ausgewählte Grundsätze der
Personalentwicklung genannt (in Anlehnung an Becker, M. 1999, S. 48 f.), die auch
oftmals in der betrieblichen Praxis vorzufinden sind.

Grundsätze der Personalentwicklung	
• Die Personalentwicklung ist aus den Unternehmenszielen abzuleiten.	• Die Personalentwicklung steht – wie alle Funktionsbereiche – im Wettbewerb um knappe Ressourcen.
• Die Personalentwicklungsarbeit leistet einen Beitrag zur Erreichung der Unternehmens- und Bereichsziele.	• Die Personalentwicklungsarbeit ist ökonomisch und human zu segmentieren.
• Die Personalentwicklung wird mit einer Personalentwicklungskonzeption abgesichert.	• Personalentwicklung erfolgt freiwillig, aber sanktionsbewehrt.
• Die Personalentwicklung erfolgt systematisch und funktional differenziert.	• Personalentwicklung entspricht dem Grundverständnis der Förderung und Entwicklung der Belegschaft.
• Die Aufgaben und die Phasen der Personalentwicklung werden bedarfsgerecht, interessenorientiert sowie effizient gestaltet.	• Personalentwicklung soll über die Vermittlung von Kenntnissen, Fähigkeiten und Fertigkeiten hinaus Identität, Loyalität und Integration fördern.
• Personalentwicklung ist primär eine nicht delegierbare Führungsaufgabe.	• Personalentwicklung sichert durch ein leistungsfähiges Controlling die Wirtschaftlichkeit der Maßnahmen.
• Personalentwicklung ist eine Kooperationsaufgabe, welche die Führungskräfte, der Funktionsbereich Personalentwicklung, die Mitarbeiter und das Top-Management wahrnehmen.	• Personalentwicklung ist wandlungsoffen und anpassungsfähig gestaltet.

Abb. 24:   Grundsätze der Personalentwicklung
Quelle: In Anlehnung an Becker, M. 1999, S. 48 f.

Wie aus einzelnen Grundsätzen implizit zu erkennen ist, zeichnet sich Personalentwicklung durch einen Doppelzielcharakter (Zieldualität) aus. Einerseits stehen die
Ziele des Unternehmens, andererseits - möglichst gleichgewichtig - die Ziele der Mitarbeiter im Blickpunkt des Interesses (Conradi 1983, S. 4; Marr/Stitzel 1979, S. 335;
Schanz 1992b, S. 5; 1993, S. 92). Damit ist die Forderung nach einer Verknüpfung
der unternehmerischen und der individuellen Interessen als eines der konstitutiven

Merkmale von Personalentwicklung zu sehen (Berthel 1997, S. 236; Flohr/ Niederfeichtner 1982, S. 14; Kador 1995, S. 135; Oechsler/Strohmeier 1993, S. 81).

In der Literatur finden sich sowohl Verfechter einer Harmoniethese (siehe z. B. Domsch/Reinecke 1982, u. a. S. 69-72; Kitzmann/Zimmer 1982, S. 11 f.) als auch strikte Gegner dieser Annahme (u. a. Becker, F. G. 1999, S. 275; Becker/Günther 1998, S. 760). Letztere postulieren, dass sich in der Praxis eine tatsächliche Harmonie zwischen den unternehmerischen und den individuellen Zielen nur in den seltensten Fällen einstellt (Becker, F. G. 1999, S. 275). Zum Teil würden erhebliche Zielkonflikte auftreten.[133] Letztlich stehen für das Unternehmen dessen Ziele eindeutig im Vordergrund (Conradi 1983, S. 4). Dementsprechend hätten die Ziele der Mitarbeiter nur mittelbaren Charakter (Becker/Günther 1998, S. 760). Dennoch wären die Ziele der Mitarbeiter eine wichtige notwendige, wenn auch nicht hinreichende Voraussetzung, um Lernerfolge erzielen zu können (Becker 1996, Sp. 1373; Becker/ Günther 1998, S. 760; Becker, M. 1999, S. 11; Marr/Stitzel 1979, S. 338). Daher sollten soweit wie möglich die Interessen der Mitarbeiter, d. h. die subjektiv wahrgenommenen Qualifizierungsbedürfnisse der Mitarbeiter (Domsch 1998, S. 451; Domsch/Reinecke 1982, S. 71), berücksichtigt werden.

Einem Unternehmen stehen zur Berücksichtigung der Mitarbeiterinteressen verschiedene Verfahren zur Verfügung. Zunächst können die Mitarbeiter an der Formulierung von zu erreichenden Lern- bzw. Trainingszielen beteiligt werden (Berthel 1997, S. 242). Eine zweite Möglichkeit ist die Beteiligung der Mitarbeiter bei der Planung der Realisation eines vorgegebenen Lernzielkatalogs. Zum Dritten wäre auf der Basis der Schilderung von kritischen Ereignissen eine Planung des Bildungsbedarfs möglich. Die vierte Methode setzt Interviews als Instrument der Erhebung von Qualifikationsdefiziten ein. Bei der fünften Vorgehensweise bilden Förder- und Beurteilungsgespräche zwischen Führungskraft und Mitarbeiter die Grundlage der Bedarfsermittlung. Als sechste und letzte Variante schlägt Domsch den Einsatz von Mitar-

---

[133]　Miller/Form (1951, S. 468) sprechen auch von einer „antagonistischen Kooperation" zwischen Arbeitgeber und Arbeitnehmer. Darin kommt zum Ausdruck, dass das Verhalten der beiden Vertragspartner durch entgegengesetzte Interessen gekennzeichnet ist, wodurch sich die Beziehung durch ein latentes Konfliktpotential auszeichnet. Andererseits bedarf es jedoch zur Funktionsfähigkeit einer Organisation gleichzeitig der Kooperationsbereitschaft beider Parteien (Miller/Form 1951, S. 468 f.).

beiterbefragungen zur Erfassung des Bildungsbedarfs vor (Domsch 1998, S. 451-453).

Die wichtigsten Unternehmens- und Mitarbeiterziele der Personalentwicklung sind Abbildung 25 zu entnehmen.[134] Auf diese soll jedoch nicht näher eingegangen werden, sondern es sei hier auf die einschlägige Literatur verwiesen (u. a. Berthel 1997, S. 237-241).

Unternehmerische Ziele	Mitarbeiterziele
• Erhaltung und Verbesserung der Wettbewerbsfähigkeit (z. B. durch Konkurrenzvorteile am Arbeitsmarkt) • Erhöhung der Flexibilität (z. B. durch Teamarbeit und eine erhöhte Innovationsfähigkeit) • Erhaltung und Verbesserung der Mitarbeitermotivation (z. B. durch höhere Mitarbeiterzufriedenheit und höhere Identifikation) • Sicherung eines qualitativen wie quantitativen Personalbestands (z. B. durch Unabhängigkeit vom externen Arbeitsmarkt, Anpassung der Qualifikationen an Technologieerfordernisse, Entwicklung von Spezialisten)	• Aktivierung des Qualifikationspotentials • Verbesserung der Chancen zur Selbstverwirklichung am Arbeitsplatz • Schaffung von Karrierevoraussetzungen • Minderung der Risiken des Arbeitsplatzverlustes • Erhöhung individueller Mobilität (regional, fachlich, hierarchisch) • Erhaltung/Verbesserung der individuellen Qualifikation • Erhöhung des Entgelts • Verbesserung des Prestiges • Befriedigung immaterieller Motive

Abb. 25:   Ziele der Personalentwicklung
Quelle: In Anlehnung an Becker 1996, Sp. 1372 f.; Becker/Günther 1998, S. 760.

Der primäre Auftrag der Personalentwicklung ist die Vermittlung von für die Aufgabenerfüllung als notwendig erachteten Qualifikationen (Becker 1996, Sp. 1373). Diese dient der Verbesserung der Leistungen der Mitarbeiter bei der Aufgabenbewältigung (Goldstein/Gessner 1988, S. 43). Darin kommt schon implizit zum Ausdruck, dass die Personalentwicklung nicht nur auf die Vermittlung von Fähigkeiten und Kenntnissen abzielt, sondern insbesondere auch auf deren verhaltensbezogene Umsetzung (Flohr/Niederfeichtner 1982, S. 13 f.). Personalentwicklung versucht damit eine Art von Verhaltensentwicklung zu betreiben (Berthel 1997, S. 226), und zwar

---

[134]   Daneben lassen sich auch gesellschaftliche Ziele der Personalentwicklung definieren, auf die jedoch nicht näher eingegangen wird. Es sei hier auf die Ausführungen von Berthel (1997, S. 237), Domsch/Reinecke (1982, S. 66) und Kitzmann/Zimmer (1982, S. 28) verwiesen.

über die Beeinflussung von verschiedenen, zumeist personenbezogenen Determinanten des Verhaltens (Flohr/Niederfeichtner 1982, S. 14). Personalentwicklung vermag es folglich nicht unmittelbar, ein als erwünscht definiertes Handeln der Mitarbeiter zu erzeugen. Sie schafft es lediglich, Handlungsvoraussetzungen zu generieren (Flohr/Niederfeichtner 1982, S. 33).

Dementsprechend herrschen in Unternehmen die verschiedenartigsten Einstellungen gegenüber dem Sinn und Zweck von Personalentwicklung vor, die sich in folgenden Strategien der Personalentwicklung widerspiegeln (Berthel 1997, S. 257):[135]

- Purchasing Method: Hierbei findet keine Personalentwicklung statt. Stattdessen werden Mitarbeiter je nach Qualifikationsbedarf eingestellt und bei unzureichender Leistung wieder entlassen.

- Jungle Method: Auch diese Strategie verzichtet auf den Einsatz der Personalentwicklung. Auftretende personelle Engpässe werden entweder durch Neueinstellungen oder bereits vorhandenes Personal geschlossen.

- Manufacturing Method: Zwar nutzt diese Strategie Ansätze der Personalentwicklung, jedoch nur selektiv. Dementsprechend werden halbausgebildete Mitarbeiter mit Berufserfahrung abhängig von ihrer Qualifikation eingesetzt und auf verschiedenen Positionen erprobt.

- Agricultural Method: Diese Strategie beinhaltet eine umfassende und auf allen Ebenen stattfindende Personalentwicklung. Junge Nachwuchskräfte mit hohem Entwicklungspotential werden systematisch qualifiziert.

Während sich die Strategien der Purchasing Method und der Jungle Method durch eine Konzentration auf die Auswahl von Mitarbeitern charakterisieren lassen, legen letztere Strategieformen ihren Schwerpunkt eher auf die Entwicklung der Mitarbeiter.

Welche der genannten Strategien letztlich gewählt wird, hängt von der Entwicklungsphilosophie des Unternehmens ab.

---

[135] Als Determinante der Wahl einer Personalentwicklungsstrategie fungiert die herrschende Unternehmensstrategie bzw. strategische Grundhaltung von Unternehmen. Einer der bekanntesten Ansätze der Systematisierung von unternehmensstrategischen Grundhaltungen stammt von Miles/Snow (1990), die in Abhängigkeit von der Unternehmensstrategie auch unterschiedliche Personalentwicklungsstrategien definieren. Zur vertiefenden Erörterung sei auf die Originalquelle verwiesen.

Grundsätzlich existieren zwei konträre Auffassungen über die Entwicklungsfähigkeit von Menschen. Die erste Auffassung lässt sich umschreiben mit der Aussage: „Er hat's" (Sattelberger 1989, S. 17). Nach dieser Einstellung gibt es geborene Führer und geborene Untergebene, gute und schlechte Mitarbeiter sowie passende und unpassende Mitarbeiter. Individuen sind demnach nicht entwicklungsfähig und lassen sich folglich auch nicht entwickeln. Die hierzu konträre Auffassung wird beschrieben mit: „Er wird's" (Sattelberger 1989, S. 17). Hinter dieser Beschreibung stehen Aussagen wie: „Führung ist erlernbar", „Jeder kann gut werden" und „Jeder kann sich anpassen." Hier herrscht der Gedanke vor. dass sich Menschen entwickeln (lassen). Während Unternehmen, deren Management die erste Auffassung vertritt, die Priorität auf die Auswahl neuer Mitarbeiter legt (siehe Purchasing und Jungle Method), werden Unternehmen mit dem zweiten Menschenbild[136] eher auf Personalentwicklungsaktivitäten ihren Schwerpunkt setzen (siehe Manufacturing und Agricultural Method) (Sattelberger 1989, S. 17 f.).

An der Wahl der Begriffe muss jedoch Kritik geäußert werden. So ist es fragwürdig, ob eine Nicht-Entwicklungs-Einstellung des Managements als Entwicklungsphilosophie bezeichnet werden sollte. In einem weiten Sinne lässt sich zwar diese Begriffsfassung vertreten, da das zugrunde liegende Menschenbild des „Er hat's" die Philosophie des Managements zur Entwicklung der Mitarbeiter bestimmt, eben in Form einer Nicht-Entwicklung. In einem enger Begriffsverständnis ist dagegen von einer Bezeichnung der Nicht-Entwicklung als Entwicklungsphilosophie abzusehen. Dies gilt umso mehr für die Strategien „Purchasing Method" und „Jungle Method", bei denen keinerlei Personalentwicklungsaktivitäten durchgeführt werden.

Doch nicht nur die Entwicklungsphilosophie eines Unternehmens beeinflusst die Ausprägung einer Personalentwicklungsstrategie. Auch die jeweilige Intention der Personalentwicklung führt zu unterschiedlichen Strategien und damit Maßnahmen der Personalentwicklung (siehe Abbildung 26). Wird Personalentwicklung primär als Belohnung für die Mitarbeiter angesehen (Faix/Buchwald/Wetzler 1991, S. 49), so liegt eine Zeitvertreib-Strategie der Personalentwicklung vor. Auf der instrumentalen Ebene erfolgt ein Angebot von Maßnahmen wie Zeitmanagement- und Stress-

---

[136] Zur generellen Relevanz von Menschenbildern in Unternehmen siehe Schanz (1992b, S. 5 f.).

Seminare. Dient die Personalentwicklung dagegen der Anpassung der Mitarbeiter-qualifikationen an neue Anforderungen, kann von einer Coping-Strategie gesprochen werden. Hierzu lassen sich Personalentwicklungsaktivitäten wie Produkt- und EDV-Schulungen rechnen. Steht demgegenüber eine Förderung der strategischen Kompetenz von Führungskräften im Fokus der personalentwicklungspolitischen Anstrengungen (Riekhof 1992, S. 63), werden die Strategien der Vermittlung von Schlüssel- und Schrittmacherqualifikationen gewählt (Sattelberger 1989, S. 25).

T R A I N I N G	Nice-to-Know-Programme	Personalentwicklung als "Weihnachtsmann" angenehmes, aber relativ unwichtiges Beiwerk: **Zeitvertreib-Strategie**	z. B. Seminare zu Zeitmanagement, Stressvorbeugung
	Korrektur-programme	Personalentwicklung als "Nachhilfeunterricht" reaktive, nicht strategische Anpassungsqualifizierung: **Coping-Strategie**	z. B. Produktschulung, EDV-Anwender-Schulung, Spezialisten-Training
E N T W I C K L U N G	Nachwuchs-Entwicklungs-Programme	Personalentwicklung als "strategischer Erfolgsfaktor" Strategische Qualifizierung: **Strategie der Vermittlung von Schlüsselqualifikationen**	z. B. Generalisten-programme für Führungsnach-wuchs
	Schlüssel-programme für eine (künftige) Elite	Personalentwicklung als "Forum unternehmerischen Handelns" **Strategie der Vermittlung von Schrittmacherqualifikationen**	z. B. Projektlernen für Spitzennachwuchs

Abb. 26:   Intentionale Strategien der Personalentwicklung
Quelle: In Anlehnung an Sattelberger 1989, S. 25.

Implizit geht aus den dargestellten intentionalen Strategien ein weiterer wichtiger Aspekt der Personalentwicklung hervor: der Qualifizierungszeitpunkt. Damit wird die Frage angesprochen, wann eine Anpassung der Qualifikationen an veränderte Anforderungen erfolgt. Grundsätzlich kann eine Qualifizierung der Mitarbeiter bzw. Führungskräfte vor, während oder nach Auftritt eines Qualifizierungsbedarfs geschehen

(Gaugler 1989, S. 187). Dementsprechend lassen sich folgende drei Handlungs-strategien unterscheiden:

- reaktive (nachholende) Personalentwicklungsstrategie,
- simultane Personalentwicklungsstrategie und
- antizipative Personalentwicklungsstrategie.

Eine reaktive Personalentwicklungsstrategie zeichnet sich durch eine kurzfristige Qualifizierung der Mitarbeiter aus, die erst nach Eintritt eines Qualifizierungsbedarfs aktiv wird (Becker, M. 1999, S. 124; Berthel/Becker 1986, S. 545). Die Planung der Qualifizierungsmaßnahmen erfolgt also erst, nachdem bereits Qualifikationslücken entstanden und festgestellt worden sind (Faix/Buchwald/Wetzler 1991, S. 50). Per-sonalentwicklung degeneriert somit zum qualifikationsbezogenen „Reparaturbetrieb" (Becker, M. 1999, S. 131). Pawlowsky/Bäumer (1995, S. 150) sprechen auch von einer so genannten „ad-hoc"-Strategie.

Eine Qualifizierung, die zeitgleich mit dem Auftritt neuer Anforderungen durchgeführt werden soll, bedarf demgegenüber (zumeist) einer vorausgehenden Planung. Nur wenn im Vorfeld von Qualifikationsveränderungen die neuen bzw. modifizierten An-forderungen und die vorhandenen Qualifikationen abgeschätzt sowie entsprechende Personalentwicklungsaktivitäten geplant werden, ist eine zeitgleiche Qualifizierung möglich. Der Vorteil einer zeitlich synchronen Qualifizierung liegt in der direkten An-wendbarkeit der erlernten Qualifikationen.

Eine antizipative Strategie der Personalentwicklung vermittelt den Mitarbeitern und Führungskräften bereits vorab später benötigte Qualifikationen.[137] Auch bei dieser Strategie ist, eventuell in einem noch stärkerem Maße als bei der simultanen Perso-nalentwicklungsstrategie, ein zeitlicher Vorlauf nötig (Kolmerer/Kuhn-Krainick 1998, S. 139). Sie weist im Vergleich zu den beiden anderen Strategien einige Vorteile auf. So fördert eine antizipierende Qualifizierung die Akzeptanz von Neuerungen, die zur Veränderung der Anforderungen geführt haben. Widerstände gegen Innovationen werden bei den hiervon betroffenen Führungskräften und Mitarbeitern abgebaut. Ein weiterer Vorteil liegt in der Senkung von Kosten, da die Anlaufverluste in der Einfüh-

---

[137]　Becker, M. (1999, S. 127) benutzt hierfür den Begriff der proaktiven Personalentwicklung.

rungsphase der Neuerungen reduziert werden (Gaugler 1989, S. 187). Problematisch ist jedoch die exakte Prognose der künftigen Anforderungen, wodurch die beiden anderen Strategien eine Existenzberechtigung erfahren. Je nach der Prognostizierbarkeit der Anforderungen ist lediglich eine simultane oder nachholende Qualifizierung durchführbar.

4.2.1.3   Prozess der Personalentwicklung

Der Ablaufprozess der Personalentwicklung kann in vier Phasen zerlegt werden (siehe Abbildung 27).

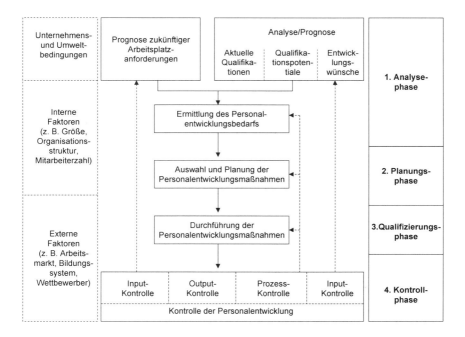

Abb. 27:   Prozessablauf der Personalentwicklung
Quelle: In Anlehnung an Becker, F. G. 1999, S. 279.

Diese sind (siehe Becker, F. G. 1996, Sp. 1374-1376; 1999, S. 278; Becker/Günther 1998, S. 761; Berthel 1997, S. 243; Sonntag 1996, S. 3 f.; 1999a, S. 21):

- Analysephase,
- Planungsphase,
- Qualifizierungsphase und
- Kontrollphase.

Das Schaubild geht dabei von einem idealtypischen Prozessablauf aus. Iterative Feedbackschleifen zwischen den Phasen, d. h. Vor- und Rückkopplungen, sind zwar nicht in der Darstellung enthalten, müssen aber vom Dienstleistungsmanagement berücksichtigt werden.

Die einzelnen Phasen werden in den nun folgenden Unterabsätzen näher erläutert.

4.2.1.3.1 Analysephase

Die zentrale Aufgabe im Rahmen der Analysephase ist die Ermittlung des Personalentwicklungsbedarfs (Becker, M. 1999, S. 32). In vielen Fällen erfolgt sie in der Praxis eher sporadisch und unsystematisch (Becker/Günther 1998, S. 762).[138] Ohne eine fundierte und systematische Bedarfserfassung ist Personalentwicklung jedoch wenig effektiv und sinnvoll (Domsch/Reinecke 1982, S. 66; Sonntag 1996, S. 2).

Von Interesse für die Personalentwicklung ist die Situation, dass eine individuelle qualitative Unterdeckung („Qualifikationslücke"; Berthel 1997, S. 245) zum heutigen oder zu einem künftigen Zeitpunkt vorliegt („Lückenkonzept"; Becker 1996, Sp. 1374; Becker, M. 1999, S. 179; Marr/Stitzel 1979, S. 337).[139] Diese Lücke („Gap") zeigt sich in einer negativen Differenz zwischen den heutigen oder künftigen Anforderungen („Soll-Qualität" bzw. „Soll-Qualifikation") eines Arbeitsplatzes und den aktuellen Qua-

---

[138] Dies trifft gerade bei Unternehmen zu, deren Personalentwicklung sich erst in einer Institutionalisierungsphase (1. Generation der Personalentwicklung) befindet; siehe Becker, M. (1999, S. 29 f.).

[139] Die qualitative Unterdeckung ist der Normalfall für einen Personalentwicklungsbedarf. Grundsätzlich sind auch Fälle denkbar, in denen eine Überqualifikation des Mitarbeiters vorliegt („Anforderungslücke"; Berthel 1997, S. 245). In diesem Falle bieten sich die Maßnahmen der Versetzung oder Umschulung an (Flohr/Niederfeichtner 1982, S. 16).

lifikationen („Ist-Qualität" bzw. „Ist-Qualifikation") des entsprechenden Mitarbeiters (Becker, M. 1999, S. 32; Berthel/Becker 1986, S. 547; Flohr/Niederfeichtner 1982, S. 16; Holling/Liepmann 1993, S. 294; Kitzmann/Zimmer 1982, S. 118; Schmidt 1996, S. 329).

Generell lässt sich unter einer Anforderung die Verknüpfung von Arbeitsaufgabe und den zur Erfüllung dieser Aufgabe notwendigen personellen Leistungsvoraussetzungen verstehen (Berthel 2000, S. 115 f.; Oechsler 1997, S. 444; Schuler/Funke 1993, S. 236 f.).[140] Dementsprechend sollen unter Qualifikationsanforderungen[141] „von der Arbeitsaufgabe determinierte, aber in Kategorien menschlicher Handlungskompetenz zu analysierende Ansprüche an Arbeitsvermögen verstanden werden" (Flohr/Niederfeichtner 1982, S. 19; siehe auch Sonntag 1996, S. 4 f.; 1999b, S. 157), d. h. sie „beschreiben die individuellen Leistungsvoraussetzungen zur adäquaten Aufgabenerfüllung" (Becker/Günther 1998, S. 756). Eine exemplarische Auflistung unterschiedlicher Anforderungen an das Kundenkontaktpersonal ist aus Abbildung 28 ersichtlich.

Aber nicht nur die Anforderungen eines Arbeitsplatzes, sondern auch die Bedürfnisse und individuellen Ziele der Mitarbeiter können zu einem Bedarf an Personalentwicklung führen (Holling/Liepmann 1993, S. 294). In diesem Falle ist von einem Entwicklungsbedürfnis zu sprechen (Kitzmann/Zimmer 1982, S. 118). Hier erlebt bzw. nimmt der Mitarbeiter selbst eine Anforderungs-Qualifikations-Diskrepanz wahr. Beispielsweise hängt die berufliche Karriere oftmals von dem Vorhandensein verschiedener Kompetenzen ab, die beim Mitarbeiter erst über Personalentwicklungsmaßnahmen aufgebaut werden müssen. Folglich können Arbeitszufriedenheit und -motivation indirekt auch von den Qualifizierungsmöglichkeiten determiniert sein (Holling/Liepmann 1993, S. 294). Dementsprechend ist das Unternehmen daran interessiert, den Wünschen der Mitarbeiter nach Personalentwicklung nachzukommen. Das Ziel der Personalentwicklung ist, diese negative Abweichung durch entsprechende Qualifizierungsmaßnahmen zu schließen, und damit zu kompetenten Mitarbeitern zu gelangen. Es gilt, die Ist-Qualifikationen in die Soll-Qualifikationen zu

---

[140] Allerdings existiert bis heute noch keine allgemeingültige Definition von Anforderungen (Berthel 2000, S. 115).

[141] Siehe zu weiteren Anforderungsarten Schuler/Funke (1993, S. 237).

überführen. Personalentwicklung hat also die Aufgabe, die Anforderungsprofile der Stellen mit den Fähigkeitsprofilen der Stelleninhaber in eine bestmögliche Übereinstimmung zu bringen (Thom 1999, S. 436), wobei diese Aufgabe als ein fortwährend andauernder Prozess anzusehen ist.

Kommunikatives Verhalten:	Ausgeprägte Verhaltensweise, sich in den Interaktionen mit dem Kunden verbal und schriftlich klar auszudrücken.
Einfühlungsvermögen:	Fähigkeit, die Gefühle und den Standpunkt des Kunden anzuerkennen und darauf einzugehen.
Entscheidungsfähigkeit:	Bereitschaft, Entscheidungen zu treffen und etwas zu unternehmen, um Kundenwünsche zu erfüllen.
Flexibilität:	Fähigkeit, den eigenen Service-Stil entsprechend der jeweiligen Situation oder der Persönlichkeit des Kunden zu variieren.
Verlässlichkeit:	Zeitgerechte und adäquate Leistung entsprechend der gemachten Zusagen.
Äußerer Eindruck:	Saubere und ordentliche Erscheinung; positiver Eindruck auf den Kunden.
Initiative:	Eigene Aktivitäten, um Kundenerwartungen zu erfüllen.
Fachkenntnis:	Vertiefte Kenntnisse bezüglich des Angebots und der kundenbezogenen Leistungsprozesse.
Urteilsvermögen:	Fähigkeit, verfügbare Informationen richtig zu beurteilen und zur Entwicklung von Problemlösungen zu nutzen.
Motivation, dem Kunden zu dienen:	Eigenschaft, Arbeitszufriedenheit aus dem Umgang mit dem Kunden, der Erfüllung seiner Bedürfnisse und der Behandlung seiner Probleme gewinnen zu können.
Überzeugungsfähigkeit/Verkaufstalent:	Fähigkeit, mit seinen Ideen und Problemlösungen beim Kunden Akzeptanz zu finden und ihn vom Angebot des Unternehmens zu überzeugen.
Planungsvermögen:	Fähigkeit, die kundenbezogene Arbeit zeitlich und sachlich richtig vorzubereiten.
Belastungsfähigkeit:	Fähigkeit, unerwartete Kundenprobleme, unvorhersehbaren Arbeitsanfall oder Arbeitsdruck während des Kundenkontakts auszuhalten.

Abb. 28:   Anforderungen an das Kundenkontaktpersonal
Quelle: Becker/Günther 1998, S. 764, in Anlehnung an Becker/Wellins 1990, S. 49.

Üblicherweise werden die Qualifikationsanforderungen für die Personalentwicklung als gegeben angesehen. Veränderungen in der Umwelt und im Unternehmen führen i. d. R. zu einer Veränderung der Qualifikationsanforderungen. Diese fließen sodann als Datum in die Bestimmung des Personalentwicklungsbedarfs ein (Becker/Günther 1998, S. 763). Um die Diskrepanz in der Qualifikationsentsprechung zu schließen, sind sodann grundsätzlich Bildungsmaßnahmen durchzuführen. Diese Denkweise unterdrückt jedoch folgenden, grundsätzlich denkbaren Ansatz: die Anpassung bzw.

Verringerung der Anforderungen (Flohr/Niederfeichtner 1982, S. 16). Dennoch bleibt diese Vorgehensweise im Personalbereich wohl eher die Ausnahme. Ganz anders stellt sich dieser Gedanke im Kundenbereich dar, wie noch in Absatz 8.6.1.2 zu zeigen sein wird.

Bei der Analyse des Personalentwicklungsbedarfs spielen umweltbezogene, unternehmerische, tätigkeitsbezogene und personale Merkmale eine wichtige Rolle (Holling/Liepmann 1993, S. 294-296; Moore/Dutton 1978, S. 533; Sonntag 1996, S. 3; 1999a, S. 21; Thom 1999, S. 436). Im Rahmen der umweltbezogenen Merkmale (unternehmensexterne Rahmenfaktoren; Ringlstetter/Kniehl 1995, S. 153) werden z. B. Wettbewerbsintensität, Marktwachstum, Veränderungen auf den Arbeits- und Bildungsmärkten sowie technologische, rechtliche, gesellschaftliche, gewerkschaftliche und managementorientierte Entwicklungen betrachtet. Zu den unternehmerischen Faktoren gehören z. B. Unternehmenskultur, Führungsphilosophien, Unternehmensziele und -strategien, Veränderungen des Leistungsprogramms und Personalplanung (Riekhof 1992). Im Rahmen der tätigkeitsbezogenen Merkmale finden eine Aufgaben- und eine Anforderungsanalyse statt. Diese erfassen die zur Bewältigung der Arbeitsaufgaben erforderlichen Kenntnisse, Fähigkeiten und Fertigkeiten eines Stelleninhabers (Sonntag 1996, S. 3). Personale Merkmale wie Leistung, Verhalten und Entwicklungspotential stehen im Mittelpunkt der Personanalyse (Sonntag 1999a, S. 22).

Letztlich besteht der Personalentwicklungsbedarf aus zwei Komponenten. Zum einen der sachlichen Komponente, die beschreibt, wofür (Personalentwicklungsziele) und wohin (Personalentwicklungsinhalte) entwickelt werden soll. Zum anderen hält die personelle Komponente fest, wer der Adressat bzw. die Adressatengruppe ist (Berthel 2000, S. 239; siehe auch Flarup 1997, S. 400; Kador 1995, S. 139). Darüber hinaus sollten die Qualifikationsdefizite - falls vorhanden - nach der Dringlichkeit und der Wichtigkeit ihrer Behebung bewertet werden (Festlegung von Entwicklungsprioritäten; Kitzmann/Zimmer 1982, S. 116). Nicht jedes Qualifikationsproblem ist so wichtig und dringend, dass es behoben werden muss.

Problematisch bei dem bisher beschriebenen Lückenkonzept ist, dass für die durchzuführende defizitorientierte Bedarfsanalyse keine methodisch gesicherten Wege zur

Anforderungsanalyse sowie Anforderungs- und Qualifikationsprognose existieren. Des Weiteren ist die Transformation der Arbeitsaufgaben in Qualifikationsanforderungen noch nicht befriedigend gelöst (Flohr/Niederfeichtner 1982, S. 20; Kador 1995, S. 139; Scholz 1995, S. 234; Weber/Mayrhofer/Nienhüser 1993, S. 7). Dieser Umstand wird besonders deutlich an der motivationalen Qualifikationskomponente. Diese spielt zur Erfüllung der Arbeitsaufgabe eine bedeutende Rolle, wird sich aber in keiner Arbeitsanalyse widerspiegeln können. Auch interpersonale Aspekte, z. B. die Sozialkompetenz, sind nur schlecht abbildbar (Schuler/Funke 1993, S. 242). Zudem ist der mit diesem Verständnis einhergehende „Machbarkeitsgedanke" (deterministische Personalentwicklung), d. h. für jeden Qualifikationsmangel existiert eine entsprechende Personalentwicklungsmaßnahme, grundsätzlich nicht haltbar (Becker, F. G. 1999, S. 278). Gerade das Phänomen des Eigensinns der Mitarbeiter schränkt die Verhaltensbeeinflussung durch das Unternehmen stark ein (Ringlstetter 1997, S. 9; Ringlstetter/Kniehl 1995, S. 149). Zum einen verfolgen die Mitarbeiter eigene Interessen (Ringlstetter/Kniehl 1995, S. 149),[142] weshalb diese ihre Leistung nicht gänzlich dem Unternehmen zur Verfügung stellen. Zum anderen prägen Eigenlogiken des Mitarbeiters, d. h., „daß Aktoren in unterschiedlicher Weise denken, Probleme in individuellen Kontexten definieren und darauf aufbauend ihre Lösungsmaßnahmen erarbeiten" (Ringlstetter 1997, S. 10), als ein weiterer Aspekt des Eigensinns dessen Verhalten.

Aus diesem Grund konnte sich gegen Ende der siebziger Jahre das Konzept einer potentialorientierten Personalentwicklung etablieren (Berthel 1997, S. 266). Nach diesem Verständnis soll Personalentwicklung verstärkt Handlungskompetenzen ohne direkten funktionalen Counterpart vermitteln (Becker/Günther 1998, S. 763). Diese extrafunktionalen Qualifikationen („Schlüsselqualifikationen"; Gaugler 1989, S. 188), wie z. B. Lern- und Problemlösungsfähigkeit (Flarup 1997, S. 406), befähigen den Mitarbeiter, sich auf neue Situationen flexibel einzustellen (Becker, F. G. 1999, S. 280). Sie beziehen sich somit auf das selbständige Erkennen, Analysieren sowie Bewältigen von aktuellen bzw. künftigen Problemen und dienen der individuellen Entwicklung der Mitarbeiter (Berthel 1997, S. 229 und S. 248).[143] Die Vermittlung die-

---

[142]　Siehe zum Eigeninteresse von Mitarbeitern bzw. unternehmerischen Teileinheiten als ein Aspekt des Eigensinns Ringlstetter (1997, S. 12 f.).

[143]　Sie sind damit jedoch kein Surrogat für die Vermittlung funktionaler Qualifikationen (Gaugler 1989, S. 189).

ser Schlüsselqualifikationen kann des Weiteren zur Minderung des Zielkonflikts der unternehmerischen und mitarbeiterbezogenen Ziele der Personalentwicklung führen, da hiermit beiden Parteien gedient ist (Flohr/Niederfeichtner 1982, S. 15; Oechsler/Strohmeier 1993, S. 88; Sonntag 1996, S. 1).

Zur Ermittlung des Personalentwicklungsbedarfs bzw. seiner Komponenten kommen verschiedene Instrumente zum Einsatz (Domsch/Reinecke 1982, S. 67), die sich auf die Erhebung aufgaben- und personenbezogener Daten beziehen (Berthel 1997, S. 248). So ist insbesondere die Verwendung von Stellenbeschreibungen, Anforderungsprofilen, Mitarbeiterbeurteilungen und Fähigkeitsprofilen denkbar (Flohr/ Niederfeichtner 1982, S. 17). Als direkte Instrumente der Personalentwicklung werden Gespräche mit den Vorgesetzten, Personalentwicklern und Mitarbeitern oder schriftliche Fragebogenerhebungen angesehen. Eine indirekte Ermittlung erfolgt über die Erhebung von unternehmerischen Problemen mittels einer Analyse von Kennzahlen (Berthel 1997, S. 251), z. B. einer Erhöhung der Fluktuationsrate, einer Verschlechterung der Mitarbeiter- bzw. Kundenzufriedenheit oder einem Anstieg der Fehlzeitenquote. Ein anderer Systematisierungsansatz unterscheidet zwischen subjektiven und objektiven Methoden der Bedarfsermittlung. Demnach gehören zu den subjektiven Methoden die Erhebung der Meinung der relevanten Personen und die Analyse kritischer Ereignisse (Critical Incident-Technique), während zu den objektiven Methoden Tätigkeitsbeschreibungen, Mitarbeiterbeurteilungen, Arbeitsproben, Assessment Center, Beobachtungen, Benchmarking u. v. m. gerechnet werden. Einen besonderen Stellenwert nimmt das Mitarbeitergespräch ein (Flarup 1997, S. 416), da hierdurch dem Anspruch der Personalentwicklung, auch den Zielen und Bedürfnissen der Mitarbeiter zu entsprechen, zumindest ansatzweise nachgekommen werden kann (Flohr/Niederfeichtner 1982, S. 17; Marr/Stitzel 1979, S. 339).

Im Anschluss an die Feststellung des Entwicklungsbedarfs sind die Adressaten der Personalentwicklung auszuwählen (personelle Komponente des Entwicklungsbedarfs) (Berthel 2000, S. 250; Kitzmann/Zimmer 1982, S. 116). Dabei kommen in der Praxis die unterschiedlichsten Kriterien zum Tragen. Zumeist bestimmt die gegenwärtige Position und Funktion eines Mitarbeiters, ob er für eine Personalentwicklungsmaßnahme vorgesehen ist oder nicht. Weitaus seltener fungiert das Entwicklungspotential eines Mitarbeiters als Auswahlkriterium, wobei dieses Kriterium aus einer theoretischen Perspektive eine überaus wichtige Rolle spielt. Nur wenn ein Mitarbeiter über ein adäquates Entwicklungspotential besitzt, d. h. das sein Entwicklungspotential größer oder gleich der (künftigen) Deckungslücke ist, lohnt es sich für ein Unternehmen, diesen auch zu entwickeln.[144]

Neben den schon angesprochenen Kriterien finden sich in der Praxis auch noch folgende weitere Auswahlregeln (Berthel 2000, S. 250):

- Chancengleichheit für alle Mitarbeiter und
- Privilegierung nach den Kriterien des Senioritätsprinzips, d. h. der Begünstigung langjähriger Mitarbeiter, oder des Juvenilitätsprinzips, d. h. der Bevorzugung jugendlicher Mitarbeiter.

Nach der Erhebung des sachlichen Personalentwicklungsbedarfs und der personellen Auswahl der Adressaten stellt die faktische Bedarfsermittlung den Übergang zur Planungsphase dar. Hierbei werden Überlegungen angestellt, wie das vorhandene Budget für die Personalentwicklung faktisch zu verwenden ist. Dazu sind grundsätzlich zwei Regeln denkbar: entweder die Linearisierung des Entwicklungsaufwands je Adressat oder die Begrenzung des Aufwands bei gleichzeitiger Maximierung des zu erwartenden Nutzens (Budgetregel; Berthel 1997, S. 256).

4.2.1.3.2 Planungsphase

Der identifizierte Personalentwicklungsbedarf stellt den Input für die Planungsphase dar. In deren Fokus steht die systematische Planung der Deckung des Personalentwicklungsbedarfs. Dazu gehören die Beschreibung von Lehr-/Lernzielen, die Entwicklung von Curricula (Inhalt und Ablauf), der Entwurf der didaktisch-methodischen Konzeption (Lehrmethoden und -material), die Bereitstellung von Ressourcen (Budget, Räume, Zeit und Personal) sowie die Empfehlungen zur Gestaltung lernförderlicher Bedingungen und Arbeitsstrukturen (Becker, M. 1999, S. 32 und S. 112; Berthel 1997, S. 269; Faulstich 1998, S. 178; Sonntag 1996, S. 3; 1999a, S. 21).

---

[144] Dementsprechend prognostiziert Thom (1999, S. 437), dass die Potentialeinschätzung in Zukunft an Bedeutung gewinnen wird.

Personalentwicklung sollte nicht nur im Sinne wissensorientierter Vermittlungsme-
thoden rein auf die kognitive Dimension des Lernens abstellen, sondern insbesondere auch die motivationale Komponente beruflicher Lernprozesse berücksichtigen:
„Um Lernen zu wollen, muss ein Bedürfnis oder Interesse vorhanden sein" (Sonntag
1996, S. 9). Damit ist eine anregende, möglichst sanktionsfreie Lernumgebung zu
schaffen. Des Weiteren ist auf die praktische Anwendbarkeit der zu vermittelnden
Qualifikationen zu achten (Becker, F. G. 1999, S. 281).

Ein Bereich, der von der traditionellen Personalentwicklung sehr stiefmütterlich behandelt wird, ist die Selbstentwicklung der Mitarbeiter (mitarbeiterinitiiertes Lernen;
Becker/Günther 1998, S. 759). Diese ist gerade für die Zeit zwischen zwei Personalentwicklungsmaßnahmen von Relevanz. Daher sollten Unternehmen die betrieblichen Rahmenbedingungen so gestalten, dass eine Selbstentwicklung gefördert wird
(Berthel 1997, S. 231-234; Flohr/Niederfeichtner 1982, S. 27). Bei diesem Verständnis nimmt die Personalentwicklung Abschied von der Idee der rationalen Planbarkeit
und vollständigen Beherrschbarkeit von Entwicklungsprozessen (Illusion der Machbarkeit; Oechsler/Strohmeier 1993, S. 78 und S. 88). „Lernen kann nicht ‚gemacht'
werden und ist nicht übertragbar. Man kann lediglich einen Kontext schaffen, in dem
Entwicklungen erlaubt sind und gefördert werden" (Oechsler/Strohmeier 1993,
S. 87).

Neben der Planung der Einzelmaßnahmen ist auf die Abstimmung dieser im Sinne
einer integrierten Gesamtplanung zu achten (Meffert/Bruhn 1997, S. 474). Abschließend können noch Gedanken zum Transferprozess angestellt werden. Dabei stehen
der Aspekt der unmittelbaren Anwendung des Gelernten und dessen Evaluierung im
Mittelpunkt (Becker/Günther 1998, S. 765).

4.2.1.3.3 Qualifizierungsphase

Der dritte Schritt ist die Qualifizierung der Mitarbeiter mit Hilfe der geplanten Maßnahmen der Personalentwicklung. Dieser Kernbereich des Personalentwicklungsprozesses enthält neben dem Auf- und Ausbau von Qualifikationskomponenten auch
den Erhalt, die Sicherung von Handlungskompetenzen (Flohr/Niederfeichtner 1982,

S. 24). Im weitesten Sinne kann auch der Verlust von Qualifikationen, das so genannte Verlernen dazu gerechnet werden (Flohr/Niederfeichtner 1982, S. 25). Des
Weiteren wird neben dem expliziten auch das implizite Lernen, als Qualifizierung
durch Handeln unabhängig von der Handlungsintention (Flohr/Niederfeichtner 1982,
S. 24), als Form der Qualifizierung angesehen. Qualifikationen müssen eben nicht
nur einmalig erworben sein, sondern zur Verfügbarkeit auch (regelmäßig) genutzt
werden. Arbeitssituationen sind dementsprechend als Lernsituationen aufzufassen
(Flohr/Niederfeichtner 1982, S. 25).

Einerseits ist bei der Durchführung der Personalentwicklungsmaßnahmen auf eine
Optimierung des Lernens im Rahmen der „regulären" Bildungsmaßnahmen zu achten. Diese lassen sich danach unterscheiden, ob die Maßnahmen innerbetrieblich,
überbetrieblich oder außerbetrieblich durchgeführt werden (Becker, F. G. 1999,
S. 282; 1996, Sp. 1376). Zur innerbetrieblichen Personalentwicklung gehören sämtliche Maßnahmen, deren Realisation betriebsintern vonstatten geht und zwar unabhängig davon, ob durch einen internen oder externen Referenten. Zu der überbe-
trieblichen Personalentwicklung zählen alle Maßnahmen, die von Bildungsinstitutionen offeriert werden, welche von mehreren Unternehmen sowie Kammern und Ver-
bänden institutionalisiert wurden, um Veranstaltungen für die Mitglieder anzubieten.
Zur außerbetrieblichen Personalentwicklung zählt die Entsendung von Mitarbeitern
zu den Veranstaltungen externer freier Bildungsträger und von Seminarveranstaltern
(Becker/Günther 1998, S. 766 f.).[145]

Eine besondere Herausforderung an die Personalentwicklung stellt die Motivation
der Mitarbeiter dar, überhaupt ihre Qualifikation verbessern zu wollen. Die Bereitschaft zur Teilnahme an Personalentwicklungsaktivitäten ist nicht immer und überall
gegeben, sondern muss bei den Mitarbeitern zum Teil erst geschaffen werden. So
gilt es beispielsweise, die Vorteile der Entwicklungsmaßnahmen zu erläutern und zu
kommunizieren (Flohr/Niederfeichtner 1982, S. 29).[146] Auch hierbei spielt das Mitarbeitergespräch eine zentrale Rolle (Flohr/Niederfeichtner 1982, S. 18). Des Weiteren

---

[145] Zu den Vor- und Nachteilen der jeweiligen Träger siehe Becker/Günther (1998, S. 766 f.) und
       Berthel (1997, S. 319 f.).
[146] Allerdings sei darauf hingewiesen, dass bei sehr restriktiven Arbeitsbedingungen dieses Umfeld
       die Lernbereitschaft, aber auch die Lernfähigkeit hemmt bzw. gänzlich vernichtet (Flohr/
       Niederfeichtner 1982, S. 29).

ist die Optimierung des Lernens im Prozess der Arbeit zu berücksichtigen (Sonntag 1999a, S. 21).

4.2.1.3.4 Kontrollphase

Personalentwicklung verbraucht unternehmerische Ressourcen. Von daher sollte diese auch systematisch kontrolliert werden, um Verbesserungspotentiale zu erschließen und damit die Personalentwicklungsarbeit zu optimieren (Sonntag 1996, S. 4). Neben einer Abweichungsanalyse, d. h. dem Vergleich von Ist- und Soll-Größen, beinhaltet die Kontrolle der Personalentwicklung zusätzlich eine Entscheidungsfunktion zur Fundierung der Zielperspektiven der Personalentwicklung und gegebenenfalls zur Anpassung von Personalentwicklungskonzeptionen (Berthel 1997, S. 332). Dementsprechend weist die Kontrolle der Personalentwicklung drei verschiedene Funktionen auf. Die erste Funktion ist die Legitimationsfunktion. Diese hat die Zielsetzung zu überprüfen, inwieweit das Ergebnis einer Personalentwicklungsmaßnahme auch die Erreichung der Unternehmensziele unterstützt. Die zweite Funktion ist die Entwicklungsfunktion. Hierbei strebt die Kontrolle die Analyse der Ursachen für Abweichungen von den festgelegten Entwicklungszielen an. Die dritte Funktion ist sodann die Aktionsfunktion, die sich in unmittelbaren Korrekturmaßnahmen aufgrund der identifizierten Abweichungsursachen ausdrückt.

Bei der Kontrolle lassen sich Input-, Prozess- und Output-Kontrolle unterscheiden (Becker/Günther 1998, S. 767; Berthel 1997, S. 334). Input-Kontrolle bezieht sich auf die Überprüfung und Bewertung der Personalentwicklungsmaßnahmen bezüglich ihres Einsatzes, des qualitativen Personalbedarfs und des Angebots externer Seminaranbieter. Darüber hinaus kann im Rahmen der Prozess-Kontrolle der Ablaufprozess analysiert werden. Im Rahmen der Output-Kontrolle steht die Begutachtung der Ergebnisse von Personalentwicklungsmaßnahmen (Becker, F. G. 1999, S. 283).

Input- und Prozess-Kontrolle können auch als formative Kontrolle bezeichnet werden. Diese Form der Kontrolle liefert bereits vor und während einer Personalentwicklungsmaßnahme Informationen und Bewertungen über diese. Auf diese Weise können noch während des Prozesses Probleme geklärt sowie Prozesse korrigiert und optimiert werden (Holling/Liepmann 1993, S. 305; Sonntag 1996, S. 15). Die Output-Kontrolle entspricht dagegen der summativen Kontrolle, die der Bewertung einer bereits stattgefundenen Maßnahme dient (Holling/Liepmann 1993, S. 305). Damit spricht die summative Kontrolle eine systematische Wirkungsanalyse an, die ausschließlich den Lern- und Transfererfolg überprüft (Sonntag 1996, S. 15).

Die Vielzahl der Möglichkeiten, an welchen Stellen eine Kontrolle ansetzen kann, darf jedoch nicht darüber hinwegtäuschen, dass diese Phase des Personalentwicklungsprozesses mit am schwierigsten zu realisieren ist. „Eine Bewertung des ökonomischen Nutzens der Personalentwicklung scheitert an kaum zu überbrückenden Bewertungsproblemen" (Becker 1996, Sp. 1376; siehe auch Becker/Günther 1998, S. 768). Angesprochen ist hierbei das so genannte „Kriterienproblem" (Holling/ Liepmann 1993, S. 307). Unternehmen bzw. Personalentwicklern stellt sich die Frage, welche Kriterien zur Bewertung des Nutzens bzw. des Erfolgs einer Personalentwicklungsmaßnahme herangezogen werden sollen.

In der Literatur finden sich verschiedenste Kriterien und Taxonomien von Kriterien. Dabei hat sich in der amerikanischen Literatur, aber auch in der Praxis das Modell von Kirkpatrick durchgesetzt (Alliger/Janak 1989, S. 331). Kirkpatrick unterscheidet in seinem Modell vier verschiedene Ebenen, die als

- Reactions (Reaktionen),
- Learning (Lernen),
- Behavior (Verhalten) und
- Results (Ergebnisse)

bezeichnet werden (Kirkpatrick 1975; 1987; 1994).

Zu den Reaktionen zählen die subjektiven Bewertungen, Einstellungen und Gefühle der Teilnehmer in Bezug auf die Trainingsmaßnahme. Die Erhebung erfolgt dementsprechend über Interviews und Fragebögen. Das Lernen wird über die Aufnahme, Verarbeitung und Bewältigung der Lerninhalte und -prinzipien durch die Teilnehmer abgebildet. Damit können die Fehlerzahl in Trainings, standardisierte Tests und Einschätzungen von Trainern, Teilnehmern und Vorgesetzten zum Lernfortschritt eingesetzt werden. Das Verhalten spiegelt sich in der Umsetzung der Lerninhalte im täglichen Arbeitsprozess wider. Die Leistungsveränderungen lassen sich über Beobachtung, Gespräche und/oder Fragebögen ermitteln. Die Ebene der Ergebnisse bezieht sich auf die Erreichung unternehmerischer Ziele wie Qualität und Kosten.

Am einfachsten zu erheben sind die Reaktionen der Teilnehmer, weshalb sich die Kontrolle von Personalentwicklungsmaßnahmen zumeist auf diese Ebene beschränkt (Holling/Liepmann 1993, S. 307). Die Reaktionen können, ebenso wie der Lernfortschritt, direkt im Anschluss an die Personalentwicklungsmaßnahme erhoben werden. Das Verhalten und die Ergebnisse bedürfen zumeist einer mittel- bis langfristigen Perspektive, was die Kontrolle erschwert.

Die Vorteile des Modells von Kirkpatrick liegen in der einfachen Strukturierung und dem heuristischen Charakter (Holling/Liepmann 1993, S. 308). Allerdings ist es auch mit einigen Nachteilen bzw. Problemen behaftet. Zunächst einmal ist die Hierarchisierung der verschiedenen Ebenen nicht haltbar. So kann aufgrund der hohen Anstrengung eine Maßnahme von den Teilnehmern schlecht beurteilt werden, aber dennoch zu den gewünschten Lernerfolgen führen. Auch gibt es Rückkopplungen zwischen der Resultats- und der Verhaltensebene. Letztlich sind die zentralen Begriffe nicht eindeutig definiert und operationalisiert (Holling/Liepmann 1993, S. 308).

Zum Bereich der Kontrolle wird schließlich noch die Transferproblematik gerechnet. Hierbei geht es um die Übertragung der in der Personalentwicklungsmaßnahme gewonnenen Qualifikationen in die tägliche Arbeitssituation. Dementsprechend steht die Frage im Vordergrund, ob und wie intensiv die gewonnenen Kompetenzen sich im Verhalten am Arbeitsplatz niederschlagen (Holling/Liepmann 1993, S. 308). Mit zunehmender inhaltlicher, physischer und zeitlicher Entfernung des Lernfelds von dem Arbeitsfeld, d. h. vom Arbeitsplatz, steigt die Schwierigkeit der Übertragung neugelernter Kenntnisse, Fähigkeiten und Einstellungen auf die konkrete Arbeitssituation (Berthel 1997, S. 320). Damit hängt der Erfolg einer Maßnahme der Personalentwicklung nicht nur vom Lernerfolg (im Lernfeld) ab, sondern insbesondere auch vom Transfer auf das Funktionsfeld (Arbeitsplatz).

4.2.1.4   Teilbereiche der Personalentwicklung

Nach der Zielrichtung der Personalentwicklung lassen sich drei Teilbereiche unterscheiden (Becker, F. G. 1999, S. 284-288). Dies sind die Einstiegsqualifizierung als berufs- und stellenvorbereitende Qualifizierung, die Anpassungs- und Erweiterungsqualifizierung als berufs- und stellenbegleitende Qualifizierung sowie die Aufstiegsqualifizierung als berufs- und stellenverändernde Qualifizierung (siehe Abbildung 29).

Einstiegsqualifizierung		Anpassungs- und Erweiterungsqualifizierung		Aufstiegsqualifizierung		
(= Berufs- und stellenvorbereitende Qualifizierung)		(= Berufs- und stellenbegleitende Qualifizierung)		(= Berufs- und stellenverändernde Qualifizierung)		
Berufsvorbereitende Maßnahmen	Stellenvorbereitende Maßnahmen	Anpassungs- und Erweiterungsweiterbildung	Stellenbezogene Qualifizierung	Aufstiegsweiterbildung	Stellengestaltende Qualifizierung	Stellenfolgenbezogene Qualifizierung
• Berufsausbildung	• Traineeausbildung					
• Umschulung	• Anlernausbildung					

Abb. 29:   Teilbereiche der Personalentwicklung
Quelle: In Anlehnung an Becker, F. G. 1999, S. 284.

Zur Einstiegsqualifizierung zählen sämtliche Maßnahmen der Personalentwicklung, welche die Mitarbeiter (erstmals) auf einen Beruf oder eine bestimmte Stelle vorbereiten (Becker 1996, Sp. 1377). Dabei lassen sich als berufsvorbereitende Maßnahmenbereiche die berufliche Ausbildung als Erstausbildung von Mitarbeitern (Berthel 1997, S. 259) und die betriebliche Umschulung zum Erwerb von Qualifikationen für einen anderen Beruf rechnen (Holling/Liepmann 1993, S. 287). Gerade im Dienstleistungsbereich hat die berufliche Ausbildung einen relativ hohen Stellenwert (Becker/Günther 1998, S. 769), was sich z. B. in der Unterhaltung eigener Ausbildungsstätten, wie in der Hotellerie (Schmidt 1996, S. 137), widerspiegelt. Zu den arbeitsplatz- bzw. stellenbezogenen Maßnahmen gehören die Anlern- und die Traineeausbildung.[147]

---

[147]   Siehe vertiefend hierzu Berthel (1997, S. 262).

Anpassungs- und Erweiterungsqualifizierung dienen primär der Erhaltung und Ausdehnung des erworbenen Qualifikationsniveaus. Dies geschieht sowohl über Weiterbildungsmaßnahmen[148] als auch über eine stellenbezogene Qualifizierung. Während die Anpassungsqualifizierung die Aufrechterhaltung eines Qualifikationsniveaus bei tätigkeitsbezogenen Veränderungen bezweckt (Holling/Liepmann 1993, S. 287), strebt die Erweiterungsqualifizierung eine Ausdehnung der Bandbreite der beruflichen Handlungskompetenz an (Becker 1996, Sp. 1372). Insbesondere der verstärkte Einsatz von modernen Informations- und Kommunikationstechnologien im Dienstleistungsbereich erzwingt eine permanente Anpassungsqualifizierung (Schmidt 1996, S. 137), wie z. B. durch Computerkurse für Bankangestellte (Meffert/Bruhn 1997, S. 472).

Die Intention der Aufstiegsqualifizierung liegt in der Vorbereitung eines Mitarbeiters auf die Übernahme einer höher angesiedelten Arbeitsstelle (Becker 1996, Sp. 1372; Holling/Liepmann 1993, S. 287; Marr/Stitzel 1979, S. 341). Einerseits ist es denkbar, dass der dafür vorgesehene Mitarbeiter an Maßnahmen der (Aufstiegs-) Weiterbildung teilnimmt, andererseits kann über eine stellengestaltende Qualifizierung eine Aufstiegsqualifizierung angestrebt werden (Becker/Günther 1998, S. 771). Umsetzen lässt sich eine derartige Qualifizierung durch Ansätze der Arbeitsstrukturierung (Sonntag 1996, S. 12). Dabei zählen zur Arbeitsstrukturierung alle diejenigen Maßnahmen, die auf eine Veränderung des Arbeitsfelds abzielen (siehe Abbildung 30) und damit die Mikrostruktur der Organisation gestalten (Weber/Mayrhofer/Nienhüser 1993, S. 33).

Gegenstand der Personalentwicklung ist jedoch nur der Bereich der Arbeitsfeldvergrößerung und damit die Gestaltung der Arbeitsinhalte sowie Handlungsspielräume (Berthel 1997, S. 274; Weber/Mayrhofer/Nienhüser 1993, S. 33). Als Formen der Arbeitsfeldvergrößerung lassen sich Job Enlargement (Aufgabenerweiterung) und Job Rotation (Arbeitsplatzwechsel) unterscheiden, bei denen es sich um eine quantitative Erweiterung von Aufgaben handelt. Dagegen sehen Job Enrichment (Arbeits-

---

[148] Synonym zum Begriff der Weiterbildung findet sich in der Literatur auch der Begriff der Fortbildung (Becker, M. 1999, S. 6; Berthel 1997, S. 265; Marr/Stitzel 1979, S. 335). Im Rahmen dieser Arbeit wird der Begriff der Weiterbildung bevorzugt, da er sowohl in der wissenschaftlichen Diskussion als auch in der Praxis der Gängigere ist.

bereicherung) und die Schaffung teilautonomer Arbeitsgruppen eine qualitative Erweiterung der Arbeitsaufgaben vor (Berthel 1997, S. 275; siehe auch Gaugler 1989, S. 184), d. h. eine Erhöhung der „Relation zwischen Entscheidungs- und Realisationsakten und/oder des Anforderungsniveaus von Arbeiten innerhalb eines Arbeitsfeldes" (Hahn/Link 1975, S. 68).[149]

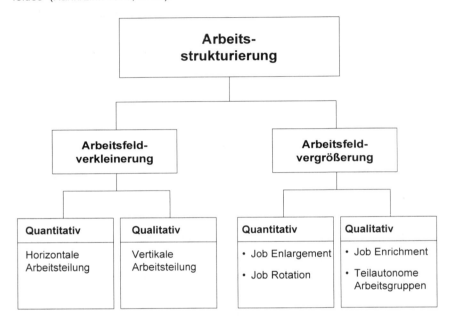

Abb. 30:   Grundformen der Arbeitsstrukturierung
Quelle: In Anlehnung an Hahn/Link 1975, S. 68.

Eine zusätzliche Qualifizierung kann über ein sukzessives Durchlaufen verschiedener Positionen im Unternehmen im Sinne einer stellenfolgenbezogenen Qualifizierung geschehen (Becker/Günther 1998, S. 772). Damit sollte die Reihung der vom Mitarbeiter zu durchlaufenden Positionen bzw. Stellen in der Karriereplanung unter Lernaspekten betrachtet werden. Heutzutage ist jedoch die klassische Vorstellung von Karriere als Kette von Beförderungen, die zu einem Aufstieg in der Hierarchie führen, aufgrund verkürzter Lebenszyklen von Unternehmen sowie Beschäftigungsbeziehungen längst überholt (Berthel 1997, S. 289; Flarup 1997, S. 411; Fuchs

---

[149]   Zu einer Vertiefung dieser Formen siehe Berthel (1997, S. 278-287).

1998; Sattelberger 1998, S. 10; Schanz 1992a, Sp. 410). Karriere, im Sinne einer Fach- oder Projektkarriere, kann gleichermaßen auf einer ranghierarchisch gleichbleibenden Ebene vonstatten gehen (Thom 1999, S. 437).

4.2.1.5   Maßnahmen der Personalentwicklung

Zu den Methoden der Personalentwicklung zählen nur solche, die vom Unternehmen selbst initiiert werden. Dabei lassen sich die Methoden[150] nach ihrem Bezug zur Aufgabe unterscheiden in (Becker, F. G. 1999, S. 288 f.; Meffert/Bruhn 1997, S. 472-474; siehe auch Abbildung 31):[151]

- Training-on-the-job,
- Training-off-the-job und
- Training-near-the-job.

Training-on-the-job	Training-off-the-job	Training-near-the-job
• Unterweisung am Arbeitsplatz (4-Stufen-Methode) • Leittextmethode • Einsatz als Assistent, Stellvertreter, Nachfolger • Modellernen • Job Enlargement • Job Enrichment • Job Rotation • Gruppenautonomie	• Vortrag • Lehrgespräch • Fremdsprachenkurse • Verhaltenstraining • Fallstudie • Planspiel • Rollenspiel • Programmierte Unterweisung • Gruppendynamisches Training • Teamentwicklung • Tagungen, Workshops	• Qualitätszirkel • Ausbildungswerkstatt • Mentoring, Coaching • Projektgruppenarbeit • Mitarbeitergespräche • Betriebliches Vorschlagswesen

Abb. 31:   Methoden der Personalentwicklung
Quelle: Becker, F. G. 1996, Sp. 1380; 1999, S. 289; Becker/Günther 1998, S. 774.

---

[150]   Eine detaillierte Beschreibung der verschiedenen Methoden ist bei Berthel (1997, S. 307-331) nachzulesen.
[151]   Bei Conradi (1983, S. 22-25) finden sich noch zusätzlich die Bereiche der Personalentwicklung-into-the-job und der Personalentwicklung-out-of-the-job.

Training-on-the-job findet am Arbeitsplatz bei der Erfüllung der Arbeitsaufgaben statt (Berthel 1997, S. 306) und wird auch als stellengebundene Personalentwicklung bezeichnet. Im Dienstleistungsbereich spielen Training-on-the-job-Maßnahmen eine wichtige Rolle, da es oftmals nicht nur auf das Fachwissen, sondern insbesondere auf das zwischenmenschliche Verhalten ankommt (Schmidt 1996, S. 137). Dagegen erfolgt beim Training-off-the-job die Qualifizierung in räumlicher, zeitlicher und bisweilen auch inhaltlicher Distanz zum Arbeitsplatz (Berthel 1997, S. 306), weshalb diese Art der Personalentwicklung auch als stellenungebundene Personalentwicklung bezeichnet wird. Beim Training-near-the-job ist die Qualifizierung in enger inhaltlicher, zeitlicher und räumlicher Nähe zum Arbeitsplatz angesiedelt und damit über die einzelne Stelle hinweg. Daher heißt diese Form auch stellenübergreifende Personalentwicklung (Becker/Günther 1998, S. 773).

Von besonderer Relevanz ist schon heute der Einsatz von Informations- und Kommunikationstechnologien im Bereich der betrieblichen Bildung. Dieses Feld, auch unter den Begriffen des Computer Based Training (CBT), Computergestütztes Training oder neuerdings E-Learning (elektronisches Lernen) bekannt, wird in den kommenden Jahren weiter an Bedeutung gewinnen. So schätzt das Marktforschungsinstitut IDC für die Jahre bis 2004 ein durchschnittliches jährliches Wachstum dieses Bereichs in Europa um 96 % auf insgesamt vier Milliarden US-Dollar (o. V. 2001a). Zwar kann CBT nicht den gesamten klassischen Bildungsbereich ersetzen, aber der Einsatz von Computern ist eine wertvolle Ergänzung für die methodisch-didaktische Gestaltung von betrieblicher Bildung (Sonntag 1996, S. 11). Die Basis dieser Computerprogramme ist zumeist die programmierte Unterweisung, durch die sich der Lernende den Lernstoff in kleinen Einheiten anzueignen vermag (Holling/Liepmann 1993, S. 297). Die Vorteile von CBT liegen in der Zentrierung auf den Lernenden, d. h. der Lernende kann dann lernen, wann und wie lange er will (Zeitunabhängigkeit), aber auch wie viel er will (individuelle Lerngeschwindigkeit) (Hünerberg/Mann 1999, S. 323). Ein weiterer Vorteil liegt in den geringeren Kosten für das Unternehmen, der allerdings nur bei großer Teilnehmerzahl gegeben ist. Ein Nachteil ist trotz aller Möglichkeiten, die solche Programme bieten, die Standardisierung der Lerninhalte und -prozesse (Holling/Liepmann 1993, S. 297).

4.2.2 Besonderheiten der Kundenentwicklung im Vergleich zur Personalentwicklung

4.2.2.1 Einleitende Bemerkungen zu den Beziehungen zwischen Unternehmen, Mitarbeitern und Kunden im Service-System

Die Planung und Gestaltung der Personalentwicklung beruhen auf Charakteristika, die sich aus der Beziehung zwischen Unternehmen und Mitarbeiter ergeben. So prägen sowohl die Merkmale der Langfristigkeit der Beziehung als auch die Einbindung des Mitarbeiters in die unternehmerische Hierarchie die Personalentwicklung. Dementsprechend ist bei der Gestaltung der Kundenentwicklung auf die Unterschiedlichkeit zwischen Mitarbeiter-Unternehmens- und Kunden-Unternehmens-Beziehung zu achten (Kelley/Donnelly/Skinner 1990, S. 316). Es existieren einige grundlegende Differenzen, weshalb eine unmodifizierte Anwendung von Erkenntnissen der Personalentwicklung zu erheblichen Problemen führen würde.

Bei Dienstleistungen lassen sich grundsätzlich drei zentrale Beziehungspartner identifizieren: Unternehmen, Kontaktmitarbeiter und Dienstleistungskunde (Kotler 1999, S. 586). Dementsprechend liegen dyadische Interaktionen bzw. Beziehungen zwischen Dienstleistungsunternehmen und Mitarbeiter, zwischen Unternehmen und Dienstleistungskunde sowie im Service-System zwischen Kontaktmitarbeiter und Dienstleistungskunde vor (siehe Abbildung 32).[152] Da Interaktionen mit anderen Elemente eines Service-Systems, wie dem physischen Umfeld, in diesem Abschnitt aus der weiteren Betrachtung ausgeschlossen werden, sei in diesem Kontext von einem Service-System i. e. S. gesprochen.

Da die Zielsetzung dieses Abschnitts 4.2.2 die Herausarbeitung der Unterschiede zwischen Personal- und Kundenentwicklung ist, interessieren lediglich die Beziehungen von Unternehmen zum Mitarbeiter sowie zum Kunden. In der Praxis finden sich allerdings auch Situationen, in denen Individuen zeitgleich Beziehungen zum Unternehmen sowohl als Mitarbeiter als auch als Kunden unterhalten. Demgemäß sei zu-

---

[152] Diese dyadischen Beziehungen haben wiederum Einfluss auf die Gestaltung der Beziehung zu dem jeweils dritten Interaktionspartner (Grund 1998, S. 37). Dieser Ausstrahlungseffekt spielt aber für das Untersuchungsinteresse dieses Abschnitts der Arbeit keine Rolle.

nächst auf das Phänomen einer realtypischen Aufweichung des bisher in der Literatur und in der Praxis vorherrschenden dichotomen Verständnisses von Mitarbeitern versus Kunden eingegangen (Absatz 4.2.2.2). Dennoch soll zur Ausarbeitung der Merkmale der jeweiligen Beziehung von idealtypischen Beziehungen ausgegangen werden (Absatz 4.2.2.3). Hieran anknüpfend lassen sich im darauf folgenden Schritt die entwicklungsrelevanten Unterschiede der Kundenentwicklung im Vergleich zur Personalentwicklung betrachten (Absatz 4.2.2.4).

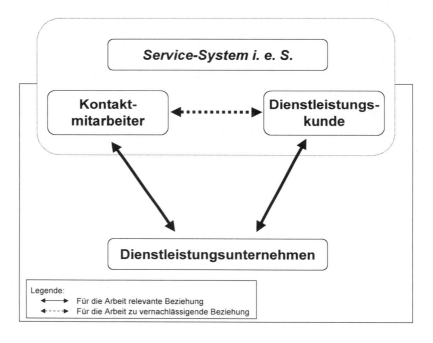

Abb. 32:   Beziehungen zwischen Unternehmen, Mitarbeiter und Dienstleistungskunde
Quelle: In Anlehnung an Kotler 1999, S. 586.

4.2.2.2   Realtypische Aufweichung des dichotomen Verständnisses von Mitarbeiter und Kunde

Üblicherweise wird sowohl im umgangs- als auch im wirtschaftswissenschaftlichen Sprachgebrauch ein Kunde als rein externer Transaktionspartner angesehen, den ein Mitarbeiter als internes Organisationsmitglied bedient. Dass dieses dichotome Verständnis von Mitarbeitern versus Kunden in dieser Extremform nicht das allein gültige sein kann, hat sich schon ansatzweise in der Auffassung von Kunden als Partial employees gezeigt (siehe Abschnitt 2.4.2). Das Management von Kunden und deren Verhalten ist ebenso eine Aufgabe des Dienstleistungsunternehmens wie die Steuerung der Mitarbeiter (Bowen/Schneider 1985, S. 136). Darüber hinaus haben in den vergangenen Jahren auch managementorientierte Konzepte an Bedeutung gewonnen, die den Mitarbeiter als „internal customer" (Berry 1984, S. 272) bzw. „partial customer" (Bowen/Schneider 1985, S. 136) eines Unternehmens verstehen.[153] Diese Perspektive gewinnt dann an Relevanz, wenn qualifiziertes und motiviertes Personal einen Engpassfaktor des Unternehmens darstellt (Thom 1999, S. 442). In diesem Fall spielt gerade das Personalmarketing für Unternehmen eine wichtige Rolle (Bartscher/Fritsch 1992). Zum anderen wird das Personal durch eine kundenähnliche Orientierung aufgewertet, wenn es wie im Falle von Dienstleistungen einen zentralen Erfolgsfaktor darstellt. Hierbei gewinnt das Konzept des Internen Marketing an Bedeutung. Für den Fall von Service-Systemen können somit der Mitarbeiter als „partial customer" und der Kunde als „partial employee" angesehen und dementsprechend behandelt werden (Bowen/Schneider 1985, S. 141). Dieses Verständnis gipfelt in den Ausführungen von Bowers/Martin/Luker (1990, S. 56), die dafür plädieren, dass „external marketing activities may be transferred to the internal market of employees, and internal managerial techniques may be transferred to the external market of consumers". Somit sind Kunden mehr wie Mitarbeiter und Mitarbeiter mehr wie Kunden zu behandeln (Bowers/Martin/Luker 1990, S. 58).

Diese Verständnisentwicklungen verdeutlichen, dass sich die gedankliche Dichotomie von Mitarbeitern als rein internen Unternehmensmitgliedern versus Kunden als rein externen Transaktionspartnern zunehmend auflöst und die Grenzen zwischen Mitarbeiter sowie Kunde allmählich verschwimmen. Aber nicht nur aus gedanklichen Überlegungen heraus weicht das dichotome Verständnis von Mitarbeiter versus Kunde langsam auf. Meyer/Westerbarkey (1995, S. 92) weisen z. B. darauf hin, dass es sich in manchen Dienstleistungsbranchen bewährt habe, „ehemalige Kunden als Mitarbeiter insbesondere für den Empfangsbereich und den Verkauf einzustellen, da

---

[153] Zur Problematik dieses Verständnisses siehe Rafiq/Ahmed (2000, S. 451) und Stauss (2000b, S. 208 f.).

diese besonders glaubwürdig und individuell auf Fragen und Befürchtungen von potentiellen Kunden eingehen können (z. B. ehemalige Kursteilnehmer als Mitarbeiter bei Weight Watchers)".

Neben diesem zeitlichen Nacheinander von Kunden- und Personalmitgliedschaft existiert gerade auch eine zeitliche Parallelität von Kunden- und Personalmitgliedschaft (siehe hierzu auch Brandebusemeyer 1996, u. a. S. 59 und Juran 1993, S. 74). Eine relativ einfache Form dieser Parallelität ist z. B. zur Zeit im Internet zu erkennen, wo Kunden zugleich als freiwillige Guides, Rangers oder Community Leaders für Internet-Dienstleister fungieren und Funktionen von Mitarbeitern, z. B. Auskunfts- und Überwachungsfunktionen, wahrnehmen (siehe auch Absatz 2.5.2.2). Damit verwischen allmählich die Grenzen zwischen Kunden- und Mitarbeiterverhältnis (o. V. 1999a). Doch die zeitgleiche Mitgliedschaft kann noch extremere Formen annehmen. Bowers/Martin/Luker (1990, S. 63) sprechen vom „hiring the customer as an employee". So hat die Deutsche Lufthansa einen neuen Vertriebsweg aufgebaut, welcher demjenigen von Tupperware ähnelt. Freiberufliche Reisevertriebsassistenten nehmen im Bekanntenkreis Buchungswünsche auf und leiten diese an ein zentrales Servicecenter weiter, das den weiteren Prozess abwickelt (Pichler 1998, S. 51). Die Reisevertriebsassistenten agieren oftmals zeitgleich als Kunden des Dienstleistungsunternehmens. Ein anderes Beispiel ist McDonalds. Hier werden aus der Zielkundengruppe der Jugendlichen bevorzugt Mitarbeiter akquiriert, da sie sich zum einen mit den Produkten auskennen und zum anderen kompatibel mit den meisten Kunden sind (Bowers/Martin/Luker 1990, S. 63). Auch Simon weist auf diesen Umstand hin: „Natürlich kann jeder Mensch in mehr als einer dieser Beziehungen zu einer Organisation stehen, z. B. ein Freiwilliger des Roten Kreuzes, der tatsächlich eine Mischung von Kunde und Mitarbeiter ist" (Simon 1981, S. 59).

Da augenscheinlich nicht nur zwei Idealausprägungen in Form der Kunden als externen Beziehungspartnern und Mitarbeiter als internen Beziehungspartnern existieren, drängt sich der Gedanke auf, ein Kontinuum aufzuspannen, das als Pole den Käufer, d. h. mit einer reinen Kauffunktion des Kunden, und den Mitarbeiter enthält (siehe Abbildung 33).

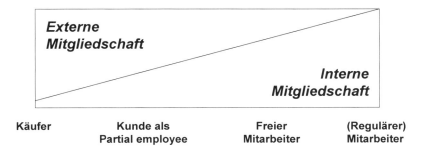

| Käufer | Kunde als Partial employee | Freier Mitarbeiter | (Regulärer) Mitarbeiter |

Abb. 33:   Mitgliedschaftskontinuum
Quelle: Eigene Überlegungen.

Zwischen den Extremen des Käufers und des Mitarbeiters, allerdings näher beim Käufer, liegt der Kunde als partial employee, der eben zeitweise ein internes Mitglied des Service-Systems und damit der Dienstleistungsorganisation wird. Einen höheren internen Mitgliedschaftsgrad besitzt sodann ein freier Mitarbeiter, der auf Basis eines (freien) Dienst- oder Werkvertrages beschäftigt ist (Hoyningen-Huene 1992, Sp. 416; Schmidt 1996, S. 76).

Diese eindimensionale Klassifizierung von Kunden und Mitarbeitern ist jedoch inso-fern problembehaftet, da die Dimensionen der Kunden- und Personalmitgliedschaft unabhängig voneinander sind.[154] Dies soll an einem Beispiel verdeutlicht werden. Wo würde ein Mitarbeiter eines Dienstleistungsunternehmens, z. B. der Lufthansa, der zugleich Käufer der Leistung ist, also eines Fluges, in das Mitgliedschaftskontinuum eingeordnet werden? Grundsätzlich könnte dieser an beiden Polen platziert werden. Dies liegt daran, dass mit der Zunahme des Grads der Kundenmitgliedschaft nicht automatisch der Grad der Personalmitgliedschaft abnehmen muss. Daher bietet sich der Aufbau einer zweistufigen Mitgliedschaftsmatrix an (siehe Abbildung 34).

Im ersten Schritt ist die generelle Mitgliedschaftszugehörigkeit zum Dienstleistungs-unternehmen, d. h. die Mitgliedschaft als Mitarbeiter und/oder Kunde, zu prüfen. Dementsprechend entsteht eine 4-Felder-Matrix, in der sich eine Nichtmitgliedschaft und drei Mitgliedschaftstypen identifizieren lassen. Diese Typen sind:

---

[154]   Sieht man von einer Kunden-Zwangsmitgliedschaft der eigenen Mitarbeiter in einigen Dienstleis-tungsbranchen, wie der Versicherungsbranche, einmal ab.

- Nichtmitglied des Dienstleistungsunternehmens (weder Mitarbeiter noch Kunde),

- Mitgliedschaftstyp „Kunde";

- Mitgliedschaftstyp „Mitarbeiter" und

- Mitgliedschaftstyp „Kunde und Mitarbeiter".

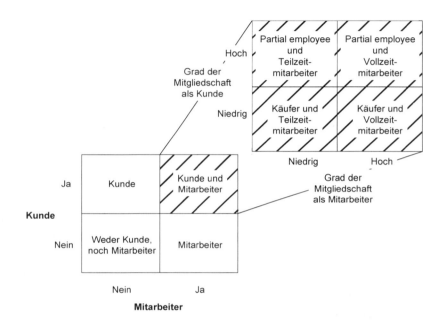

Abb. 34:   Zweistufige Mitgliedschaftsmatrix
Quelle: Eigene Überlegungen.

Der im Rahmen der vorliegenden Thematik interessierende Mitgliedschaftstyp ist der, bei dem ein Individuum zugleich Kunde und Mitarbeiter eines Dienstleistungsunternehmens ist. In einigen Branchen sind die Mitarbeiter sogar dazu verpflichtet, Kunden ihres Arbeitgebers zu sein, z. B. im Bank- und Versicherungsgewerbe (Müller 1999, S. 346). Dieser Mitgliedschaftstyp lässt sich, und dies stellt den zweiten Schritt der Untersuchung dar, nach dem Grad der Mitgliedschaft wiederum grob in vier Untertypen unterteilen. Falls der Grad der Mitgliedschaft als Kunde und als Mitarbeiter jeweils niedrig ist, handelt es sich um einen Teilzeitmitarbeiter, der die Dienstleistungen des Arbeitgebers auch in Anspruch nimmt. Bei einem Anstieg des

Mitgliedschaftsgrads als Kunde wird dieser Teilzeitmitarbeiter in Bezug auf die Erfüllung seiner Kundenrollen zu einem Partial employee. Liegt dagegen ein hoher Grad der Mitgliedschaft als Mitarbeiter vor, aber nur ein geringer Mitgliedschaftsgrad als Kunde, so handelt es sich bei diesem Untertyp um einen Vollzeitmitarbeiter mit Käuferrolle. Sind beide Mitgliedschaftsgrade stark ausgeprägt, ist der Vollzeitmitarbeiter gleichzeitig Partial employee des Dienstleistungsunternehmens.

Diese grobe Einteilung der Mitgliedschaftsgrade ist mit dem Problem der eindeutigen Zuordnung von Beispielen in einzelne Matrizenfelder verbunden. Zudem ist generell die Operationalisierung des Mitgliedschaftsgrads äußerst schwierig und problembehaftet. Dennoch wird diese Darstellungsform präferiert, da das Ziel dieses Abschnitts nicht eine genaue Zuordnung von realen Erscheinungsformen in dieses Schema ist.

Gerade in Bezug auf die Kundenentwicklung hat eine parallele Mitgliedschaft große Auswirkungen auf deren Gestaltung und Intensität. So ist zum einen denkbar, dass die Mitarbeiter derart gut über die eigenen Dienstleistungen informiert sind, dass eine Kundenentwicklung bei ihnen nicht nötig ist. Zum anderen kann aber gleichfalls argumentiert werden, dass die Mitarbeiter die kritischsten Kunden sind und daher besonders intensiv nach Informationsmaterialien fragen. Auch könnte eine zu starke Einbindung in das Unternehmensgeschehen sich kontraproduktiv auf die Erfüllung der Kundenrolle auswirken, so dass eine spezielle mitarbeiterbezogene Kundenentwicklung vonnöten wäre. Des Weiteren wäre zu überlegen, ob und inwiefern sich die vier Untertypen bezüglich des Einsatzes von Kundenentwicklungsmaßnahmen unterscheiden. Zudem könnten die Interdependenzen zwischen Personal- und Kundenentwicklung untersucht werden. Schon diese allgemeinen Überlegungen demonstrieren, dass hier weiterer Forschungsbedarf vorliegt.

Da der Mitgliedschaftstyp des Kunden der relevanteste der vier Typen ist, konzentrieren sich die folgenden Ausführungen auf diesen.

4.2.2.3   Analyse sowie Vergleich idealtypischer Unternehmens-Mitarbeiter- und Unternehmens-Kunden-Beziehungen

Dienstleistungsorganisationen zeichnen sich dadurch aus, dass sowohl Personal- als auch Kundenmitgliedschaften bestehen (in Anlehnung an Parsons 1970, S. 8 f.). Diese Mitgliedschaftsarten unterscheiden sich jedoch in zentralen Beziehungsmerkmalen voneinander. So sind die Ausprägungen folgender acht Beziehungsmerkmale grundsätzlich verschieden, auf die im Folgenden näher eingegangen werden soll:

- Rechtliche Basis,
- erwartete Gegenleistung,
- zeitliche Perspektive,
- Aufgabenkomplexität,
- Beendigungsmöglichkeit,
- Anreizform,
- Machtverhältnis,
- Wechselmöglichkeit/Abhängigkeitsverhältnis.

Einen vorausschauenden Überblick über die verschiedenen Beziehungsmerkmale und deren Ausprägungen in der Personal- versus Kundenmitgliedschaft liefert Abbildung 35. Dabei sei explizit darauf hingewiesen, dass es sich hierbei um Tendenzaussagen handelt. Zu jeder dieser Merkmalsausprägungen lassen sich jeweils auch einzelne Gegenbeispiele finden.

Beide Mitgliedschaften bzw. Beziehungen basieren auf Verträgen, die aber in ihrer jeweiligen Ausprägung sehr unterschiedlicher Art sind (Simon 1981, S. 145). Die rechtliche Grundlage der Transaktion eines Dienstleistungsunternehmens mit einem Kunden ist oftmals ein Werk- oder Dienstvertrag (Vorbrugg/Berrar 1998, S. 69). Die Gesamtheit der verschiedenen für den Dienstleistungsbereich relevanten Vertragstypen geht aus Abbildung 36 hervor.

Während sich Werkverträge auf Tätigkeiten im Dienste oder Interesse anderer mit Erfolgsverpflichtung beziehen, behandeln Dienstverträge Tätigkeiten ohne Schuldung eines Erfolgs (Bartl 1998, S. 353; Vorbrugg/Berrar 1998, S. 71 f.). In beiden Fällen wird der Vertrag zwischen dem Unternehmen als juristische Person und dem

Dienstleistungskunden als natürliche Person geschlossen (Grund 1998, S. 39). Der Kunde hat ein Problem, wofür das Unternehmen eine Lösung in Form einer Dienstleistung anbietet. Dementsprechend ist die Kundenmitgliedschaft „grounded in rights to the primary output of the system" (Parsons 1970, S. 8). Ein Kunde ist primär an dem Konsum einer Dienstleistung, weniger an deren Produktion interessiert (Mills/Morris 1986, S. 728).[155]

Merkmale	Personalmitgliedschaft	Kundenmitgliedschaft
Interakteure der Beziehung	Unternehmen - Mitarbeiter	Unternehmen - Kunde
Rechtliche Basis der Beziehung	Arbeitsvertrag	Zumeist Werk- oder Dienstvertrag
Erwartete Gegenleistung	Primär menschliche Arbeitsleistung	Primär monetäre Leistung
Zeitliche Perspektive der Beziehung	I. d. R. mittel- bis langfristig	Eher kurz- bis mittelfristig
Aufgabenkomplexität	Eher hoch	Relativ gering
Beendigung der Beziehung	Kurz- bis mittelfristig möglich	I. d. R. sofort möglich
Anreizform der Beziehung	Indirekte Beiträge	Direkte Beiträge
Machtverhältnis in der Beziehung	Unternehmen in der besseren Position	Kunde in der besseren Position (bei Käufermärkten)
Abhängigkeitsverhältnis in der Beziehung (Wechselmöglichkeit)	Zugunsten des Unternehmens (für Arbeitnehmer relativ beschränkt möglich)	Zugunsten des Kunden (für Kunden zumeist sehr einfach möglich)

Abb. 35: Merkmale der Personal- und Kundenmitgliedschaft
Quelle: Eigene Überlegungen.

Der Produktionsaspekt steht dagegen im Fokus der Personalmitgliedschaft. Diese basiert auf „functional contributions to bringing about that output" (Parsons 1970, S. 9). Die rechtliche Grundlage der Beziehung zwischen Mitarbeiter und Unternehmen bildet ein privatrechtlicher, gegenseitiger Arbeitsvertrag (Endruweit 1992, Sp. 192; Weber/Mayrhofer/Nienhüser 1993, S. 12) zur „Begründung eines schuldrechtlichen Dauerrechtsverhältnisses" (Hoyningen-Huene 1992, Sp. 415). Dieser Unterfall eines Dienstvertrags - und damit einer besonderen Form eines Kaufvertrags (Hetzler 1992, Sp. 103) - ist gleichermaßen in § 611 BGB geregelt und behandelt die aus der Tauschbeziehung von Arbeitgeber sowie Arbeitnehmer[156] entstehen-

---

[155] Sieht man einmal von Zeitvertreibangeboten (Stauss 1991a, S. 81), wie einem Konzert, ab.
[156] Zum Begriff des Arbeitnehmers und der verschiedenen Arbeitnehmergruppen siehe Endruweit (1992).

den Rechte und Pflichten (Hoyningen-Huene 1992, Sp. 415; Schanz 1993, S. 23; Vorbrugg/Berrar 1998, S. 72).

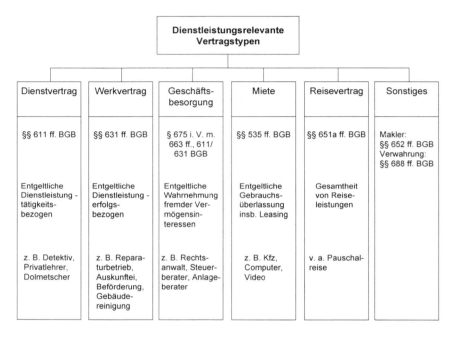

Abb. 36:   Dienstleistungsrelevante Vertragstypen
Quelle: In Anlehnung an Vorbrugg/Berrar 1998, S. 69.

Mitarbeiter haben dem Dienstleistungsunternehmen die zeitlichen Nutzungsrechte an ihrer Arbeitskraft (Arbeitsleistung) verkauft (Nerdinger 1994, S. 75; Simon 1981, S. 60 und S. 145), wofür diese wiederum vom Dienstleistungsunternehmen eine Gegenleistung (Anreize), u. a. gemäß § 611 I BGB in Form des Arbeitsentgelts als Hauptpflicht des Arbeitgebers (Hoyningen-Huene 1992, Sp. 423), erhalten (Collins/Payne 1999, S. 191; Endruweit 1992, Sp. 192; Mills/Morris 1986, S. 728; Schanz 1993, S. 8-10).[157]

---

[157]   Zu den verschiedenen Pflichten des Arbeitgebers und Arbeitnehmers siehe vertiefend Hoyningen-Huene (1992, Sp. 423-426) und Schanz (1993, S. 23-26).

Anhand der vertraglichen Ausrichtung wird deutlich, dass sich der zeitliche Horizont der Beziehungen unterschiedlich gestaltet. Mitarbeiter streben zumeist eine mittel- bis langfristige Mitgliedschaft in der Dienstleistungsorganisation an (Schanz 1993, S. 20). So schließen Arbeitgeber und Arbeitnehmer im Normalfall[158] „ein *dauerndes Arbeitsverhältnis auf unbestimmte Zeit* [Hervorhebung im Original]" (Hoyningen-Huene 1992, Sp. 417) ab. Dagegen sind Kunden und Unternehmen über die Leistungserstellung hinaus durch keine weiteren Verpflichtungen miteinander verbunden (Nerdinger 1994, S. 51). Der Vertrag, der zwischen Kunde und Unternehmen zustande kommt, macht im Normalfall keine Annahmen über die Dauerhaftigkeit oder Kontinuität der Beziehung zwischen Unternehmen und Kunde (Simon 1981, S. 143). So endet ein Werkvertrag zwischen Dienstleister und Kunde „regelmäßig durch Erfüllung in Gestalt der vertragsgemäßen Erstellung des Werkes durch den Unternehmer und die Abnahme und Vergütung seitens des Bestellers" (Vorbrugg/Berrar 1998, S. 74). Damit handelt es sich um eine rein punktuelle Betrachtung im Sinne einer einmaligen Transaktion (einmalige Leistung gegen einmaliges Entgelt). Dienstverträge erstrecken sich dagegen über eine bestimmte Zeitspanne und sind nicht auf einen bestimmten Zeitpunkt beschränkt (Vorbrugg/Berrar 1998, S. 72). Dazu gehören auch Langzeitverträge, die auf einer dynamischen Perspektive des Vertragsverhältnisses im Sinne einer mittel- bis langfristig konzipierten Vertragsbeziehung basieren (Bartl 1998, S. 350), z. B. bei Kreditkarten- und Versicherungsunternehmen. Trotz der Existenz dieser so genannten Dauerschuldverhältnisse (Vorbrugg/Berrar 1998, S. 72) sowie der unternehmerischen Relationship Marketing- und Kundenbindungsanstrengungen (siehe z. B. Payne/Rapp 1999, S. 3-5) dauern Kundenbeziehungen im Mittel nicht so lange an wie Mitarbeiterbeziehungen (Sattelberger 1998, S. 11 f.).

Zudem ist der Anteil der Zeit, die Mitarbeiter als Unternehmensmitglieder verbringen, bei weitem höher als der von Kunden. Dementsprechend nehmen Mitarbeiter „full-time occupational roles" wahr, während Kunden „part-time participation roles" zukommen. Damit ist die Spannbreite der von Kunden grundsätzlich zu erledigenden Aufgaben im Vergleich zu der Spannbreite der von Mitarbeitern zu bewältigenden Aufgaben sehr begrenzt. Von daher ist die Aufgabenkomplexität nicht annähernd so

---

[158] Gerade in den letzten Jahren nimmt der Anteil befristeter Arbeitsverhältnisse, die automatisch bei Fristende auslaufen (Hoyningen-Huene 1992, Sp. 417), zu. Die befristete Einstellung von Arbeitnehmern ermöglicht Unternehmen einen höheren Flexibilitätsgrad in Bezug auf die Personalbasis.

hoch wie bei den Mitarbeitern.

Erschwerend kommt hinzu, dass Kunden die Geschäftsbeziehung zum Dienstleister entweder sofort oder aber doch sehr kurzfristig beenden können (Goodwin 1988, S. 72; Thompson 1962, S. 310 f.).[159] Dies ist in der Beziehung zwischen Dienstleistungsunternehmen und Mitarbeiter normalerweise nicht möglich (Grund 1998, S. 47). Hier bedarf es einer Auflösung durch die Parteien, sei es durch Kündigung, Aufhebungsvertrag, Anfechtung oder den Tod des Arbeitnehmers (Hoyningen-Huene 1992, Sp. 417). Während ein Dienstleistungsunternehmen in Bezug auf seine Mitarbeiter als „semi-voluntary system" angesehen werden kann (Katz/Kahn 1966, S. 123), ist das Service-System für die Kunden zumeist ein (fast) völlig freiwilliges System mit sehr durchlässigen Grenzen. Damit unterscheiden sich Kunden und Personal wesentlich im Grad der Intensität ihres Involvements (Parsons 1970, S. 5; siehe auch Grund 1998, S. 47). Das Involvement ist bei Mitarbeitern grundsätzlich stärker ausgeprägt als bei Kunden (zur Stärke des Involvements von Personen bei sozialen Gruppen siehe Katz/Kahn 1966, S. 50 und S. 120 f.).

Bei beiden Mitgliedschaftsgruppen, d. h. sowohl bei Kunden als auch bei Mitarbeitern, stellt sich die Frage nach möglichen Anreizen zum Eintritt in eine und Aufrechterhaltung einer Mitgliedschaft. „Individuen sind bereit, die Mitgliedschaft in einer Organisation zu akzeptieren, wenn ihre Tätigkeit in der Organisation direkt oder indirekt zu ihren eigenen persönlichen Zielen beiträgt" (Simon 1981, S. 141). Ein Beitrag ist dann als direkt anzusehen, wenn die für die Organisation gesetzten Ziele auch einen direkten persönlichen Wert für das Mitglied haben, wie in kirchlichen Organisationen. Dagegen handelt es sich um einen indirekten Beitrag, wenn die Organisation dem Mitglied persönliche Belohnungen für seine Leistungen anbietet, z. B. in Form des Arbeitsentgelts. Die indirekten Beiträge können des Weiteren entweder in einer direkten Beziehung zur Größe und zum Wachstum der Organisation stehen, z. B. in Form einer Erfolgsbeteiligung, oder aber unabhängig davon sein, wie generell die Grundlöhne von Mitarbeitern. Kunden erhalten dagegen Anreize der ersten Art in Form von direkten Beiträgen. Indes werden Mitarbeiter in Form von indirekten Bei-

---

[159] So gelten bei Dienstverträgen die Kündigungsfristen des § 621 BGB. Demnach beträgt die Kündigungsfrist je nach Vergütungsregelung einen Tag, eine Woche oder einen halben Monat (Vorbrugg/Berrar 1998, S. 72).

trägen motiviert, und dies zumeist unabhängig vom unternehmerischen Wachstum (Simon 1981, S. 142).

Das aktive Einsetzen von Anreizen zur gewünschten Steuerung des Verhaltens eines Individuums spricht nun machtpolitische Fragen der Beziehung des Unternehmens zum Mitarbeiter sowie zum Kunden an.[160] „Unter Macht soll die Fähigkeit eines Individuums A verstanden werden, ein Individuum B in irgendeiner Weise so zu beeinflussen, dass B ein von A gewünschtes Verhalten zeigt" (Ulrich/Fluri 1988, S. 23). Zur Beeinflussung benötigt A allerdings eine Machtbasis bzw. Machtmittel. Diese können negativer (negative Sanktionen wie Bestrafungen) oder positiver Art (positive Sanktionen wie Belohnungen) sein. Des Weiteren ist wichtig, dass das Individuum B in Bezug auf diese Machtmittel auch Bedürfnisse hat (Wiswede 1995, S. 242).

Grundsätzlich kann Macht begründet sein in Bestrafung, Legitimität, Information, Expertentum, Identifikation und Belohnung (Nerdinger 1994, S. 95; Wiswede 1995, S. 242). Insbesondere öffentliche Institutionen wie Polizei, Schule und die öffentliche Verwaltung verfügen über Bestrafungsmacht („coercive power"), z. B. Ausübung von Druck sowie Ankündigung von Sanktionen, und Legitimitätsmacht („legitimate power"). Informationsmacht geht im Dienstleistungsbereich eng einher mit der Expertenmacht („expert power"), die sich auf Fachkompetenz, Sachverstand und Expertenwissen gründet. Identifikationsmacht („reference power") im Sinne einer Vorbildwirkung tritt bevorzugt bei psychotherapeutischen Dienstleistungen auf (Nerdinger 1994, S. 95 f.). Belohnungen erfolgen im Dienstleistungsbereich dagegen v. a. durch das Entrichten des Kaufpreises[161] durch den Kunden („reward power").[162] Damit lassen sich als zwei zentrale Machtressourcen im Dienstleistungsbereich die Belohnung und das Expertentum ansehen (Nerdinger 1994, S. 96).

---

[160] Grundsätzlich können drei Arten von Macht unterschieden werden, die auch der Klassifikation von Organisationen dienen. Demnach lassen sich Organisationstypen danach klassifizieren, ob sie auf Zwang (z. B. Gefängnisse und Anstalten), wirtschaftlichem Nutzen oder normativen Belohnungen (z. B. Kirchen und soziale Verbände) beruhen (Ringlstetter 1997, S. 21-23; Schein 1980, S. 72 f.).

[161] Die Möglichkeit der Androhung einer Schmälerung des Kaufpreises oder des gänzlichen Verlusts durch Abwanderung kann als Deprivationsmacht des Kunden bezeichnet werden. Diese ist somit eher der Bestrafungsmacht zuzurechnen.

[162] Als weitere Belohnungsform kann auch das Aussprechen von Lob und Wertschätzung angesehen werden; siehe dazu die Rolle des Kunden als Substitute for Leadership (Unterabsatz 2.5.2.1.3).

Geld spielt als Belohnungsfaktor bzw. Austauschfaktor eine erstrangige Rolle, denn es ist ein fast universelles Mittel der Bedürfnisbefriedigung (Schanz 1992a, Sp. 410). Mit Geld können prinzipiell alle primären Bedürfnisse eines Individuums, z. B. Hunger und Schutz vor Kälte, befriedigt werden. Aber auch ein großer Teil der sekundären Bedürfnisse, z. B. Macht und Anerkennung, kann über Geld erzielt werden. Zudem ist mit Geld eine Ausdehnung des eigenen Handlungsspielraums möglich. Wer im Besitz von Geld ist, dies gilt sowohl für Individuen als auch Organisationen, ist bis zu einem gewissen Grad unabhängig von drohenden Umweltereignissen. Er kann sogar zum Teil die eigene Umwelt beeinflussen, steuern und damit kontrollieren (Wiswede 1995, S. 158 f.). Wer also Geld besitzt, verfügt über Steuerungs- und Kontrollmöglichkeiten. Wendet man diesen Umstand auf die zu betrachtenden Beziehungen an, so lässt sich feststellen, dass einerseits der Kunde Macht über das Unternehmen (Geld gegen Dienstleistung) und andererseits das Unternehmen Macht über die Mitarbeiter hat (Geld gegen Arbeitsleistung) (Schanz 1993, S. 8).

Der Kunde ist durch seine besondere Fähigkeit zu belohnen in vielen Situationen gegenüber dem Dienstleister der Mächtigere. Eine Dichotomie im Sinne, dass Kunden allerdings immer machtvoll und Dienstleister demgegenüber stets machtlos sind, ist jedoch zu pauschal. Der Gegenpol zur Belohnungsmacht stellt die, bereits oben kurz beschriebene, Expertenmacht (Schulze 1992, S. 68) dar. Hier erscheinen die Dienstleister als die Mächtigeren in der Beziehung, z. B. Ärzte und Lehrer (Parsons 1970, S. 5). Dies drückt sich u. a. in den Rollenzuweisungen aus: Ärzte sind die Experten, Patienten wird die Laienrolle zugewiesen (Nerdinger 1994, S. 97). Dementsprechend unterscheidet Langeard (1981, S. 236) in der Beziehung der Kunden zum Dienstleistungsunternehmen zwischen dominanten Kunden, z. B. ein Kunde im Luxushotel, und dominierten Kunden, z. B. ein Patient im Krankenhaus.[163]

Das Pendant - nur auf Unternehmensseite - findet sich bei Parsons (1970, S. 5 f.), der auf „dominant professions" hinweist. Diese Dichotomie ist ebenso bei Thompson (1962, S. 310) anzutreffen, der gleichermaßen auf die Existenz eines Kontinuums aufmerksam macht. Er unterscheidet nach dem „degree of non-member discretion" (Thompson 1962, S. 310) in „mandatory interaction" und „optional interaction". Ex-

---

[163] Die eindeutige Zuordnung von Kundentypen zu dominanten bzw. dominierten Kunden kann in
dieser absoluten Art jedoch nicht überzeugen (Corsten 1985, S. 219).

tremausprägungen sind Strafgefangene versus Kaufhauskunden. Der Grad der Dominanz hängt zu einem gewissen Maße von dem der Interaktion zugrunde liegenden Tauschprinzip ab. Baut die Beziehung zwischen Dienstleister und Kunde auf einem indirekten Tauschvorgang auf, d. h. bezahlt der Kunde den Dienstleister nur indirekt über eine Drittinstitution, z. B. einen Arzt über die Krankenkasse, so verringert sich infolgedessen die Einflussmöglichkeit des Kunden auf den Dienstleistungserbringer, da dieser nicht über den erwünschten Tauschwert (Gegenleistung) verfügt (Nerdinger 1994, S. 63).

Nach dieser sehr ausführlichen Schilderung, die vorgenommen wurde, da in der Literatur bisher eher eine partikularisierte Diskussion von Machtverhältnissen zwischen Unternehmen und Kunde vorherrscht, kann die Beschreibung des Machtverhältnisses zwischen Unternehmen und Mitarbeitern relativ knapp ausfallen und zur Vertiefung auf die einschlägige Literatur hingewiesen werden. Zunächst einmal besteht eine Asymmetrie in der Beziehung zwischen Unternehmen und Mitarbeiter, da es dem Unternehmen als Arbeitgeber vorbehalten ist, einen (potentiellen) Mitarbeiter einzustellen oder nicht, während die Arbeitstätigkeit für den Mitarbeiter die Grundlage seiner materiellen Existenz darstellt. Damit ist dessen Entscheidungsfreiheit erheblich eingeschränkt (Hetzler 1992, Sp. 100). Zudem kann von einem Abhängigkeitsverhältnis gesprochen werden, da sich der Mitarbeiter mit dem Arbeitsvertrag verpflichtet, eine begrenzte Herrschafts- bzw. Verfügungsgewalt des arbeitgebenden Unternehmens anzuerkennen (Hetzler 1992, Sp. 103). Ein wesentliches Merkmal und gleichzeitig Abgrenzungskriterium zum (selbständigen) Dienstvertrag ist die Leistung abhängiger, unselbständiger sowie weisungsgebundener Arbeit (Hoyningen-Huene 1992, Sp. 415). Ein Mitarbeiter leistet demzufolge fremdgeplante, fremdbestimmte und zudem von fremder Risikobereitschaft getragene Arbeit (Hoyningen-Huene 1992, Sp. 416).

Unternehmen können über Tadel, Androhung, Entlassung oder Versetzung negative Anreize gegenüber Mitarbeitern geltend machen, während Anerkennung, Beförderung und Lohnerhöhung Beispiele für positive Anreize darstellen (Ulrich/Fluri 1988, S. 24). Schon an dieser Aufzählung der Anreizformen lässt sich ablesen, dass die Anreizpotentiale des Unternehmens gegenüber den Mitarbeitern weitaus höher sind als gegenüber den Kunden (Grund 1998, S. 48; Swartz/Bowen/Brown 1992, S. 6).

Dies bedeutet, dass das Kundenverhalten dementsprechend schwieriger zu steuern ist als das Mitarbeiterverhalten (Rafiq/Ahmed 1992, S. 188; Swartz/Bowen/Brown 1992, S. 6). Ein Dienstleister hat so gut wie keine Möglichkeit,[164] das Verhalten der Kunden mit Machtmitteln zu beeinflussen.[165] Dies liegt auch im Abhängigkeitsverhältnis begründet. Grundsätzlich kann argumentiert werden, dass die einzelne Kundenbeziehung dem Unternehmen relativ unwichtig ist (Grund 1998, S. 40). Sie erscheint für das Dienstleistungsunternehmen problemlos substituierbar (Bruhn/Grund 1999, S. 502; Grund 1998, S. 40), da der einzelne Kunde in der Gesamtheit der Kunden untergeht. Ob ein Kunde dem Unternehmen treu bleibt oder nicht, spielt in der Summe der unterhaltenen Kundenbeziehungen nur eine untergeordnete Rolle. Damit erscheint das Unternehmen in einer besseren Position zu sein als der Kunde.

Dennoch ist diese Aussage zu relativieren. Aufgrund der stark zunehmenden Wettbewerbsintensität im Dienstleistungssektor sind Unternehmen an der Bindung von Kunden sehr interessiert. Dies belegen die intensiven Aktivitäten der Unternehmen im Bereich des Kundenbindungsmanagements. Demgegenüber fällt es den Kunden in Käufermärkten sehr leicht, den Dienstleistungsanbieter zu wechseln, da sie auch eine breite Spanne verschiedenster Dienstleister zur Auswahl haben. Damit ist zwar prinzipiell eine Substituierbarkeit auf beiden Seiten gegeben, die Abhängigkeit aber auf Seiten der Unternehmen größer (Bruhn/Grund 1999, S. 503; Grund 1998, S. 40).

Determiniert von verschiedenen Faktoren, wie z. B. Arbeitsmarktlage und Spezialisierungsgrad des Mitarbeiters, kann der Abhängigkeitsgrad sowohl auf Seiten des Unternehmens als auch des Mitarbeiters höher sein. Im Normalfall, d. h. ein Mitarbeiter verfügt über eine durchschnittliche Qualifikation, ist die Abhängigkeit des Mitarbeiters vom Unternehmen höher als umgekehrt. Ein Bankschalterangestellter wird größere Schwierigkeiten haben, eine neue Stelle zu finden, als es einer Bank Probleme bereitet, die Stelle neu zu besetzen.

---

[164]   Sieht man einmal von speziellen Dienstleistungen, wie ärztlichen oder schulischen Leistungen, ab.

[165]   Die schwierige Steuerbarkeit des Kundenverhaltens im Vergleich zum Mitarbeiterverhalten spiegelt sich schon seit längerem in der wissenschaftlichen Diskussion zum externen Faktor wider: „Bekanntlich kann über Kunden, Patienten, Gäste, Klienten usw. nicht annähernd frei disponiert werden wie über die sonstigen zum Einsatz kommenden Produktionsmittel" (Berekoven 1986, S. 29). Auch Corsten (1986, S. 31) sieht den entscheidenden Unterschied zwischen Kunden als externen Faktoren und Mitarbeitern als internen Produktionsfaktoren darin, „daß sich der externe Faktor der autonomen Disponierbarkeit durch den Produzenten entzieht" (siehe auch Engelhardt 1990, S. 281; Stuhlmann 1999, S. 26).

4.2.2.4 Entwicklungsrelevante Unterschiede in den Beziehungen

Aus den unterschiedlichen Ausprägungen der Merkmale von Unternehmens-Kunden- im Vergleich zu Unternehmens-Mitarbeiter-Beziehungen leiten sich Implikationen für die Gestaltung der Kundenentwicklung ab, die im Folgenden erörtert werden.

Ein grundsätzlicher Unterschied der Mitgliedschaft von Kunden im Vergleich zu der von Mitarbeitern liegt im erwarteten Zeithorizont der jeweiligen Beziehung. Mitarbeiterbeziehungen sind im Vergleich zu Kundenbeziehungen langfristiger ausgerichtet. Von beiden Parteien, d. h. sowohl vom Unternehmen als auch vom Mitarbeiter wird eine mittel- bis langfristige Mitgliedschaft erwartet bzw. angestrebt. Zudem ist der Anteil der Zeit, die Mitarbeiter als Unternehmensmitglieder verbringen, bei weitem höher als der von Kunden. Damit spielen Karriereaspekte und folglich persönliche Entwicklungsmöglichkeiten für die Mitarbeiter eine zentrale Rolle. Die Motivation der Kunden fällt im Vergleich hierzu grundsätzlich niedriger aus.[166]

Hand in Hand mit der längerfristigen Ausrichtung der Personalmitgliedschaft geht ein höherer Identifikationsgrad von Mitarbeitern dem Unternehmen gegenüber einher (Goodwin 1988, S. 73). Zumeist fühlen sich die Mitarbeiter dem Unternehmen gegenüber stärker verpflichtet als die Kunden. Folglich ist die Beziehung von Unternehmen zum Mitarbeiter durch eine relativ hohe Bindungsintensität gekennzeichnet. Die Bedeutung, die ein Individuum seiner Käuferrolle im Vergleich zur Mitarbeiterrolle zumisst, fällt demgegenüber viel geringer aus. Damit ist auch die Bereitschaft, Ressourcen für das Erlernen neuer Verhaltensmuster im Rahmen der Käuferrolle aufzubringen, schwächer ausgeprägt als im Rahmen der Mitarbeiterrolle (Goodwin 1988, S. 76). Während also Mitarbeiter zu hohen Lerninvestitionen bereit sind, ist dies beim Kunden nicht (unbedingt) der Fall.

Aber nicht nur aus der Perspektive des Kunden ist eine niedrigere Entwicklungsintensität angebracht. Aufgrund der vergleichsweise nur kurzen Integrationsdauer der Kunden als Partial employees sind die Möglichkeiten der Dienstleistungsunterneh-

---

[166] In Abhängigkeit von verschiedenen Faktoren, z. B. dem Involvement des Kunden, kann die Motivation prinzipiell auch relativ hoch sein. Als Beispiel sei auf den Gesundheitsbereich hingewiesen.

men, die Kunden zu trainieren und insbesondere die hieraus erwachsenden Kosten wiederzugewinnen, relativ beschränkt (Goodwin 1988, S. 72; Mills/Morris 1986, S. 728). Demgegenüber kann bei einer Personalmitgliedschaft von einer für die Entwicklungsmaßnahmen angemessenen Zeitspanne ausgegangen werden. Zudem lässt die Langfristigkeit der Personalmitgliedschaft eine ausreichende Amortisationsdauer vermuten (Mills/Morris 1986, S. 728). Letztlich können bei der Personalentwicklung größere Investitionen, z. B. in Ausbildung oder Weiterbildung, zudem vertraglich abgesichert werden. Damit gewinnt in Bezug auf die Kundenentwicklung als Alternative die Unterstützung eines selbstorganisierten Lernens an Bedeutung. Im Sinne des Unternehmens sind damit Prozesse der Selbstentwicklung des Kunden zu fördern.

Besonders wichtige Implikationen ergeben sich für die Kundenentwicklung aus dem unterschiedlichen Machtverhältnis. Zwar gilt als ein zentraler Grundsatz der Personalentwicklung die Schaffung eines partnerschaftlichen Verhältnisses zwischen Unternehmen und Mitarbeiter. Aufgrund der weitaus besseren Machtposition des Unternehmens im Vergleich zum Mitarbeiter ist allerdings die Personalentwicklung oftmals durch diese Machtasymmetrie geprägt. So kann der Mitarbeiter auch bei Desinteresse zur Teilnahme an Personalentwicklungsmaßnahmen gedrängt werden. Demgegenüber muss ein Unternehmen aufgrund des Machtgleichgewichts bzw. der sogar ausgeprägteren Kundenmacht die Interessen der Kunden bei der Gestaltung von Entwicklungsmaßnahmen stärker berücksichtigen.

Geringe bzw. keine Wechselbarrieren auf Seiten der Kunden gehen einher mit dem Problem der Abwanderung von Know-how. Vermittelt ein Dienstleistungsunternehmen allgemeine Qualifikationen an den Kunden, können diese vom Kunden auch anderweitig genutzt werden, d. h. es ist prinzipiell möglich, dass diese einem Konkurrenten zugute kommen („Free-rider"-Problematik) (Meer 1984, S. 135). Daher ist die Vermittlung von generellen bzw. branchenspezifischen Qualifikationen äußerst problembehaftet (siehe auch Unterabsatz 3.2.1.1.4). Damit spielt die Vermittlung firmenspezifischer Integrationsqualifikationen die entscheidende Rolle bei der Kundenentwicklung. Kundentrainings sind häufig sehr spezifisch (Meer 1984, S. 136) und oftmals auf die einzelne Dienstleistung bezogen. Im Gegensatz hierzu geht die Personalentwicklung weg vom Lückenkonzept hin zu einer potentialorientierten Qua-

lifizierung (Becker, F. G. 1999, S. 280). Die Vermittlung von generellen Kompetenzen, so genannten Schlüsselqualifikationen, gewinnt für Unternehmen an Bedeutung,[167] da diese sowohl die unternehmerische Flexibilität erhöhen als auch vom Mitarbeiter aufgrund einer damit einhergehenden höheren Einsatzfähigkeit positiv bewertet werden (Sattelberger 1998, S. 13).[168]

Abbildung 37 vermittelt einen abschließenden Überblick über entwicklungsrelevante
Unterschiede.

Merkmale	Personalentwicklung	Kundenentwicklung
Motivation zur Teilnahme an Entwicklungsmaßnahmen	Hoch	Eher niedrig
Bereitschaft für Lerninvestitionen	Bei Unternehmen und Mitarbeiter hoch bis sehr hoch	Bei Unternehmen und Kunden gering bis mittelhoch
Berücksichtigung der Interessen des teilnehmenden Individuums	Empfehlenswert	Notwendig
Qualifikationen	Hohe Relevanz genereller Kompetenzen	Hohe Relevanz firmenspezifischer Kompetenzen

Abb. 37:   Entwicklungsrelevante Unterschiede
Quelle: Eigene Überlegungen.

4.3   Kundenentwicklung als Management der integrationsgerechten Qualifizierung von Kunden - Ein Überblick über das Gesamtkonzept

Dienstleistungsunternehmen stehen vor der Herausforderung, die Kunden aktiv zu
qualifizieren (Bowers/Martin/Luker 1990, S. 63). Zur Umsetzung dieses Grundgedankens der Kundenentwicklung bedarf es der systematischen Analyse, Planung,
Durchführung und Kontrolle der integrationsgerechten Qualifizierung von Kunden.
Dies ist die Aufgabe eines Managements der Kundenentwicklung im Dienstleistungsbereich. Damit wird der Prozesscharakter des Kundenentwicklungsmanage-

---

[167] Eine empirisch erhobene Rangliste von Schlüsselqualifikationen findet sich bei Hugle (1998, S. 1).
[168] Siehe zu diesem neueren Verständnis der Personalentwicklung auch das Konzept der Employabi-
lity, d. h. Erhöhung der Beschäftigungsfähigkeit der Mitarbeiter (Becker, M. 1999, S. 6 und S. 120;
Hugle 1998, S. 3 f.; Sattelberger 1998, S. 12 f.).

ments im Rahmen der Arbeit sehr stark betont.[169] Sämtliche Aufgaben und Aktivitäten der Kundenentwicklung können als eindeutig identifizierbarer Prozess der Willensbildung und -durchsetzung (Managementprozess; Meffert 2000, S. 13 f.) charakterisiert werden.

Ein Kundenentwicklungsmanagement setzt sich aus verschiedenen Phasen zusammen, wobei die Kernphasen des Konzepts der Kundenentwicklung in Abbildung 38 dargestellt sind.[170]

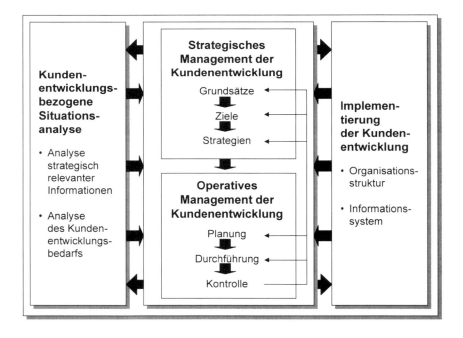

Abb. 38:   Phasenkonzept des Managements der Kundenentwicklung
Quelle: Eigene Überlegungen.

---

[169]   Neben der prozessorientierten Strukturierung des Managements ist gleichermaßen eine Gliederung der Managementfunktionen nach sachbezogenen Aufgabenbereichen wie Planung, Organisation, Kontrolle und Personalführung möglich (siehe Köhler 1995, Sp. 1599).

[170]   Es muss jedoch darauf hingewiesen werden, dass innerhalb des Phasenkonzepts auf den Einbau iterativer Rückkopplungsschleifen zwischen den einzelnen Phasen zu achten ist (Wiedmann/Kreutzer 1989, S. 68 f.; siehe auch Dill/Hügler 1997, S. 160 f.).

Dabei wird im Folgenden unter einer Kundenentwicklungs-Konzeption ein umfassender gedanklicher Entwurf verstanden, der sich an anzustrebenden Zielen orientiert, für deren Realisation geeignete Strategien bestimmt und auf ihrer Grundlage adäquate Kundenentwicklungsinstrumente festlegt (in Anlehnung an die Definition einer Marketing-Konzeption; siehe Becker 1998, S. 5). Ein Kundenentwicklungskonzept stellt insofern im Kern eine schlüssige Kombination von Zielen, Strategien und Maßnahmen der Kundenentwicklung dar, die für Wissenschaft und Praxis von Relevanz ist.

Auf einer normativen Ebene geht es um den Einbezug der Kundenentwicklung in das unternehmerische Leitbild und die Formulierung von Grundsätzen der Kundenentwicklung. Diese stellen den Rahmen für strategische Überlegungen dar, insbesondere für die Ausarbeitung der Ziele und Strategien der Kundenentwicklung, welche die formulierten Grundsätze mit Leben füllen sollen. Im Mittelpunkt des strategischen Managements der Kundenentwicklung steht folglich die prinzipielle und langfristige Ausgestaltung der Kundenentwicklung. Ausgangspunkt für den Entwurf einer Kundenentwicklungskonzeption ist die vorherige sorgfältige Analyse des relevanten strategischen Kontexts zur Schaffung einer geeigneten Informationsbasis. Das strategische Management der Kundenentwicklung darf nicht isoliert zur strategischen Unternehmens- und Marketingplanung gesehen werden, sondern in Abstimmung mit dieser. Damit ist die strategische Planung der Kundenentwicklung in die strategische Unternehmens- und Marketingplanung einzubetten.

Darüber hinaus müssen phasenübergreifend verschiedene unterstützende Rahmenbedingungen als Voraussetzung einer erfolgreichen Implementierung geschaffen werden (zum Aspekt der Implementierung siehe u. a. Kotler 1999, S. 154; Meffert 2000, S. 1101-1122; Raffée/Fritz/Wiedmann 1994, S. 51). Nicht nur der Kunde als Individuum soll sich entwickeln, sondern auch die materiellen, sozialen und organisatorischen Rahmenbedingungen, unter denen Interaktionen mit dem Unternehmen stattfinden (in Anlehnung an Neuberger 1994, S. 12). Damit gewinnen insbesondere Aspekte der Gestaltung der Organisationsstruktur, der Unternehmenskultur(en) sowie der Informations- und Kommunikations-Systeme (Bowers/Martin/Luker 1990, S. 62) an Bedeutung (Becker 1995, Sp. 2422 f.; Kotler 1999, S. 154; Meffert 2000, S. 1103).

Als ein Verbindungsglied zwischen dem strategischen und operativen Management der Kundenentwicklung, und damit auch als phasenübergreifender Managementaspekt, fungiert die Analyse des Kundenentwicklungsbedarfs. Eine detaillierte Analyse der Notwendigkeit des Einsatzes von Kundenentwicklungsaktivitäten hat sich sowohl an den strategischen Erfordernissen als auch an den operativen Integrationsaufgaben bzw. Rollen der Kunden auszurichten. Dieser Bedarf an Integrationsqualifikationen stellt sodann den Ausgangspunkt und die Richtgröße für alle weiteren Kundenentwicklungsaktivitäten dar. Anhand dessen kann eine detaillierte Planung der Kundenentwicklungsmaßnahmen erfolgen. Im Anschluss an die Durchführung der Aktivitäten sind diese zu kontrollieren. Eine Kontrolle der Kundenentwicklung sollte sich allerdings nicht nur auf die Beurteilung der Instrumente beschränken, sondern gleichermaßen sämtliche operativ und strategisch relevanten Aspekte überwachen und gegebenenfalls Anpassungsmaßnahmen initiieren.

Letztendlich sind strategisches und operatives Kundenentwicklungsmanagement nicht isoliert voneinander zu sehen, sondern bedürfen einer engen Verzahnung (Köhler 1995, Sp. 1602). Ein schlüssiges Kundenentwicklungskonzept benötigt aufeinander abgestimmte Entscheidungen sowohl auf strategischer als auch operativer Ebene (Becker 1995, Sp. 2413 f.).

Ein Konzept der Kundenentwicklung im Dienstleistungsbereich soll auf der normativen Ebene die Unternehmensleitung zum Bekenntnis einer dauerhaften und systematischen Qualifizierung der Kunden bewegen. Mit der schriftlichen Niederlegung in Form der Aufnahme der Kundenentwicklung als unternehmerische Leitlinie sind alle Mitarbeiter mit Kundenkontakt aufgefordert, sich aktiv um die Qualifizierung der Kunden zu kümmern. Zudem ist es ein Signal an die Kunden, dass sie alle notwendigen Qualifikationen erhalten, um sich adäquat an der Leistungserstellung zu beteiligen. Diese normativen Aspekte spiegeln sich auf der operativen Ebene in einer methodischen Vorgehensweise wider. Damit wird sichergestellt, dass die Entwicklung der Kunden nach einheitlichen Standards und mit wirkungsvollen Maßnahmen durchgeführt wird.

Abschließend kann konstatiert werden, dass sich die Arbeit strukturell auf der strategischen Ebene relativ stark am strategischen Management und der strategischen

Personalentwicklung orientiert. Dagegen überwiegt auf der operativen Strukturierungsebene die Ausrichtung am Phasenmodell der Personalentwicklung (siehe Absatz 4.2.1.3).

5 Strategisches Management der Kundenentwicklung im Dienstleistungsbereich

Das Konzept der Kundenentwicklung ist in das unternehmerische Strategiekonzept einzubinden und darf nicht isoliert von diesem betrachtet werden. Kundenentwicklung kann nur dann zur Erfüllung der Ziele von Dienstleistungsunternehmen beitragen, wenn sie sich an den übergeordneten Unternehmens- und Marketing-Grundsätzen, -Zielen und -Strategien orientiert.

Dementsprechend sind zunächst einmal die entsprechenden strategischen Informationsgrundlagen zu beschaffen (Kapitel 5.1), bevor Grundsätze der Kundenentwicklung erarbeitet werden können (Kapitel 5.2). Aus diesen leiten sich sodann die Ziele der Kundenentwicklung im Dienstleistungsbereich ab (Kapitel 5.3). Um diese zu erreichen, bedarf es des Einsatzes entsprechend ausgelegter Strategien (Kapitel 5.4). Da Kundenentwicklung jedoch nicht nur Chancen für ein Unternehmen bietet, sondern gleichermaßen mit Risiken einher geht, werden abschließend mögliche Gefahren und Grenzen der Kundenentwicklung im Dienstleistungsbereich vorgestellt (Kapitel 5.5).

5.1 Informationsgrundlagen des strategischen Managements der Kundenentwicklung im Dienstleistungsbereich

Als Einstieg in dieses Kapitel zeigt Abschnitt 5.1.1 die Relevanz der Ermittlung einer adäquaten strategischen Informationsgrundlage auf. Daran anknüpfend wird ein kurzer Überblick über die weiteren Inhalte des Kapitels geliefert. Während sich Abschnitt 5.1.2 zunächst der Analyse der kundenbezogenen Unternehmenskultur und -philosophie widmet, beschäftigt sich Abschnitt 5.1.3 daran anknüpfend mit möglichen kundengerichteten Integrationszielen und -strategien.

5.1.1 Relevanz und Überblick über die Ermittlung einer adäquaten strategischen Informationsgrundlage

Die Auseinandersetzung mit den Absatzmärkten und demgemäß mit den Kunden ist eine zentrale Aufgabe jedes Unternehmens. Aus diesem Grund wird ein Konzept der Kundenentwicklung nicht in einen „luftleeren Raum" hineingeboren, sondern entsteht in einem unternehmensspezifischen strategischen Kontext. Von daher ist es für ein strategisches Management der Kundenentwicklung im Dienstleistungsbereich wichtig, auf strategische Impulse aus der Unternehmensführung, dem Marketing oder anderen betrieblichen Funktionsbereichen, wie dem Dienstleistungsinnovationsmanagement, adäquat zu reagieren und zu deren Umsetzung beizutragen. Darüber hinaus muss eine strategisch ausgerichtete Kundenentwicklung im Dienstleistungsbereich gleichermaßen initiativ agieren. Dazu gilt es, die für die Kundenentwicklung zentralen Faktoren zu identifizieren und entsprechende Entscheidungen zu treffen. Kundenentwicklung im Dienstleistungsbereich wird dementsprechend strategisch-gestaltend tätig (in Anlehnung an Weber/Klein 1992, Sp. 2144 f.).

Da im Fokus dieses fünften Teils der Arbeit die Formulierung von Grundsätzen, Zielen und Strategien der Kundenentwicklung im Dienstleistungsbereich steht, und diese wie beschrieben idealiter aus den Unternehmens- und Marketing-Grundsätzen, -Zielen sowie -Strategien abzuleiten sind, sollen in diesem informatorischen Grundlagenkapitel lediglich die unternehmensinternen jedoch nicht die unternehmensexternen Rahmenfaktoren[171] betrachtet werden. Da sich das Management der Kundenentwicklung um die Zielgruppe der Kunden kümmert, konzentriert sich die Analyse dabei auf die kundenbezogenen strategischen Faktoren. Gerade im Dienstleistungsbereich spielt der Kunde aufgrund des konstitutiven Merkmals der Integrativität eine wichtige Rolle bei der Strategieformulierung (Laib 1998, S. 519) und dementsprechend bei der Positionierung eines Unternehmens (Haedrich 1998, S. 282 f.).

---

[171] Die unternehmensexternen Faktoren wirken sich unmittelbar auf den Kundenentwicklungsbedarf und erst mittelbar auf die Grundsätze, Ziele und Strategien der Kundenentwicklung im Dienstleistungsbereich aus. Daher werden diese in Teil 6 der Arbeit, der sich der Bestimmung des Kundenentwicklungsbedarfs widmet, analysiert.

Daher werden zunächst in Abschnitt 5.1.2 die kundenbezogene Unternehmenskultur und -philosophie analysiert, da diese als Rahmenbedingungen der Generierung von Grundsätzen der Kundenentwicklung angesehen werden können. Hiernach erfolgt eine Betrachtung der verschiedenen kundengerichteten Integrationsziele und -strategien, die von immenser Bedeutung für die Ausgestaltung des strategischen Managements der Kundenentwicklung im Dienstleistungsbereich sind (Abschnitt 5.1.3). Allerdings sollte Kundenentwicklung nicht nur als eine abzuleitende Größe aus den kundengerichteten Integrationszielen und -strategien angesehen werden (derivativer Charakter der Kundenentwicklung). Sie ist von Beginn an in strategische integrationsgerichtete Überlegungen einzubeziehen und sollte diese aktiv mitgestalten (originärer Charakter der Kundenentwicklung). Die Handlungsspielräume zur Formulierung und Realisierung integrationsbezogener Ziele und Strategien hängen gerade auch von den Integrationsqualifikationen und den -qualifikationspotentialen der Kunden ab.

5.1.2   *Analyse der kundenbezogenen Unternehmenskultur und -philosophie*

Ein nicht zu unterschätzender Einflussfaktor auf die Gestaltung und Realisierung der Kundenentwicklung ist die Unternehmenskultur und -philosophie des Dienstleisters. In Anlehnung an Heinen/Dill (1986, S. 207) wird unter der Unternehmenskultur einer Dienstleistungsorganisation die Gesamtheit der gemeinsamen Wert- und Normenvorstellungen sowie geteilter Denk- und Verhaltensmuster verstanden, welche die Entscheidungen, Handlungen und Aktivitäten aller Mitarbeiter des Dienstleistungsunternehmens prägen (siehe auch Heinen 1997, S. 2).[172] Dabei lassen sich drei Ebenen der Unternehmenskultur unterscheiden, die in ihrer Wahrnehmbarkeit und verhaltenssteuernden Wirkung in einer diametralen Beziehung zueinander stehen (siehe Abbildung 39). So zeichnen sich Artefakte, wie Mythen, Rituale und Bekleidungsvorschriften, durch eine hohe Wahrnehmbarkeit, z. B. erkennbar in der Gestaltung des Front office, und demgegenüber eine niedrige verhaltenssteuernde Wir-

---

[172] Allerdings bildet sich gleichermaßen die Unternehmenskultur aus dem Verhalten der Unternehmensmitglieder, weshalb von einer reziproken Beziehung gesprochen werden kann (Scholz 1988, S. 81).

kung aus. Etwas stärker verhaltenswirksam zeigen sich Werte. Am stärksten wirken sich Grundannahmen auf das Verhalten von Unternehmensmitgliedern aus.

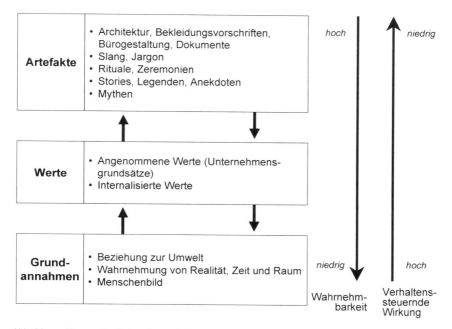

Abb. 39:   Ebenen der Unternehmenskultur
Quelle: In Anlehnung an Scholz 1988, S. 83.

Von der Unternehmenskultur geht eine integrierende Kraft aus, die gerade für Dienstleistungsunternehmen von Relevanz ist (Wohlgemuth 1989, S. 342). Insbesondere die Art und Weise der Kunden-Mitarbeiter-Interaktionen wird stark durch die impliziten Werte und Normen eines Dienstleistungsunternehmens geprägt (Wohlgemuth 1989, S. 341). Die Unternehmenskultur wirkt sich folglich auch auf die innere Einstellung der Unternehmensleitung und der Angestellten zu der Implementierung eines Kundenentwicklungsmanagements positiv oder negativ aus. Dementsprechend ist vom Unternehmensmanagement zu erfassen, ob die aktuell gelebten Werte und Normen den Anforderungen zur Implementierung des Konzeptes der Kundenentwicklung genügen oder durch geeignete Maßnahmen zu modifizieren sind (Dill/Hügler 1997, S. 166; Meffert 1998, S. 133). Eine Voraussetzung hierfür ist, dass die unternehmerischen Wertvorstellungen und Grundannahmen explizit bewusst gemacht werden (Ulrich/Fluri 1988, S. 50).

Ein normatives Feld, das im Kontext der Unternehmenskultur sehr nachlässig behandelt wird, ist die Diskussion über das im Unternehmen vorherrschende (implizite) Menschenbild vom Kunden (kurz: Kundenbild). Dieses prägt den grundsätzlichen Umgang eines Dienstleistungsunternehmens mit den Kunden. Kundenbilder lassen sich als eine spezielle Art von Menschenbildern angesehen, womit sie als Grundannahme der Unternehmensmitglieder zur grundlegendsten Ebene der Unternehmenskultur gehören (Scholz 1988, S. 83; Schreyögg 1993, S. 314 f.). Grundsätzlich stellen Menschenbilder als sozialpsychologisches Phänomen Einstellungen von Menschen gegenüber anderen Menschen dar (Schanz 1993, S. 56). Gerade bei Beteiligten im wirtschaftlichen Prozess, d. h. Praktikern, sind diese zumeist impliziter Natur (Schanz 1992b, S. 6; Wiswede 1995, S. 36). Bezogen auf Kundenbilder handelt es sich dementsprechend um Ansichten, Annahmen oder Vorstellungen des Managements bzw. der Mitarbeiter über grundlegende Eigenheiten bzw. Persönlichkeitsmerkmale der Kunden. Sie dienen dem Management bzw. den Mitarbeitern als Mittel der Komplexitätsreduktion und determinieren damit auch die unternehmerische Planung und Ausgestaltung der Kundenbeteiligung.

In der Literatur finden sich verschiedenste Differenzierungen von Menschenbildern (Bühner 1997, S. 318-325; Ringlstetter/Kniehl 1995, S. 148 f.; Schanz 1993, S. 57-61). Als eine der ersten und prägendsten gilt die Unterscheidung von McGregor (1960).[173] Da sich dessen polarisierende Formulierung von Menschenbildern in der Dienstleistungsmarketing-Literatur wiederfindet (Bowen 1986, S. 381) und sich vor allem in Aussagen von Praktikern widerspiegelt, wird dieser Systematisierungsansatz zur grundlegenden Unterscheidung von Kundenbildern herangezogen. McGregor differenziert zwischen Theorie X (McGregor 1960, S. 33-44) und Theorie Y (McGregor 1960, S. 45-57). Nach Theorie X ist der Durchschnittsmensch arbeitsscheu, meidet Verantwortung, hat keinen Ehrgeiz und strebt nach Sicherheit (McGregor 1960, S. 33 f.). Zudem stehen dessen Individualziele im Kontrast zu den Organisationszielen. Als unternehmerische Konsequenz hieraus folgen sowohl eine ständige Kon-

---

[173] Eine weitere, gängige Unterscheidung stammt von Schein (1980, S. 77-101).

trolle als auch das systematische Anbieten von Anreizen und Sanktionen, um diesen zu einer angemessenen Arbeitsleistung im Sinne der Organisation zu bewegen. Dagegen bildet nach Theorie Y Arbeit für den Menschen einen natürlichen Bestandteil seines Lebens. Der Durchschnittsmensch sucht Verantwortung und entwickelt Eigeninitiative. Zudem besteht grundsätzlich keine Unvereinbarkeit zwischen Individual- und Organisationszielen (McGregor 1960, S. 47 f.).

Aber nicht nur innerhalb der Belegschaft lassen sich zwei verschiedene Typen von Mitarbeitern und dementsprechend Menschen- bzw. Mitarbeiterbildern finden. Auch die Kunden unterscheiden sich bezüglich ihres (vom Management bzw. Mitarbeiter wahrgenommenen) Verhaltens. Folgende zwei Extremformen von Kundenbildern, d. h. von Verständnissen des Managements bzw. der Mitarbeiter vom Kunden und dessen Rolle, tauchen in der Literatur zum Dienstleistungsmarketing auf (siehe Abbildung 40): der Kunde als Störfaktor („disruptive force"; Bowen/Schneider 1985, S. 133) und als (potentielle) Ressource des Unternehmens bzw. des Service-Systems („potential contributor to the service system"; Bowen/Schneider 1985, S. 133; siehe auch Gouthier/Schmid 2001).

Nach dem grundlegenden Menschenbild der Theorie X sind Kunden durch ein sehr starkes Selbstinteresse gekennzeichnet und ausschließlich durch externe Anreize motivierbar (Bowen 1986, S. 381). Kunden werden dabei vom Management eines Dienstleistungsunternehmens als heimtückisch, unverschämt, arrogant, unvernünftig und egoistisch angesehen (Bailey 1994, S. 36; Bowen 1986, S. 381; Grandt 1999, S. 12 f.). Sie sind ohne Mitleid, rachsüchtig und egozentrisch (Hinterhuber 1999, S. 6 f.). Diese Einstellung gipfelt in einem Kundenbild, das diesen als „Ekel" (Bergmann 1998, S. 103), „Ungeheuer" (Hinterhuber 1999, S. 7) oder gar „Alptraum" (Grandt 1999) beschreibt.[174] Die Folge hieraus ist, dass „many service businesses regard customers as pests to be screened out of the production process!" (Schneider/Bowen 1995, S. 88). Dieses Kundenbild ist in der Praxis, wie der Autor in persönlichen Gesprächen mit Service-Managern erfuhr, durchaus häufig anzutreffen. Allerdings wird ein solch negatives Kundenbild in Zeiten, in denen Kon-

---

[174] Siehe insbesondere Kapitel 3 der Monographie von Grandt (1999, S. 137-190), das folgendermaßen betitelt ist: „Über Psychopathen, Betrüger und Unfehlbare".

zepte wie Kundenorientierung, Kundenbindung und Kundennähe Hochkonjunktur
haben, öffentlich nicht bzw. kaum geäußert.[175]

Kriterien	Kunde als Störfaktor	Kunde als Ressource
Grundsätzliche Integrationsbereitschaft	Der Kunde lehnt eine Mitarbeit am Leistungserstellungsprozess weitestgehend ab.	Integration, d. h. Mitwirkung am Leistungserstellungsprozess, stellt für den Kunden grundsätzlich kein Problem dar.
Bereitschaft zur Erbringung von Zusatzleistungen	• Er hat keinerlei Ehrgeiz, sich über das absolut notwendige hinaus zu engagieren. • Der Kunde strebt nach vollkommener Sicherheit und ist nicht bereit, kreativ zu werden.	• Der Kunde entwickelt im Rahmen der Leistungserstellung eine gewisse Eigeninitiative. • Er ist ein Träger des Kreativitäts- und Flexibilitätspotentials der Organisation.
Zielbeziehung	Die Individualziele des Kunden stehen im Gegensatz zu den Zielen der Organisation. Daher muss der Kunde ständiger Kontrolle unterworfen und durch externe Anreize dazu bewegt werden, im Sinne der Organisation zu handeln.	Es besteht keine grundsätzliche Unvereinbarkeit zwischen Kunden- und Organisationszielen. Die Erfüllung von Organisationszielen durch den Kunden ist abhängig von der dadurch erreichten Erfüllung seiner Individualziele.
Verantwortungsbereitschaft	Der Kunde meidet Verantwortung. Er will und muss im Service-System streng geführt werden.	Der Kunde sucht Verantwortung, soweit er sich in der Lage sieht, ihr gerecht zu werden (Stichwort: Customer Empowerment; siehe Absatz 8.6.1.1).
Entwicklungsfähigkeit	Der Kunde ist nicht entwicklungsfähig.	Der Kunde ist entwicklungsfähig bzw. entwickelt sich weiter.

Abb. 40:   Kundenbilder im Dienstleistungsbereich
Quelle: Eigene Überlegungen.

Nach dem gedanklichen Ansatz der Theorie Y wären Kunden dagegen vertrauenswürdige Mitglieder des Unternehmens bzw. Service-Systems, die kreativ ihre Rollen gestalten und intrinsisch zur guten Mitarbeit motiviert sind (Bowen 1986, S. 381). Darüber hinaus entwickeln diese sogar u. U. eine gewisse Eigeninitiative im Sinne des Erbringens von Zusatzleistungen für das Dienstleistungsunternehmen (siehe Absatz 2.5.2.2). Dazu gehört z. B. auch das Einbringen von Ideen, Verbesserungsvorschlägen bis hin zu Innovationsvorschlägen, wodurch Rationalisierungs- und Kostensenkungsziele erreicht sowie das Marktrisiko gesenkt werden könnten (Hühn 2000, S. 535; Staudt 2000, S. 138).

---

[175] Mit diesem Umstand hat auch die Akzeptanz der Themen der Kundenausgrenzung (Tomczak/ Reinecke/Finsterwalder 2000, S. 401; siehe auch Bumbacher 2000, S. 425) und der Beendigung unerwünschter Kundenbeziehungen (Bencivenga 2000, S. 1) zu kämpfen.

Eine weitere wichtige Auffassung, die zusätzlich mit in das Kundenbild einfließt, ist die grundsätzliche Einstellung des Managements zur Entwicklungsfähigkeit ihrer Kunden. Gemäß den Ausführungen in Absatz 4.2.1.2 lassen sich prinzipiell folgende zwei konträre Auffassungen formulieren: Kunden sind oder sind nicht entwicklungsfähig.[176] Bezogen auf die oben beschriebenen Kundenbilder, lässt sich vermuten, dass bei der Auffassung des Kunden als Störfaktor dieser wohl eher als nicht entwicklungsfähig angesehen wird. Gilt der Kunde dagegen als Ressource des Unternehmens, so ist die Wahrscheinlichkeit größer, dass idealtypischerweise von einer Entwicklungsfähigkeit des Kunden ausgegangen wird.

Einen Überblick über die Inhalte der beiden Kundenbilder anhand verschiedener Differenzierungskriterien liefert Abbildung 40. Dabei sei explizit darauf hingewiesen, dass es sich - ähnlich wie dies schon bei der Differenzierung von Menschenbildern nach McGregor der Fall ist - bei den beiden angeführten Kundenbildern um eine Reduktion auf zwei Extremfälle handelt. In der Realität treten nicht nur diese zwei Formen, sondern eine Vielzahl an verschieden ausdifferenzierten Kundenbildern auf.

Unabhängig vom Kundenbild existieren beim Management und auch in der Wissenschaft unterschiedliche Einstellungen zum Aspekt der Kundenbeteiligung. Eine extrem negative Einstellung zur Kundenbeteiligung, wie sie z. B. von Erlhoff (1997) geäußert wird, lässt den Gedanken der Kundenentwicklung erst gar nicht aufkeimen. Erlhoff (1997, S. 41) führt aus: „Ebenso dumm erscheint es, Menschen, die bloß Geld von der Bank holen wollen, dazu abzurichten, sich Geheimzahlen merken und Automaten bedienen zu müssen".

Der Schwierigkeitsgrad der Implementierung eines Konzepts der Kundenentwicklung im Dienstleistungsbereich hängt zudem davon ab, inwieweit das Dienstleistungsunternehmen schon über eine vom Personal verinnerlichte und gelebte Kundenorientierung verfügt. Dabei wird diese zentrale strategische Leitidee (Raffée 1989, S. 42) u. a. geprägt durch ein besonderes Interesse des Unternehmens an ihren Kunden und deren Bedürfnissen (Nerdinger 1999, S. 138) sowie den Interaktionen zwischen

---

[176] Diese generelle Auffassung kann in Abhängigkeit von der Zielgruppe allerdings auch variieren. Denkbar ist beispielsweise, dass die eigenen Mitarbeiter als entwicklungsfähig angesehen werden, die Kunden jedoch nicht.

den Kunden und den Mitarbeitern (Gummesson 1996, S. 251). „Eine kundenorientierte Unternehmenskultur soll dazu führen, dass sich alle Mitarbeiter konsequent an Kundennutzen und Kundenbedürfnissen ausrichten" (Zollner 1995, S. 30). Dazu bedarf es zum einen einer gezielten Ausrichtung der Organisation auf die Befriedigung der Kundenbedürfnisse und zum anderen eines stetig kundenorientierten Handelns des Kundenkontaktpersonals (Nerdinger 1999, S. 138). Wurde die Leitidee der Kundenorientierung schon im Dienstleistungsunternehmen erfolgreich eingeführt, d. h. eine Durchdringung aller Mitarbeiter in dem Dienstleistungsunternehmen mit kundenbezogenem Denken fand schon statt, ist ein Verständnis für die Relevanz des Managements der Kundenentwicklung leichter zu erreichen.

5.1.3   Analyse der kundengerichteten Integrationsziele und -strategien

Wie im vorangegangenen Abschnitt gezeigt wurde, existieren zwei Extremformen von Kundenbildern: der Kunde als Störfaktor und der Kunde als Ressource eines Dienstleistungsunternehmens. Aus diesen zwei Leitbildern leiten sich divergierende Zielsetzungen und Strategien ab, die sich auf den Intensitätsgrad der Kundenintegration beziehen (siehe Abbildung 41). Die unternehmerische Entscheidung über die Intensität bzw. den Umfang der Kundenbeteiligung gehört nach Langeard (1981, S. 233) zu den zentralen marketingstrategischen Entscheidungen im Dienstleistungsbereich (siehe auch Stauss 1995, S. 36).[177]

Sieht das Management eines Dienstleistungsunternehmens den Kunden als Störfaktor an, dann folgt hieraus, dass der Kontakt mit diesem zu reduzieren ist. Oftmals lehnt das Unternehmensmanagement einen starken Einbezug der Kunden ab, „aus konkreter Furcht vor potentiellen Störenfrieden, welche die Prozessabläufe im Unternehmen und im Vertrieb durcheinander bringen können" (Kießling/Koch 1999, S. 19). Das Integrationsziel, das sich hieraus ableitet, liegt in der Reduzierung bis hin zur Minimierung des Integrationsgrades. Ein minimierendes Integrationsziel wäre die Beschränkung der Tätigkeiten des Kunden auf dessen Käuferrolle.

---

[177]   Diese Entscheidung hängt jedoch nicht nur vom Kundenbild, sondern von vielen weiteren Faktoren ab. In diesem Abschnitt wird noch auf einige relevante Aspekte näher eingegangen.

Versteht ein Dienstleister den Kunden dagegen als Ressource des eigenen Unternehmens, so wird eine Erhöhung der Leistung und des Involvements des Kunden angestrebt. Das entsprechende Integrationsziel ist im Ausbau bis hin zur Maximierung des Integrationsgrades zu sehen. Kunden werden zum Ausführen diverser Tätigkeiten im Sinne eines umfassenden Rollenrepertoires (siehe Absatz 2.5.2.1) herangezogen.

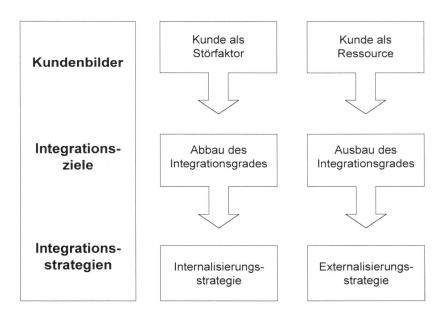

Abb. 41: Kundenbilder und daraus abgeleitete Integrationsziele sowie -strategien
Quelle: Eigene Überlegungen.

Nun lässt sich zwar das anzustrebende Integrationsziel aus dem explizit formulierten Kundenbild ableiten. Es stellt sich aber dennoch die Frage, inwieweit ein Abbau bzw. Ausbau des Integrationsgrads überhaupt möglich ist, d. h. bestimmte Rollen bzw. Integrationsaufgaben des Kunden bei der Dienstleistungstransaktion durch funktionale Äquivalente zu ersetzen sind. Es bleibt daher zu klären, ob und in welchen Rollen der Kunde innerhalb der Dienstleistungstransaktion substituierbar ist. Zur Untersuchung dieser Fragestellung bietet sich ein Rückgriff auf die rollen- und verhaltensbasierte Unterscheidung der Service Customer Performance (siehe Abschnitt 2.5.2) an. Der rollenbasierte Ansatz unterteilt die verschiedenen unternehmensbezogenen Kundenleistungen nach den vom Management zu definierenden Kundenrollen. Bei dem verhaltensbasierten Systematisierungsansatz wurde die Service Customer Performance in Leistungen unterteilt, die der Kunde auf jeden Fall erbringen muss (Basisleistungen), und solche, die er freiwillig erbringen kann (Zusatzleistungen).

Das Management des Dienstleistungsunternehmens muss sich zunächst einmal fragen, ob es notwendig ist, den Kunden physisch präsent zu haben (Bowen 1986, S. 373). Eine absolute Unerlässlichkeit der Anwesenheit des Kunden besteht immer dann, wenn die Dienstleistung am Kunden vollzogen wird, z. B. bei personenbezogenen Dienstleistungen wie Gesundheitsleistungen. In diesen Fällen stellt der Kunde selbst den externen Faktor dar und beteiligt sich aktiv und/oder passiv an der Leistungserstellung.

Der externe Faktor kann gleichermaßen ein Objekt des Kunden sein. Damit lässt sich festhalten, dass die Basisrolle des Kunden in Gestalt der „Zurverfügungstellung des Co-Produktionsfaktors" nicht substituierbar ist. Dies gilt ebenfalls für die Rolle des Kunden als Käufer. Auch diese kann nicht durch den Dienstleister übernommen werden. Es lässt sich der Schluss ziehen: Während die Basisrollen „Zurverfügungstellung des Co-Produktionsfaktors" und „Käufer" nicht substituierbar sind, gibt es bei den anderen Rollen zumindest die Möglichkeit, den Kunden durch funktionale Äquivalente zu ergänzen oder gar zu substituieren.[178] So können Aufgaben, die dem Kunden in seiner Rolle als Co-Designer zukommen, auch durch Kontaktmitarbeiter oder die Marktforschungsabteilung wahrgenommen werden. In gewissem Maße ist zugleich ein Teil der Rolle des Co-Interaktors ersetzbar. Zwar muss jeder Dienstleistungskunde zumindest im Rahmen des Kaufakts mit dem Unternehmen interagieren; darüber hinausreichende Interaktionen in Form von Eigenleistungen des Kunden können aber durchaus von dem Dienstleistungsunternehmen substituiert werden (Corsten 1995, S. 194-196).[179] Der Ausdruck Substitute for Leadership macht bereits deutlich, dass der Kunde auch hier keinesfalls zwingend Füh-

---

[178] Zum Gedanken der Substitution von externen und internen Produktionsfaktoren siehe auch Stuhlmann (1999, S. 47).

[179] Stuhlmann (1999, S. 27) spricht auch von einer „partiellen Substitutionalität der von Anbieter und Nachfrager zu erbringenden Aktivitäten bei der Dienstleistungsproduktion".

rungsaufgaben übernehmen muss. Entlässt man den Kunden ferner aus seiner Rolle des Co-Marketers, so vermag das Dienstleistungsunternehmen die entstehende Lücke durch erhöhte Kommunikationsmaßnahmen - allerdings nur bedingt - auszufüllen. Der Mundkommunikation ist im Dienstleistungsbereich aufgrund der höheren Risikowahrnehmung eine besondere Bedeutung zuzuweisen (Stauss 1998, S. 1260 f.), die nur sehr schwer - wenn überhaupt - durch eine marktliche bzw. werbliche Kommunikation übernommen werden kann (McKenna 1991, S. 89-93). Dies trifft insbesondere für das Internet zu. Firmen wie Netscape, Yahoo und Amazon erlangten ihre heutige Popularität nur mittels Internet-word-of-mouth (Prahalad/ Ramaswamy 2000, S. 83).[180] Insgesamt zeigt sich, dass der Kunde in den Zusatzrollen zum Teil substituierbar ist, während er in den Basisrollen (weitgehend) nicht substituierbar ist.

Aus einer ökonomischen Perspektive stellt sich zudem die Frage, ob es sich für Dienstleister überhaupt lohnt, den Kunden von seinen Aufgaben zu entbinden. Die Meinungen in der Literatur sind hierzu zweigeteilt. Ein Verfechter des Abbaus des Integrationsgrads ist Chase (u. a. 1991). Seiner Empfehlung, den Integrationsgrad zu reduzieren, liegt die Annahme zugrunde, dass der Kunde normalerweise weitgehend für Ineffizienzen im Betriebsablauf sorgt (Chase/Aquilano/Jacobs 1998, S. 152) und daher soweit als möglich aus der Leistungserstellung verbannt werden sollte (siehe auch Canziani 1997, S. 6). Auch Homburg/Faßnacht (1998b, S. 538) sehen im Einbezug des Kunden eine Produktivitätsproblematik: „Die *Integration des externen Faktors* [Hervorhebung im Original] (>>Fremdfaktor<<) schränkt die Möglichkeiten des Erzielens von Skalen-Effekten ein ... und kann zu einer Beeinträchtigung des (geplanten) Erstellungsprozesses und damit zu einem ineffizienten Betriebsablauf führen." Aus diesen Gründen heraus würde sich eine Erhöhung des Integrationsgrads negativ auf eine Kostenführerschaftsstrategie des Dienstleisters auswirken (Homburg/Faßnacht 1998b, S. 536; siehe ähnlich Kleinaltenkamp 2000, S. 19).

Dagegen sprechen sich einige Autoren auch für eine verstärkte Einbindung des Kunden aus, da durch diese (eventuell) Produktivitätssteigerungen erreicht werden würden (Bitner et al. 1997, S. 197; Bowen/Schneider 1985, S. 132 und S. 136; Fitz-

---

[180] Zu den Begriffen des Internet Word of mouth bzw. der Internet Customer Communication siehe Stauss (1997; 2000c).

simmons/Fitzsimmons 2001, S. 127; Zeithaml/Bitner 2000, S. 322-324). So weist Ritzer (1995, S. 76-83) darauf hin, dass Unternehmen ihre Effizienz durch den verstärkten Einbezug der Kunden steigern können.[181] Zum Teil sei auch die Übernahme von Kundenrollen durch das Unternehmen, z. B. Mundkommunikation mittels Werbung, mit überproportional hohen Kosten verbunden (siehe z. B. Kießling/Koch 1999, S. 25 und S. 61 f.). Daher ist es für das Dienstleistungsunternehmen vorteilhaft, wenn eben der Kunde diese Aufgaben übernimmt. Auf einer wettbewerbsstrategischen Ebene führt die Erhöhung des Integrationsgrades zu einer Steigerung der Attraktivität einer Differenzierungsstrategie des Dienstleisters, „da durch den Kontakt mit den Kunden der Dienstleistungs-Anbieter bessere Erkenntnisse darüber erlangen kann, welche Merkmale aus deren Perspektive besonders wichtig sind" (Homburg/Faßnacht 1998b, S. 536). Eine vollständige Verlagerung der Tätigkeiten auf den Kunden kann ein Dienstleistungsunternehmen jedoch nicht anstreben. Der Dienstleister muss noch einen gewissen Mindestleistungsanteil erbringen, da ansonsten der Kunde die Dienstleistung selbst erstellen und damit den Dienstleister nicht mehr benötigen würde (Corsten 2000, S. 150 f.).

Es sei auf ein weiteres mögliches Integrationsziel hingewiesen, auf das allerdings nur der Vollständigkeit halber kurz eingegangen wird. So ist es denkbar, dass ein Dienstleistungsunternehmen die Beibehaltung des bisherigen Integrationsgrads anstrebt. Dieses statische Integrationsziel kann als Endergebnis der Realisation der beiden anderen Integrationsziele angesehen werden.

Ist nun das Integrationsziel bestimmt, sind entsprechende Lösungswege zu finden, d. h. Strategien zu entwickeln. Strategien gelten als Grundsatzregelungen (Becker 1998, S. 143), welche die operativen Maßnahmen prägen. Besteht das Integrationsziel in der Reduzierung bzw. Minimierung des Integrationsgrades, so bietet sich die Strategie der Internalisierung an. Bei der Internalisierung handelt es sich um eine Übernahme von Tätigkeiten durch den Dienstleister, die bisher der Kunde übernommen hatte (Stuhlmann 1999, S. 28). Der Integrationsgrad nimmt dementsprechend in diesem Falle ab. Strebt das Dienstleistungsunternehmen dagegen einen Ausbau bzw. eine Maximierung des Integrationsgrades an, ist eine Externalisierungsstrategie

---

[181] Allerdings gehe dies zu Lasten des Kunden, da er die ineffizienten Tätigkeiten aufgebürdet bekommt (Ritzer 1995, S. 77).

zu wählen (Corsten 1995; 1997b; 2000; Diller/Müllner 1998, S. 1220 f.; Scheuch 1979, S. 8 f.; Toffler 1980, S. 278). Externalisierung bedeutet aus der Sicht des Dienstleisters eine Verlagerung (Auslagerung) eigener Aktivitäten auf den bzw. die Kunden,[182] womit die Integrationsintensität steigt.[183]

Letztere erfordert eine Diskussion um die Übertragbarkeit von Kompetenzen auf den Kunden. Grundsätzlich ist eine Übertragung von Tätigkeiten auf den Kunden abhängig von der Kompatibilität seiner Fähigkeiten, seiner Persönlichkeit und dessen Bereitschaft (Corsten 1997a, S. 344; Mills/Morris 1986, S. 733; Staudt 2000, S. 138). Hiermit stellt sich dem Dienstleistungsmanagement die Frage nach einer qualifikationsorientierten Segmentierung und Auswahl von Kunden. Generell sind hierbei zwei alternative Strategien denkbar (Fassott 1995, S. 94). Zum einen kann sich ein Dienstleistungsunternehmen die „richtigen" Kunden aussuchen, die über die benötigten Kompetenzen schon verfügen. Bei dieser Strategie der Kundenauswahl liegt der Schwerpunkt eines Kundenmanagements eindeutig auf der Werbung und Auswahl adäquat qualifizierter Kunden. Ein Beispiel wäre beim Angebot einer neuen Internet-Serviceleistung die Konzentration auf junge, technik-affine Internetnutzer. Sollen dagegen generell alle potentiellen Kunden angesprochen werden, so ist oftmals erst eine entsprechende qualifikationsbezogene Entwicklung vonnöten (Bowen/Schneider 1985, S. 137). Eine Strategie der Kundenentwicklung fordert somit, dass die Kunden lernen, welche Rollen sowie konkreten Aufgaben sie im Rahmen der Dienstleistungserstellung erfüllen müssen[184] und wie sie diese erfolgreich bewältigen können.

---

[182] Aus einer rollentheoretischen Perspektive wird in diesem Fall von „Role expansion" gesprochen (siehe Broderick 1998, S. 350).

[183] Darüber hinaus existieren die Strategien der Eliminierung, der Automatisierung und des Outsourcing von Aktivitäten. Diese Überlegungen bauen auf einer Prozessanalyse mittels Blueprinting auf (Canziani 1997, S. 9).

[184] Fließ (1996) spricht für den Business-to-business-Bereich von der so genannten „Prozeßevidenz". Eine „mangelnde Prozeßevidenz tritt immer dann auf, wenn nicht klar ist, welche Leistungsbeiträge der Kunde wann zu liefern hat" (Fließ 1996, S. 92).

5.2 Unternehmenspolitische Einbindung und Formulierung von Grundsätzen der Kundenentwicklung im Dienstleistungsbereich

In Abstimmung mit den gewonnenen Erkenntnissen aus der strategischen integrationsbezogenen Situationsanalyse erfolgt in diesem Kapitel eine Formulierung und unternehmenspolitische Einbindung von Grundsätzen des Managements der Kundenentwicklung im Dienstleistungsbereich, d. h. eine Diskussion des normativen Aspekts der Kundenentwicklung.

In Abschnitt 5.1.2 wurden zwei Extremformen von Kundenbildern vorgestellt. Zum einen existieren Vorstellungen beim Management und den Kontaktmitarbeitern, die den Kunden als Störfaktor ansehen und zum anderen solche, die in einem positiven Sinne den Kunden als Ressource verstehen. In der Realität sind zwar zugegebenermaßen beide Kundentypen anzutreffen,[185] jedoch stellt der Anteil der Kunden, die unverschämt, arrogant und unvernünftig sind oder sogar lügen, betrügen und stehlen (Bumbacher 2000, S. 428),[186] im Normalfall eher die Minderheit dar (Bailey 1994, S. 36). Nach Einschätzungen von Praktikern sind in Abhängigkeit von der Dienstleistungsbranche insgesamt zwei bis maximal zehn Prozent der Dienstleistungskunden als problematisch einzustufen (Bergmann 1998, S. 104; Brinkmann/Peill 1996, S. 287; Tomczak/Reinecke/Finsterwalder 2000, S. 404).[187] Diese kleine Minderheit prägt gleichwohl oftmals in sehr viel stärkerem Maße das Meinungsbild des Managements und der Mitarbeiter von den Kunden als die überwältigende Mehrheit der „guten" Kunden.

Die Bedeutsamkeit des Kundenbilds für diese Arbeit zeigt sich in dessen Einflussnahme auf die Einstellung und das Verhalten des Managements sowie der Mitarbeiter gegenüber der Formulierung und Implementierung einer möglichen Kundenentwicklungskonzeption. Äußerst schwierig gestaltet sich die Implementierung des Grundgedankens der Kundenentwicklung bei Dominanz eines negativen Kunden-

---

185 Diese Aussage treffen z. B. Armbrecht/Moritz (1998, S. 77) für die Tourismusbranche.
186 Zu einer Kategorisierung verschiedener Typen von Problemkunden siehe Bailey (1994, S. 37) und Bumbacher (2000, S. 426 f.).
187 Allerdings scheint die Zahl der Problemkunden nach der Meinung verschiedener Autoren zuzunehmen; siehe z. B. Bumbacher (2000, S. 430); Grandt (1999, S. 12 f.); Tomczak/Reinecke/Finsterwalder (2000, S. 404).

bilds im Sinne des Kunden als Störenfrieds. So herrscht z. B. in der Tourismusbranche der allgemeine unternehmerische Eindruck vor, „viele Urlauber würden das Re-
klamieren von Reisemängeln geradezu als eine Art Sport betreiben und sie hätten
während der ‚schönsten Wochen des Jahres' nichts anderes im Sinn, als über Rei-
sepreisminderungen nachzudenken" (Armbrecht/Moritz 1998, S. 77). Mittlerweile
finden sich sogar Webseiten im Internet, auf denen sich Dienstleister negativ über
ihre Kunden auslassen. So können z. B. auf der Webseite „Customers Suck! The
Customer is NEVER right!" (www.customerssuck.com) negative Erlebnisse mit Kunden eingestellt werden (siehe Anhang 1).

Von besonderer Relevanz sind indes die Einstellungen des Managements und der
Mitarbeiter über die Entwicklungsfähigkeit der Kunden (siehe Abschnitt 5.1.2). In einem persönlichen Gespräch, das der Autor dieser Arbeit mit der Leiterin der Abteilung „Kundenentwicklung"[188] einer großen deutschen Telefongesellschaft führte, hat
diese ihre Kunden gänzlich als „blöd" tituliert, denen man „beim besten Willen nichts
beibringen" kann. Folglich macht für sie Kundenentwicklung absolut keinen Sinn.
Daraus wird ersichtlich, dass eine derart negative Vorstellung über das Entwick-
lungsvermögen der Kunden sämtliche Impulse zur Initiierung bzw. Förderung des
Gedankens der Kundenentwicklung schon im Keim erstickt. Allerdings trifft das Ne-
gativimage - wie schon angesprochen - lediglich auf eine Minorität von zwei bis maximal zehn Prozent der Kunden zu. Daher sollten beim Management eines Dienstleistungsunternehmens und insbesondere bei dessen Kontaktmitarbeitern idealiter
ein hauptsächlich positiv geprägtes Kundenbild[189] mit der Annahme der grundsätzlichen Entwicklungsfähigkeit der Kunden dominieren. Aus diesem Grund gilt es, eine
entsprechende Einstellung beim Management und bei den Kontaktmitarbeitern aufzubauen und zu fördern.

Zwar kann das im Unternehmen vorherrschende Kundenbild durch eine entsprechende Veränderung der Unternehmenskultur mit der Zeit gewandelt werden. Je-

---

[188] Die Abteilung beschäftigt sich allerdings nicht mit dem der Arbeit zugrunde liegenden Verständnis
von Kundenentwicklung als Kundenqualifizierung, sondern ausschließlich mit der Stimulierung
bzw. Intensivierung des Kaufverhaltens.
[189] Dennoch sollten sich Kontaktmitarbeiter durchaus der Existenz von Problemkunden bewusst und
entsprechend geschult sein. Im Extremfall ist die Geschäftsbeziehung zu solchen Kunden auch zu
beenden (Bencivenga 2000, u. a. S. 35-37; Stauss 1995, S. 38).

doch ist Abstand zu nehmen von einem Verständnis, das die Unternehmenskultur als ein reines Managementinstrument ansieht mit der Idee einer (kurzfristigen) „Machbarkeit von Unternehmenskulturen". Unternehmenskultur ist stattdessen ein in einem längeren Entwicklungsprozess gewachsenes System, das auf Lernprozessen seiner Mitglieder (im Sinne der Enkulturation) beruht (Wiswede 1995, S. 228; siehe auch Schreyögg 1993, S. 313 f.). Somit lässt sich eine Unternehmenskultur nicht auf die Schnelle fixieren (Scholz 1988, S. 90; Swartz/Bowen/Brown 1992, S. 10). Eine erfolgreiche Implementierung der Kundenentwicklung kann nur dann gelingen, wenn die entsprechende „kulturelle Transformation" (Kirsch/Trux 1981, S. 315), d. h. eine Veränderung der Unternehmenskultur (Dill/Hügler 1997, S. 166), rechtzeitig in Angriff genommen wird.

Voraussetzung solch einer bewussten Gestaltung der Unternehmenskultur ist die Formulierung einer entsprechend geprägten Unternehmensphilosophie (Dill/Hügler 1997, S. 166; Meffert 1998, S. 122 und S. 132). Dementsprechend können die Unternehmenskultur als Ist-Ausprägung und die Unternehmensphilosophie als Soll-Ausprägung bezeichnet werden (Hilker 2001, S. 837). Letztere beinhaltet drei Leitbilder (Ulrich/Fluri 1988, S. 49),

• ein Menschenbild einschließlich eines Kundenbilds,

• ein Leitbild der Wirtschafts- und Gesellschaftsordnung sowie

• ein unternehmerisches Leitbild,

die dazu dienen, die angestrebte Unternehmensphilosophie für die verschiedenen Planungsträger im Unternehmen zu übersetzen bzw. zu konkretisieren. Dementsprechend gelten diese als verbindliche Entwicklungsleitlinien und handlungsbestimmende Leitprinzipien des Unternehmens (Haedrich 1998, S. 280).

Auf die Relevanz der Formulierung eines positiv geprägten Kundenbilds wurde an anderer Stelle schon näher eingegangen. Es sollte den Kunden grundsätzlich als Partner des Dienstleistungsunternehmens auffassen (siehe auch Unterabsatz 2.5.2.1.4). Noch nicht behandelt wurde indes die kulturelle Implementierung der Kundenentwicklung in Dienstleistungsunternehmen. Dazu gilt es, den bzw. die Grundgedanken der Kundenentwicklung im Dienstleistungsbereich als Leitidee(n) bzw. Leitmaxime(n) im unternehmerischen Leitbild (Haedrich 1998, S. 279; Meffert 1998, S. 126) zu verankern.

Grundsätzlich setzt sich ein unternehmerisches Leitbild aus Aussagen zu folgenden vier Bereichen zusammen (Ulrich/Fluri 1988, S. 78; ähnlich Hinterhuber 1999, S. 14):

1. Daseins-/Existenzberechtigung des Unternehmens;
2. Kern-/Oberziele des Unternehmens;
3. Verhaltensgrundsätze gegenüber den Anspruchsgruppen;
4. Leitungskonzept.

Von Relevanz für eine Integration der Kundenentwicklung in das unternehmerische Leitbild sind die Verhaltensgrundsätze. Diese stellen „oberste Richtlinien für das unternehmungspolitische Verhalten gegenüber den verschiedenen Anspruchsgruppen [im Original zum Teil kursiv]" (Ulrich/Fluri 1988, S. 83; siehe auch Haedrich 1998, S. 282), und damit auch gegenüber den Kunden dar. Als ein zentraler Verhaltensgrundsatz und als Leitidee der Kundenentwicklung sollte das Verständnis, dass sich Kunden entwickeln lassen, in das unternehmerische Leitbild aufgenommen werden (siehe ähnlich Hennig-Thurau 1998, S. 355-357). Dementsprechend sind Kunden als Lernende und das eigene Unternehmen als Lehrende („Teacher" bzw. „Educator"; siehe Lovelock 2001, S. 289 und Pranter/Martin 1991, S. 48 f. sowie Katz/Eisenstadt 1960, S. 123-126) bzw. Trainer (Toffler 1980, S. 278) anzusehen. Die Entwicklung eines derartigen unternehmerischen Verständnisses fordern sehr nachdrücklich Davis/Botkin (1994, S. 166): „But over the next two decades, businesses will come to think of their customers as learners and of themselves as educators." Auch Wildemann (2000, S. 35) drängt darauf, die Investition in Kundenkenntnisse als wesentliche Leitlinie des Managements von Kundenbeziehungen zu verstehen.

Bei starken kulturellen Divergenzen zwischen der Unternehmensphilosophie als Soll-Ausprägung und der Unternehmenskultur als Ist-Ausprägung wird sich die existente Unternehmenskultur der angestrebten nur relativ langsam anpassen (Dill/Hügler 1997, S. 177; Meffert 1998, S. 133). Die Leitidee, Kunden als Lernende und sich selbst bzw. das Unternehmen als Kundenentwickler anzusehen, erfordert gemeinhin ein bedeutendes Umdenken bei den Dienstleistern (Davis/Botkin 1994, S. 165 f.; Fitzsimmons/Fitzsimmons 2001, S. 128). Zumeist herrscht noch das Verständnis vor, den Kunden bzw. dessen Verhalten doch nicht ändern zu können (so auch Bohlen 1997, S. 97). Dennoch finden sich aber auch schon vereinzelt Unternehmen mit Grundsätzen, die eine gute Ausgangsbasis zum Aufbau eines systematischen Kundenentwicklungsmanagements bieten. Als Beispiel sei auf die EURO-MED-CLINIC in Fürth und deren neue Spielregeln[190] hingewiesen. Eine der sieben Spielregeln bezieht sich auf die Information der Patienten, wozu Aspekte wie die Beschilderung der Gebäudeteile oder persönliche Hilfestellungen zählen (Schreier 1998, S. 1810).

Auf der nächst tieferen Stufe sind Grundsätze auszuarbeiten, die der Bildung und Realisation der Ziele des Managements der Kundenentwicklung zugrunde liegen (Wiedmann/Kreutzer 1989, S. 78).[191] Sie sind im Vergleich zu den Leitlinien der Kundenentwicklung zumeist relativ konkrete Verhaltens- und Handlungsvorgaben zur inhaltlichen sowie methodischen Ausgestaltung von Kundenentwicklungsaktivitäten. Grundsätze der Kundenentwicklung legen somit verbindlich den Handlungsrahmen fest und bilden die Ecksteine der Ausarbeitung einer Kundenentwicklungskonzeption. Sie können sich grundsätzlich auf folgende Aspekte beziehen:

- Orientierung der Kundenentwicklung an der Unternehmensphilosophie und -führung sowie deren Integration,
- Konzeption der Kundenentwicklung,
- Aufgaben und (operative) Phasen der Kundenentwicklung,
- Formen der Organisation der Kundenentwicklung,
- Verantwortung und Aufgabenwahrnehmung der Kundenentwicklung.

Basierend auf diesen Aspekten lassen sich verschiedene Grundsätze der Kundenentwicklung formulieren. Diese erheben jedoch weder einen Anspruch auf Vollständigkeit noch auf Allgemeingültigkeit. Stattdessen sollte jedes Dienstleistungsunternehmen, das die Einführung einer Kundenentwicklungskonzeption und damit die gedankliche Erarbeitung sowie schriftliche Formulierung von Grundsätzen der Kundenentwicklung erwägt, firmenindividuelle Grundsätze ausarbeiten. So stellt sich z. B. Dienstleistungsunternehmen, die ein heterogenes Leistungsprogramm[192] anbieten, die Frage, inwieweit die Intensität des Einsatzes von Kundenentwicklungsmaßnah-

---

[190] Dabei sind unter Spielregeln die ungeschriebenen Gesetze im Unternehmen zu verstehen.
[191] Zu weiteren möglichen Einzelmaßnahmen eines Managements der Unternehmenskultur siehe Scholz (1988, S. 90) und die Ausführungen von Dill/Hügler (1997, S. 169-172) zur Implementierung von Unternehmensgrundsätzen und -leitbildern.
[192] Das Leistungsprogramm stellt den Umfang des Angebots dar, differenziert nach der Programmbreite und -tiefe (Meyer 1994, S. 54 f.).

men in Abhängigkeit von der einzelnen Dienstleistung variiert[193] oder ob im Sinne einer Unternehmenspositionierung als „Kompetenzvermittler" bei allen Dienstleistungen eine gleich intensive Kundenentwicklung erfolgt.

Daher müssen die Grundsätze der Kundenentwicklung aus den Unternehmens- und Marketinggrundsätzen abgeleitet bzw. auf diese abgestimmt werden. Eine alternative Vorgehensweise zur Generierung von Kundenentwicklungsgrundsätzen ist die unmittelbare Erstellung durch das (Top-)Management. Der dritte Weg liegt in der Bildung einer Projektgruppe zur Erarbeitung von Grundsätzen der Kundenentwicklung. Diese könnte interdisziplinär, z. B. aus Marketingfachleuten, Service Design-Experten und Kontaktmitarbeitern, zusammengesetzt sein sowie permanent oder temporär führende Kunden integrieren.[194] Die Projektgruppe kann entweder zunächst von sich aus einen Erstentwurf erstellen und diesen dann zur Diskussion stellen oder aber aufbauend auf einer Befragung der verschiedenen Anspruchsgruppen einen ersten Entwurf generieren.

Im Folgenden werden mögliche Grundsätze der Kundenentwicklung im Dienstleistungsbereich erarbeitet. Dabei lassen sich eher allgemein gehaltene Grundsätze, die sich generellen Aspekten der Kundenentwicklung und deren Einbettung in die Unternehmenspolitik widmen, von solchen unterscheiden, die sich auf die Ausgestaltung der Kundenentwicklung beziehen. Begonnen wird dabei mit der Beschreibung genereller Grundsätze.

Als Ausgangspunkt der Erarbeitung von Grundsätzen der Kundenentwicklung kann das im Unternehmen vorherrschende bzw. gewünschte Kundenbild dienen. Kundenentwicklung macht nur dann Sinn, wenn der Kunde als Partner des Unternehmens angesehen wird, den es zu fördern und zu entwickeln gilt. So gilt z. B. bei dem Finanzdienstleister Merrill Lynch der Slogan: „educated customer is our best customer" (Meer 1984, S. 101). Diese Aussage vertritt gleichermaßen American Express (Waldrop 1991, S. 44). Aber nicht nur für traditionelle Dienstleistungen stellt Kun-

---

[193] So könnte z. B. die Profitabilität einer Dienstleistung zur Bestimmung der Intensität der Kundenentwicklung herangezogen werden.

[194] Zu den verschiedenen Möglichkeiten der Formulierung von unternehmerischen Grundsätzen siehe Dill/Hügler (1997, S. 167 f.) und Hinterhuber (1999, S. 12).

denentwicklung einen Erfolgsfaktor dar. Auch im Internet spielt Kundenentwicklung eine wichtige Rolle: „One critical Website investment banks should make is customer education" (Vincent 1999, S. 24).

Dementsprechend lässt sich folgender allgemeiner Grundsatz der Kundenentwicklung im Dienstleistungsbereich formulieren:

> „Kunden sind eine wichtige Ressource des Unternehmens
> und grundsätzlich entwicklungsfähig."

Im Vergleich zu den Mitarbeitern verfügen sie jedoch über ein höheres Machtpotential. Ein Dienstleistungsunternehmen hat (so gut wie) keine Sanktionspotentiale, dem Kunden eine Qualifizierung aufzuoktroyieren. Daher ist unter machtpolitischen Aspekten eine Freiwilligkeit der Kundenentwicklung auf Seite der Kunden (fast) unvermeidbar.[195] Daher lautet ein weiterer Grundsatz der Kundenentwicklung im Dienstleistungsbereich:

> „Kundenentwicklung erfolgt auf rein freiwilliger Basis des Kunden."

Eine wichtige Ressource, die vom Unternehmen entwickelt werden soll, sind Dienstleistungskunden nur dann, wenn sie einen (wesentlichen) Beitrag zur Erreichung der Unternehmens- und Marketingziele erfüllen. Damit kann als weiterer Grundsatz der Kundenentwicklung festgehalten werden:

> „Kundenentwicklung leistet einen wichtigen Beitrag zur Erreichung
> der Unternehmens- und insbesondere der Marketingziele."

---

[195] Dagegen erfolgt der Grundsatz der Freiwilligkeit bei der Personalentwicklung primär aus pädagogischen Motiven (siehe Becker, M. 1999, S. 50).

So ist z. B. ein übergeordnetes Ziel der Kundenentwicklung darin zu sehen, nicht nur Qualifikationen zu vermitteln, sondern:

> „Kundenentwicklung soll über die reine Vermittlung von Integrations-
> qualifikationen hinaus auch die Loyalität des Kunden dem Unternehmen
> gegenüber fördern.“

Sollen nun die Potentiale, die in dem Gedanken der Kundenentwicklung stecken, vollständig genutzt werden, so reicht es nicht aus, nur punktuell und unsystematisch einzelne Maßnahmen der Kundenentwicklung einzusetzen (Meer 1984, S. vii). Statt-dessen sollte vom Dienstleistungsunternehmen ein systematisches Management der Kundenentwicklungsaktivitäten angestrebt werden. Somit werden im Folgenden ver-schiedene Grundsätze angesprochen, die sich auf die Ausgestaltung der Konzeption der Kundenentwicklung im Dienstleistungsbereich beziehen. Auf oberster Ebene gilt es zunächst einmal zu postulieren:

> „Kundenentwicklung basiert auf einer ganzheitlichen und
> systematischen Kundenentwicklungskonzeption.“

Da die Unternehmens-Kunden-Beziehung, wie in Absatz 4.2.2.3 beschrieben, von einer höheren Kundenmacht geprägt ist, sind bei der Gestaltung der Kundenent-wicklung neben den Interessen bzw. den Zielen des Dienstleistungsunternehmens insbesondere auch die Ziele, Wünsche und Bedürfnisse der Kunden zu berücksich-tigen.[196] Daraus leitet sich der nachfolgende Grundsatz der Kundenentwicklung im Dienstleistungsbereich ab:

> „Die Aufgaben und die (operativen) Phasen der Kundenentwicklung
> werden bedarfsgerecht und interessen- bzw. zielorientiert gestaltet.“

---

[196] Damit knüpft das Management der Kundenentwicklung an der Leitidee des Marketing, dem Grati-fikationsprinzip (Meffert 2000, S. 10), an.

Von besonderem Interesse für Dienstleister ist die Frage, an wen sich die Kunden-entwicklungsaktivitäten überhaupt richten. Damit wird der Aspekt der Zielgruppenbe-stimmung angesprochen. Zumeist haben Dienstleistungsunternehmen keine homo-gene Kundenbasis, sondern eine relativ heterogene, z. B. Neu- und Stammkunden, attraktive und weniger attraktive Kunden. Daher ist folgender Grundsatz der Kun-denentwicklung zu formulieren:

> „Die Auswahl der Adressaten von Kundenentwicklungsaktivitäten erfolgt
> nach quantitativen und qualitativen Kundenmerkmalen."

Grundlegende Voraussetzung hierfür ist eine vorangehende Segmentierung der Kunden(gruppen).

Neben der Frage, wer zu qualifizieren ist, spielt insbesondere die Frage, was ver-mittelt werden sollte, eine wichtige Rolle. Da die Wechselbarrieren auf Seiten der Kunden zumeist sehr gering sind, lassen sich generelle bzw. branchenspezifische Qualifikationen vom Kunden auch anderweitig nutzen, d. h. sie können problemlos einem Konkurrenten zugute kommen (siehe Unterabsatz 3.2.1.1.4). Aus diesem Grund sollte die Vermittlung von branchenbezogenen und generellen Integrations-qualifikationen nur eine untergeordnete Rolle spielen. Weit wichtiger ist die Vermitt-lung unternehmensspezifischer Qualifikationen, weshalb formuliert werden kann:

> „Kundenentwicklung im Dienstleistungsbereich bezieht sich primär auf
> die Vermittlung firmenspezifischer Integrationsqualifikationen."

Aufgrund der guten Machtposition des Kunden gepaart mit der im Vergleich zur Per-sonalentwicklung eher niedrigeren Motivation des Kunden zur Teilnahme an Ent-wicklungsmaßnahmen (siehe Absatz 4.2.2.4) gewinnt der Prozess der Vermittlung von Integrationsqualifikationen an Bedeutung („Man ist ja schließlich Kunde").[197]

---

[197] Im Vergleich hierzu stehen bei der Personalentwicklung primär die Inhalte im Vordergrund.

Daraus ergibt sich folgender Grundsatz der Kundenentwicklung im Dienstleistungsbereich:

> „Die Art und Weise der Kundenschulung erhält einen ebenso
> hohen Stellenwert wie die zu vermittelnden Inhalte."

Damit die unternehmerische Herausforderung der Kundenentwicklung auch wirklich
realisiert wird, bedarf es der Unterstützung verschiedener Gruppen. Neben den
Kontaktmitarbeitern und - falls vorhanden - dem Bereich der Kundenentwicklung
muss gerade das (Top-)Management hinter dem Gedanken der Kundenentwicklung
stehen (o. V. 1997, S. 12). Dementsprechend lässt sich folgender Grundsatz der
Kundenentwicklung ableiten:

> „Kundenentwicklung ist eine Kooperationsaufgabe, die das
> (Top-)Management, die Kontaktmitarbeiter, der Bereich Kunden-
> entwicklung (falls vorhanden) und die Kunden wahrnehmen sollten."

Letztlich sind zur Umsetzung der Kundenentwicklung insbesondere die Mitarbeitergruppen mit direktem Kundenkontakt in Bezug auf das Konzept der Kundenentwicklung zu schulen und zu trainieren. Dementsprechend lautet ein letzter wichtiger
Grundsatz der Kundenentwicklung im Dienstleistungsbereich:

> „Die integrationsgerichtete Qualifizierung von Kunden ist ein wichtiger Bestandteil
> der Kundenorientierung eines jeden Mitarbeiters mit Kundenkontakt."

5.3   Ziele der Kundenentwicklung im Dienstleistungsbereich

Anknüpfend an die Grundsätze der Kundenentwicklung sowie die Erkenntnisse aus
den informatorischen Grundlagen werden nunmehr die Ziele der Kundenentwicklung
im Dienstleistungsbereich diskutiert. Dazu liefert Abschnitt 5.3.1 zunächst einen Ein-

blick in die Relevanz und Systematisierung von Kundenentwicklungszielen im Dienstleistungsbereich. Von besonderem Interesse für Dienstleistungsunternehmen sind die Ziele aus der eigenen Perspektive. Deshalb beschäftigt sich Abschnitt 5.3.2 mit den Zielen der Kundenentwicklung aus der Perspektive des Dienstleisters. Nicht zu vernachlässigen sind jedoch aufgrund der Machtposition des Kunden auch dessen Zielvorstellungen. Dementsprechend werden im Anschluss an die unternehmerischen Entwicklungsziele in Abschnitt 5.3.3 die Ziele der Kundenentwicklung aus der Perspektive des Kunden erörtert.

5.3.1   Relevanz und Systematisierung der Ziele der Kundenentwicklung im Dienstleistungsbereich

Ziele der Kundenentwicklung im Dienstleistungsbereich geben Auskunft über den Zweck sowie die beabsichtigten Wirkungen der Kundenentwicklung und stellen somit wichtige Orientierungsgrößen für das operative Management der Kundenentwicklung dar. Sie erfüllen Kontroll-, Koordinations- und Motivationsfunktionen (Meffert/Bruhn 2000, S. 148; Meyer/Blümelhuber 1998, S. 176). Kundenentwicklungsziele dienen als Bezugsgrößen für ein wirksames Kundenentwicklungscontrolling (Kontrollfunktion). Kundenentwicklungsziele sind des Weiteren mit den weiteren Unternehmens- und Funktionsbereichszielen, wie insbesondere den Marketingzielen, abzustimmen (Koordinationsfunktion). Darüber hinaus führen Kundenentwicklungsziele zu motivationalen Effekten (Motivationsfunktion), z. B. bei den Kunden und beim Kundenkontaktpersonal. Wie bei den Grundsätzen so gilt auch für die Kundenentwicklungsziele als zukunftsbezogene Vorgaben (Meffert/Bruhn 2000, S. 125), dass diese zu formulieren, zu autorisieren und schriftlich festzuhalten sind (Meyer/Blümelhuber 1998, S. 177), um ihr volles Wirkungspotential entfalten zu können. Im Rahmen dieser Arbeit kann im Übrigen lediglich eine formale Zielkonfiguration vorgenommen werden, die vom jeweiligen Dienstleistungsunternehmen hinsichtlich des Zielinhalts, Zielausmaßes und zeitlichen Bezugs konkretisiert werden muss (Schneider 1998, S. 168).

Schon für den Konsumgüterbereich findet sich die Forderung von Hennig-Thurau (1998, S. 358), dass die Vermittlung von Konsum-Kompetenzen als neue vorökonomische Zielgröße im Marketing angesehen werden soll und dementsprechend in das unternehmerische Zielsystem aufzunehmen sei. Umso mehr ist dies für die Vermittlung von Integrationsqualifikationen zu fordern. Im Vergleich zum Konsumgüterbereich haben Kunden im Dienstleistungsbereich ein sehr viel breiteres Rollen- und Aufgabenspektrum zu erfüllen. Damit steigen auch die Anforderungen an den Kunden. Folglich gewinnt die Qualifikation bei Dienstleistungskunden an Bedeutung. Der Auf- und Ausbau von Integrationsbereitschaft sowie -fähigkeit durch Kundenentwicklung sollte somit als neue Marketingzielgröße von Dienstleistungsunternehmen angesehen werden.

Wie Personalentwicklungsziele sind auch die Ziele der Kundenentwicklung aus verschiedenen Perspektiven zu formulieren.[198] Zunächst stehen die Ziele der Kundenentwicklung aus der Perspektive des Dienstleistungsunternehmens im Mittelpunkt des unternehmerischen Interesses. Allerdings sind, wie in Absatz 4.2.2.4 erörtert wurde, gleichermaßen die Interessen und Bedürfnisse der Kunden zu berücksichtigen, d. h. Ziele aus der Perspektive des Kunden zu formulieren und bei der Gestaltung der Kundenentwicklungsmaßnahmen zu berücksichtigen. In diesem Falle besteht ein Kundenentwicklungsbedürfnis von Kundenseite aus. Der Kunde nimmt ein Qualifikationsdefizit bei sich selbst wahr. Dienstleistungsunternehmen tun gut daran, diesem Bedürfnis der Kunden nach Qualifikation nachzukommen.[199] Andererseits kann auch die Situation auftreten, dass zwar von Seiten des Unternehmens aber nicht von den Kunden ein Entwicklungsbedarf gesehen wird. Hierbei dürfte die Lernbereitschaft des Kunden nur gering sein, was sich auf den Lernprozess negativ auswirkt. So weist Schein (1980, S. 59) darauf hin, dass ein Lernprozess nur dann überhaupt Aussicht auf Erfolg hat, wenn der „Lernende zum Lernen ausreichend motiviert ist" (siehe auch Becker, M. 1999, S. 119 und Domsch/Reinecke 1982, S. 71). Kunden üben damit zumindest einen einschränkenden Einfluss auf die Zielsetzung aus (Schneider 1998, S. 171). Dementsprechend muss sich der Dienstleister nicht nur überlegen, was der Kunde lernen sollte, sondern gleichermaßen betrachten, was der Kunde zu lernen bereit ist.

---

[198] Schneider (1998, S. 166) spricht auch von der Beteiligung so genannter „Willenszentren" am Zielbildungsprozess von Dienstleistungsunternehmen.

[199] Selbst in der Literatur zur Personalentwicklung wird in diesem Fall Unternehmen geraten, sich zumindest an den entstehenden Kosten zur Deckung des Entwicklungsbedürfnisses zu beteiligen (Becker, M. 1999, S. 120). Aufgrund der machtpolitisch besseren Stellung der Kunden im Vergleich zu Mitarbeitern ist dies umso stärker für die Kundenentwicklung zu fordern.

Damit ist idealiter ein doppelter Zielbereich, d. h. die gleichzeitige Verwirklichung von Unternehmens- und Kundeninteressen, anzustreben. Zwar sind „die Ziele des Kunden sehr eng und ziemlich direkt mit den *Zielen* [Hervorhebung im Original] der Organisation verbunden" (Simon 1981, S. 60), allerdings wird sich eine völlige Zielkomplementarität bzw. Zielharmonie (Meyer/Blümelhuber 1998, S. 188) nicht in allen Fällen erreichen lassen. Interessant ist, dass sich die Wahrnehmung von Dienstleistungen zwischen Dienstleistungsunternehmen und Kunden grundsätzlich unterscheidet. Während Dienstleistungsunternehmen ihr Leistungsangebot unter (rationellen) Prozessaspekten betrachten, sehen Kunden eine Dienstleistung als „Phänomen", als einen Teil ihrer Lebenserfahrung an (Johns 1999, S. 968). Daher können des Öfteren Zielkonflikte entstehen, wenn z. B. aufgrund von Kapazitätsrestriktionen eine vom Kunden gewünschte Qualifizierung nicht möglich erscheint. Um diesen Zielkonflikten zu begegnen, bieten sich verschiedene Möglichkeiten eines Konfliktmanagements an:[200]

- Setzen von Zielprioritäten (Zielgewichtung in Haupt- und Nebenziele),
- Anspruchsanpassung im Sinne einer Reduzierung der Zielformulierung,
- zeitlich sequentielle Zielverfolgung und
- Neudefinition der Ziele.

Zumeist werden sich die Instrumente der Prioritätensetzung oder Anspruchsanpassung zur Konfliktlösung anbieten. Die jeweilige Auswahl eines bestimmten Konfliktlösungsinstruments ist jedoch vor dem konkreten Zielkonflikthintergrund vorzunehmen. Es kann lediglich die Empfehlung erfolgen, dass die Unternehmensziele den individuellen Zielen der Kunden hinreichend nahe kommen sollten (Simon 1981, S. 144). Eine Möglichkeit, die Kundeninteressen zu berücksichtigen, ist die Einbindung der Kunden in die Bestimmung des Entwicklungsbedarfs.

Grundsätzlich wird wohl der Einfluss der Kunden, aufgrund der besseren Machtverhältnisse und einfacheren Wechselmöglichkeiten, auf die Gestaltung der Kundenentwicklung wesentlich höher sein als der entsprechende Einfluss der Mitarbeiter auf die Personalentwicklung (siehe Absatz 4.2.2.4). Mit steigendem Integrationsgrad

---

[200]   Zum Management von Konflikten siehe generell Raffée/Fritz/Wiedmann (1994, S. 115 f.) sowie Küpper (1997, S. 72-77) und Schneider (1998, S. 167).

nehmen dabei die Einflussmöglichkeiten der Kunden auf den Zielbildungsprozess zu (Schneider 1998, S. 167). Als Ergebnis lässt sich festhalten, dass sich die Kundenentwicklung an den integrativen Erfordernissen ausrichten und soweit wie möglich bzw. idealiter gleichermaßen die Kundeninteressen berücksichtigen sollte.

5.3.2   Ziele der Kundenentwicklung aus der Perspektive des Dienstleisters

5.3.2.1   Systematisierung der Ziele der Kundenentwicklung aus der Sicht des Dienstleisters

Den Beginn der Zielerörterung bildet die Ausarbeitung der Ziele der Kundenentwicklung aus der Perspektive des Dienstleistungsunternehmens. Dabei lassen sich folgende vier Zielebenen unterscheiden (siehe Abbildung 42):

- Übergeordnete Ziele der Kundenentwicklung im Sinne des Einsatzes von Kundenentwicklung als Instrument zur Unterstützung der Erreichung von Unternehmens- und Marketingzielen,
- Oberziel der Kundenentwicklung,
- Teilziele der Kundenentwicklung und
- Lernziele der Kundenentwicklung.

Wie schon in Kapitel 5.2 als Grundsatz der Kundenentwicklung formuliert, soll diese zur Erreichung von Unternehmens- und Marketingzielen beitragen. Dementsprechend sind die Realisierung von Unternehmens- und insbesondere Marketingzielen als übergeordnete Ziele der Kundenentwicklung anzusehen (Absatz 5.3.2.2).

Als strategische Ziele der Kundenentwicklung im Dienstleistungsbereich lassen sich das Oberziel (Absatz 5.3.2.3) und die Teilziele der Kundenentwicklung (Absatz 5.3.2.4) unterscheiden. Dagegen beziehen sich die Lernziele der Kundenentwicklung auf Kundenentwicklungsaktivitäten zur Beseitigung konkreter Leistungsdefizite. Diese sind stark handlungsbezogen und liegen demzufolge auf einer operativen Ebene. Aus diesem Grund werden die Kundenlernziele nicht in diesem Teil der Arbeit behandelt, sondern erst in Kapitel 7.2.

Abb. 42:   Zielhierarchie der Kundenentwicklung aus der Perspektive des Dienstleisters
Quelle: Eigene Überlegungen.

5.3.2.2   Übergeordnete Ziele der Kundenentwicklung im Dienstleistungsbereich

Dienstleistungsunternehmen können nur dann am Markt überleben, wenn sie für die erstellte Leistung vom Kunden auch eine entsprechende Gegenleistung (Service Customer Performance) erhalten (siehe Abschnitt 2.5.1). Service Customer Performance ist insofern die Leistung, die ein Kunde für das Dienstleistungsunternehmen erbringt und die zu einem vom Unternehmen gewünschten Ergebnis beiträgt (Honebein 1997, S. 25). Um jedoch für ein Dienstleistungsunternehmen überhaupt eine angemessene Service Customer Performance erbringen zu können, muss ein Kunde zunächst einmal über adäquate Integrationsbereitschaft und -fähigkeiten verfügen. Integrationsbereitschaft und -fähigkeiten sind demzufolge zentrale Determinanten der Service Customer Performance. Diese Determinanten im unternehmerischen Sinne zu verbessern, stellt das Oberziel der Kundenentwicklung dar. Kundenentwicklung trägt dadurch zur Erreichung einer Vielzahl von Unternehmens- und Marketingzielen bei und weist insofern einen unternehmerischen Nutzen auf. In diesem Absatz der Arbeit werden zentrale positive Effekte der Kundenentwicklung im Sinne der Unterstützung von Unternehmens- und Marketingzielen aufgezeigt. Zur besseren Darstellung der Effekte der Kundenentwicklung werden die Unternehmens- und Marketingziele in ökonomische (Unterabsatz 5.3.2.2.1) und vor-ökonomische Ziele eingeteilt (Unterabsatz 5.3.2.2.2).

5.3.2.2.1 Unterstützung ökonomischer Zielgrößen

Ein wichtiger unternehmerischer Nutzenaspekt der Kundenentwicklung im Dienstleistungsbereich ist die Erhöhung der betrieblichen Produktivität und damit einhergehend eine (potentielle) Einsparung von Kosten. Dabei lassen sich Kosteneinsparpotentiale aufgrund der Senkung von kundenindividuellen Kosten, wie Betreuungs- sowie Qualitätsfehlerkosten (Grönroos 1990a, S. 102), realisieren. Betreuungskosten entstehen, wenn Kunden nicht adäquat qualifiziert sind und als Folge Customer Care-Leistungen des Dienstleisters in Anspruch nehmen. So muss z. B. oftmals das Personal einspringen und den Fluggästen den Weg zeigen, wenn diese am Airport die Gepäckausgabe nicht finden (Wener 1985, S. 105). Ein weiteres Beispiel ist die unnötige Inanspruchnahme von Call Centern durch Kunden (Meer 1984, S. 122). So fragen z. B. Neukunden in Unkenntnis der standardmäßigen Bearbeitungszeit von Neuanträgen für Kreditkarten nach wenigen Tagen bereits im Call Center nach. Im Falle der Inanspruchnahme von kostenfreien 0800er Nummern wird dies für ein Dienstleistungsunternehmen besonders teuer. Daneben kann eine mangelhafte Qualifikation des Kunden zu Qualitätsfehlerkosten führen. Wenn ein Dienstleistungskunde falsche Angaben tätigt oder Informationen vergisst, z. B. seine Kontonummer auf einem Überweisungsformular, so hat dies zeitraubende Such- oder Nachfassprozesse bei Dienstleistern zur Folge (Goodwin 1988, S. 72; Hilke 1989, S. 27).

Durch positive Lerneffekte beim Kunden können diese Kosten gesenkt werden (Meffert 1994, S. 526). So sinken z. B. bei einem besseren Kenntnisstand des Kunden dessen Rückfragen beim Unternehmen und damit z. B. die Zahl auskunftserteilender Service Calls (Meer 1984, S. 122). Mit dieser Einsparung von Inputfaktoren geht eine Steigerung der unternehmerischen Produktivität einher (Bowen/Schneider 1985, S. 136; Fitzsimmons/Fitzsimmons 2001, S. 126 f.; Goodwin 1988, S. 71; Kelley/Donnelly/Skinner 1990, S. 327; Meyer 1994, S. 78; Meyer/Blümelhuber 1998, S. 191). Wohlgemuth (1989, S. 344) bezeichnet den Dienstleistungskunden gar als „die beste und unmittelbarste Quelle für Produktivitätssteigerungen", und Ostrom/Roundtree (1998, S. 18) betonen: „customers who effectively perform a co-production role are productivity resources for the firm". Insgesamt gesehen verbessert die Kundenentwicklung im Dienstleistungsbereich die Effizienz des Leistungserstellungsprozesses (Kelley/Donnelly/Skinner 1990, S. 327), senkt die Kosten und erhöht somit die Produktivität des Service-Systems. Abschließend sei auf die Aussage von Wernerfelt (1996, S. 239) hingewiesen, der resümierend feststellt, dass „for many firms this [Kundenlernen; Anm. d. Verf.] would help maximize long-term profits". Grundannahme der bisherigen Aussagen ist jedoch, dass die Kosten, die durch eine Kundenentwicklung entstehen, wie Instrumentalkosten, niedriger sind als die eingesparten Kosten.

Wie noch im kommenden Unterabsatz gezeigt wird, trägt Kundenentwicklung im Dienstleistungsbereich zu einer Festigung der Kundenbindung bei (Rüdenauer 1988, S. 183). Damit verbessert sich das Weiterempfehlungs- und Cross-Buying-Verhalten der Kunden[201] und folglich der Umsatz eines Dienstleistungsunternehmens. Fehlt dagegen eine systematische Kundenentwicklung, kann dieses Manko sogar als Auslöser einer Kündigung fungieren. So war das Ergebnis einer empirischen Studie im Bankwesen, dass Kündiger im Vergleich zu Stammkunden häufiger eine unzureichende Informationspolitik als kritisches Ereignis äußerten (Zollner 1995, S. 190 f.).

5.3.2.2.2 Unterstützung vor-ökonomischer Zielgrößen

Kundenentwicklung im Dienstleistungsbereich unterstützt jedoch nicht nur die ökonomischen Unternehmens- und Marketingziele. Gerade in Bezug auf vor-

---

[201] Zu den Begrifflichkeiten des Cross-Buying bzw. Cross-Selling siehe Cornelsen (1996, S. 20). Konkrete Beispielen eines Weiterempfehlungs- und Cross-Buying-Verhaltens von Kunden, insbesondere Bankkunden, finden sich bei Zollner (1995, S. 132 f.). Auch Schäfer (1999, S. 18) weist darauf hin, dass durch Lernerkenntnisse auf Seiten der Kunden mit Cross-Buying-Effekten zu rechnen ist.

ökonomische Unternehmens- und Marketingziele weist die Kundenentwicklung im Dienstleistungsbereich positive Effekte auf.

Ein zentrales vor-ökonomisches (psychographisches) Marketingziel ist die Schaffung von bzw. Steigerung der Kundenbindung (Meffert 1994, S. 525). Diese wird maßgeblich beeinflusst von der Zufriedenheit des Kunden, dem von Kundenseite dem Dienstleistungsunternehmen entgegengebrachten Vertrauen und dem Commitment (Gruen 1995, S. 453 f.). Dementsprechend seien im Folgenden die Wirkungen der Kundenentwicklung auf die Kundenzufriedenheit, das Vertrauen und das Commitment eines Kunden betrachtet.

Während die Kundenbindung als ein zentrales Marketingziel bezeichnet werden kann,[202] stellt die Erreichung von Kundenzufriedenheit diesbezüglich ein instrumentelles Zwischenziel dar (Stauss 1999b, S. 215).[203] Zwar wird das Konstrukt der Kundenzufriedenheit kontrovers diskutiert, viele Autoren erkennen aber das so genannte Diskonfirmations-Paradigma als Grundmodell an. Dieses besagt, dass Kundenzufriedenheit bzw. -unzufriedenheit im Zuge eines Vergleichs der wahrgenommenen Leistung (Ist-Standard) mit den Erwartungen (Soll-Standard) entsteht (Stauss 1999c, S. 6). Kundenentwicklung kann nun sowohl Einfluss auf die Erwartungen als auch auf die Wahrnehmung der Kunden ausüben (Bitner/Booms/Tetreault 1990). Durch die Vermittlung von integrationsbezogenen Informationen bildet sich der Kunde realistischere Erwartungen in Bezug auf die jeweilige Dienstleistung und deren Erstellung (Bitner/Booms/Tetreault 1990, S. 82).[204] Daneben trägt eine höhere Integrationskompetenz der Kunden zu einer besseren Mitwirkung an der Leistungserstellung bei und steigert infolgedessen die wahrgenommene Qualität der Dienstleistung (siehe hierzu Stauss 1995, S. 36 f.). Damit kann Kundenentwicklung zu einer höheren Kundenzufriedenheit beitragen, so dass die Zahl der unzufriedenen und sich beschwerenden Kunden abnimmt (Goodwin 1988, S. 71 f.; siehe auch Bitner/Booms/

---

[202] Nach Meffert (1999b, S. 118) ist Kundenbindung eine der wichtigsten psychographischen Zielgrößen eines Unternehmens.

[203] Eine tiefer gehende Erörterung des stark und kontrovers diskutierten Konstrukts der Kundenbindung würde von der eigentlichen Zielsetzung der Arbeit wegführen. Daher sei auf die einschlägige Literatur hingewiesen, z. B. auf den Herausgeberband von Bruhn/Homburg (2000), die einen aktuellen Überblick über das Konstrukt und das Management der Kundenbindung liefern.

[204] Siehe hierzu die Vorschläge zur Schließung von GAP 4 bei Zeithaml/Berry/Parasuraman (2000, S. 135-137).

Tetreault 1990, S. 82). Aus einer lerntheoretischen Perspektive betrachtet wird ein Kunde, der unterstützt durch Kundenentwicklungsaktivitäten eine bessere Integrationsleistung erfahren und damit positive Erfahrungen mit einer Dienstleistung gemacht hat (Belohnung), mit großer Wahrscheinlichkeit seinen Kauf wiederholen (Meffert 2000, S. 115; siehe auch Absatz 3.1.2.2), d. h. es kommt zur Kundenbindung.

Kundenentwicklung trägt des Weiteren zum Vertrauensaufbau des Kunden gegenüber einem Dienstleistungsunternehmen bei. So gab beispielsweise American Express eine Broschüre mit dem Titel „Mail Order Rights" heraus, woraufhin 23 % der Leser dieser Broschüre angaben, dass ihr Vertrauen angewachsen sei (Honebein 1997, S. 47; Waldrop 1991, S. 45). Vertrauen, welches zumindest auf kurze Sicht Kunden einem potentiellen Konkurrenten der Dienstleistungsunternehmung nicht in gleichem Ausmaß zukommen lassen.

Neben Vertrauen kann Kundenentwicklung auch zu Commitment beim Kunden führen. Commitment bedeutet eine gegenseitige Verpflichtung von Dienstleistungsunternehmen und Dienstleistungskunde (Stahl 1999, S. 54). Derartiges Commitment ist spezifisch für die Beziehung zwischen zwei Partnern (Gouthier/Schmid 2001, S. 232). Die innere Verpflichtung des Kunden kann dabei emotional und/oder kognitiv geprägt sein (Hennig-Thurau 1998, S. 135-137). Der Aufbau eines emotionalen Commitments erfolgt analog zum Aufbau von Vertrauen. Kognitives Commitment wird dagegen durch die Schaffung von Wechselbarrieren aufgrund der Spezifität der Integrationsqualifikation herbeigeführt (Hennig-Thurau 1998, S. 152).

Zur Erklärung dieses Phänomens eignet sich insbesondere ein investitionstheoretischer Ansatz. Dieser berücksichtigt „zusätzlich in der Vergangenheit getätigte, beziehungsspezifische Investitionen" (Hentschel 1991, S. 25). Der investitionstheoretische Ansatz nimmt wie auch die Kundenentwicklung eine zeitraumbezogene Perspektive ein. Dabei ist der Investitionsbegriff weit zu fassen, d. h. es sind sowohl finanzielle als auch nicht-finanzielle Aufwendungen zu betrachten. Bei letzteren kommen das Kundenlernen und die Kundenentwicklung ins Spiel. So zählt Hentschel (1991, S. 26) den „Lernaufwand, um die angebotene Leistung effizient nutzen zu können" als Beispiel einer nichtfinanziellen Aufwendung auf. Je öfter nun der Kunde

lernt, desto höher sind die Investitionen des Kunden. Damit steigen die Wechselbarrieren und die Kundenbindung wird stärker (Honebein 1997, S. xi). Für den Kunden
kommt es durch die Lernerfahrungen zudem zu kognitiven Entlastungen von Hand-
lungsabläufen, die gewissermaßen auf eingefahrenen Gleisen von selbst ablaufen
(Wiswede 1995, S. 304).

Dass Commitment und Vertrauen für Dienstleistungsanbieter von besonderer Relevanz sind, sei an einigen Beispielen verdeutlicht. Zunächst werden Stammkunden,
die zu einem Dienstleistungsunternehmen Commitment („organizational commitment"; Kelley/Donnelly/Skinner 1990, S. 322) und Vertrauen aufgebaut haben, auf-
geschlossener als Neukunden sein, wenn es darum geht, Informationen preis-
zugeben, die zur Planung neuer bzw. verbesserter Dienstleistungen dienen. Ähnlich
verhält es sich mit der Ausprägung der Rolle des Co-Marketers: Von einem Stammkunden können prinzipiell mehr und überzeugtere Empfehlungen erwartet werden
als von einem Neukunden (Nötzel 1979, S. 392). Eine freiwillige Leistung des Kunden, z. B. Tutor für andere Kunden zu sein, wird dieser auch nur bei einem hohen
Commitment erbringen (Goodwin 1988, S. 76). Es lässt sich festhalten, dass ein
Kunde bei höherem Commitment eine höhere Lernbereitschaft aufweist, eine höhere
Identifikation mit der Dienstleistungsorganisation erkennen lässt, stärker auf die organisationalen Werte eingeht (Goodwin 1988, S. 74) und letztlich eine bessere Service Customer Performance erbringt (Kelley/Donnelly/Skinner 1990, S. 322 und
S. 328).

Zusammengefasst ist es mittels der Vermittlung von Integrationsqualifikationen möglich, Kundenzufriedenheit zu steigern und Vertrauen sowie Commitment auf- bzw.
auszubauen (Kelley/Donnelly/Skinner 1990, S. 322; siehe auch Bowers/Martin/Luker
1990, S. 56).

Die Erzielung von Kundenbindung und Kundenzufriedenheit sind aber nicht die einzigen vor-ökonomischen Ziele, die durch Kundenentwicklung im Dienstleistungsbereich gefördert werden. Kundenentwicklung im Dienstleistungsbereich kann gleichermaßen zur strategischen Positionierung eines Unternehmens[205] gegenüber den

---

[205] Zur Positionierung einer Dienstleistung siehe z. B. Woratschek (1998).

Wettbewerbern beitragen und somit strategische Wettbewerbsvorteile[206] generieren (Hennig-Thurau 1998, S. 157-159; Honebein 1997, S. 51 f.). Dies ist insbesondere vor dem Hintergrund des bisher nur punktuellen Einsatzes von Kundenentwicklungsmaßnahmen zu sehen. Hier bieten sich innovativen Dienstleistungsunternehmen noch unerschlossene Erfolgspotentiale.

Die Auswahl und Bewertung einer Dienstleistung ist aufgrund der Charakteristika von Dienstleistungen komplizierter als bei Sachgütern (Burton 1990, S. 56). Der Dienstleistungskunde bewegt sich dabei in einem so genannten „Entscheidungsrahmen" („Decision frame"; Burton 1990, S. 55). Dieser beschreibt „the way in which the decision maker perceives the choice problem, the alternatives, and the perceived consequences associated with the selection of an alternative" (Burton 1990, S. 55). Die Bildung solch eines Entscheidungsrahmens ist bei Dienstleistungen schwieriger als bei Sachgütern.

Generell ist es für Kunden relativ kompliziert, Informationen über Dienstleistungen zu erhalten (Zeithaml 1981, S. 188). Für etliche Dienstleistungsbranchen stellt ein Informations-Marketing noch immer eher eine Herausforderung als die Realität dar (Armbrecht/Moritz 1998, S. 70). Daher besteht für Dienstleistungsanbieter die Möglichkeit, dem Kunden durch Informationen zu „helfen", sich solch einen Entscheidungsrahmen aufzubauen. Damit kann sich der Dienstleister im Vergleich zu seinen Wettbewerbern positiv positionieren, indem er den Kunden Merkmale für den Entscheidungsrahmen vorgibt, die der Dienstleister selbst im Vergleich zur Konkurrenz besonders gut erfüllt (Burton 1990, S. 61).

Der Vorteil dieses Gedankenansatzes im Vergleich zur „normalen" Positionierung liegt in der Gestaltbarkeit des Entscheidungsrahmens. Während sich bei einer „klassischen" Positionierung das Dienstleistungsunternehmen innerhalb eines bekannten Entscheidungsrahmens positioniert, z. B. Preisgünstigkeit, können Dienstleister zusätzlich neue Eigenschaften generieren, die zu einer Modifikation desselben führen (Burton 1990, S. 62). Dementsprechend kann Kundenentwicklung als neues Dienstleistungsattribut zur bisherigen Kernleistung angeboten werden, wodurch sich dieser

---

[206] Zur Definition und den Prinzipien strategischer Wettbewerbsvorteile siehe u. a. Simon (1988).

verändert (Burton 1990, S. 63). Gerade Firmen, die hierbei eine Vorreiterrolle übernehmen, können hiervon profitieren.

Abschließend sei noch auf zwei weitere Nutzenaspekte aus Unternehmensperspektive hingewiesen. Zum Ersten werden die Innovationsaktivitäten eines Dienstleistungsunternehmens aufgrund von Kundenideen verbessert bzw. erhöht. Zum Zweiten beeinflusst der Kunde im Sinne eines Substitute for Leadership (Lehmann
1998a, S. 835 f.) das Verhalten des Kundenkontaktpersonals und dessen Zufriedenheit.

5.3.2.3   *Oberziel der Kundenentwicklung aus der Sicht des Dienstleisters*

Im Rahmen der Generierung des Oberziels der Kundenentwicklung sind zum einen
die Erkenntnisse aus der strategischen Situationsanalyse, insbesondere zu den Integrationszielen (siehe Abschnitt 5.1.3), zum anderen die Grundsätze der Kundenentwicklung (siehe Kapitel 5.2) zu berücksichtigen.

Unabhängig davon, ob das Dienstleistungsunternehmen sich zum Ziel gesetzt hat,
den Integrationsgrad ab- oder auszubauen, entsteht in beiden Fällen zunächst einmal ein Qualifizierungsbedarf. Im ersten Falle, d. h. das Integrationsziel besteht im
Abbau des Integrationsgrads, muss der Dienstleistungskunde bestimmte Einstellungen, Kenntnisse und Verhaltensweisen verlernen. Dieses gezielte Aufgeben eines
zuvor erlernten bzw. eingeübten Verhaltens bedarf eines aktiven (Ver-)Lern-
prozesses beim Kunden (siehe Absatz 3.1.2.2) und damit des Einsatzes von Kundenentwicklungsmaßnahmen.

Im zweiten Falle, also beim Ausbau des Integrationsgrads, ist die Notwendigkeit der
Kundenentwicklung offensichtlicher. Sollen neue Einstellungen, Kenntnisse und/oder
Verhaltensweisen erworben werden, bedarf es des Neulernens oder des Zulernens
der Kunden und damit der Vermittlung von Integrationsqualifikationen. Während sich
die beiden bisher genannten Integrationsziele durch eine Dequalifizierung (Abbau
des Integrationsgrades) bzw. Höherqualifizierung (Ausbau des Integrationsgrades)
der Dienstleistungskunden auszeichnen, kann aus dem Ziel des Beibehaltens des

Integrationsgrads eine Anders-[207] bzw. Anpassungsqualifizierung der Kunden resultieren. Das wäre der Fall, wenn sich die Integrationsanforderungen - bei Aufrechterhaltung des Integrationsgrades - an den Kunden aufgrund einer Modifikation seiner
Aufgabeninhalte ändern. Auch in diesem Falle bedarf es der Kundenentwicklung.
Diese hat beim Kunden ein Umlernen zu fördern, welches auf die Aneignung einer
im Vergleich zur bisherigen Einstellung, zum aktuellen Wissen oder einer bekannten
Tätigkeit völlig andersartigen Ausprägung zielt (siehe Absatz 3.1.2.2).

Als zentrale Vorgabe für die Formulierung des allgemeinen Ziels (Oberziels) der
Kundenentwicklung dient die in Kapitel 5.2 genannte Leitidee der Entwicklungsfähigkeit der Kunden. Daraus abgeleitet ergibt sich als Oberziel der Kundenentwicklung
aus Unternehmenssicht die Schaffung, Sicherung und/oder Verbesserung der Integrationsbereitschaft sowie -fähigkeit der Kunden und letztlich der integrationsbezogenen Leistungen der Kunden. Zwar soll Kundenentwicklung unmittelbar die Integrationsbereitschaft und -fähigkeit der Kunden fördern. Letztlich soll sich die Qualifizierung der Kunden aber obendrein in einer verbesserten Service Customer Performance ausdrücken. Aus dieser Zielsetzung geht implizit hervor, dass durch die Kundenentwicklung im Dienstleistungsbereich die Integrationsqualifikationen des Kun-
den mit den Anforderungen, die sich aus der Integration ergeben, in Übereinstimmung gebracht werden sollen. Dieses generelle Ziel unterstützt die Erfüllung der verschiedenen Rollen und Integrationsaufgaben, die dem Kunden im Dienstleistungsbereich zukommen. Kundenentwicklung im Dienstleistungsbereich hat demzufolge
mindestens folgende Erwartungen aus Unternehmensperspektive zu erfüllen:

- Abbau von Defiziten des Kunden bezüglich der Erfüllung seiner Kundenrollen (inklusive der Reduktion von [potentiellen] Widerständen),

- Aufbau von Potentialen für die zukünftige Erfüllung von Kundenrollen,

- eventuell Entwicklung persönlicher Perspektiven für den Kunden, z. B. Aufnahme
  in einen Kundenclub.

---

[207]   Siehe zum Begriff der Andersqualifikation Gaugler (1989, S. 185 f.).

5.3.2.4   Teilziele der Kundenentwicklung aus der Sicht des Dienstleisters

Zur Realisation des Oberziels der Kundenentwicklung im Dienstleistungsbereich, d. h. zur Schaffung, Sicherung und/oder Verbesserung der Integrationsbereitschaft sowie -fähigkeit der Kunden und letztlich der integrationsbezogenen Gesamtleistung der Kunden, gilt es, die Erreichung der einzelnen Teilleistungen der Service Customer Performance zu fördern. Deren Erfüllung erfordert bei den Kunden das Vorhandensein teilleistungsspezifischer Qualifikationen, deren Auf- und Ausbau als Teilziele der Kundenentwicklung angesehen werden können. Diese führen im Sinne einer Mittel-Zweck-Beziehung zu einer Realisation des Oberziels der Kundenentwicklung. Daher seien im Folgenden die verschiedenen Teilziele der Kundenentwicklung ausführlich erläutert.

Zunächst kommt dem Kunden die Rolle eines Co-Designers zu. Damit das kundenseitige Informations- und Innovationspotential optimal genutzt und ausgebaut wird, muss der Kunde spezifische Integrationsqualifikationen aufweisen (Oevretveit 1999, S. 398), wie kommunikative und kreative Fähigkeiten sowie Fertigkeiten. Denn „der Informationsnutzen, den Unternehmen aus einer Kundenbeteiligung an der Produktentwicklung ziehen können, [ist] in hohem Maße davon abhängig, daß Kunden in der Lage sind, ihre Bedürfnisse, Wünsche und Vorstellungen zu artikulieren" (Stauss 1996b, S. 221). Das Problem ist gleichwohl, dass sich Kunden dieser oftmals gerade nicht bewusst sind und damit auch nicht verbalisieren können (Bosshart 1995, S. 43). Hierdurch ist allerdings ein Dialog zur Entwicklung oder Verbesserung von Leistungen nicht möglich (Bosshart 1995, S. 44). Das Dienstleistungsunternehmen muss dementsprechend für adäquate Kundenqualifikationen und Rahmenbedingungen sorgen, die ein innovatives und spontanes Verhalten des Kunden (Zusatzleistung) fördern (Mills/Morris 1986, S. 733). Daraus lässt sich als ein spezielles Teilziel der Kundenentwicklung ableiten: Kundenentwicklung sollte zur Aktivierung sowie Förderung der Artikulationsfähigkeit des Kunden zur Preisgabe seines Expertenwissens beitragen.

Eine weitere wichtige Aufgabe des Kunden ist die Zurverfügungstellung des Co-Produktionsfaktors. In Abhängigkeit von der zu erstellenden Dienstleistung kann dem Kunden selbst die Rolle des Co-Produktionsfaktors zukommen, der passiv und/oder aktiv am Produktionsprozess mitwirkt. In diesem Falle hängt die Leistungserstellung von der potentiellen Leistungsbereitschaft und -fähigkeit des Kunden ab. Meyer/ Mattmüller (1987, S. 192 f.) sprechen auch von der so genannten „Potentialqualität der Nachfrager" und unterscheiden dabei zwischen den Integrativitäts- sowie Interaktivitätspotentialen der Kunden.

Zwar soll im Rahmen dieser Arbeit nicht die begriffliche Unterscheidung von Meyer/ Mattmüller (1987, S. 192 f.) übernommen werden, da die Interaktion als eine Teildimension der Integrativität angesehen wird (siehe Absatz 2.3.3.1). Zudem ist nicht ersichtlich, wieso die Interaktionen des Kunden mit dem Dienstleistungsunternehmen nicht als solche bezeichnet werden sollen. Unter Vernachlässigung dieser sprachlichen Nachlässigkeit bietet der Ansatz von Meyer/Mattmüller (1987, S. 192 f.) jedoch gute inhaltlich-konzeptionelle Ausführungen zur Relevanz qualifikatorischer Kundenpotentiale. Als Integrativitätspotentiale bezeichnen Meyer/Mattmüller (1987, S. 193) die „beim Kunden vorhandenen Grundeinstellungen bezüglich seiner physischen, intellektuellen oder emotionalen Mitwirkung an der eigentlichen Dienstleistungserstellung". So erschwert eine „ängstliche Grundhaltung eines Patienten von vorneherein die Behandlung durch den Zahnarzt" (Meyer/Mattmüller 1987, S. 193; siehe auch Parsons 1970, S. 12). Bei den Interaktivitätspotentialen handelt es sich dagegen um eventuell auftretende Interaktivitäten zwischen mehreren Kunden (Meyer 1994, S. 76; Meyer/Mattmüller 1987, S. 193 und Meyer/Westerbarkey 1995, S. 89).

An diesen Ausführungen wird deutlich, dass ein Kunde idealiter im Vorfeld einer Dienstleistungserstellung über eine adäquate Integrationsqualifikationsbasis verfügen sollte. Falls ein Dienstleistungskunde im Vorhinein gut informiert und vorbereitet ist, so hat dies positive Wirkungen auf die Qualität des Leistungserstellungsprozesses und des -ergebnisses (Bowers/Martin/Luker 1990, S. 55 f.; Hilke 1989, S. 27; Kelley/Donnelly/Skinner 1990, S. 327; Stauss 1995, S. 37). Je genauer der Kunde im Vorfeld weiß, was mit ihm während der Leistungserstellung geschieht, wie die Dienstleistung aussieht und worauf es von seiner Seite aus ankommt, desto besser kann der Dienstleistungskunde später im Erstellungsprozess integriert werden und mitarbeiten (Hägele/Sljivljak/Köhler 2000, S. 2; Stauss 1995, S. 37). Damit besteht ein weiteres Teilziel der Kundenentwicklung im Dienstleistungsbereich im aktiven Auf- und Ausbau von Integrationsqualifikationen im Vorfeld der Dienstleistungserstellung.[208] Bezogen auf die Hauptkomponenten der Integrationsqualifikation bedeutet dies, dass zum einen eine Leistungsbereitschaft, im Sinne des Wollens, beim Dienstleistungskunden geschaffen werden muss (Parsons 1970, S. 10). Zum anderen sind die integrationsbezogenen Kenntnisse des Kunden im Sinne seines Vorwissens (Meyer/Blümelhuber 1998, S. 199) sowie die methodischen und sozialen Fähigkeiten bzw. Fertigkeiten auszubauen und zu fördern.

Im Rahmen seiner Co-Interaktoren-Rolle muss der Dienstleistungskunde mit den internen Produktionsfaktoren und eventuell weiteren Dienstleistungskunden optimal interagieren. Allerdings können während der Interaktion Probleme auf Seiten des Kunden mit dessen Subrollen auftreten, die im Vorfeld nicht abzuschätzen waren und die auf fehlende oder unzureichende Integrationsqualifikationen zurückzuführen sind. Zu diesen Subrollen zählen beispielsweise die Koordinatorenrolle, die Tutorenrolle und die Rolle als Substitute for Leadership. Die simultane Behebung von Defiziten bei der Ausführung der verschiedenen Co-Interaktorenrollen durch die Vermittlung entsprechender Integrationsqualifikationen, und damit die Gewährleistung einer optimalen Erfüllung der Co-Interaktoren-Rolle kann als weiteres Teilziel der Kundenentwicklung angesehen werden.[209]

Aus den beiden restlichen, primär outputbezogenen Rollen des Kunden ergeben sich schließlich weitere, jedoch eher indirekte Teilziele der Kundenentwicklung. Diese hängen zum einen in starkem Maße von der Erreichung der bisher genannten Teilziele der Kundenentwicklung ab, zum anderen von weiteren betrieblichen Faktoren, z. B. der Preispolitik. Durch eine bessere Leistungsbeteiligung des Kunden, und folglich einer höheren Zufriedenheit, einer wachsenden Vertrautheit mit der Dienstleistung sowie durch individuelle auf ihn abgestimmte Leistungen werden sowohl die Steigerung des Kaufpotentials als auch die Verbesserung des Referenzpotentials (aufgrund von Word-of-mouth und Wettbewerbsdifferenzierung) angestrebt. Gerade in der Unterstützung des Verkaufsprozesses (Meer 1984, S. 122) und damit der Steigerung der Verkäufe von Produkten wird ein wichtiges Ziel der „Educational acti-

---

[208] Meyer/Blümelhuber (1998, S. 199) bezeichnen das Aufbauen bzw. das Vorhandensein einer bestimmten Leistungsbereitschaft und -fähigkeit der Kunden auch als Potentialziel eines Dienstleistungsunternehmens.

[209] Da sich dieses Ziel auf die Verbesserung des Integrationsprozesses bezieht, kann es nach Meyer/Blümelhuber (1998, S. 199) auch als Prozessziel bezeichnet werden.

vity" gesehen (Meer 1984, S. 7, S. 122 und S. 136).[210] Kunden informieren aber auch oftmals ihr eigenes Umfeld über die gelernten Inhalte und die Erfahrungen mit Kundenentwicklungsinstrumenten (Waldrop 1991, S. 45).

Als kurzes Zwischenfazit lässt sich folgendes Zitat von Paul Murphy, einem amerikanischen Unternehmensberater, anführen: „By educating consumers [i. S. v. customers; Anm. d. Verf.], we hope ultimately to create ‚transactors'" (Vincent 1999).

Beim Übergang von den transaktionsorientierten Rollen hin zur Partnerrolle des Kunden kommt es zu einer Modifikation der Erwartungen, die das Unternehmen an den Dienstleistungskunden auf einer affektiven, kognitiven und intentionalen Ebene stellt. Dementsprechend ist ein weiteres Teilziel der Kundenentwicklung, diese veränderten Erwartungen dem Kunden zu kommunizieren, damit er seiner Partnerrolle angemessen nachkommen kann.

Neben den beschriebenen rollenorientierten Teilzielen lassen sich auch verhaltensorientierte Teilziele formulieren. Allerdings sind diese in den bisher genannten Teilzielen schon implizit enthalten: Verbesserung der Basis- und Zusatzleistungen durch Auf- und Ausbau der Integrationsqualifikationen. Von daher wird auf eine explizite Charakterisierung verzichtet.

Einen abschließenden Überblick über die verschiedenen Ziele des Managements der Kundenentwicklung aus der Perspektive des Dienstleistungsunternehmens liefert Abbildung 43.

5.3.3   Ziele der Kundenentwicklung aus der Perspektive der Kunden

Das Management der Kundenentwicklung im Dienstleistungsbereich muss im Rahmen der angesprochenen doppelten Zielsetzung neben den unternehmerischen Zielen auch die der Kunden berücksichtigen. Kunden werden nur dann bereit sein, sich im Sinne des Dienstleisters zu entwickeln, wenn sie für sich persönlich einen

---

[210]   Da sich diese Ziele auf das Ergebnis einer Leistungserstellung beziehen, können sie auch als Ergebnisziele der Kundenentwicklung tituliert werden.

Nutzen wahrnehmen (Berry/Lampo 2000, S. 268; Bowen/Schneider 1985, S. 136; Ostrom/Roundtree 1998, S. 16).

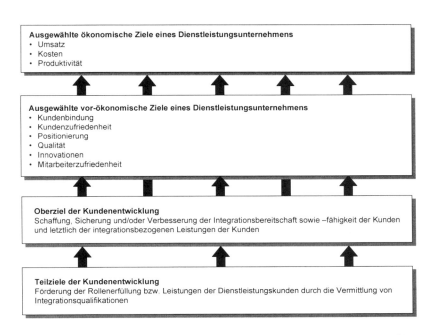

Abb. 43:   Ziele der Kundenentwicklung im Dienstleistungsbereich aus der Perspektive des Dienst-
             leisters
Quelle: Eigene Überlegungen.

Im Folgenden werden daher verschiedene Nutzenpotentiale präsentiert, die ein Kunde durch die Teilnahme an Kundenentwicklungsaktivitäten erhält. Dementsprechend stellen diese Nutzenpotentiale die Ziele der Kundenentwicklung aus der Perspektive der Kunden dar. Im Dienstleistungsbereich sind vor allem folgende Ziel(bereich)e aus Kundenperspektive zu nennen:

1. Einsparung monetärer und nicht-monetärer Kosten (Absatz 5.3.3.1);

2. Erhöhung des Kontroll- bzw. Sicherheitspotentials (Absatz 5.3.3.2);

3. Steigerung der Zufriedenheit (Absatz 5.3.3.3).

5.3.3.1   Einsparung monetärer und nicht-monetärer Kosten

Die Inanspruchnahme einer Dienstleistung verursacht beim Kunden nicht nur monetäre Kosten in Form der Entgeltzahlung, sondern auch nicht-monetäre Kosten in Form eines zeitlichen, körperlichen und/oder geistigen Aufwands (Berry/Yadav 1997, S. 60; Engelhardt/Schnittka 1998, S. 925; Meyer/Streich 1998, S. 849). Monetäre und nicht-monetäre Kosten stellen für den Kunden den zu zahlenden Preis für eine Dienstleistung dar.

Ausgangspunkt der möglichen Einsparung von monetären und nicht-monetären Kosten ist die Verbesserung der Integrationsleistung des Kunden aufgrund der Vermittlung benötigter Integrationsqualifikationen. Die bessere Eigenleistung des Kunden kann vom Dienstleister in Form von Preisersparnissen an diesen weitergegeben werden (Berry/Lampo 2000, S. 267 f.; Corsten 2000, S. 153; Kelley/Donnelly/Skinner 1990, S. 326; Langeard 1981, S. 238; Meyer/Westerbarkey 1995, S. 94; Silpakit/Fisk 1985, S. 119; Toffler 1980, S. 277). So hat die Bank Ocean 24 versucht, ihren Kunden die Benutzung von Geldautomaten in Burger King-Filialen schmackhaft zu machen, indem bei jeder Transaktion ein Gutschein über eine Portion Pommes Frites ausgedruckt wurde. Ein weiteres Beispiel findet sich bei der Deutschen Lufthansa. Wer bei der Deutschen Lufthansa auf ein Papierticket verzichtet und rein elektronisch eincheckt, spart 20 DM (Pichler 1998, S. 49).

Ein weiterer Vorteil einer kompetenten Mitwirkung des Kunden ist, dass die Leistungserstellung schneller vonstatten gehen kann. Der Kunde gewinnt damit Zeit (Berry/Lampo 2000, S. 267 f.; Bowen 1986, S. 381; Bowers/Martin/Luker 1990, S. 62; Bullinger/Schäfer 1997, S. 10; Kelley/Donnelly/Skinner 1990, S. 326; Langeard 1981, S. 238; Silpakit/Fisk 1985, S. 119; Toffler 1980, S. 277).

5.3.3.2 Erhöhung des Kontroll- bzw. Sicherheitspotentials

In westlichen Kulturkreisen tendieren Menschen dazu, ihre Umwelt zu kontrollieren (Nerdinger 1994, S. 136).[211] Dieses Kontrollmotiv ist als ein grundsätzliches Bedürfnis eines Individuums nach Aufrechterhaltung seiner Handlungsfähigkeit anzusehen.[212] Das Bedürfnis drückt sich in konkreten Situationen als Versuch aus, die zum Ziel führenden Bedingungen zu kontrollieren (Nerdinger 1994, S. 137). Kontrolle kann in eine Verhaltenskontrolle („Behavioral control"; Bateson/Hoffman 1999, S. 36) und eine kognitive Kontrolle („Cognitive control"; Bateson/Hoffman 1999, S. 36) unterschieden werden. Während die Verhaltenskontrolle die Fähigkeit beschreibt, „durch das eigene Verhalten die Situation beeinflussen zu können" (Nerdinger 1994, S. 137; siehe auch Averill 1973), wird unter der kognitiven Kontrolle „die retrospektive Erklärung bzw. die Vorhersagbarkeit von Ereignissen" (Nerdinger 1994, S. 137) verstanden. Nimmt ein Individuum einen Verlust von Verhaltenskontrolle und/oder kognitiver Kontrolle wahr, so kann dies u. U. zu Hilflosigkeit, Hoffnungslosigkeit und Depressionen führen.

Dieses Kontrollmotiv spielt gerade im Dienstleistungsbereich bzw. im Service-System eine wichtige Rolle (Bateson/Hoffman 1999, S. 37).[213] Kunden werden versuchen, eine möglichst hohe Kontrolle bei der Inanspruchnahme von Dienstleistungen zu erreichen.[214] Dabei ist allerdings die wahrgenommene Kontrolle die entscheidende Größe für den Kunden, nicht unbedingt der tatsächliche Kontrollgrad (Bateson/Hoffman 1999, S. 38). Daher sollten Dienstleistungsunternehmen dafür sorgen, dass der Kunde ein Gefühl von Kontrolle über die Situation hat. So erkannte beispielsweise der Discount-Wertpapierhändler Charles Schwab, das seinen Kunden ein Gefühl der Sicherheit beim Handel per Telefon oder über das Internet wichtiger

---

[211] Dies ist ein basales Motiv menschlichen Handelns (Nerdinger 1994, S. 136; siehe auch Wener 1985, S. 108 und Wiswede 1995, S. 88).

[212] Eine differenzierte Darstellung der verschiedenen Kontrolltheorien findet sich bei Wiswede (1995, S. 88-92).

[213] Zur Relevanz der wahrgenommenen Kontrolle bei Mitarbeitern in Dienstleistungsunternehmen siehe Zeithaml/Berry/Parasuraman (2000, S. 132).

[214] Darin begründet sich u. a. auch die Nutzung von Selbstbedienungsleistungen (Berry/Lampo 2000, S. 267). So führen Chase/Aquilano/Jacobs (1998, S. 158) aus: „Many customers like self-service because it puts them in control" (siehe auch Fitzsimmons/Fitzsimmons 2001, S. 127). Darüber hinaus werden Kunden mit einem stark ausgeprägten Kontrollbedürfnis eher dazu neigen, die Dienstleistung in Eigenregie zu erstellen als sie fremd zu beziehen (make statt buy) (Lusch/Brown/Brunswick 1992, S. 129).

war als ein absolut niedriger Preis. Diesem Sicherheitsbedürfnis entsprach Schwab, indem den Kunden eine umgehende Auftragsbestätigung per Computer offeriert wurde (Kim/Mauborgne 2001, S. 90). Ein weiteres Beispiel findet sich bei dem Paketversender Federal Express (FedEx). Durch das Anbieten eines so genannten „Tracking Service" können die Kunden jederzeit über das Internet nachvollziehen, an welchem Ort sich gerade deren Paketsendung befindet. Dadurch erlangen die Kunden ein Gefühl von Kontrolle über den Prozess. Aber auch die Gestaltung des physischen Umfelds wirkt sich auf die Wahrnehmung von Kontrolle aus. So verbessern z. B. eine klare Wegbeschreibung und eine gute Ausschilderung das Kontrollempfinden von Dienstleistungskunden (Bitner 1992, S. 63).

Je besser der Kunde über den Leistungserstellungsprozess informiert ist (kognitive Kontrolle; siehe Bateson/Hoffman 1999, S. 36; Meyer 1994, S. 88 und Nerdinger 1994, S. 137), je berechenbarer der Prozess wird und je mehr er diesen durch eine qualitativ bessere Eigenleistung kontrollieren bzw. steuern kann (Verhaltenskontrolle; siehe Bateson/Hoffman 1999, S. 36; Engelhardt/Schnittka 1998, S. 926; Nerdinger 1994, S. 137), umso höher wird der von ihm wahrgenommene Kontrollgrad sein (Silpakit/Fisk 1985, S. 120). Die vom Kunden wahrgenommene Kontrolle hängt folglich auch von dessen Kompetenzen ab (Johns 1999, S. 966; Rushton/Carson 1989, S. 30). Eine Förderung der Kundenkompetenz erhöht somit die vom Kunden wahrgenommene Kontrolle. Die Vermittlung von Integrationsqualifikationen im Rahmen einer Kundenentwicklung im Dienstleistungsbereich ist somit ein essentielles Instrument, um das Kontrollbedürfnis der Kunden zu befriedigen. So hat ein Dienstleistungsunternehmen dem Kunden die Strukturen sowie Abläufe offen zu legen und darzustellen (Bateson/Hoffman 1999, S. 38), wie im Falle eines Reklamationsmanagements (Armbrecht/Moritz 1998, S. 77). Langeard (1981, S. 238) meint hierzu: „Für viele Kunden ist ein klar überschaubarer Dienstleistungsprozess gleichbedeutend mit einer qualitativ hochwertigen Dienstleistung." Gleichzeitig erlangt der Kunde bei einer kontinuierlichen Kundenentwicklung „a sense of control over the time" (Silpakit/Fisk 1985, S. 119).

Die Kundenkompetenz spielt des Weiteren im Hinblick auf die Risikowahrnehmung der Kunden eine zentrale Rolle. Bei der Beurteilung einer Dienstleistung durch den Kunden überwiegen zumeist die Vertrauenseigenschaften (credence qualities) und

Erfahrungseigenschaften (experience qualities) gegenüber den Sucheigenschaften (search qualities) (Zeithaml 1981, S. 186 f.; siehe auch Stauss/Hentschel 1991, S. 239).[215] Ob eine Dienstleistung einen hohen Anteil an Vertrauenseigenschaften aufweist, hängt jedoch nicht nur von deren grundlegenden Eigenschaften ab, sondern insbesondere auch vom vorhandenen Wissen des die Dienstleistung beurteilenden Kunden (Zeithaml 1981, S. 186). So empfindet ein Dienstleistungskunde „ein größeres wahrgenommenes Kaufrisiko, sei es, weil er *nicht weiß* [Hervorhebung des Verf.], mit welchen psychischen Belastungen die Kontaktsituation verbunden ist (z. B. beim Arztbesuch), sei es, weil er sich des Leistungsergebnisses keinesfalls sicher ist (...) oder sei es, weil er das Ergebnis der Dienstleistung (...) nicht mehr rückgängig machen kann" (Stauss 1998, S. 1260; siehe dazu auch Corsten 1986, S. 24; Engelhardt/Schwab 1982, S. 511; Freiden/Goldsmith 1989, S. 46; Meyer 1991, S. 200). Gerade aufgrund eines mangelhaften Kundenwissens empfindet der Kunde bei der Inanspruchnahme von Dienstleistungen ein erhöhtes Risiko: „the consumer may be unaware of or may lack sufficient knowledge to appraise whether the offerings satisfy given wants or needs even after consumption" (Zeithaml 1981, S.186; siehe hierzu auch Armbrecht/Moritz 1998, S. 76; Bowers/Martin/Luker 1990, S. 64 f.; Nerdinger 1999, S. 137; Rosenstiel/Neumann 1998, S. 40 f.; Silpakit/Fisk 1985, S. 120; Thompson 1962, S. 318). Dabei hat sich gezeigt, dass „a decrease in the amount and/or quality of information usually is accompanied by a concomitant increase in perceived risk" (Zeithaml 1981, S. 188).

Engelhardt/Schwab (1982, S. 510 f.) sprechen auch von einer Unsicherheit des Kunden aufgrund einer mangelhaften Problemevidenz. Der Dienstleistungskunde weiß nicht genau, was er will und kann dementsprechend die notwendigen objektiven Eigenschaften und deren subjektive Bewertung nicht vollbringen (Engelhardt/Schwab 1982, S. 511). Damit wird eine Bewertung und Kontrolle der Dienstleistung erschwert, wenn nicht gar unmöglich (Engelhardt/Schwab 1982, S. 511). Die Vermittlung von leistungsbezogenen Kenntnissen im Rahmen einer Kundenentwicklung ist daher eine zentrale Methode zur Reduzierung des vom Kunden wahrgenommenen Risikos (siehe ähnlich Ernenputsch 1986, S. 117). Bezogen auf das Charakteristikum der Intangibilität lässt sich feststellen: Je besser das Wissen des

---

[215] Zur kritischen Diskussion dieser Unterscheidung aus einer psychologischen Perspektive siehe Nerdinger (1994, S. 48 f.).

Kunden über die Dienstleistung ist, als desto geringer ausgeprägt empfindet der Kunde die intellektuelle Intangibilität der Dienstleistung (McDougall/Snetsinger 1990, S. 33).

Folgendes Beispiel soll diesen Sachverhalt verdeutlichen: Grease Monkey ist eine Firma, die einen Schnell-Ölwechsel-Service anbietet. Die Mechaniker zeigen darüber hinaus den Kunden den Luftfilter, wann dieser verschmutzt ist und dementsprechend gewechselt werden sollte. Damit wächst die Kenntnis des Kunden über die Dienstleistung, das Verständnis des Kunden für die Dienstleistung und damit auch deren Akzeptanz (Honebein 1997, S. 11). Gleichzeitig wird durch den Aufbau eines höheren Informationsstands des Kunden dessen Angst vor Blamage und das Risiko des Misserfolgs aufgrund mangelnder Kenntnisse abgebaut (Scheuch 1979, S. 11).

Kundenentwicklung kann aber auch zur Reduktion von physischen Risiken beitragen. Dies gilt insbesondere für den Sport- und aktiven Freizeitbereich, z. B. beim Wildwasser-Rafting oder Felsklettern. Durch eine umfassende Instruktion der Kunden nimmt die Gefahr für die Teilnehmer rapide ab. Auch gerade Fitnessstudios stellt sich die Aufgabe der Kundenqualifizierung zur adäquaten Nutzung der Geräte (Lovelock 2001, S. 289 f.).

Mit der Zeit wird durch eine Qualifizierung des Kunden zudem Vertrauen beim Kunden aufgebaut. Dieses Vertrauen im Rahmen einer Dienstleistungsbeziehung bedeutet für den Kunden zum einen - wie bereits beschrieben - eine Reduktion des wahrgenommenen Kaufrisikos und zum anderen eine Senkung von Kosten, z. B. Such- und Anbahnungskosten (Ganesan 1994, S. 3). Das heißt, dass der Kunde seine Kontroll- und Sicherungsaktivitäten reduzieren kann (Anderson/Sullivan 1993).

5.3.3.3   Steigerung der Zufriedenheit

Die Wahrnehmung der Dienstleistungsqualität und damit die Zufriedenheit des Kunden hängen nicht nur von den Leistungen des Unternehmens, sondern auch von den Leistungen des Kunden ab (Kelley/Donnelly/Skinner 1990, S. 322; Martin/Pranter 1989, S. 9; Mills/Chase/Margulies 1983, S. 302; Zeithaml 1981, S. 187). Je rei-

bungsloser die Leistungserstellung vonstatten geht, desto zufriedener fühlt sich der
Kunde. Dabei hängt die Leistung bzw. das Verhalten des Kunden von dessen Kom-
petenzgrad ab. Die Schaffung eines adäquaten Kompetenzniveaus durch Kundenentwicklung vermag dementsprechend die Kundenzufriedenheit zu steigern (Bitner/
Booms/Tetreault 1990, S. 82; Kelley/Donnelly/Skinner 1990, S. 322 f.; McGuire
1973; Meer 1984, S. 122; Webb 2000). Aber nicht nur die Kenntnisse und die Fähigkeiten bzw. Fertigkeiten des Kunden spielen hierbei eine wichtige Rolle. Auch die
Motivation des Kunden ist in das unternehmerische Kalkül einzubeziehen. Eine
mangelhafte Motivation des Kunden, die sich in einer Ignoranz des Kunden bezüglich seiner Rollen und Integrationsaufgaben ausdrücken kann, ist als äußerst problematisch zu bezeichnen, da eine Differenz zwischen Rollenerwartung und
-wahrnehmung letztlich zur Kundenunzufriedenheit führt (Kelley/Donnelly/Skinner
1990, S. 322 f.).

Ein positiver Leistungsbeitrag steigert zudem mittelbar über ein Gefühl der Selbst-
bestätigung (Ernenputsch 1986, S. 117) bzw. über eine Erhöhung des Selbstwertgefühls des Kunden (zu Selbstkonzept-Theorien siehe Wiswede 1995, S. 96-98)
dessen Zufriedenheit. Daher gilt es, über Lob, Anerkennung und positives Kunden-
Feedback das Selbstwertgefühl des Kunden zu erhöhen (Goodwin 1988, S. 76;
Meyer/Westerbarkey 1995, S. 94).

5.4 Strategien der Kundenentwicklung im Dienstleistungsbereich

5.4.1 Grundlegende Anmerkungen zu Strategien der Kundenentwicklung und Kapitelüberblick

Im Anschluss an die Formulierung der Kundenentwicklungsziele gilt es, Strategien
der Kundenentwicklung auszuarbeiten. Diese haben sich insbesondere an den erarbeiteten Grundsätzen und Zielen der Kundenentwicklung auszurichten (Meffert/
Bruhn 2000, S. 162). Während die Kundenentwicklungsziele die angestrebten Positionen bzw. die „Wunschorte" beschreiben („Wo wollen wir hin?"; Becker 1998, S. 5),
beinhalten die Kundenentwicklungsstrategien die grundsätzliche Vorgehensweise
bzw. „Route". Sollen die Ziele der Kundenentwicklung realisiert werden, d. h. Integ-

rationsqualifikationen dem Kunden vermittelt werden, so stellt sich dem Dienstleistungsunternehmen zunächst die Frage nach dem Qualifizierungszeitpunkt. Hiermit ist der planerische Aspekt angesprochen, wann eine Anpassung der Qualifikationen an veränderte Anforderungen erfolgt. Die entsprechenden Handlungsstrategien zur Lösung dieses Problems präsentiert Abschnitt 5.4.2.

Des Weiteren muss das Management eines Dienstleistungsunternehmens beschließen, ob und wie differenziert es seine Kunden entwickeln möchte. Damit ist die strategische Grundsatzentscheidung der Bestimmung und Bearbeitung der Zielkunden(gruppen) angesprochen. Hierbei lassen sich verschiedene Alternativen von Parzellierungsstrategien finden, die im Blickpunkt von Abschnitt 5.4.3 stehen.

Strategien im Bereich der Kundenentwicklung sind vor allem auch „Grundsatzregelungen" (Becker 1995, Sp. 2414), die als Richtlinien (Weber/Klein 1992, Sp. 2142) einen systematischen Einsatz der Kundenentwicklungs-Instrumente ermöglichen.[216] Sie stellen „Instrumente dar, um den Mitteleinsatz in einem Betrieb langfristig auf ein übergeordnetes Zielsystem hin zu kanalisieren" (Raffée/Fritz/Wiedmann 1994, S. 132). Eine Kundenentwicklungsstrategie ist demzufolge ein Grundmuster, das einer Anzahl kundenentwicklungspolitischer Entscheidungen erkennbar zugrunde liegt (in Anlehnung an Weber/Klein 1992, Sp. 2142). Dabei werden die Entscheidungen zur Planung und Gestaltung von Kundenentwicklungsmaßnahmen von den Charakteristika der Unternehmens-Kunden-Beziehung geprägt. Wie sich in Absatz 4.2.2.4 herauskristallisiert hat, ist zum einen die Lernbereitschaft der Kunden eher gering, und zum anderen verfügen sie zudem über eine gegenüber dem Dienstleistungsunternehmen bessere Machtposition.

Diese Konstellation führt dazu, dass der Prozess der Vermittlung von Integrationsqualifikationen an Bedeutung gewinnt. Dementsprechend wurde in Kapitel 5.2 folgender Grundsatz der Kundenentwicklung formuliert: „Die Art und Weise der Kundenschulung erhält einen ebenso hohen Stellenwert wie die zu vermittelnden Inhalte." Dieser Grundsatz führt zu einer Entertainment-Strategie als instrumentenbezo-

---

gene Kundenentwicklungsstrategie, die in Abschnitt 5.4.4 präsentiert wird.

Als weitere Kundenentwicklungsstrategie ist eine Kooperationsstrategie zwischen verschiedenen Dienstleistungsunternehmen denkbar. Oftmals fehlen einem Unternehmen die Kompetenzen zur optimalen Gestaltung, Durchführung und Evaluation der Kundenentwicklung. Ein möglicher Lösungsansatz wäre das Eingehen von Kooperationen mit anderen hiervon betroffenen Dienstleistungsfirmen (Meer 1984, S. 138). Da aber im Blickpunkt der Arbeit die Vermittlung von firmenspezifischen Qualifikationen steht, wird von der Darstellung einer Kooperationsstrategie, bei der firmenübergreifende, wie branchenbezogene (und möglicherweise sogar generelle) Kenntnisse vermittelt werden, abgesehen.

5.4.2   Handlungsstrategien der Kundenentwicklung im Dienstleistungsbereich

In den letzten Jahren nimmt die Anzahl der Probleme von Kunden mit Dienstleistungen stark zu. Dienstleistungen „präsentieren sich in rasch verändernder Form, und mit innovativen Angeboten überfordern sie den Erfahrungshorizont der Verbraucher häufig" (Rosenberger 2000, S. 344). Dienstleistungen und deren Leistungserstellungsprozess wandeln sich mit der Zeit, wodurch sich auch häufig die Kundenrollen sowie Integrationsaufgaben und damit auch die erforderlichen Integrationsqualifikationen verändern (Canziani 1997, S. 9). Die hierin begründeten Qualifikationsmängel der Kunden - Erlhoff (1997, S. 42) spricht von einer „völlig begründeten Inkompetenz der Kundinnen und Kunden" - werfen für Dienstleister die Frage auf, wann (zeitlich) eine entsprechende Anpassung der Qualifikation der Kunden erfolgen soll. Wie bei der Personalentwicklung (siehe Absatz 4.2.1.2), so kann auch bei der Kundenentwicklung die Vermittlung von Integrationsqualifikationen vor, während oder nach Auftritt eines Kompetenzdefizits stattfinden. Demgemäß lassen sich bei der Kundenentwicklung im Dienstleistungsbereich folgende drei Handlungsstrategien unterscheiden:

- reaktive Kundenentwicklungsstrategie,
- simultane Kundenentwicklungsstrategie und
- antizipative Kundenentwicklungsstrategie.

Das Ziel des Dienstleistungsunternehmens sollte es sein, möglichst schon im Vorfeld der Mitwirkung des Kunden eine Unterdeckung seiner Integrationsqualifikationen zu prognostizieren und ihn adäquat zu qualifizieren (Lovelock 2001, S. 295). In diesem Falle wird durch eine gezielte „Hinführung" des Kunden zu neuen bzw. modifizierten Dienstleistungen potentiellen Fehlern präventiv vorgebeugt (Reischauer 1997, S. 219). Daher erfüllt die antizipative Kundenentwicklungsstrategie eine präventive (vorbeugende) Funktion.[217] Eine Vorabinformation der Kunden steigert deren Leistungsbereitschaft sowie -fähigkeit und damit deren Mitwirkung(-squalität) bei der Leistungserstellung (Meyer/Westerbarkey 1995, S. 92). Des Weiteren fördert eine frühzeitige Information des Kunden die Akzeptanz von Dienstleistungsinnovationen.[218] Daneben kann ein kompetenter Kunde Fehler im Leistungserstellungsprozess oder des Leistungsergebnisses (beizeiten) erkennen und seinen Dienstleister darauf aufmerksam machen (Hägele/Sljivljak/Köhler 2000, S. 2). Aber auch von Kundenseite aus wird eine frühzeitige Information und Qualifikation geschätzt. So zeigte sich bei einer empirischen Studie in der Bankbranche, die auf der Anwendung der Critical Incident Technique beruhte, dass Bankkunden Informationen, die sie außerhalb ihrer regulären Bankbesuche zugesandt bekamen, durchaus positiv wahrnahmen (Zollner 1995, S. 150). Ein wesentlicher Vorteil der antizipativen Kundenentwicklungsstrategie liegt darin, dass die Kundenentwicklung für beide Seiten ohne bzw. unter geringem Zeitdruck erfolgen kann.

Trotz Prävention und eventuell standardisierter Prozessabläufe kann es während der Leistungserstellung zu auftretenden Unabwägbarkeiten kommen. Begeht der Kunde dementsprechend Fehler bei der Dienstleistungserstellung, z. B. aufgrund einer Missinterpretation seiner Kundenrolle (Lefton 1970, S. 20), so sollten diese simultan (simultane Kundenentwicklungsstrategie) oder möglichst kurzfristig im Anschluss an die Leistungsbeteiligung (reaktive Kundenentwicklungsstrategie) durch Qualifizierungsmaßnahmen beseitigt werden. Sowohl die reaktive als auch die simultane Kundenentwicklungsstrategie setzen in diesem Falle eher kurzfristig ein und werden erst simultan zum bzw. nach Eintritt eines Qualifikationsmangels aktiv. Im Gegensatz

---

[217]   In Anlehnung an die präventive Funktion der beruflichen Weiterbildung (Brandsma/Kessler/Münch 1995, S. 22; siehe auch Berthel/Becker 1986, S. 545).

[218]   Gerade bei innovativen Dienstleistungen muss das Unternehmen aktiv auf die (potentiellen) Kunden zugehen und für eine entsprechende Problemevidenz sorgen (Engelhardt/Schwab 1982, S. 510; Ernenputsch 1986, S. 50-52).

zur reaktiven Kundenentwicklungsstrategie bedarf die simultane Kundenentwicklungsstrategie allerdings einer vorausgehenden Planung der Qualifikationsveränderungen der Zielkunden(gruppe). Nur bei einer Abschätzung der neuen bzw. modifizierten Anforderungen und der vorhandenen Integrationsqualifikationen ist eine simultane Qualifizierung möglich. Der Kundenentwicklung kommt in beiden Fällen eine
kurative (heilende) Funktion zu.[219] Kurativ bedeutet die Behandlung und Beseitigung
akuter Qualifikationslücken des Kunden durch den Dienstleister.

Vor dem Hintergrund der jeweils verfolgten Funktion sollen im Folgenden nicht mehr
die der Personalentwicklung entlehnten drei Handlungsstrategien unterschieden
werden, sondern nur noch folgende zwei Handlungsstrategien:

- eine kurzfristig, kurativ ausgerichtete Kundenentwicklungsstrategie und
- eine mittel- bis langfristig, präventiv orientierte Kundenentwicklungsstrategie.

Die beiden Handlungsstrategien sind jedoch nicht als Alternativen zu sehen, sondern
ergänzen sich bestmöglich. Primär sollte - wie beschrieben - die präventive Kundenentwicklungsstrategie angewandt werden. Komplementär kommt die kurative Kundenentwicklungsstrategie zum Einsatz.

Beide Strategieformen benötigen zu ihrer Realisierung eine systematische Bestimmung des Kundenentwicklungsbedarfs. Die Erfassung sowie Analyse des Bedarfs
an Kundenentwicklung, die sich an den beiden beschriebenen Handlungsstrategien
ausrichtet, erfolgt im sechsten Teil der Arbeit.

5.4.3 Parzellierungsstrategien der Kundenentwicklung im Dienstleistungsbereich

Kundenentwicklung im Dienstleistungsbereich wird dann erforderlich, wenn Kunden
ein aktuelles oder zukünftiges Qualifikationsdefizit aufweisen. Die Deckung, d. h. die
Beseitigung von Qualifikationslücken kann in unterschiedlicher Art und Weise ge-

---

[219] In Anlehnung an die kurative Funktion der beruflichen Weiterbildung (Brandsma/Kessler/Münch
1995, S. 22).

schehen. Damit angesprochen ist die vom Unternehmen zu treffende Entscheidung über den Standardisierungsgrad der Qualifizierung von Kunden.[220]

Eine erste strategische Variante liegt in einem undifferenzierten Angebot von standardisierten Qualifizierungsmaßnahmen, welche den durchschnittlichen Entwicklungsbedarf abdecken. In diesem Falle soll von einer undifferenzierten Qualifizierungsstrategie bzw. einer Strategie der Massenqualifizierung gesprochen werden. Bei dieser Strategieform wird versucht, über das Angebot von standardisierten Entwicklungsinstrumenten den Entwicklungsbedarf größtmöglich abzudecken. Diese Qualifizierungsstrategie ist dann sinnvoll, wenn es sich bei den vom Unternehmen angebotenen Dienstleistungen um Standarddienstleistungen mit standardisiertem Kundenprozess handelt, so dass sich kein kundenindividuell abweichender Entwicklungsbedarf ergibt. Da sich aber gerade der Dienstleistungsbereich durch einen vergleichsweise hohen Individualisierungsgrad auszeichnet, wird eine undifferenzierte Qualifizierungsstrategie in etlichen Fällen die Qualifikationslücke nicht in ausreichendem Maße schließen können.

Die Differenzierungsstrategie intendiert dementsprechend eine Identifikation von speziellen Zielkunden(gruppen), die es mit spezifischen Qualifizierungsaktivitäten differenziert zu entwickeln gilt. Voraussetzung für diese Strategie sind das Vorliegen eines speziellen Kundenentwicklungsbedarfs sowie die Möglichkeit der Segmentierung der Kunden. Die grundsätzliche Vorgehensweise zur Bestimmung von Zielkunden(gruppen) sowie für die Segmentierung relevante Kriterien stehen im Fokus von Kapitel 7.1.

5.4.4   Entertainment-Strategie als instrumentbezogene Kundenentwicklungsstrategie

Ein wesentlicher Unterschied zwischen der Personalentwicklung und der Kundenentwicklung liegt in der (zumeist) niedrigeren Lernbereitschaft und der besseren

---

[220] Die nachfolgende Systematisierung der Qualifizierungsstrategien erfolgt in Anlehnung an die Unterscheidung der verschiedenen Marktbearbeitungsstrategien im Marketing (siehe Becker 1998, S. 237 f. und Meffert/Bruhn 2000, S. 191 f.).

Machtposition der Kunden. Diese zwei Charakteristika haben ihren Niederschlag in folgendem Grundsatz der Kundenentwicklung gefunden (siehe Kapitel 5.2): „Die Art und Weise der Kundenschulung erhält einen ebenso hohen Stellenwert wie die zu vermittelnden Inhalte." Wichtig ist, dass die über die Kundenentwicklung vermittelten Qualifikationsinhalte für die Kunden leicht verständlich, unterhaltsam bzw. vergnüglich und „gehaltvoll" sind (Kroeber-Riel/Weinberg 1999, S. 250).

In der Praxis wird dieser Grundsatz allerdings allzu häufig vernachlässigt. Beispielsweise sind Reisekataloge oftmals durch eine unverständliche und teils irreführende Sprachwahl gekennzeichnet. Katalogfloskeln müssen vom Kunden erst decodiert werden (Armbrecht/Moritz 1998, S. 69). Ein weiteres Beispiel für eine verbesserungswürdige Vermittlung von Informationen ist die an deutschen Bahnhöfen von der DB Station&Service ausgehängte Bahnhofsordnung „So ist's in Ordnung" (siehe Anhang 2). Hierbei werden dem Bahnreisenden unter Androhung von Strafe (Bahnhofsverweis, -verbot, Schadenersatzforderungen bis hin zur Strafverfolgung) verschiedene Verhaltensgrundregeln kommuniziert. Damit erhält der Reisende indes eher den Eindruck, dass ein Großteil der Bahnhofsbesucher, Randalierer, Hausierer und Störenfriede sind. Allerdings muss der DB Station&Service zugute gehalten werden, dass in jüngster Zeit die graphische Aufbereitung der Bahnhofsordnung verbessert wurde. Dennoch lassen diese Beispiele noch enorme Verbesserungspotentiale in der Vermittlung von Qualifikationen vermuten.

Lernen sollte dem Kunden Spaß bereiten, ihn im Sinne eines positiven Erlebnisses fesseln. So sind z. B. die im Gesundheitswesen dargebotenen Informationen häufig zu textlastig und in einer laienunverständlichen, medizinischen Fachsprache abgefasst (Hägele/Sljivljak/Köhler 2000, S. 2). Sollen die Barrieren der Bereitschaft und Fähigkeit des Patienten zum Lernen und folglich aktiven Mitwirkens im Gesundheitswesen gesenkt werden, müssen die „Informationen patientenorientiert, leicht verdaulich, interessant und sehr anschaulich aufbereitet werden" (Hägele/Sljivljak/ Köhler 2000, S. 2), z. B. mittels multimedialer Instrumente. Eine Qualifizierung des Patienten ließe sich dementsprechend „interessant, informativ und spannend" gestalten (Hägele/Sljivljak/Köhler 2000, S. 3). Hägele/Sljivljak/Köhler (2000, S. 4) fordern: „es muß dem Patienten Spaß machen, sich um seine Gesundheit zu kümmern". Diese Auffassung entspricht auch neuesten Entwicklungen im Dienstleistungsmarketing, wonach Dienstleistungen nicht mehr nur als mechanische Erfüllung einer (Kern-)Funktion verstanden werden, sondern sich vermehrt im Erlebnis- bzw. Entertainment-Bereich bewegen (Johns 1999, S. 962; siehe auch Pine/Gilmore 1999). Es lässt sich auch von einem „Enjoyment" des Kunden sprechen.

Als ein weiterer positiver Nebeneffekt führt die unterhaltsame Gestaltung von Lernprozessen nicht nur zu einer höheren Lernbereitschaft, sondern auch zu einer höheren Erinnerungsleistung. Der Schlüsselfaktor, der zu einem unterhaltsamen Lernen führt, liegt im Entertainment der Kunden. Die Nutzung des Entertainment-Gedankens zur Stimulierung der Lernbereitschaft und des Lernens an sich ist jedoch nicht neu. Sowohl in der Literatur als auch in der Praxis haben sich die Konzepte des „Infotainments", „Edutainments" und „Intertainments" (Ratzek 1996, S. 34-36) herausgebildet, deren Grundzüge im Folgenden erläutert werden sollen.[221] Allerdings ist deren systematischer Einsatz zur Qualifizierung des Kunden im traditionellen Dienstleistungszweig eher die Ausnahme. Weitaus häufiger hält im Multimediageschäft der Unterhaltungsgedanke Einzug (Ratzek 1996, S. 33).

Am bekanntesten unter den drei genannten Konzepten ist das Infotainment. Diese Wortschöpfung entstand durch das Verschmelzen der Begriffe „Information" und „Entertainment". Der dahinter stehende Gedanke ist das unterhaltsame Gestalten und Präsentieren von Informationen, d. h. diese für den Adressaten mit Unterhaltungswert anzureichern. Gerade Massenmedien, wie Fernsehen und Tageszeitungen, nutzen dieses Konzept. So wird z. B. versucht mit Hilfe von Infographiken Inhalte lebhafter und verständlicher darzustellen. Dazu lassen sich folgende drei Methoden einsetzen: Simplifikation, Identifikation und Sensationalismus. Die Simplifikation beruht auf einer möglichst einfachen Aufbereitung und Strukturierung von Inhalten gemäß der Kiss-Technik: Keep it short and simple (siehe ähnlich Vincent 1999). Jeder Adressat sollte die Informationen verstehen. Eine weitere Methode zur besseren Verständlichkeit von Informationen ist die Identifikation. Dabei ist das Informationsangebot so zu präsentieren, dass eine emotionale oder kognitive Nähe

---

[221]   Nicht eingegangen wird auf das Konzept der „Infomercials". Bei dieser Wortkomposition aus „Information" und „Commercial" handelt es sich i. d. R. um TV-Sendungen, die aus einer Mischung aus Talkshow (Informationskomponente) und Werbung (Commercial-Komponente) bestehen (Ratzek 1996, S. 36). Diese Form der Dauerwerbesendung spielt für die Kundenentwicklung im Dienstleistungsbereich allenfalls eine untergeordnete Rolle.

zum Adressaten besteht. Beim Sensationalismus kommt es hingegen auf den Einbau einer dramatischen und spannungsgeladenen Komponente an (Ratzek 1996, S. 34 f.).

Weit weniger bekannt ist das Konzept des Edutainments. Hierbei handelt es sich um eine Verknüpfung der Begriffe „Education" und „Entertainment". Ziel dieses Konzepts ist die attraktive Gestaltung und Vermittlung von Bildungsinhalten, wobei der primäre Einsatzschwerpunkt bisher auf der betrieblichen Aus- und Weiterbildung liegt. Zum Einsatz kommen hierbei v. a. Maßnahmen des Computer Based Training, d. h. Lernsoftware (Ratzek 1996, S. 35).

Weitgehendst unbekannt ist das Konzept des Intertainments. Dieser Begriff ergibt sich aus der Kombination von „Interaktion" und „Entertainment". Der Kerngedanke dieses Konzepts ist der Spaß am Ausprobieren, an der Interaktion von Kunden. Als Beispiele lassen sich Direct Response TV und interaktives Homeshopping nennen, bei denen Kunden in Interaktion mit dem Anbieter treten. Aber auch gerade im Internet gilt für Service-Provider die Herausforderung der Interaktivität. So sollte der Internetauftritt eines Unternehmens entsprechende interaktive Kundenqualifizierungsinstrumente beinhalten (Vincent 1999). Eine sehr spezielle Form des Intertainments ist das so genannte „Serendipity"-Effekt im Internet (Dratva 1995, S. 101). Dabei springt der Kunde bei der Suche nach einer speziellen Information von Hyperlink zu Hyperlink und vergisst aufgrund der Faszination von den neu gefundenen Informationen sein ursprüngliches Ziel (Dratva 1995, S. 101; Ratzek 1996, S. 35 f.). Ein weiteres Beispiel findet sich bei der Gestaltung von so genannten Informationskiosken. Dies sind interaktive, multimediale Informationssysteme am Point-of-Information (POI), die der Kommunikation zwischen Dienstleister und Kunde dienen (Steiger 1995, S. 271). Um die Nutzung dieser Informationskioske zu erhöhen, sind unterhaltende Animationen und spielerische Elemente einzubauen, um die Neugier und Entdeckungslust der Kunden zu wecken (Steiger 1995, S. 285).

Grundsätzlich sind alle drei präsentierten Konzepte für die Kundenentwicklung im Dienstleistungsbereich nutzbar. Zur Vermittlung von Informationen, d. h. zum Auf- und Ausbau von Kundenwissen, wird bisher allerdings in der Praxis lediglich das Konzept des Infotainments eingesetzt. Damit ist der Ansatz des Infotainments zwar zur unterhaltsamen Vermittlung von integrationsbezogenen Kenntnissen prädestiniert, er deckt allerdings nicht das gesamte Qualifikationsspektrum ab. Ergänzend sind die Konzepte des Edutainments und Intertainments hinzuzuziehen. Dementsprechend stellen sich Dienstleistungsunternehmen zwei Herausforderungen. Zum Ersten sind die Erfahrungen und Erkenntnisse des innerbetrieblichen Edutainments auf die Gestaltung der Lernprozesse des Kunden zu übertragen, da sich Edutainment bislang ausschließlich an innerbetriebliche Mitarbeiter oder allenfalls noch an Geschäftskunden richtet. Zum Zweiten, und dies ist ein besonders spannender Aspekt für die Zukunft, gilt es zu überlegen, inwieweit der Kunde nicht nur passiv, sondern mittels Interaktion zu einem aktiven Lernen angetrieben werden kann, wodurch sich die Lernleistung wesentlich erhöhen würde (Kitzmann/Zimmer 1982, S. 34). Gelingt es dann noch, eine starke emotionale Verbindung mit dem Lerngegenstand herzustellen, kommt es zu so genannten eskapistischen Erfahrungen (Pine/Gilmore 1999, S. 61) der Kunden. Bei eskapistischen Erlebnissen versenkt sich der Kunde in das Ereignis. Ein Beispiel ist die Einbindung von Besucher in ein Theaterstück. Solch eindrucksvolle Erlebnisse bleiben besonders stark und lange im Gedächtnis des Kunden haften.

Um eine ganzheitliche Entertainment-Strategie zur Vermittlung integrationsbezogener Qualifikationen zu erreichen, müssen alle drei Konzepte (Infotainment, Edutainment und Intertainment) in der operativen Maßnahmenplanung gleichermaßen auf ihre Anwendbarkeit und ihren Nutzen hin überprüft werden.

5.5   Risiken und Grenzen der Kundenentwicklung im Dienstleistungsbereich

Kundenentwicklung führt aber nicht immer und einzig zu positiven Effekten für ein Dienstleistungsunternehmen. Es existieren gleichermaßen auch Risiken und Grenzen, auf die im Folgenden näher eingegangen wird.

Zwar trägt aus risikotheoretischer Perspektive (Hentschel 1991, S. 25) Kundenentwicklung zur Reduktion der Unsicherheit des Nachfragers bei, was aus der Sicht des Kunden durchaus als positiv zu bewerten ist. Denn durch das eigene Lernen baut der Kunde sein funktionales Risiko ab, indem er einen höheren Informationsstand erreicht, womit das Verständnis des Kunden für die Dienstleistung wächst (Hentschel 1991, S. 25; Honebein 1997, S. 11). Kompetente Kunden können zwar damit die Leistung des Anbieters besser beurteilen (McKenna 1991, S. 175 f.), aber - und das ist das Problem - auch die Angebote der Konkurrenten auf einmal viel besser einschätzen. Als Folge sinkt beim Kunden die Unsicherheit in Bezug auf einen möglichen Anbieterwechsel und die Wechselbereitschaft steigt entsprechend.

Nicht ganz so dramatisch sind die Auswirkungen, die von Prahalad/Ramaswamy (2000) beschrieben werden. Besser informierte Kunden führen zu einem intensiveren Preiskampf zwischen den Anbietern (Prahalad/Ramaswamy 2000, S. 86 f.; siehe auch McKenna 1991, S. 176). Dadurch dass Kunden besser über die Leistungen des Anbieters, und insbesondere über die Angebote der Konkurrenz Bescheid wissen, können erfahrene Kunden besser mit dem Dienstleistungsunternehmen verhandeln und die Preise drücken.

Des Weiteren kann die Qualifizierung des Kunden dazu führen, dass der Kunde die Dienstleistung letztlich selbst erstellt (Ernenputsch 1986, S. 56; Hennig-Thurau 1998, S. 169). Durch das Aneignen von Expertenwissen erhöht sich bei Kunden - bei Außerachtlassung von anderen Einflussfaktoren wie Zeitknappheit - die Wahrscheinlichkeit der Selbsterstellung von Leistungen (Lusch/Brown/Brunswick 1992, S. 126). Kunden können sich als Selbstversorger bzw. Eigenproduzenten (Stauss 1982, S. 115 f.) ansehen und werden damit zum Konkurrenten des Dienstleisters (Zeithaml 1981, S. 189). Die Erstellung von Dienstleistungen für den Eigenbedarf verdrängt bzw. ersetzt die am Markt gehandelten Dienstleistungen (Toffler 1980, S. 286).

Auch andere Unternehmen, insbesondere in der Wertschöpfungskette vorgelagerte Unternehmen, können sich mit ihrer Kundenentwicklungspolitik negativ auf das eigene Dienstleistungsunternehmen auswirken. So bieten z. B. Baumärkte so genannte Heimwerker-Seminare an. In denen bekommen die Kunden gezeigt, wie sie Handwerkerarbeiten selbst erledigen können (Do-it-yourself). Durch die Kundenschulungen streben die Baumärkte eine stärkere Kundenbindung an. Gleichzeitig führen sie jedoch dazu, dass eine Dienstleistungserstellung durch Handwerkerfirmen obsolet wird.

6 Analyse des Kundenentwicklungsbedarfs als Grundlage der systematischen Planung und Gestaltung von Kundenentwicklungsmaßnahmen im Dienstleistungsbereich

6.1 Einleitende Bemerkungen und Überblick

Den Ausgangspunkt der Planung und Gestaltung von Kundenentwicklungsinstrumenten bildet die sorgfältige und systematische Identifikation des Bedarfs an Kundenentwicklung. Ohne eine derartige Bedarfsanalyse ist ein gezielter Einsatz von Kundenentwicklungsmaßnahmen zur Vermittlung von Integrationsqualifikationen nicht möglich. Dementsprechend widmet sich der sechste Teil der Arbeit der Darstellung der Elemente sowie Instrumente zur Erfassung und Untersuchung des Kundenentwicklungsbedarfs.

Dienstleistungsunternehmen und Kunden können einen unterschiedlichen Bedarf an Kundenentwicklung wahrnehmen. Daher beschäftigt sich Kapitel 6.2 mit diesen beiden Bereichen des Kundenentwicklungsbedarfs. Bevor auf die verschiedenen Analyseformen des Kundenentwicklungsbedarfs eingegangen werden kann, ist zunächst eine theoretische Fundierung des Bedarfsbegriffs und seiner Inhalte vorzunehmen. Aus diesem Grund setzt sich Kapitel 6.3 schwerpunktmäßig mit den hierfür notwendigen theoretischen Grundlagen auseinander. Darauf aufbauend erfolgt eine Unterscheidung der Analyse des Kundenentwicklungsbedarfs nach der zeitlichen Dringlichkeit und der Funktion. Bezugsgrößen bilden hierbei die in Abschnitt 5.4.2 präsentierten Handlungsstrategien der Kundenentwicklung im Dienstleistungsbereich. Die Realisation einer mittel- bis langfristigen, präventiv orientierten Kundenentwicklungsstrategie benötigt eine entsprechende frühzeitige Abschätzung des künftigen Entwicklungsbedarfs (antizipative Kundenentwicklungs-Bedarfsanalyse). Die ausführliche Schilderung der Erhebung und Bestimmung der antizipativen Kundenentwicklungs-Bedarfsanalyse erfolgt in Kapitel 6.4. Eine kurzfristige, primär kurativ ausgerichtete Kundenentwicklungsstrategie orientiert sich dagegen an aktuellen Qualifikationsdefiziten der Kunden und beruht daher primär auf einer Analyse von momentan auftretenden Problemen und deren Ursachen (reaktive Kundenentwicklungs-

Bedarfsanalyse). Die reaktive Kundenentwicklungs-Bedarfsanalyse steht im Mittelpunkt von Kapitel 6.5.[222]

6.2   Anspruchsgruppenbezogene Bereiche des Kundenentwicklungsbe-
darfs

Da sich die Ziele der Kundenentwicklung im Dienstleistungsbereich grundsätzlich
aus der Perspektive des Unternehmens und der Kunden definieren, lassen sich diese zwei zielgruppenbezogene Bereiche des Kundenentwicklungsbedarfs unterscheiden (siehe Abbildung 44).

Abb. 44:   Bereiche des Kundenentwicklungsbedarfs
Quelle: Eigene Überlegungen.

Zunächst besteht Bedarf an Kundenentwicklung seitens des Dienstleistungsunternehmens (unternehmerischer Kundenentwicklungsbedarf). Darüber hinaus können
aber auch Kunden einen Bedarf an Kundenentwicklung wahrnehmen (individuelles
Kundenentwicklungsbedürfnis). Dabei ist zwischen dem subjektiv empfundenen und
dem gegenüber dem Dienstleister artikulierten Qualifizierungsbedarf zu unterscheiden. Während der subjektive Bedarf die Empfindung des Kunden ausdrückt, welche
Qualifikationen er wohl benötigt, beinhaltet der artikulierte Kundenentwicklungsbe-

---

[222] In Analogie zu der grundsätzlichen Unterscheidung einer reaktiven und proaktiven Personalent-
wicklungsbedarfsanalyse von Becker, M. (1999, S. 129).

darf die konkrete Informationsnachfrage des Kunden (in Anlehnung an Küpper 1997, S. 137). Hierbei kann es aus den unterschiedlichsten Gründen, wie z. B. aufgrund der eigenen Unsicherheit und einer fehlenden Kommunikationsfähigkeit, heraus zu Differenzen kommen.

Im Rahmen dieser Arbeit interessiert besonders der Kundenentwicklungsbedarf aus der Perspektive des Unternehmens. Darüber hinaus sind jedoch gleichermaßen die Wünsche und Bedürfnisse der Kunden, d. h. deren Bedarfswahrnehmung, zu erfassen. Dies geht u. a. aus dem in Kapitel 5.2 formulierten Grundsatz der Kundenentwicklung – „Die Aufgaben und die (operativen) Phasen der Kundenentwicklung werden bedarfsgerecht und interessen- bzw. zielorientiert gestaltet" - hervor.[223] Der Bedarf aus Kundensicht ergänzt die unternehmensseitige Bedarfserfassung. Zusammengenommen fließen beide Bedarfsformen in einen aggregierten Kundenentwicklungsbedarf ein, dessen Bestimmung und Analyse die Aufgaben des Dienstleistungsunternehmens sind.

6.3   Allgemeine Grundlagen zur Kundenentwicklungs-Bedarfsanalyse

Zu einer systematischen Analyse des Kundenentwicklungsbedarfs ist es unerlässlich, dass in einem ersten Schritt die fundamentalen Bestandteile der Kundenentwicklungs-Bedarfsanalyse beschrieben werden (Abschnitt 6.3.1). Den zentralen Ansatzpunkt stellt die Diskrepanz zwischen den Integrationsanforderungen und -qualifikationen dar, aus der sich der Bedarf an Kundenentwicklung ableitet. Doch nicht nur zwischen den Integrationsanforderungen und -qualifikationen kann eine Lücke (Gap) entstehen. In Abschnitt 6.3.2 erfolgen aufbauend auf den Erkenntnissen aus Abschnitt 6.3.1 die Entwicklung eines integrationsbezogenen Service Customer Performance Gap-Modells und die Verdeutlichung der im Rahmen dieser Arbeit zu behandelnden Gaps. Welche Arten der Kundenentwicklungs-Bedarfsanalyse existieren, um die Integrationsanforderungs-Qualifikationslücke zu identifizieren, steht abschließend im Blickpunkt von Abschnitt 6.3.3.

---

[223]   So weist z. B. Krah (1999, S. 64) im Rahmen der Planung von Kundenseminaren darauf hin, dass diese auf die Bedürfnisse der Kunden zugeschnitten werden sollten.

6.3.1   Theoretische Fundierung der Kundenentwicklungs-Bedarfsanalyse

Eine Notwendigkeit für den Einsatz von Entwicklungsmaßnahmen besteht immer dann, wenn sich Lücken zwischen den integrationsbedingten Anforderungen an den Kunden, d. h. denjenigen Anforderungen, die sich aus den Kundenrollen und den sich hieraus abzuleitenden Integrationsaufgaben ergeben, und der Integrationsqualifikation des Kunden zeigen („Integrationsanforderungs-Qualifikations-Diskrepanz"; in Anlehnung an Honebein 1997, S. 16). Dabei ist vergleichbar zur Personalentwicklung die kundenindividuelle qualitative Unterdeckung („Integrationsqualifikationslücke") für die Kundenentwicklung im Dienstleistungsbereich von besonderem Interesse. Diese Lücke ergibt sich aus einer negativen Differenz zwischen den Integrationsanforderungen („Soll-Integrationsqualifikation") und der aktuellen Integrationsqualifikation („Ist-Integrationsqualifikation") eines Kunden (siehe Abbildung 45).

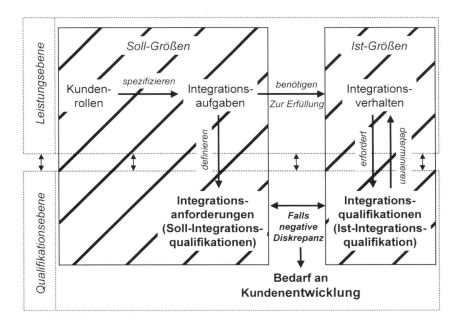

Abb. 45:   Kundenentwicklungsbedarf als Integrationsanforderungs-Qualifikations-Diskrepanz
Quelle: Eigene Überlegungen.

Dabei lässt sich unter einer Integrationsanforderung die Verknüpfung von Integrationsaufgaben und den zur Erfüllung dieser Aufgaben erforderlichen kundenbezogenen Leistungsvoraussetzungen verstehen. Integrationsqualifikationsanforderungen beschreiben dementsprechend die individuellen qualifikationsbezogenen Leistungsvoraussetzungen der Kunden zur adäquaten Erfüllung ihrer Integrationsaufgaben. Der sprachlichen Einfachheit halber wird im Folgenden statt von Integrationsqualifikationsanforderungen von Integrationsanforderungen gesprochen.

Betrachtet man die Integrationsqualifikationslücke aus einer rollentheoretischen Perspektive, so kann zu deren Erklärung das Konzept der Rollendiskrepanz („role discrepancy"; siehe z. B. Solomon et al. 1985, S. 105) dienen. Diese Diskrepanz tritt dann auf, wenn „the customer's conception of the customer role differs from the employee's notion of that role" (Solomon et al. 1985, S. 105). Broderick (1998, S. 350) spricht auch ganz allgemein von Gaps als „underfulfilment between the actual and planned aspects".

Zur Bestimmung der Integrationsqualifikationslücke reicht es jedoch nicht aus, die Analyse auf eine rollentheoretische Ebene zu beschränken. Kundenrollen sind zur Bestimmung konkreter Integrationsanforderungen im Allgemeinen zu unspezifisch. Sie geben lediglich einen Rahmen vor, bilden die Basis der Formulierung von Integrationsaufgaben. Von daher müssen zunächst aus der jeweiligen Kundenrolle diverse Integrationsaufgaben abgeleitet werden, die der Kunde zu erfüllen hat. Zu deren Realisierung bedarf es eines spezifischen Kundenverhaltens, um schlussendlich die vom Unternehmen gewünschte Service Customer Performance zu erbringen. Damit bewegen sich die drei beschriebenen Größen - Kundenrollen, Integrationsaufgaben und Kundenverhalten - allesamt auf der Leistungsebene. Während die Kundenrollen und die sich hieraus ableitenden Integrationsaufgaben (gewünschte) Soll-Größen sind, stellt das Kunden- bzw. Integrationsverhalten eine reale, und damit Ist-Größe dar.

Zur Erfüllung der Integrationsaufgaben bedarf es einer entsprechenden Integrationsqualifikation (siehe hierzu auch Stauss 1995, S. 36 f.). Diese Soll-Größe wird in Anlehnung an den Sprachgebrauch der Personalentwicklung als Integrationsanforderung bezeichnet. Idealiter sollte diese Soll-Integrationsqualifikation beim Kunden als

Voraussetzung der Erbringung des gewünschten Integrationsverhaltens vorhanden sein. Falls jedoch die Integrationsqualifikation nicht bzw. nur in einem unzureichenden Maß vorhanden ist, besteht ein Kundenentwicklungsbedarf.

Während Unternehmen auf eine Veränderung der mitarbeitergerichteten Qualifikationsanforderungen fast ausschließlich mit einem Angebot von Bildungsmaßnahmen reagieren, ist es bei der Zielgruppe der Kunden durchaus angebracht zu überlegen, inwiefern alternativ zu einem Qualifizierungsprogramm die Anforderungen an den Kunden zu verringern sind (Stichwort: „Easy-to-use") (siehe ähnlich Filipczak 1991, S. 31). Diese Überlegung basiert v. a. auf der besseren Machtposition des Kunden und dessen geringerer Lernbereitschaft. Auf diese Möglichkeit der anforderungszentrierten Schließung der Integrationsqualifikationslücke wird in Absatz 8.6.1.2 näher eingegangen.

Das bisher geschilderte Lückenkonzept, welches von der Grundidee her einem traditionell geprägten Ansatz der Personalentwicklung entstammt, hat im Forschungszweig der Personalentwicklung eine harsche Kritik erfahren. Der zentrale Einwand liegt im deterministischen Verständnis des Ansatzes begründet (siehe Unterabsatz 4.2.1.3.1). Aus dieser Problematik heraus entwickelte sich der potentialorientierte Personalentwicklungsansatz, der auf die Vermittlung so genannter Schlüsselqualifikationen abzielt. Diese extrafunktionalen Qualifikationen befähigen die Mitarbeiter, sich flexibel auf neue Situationen bzw. Probleme einzustellen. Da dieser alternative Ansatz in den vergangenen Jahren in der Personalentwicklung sehr stark an Popularität gewonnen hat, drängt sich die Frage auf, inwieweit eine Übertragung auf den Bereich der Kundenentwicklung möglich und v. a. sinnvoll ist.

Aus einer funktionalistischen Perspektive betrachtet, macht es für Dienstleistungsunternehmen durchaus Sinn, dass sich Kunden flexibel auf neue Integrationssituationen einstellen können. Dies gilt aufgrund der Intangibilität und Integrativität insbesondere gerade für Dienstleistungen, bei denen eine Standardisierung oftmals nicht bzw. nur in eingeschränktem Maße möglich ist. Sind Kunden dementsprechend in der Lage, auf eine veränderte Situation flexibel zu reagieren und zu einer für alle Beteiligten zufrieden stellenden Lösung zu gelangen, ist diese Art der kundenzentrierten Qualitätssicherung für den Dienstleister durchaus von großem Wert.

Des Weiteren sind Schlüsselqualifikationen für manche Kundenrolle sogar unerlässlich. Man denke nur an die Rolle des Kunden als Co-Designer. Hier sollte der Kunde seiner Kreativität freien Lauf lassen. Aus dieser Argumentation heraus macht es durchaus Sinn, den Kunden Schlüsselqualifikationen zu vermitteln. Dennoch ist dieser Qualifikationsansatz gleichermaßen mit großen Risiken behaftet. Sind die Kundenrollen und v. a. die Integrationsaufgaben identisch mit denen der Wettbewerber, d. h., handelt es sich um generelle und/oder branchenspezifische Kundenrollen bzw. Integrationsaufgaben (siehe Unterabsatz 2.5.2.1.2), so existieren keine qualifikationsbezogenen Wechselbarrieren. Hier vermögen die Konkurrenten, aus einer lerntheoretischen Perspektive betrachtet, die Reizgeneralisierung beim Kunden auszunutzen (Kroeber-Riel/Weinberg 1999, S. 321). Bei einer hinreichend wahrgenommenen Ähnlichkeit zweier Dienstleistungen können Kunden auf ähnliche Reize in der gleichen Weise reagieren (siehe Absatz 3.1.2.1). Damit müssen beim Kunden keine neuen Lernprozesse in Gang gesetzt werden, sondern das bereits gelernte Kundenverhalten kann durch Generalisierung auf die neue Dienstleistung übertragen werden.

Im Vergleich zur Personalentwicklung stellt sich bei der Kundenentwicklung die beschriebene Problematik in einem sehr viel stärkeren Maße. Hauptgrund ist die leichte(re) Wechselmöglichkeit von Kunden. Während Mitarbeiter stärker an ein Unternehmen gebunden sind und sich ein Arbeitgeberwechsel nicht so einfach gestaltet, sieht dies bei der Kundenbeziehung gänzlich anders aus. Für Unternehmen existiert zudem die Möglichkeit, ihre Personalentwicklungsinvestitionen durch eine Vereinbarung von Rückzahlungsklauseln vertraglich abzusichern (Mäschle 2000; Mentzel 1997, S. 271 f.). Demgemäß verpflichtet sich ein Mitarbeiter vor der Teilnahme an einem Bildungsprogramm, dass er für eine bestimmte Zeitdauer weiterhin bei der Firma tätig ist. Andernfalls muss er dem Unternehmen die entstandenen Kosten zurückerstatten.[224] Diese Absicherungsstrategie ist in der Beziehung zum Kunden undenkbar und aufgrund der relativ niedrigen kundenindividuellen Aufwandshöhe auch wenig sinnvoll. Daher ist das Risiko für das Unternehmen weitaus höher, dass die

---

[224] Als gängige Betriebsbindungsdauer wird ein Zeitfenster von bis zu drei Jahren angesehen. Allerdings kann bei einer länger als zwei Jahre dauernden Schulung eine Bindung von bis zu fünf Jahren vereinbart werden (Mäschle 2000). Insgesamt werden Rückzahlungsvereinbarungen erst bei größeren Beträgen (z. B. 10.000 DM) vorgesehen.

entsprechenden Investitionen von Konkurrenten abgegriffen werden. Von daher erscheint eine Investition in ein Kundenentwicklungskonzept umso sicherer, je spezifischer die zu vermittelnden Integrationsqualifikationen gestaltet sind. Zudem erhöht diese Lerninvestition des Kunden dessen Bindung an das Unternehmen.

Sind andererseits die Kundenrollen und Integrationsaufgaben zu spezifisch, so kann es dazu kommen, dass sich Kunden weigern, diese Lerninvestition auf sich zu nehmen. Daher ist im Sinne eines Kontinuums der Aufgaben- und Rollenspezifität eine ausgewogene Mischung anzustreben (siehe hierzu die Ausführungen von Hennig-Thurau 1998, S. 147 f.).

6.3.2   Entwicklung eines integrationsbezogenen Service Customer Performance Gap-Modells

Kundenentwicklungsbedarf wurde als negative Differenz zwischen Integrationsanforderungen und -qualifikationen definiert. Gaps können sich aber nicht nur zwischen Integrationsanforderungen und -qualifikationen ergeben, sondern zwischen sämtlichen der in Abbildung 45 dargestellten, für die Ermittlung des Kundenentwicklungsbedarfs relevanten Faktoren (siehe Abbildung 46). So ist zunächst ein Gap zwischen der Kundenrolle und den formulierten Integrationsaufgaben denkbar. Nicht immer werden sämtliche im Rahmen einer Kundenrolle zu erledigenden Aufgaben auch explizit als Integrationsaufgaben definiert. Dies trifft insbesondere auf die Zusatzleistungen des Kunden zu. Diese zeichnen sich gerade durch ihre Freiwilligkeit aus. Ein derartiges Gap kann gleichwohl bei unzureichender Beschäftigung des Unternehmens mit der Rolle des Kunden und den hieraus abzuleitenden Integrationsaufgaben entstehen. Daher wird diese Lücke als Spezifikations-Gap bezeichnet. Diese Rollendefinition und Integrationsaufgabenentwicklung ist ein wichtiger Bestandteil eines Dienstleistungsinnovationsmanagements, das jedoch in der Praxis eher die Ausnahme als die Regel darstellt (Bullinger/Meiren 2001, S. 153; Gummesson 1996, S. 260; siehe auch Kingman-Brundage 1989, S. 30 und Shostack 1984, S. 133).[225]

---

[225] Aber auch die Wissenschaft hat sich dieser Thematik noch nicht ausführlich gewidmet (siehe Haglund 1996, S. 81).

So entstehen Innovationen im Dienstleistungs- im Vergleich zum Sachgüterbereich eher zufällig (Martin/Horne 1993, S. 49).

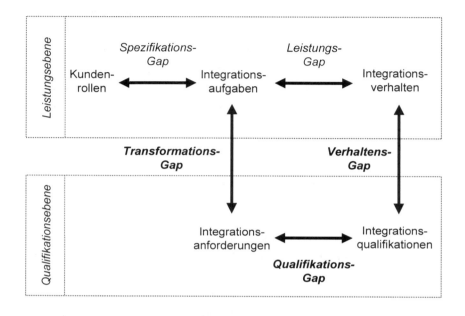

Abb. 46:   Integrationsbezogenes Service Customer Performance Gap-Modell
Quelle: Eigene Überlegungen.

Eine weitere Lücke ergibt sich bei einer Diskrepanz zwischen den definierten Integrationsaufgaben und dem vom Kunden tatsächlich ausgeführten Integrationsverhalten. Dies bedeutet, dass der Kunde nicht die gewünschte Service Customer Performance erfüllt, weshalb diese Lücke als Leistungs-Gap beschrieben wird. Die Ursachen für diese Leistungslücke können entweder unternehmens-, kunden- oder situativ bedingt sein.

Von Interesse sind des Weiteren insbesondere die Lücken, die auf der Qualifikationsebene liegen oder zwischen Leistungs- und Qualifikationsebene auftreten. Auf diese Gaps wird im Folgenden näher eingegangen.

Das Qualifikations-Gap stand schon im Blickpunkt von Abschnitt 6.3.1. Diese Integrationsqualifikationslücke ergibt sich aus einer negativen Diskrepanz zwischen den Integrationsanforderungen und der -qualifikation. Beide Größen liegen somit auf einer qualifikatorischen Ebene.

Ein primär konzeptionelles Problem zeigt sich bei der Umsetzung der Integrationsaufgaben in -anforderungen. Während die Integrationsaufgaben relativ problemlos erfassbar sind, ist die Umsetzung in zur Erfüllung dieser Aufgaben benötigte Qualifikationen, d. h. die Formulierung der Integrationsanforderungen, mit Schwierigkeiten behaftet. Dieser Transformations-Gap stellt sich gleichermaßen im Personalbereich und ist bis heute nicht zufrieden stellend gelöst (Flohr/Niederfeichtner 1982, S. 20; Kador 1995, S. 139; Weber/Mayrhofer/Nienhüser 1993, S. 7). Von daher erhebt die Arbeit nicht den Anspruch, dieses grundsätzliche Transformationsproblem im Bereich der Kundenentwicklung lösen zu können. Stattdessen werden die im Personalbereich gängigen Verfahren der Transformation von Aufgaben in Anforderungen (siehe z. B. Schneider/Schechter 1991, S. 222) auf die Kundenentwicklung übertragen unter Nennung und gezwungenermaßen Akzeptanz der diesen Verfahren anhaftenden Mankos (Sonntag 1999b, S. 157).

Die letzte zu betrachtende Lücke entsteht, wenn sich Diskrepanzen zwischen den Integrationsqualifikationen als Bereitschaft sowie Fähigkeit zur adäquaten Integration und dem diskreten Integrationsverhalten zeigen. Dieses Verhaltens-Gap beruht auf verschiedenen Situationsdeterminanten, die in Unterabsatz 3.2.1.1.3 (siehe auch Abbildung 19) beschrieben wurden. So müssen Dienstleistungskunden zur Erbringung einer gewünschten Service Customer Performance entsprechend motiviert sein. Die Schaffung solcher Leistungsanreize wird in Kapitel 8.4 erörtert. Zudem beeinflusst die Strukturierung der Integrationsaufgaben das Verhalten der Dienstleistungskunden, womit sich Abschnitt 8.6.1 beschäftigt. Des Weiteren wirkt sich die Gestaltung des physischen Umfelds auf das Verhalten der Dienstleistungskunden aus, weshalb dieser Thematik mit Abschnitt 8.6.2 eine explizite Darlegung gewidmet wurde.

In allen drei Fällen von qualifikationsbezogenen Lücken ist zu deren Schließung bzw. Minderung eine systematische Erfassung des Kundenentwicklungsbedarfs vonnöten.

In welchen Ausprägungsformen die Analyse des Kundenentwicklungsbedarfs auftreten kann, erläutert der folgende Abschnitt.

6.3.3   Arten der Kundenentwicklungs-Bedarfsanalyse

Dienstleistungen und deren Leistungserstellungsprozess unterliegen einem zeitlichen Wandlungsprozess, der zu einer Veränderung der Kundenrollen und der Integrationsaufgaben führt (Canziani 1997, S. 9). Die damit einhergehende Notwendigkeit der Qualifizierung der Dienstleistungskunden kann grundsätzlich vor, während oder nach Auftritt eines Kompetenzdefizits stattfinden. Wie in Abschnitt 5.4.2 geschildert, lassen sich unter Berücksichtigung des zeitlichen Hintergrunds und der spezifischen Funktion folgende zwei Handlungsstrategien der Kundenentwicklung im Dienstleistungsbereich unterscheiden:

- eine mittel- bis langfristig, präventiv orientierte Kundenentwicklungsstrategie und
- eine kurzfristig, kurativ ausgerichtete Kundenentwicklungsstrategie.

Das Ziel der präventiven Kundenentwicklungsstrategie besteht darin, bereits im Vorfeld der Kundenintegration eine Unterdeckung der Integrationsqualifikationen zu prognostizieren und die Kunden dementsprechend frühzeitig adäquat zu qualifizieren. Folglich benötigen Dienstleistungsunternehmen zur Realisation dieser Strategie eine vorausschauende Analyse des zukünftig auftretenden Kundenentwicklungsbedarfs. Die Darstellung dieser antizipativen Kundenentwicklungs-Bedarfsanalyse steht im Blickpunkt von Kapitel 6.4.

Ergänzend zur präventiven kommt die kurativ ausgerichtete Kundenentwicklungsstrategie zum Einsatz. Unter der kurativen Strategie versteht man die Behandlung und Beseitigung akuter Qualifikationslücken des Kunden durch den Dienstleister. Dementsprechend steht die Beseitigung von Fehlern des Kunden im Rahmen der Dienstleistungserstellung im Mittelpunkt dieser Strategie. Die Qualifizierung des Kunden kann damit allerdings erst nach Eintritt und Erkennen eines Qualifikationsmangels geschehen. Die Aufgabe der Bedarfsermittlung ist folglich in der Analyse von integrationsbezogenen Problemen und deren Ursachen zu sehen. Die Behandlung dieser reaktiven Kundenentwicklungs-Bedarfsanalyse erfolgt in Kapitel 6.5.

6.4 Antizipative Kundenentwicklungs-Bedarfsanalyse

In diesem Kapitel wird die antizipative Analyse des Kundenentwicklungsbedarfs erläutert. Ein Kundenentwicklungsbedarf ergibt sich entweder bei Eintritt eines Neukunden in das für diesen neuartige Service-System oder bei Stammkunden durch
eine Veränderung der bisherigen Integrationsanforderungen. Eine Anforderungsmo-
difikation beruht häufig auf einem veränderten Leistungserstellungsprozess einer
bereits existenten Dienstleistung oder auf der Markteinführung neuer Dienstleistungen (Meer 1984, S. 136). Damit einhergehend gewinnt die antizipative Kundenentwicklungs-Bedarfsanalyse an Relevanz, wie in Abschnitt 6.4.1 beschrieben.

Die einzelnen Elemente einer antizipativen Kundenentwicklungs-Bedarfsanalyse
werden in Abschnitt 6.4.2 näher beschrieben. In einem ersten Schritt sind die integrationsbezogenen Anforderungen zu ermitteln und zu analysieren. Diese stehen im
Blickpunkt von Abschnitt 6.4.3. Die Erhebung der vorhandenen Integrationsqualifikationen der Kunden erfolgt sodann im zweiten Schritt, womit sich Abschnitt 6.4.4 auseinandersetzt. Die ermittelten Integrationsanforderungen und -qualifikationen sind in
einem dritten Schritt einander gegenüberzustellen, woraus sich die Deckungslücke,
und damit der Kundenentwicklungsbedarf, bestimmen lässt. Dieser Aufgabe widmet
sich Abschnitt 6.4.5. Folglich beruht die Ermittlung des Kundenentwicklungsbedarfs
auf der Erhebung und Aufbereitung einer Vielzahl von benötigten Informationen, die
nach Analysefeldern strukturiert in Abschnitt 6.4.6 beschrieben werden. Diese haben
einen prägenden Charakter sowohl auf die Integrationsanforderungen als auch auf
die -qualifikationen.

6.4.1   Relevanz einer antizipativen Kundenentwicklungs-Bedarfsanalyse

Aus der Perspektive des Kunden wäre eine sich selbst erklärende Dienstleistung
(zumeist) perfekt. Das Service-Design sollte so einfach gestaltet sein, dass es dem
Kunden alles mitteilt, was er für eine erfolgreiche Leistungsbeteiligung benötigt. Ein
Service-Design, das für den Kunden leicht verständlich bzw. interpretierbar ist, reduziert die Notwendigkeit von Kundenentwicklung. Im Extremfall wäre eine Kundenentwicklung unnötig. Dies ist aber in der Realität in vielen Fällen aus den verschie-

densten Gründen, z. B. zu hohe Kosten oder kompliziert zu benutzende Technologien („Difficult to use technologies"), nicht möglich, so dass eine Qualifizierung des
Kunden unumgänglich ist. Zudem wird durch die Einführung von komplexen, technologisch geprägten Dienstleistungsinnovationen immer wieder eine Qualifizierung
der Kunden notwendig, um diesen beizubringen, wie sie mit der neuen Technologie
umzugehen haben (Berry/Lampo 2000, S. 266; Lovelock 2001, S. 289). Ein aktuelles
Beispiel ist die Einführung von Fahrkartenautomaten bei der Deutschen Bahn, an
denen sich die Reisenden Fahrkarten für ganz Deutschland lösen können. Ein weiteres, allerdings einfacheres Beispiel ist die neuartige Verwendung von ChipCoins bei
Parkhäusern.

Dienstleistungsinnovationen spielen generell aufgrund der steigenden Wettbewerbsintensität im Dienstleistungsbereich für Unternehmen eine immer wichtigere
Rolle. Die Innovationen können dabei inkrementaler, d. h., es handelt sich lediglich
um kleine Veränderungen bzw. Modifikationen, oder aber radikaler, d. h. völlig neuer
Art sein (Masing 2001, S. 247). In beiden Fällen ist es für Dienstleistungsunternehmen wichtig, „sich die Zeit zu nehmen", um über Notwendigkeiten der Kundenentwicklung nachzudenken (Berry/Lampo 2000, S. 266). So weist z. B. Bailey (1994,
S. 36) auf folgenden Umstand hin: „Some demands and requests [ungerechtfertigter
Art; Anm. d. Verf.] are inspired by lack of knowledge or understanding by the customer of what is possible or reasonable."

Wichtig dabei ist, dass die Dienstleistung aus der Perspektive des Kunden als Innovation angesehen wird (siehe Abbildung 47). Stellt die Dienstleistung auch für das
Unternehmen eine Innovation dar, so ergibt sich sowohl in Bezug auf die Kunden als
auch die Kontaktmitarbeiter ein Qualifizierungsbedarf (Quadrant I).

	Bekannte Dienstleistung	Innovative Dienstleistung
Innovative Dienstleistung	Kein Bedarf an Kundenentwicklung, dagegen Bedarf an Personalentwicklung *(II)*	Bedarf an Kunden- und Personalentwicklung *(I)*
Bekannte Dienstleistung	Kein Bedarf an Kunden- und Personalentwicklung *(III)*	Bedarf an Kundenentwicklung, dagegen kein Bedarf an Personalentwicklung *(IV)*

Unternehmens-perspektive

Bekannte Dienstleistung   Innovative Dienstleistung

Kunden-perspektive

Abb. 47: Innovationsbedingte Qualifizierungsbedarfs-Matrix
Quelle: Eigene Überlegungen.

Falls die Dienstleistung zwar für das Unternehmen neuartig ist, der Kunde jedoch diese schon kennt, z. B. bereits eine äquivalente Dienstleistung beim Wettbewerber in Anspruch genommen hat, so ist diese für den Kunden nicht erklärungsbedürftig. In diesem Falle besteht kein Bedarf an Kundenentwicklung. Dagegen müssen die Kontaktmitarbeiter entsprechend geschult werden, so dass ein Bedarf an Personalentwicklung vorhanden ist (Quadrant II). Ist die Dienstleistung sowohl für das Unternehmen als auch den Kunden bekannt, so liegt weder ein Bedarf an Kunden- noch an Personalentwicklung vor (Quadrant III). Der vierte Fall ist der, dass die Dienstleistung zwar für das Unternehmen (alt)bekannt ist, der Kunde diese aber noch nie in Anspruch genommen hat. Daher stellt die Dienstleistung aus der Perspektive des Kunden ein Novum dar, worin sich ein entsprechender Kundenentwicklungsbedarf begründet (Quadrant IV). Hier kann der Fall eintreten, dass der Kunde ein Qualifizierungsdefizit wahrnimmt, das Unternehmen jedoch aufgrund der eigenen Erfahrung mit dieser Dienstleistung keinen (aktuellen) kundenbezogenen Qualifizierungsbedarf vermutet.

Kundenentwicklung tritt also grundsätzlich dann in Erscheinung, wenn eine Dienstleistung für den Kunden neu ist bzw. als neu wahrgenommen wird (Quadranten I und IV). Dies ist vor dem Hintergrund zu sehen, dass einer erfolgreichen Adaption von Dienstleistungsinnovationen zunächst oftmals eine Akzeptanzschaffung (Wollen) vorauszugehen hat, die mit einer Vermittlung der entsprechend benötigten Fähig- und Fertigkeiten (Können) sowie Kenntnisse (Wissen) einhergeht (Staudt 2000, S. 138). Daher sollte ein Konzept der Kundenentwicklung im Dienstleistungsbereich präventiv-antizipativ und damit im Idealfall strategisch ausgerichtet sein.

Im Rahmen einer antizipativen Kundenentwicklungs-Bedarfsanalyse gilt es insbesondere, die Charakteristika von Dienstleistungen zu beachten, da sich diese negativ auf die Diffusion von Dienstleistungsinnovationen auswirken (Zeithaml 1981, S. 188). Im Vergleich zu Sachgüter- sind Dienstleistungsinnovationen „less communicable, less divisible, more complex, and probably less compatible" (Zeithaml 1981, S. 188), wie im Folgenden gezeigt wird.

Durch die Intangibilität sind neue Dienstleistungen grundsätzlich schwieriger zu kommunizieren (höhere intellektuelle Intangibilität) als Sachgüterinnovationen (Liechty/Churchill 1979, S. 510). Die Mitteilbarkeit, d. h. die Information über und die Diskussion der Dienstleistungsinnovation, gestaltet sich im Vorfeld der Markteinführung schwieriger. Gerade deshalb erscheint der Aspekt der Gestaltung von Informationsangeboten von besonderer Relevanz. So ist die subjektive Wahrnehmung eines relativen Vorteils der Innovation zentral für deren Akzeptanz (Wiswede 1995, S. 201). Hier spielt der Aspekt der Bedienerfreundlichkeit, insbesondere bei technologisch geprägten Dienstleistungsinnovationen, eine wichtige Rolle (Staudt 2000, S. 138).

Dienstleistungen sind zudem weniger bzw. nicht teilbar und daher schwieriger auf einer limitierten Basis zu testen (Liechty/Churchill 1979, S. 510). Der Einsatz von Testimonials bzw. Samples ist im Gegensatz zum Sachgüterbereich oftmals nicht möglich (Lovelock 2001, S. 303). Darüber hinaus werden Dienstleistungen komplexer wahrgenommen als Sachgüter, was grundsätzlich wiederum die Adaption hemmt. Zuletzt erschwert eine Inkompatibilität mit Bestehendem (kognitive Strukturen und/oder Wertvorstellungen) eine Diffusion (Wiswede 1995, S. 275). Hierin zeigt sich das Problem, dass, insbesondere bei Radikalinnovationen, ein neuer Dienst-leistungstyp häufig mit Wert- bzw. Einstellungsveränderungen einhergeht (siehe auch die Ausführungen von Toffler 1980, S. 272) und damit zu einer höheren Ak-zeptanzbarriere beiträgt (Liechty/Churchill 1979, S. 510). Gerade die (radikale) Ver-änderung eines bereits existenten Rollenverständnisses stellt oftmals ein schwieri-ges Unterfangen für den Dienstleister dar (Nerdinger 1994, S. 246). So werden Kun-den, die sich sehr stark mit dem Rollenbild des passiven Kunden identifizieren, z. B. ältere Patienten, nur sehr schwer wenn überhaupt dazu zu bewegen sein, sich mit einem neuen Rollenbild zu identifizieren (Kelley/Donnelly/Skinner 1990, S. 329). Kundenentwicklung spielt daher bei der Einführung radikaler Dienstleistungsinnova-tionen für Unternehmen eine besonders wichtige Rolle (Prahalad/Ramaswamy 2000, S. 86; ähnlich auch Stauss 1995, S. 38) und sollte infolgedessen von Beginn an Be-standteil von Innovationsprozessen sein.[226]

6.4.2 Übersicht über die Elemente einer antizipativen Kundenentwicklungs-Bedarfsanalyse

Ein Bedarf an Kundenentwicklung besteht immer dann, wenn kundenbezogen ein Qualifikations-Gap vorliegt. Diese Lücke entsteht aus einer negativen Differenz zwi-schen den integrationsbezogenen Anforderungen und den aktuellen Integrations-qualifikationen eines Kunden. Dementsprechend setzt sich eine antizipative Kunden-entwicklungs-Bedarfsanalyse primär aus den folgenden drei Teilaufgabenbereichen zusammen (siehe analog zur Bedarfsermittlung bei der Personalentwicklung; Kitz-mann/Zimmer 1982, S. 119), auf die in den kommenden drei Abschnitten näher ein-gegangen wird:

- Erfassung und Analyse der integrationsbezogenen Anforderungen (Abschnitt 6.4.3),
- Ermittlung des aktuell vorhandenen Qualifikationsniveaus des Kunden (Abschnitt 6.4.4) und

---

[226] Aus einer skripttheoretischen Perspektive stellt sich die beschriebene Problematik folgenderma-ßen: „Radical changes in the service script should encounter greater resistance from experienced role performers, since this involves discarding a reasonably efficient, well-developed script and learning a new one" (Solomon et al. 1985, S. 108; siehe auch Bowen 1986, S. 380).

- Abgleich von Integrationsanforderungen und Kundenqualifikation (Abschnitt 6.4.5).

Eine Darstellung der verschiedenen, zu generierenden Inhalte geht aus Abbildung 48 hervor. In einem ersten Schritt hat sich eine antizipative Analyse des Kundenentwicklungsbedarfs mit den Kundenrollen zu beschäftigen. Die jeweilige Kundenrolle beinhaltet verschiedene Integrationsaufgaben, die es in einem zweiten Schritt zu spezifizieren gilt. Erst in einem dritten Schritt lassen sich sodann die erforderlichen Integrationsanforderungen definieren. Die Ausprägungen der verschiedenen Anforderungsarten ergeben zusammengenommen ein Anforderungsprofil (Marr/Stitzel 1979, S. 322; Weber/Mayrhofer/Nienhüser 1993, S. 6). Dieses Integrationsanforderungsprofil ist schließlich im vierten Schritt mit dem Qualifikationsprofil des Kunden abzugleichen, womit sich eventuelle Qualifikationsdefizite des Kunden aufdecken lassen.

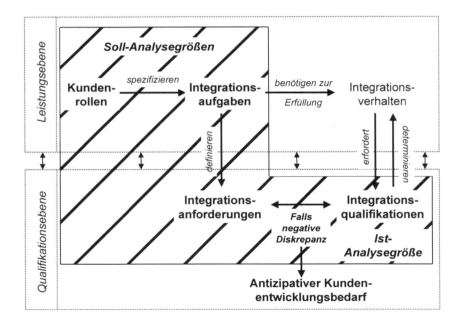

Abb. 48:   Analysegrößen einer antizipativen Kundenentwicklungs-Bedarfsanalyse
Quelle: Eigene Überlegungen.

6.4.3 Erfassung und Analyse der integrationsbezogenen Anforderungen

Zur Erfassung und Analyse von Integrationsanforderungen sind in einem ersten Schritt die den Anforderungen zugrunde liegenden Kundenrollen und Integrationsaufgaben zu definieren. Hierbei können sowohl Erkenntnisse aus der Personalentwicklung modifiziert auf die Kundenentwicklung übertragen als auch Erfahrungen des Dienstleistungsinnovationsmanagements herangezogen werden (Absatz 6.4.3.1). Sind die einzelnen Integrationsanforderungen derart ermittelt, lassen sich diese zu einem Integrationsanforderungsprofil zusammenstellen (Absatz 6.4.3.2), das als Grundlage der Bestimmung des antizipativen Kundenentwicklungsbedarfs dient.

6.4.3.1 Methoden der Erfassung der Integrationsaufgaben und -anforderungen

6.4.3.1.1 Grundüberlegungen zur Erfassung der Integrationsaufgaben und -anforderungen

Die erste Teilaufgabe einer antizipativen Kundenentwicklungs-Bedarfsanalyse beinhaltet die Erfassung und Analyse der Anforderungen (Nerdinger 1999, S. 139), die ein Dienstleistungsunternehmen an den Kunden stellt. Der Untersuchungsgegenstand der Analyse ist somit letztlich der qualifikatorische Gehalt der gewünschten Service Customer Performance. Dies bedeutet, dass die in den Kundenleistungen enthaltenen Qualifikationsanforderungen einer Operationalisierung zugänglich zu machen sind. Dabei ist - wie im Personalbereich - darauf zu achten, dass für die Ermittlung der Integrationsanforderungen solche Merkmale verwendet werden, denen auf der Kundenseite korrespondierende Integrationsqualifikationen gegenüberstehen (Berthel 2000, S. 116; Marr/Stitzel 1979, S. 322). Aus diesem Grund bietet sich als grobe Kategorisierung der Integrationsanforderungsinhalte die Übernahme der Unterscheidung der kundengebundenen Determinanten der Service Customer Performance in die Faktoren des Kennens, Könnens und Wollens an.

In Analogie zur „Job description", d. h. einer Funktionsskizzierung im Sinne einer Stellenbeschreibung[227], wird im Bereich des Kundenmanagements auch von der „Customer's job description" bzw. der unternehmerischen Aufgabe des „define the customer's job" (Bowers/Martin/Luker 1990, S. 62; siehe auch Bateson/Hoffman 1999, S. 39-42 und Meyer 1994, S. 88 f.) gesprochen. Dabei lässt sich der Job eines Mitarbeiters als Kombination mehrerer Rollen ansehen (Daele/Stevens/Looy 1998, S. 212 f.). Dementsprechend setzt sich der „Job" eines Dienstleistungskunden aus mehreren Kundenrollen zusammen, z. B. der eines Co-Produzenten, Käufers und Co-Marketers. Damit besteht ein erster Schritt der Bestimmung der Integrationsan-forderungen in der Analyse bzw. Entwicklung der Kundenrollen („Customer's role analysis" bzw. „Customer's role development"; Broderick 1998, S. 353 f. und Oevret-veit 1999, S. 397). Diese Rollen beinhalten wiederum verschiedene Integrationsauf-gaben, die der Kunde zu erfüllen hat. Die Analyse dieser Integrationsaufgaben bzw. des -profils kann in Anlehnung an die dem Personalbereich entstammende Aufga-benanalyse („Task analysis"; Schneider/Schechter 1991, S. 219 und S. 221) als „Customer's task analysis" bezeichnet werden.

Die Ausarbeitung solch einer kundenbezogenen Funktionsbeschreibung stellt an das Unternehmensmanagement die zentrale Herausforderung, die Rollen und Integrati-onsaufgaben des Kunden zu definieren, aus denen sich sodann die Anforderungen ableiten lassen. So betont Bowen (1986, S. 378): „An important strategic issue for service managers is determining the optimal size role for customers to play in their operations" (siehe ähnlich auch Honebein 1997, S. 2 und Bowen 2000). Das Mana-gement muss sich daher genau überlegen, was für ein Verhalten es konkret vom Kunden erwartet (Bowen 1986, S. 374).

Das Ziel dieses Abschnitts kann es aber nicht sein, sämtliche nur denkbaren Integ-rationsanforderungen aus den in Unterabsatz 2.5.2.1.3 beschriebenen transaktions-orientierten Kundenrollen abzuleiten, zumal diese firmenspezifisch variieren (kön-nen). Im Rahmen der Arbeit soll lediglich ein Instrumentarium zur grundsätzlichen

---

[227] Eine Stellenbeschreibung enthält formale und organisatorische Angaben, die Zielsetzung der Funktion, die Hauptaufgaben zur Zielerreichung, Informations- und Kooperationserfordernisse, Verantwortlichkeiten und Kompetenzen. Des Weiteren schließt sie ein Anforderungsprofil mit den Merkmalen der Leistungsbeurteilung und der Potentialeinschätzung mit ein (Flarup 1997, S. 411; Oechsler 1997, S. 325).

Generierung von Integrationsaufgaben beschrieben werden. Folglich ist eine Operationalisierung der in der Service Customer Performance enthaltenen Integrationsanforderungen grundsätzlich über die Angabe rollen- bzw. aufgabenbezogener Termini möglich. Diese Vorgehensweise erfolgt in Anlehnung an die aufgaben- und anforderungsanalytischen Verfahren der Personalentwicklung (Sonntag 1999b, S. 159-163; siehe auch Oechsler 1997, S. 325-334).

Demnach ist zunächst eine Analyse der Kundenrollen durchzuführen. So gilt es herauszufinden, ob ein Rollen-Commitment vorliegt. Des Weiteren ist der Frage nachzugehen, ob Rollendiskrepanzen und/oder Rollenkonflikte beim Kunden aufgetreten sind. Dies betont auch Broderick (1998, S. 354): „role analysis within the service encounter is useful for specification of role learning needs on the part of the client and service provider. When a bank, for example, introduces a telephone banking service, there is a role learning process on the part of both client and service provider. Each party has to adjust to new expectations of how they are ‚supposed' to behave, and role preparation, anticipation and development can achieve a smoother service transition."

Zur Erfüllung einer Kundenrolle müssen Dienstleistungskunden diverse Integrationsaufgaben erledigen. Diese Integrationsaufgaben lassen sich als elementare Einheiten eines zielbezogenen kundenindividuellen Verhaltens verstehen, die sich eventuell wiederum in Unteraufgaben (Sub-tasks) aufteilen lassen. Grundsätzlich können Aufgaben im organisatorischen Kontext nach deren Rangkriterium in Ausführungs- (Leistungsaufgaben) und Entscheidungsaufgaben (Leitungsaufgaben) differenziert werden (Ringlstetter 1997, S. 65). Diese Unterscheidung lässt sich sinnvoll auf die Integrationsaufgaben übertragen. Auch Kunden müssen nicht nur Ausführungsaufgaben, z. B. das Ausfüllen eines Überweisungsbelegs, sondern auch Entscheidungsaufgaben, z. B. Kaufentscheidungen, erledigen.

Die verschiedenen Integrationsaufgaben einer Kundenrolle lassen sich entweder einzeln auflisten (Integrationsaufgaben-Inventarlisten; siehe Unterabsatz 6.4.3.1.2) oder als Elemente eines detaillierten Kundenprozesses (integrationsaufgabenbezogene Kundenprozessanalyse; siehe Unterabsatz 6.4.3.1.3) beschreiben.

6.4.3.1.2 Integrationsaufgaben-Inventarlisten

Die Zielsetzung und Vorgehensweise von Integrationsaufgaben-Inventarlisten gestalten sich vergleichsweise einfach. Als Ergebnis dieses Analyseverfahrens entsteht
eine Auflistung der verschiedenen Tätigkeiten bzw. Aufgaben des Kunden. Die Beschreibung dieser Aufgaben kann sich in wenigen, prägnanten Worten erschöpfen,
z. B. „Äußerung der persönlichen Wünsche und Beweggründe", „Schilderung des
Kenntnisstands von Investmentfonds", „Beschreibung der eigenen Risikoaversion",
„Mitteilung der Einkommenssituation", „Einigung auf eine bestimmte Einlagenhöhe
oder monatliche Zahlung" und „Schilderung der persönlichen Daten" bei dem erst-
maligem Kauf von Investmentfonds.

Die Gewinnung und Formulierung dieser Aufgaben erfolgt durch Überlegungen von
Experten, wie dem Kontaktpersonal, den Marketing-Fachleuten und - falls existent -
den Service-Designern, die zusammengenommen ein Gremium bilden. Des Weiteren können auch (potentielle) Kunden in diesen Kreis eingebunden werden. Diese
interdisziplinäre Problemlösungsgruppe wird im Folgenden als „Service Customer
Participation Board" bezeichnet (in Anlehnung an Faix/Buchwald/Wetzler 1991, S. 63
und Oechsler 1997, S. 444). Die von der Expertengruppe erarbeiteten und sodann
aufgelisteten Integrationsaufgaben sowie eventuelle Unteraufgaben sind in einem
weiteren Schritt zu gewichten. Wie bei der Frequenz-Relevanz-Analyse von Problemen (FRAP; siehe Stauss 2000a, S. 334) lassen sich die Integrationsaufgaben nach
der Häufigkeit ihres Auftretens und der Relevanz ihrer Erfüllung bewerten. Zusätzlich
sollten die Integrationsaufgaben nach ihrer voraussichtlichen Schwierigkeit der Erfüllung durch den Kunden unterschieden werden. Somit kann die Gewichtung der
Integrationsaufgaben grundsätzlich nach der Relevanz der Tätigkeitsausführung, der
Häufigkeit bzw. Frequenz der Tätigkeiten und deren Schwierigkeit erfolgen (siehe
Abbildung 49).

Der Vorteil dieses Verfahrens ergibt sich aus dem verrichtungsbezogenen Charakter
der definierten Integrationsaufgaben. Damit ist es prinzipiell möglich, die formulierten
Integrationsaufgaben direkt als Qualifizierungsinhalte, d. h. ohne Transformation in
Integrationsanforderungen, zu übernehmen. Darin liegt aber gleichzeitig die Problematik dieser Vorgehensweise begründet. Eine Analyse der die zu erbringende Ser-

vice Customer Performance steuernden psychischen Prozesse beim Dienstleistungskunden unterbleibt. Ein weiterer Nachteil liegt in der partiellen Betrachtungsweise der Integrationsaufgaben. Außerdem bleiben Zusammenhänge zwischen den Integrationsaufgaben unerschlossen (Bullinger/Krogoll 1992, Sp. 58).

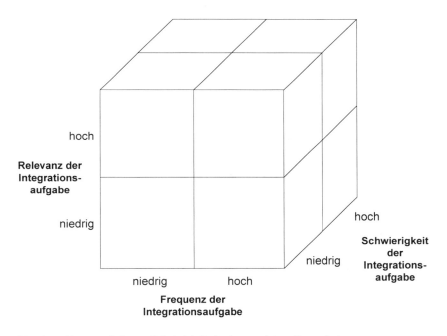

Abb. 49:   Frequenz-Relevanz-Schwierigkeits-Analyse von Integrationsaufgaben
Quelle: Eigene Überlegungen.

6.4.3.1.3 Integrationsaufgabenbezogene Kundenprozessanalyse

Während die Integrationsaufgaben-Inventarliste eine Aneinanderreihung von einzelnen Integrationsaufgaben darstellt, wenngleich mit Gewichtung, beschreibt die integrationsaufgabenbezogene Kundenprozessanalyse die Integrationsaufgaben als eine logisch konsistente Abfolge von Tätigkeiten des Kunden im Rahmen der Dienstleistungserstellung.[228] Ein Kundenprozess, wie er im Rahmen dieser Arbeit verstanden wird, besteht somit aus einer logischen Reihe von Tätigkeiten bzw. Leistungen des Kunden und kann als „Reise" des Kunden durch das Service-System beschrieben werden („Customer pathway"; Oevretveit 1999, S. 399 bzw. „Kundenpfad"; Stauss/Weinlich 1996, S. 50). Jede Tätigkeit des Kunden ist nach diesem Verständnis als Prozess anzusehen.

Ausgangspunkt der Überlegungen ist der Sachverhalt, dass sich eine Dienstleistungserstellung durch zwei unterschiedliche Prozesse kennzeichnen lässt, die sich gegenseitig bedingen und ergänzen. Zum einen existiert der unternehmerische Erstellungsprozess (Unternehmensprozess) und zum anderen der kundenseitige Mitwirkungsprozess (Kundenprozess) (Stauss 1995, S. 27). Klassischerweise wird unter einem Kundenprozess die „Abfolge von Interaktionen innerhalb einer konkreten Inanspruchnahme von Dienstleistungen" (Stauss/Seidel 1998a, S. 207) aus der Perspektive des Kunden verstanden. Dieser setzt sich aus der Gesamtheit aller Kontaktpunkte zwischen Kunde und Unternehmen zusammen (siehe Absatz 2.3.3.1). In den Kontaktpunkten realisieren sich die gestellten Integrationsaufgaben in einem tatsächlichen Verhalten des Kunden (siehe auch Abbildung 45). Folglich gilt es, die Integrationsaufgaben kontaktpunktspezifisch im Kundenprozess zu ermitteln. Die Kundenprozessanalyse orientiert sich damit am Design des Dienstleistungserstellungsprozesses, aus dem sich die Integrationsaufgaben systematisch ableiten lassen (Canziani 1997, S. 7). Die Basis der Verteilung von Aufgaben an das Unternehmen und den Kunden stellt somit eine Modularisierung der Dienstleistung dar (Corsten 2000, S. 151) und damit eine Aufteilung des Gesamtprozesses der Leistungserstellung in einzelne Sequenzen (Corsten 2000, S. 152).

Der erste Schritt besteht zwangsläufig in der Generierung und Visualisierung des zu entwerfenden Kundenprozesses. Dabei ist aber darauf zu achten, dass im Gegensatz zum traditionellen Kundenprozess nicht nur die Kontaktpunkte, d. h. die Interaktionen zwischen Unternehmen und Kunde erfasst werden, sondern alle integrations-

---

[228] Diese Vorgehensweise entspricht in ihren Grundzügen der Analyse von Ausführungsaufgaben nach Arbeitsprozessen (Ringlstetter 1997, S. 65). In der personalwirtschaftlichen Literatur findet sich als - wenn auch leicht modifiziertes - Pendant zur Kundenprozessanalyse die hierarchische Aufgabenanalyse (Sonntag 1999b, S. 161-163).

bedingten Aufgaben des Kunden. Diese können sowohl schon im Vorfeld der Dienstleistungserstellung oder aber erst im Anschluss an die Leistungserstellung anfallen. Aus diesem Grund soll von einer integrationsaufgabenbezogenen Kundenprozessanalyse gesprochen werden.

Ein zur Planung des Kundenprozesses geeignetes Instrument ist das „Blueprinting" (Shostack 1984, insbesondere S. 135-139; 1987, v. a. S. 35-37),[229] das den Dienstleistungserstellungsprozess in Teilphasen zerlegt und auf Basis eines Flussdiagramms[230] analysiert (Kingman-Brundage 1989, S. 30; Oevretveit 1999, S. 400; Stauss 1991b, S. 98; 1995, S. 30; 2000a, S. 327 f.; Stauss/Hentschel 1991, S. 242). Damit ist ein Blueprint grundsätzlich aufgabenorientiert (Kingman-Brundage 1989, S. 30) und eignet sich daher zur angestrebten (Integrations-)Aufgabenanalyse. Interessanter für diese Arbeit ist dennoch die Variante des „Service Mapping" (u. a. Gummesson/Kingman-Brundage 1992; Kingman-Brundage 1989), da diese Weiterentwicklung des Blueprinting explizit den Kundenprozess („Kundenpfad"; Stauss/Weinlich 1996, S. 50) mit abbildet. Dieser stellt den oberen Teil der Service Map („Dienstleistungsatlas"; Stauss 1995, S. 30; 2000a, S. 329) dar. Der Ablauf der einzelnen Kontaktpunkte ist im Flussdiagramm entsprechend von links nach rechts zu lesen (Stauss/Weinlich 1996, S. 50) und wird in vertikaler Hinsicht durch den Unternehmensprozess ergänzt (Kleinaltenkamp 2000, S. 5).[231] Da die vorliegende Zielsetzung in der Bestimmung der Integrationsaufgaben liegt, ist der Fokus auf die Darstellung des Kundenprozesses gerichtet. Auf eine Abbildung des Unternehmensprozesses soll im Weiteren verzichtet werden.

Die Analysekategorien einer Service Map stellen zum einen Integrationsprozeduren und zum anderen Integrationspläne dar (in Anlehnung an Kingman-Brundage 1989, S. 31). Als Integrationsprozedur kann eine Aussage aufgefasst werden, wie eine Kundenaktivität auszuführen bzw. durch welche Kundenaktivität das angestrebte Ziel

---

[229] Am Rande ihrer Ausführungen zum Blueprinting weist Shostack (1987, S. 37) sogar explizit darauf hin, dass „Blueprints can be used to educate customers".

[230] Der Gedanke, Flussdiagramme zur Abbildung von Interaktionen einzusetzen, findet sich ansatzweise schon bei Thompson (1962, S. 312).

[231] Auf die verschiedenen, möglichen Schichtungen des Unternehmensprozesses, wie z. B. die „line of external interaction" und die „line of visibility" soll nicht näher eingegangen werden, da diese im Rahmen der Gewinnung und Visualisierung der Integrationsaufgaben von Kunden keine Bedeutung haben.

zu erreichen ist. Dagegen stellen die Integrationspläne die Bedingungen dar, unter denen die Integrationsprozeduren ausgeführt werden. Die Erreichung einer angestrebten Service Customer Performance lässt sich damit als eine Hierarchie von Integrationsprozeduren und -plänen ansehen.

Zweierlei gilt es bei der Entwicklung des Kundenprozesses zu beachten:

1. Wie bereits erwähnt, ist nicht nur der Kundenprozess während der Mitwirkung des Kunden im Rahmen der Kerndienstleistungserstellung zu skizzieren, sondern es sind sämtliche Prozesse ins Kalkül zu ziehen, die einer spezifischen Kundenqualifikation bedürfen. Diese können noch vor der eigentlichen Kontaktaufnahme oder aber erst nach der Leistungserstellung auftreten. Dementsprechend handelt es sich um eine horizontale Erweiterung des Kundenprozesses. Diese Prozesse sind für das Unternehmen nicht wahrnehmbar.

2. Es kann passieren, dass der Kunde unternehmens- bzw. leistungsbezogene Tätigkeiten zu erledigen hat, für die er spezielle Qualifikationen benötigt, die sich aber in keiner direkten Interaktion mit dem Unternehmen bzw. den Kontaktmitarbeitern ausdrücken. In diesem Falle ist der Kundenprozess vertikal auszudehnen.

Aufgrund dieser Modifikationen der Service Map und der Konzentration auf den Kundenprozess sei im Weiteren von einer Service Customer Participation Map gesprochen. Ferner sind im Unterschied zur ursprünglichen Service Map die physischen Elemente nicht oberhalb des Kundenprozesses abgebildet, sondern werden unterhalb der Interaktionslinie direkt dem Unternehmen bzw. dem Service-System zugerechnet. Dies ist graphisch problemlos möglich, da der Unternehmensprozess nicht weiter abgebildet wird. Eine exemplarische Service Customer Participation Map ist aus Abbildung 50 ersichtlich. Die Grundlage hierfür ist die Stellung eines Neuantrags für eine Kfz-Versicherung.

Da es im Rahmen des Service Designs um die erstmalige Planung und Gestaltung einer Dienstleistung geht, ist der Kundenprozess möglichst detailliert zu erfassen. Dabei können zur besseren Übersicht aggregierte Service Customer Participation Maps erstellt werden, die in sich relativ abgeschlossene Teilphasen darstellen.

Der Einsatz dieses Service Design-Tools ermöglicht die Skizzierung wichtiger Elemente des Kundenprozesses, z. B. der Vorleistungen des Kunden, des Eintrittspunkts des Kunden in das Service-System, der Kundenbeteiligung in Prozessschritten und schließlich des Austrittspunkts des Kunden aus dem Service-System (Canziani 1997, S. 11). Ein für die Bestimmung des Kundenentwicklungsbedarfs entscheidender Vorteil dieses Verfahrens ist die Möglichkeit, den für die einzelnen Prozesse erforderlichen Input zu erfassen.

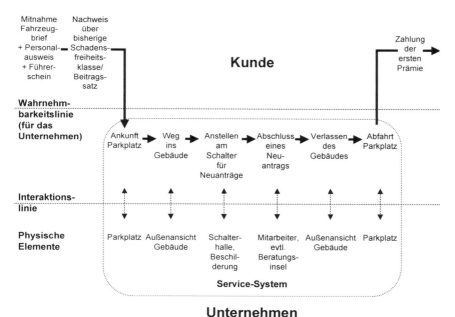

Abb. 50:   Service Customer Participation Map am Beispiel eines Neuantrags für eine Kfz-
            Versicherung
Quelle: Eigene Überlegungen.

Die Ausarbeitung von Rollen und Integrationsaufgaben des Kunden sollte sich dabei an folgenden Fragen ausrichten (Canziani 1997, S. 9):

- Was macht der Kunde während des Prozesses, d. h. welche Integrationsaufgaben hat er? Damit ist die Frage nach instrumentellen und sozialen Handlungen zu stellen (Service Customer Instrumental Performance und Service Customer Social Performance).

- Wie sollte der Kunde diese Integrationsaufgaben erledigen? Hier ist zu überlegen, wie es mit der Qualität von instrumentellen und sozialen Handlungen des Kunden bestellt ist.

- Zu welchem Zeitpunkt hat er die Integrationsaufgaben zu erledigen? Grundsätzlich kann er seine Aufgaben vor, während oder nach der Leistungserstellung erledigen.

- Wie oft hat der Kunde diese Integrationsaufgaben zu erledigen? Denkbar sind regelmäßige, häufige oder eher seltene Ausführungen der Aufgaben.

- Mit wem interagiert der Kunde? Als Interaktionspartner kommen grundsätzlich Mitarbeiter, Maschinen oder andere Kunden in Frage.

Durch die Beantwortung dieser Fragen kann ein ausführlicher integrationsaufgabenbezogener Kundenprozess entwickelt werden.[232]

Als Entwicklungsbedarf kommen insbesondere solche Integrationsaufgaben in Betracht, bei denen das Produkt aus der Wahrscheinlichkeit und den Kosten einer unzureichenden Ausführung als nicht akzeptabel angesehen werden. Damit ist es möglich, Aussagen zu kritischen Kundensequenzen innerhalb des Kundenprozesses zu treffen. Auch hier ist als Nachteil zu nennen, dass dieses Verfahren keine Aussagen auf einer qualifikatorischen Ebene leistet.

6.4.3.1.4 Integrationsanforderungsanalytisches Verfahren

An dem beschriebenen Nachteil der integrationsaufgabenanalytischen Verfahren der Integrationsaufgaben-Inventarlisten und der integrationsaufgabenbezogenen Kundenprozessanalyse setzen die anforderungsanalytischen Verfahren an (Sonntag 1999b, S. 163). Diese streben Angaben über die zu erlernenden bzw. erforderlichen qualifikatorischen Leistungsvoraussetzungen für das Ausführen von Integrationsaufgaben an. Die grundsätzliche Vorgehensweise ist die Zuweisung von erforderlichen Qualifikationskomponenten zu den zu erfüllenden Integrationsaufgaben. Auch hier-

---

[232] Aus einer rollentheoretischen Perspektive betrachtet, stellt der Kundenprozess ein Kundenrollenskript dar, das dem Kunden durch das Unternehmen zugewiesen wird.

bei sollten, wie schon bei der Bestimmung der Integrationsaufgaben, unternehmerische Experten, die mit der Entwicklung sowie Realisation betraut sind, v. a. Kontaktpersonal, Marketingkräfte und Service-Designer, herangezogen werden. Dabei ist zu überlegen, inwiefern eine Beurteilung der Relevanz des Vorhandenseins einer speziellen Qualifikationskomponente vorgenommen wird.[233]

Das Problem der geschilderten Handlungsweise zur Ermittlung der Integrationsanforderungen im Kundenbereich ist identisch mit der Erhebung im Mitarbeiterbereich. So erfolgt die Transformation von Aufgaben in Anforderungen subjektiv durch Experten. Folglich werden verallgemeinernde Schlüsse von den Aufgaben auf vermutete Qualifikationsvoraussetzungen gezogen.

Zur systematischen Gewinnung der Integrationsanforderungen bietet es sich an, auf die integrationsaufgabenbezogene Kundenprozessanalyse zurückzugreifen. Auch Stauss (1995, S. 37) plädiert dafür, bei der Vermittlung von Qualifikationen an den Kunden, den Qualifikations- bzw. Informationsbedarf kontaktpunktspezifisch zu ermitteln. Auf der Basis einer Service Customer Participation Map können zu allen beschriebenen Integrationsaufgaben die entsprechenden Qualifikationen bzw. Anforderungen an den Kunden genannt werden. Damit ist die Service Customer Participation Map in vertikaler Hinsicht um die zur Erfüllung der verschiedenen Integrationsaufgaben benötigten Integrationsanforderungen zu erweitern (vertikale qualifikationsbezogene Erweiterung des Kundenprozesses). Hiermit lassen sich die erforderlichen Integrationsqualifikationen ablaufbezogen visualisieren (siehe Abbildung 51).

Die bisher beschriebene Vorgehensweise geht prinzipiell von einer neuen Dienstleistung aus. Es ist aber genauso gut möglich, dass eine bereits existente Dienstleistung lediglich modifiziert wird. Zur Bestimmung der Integrationsanforderungen ist in solch einem Falle ein Drei-Stufen-Verfahren zu wählen. Zunächst sind im ersten Schritt - wie beschrieben - die Integrationsaufgaben und die sich hieraus ergebenden Anforderungen zu ermitteln. In einem zweiten Schritt sollten die zukünftig vom Kunden auszuführenden Integrationsaufgaben und -anforderungen bestimmt werden. Im

---

[233] Eine derartige Vorgehensweise wird im Personalmanagement des Öfteren eingesetzt, z. B. bei der mitarbeiterbezogenen „Job element method" (Sonntag 1999b, S. 164) und dem „Competency-based approach" (Daele/Stevens/Looy 1998, S. 215).

dritten Schritt werden die bisherigen Aufgaben und Anforderungen den neuen gegenübergestellt und bewertet. Als Ergebnis sollten sich diejenigen Integrationsanforderungen herauskristallisieren, die einer Kundenentwicklung bedürfen.

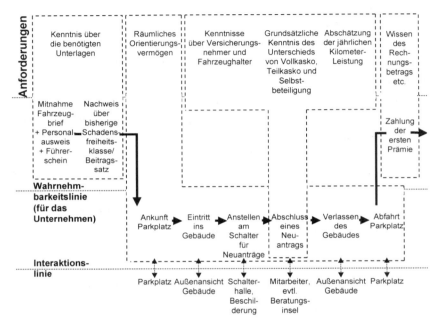

Abb. 51:   Darstellung von Integrationsanforderungen anhand der Service Customer Participation
            Map am Beispiel eines Neuantrags für eine Kfz-Versicherung
Quelle: Eigene Überlegungen.

6.4.3.2   Erstellung von Integrationsanforderungsprofilen

Bisher stand die Ermittlung der einzelnen integrationsbezogenen Anforderungen an den Kunden im Vordergrund. In dem nun folgenden Schritt sind die Ausprägungen der verschiedenen Anforderungsarten zu einem Anforderungsprofil (Soll-Integrationsqualifikation; auch als „Job specifications" bekannt) zusammenzufassen (Weber/Mayrhofer/Nienhüser 1993, S. 6).

Wie in Absatz 6.4.3.1 beschrieben, ist die Erhebung von Integrationsanforderungen zumeist die Aufgabe einer Expertenrunde, d. h. des Service Customer Participation

Boards. Diese bestimmt die Integrationsanforderungsstruktur für die modifizierten bzw. neu in den Markt einzuführenden Dienstleistungen. Dazu kann in einem ersten Schritt die Festlegung auf eine gewünschte Zielkundengruppe gehören. In einem zweiten Schritt sind sodann die angestrebten Kundenrollen zu definieren. Hieran anknüpfend erarbeitet das Service Customer Participation Board die verschiedenen integrationsbezogenen Ausführungs- und Entscheidungsaufgaben der Dienstleistungskunden. Abschließend werden hieraus die Integrationsanforderungen an die Zielkunden(gruppe) abgeleitet.

Geht es nicht nur um eine anstehende Modifikation einzelner Dienstleistungen, sondern um die Gestaltung des mittel- bis langfristigen Leistungsprogramms, muss sich das Service Customer Participation Board die Integrationsanforderungsstruktur für die kommenden Jahre überlegen. Eine derart strategisch ausgerichtete Analyse der Soll-Integrationsqualifikation basiert auf künftigen technologischen Entwicklungen, veränderten Marktanforderungen sowie den Zielen und Strategien des Unternehmens.

Das Ziel einer strategischen Integrationsanforderungsanalyse ist die Entwicklung eines Anforderungskatalogs für die kommenden Jahre („strategischer Integrationsqualifikations-Planer"; in Anlehnung an Faix/Buchwald/Wetzler 1991, S. 74 und S. 78). Schwerpunkte der strategischen Planung bilden dabei die integrationsgerichteten Dimensionen der Fach-, Methoden-, Sozial- und Personalen Kompetenz der Kunden sowie Technologien, Dienstleistungen und Integrationsstrategien des Unternehmens (in Anlehnung an Schmidt 1996, S. 328). Ein Beispiel solch eines strategischen Integrationsqualifikations-Planers findet sich in Abbildung 52.

Die Konsequenzen eines solchen strategischen Integrationsqualifikations-Planers reichen von der Formulierung von Integrationsanforderungen bei Neukunden über Schwerpunktsetzungen bei der Sozialisation von Dienstleistungskunden bis hin zur künftigen Ausgestaltung der Stammkundenentwicklung.

Diese strategisch ausgerichtete Analyse der Soll-Integrationsqualifikation wird zumeist relativ abstrakt gehalten sein. Dagegen ist bei der operativen Zusammenstellung von Anforderungsprofilen (operativer Integrationsqualifikations-Planer), für jede

Dienstleistung ein Soll-Profil im Sinne notwendiger Integrationsqualifikationen aus-zuarbeiten. In Abhängigkeit von der Anzahl der anzubietenden Dienstleistungen ist eine Zusammenfassung von operativen Integrationsqualifikations-Planern zu relativ homogenen Gruppen zu empfehlen, da sich dadurch der Aufwand bei der Aktualisie-rung der Integrationsanforderungen eher in Grenzen hält. Damit wäre solch ein In-tegrationsqualifikations-Planer allerdings nicht dienstleistungs-, sondern gruppen-spezifisch.

Strategischer Integrationsqualifikations-Planer: Klassifizierung strategischer Integrationsqualifikationsdimensionen

Fachkompetenz
- Raumorientierung
- Funktionelle Orientierung

Methodenkompetenz
- Lernfähigkeiten
- Technische Fertigkeiten

Sozialkompetenz
- Kommunikationsfähigkeit
- Hilfsbereitschaft

Personale Kompetenz
- Motivation

Technologien
- Neue Anwender-Software
- Innovative Customer Card-Systeme

Dienstleistungen
- Erlebnisdimension
- Neue E-Services

Integrationsstrategie
- Höherer Integrationsgrad

Abb. 52:   Beispielhafte Darstellung eines strategischen Integrationsqualifikations-Planers
Quelle: Eigene Überlegungen.

Um die Vergleichbarkeit von Anforderungsprofilen zu ermöglichen, sind zunächst Integrationsanforderungsdimensionen zu definieren. Vor dem Hintergrund des stra-tegischen Integrationsqualifikations-Planers ist eine Differenzierung in Fach-, Metho-den-, Sozial- und personale Kompetenzen des Kunden denkbar. Werden diese Di-mensionen mit dazugehörigen Wissenssegmenten hinterlegt, dann entsteht ein An-forderungskatalog, mit dem sich jede Dienstleistung analysieren lässt.

Unabhängig davon, ob es sich um ein strategisch oder operativ ausgelegtes Integra-tionsanforderungsprofil handelt, sollte für jede Integrationsanforderung eine Einstufung des benötigten Qualifikationsgrads erfolgen (Faix/Buchwald/Wetzler 1991, S. 84; Oechsler 1997, S. 445), da eine Unterscheidung der Integrationsanforderungen nach dem Prinzip „vorhanden" bzw. „nicht vorhanden" den realen Gegebenheiten zumeist nicht entspricht. Durch eine Abstufung der Integrationsanforderungen erhöht sich demzufolge die Aussagekraft von Integrationsanforderungsprofilen. Hierbei sind die unterschiedlichsten Skalierungen denkbar, z. B. eine Fünferskala, welche die Ausprägungen einer Integrationsanforderungsart von „0 = nicht erforderlich" bis „5 = in höchster Ausprägung erforderlich" unterscheidet (Marr/Stitzel 1979, S. 323). Aufgrund der leichten Verständlichkeit und relativ einfachen Handhabung soll im Rahmen dieser Arbeit zur Einstufung der benötigten Soll-Integrationsqualifikationen die weiterbildungsbezogene Unterscheidung der IBM Deutschland (Faix/Buchwald/Wetzler 1991, S. 85) in inhaltlich modifizierter Art übernommen werden.[234] Damit lassen sich insgesamt vier verschiedene Integrationsanforderungslevels unterscheiden, die Abbildung 53 zu entnehmen sind.[235]

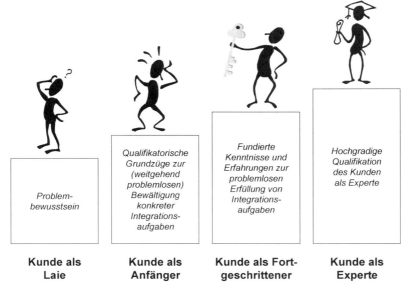

| Problem-bewusstsein | Qualifikatorische Grundzüge zur (weitgehend problemlosen) Bewältigung konkreter Integrations-aufgaben | Fundierte Kenntnisse und Erfahrungen zur problemlosen Erfüllung von Integrations-aufgaben | Hochgradige Qualifikation des Kunden als Experte |

Kunde als Laie   **Kunde als Anfänger**   **Kunde als Fortgeschrittener**   **Kunde als Experte**

Abb. 53:   Integrationsanforderungsstufen
Quelle: In Anlehnung an Faix/Buchwald/Wetzler 1991, S. 85.

---

[234] Die gleiche Skalierung nur mit anderen Begriffen der Kompetenzlevels („conceptual", „experienced", „expert" und „guru") findet sich bei Shair (2000).
[235] Rechnet man die Nicht-Erforderlichkeit einer Integrationsanforderung hinzu, liegen insgesamt fünf Stufen vor.

Die einfachste Anforderung an einen Kunden ist die Forderung nach einem entsprechenden Problembewusstsein (Problemevidenz; siehe Unterabsatz 3.2.1.1.2). So reicht es zur Inanspruchnahme einer Dienstleistung aus, wenn sich der Kunde seines Problems bewusst ist (Kunde als Laie). Andere Integrationsaufgaben erfordern gewisse Erfahrungen bzw. Kenntnisse des Kunden, wie bei der Bestellung von Winterreifen beim Autohändler. Zur telefonischen Abklärung der Verfügbarkeit eines speziellen Reifens muss der Kunde wenigstens die Grunddaten zum Auto und zu den Reifen wissen (Kunde als Anfänger). Integrationsaufgaben, gerade wenn sie für die Leistungserstellung kritisch sind, verlangen vom Kunden tiefergehende Qualifikationen. Dies ist z. B. beim Homebanking der Fall (Kunde als Fortgeschrittener). In einigen Fällen sollte der Kunde sogar über spezielle Expertenkenntnisse verfügen. Hier ist beispielsweise an Testnutzer von Softwareprogrammen oder Mystery Shopper im Namen des Unternehmens (Drees/Schiller 2000, S. 69 f.) zu denken (Kunde als Experte).

Zur Visualisierung eines Anforderungsprofils finden sich in der Personalliteratur verschiedenste Darstellungsformen. Die gängigsten Profilabbildungstypen sind das Säulen- und das Liniendiagramm. Beide lassen sich problemlos auf den Bereich der Kundenentwicklungs-Bedarfsanalyse übertragen (siehe Abbildung 54).

Dabei wird folgende Codierung der Integrationsanforderungsstufen vorgenommen:

- 0 = nicht vorhanden;
- 1 = Laie;
- 2 = Anfänger;
- 3 = Fortgeschrittener und
- 4 = Experte.

Eine neuere Form der Illustration von Anforderungsprofilen entstammt dem personalwirtschaftlichen Forschungszweig, der sich mit „Competencies" beschäftigt. Dabei sind unter Competencies „human characteristics related to effective performance" (Daele/Stevens/Looy 1998, S. 212) zu verstehen. Competencies lassen sich dementsprechend als Anforderungsbeschreibungen verstehen, die zur erfolgreichen Leistungserfüllung beherrscht werden müssen (Paschen 1998, S. 4; siehe auch Daele/Stevens/Looy 1998, S. 213). Ihr Vorteil gegenüber einer klassischen Anforderungsformulierung liegt in ihrer pragmatischen Anwendungsorientierung. So zeichnen sich competency-basierte Profile gegenüber den klassischen Anforderungsprofilen durch ihre praktische Konkretisierung aus (Paschen 1998, S. 5).

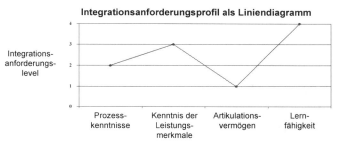

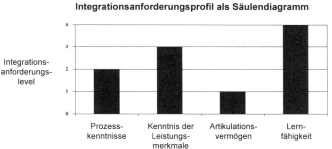

Abb. 54:   Integrationsanforderungsprofile als Linien- und Säulendiagramm
Quelle: In Anlehnung an Bühner 1997, S. 121 und Marr/Stitzel 1979, S. 323.

Die Darstellung eines competency-basierten Profils geschieht über Kreisdiagramme (siehe z. B. Daele/Stevens/Looy 1998, S. 215), die auch als Kompetenzräder bezeichnet werden. Derartige Kompetenzräder haben in der Personalberatung mittlerweile eine weite Verbreitung gefunden. Zur Vertiefung sei auf die einschlägige Literatur verwiesen, insbesondere auf die Monographien von Boam/Sparrow (1992), Mitrani/Dalziel/Fitt (1992) und Spencer/Spencer (1993).

Kompetenzräder beinhalten grundsätzlich eine Abstufung der Kompetenzlevels (Daele/Stevens/Looy 1998, S. 213). Übertragen auf den Kunden wird auch hier wieder von einer vierstufigen Unterscheidung ausgegangen. Abbildung 55 zeigt beispielhaft ein derartiges Integrationsanforderungsprofil als Kompetenzrad auf. Die

grau schattierten Felder geben die jeweils geforderte Ausprägung der Integrationsanforderungen an.

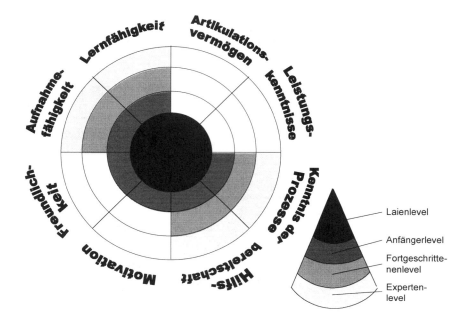

Abb. 55:   Integrationsanforderungsprofil als Kompetenzrad
Quelle: Eigene Überlegungen.

Grundsätzlich sind alle drei der präsentierten Visualisierungsformen auch im Bereich
der Kundenentwicklung einsetzbar. Zwar wird das Kompetenzrad bei einer hohen
Zahl an geforderten Kompetenzen leicht unübersichtlich. Allerdings trifft dieser Einwand eher für den Personalbereich zu, da dort die Aufgaben und damit die geforderten Kompetenzen zumeist sehr viel komplexer sind als im Vergleich zum Kundenbereich.

6.4.4   Erhebung der Integrationsqualifikationen der Kunden

Die zweite Teilaufgabe der Analyse des Kundenentwicklungsbedarfs umfasst die
Erhebung der aktuell vorhandenen Integrationsqualifikationen der Kunden (siehe

auch Meyer/Westerbarkey 1995, S. 92), d. h. der Ist-Integrationsqualifikation. Da die Integrationsqualifikation nicht direkt ersichtlich ist, wird über das Integrationsverhalten des Kunden auf die zugrunde liegenden integrationsbezogenen Qualifikationen geschlossen (siehe Abbildung 56).

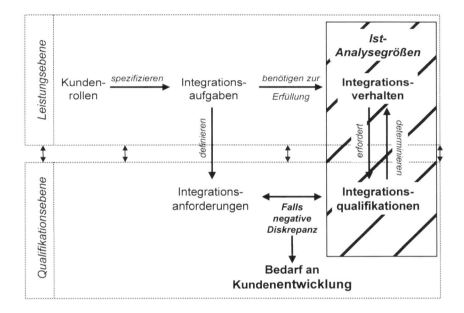

Abb. 56:   Analyse der Integrationsqualifikation
Quelle: Eigene Überlegungen.

Die einzelnen Integrationsqualifikationsmerkmale lassen sich genau wie bei den Integrationsanforderungen zu einem Profil zusammenstellen und abbilden (Marr/Stitzel 1979, S. 324; Shair 2000). Dieses Integrationsqualifikationsprofil ermöglicht die Beurteilung der gegenwärtigen Eignung des Kunden für die Erfüllung der ihm zugeschriebenen Kundenrollen und Integrationsaufgaben.

Dementsprechend sind unter der Eignung eines Kunden diejenigen Qualifikationsmerkmale zu verstehen, die den Kunden in die Lage versetzen, eine bestimmte Handlung erfolgreich auszuführen bzw. den Anforderungen einer bestimmten Rolle bzw. Dienstleistung entsprechen zu können (in Anlehnung an die Definition der Eignung von Mitarbeitern; Becker/Günther 1998, S. 756; Schuler/Funke 1993, S. 237).

In Anlehnung an die Integrationsanforderungsstufen lassen sich den Kunden verschiedene Integrationsqualifikationsstufen zuteilen, abhängig davon, ob sie als Laien, Anfänger, Fortgeschrittene oder Experten einzustufen sind (in Anlehnung an Oechsler 1997, S. 444).

Die Erhebung der vorhandenen und benötigten Integrationsqualifikationen ist eine essentielle Aufgabe des Managements, die allerdings allzu oft vernachlässigt wird (Schneider/Bowen 1995, S. 2).

Als Instrumente der Integrationsqualifikationsanalyse kommen in Betracht:

- Kunden-Datenbank (Customer Database).[236] In ihr ist u. a. die Kaufhistorie des Kunden abgelegt. Daraus lässt sich erkennen, inwieweit der Kunde schon mit dem Dienstleistungsangebot vertraut ist und dementsprechend integrationsbezogene Kenntnisse aufweist.

- Kundenbeschwerden. Diese geben Auskunft über (subjektiv wahrgenommene) Probleme des Kunden, d. h. eventuelle Qualifikationsdefizite.

- Kontaktpersonalbefragung. Das Kontaktpersonal kennt am ehesten die Verhaltensweisen und Integrationsfähigkeiten der Kunden.

- Kundenbefragung. Neben der erwähnten Kontaktpersonalbefragung können auch die Kunden direkt nach ihrer Selbsteinschätzung der Integrationsqualifikationen bzw. wahrgenommener Mängel von Integrationsqualifikationen befragt werden.

- Kundenbeobachtung. Hierbei ist es essentiell, dass das beobachtete Verhalten der Kunden möglichst akkurat aufgezeichnet wird. Von diesem Kundenverhalten ist sodann auf die zugrunde liegenden Integrationsqualifikationen zu schließen. Zuletzt ist eine Aussage über das Integrationsqualifikationslevel zu treffen (in Anlehnung an Daele/Stevens/Looy 1998, S. 216).

---

[236] Noch besser wäre es, wenn das Dienstleistungsunternehmen über eine spezielle Kundenentwicklungs-Datenbank (Service Customer Education Database) verfügen würde. Wie eine solche aufgebaut sein kann, wird in Absatz 10.5.2.2 erörtert.

Neben dieser Integrationsqualifikationsanalyse ist, soweit möglich, das Integrationsqualifikationspotential der Kunden abzuschätzen. Dies geschieht über eine Extrapolation der bisherigen Erkenntnisse aus der Integrationsqualifikationsanalyse (siehe ähnlich im Personalbereich Bühner 1997, S. 127).

Da häufig die Kosten einer kundenindividuellen Ermittlung der Integrationsqualifikationen den Nutzen übersteigen würden, sind Überlegungen anzustellen, für in sich möglichst homogene Kundengruppen Qualifikationsprofile zu erstellen. Ein Beispiel wären Neukunden. Mit diesem aggregierten Ansatz gelangt ein Dienstleistungsunternehmen zu Kundengruppenqualifikationsprofilen.

6.4.5   Bestimmung der Deckungslücke

Der Abgleich zwischen den Soll-Vorgaben des Dienstleisters und dem Ist-Zustand der Kundenqualifikation ergibt schließlich den konkreten Qualifikationsbedarf („Deckungslücke"; in Anlehnung an Berthel 1997, S. 244; Oechsler 1997, S. 444 und Scholz 1995, S. 233). Diese Ermittlung stellt die dritte Teilaufgabe der präventiven Bedarfsermittlung dar.

Falls die Integrationsanforderungen und die -qualifikationen jeweils zu einem Profil zusammengefasst wurden, kommt die Profilvergleichsmethode (Bühner 1997, S. 131; Marr/Stitzel 1979, S. 337) zum Einsatz. Diese besagt nichts anderes, als dass das Integrationsanforderungsprofil dem Integrationsqualifikationsprofil gegenübergestellt wird (siehe für den Mitarbeiterbereich Daele/Stevens/Looy 1998, S. 216), woraus sich sodann die Defizite, d. h. die Kundenentwicklungslücken, ableiten lassen (siehe Abbildung 57). Aus diesem Kundenentwicklungs-Bedarfsprofil lassen sich zumindest Tendenzaussagen in Bezug auf die Bedeutung und den Einsatz einzelner Kundenentwicklungsmaßnahmen treffen.

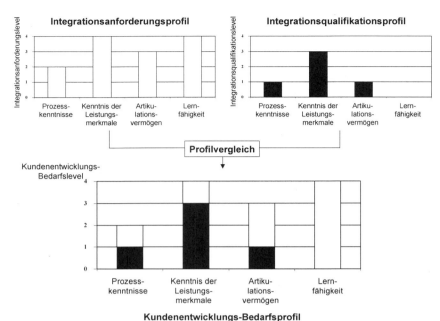

Abb. 57:   Beispielhafte Darstellung eines Kundenentwicklungs-Bedarfsprofils
Quelle: Eigene Überlegungen.

Problematisch ist der Einsatz dieses Verfahren, wenn die Integrationsanforderungs- und -qualifikationsstufen in Zahlenwerte umkodiert und sodann einfach die Differenz gebildet wird. So ergebe sich bei einem Integrationsanforderungslevel „Anfänger" mit dem Zahlenwert „2" und einem Integrationsqualifikationslevel „Laie" mit der Codierung „1" die gleiche Differenz und damit ein identischer Kundenentwicklungsbedarf wie bei einem Integrationsanforderungslevel „Experte" mit dem Zahlenwert „4" und einem Integrationsqualifikationslevel „Fortgeschrittener" mit der Codierung „3". Der inhaltliche Kundenentwicklungsbedarf unterscheidet sich aber in den zwei Fällen extrem voneinander. Von daher würde eine derartige Informationsreduktion durch eine Codierung der Levels zu einem sub-optimalen Ergebnis führen. Aus diesem Grund empfiehlt es sich, sowohl die angestrebte Integrationsanforderungsstufe als auch die Integrationsqualifikationsstufe bei der Planung von Kundenentwicklungsmaßnahmen zur Schließung der festgestellten Integrationsdeckungslücke („Integrationsqualifikations-Plus"; in Anlehnung an Oechsler 1997, S. 444) zu beachten. Eine mögliche graphische Umsetzung dieses Gedankens findet sich in Abbildung 57.

6.4.6   Analysefelder einer antizipativen Kundenentwicklungs-Bedarfsanalyse

Zur Bestimmung und Abschätzung des künftigen Kundenentwicklungsbedarfs benötigt ein Dienstleistungsunternehmen mannigfaltige Informationen. Absatz 6.4.6.1 gibt zunächst einen Überblick über die verschiedenen zu betrachtenden Analysefelder. Als Grobsegmente, welche die Integrationsanforderungen und -qualifikationen beeinflussen, können die Makro-Umwelt (Absatz 6.4.6.2), die Wettbewerber (Absatz 6.4.6.3), die Dienstleistung(en) an sich (Absatz 6.4.6.4) und die Kunden (Absatz 6.4.6.5) identifiziert werden.

6.4.6.1   Überblick über die Analysefelder

Ein antizipativer Kundenentwicklungsbedarf tritt in dem Falle auf, wenn ersichtlich ist, dass beim Kunden in Zukunft ein Integrationsqualifikationsdefizit vorliegen wird. Diese Qualifikationslücke entsteht, wenn ein Neukunde in ein für ihn unbekanntes Service-System gelangt. Zum anderen kommt es - bei gleichbleibendem Qualifikationsniveau der Kunden - durch sich verändernde Integrationsanforderungen aufgrund neuer bzw. modifizierter Integrationsaufgaben zu einem Entwicklungsbedarf.

Die Bestimmung des antizipativen Kundenentwicklungsbedarfs baut auf einem Vergleich der Integrationsanforderungen und -qualifikationen auf (siehe Abschnitt 6.4.2). Dementsprechend sind die Informationsfelder zu analysieren, die Hinweise auf die künftigen Integrationsanforderungen und die aktuellen sowie künftigen Integrationsqualifikationen der Kunden geben. Hierzu sollen in diesem Absatz zunächst die Analysefelder betrachtet werden, welche die Integrationsanforderungen beeinflussen. Dazu gehören die globale bzw. Makro-Umwelt (insbesondere Staat, Gesellschaft und Technologien) eines Unternehmens, die Aufgaben- bzw. Mikro-Umwelt (insbesondere Wettbewerber und Kunden) und die interne Unternehmenssituation (insbesondere Leitbild, Ziele, Strategien) (in Anlehnung an Meffert 1999a, S. 419 und Becker 1998, S. 93).

Da die Kunden eine Zwitterposition einnehmen in dem Sinne, dass sie zum einen in ihrer Funktion als externe Impulsgeber die Integrationsanforderungen beeinflussen und zum anderen das zentrale Analysefeld zur Bestimmung der aktuellen und künftigen Integrationsqualifikationen darstellen, werden diese als explizites Analysefeld betrachtet (siehe auch Rosenstiel/Neumann 1998, S. 38; Silpakit/Fisk 1985, S. 118-120). Damit hängt die Ermittlung des antizipativen Kundenentwicklungsbedarfs insbesondere von den vier Feldern Makro-Umwelt, Wettbewerber, Dienstleistungsunternehmen und Kunden ab, die im Rahmen einer sorgfältigen Bedarfsanalyse (Ulrich/Fluri 1988, S. 19) zu untersuchen sind (siehe Abbildung 58).

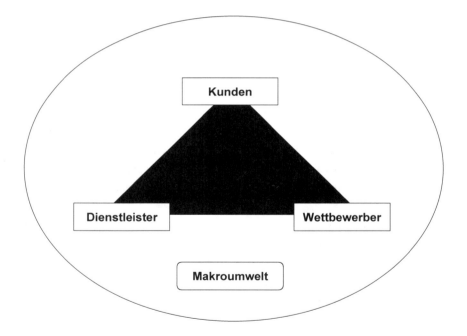

Abb. 58:   Analysefelder zur Bestimmung des antizipativen Kundenentwicklungsbedarfs im Dienst-
            leistungsbereich
Quelle: Eigene Überlegungen.

Da zur Formulierung der Grundsätze, Ziele und Strategien der Kundenentwicklung im Dienstleistungsbereich schon zentrale Aspekte der Unternehmenskultur und -philosophie, wie insbesondere das Kundenbild (Abschnitt 5.1.2), der Unternehmens- und der Marketingziele sowie -strategien (Integrationsziele und -strategien; Abschnitt 5.1.3) analysiert wurden, kann im Folgenden das Analysefeld Dienstleistungsunternehmen weitestgehend vernachlässigt werden. Eine Ausnahme stellt die Entwicklung und Gestaltung des Leistungsprogramms bzw. der einzelnen Dienstleistung dar.

Ferner ist es durchaus denkbar, dass Interdependenzen zwischen den verschiedenen Analysefeldern auftreten, die sich komplementär oder konfligierend auf die Planung und Gestaltung von Kundenentwicklungsaktivitäten auswirken können. Da über mögliche Vorgehensweisen zur Berücksichtigung dieser Wechselwirkungen, z. B. über eine Gewichtung der verschiedenen Analysefelder zu einer Prioritätensetzung zu gelangen, im Einzelfall entschieden werden muss, sei hierauf nicht näher eingegangen.

6.4.6.2   Analysefeld: Makro-Umwelt

Dienstleistungsunternehmen sollten im Rahmen der antizipativen Kundenentwicklungsbedarfsanalyse bzw. zur Erstellung eines strategischen Integrationsanforderungs-Planers die Makro-Umwelt untersuchen, da diese für die Zielkonkretisierung des Unternehmens sowohl Chancen eröffnet als auch Restriktionen vorgibt (Becker 1998, S. 93) und damit potentiellen Bedarf an Kundenentwicklung schafft. Aus den verschiedenen Feldern der Makro-Umwelt resultieren Entwicklungen, die den Bedarf an Kundenentwicklung auf einer strategischen Ebene determinieren. Im Folgenden werden daher die für die Kundenentwicklung relevanten Felder Staat (Unterabsatz 6.4.6.2.1), Gesellschaft (Unterabsatz 6.4.6.2.2) und Technologien (Unterabsatz 6.4.6.2.3) betrachtet.

6.4.6.2.1 Staat

Ein Bedarf an Kundenentwicklung im weitesten Sinne entsteht - in Abhängigkeit von der Branchenzugehörigkeit eines Unternehmens - auch von staatlicher bzw. gesetzgeberischer Seite aus (Lang 1997, S. 34). Sehr bekannt sind z. B. die Sicherheitsdemonstrationen an Bord von Flugzeugen, wie sie von der Federal Aviation Administration (FAA) gefordert werden (Honebein 1997, S. 55). Diese Demonstrationen erfolgten in der Vergangenheit ausschließlich in Form der persönlichen Unterweisung der Fluggäste durch das Bordpersonal. In jüngster Zeit nimmt allerdings die Zahl der Video-Demonstrationen zu (Lovelock 2001, S. 305).

Informationspflichten gegenüber dem Kunden, die zivilrechtlich begründet sind, spielen in einigen Dienstleistungsbranchen eine wichtige Rolle (Lange 2000, S. 19). Dies trifft auf den Handel mit Gebrauchtwagen oder beim Erwerb einer Immobilie zu. Weitere Beispiele bietet das Gesundheitswesen. Hier müssen dem Patienten im Vorfeld einer Operation Hinweise auf mögliche Gefahren gegeben werden. Informationspflichten gelten gleichermaßen für den Bereich der Geldanlage. Um die Wertentwicklung eines Anlageobjekts abschätzen zu können, benötigt der Kunde bzw. Anleger adäquate Informationen. Diese werden dem Anleger durch den Finanzdienstleister im Rahmen der Aufklärung, Beratung, Information i. e. S. und Warnung vermittelt.[237] Die grundlegende Intention des Gesetzgebers besteht darin, dass der Anleger bzw. Anlageinteressent eine „eigenverantwortliche, freie Entscheidung für oder gegen eine bestimmte Anlagemöglichkeit treffen" (Lange 2000, S. 24) kann.[238] Ähnliches gilt für den amerikanischen Aktienmarkt. So muss z. B. Merrill Lynch in den USA die Regeln der New York Stock Exchange NYSE beachten (Meer 1984, S. 99 f.) und die Kunden über mögliche Risiken aufklären.

Die Beispiele verdeutlichen, dass den Kunden zu ihrem eigenen Schutz Informationen vermittelt werden müssen, welche die Leistung des bzw. die Interaktion mit dem Dienstleister betreffen. Diese Fälle lassen sich als Qualifizierungsmaßnahmen weitestgehend dem Bereich der Kundenentwicklung zurechnen. Dabei handelt es sich

---

[237] Zur näheren Definition der Begriffe siehe Lange (2000, S. 23-30).
[238] Zu den verschiedenen Rechtsgrundlagen, z. B. dem neuen Wertpapierhandelsgesetz WpHG und den die Informationspflichten betreffenden Paragraphen §§31, 32 WpHG, siehe Lange (2000).

allerdings eher um einen Randbereich, da die Qualifizierung nicht unbedingt im Interesse des Dienstleistungsunternehmens geschieht (Überschneidung zur Verbraucherinformation; siehe Absatz 3.2.2.1).

6.4.6.2.2 Gesellschaft

Ein für den Bedarf an Kundenentwicklung im Dienstleistungsbereich besonders relevanter Trend zeichnet sich von gesellschaftlicher Seite ab: Der Wunsch zu mehr Mit- bzw. Selbstbestimmung der Kunden (Toffler 1980, S. 272 f.). Diese Entwicklung ist im Kontext eines gestiegenen Informationsinteresses und letztlich einer gestiegenen Informiertheit der Kunden (Honebein 1997, S. 1; Hufeld/Wassiluk 1997, S. 7; Oevretveit 1999, S. 396) zu sehen. Die Entwicklung geht weg von einer Informationsfremdversorgung der Kunden durch die Unternehmen hin zu einer Informationsselbstversorgung des Kunden. Der Kunde verlässt sich beispielsweise nicht mehr ausschließlich auf eine einzelne Informationsquelle, sondern zieht verschiedenste Informationsquellen heran. Dazu gehören Medien des Print- und TV-Bereichs, Verwandte, Bekannte und Freunde aus dem persönlichen Umfeld sowie neuerdings internetbasierte Informationsquellen (Stauss 1997), z. B. Newsgroups. Gerade durch das Internet erlangen Kunden zu vergleichsweise niedrigen Transaktionskosten wertvolle Informationen (Meyer 1998b, S. 2).

Mit einem derart höheren informationellen Hintergrund gehen ein größeres Selbstvertrauen bzw. Selbstbewusstsein und höhere Ansprüche an Leistungen einher (Herzlinger 1997, S. xxiv; Hufeld/Wassiluk 1997, S. 7; Meffert 1999a, S. 412). Das Leitbild des passiven Kunden wandelt sich immer mehr zu dem eines sich aktiv beteiligenden, mitentscheidenden Kunden, eines „mastery-seeking consumers" (Herzlinger 1997, S. xxiv und S. 47; siehe auch Dyson 1997, S. 202 sowie Prahalad/Ramaswamy 2000, S. 80). Aus diesem Grund nehmen die vom Kunden auszuführenden Aufgaben, insbesondere Entscheidungs- und Kontrollaufgaben, zu.

Wenn nun der Entscheidungs- und Kontrollspielraum sowie die Aufgaben anwachsen, ist es nur konsequent, dass auch die Eigenverantwortung des Kunden, z. B. bezüglich der Dienstleistungsqualität (Goodwin 1988, S. 71), steigen sollte. So weisen Mills/Chase/Margulies (1983, S. 305) darauf hin, dass „they [die Kunden; Anm. d. Verf.] also must accept some responsibility for how satisfying the ensuing results will be".[239] Zunehmende Entscheidungs- und Kontrollbefugnisse, ein anwachsendes Aufgabenspektrum und eine höhere Verantwortung können vom Kunden allerdings nur dann übernommen werden, wenn seine Bereitschaft, sein Wissen und sein Können steigen, d. h. seine Qualifikationen sich ausweiten und verbessern (Gerum/Schäfer/Schober 1996, S. 500; Webb 1994, S. 18).[240] Aus diesem Grund benötigen Kunden Informationen, Beratung und Unterstützung durch kompetente Partner im Dienstleistungsbereich (Herzlinger 1997, S. 49), worin sich ein wachsender Bedarf an Kundenentwicklung begründet.

6.4.6.2.3 Technologie

Der dritte wichtige Bereich, aus dem heraus neue Anforderungen an die Kunden, und dementsprechend ein Bedarf an Kundenentwicklung, entstehen kann, ist der Technologiesektor. Gerade in den achtziger Jahren gab es einen Trend zur Automatisierung bzw. Mechanisierung von Dienstleistungen (Collier 1983, S. 10-20; Fuchs 1980, S. 203-224; Kelley 1989, S. 43-50; Lehtinen 1986, S. 32; Meyer 1987, S. 25-46; Quinn/Gagnon 1987, S. 74-81). Ein besonders prägnantes Beispiel hierfür ist die Umstellung im Bankgewerbe auf Kontoauszugsdrucker und Geldautomaten. Diese Automatisierungstendenzen halten bis heute an (Gummesson 1996, S. 251; Bischoff-Schilke 1992). Beispielsweise setzt Volkswagen im Werkstättenbereich vollelektronische Serviceautomaten (kurz: SAM) ein. Diese ermöglichen es den Kunden, deren Auto rund um die Uhr abzugeben und wieder abzuholen. Dazu sind in einem im SAM integrierten Schließfach die Fahrzeugpapiere und Schlüssel einzuwerfen und der Service-Auftrag durch eine Unterschrift auf dem Auftragsbon zu bestätigen. Die Abholung erfolgt durch das Einlesen der Auftragsbestätigung und der Kreditkartenzahlung. Daraufhin erhält der Kunde Papiere und Fahrzeugschlüssel aus einem Schließfach und kann sein Fahrzeug wieder problemlos abholen (Volkswagen

---

[239] Siehe in diesem Kontext auch die Aussagen von Mills/Morris (1986, S. 733).

[240] Aus rollentheoretischer Sichtweise betrachtet, lässt sich festhalten: „Greater contact intensity, cooperative behaviours and closer interdependence can be achieved in the service provider-client interface, but it frequently demands new role scripts within the dyadic encounters" (Broderick 1998, S. 354 f.).

1999). Daneben halten beispielsweise Smartcards als multifunktionale Identifikations- und Sicherheitsinstrumente (Frost & Sullivan 2001) vermehrt Einzug in den Dienstleistungsbereich.[241] Beispielsweise experimentiert die internationale Hotelkette Hilton mit Smartcards, die den Gästen ein automatisches Check-in ermöglichen. An einem eigens dafür vorgesehenen Terminal erhalten die Gäste bei Registrierung durch die Smartcard ihren Zimmerschlüssel und den Weg zu ihrem Zimmer ausgedruckt. Auch Lufthansa setzt für ein automatisches Check-in am Flughafen Smartcards ein (Berry/Lampo 2000, S. 265 f.), die als ChipCards bezeichnet werden.

Seit den neunziger Jahren stehen daneben vermehrt Internet-Technologien im Vordergrund der technologischen Entwicklung. Diese ermöglichen es, etliche bisher beim Unternehmen angesiedelte Aufgaben an den Kunden abzugeben (Stichwort der Externalisierung). Dienstleistungen bzw. Teilleistungen, die bisher vom Unternehmen erbracht wurden, übernimmt nunmehr der Kunde in Eigenregie („Self service"; Berry/Lampo 2000, S. 267 f.).

Gerade bei Banken ist schon seit längerer Zeit ein Trend zu Self services feststellbar. So sind beispielsweise durch die Verschmelzung von Informations- und Kommunikationstechnologien die so genannten Call Center entstanden, die im Bankwesen zur Entstehung der Direkt-Banken beigetragen haben. Die Tendenz zu Self services schwächt nicht ab, sondern nimmt in diesem Bereich weiter zu (Wagner 2000, S. 423). Kunden erhalten z. B. die Möglichkeit, im Rahmen des Electronic Banking bzw. Internet-Banking ihr Wertpapierdepot eigenständig zu verwalten (Staudte 1998b, S. 72). Dass ein großes Interesse an Internet-Banking in Deutschland besteht, zeigt eine Studie von NetValue Deutschland zur weltweiten Nutzung von Finanz Websites. Demnach besuchten 41,1 % der deutschen Internetnutzer im Januar 2001 Finanz Websites (NetValue 2001, S. 1; siehe grundsätzlich auch Hühn 2000, S. 533). Damit liegen die deutschen Internetsurfer in Europa auf dem ersten Platz. Abbildung 59 zeigt ein Ranking der zehn meistbesuchten Finanz Websites in Deutschland im Januar 2001.

---

[241] Laut Einschätzung der Unternehmensberatung Frost & Sullivan wird die Zahl an eingesetzten SmartCards von 1,79 Mrd. Exemplaren im Jahre 2000 auf über 3,66 Mrd. Stück im Jahre 2004 anwachsen.

Domain	Anzahl der Einzelbesucher
Comdirect.de	1.181.000
Deutsche-bank-24.de	696.000
Consors.de	466.000
Direktanlagebank.com	394.000
Postbank.de	372.000
Deutsche-bank.de	286.000
Citibank.de	278.000
Deka.de	277.000
Postbank-banking.de	241.000
Dresdner-bank.de	226.000

Abb. 59:   Ranking der zehn meistbesuchten Finanz-Websites in Deutschland im Januar 2001
Quelle: NetValue Deutschland GmbH 2001, S. 3.

Diese Aussage wird durch eine Studie des Marktforschungsunternehmens Datamonitor gestützt. Demnach wächst die Zahl der Internet-Banking-Kunden in Europa von 4,5 Millionen im Jahre 1999 auf rund 21 Millionen im Jahre 2004 an (Wagner 2000, S. 423). Gerade aus Kostenaspekten erscheint für Banken eine Verlagerung von Tätigkeiten ins Internet sehr lukrativ. So betragen die Transaktionskosten für eine Überweisung in einer Geschäftsstelle einer Bank rund 3 DM, im Telefon-Banking 0,80 DM und über das Internet lediglich 0,20 DM (Wagner 2000, S. 423).

Aber auch andere Branchen, wie die Versicherungsbranche, entdecken zunehmend die Möglichkeiten des Internets. So bietet beispielsweise die Versicherungskammer Bayern sei Dezember 2000 ihren Kunden die Möglichkeit, Versicherungsverträge online abschließen zu können. Der Kunde erhält sofort bei Abschluss des Vertrags die Versicherungsbestätigung mit seiner Versicherungsnummer und eine vorläufige Deckungskarte (o. V. 2001b). Die Nutzung solcher Angebote, wie insbesondere des Internet-Banking, erfordert jedoch oftmals erst eine Schulung des Kunden und dementsprechend den Einsatz von Kundenentwicklungsmaßnahmen (Vincent 1999).

6.4.6.3   Analysefeld: Wettbewerber

Der zweite zu untersuchende Bereich im Rahmen der strategischen Integrationsanforderungsanalyse sind die Wettbewerber, die zur Mikro-Umwelt des Unternehmens

zählen (Becker 1998, S. 93). Ein Dienstleister sollte alle Informationen zusammen-
tragen, die eine Beurteilung des Leistungsprogramms und -designs der Konkurrenten ermöglichen. Wenn Kunden schon Erfahrungen mit Dienstleistungen und deren
Erstellungsprozessen bei Konkurrenzunternehmen gesammelt haben, kann dies positive, aber auch durchaus negative Effekte haben. Falls nämlich die Rollen und Aufgaben für die Kunden bei einem neuen Dienstleistungsanbieter zu stark von den
Rollen sowie Aufgaben des bisherigen Anbieters abweichen, wird es i. d. R. zu An-
laufproblemen und Ineffizienzen kommen (Canziani 1997, S. 7 und S. 18 f.). Dies gilt
besonders für solche Dienstleistungen, die sich durch eine hohe Komplexität und
durch geringe Divergenzmöglichkeiten des Kundenkontaktpersonals auszeichnen.
Frühzeitige Kundenentwicklungsmaßnahmen sind in diesem Falle unverzichtbar für
den Anbieter. Stimmen dagegen die Erfahrungen beim bisherigen Anbieter mit den
Anforderungen des neuen Anbieters überein, erübrigt sich eine Kundenentwicklung.
Das Dienstleistungsunternehmen profitiert somit von den Entwicklungsbemühungen
des Wettbewerbers (Mills/Morris 1986, S. 731). Dies ist besonders dann erstrebenswert, wenn der Kundenbindungsgrad in der Branche relativ gering und der Marktsät-
tigungsgrad relativ hoch ist, so dass der Kunde vom Wettbewerber leichter abgewor-
ben werden kann (Canziani 1997, S. 20).

Darüber hinaus sind Informationen über mögliche Strategien und Maßnahmen der
Kundenentwicklung bei den Wettbewerbern zu sammeln. Falls ein Konkurrenzunternehmen schon bestimmte Kundenentwicklungsmaßnahmen einsetzt, so kann es für
den einzelnen Dienstleister unerlässlich sein, diese Maßnahmen ebenfalls anzubieten bzw. durchzuführen (Honebein 1997, S. 33). Zugleich ist ein Szenario auszuarbeiten, wie die Konkurrenten auf die Einführung eigener Maßnahmen der Kundenentwicklung vermutlich reagieren. Maßnahmen der Kundenentwicklung, z. B. eine
persönliche Erläuterung neuer Dienstleistungen, tragen zu einer Differenzierung und
Profilierung gegenüber den Wettbewerbern bei (Lang 1997, S. 33).

6.4.6.4   Analysefeld: Dienstleistungen

Der dritte zu analysierende Bereich im Rahmen der antizipativen Bedarfsanalyse
betrifft die angebotene(n) Dienstleistung(en). Aus der Vielzahl an existierenden Be-

sonderheiten von Dienstleistungen wird auf folgende vier Aspekte näher eingegangen, welche die Integrationsanforderungen besonders beeinflussen:

- Kundenbeteiligung (Unterabsatz 6.4.6.4.1),
- Komplexität der Dienstleistung(en) (Unterabsatz 6.4.6.4.2),
- Charakter von Dienstleistungen als Zeitverwendungsangebote (Unterabsatz 6.4.6.4.3) und
- Dienstleistungslebenszyklus (Unterabsatz 6.4.6.4.4).

Diese erscheinen aus theoretischer Perspektive für die Gestaltung der Integrationsanforderungen zentral und bilden einen sich erweiternden Kegel der Betrachtung dienstleistungsspezifischer Aspekte ab. Während die Ausgestaltung der Kundenbeteiligung und der Komplexität direkt in der einzelnen Dienstleistung begründet liegen, öffnet sich bei dem Verständnis von Dienstleistungen als Zeitverwendungsangebote der Fokus der Betrachtung insofern, dass dieses Charakteristikum an der wahrgenommenen Nutzenebene des individuellen Kunden ansetzt. Am weitesten öffnet sich der Fokus im Rahmen der Diskussion des Dienstleistungslebenszyklus, da hierbei - zwar auf die einzelne Dienstleistung bezogen - marktbezogene Diffusionsüberlegungen die Grundlage der Erörterung bilden.

Wichtig ist, dass es bei diesen Faktoren aber um keine vollständig objektiven Größen geht, sondern dass diese von der Kundeneinschätzung abhängen. Verschiedene Kunden können die Ausprägung der Merkmale vollkommen unterschiedlich beurteilen.

6.4.6.4.1 Kundenbeteiligung

Die Integrationsanforderungen sind abhängig von den vom Kunden auszuführenden Rollen und Integrationsaufgaben. Dabei lässt sich die Kundenbeteiligung in ihrem jeweiligen Umfang bzw. ihrer Intensität als Kontinuum mit unendlich vielen möglichen konkreten Ausprägungen darstellen (Reckenfelderbäumer 1995, S. 13 und S. 21; Wohlgemuth 1989, S. 339). Extremformen sind auf der einen Seite die fast vollständige Erstellung der Dienstleistung durch den Kunden (Schlagwort der Selbstbedienung) und auf der anderen Seite des Kontinuums die passive Präsenz des Kunden und reine Zurverfügungstellung des externen Faktors durch den Kunden (Lehmann 1998 b, S. 25).

Die Komplexität der Kundenrollen bzw. Integrationsaufgaben, und damit das Ausmaß des Bedarfs an Kundenentwicklung, spiegelt sich zunächst im Grad der Kundenbeteiligung wider (Ostrom/Roundtree 1998, S. 16). Je höher dieser ist, desto stärker steigen im Allgemeinen die Integrationsanforderungen an den Kunden. Damit geht für den Kunden eine erhöhte Lernnotwendigkeit einher. Dies bedeutet, dass die Intensität des Einsatzes von Kundenentwicklungsmaßnahmen mit dem Grad der Kundenbeteiligung anwächst (Kelley/Donnelly/Skinner 1990, S. 327). Plant beispielsweise ein Dienstleistungsunternehmen, seine Kunden zu Self service customers zu entwickeln, wird der Dienstleister in der Startphase intensive Bemühungen zur Kundenentwicklung auf sich nehmen müssen, da die Anforderungen an die Kunden für die erstmalige Beteiligung an der Leistungserstellung relativ hoch sind.

Aus diesem Grund wird im Folgenden versucht, Kundenbeteiligung - wenigstens ansatzweise - zu operationalisieren, um genauere Aussagen bezüglich der Integrationsanforderungen treffen zu können. In der Literatur zum Dienstleistungsmanagement finden sich verschiedene Ansätze, die versuchen, das Ausmaß der Kundenbeteiligung zu erfassen. Ein erster, sehr einfacher Ansatz misst den Grad der Kundenbeteiligung über die Erfassung der Kundenkontaktzeit, d. h. wie lange Anbieter und Nachfrager in direktem Kontakt stehen und zwar gemessen an der Gesamtzeit der Leistungserstellung (Reckenfelderbäumer 1995, S. 21). Je länger nun ein Kundenkontakt dauert, desto größer wäre dementsprechend die Interaktionsintensität (Bell 1986, S. 18; Chase 1981, S. 698-706; Wohlgemuth 1989, S. 339) und damit die Kundenbeteiligung. Etwas ausführlicher stellt sich der Ansatz von Wohlgemuth (1989) dar. Er beschreibt den Kundenbeteiligungsgrad über die Interaktionsintensität, die zwischen der Häufigkeit und der Dauer der Interaktionen unterscheidet (Wohlgemuth 1989, S. 339). Die Messung der Interaktivität mittels Häufigkeit der Interaktionen und Kundenkontaktzeit kann jedoch nur ein erster Ansatz zur Bestimmung sein.

Eine weiter gehende Auseinandersetzung mit den Austauschprozessen zwischen Dienstleister und Kunde, die der näheren Bestimmung der Kundenbeteiligung dient, schlägt Goodfellow (1983) vor. Demnach lassen sich die Austauschprozesse anhand folgender vier Merkmale charakterisieren (Goodfellow 1983, S. 25 f.):

- Frequency: Zahl der Einzeltransaktionen in Periode t;

- Duration: Dauer der Austauschprozesse;

- Activity: Regelmäßigkeit und Häufigkeit der Aktivität des Kunden im Austauschprozess und

- Interaction: Art und Ausmaß des Eingreifens des Kunden in die betrieblichen Prozesse.

Bei diesem Ansatz ist jedoch zu beachten, dass die Merkmale nicht völlig unabhängig voneinander sind (Reckenfelderbäumer 1995, S. 22). Dennoch tragen sie zu einer vertiefenden Erklärung der Kundenbeteiligung und damit der Integrationsanforderungen bei. Je häufiger eine Transaktion stattfindet, desto geringer werden die Integrationsanforderungen sein, da Standardisierungs- und Routinetendenzen einsetzen. Zudem wird ein Kunde umso eher zu Lerninvestitionen bereit sein, je häufiger er eine Dienstleistung in Anspruch nimmt (Goodwin 1988, S. 72 und S. 75). Dagegen nehmen die Integrationsanforderungen mit einer längeren Kundenkontaktdauer, mehr Kundenaktivitäten und -interaktionen tendenziell zu.

6.4.6.4.2 Komplexität der Dienstleistung(en)

In eine sehr ähnliche Richtung zielt die Analyse der Komplexität von Dienstleistungen. Hierbei geht es um die Einstufung des Schwierigkeitsgrads einer Dienstleistung durch den Kunden. Zwar existieren durchaus Überschneidungen zum Grad der Kundenbeteiligung, wie sich noch an einigen Faktoren zeigen wird, trotzdem liefert dieses Konstrukt einen zusätzlichen Erkenntnisgewinn, der eine gesonderte Darstellung rechtfertigt.

Die kundenseitige Wahrnehmung der Integrationsanforderungen hängt von der Komplexität der Dienstleistung(en) ab. Je komplexer eine Dienstleistung ist bzw. vom Kunden wahrgenommen wird, desto schwieriger wird es für den Kunden, sich adäquat bei der Leistungserstellung zu verhalten. Eine relativ rudimentäre Definition der Komplexität von Dienstleistungen findet sich bei Shostack (1987). Sie versteht darunter die Zahl und Schwierigkeit der erforderlichen Einzelaktivitäten, um eine Dienstleistung zu erstellen (Shostack 1987, S. 35). Ein differenzierterer Ansatz wurde von Benkenstein/Güthoff (1996) ausgearbeitet. Unter Bezugnahme auf die Drei-Phasen-Betrachtung von Dienstleistungen (Hilke 1989, S. 10-15) lassen sich folgende drei Dimensionen der Komplexität unterscheiden (in Anlehnung an Benkenstein/Güthoff 1996, S. 1500-1503):

- Potentialorientierte Komplexität (Leistungsmerkmal der Multipersonalität);

- Prozessorientierte Komplexität (Leistungsmerkmale der Anzahl der Teilleistungen, der Heterogenität der Teilleistungen und der Dauer der Dienstleistungserstellung);

- Ergebnisorientierte Komplexität (Leistungsmerkmal der Individualität).

Je mehr Personen an der Dienstleistungserstellung beteiligt sind, je höher die Zahl der Teilleistungen ist, je heterogener die einzelnen Teilleistungen einer Dienstleistung sind, je länger die Dienstleistungserstellung dauert und je individueller der Kunde die Dienstleistung im Vergleich zu seinen Erwartungen empfindet, desto komplexer wird die Dienstleistung vom Kunden angesehen und desto höher sind dementsprechend die tatsächlichen bzw. die vom Kunden wahrgenommenen Anforderungen bezüglich seiner Mitwirkung an der Leistungserstellung.

Eine Besonderheit zeigt sich bei bilateral personenbezogenen Dienstleistungen und insbesondere bei kollektiven Dienstleistungen. Bei beiden Typen werden an den Kunden höhere Anforderungen bezüglich der Service Customer Social Performance gestellt als bei objektbezogenen Dienstleistungen (Kelley/Donnelly/Skinner 1990, S. 323). Ursächlich dafür ist der erforderliche zwischenmenschliche Kontakt, d. h. ein hoher Grad an persönlichen Interaktionen während der Leistungserstellung. Dagegen bewirkt ein steigender Individualisierungsgrad eine wachsende Relevanz der Service Customer Instrumental Performance, da für eine erfolgreiche Individualisierung eine höhere Abstimmung zwischen Dienstleister und Kunde erforderlich ist als bei einer standardisierten Leistung (Kelley/Donnelly/Skinner 1990, S. 323). Das damit einhergehende anspruchsvollere Qualifikationsprofil,[242] das ein Kunde aufweisen muss, verlangt einen höheren Grad des Einsatzes an Maßnahmen zur Kundenent-

---

[242] Darin enthalten ist insbesondere auch eine höhere Motivationsnotwendigkeit des Dienstleistungskunden (Kelley/Donnelly/Skinner 1990, S. 325).

wicklung (Kelley/Donnelly/Skinner 1990, S. 325; Mills/Morris 1986, S. 729). Ein Vorteil der Multipersonalität, insbesondere bei kollektiven Dienstleistungen, besteht dagegen in der besseren Möglichkeit zum Imitationslernen. Eine Aneignung von Rollenerwartungen und -fähigkeiten wird für den Kunden einfacher, wenn er das Verhalten von erfahrenen (Stamm-)Kunden kopieren kann (Goodwin 1988, S. 72).

6.4.6.4.3 Charakter von Dienstleistungen als Zeitverwendungsangebote

Ein weiteres Dienstleistungsspezifikum, das Einfluss auf die Ausprägung von Integrationsanforderungen nimmt, ist der Charakter von Dienstleistungen als Zeitverwendungsangebote.[243] Dienstleistungen *„sind im Kern kundenorientierte Zeitverwendungsangebote"* (Stauss 1991a, S. 81), die vom Kunden entweder als Einsparung
von Zeit (Zeitsparangebote) oder als Zeitvertreib (Zeitvertreibangebote) empfunden
werden. Die jeweilige Zeitwahrnehmung bzw. -erwartung des Kunden beeinflusst
dessen grundsätzliche Akzeptanz und Bereitschaft, an Entwicklungsaktivitäten teilzunehmen, da Kundenentwicklung mit einer zeitlichen Anforderung an den Kunden
einhergeht (Meer 1984, S. 133). Je stärker der Zeitsparaspekt beim Kunden ausgeprägt ist, desto geringer wird tendenziell dessen grundsätzliche Bereitschaft sein, für
Lernmaßnahmen zusätzliche Zeit aufzubringen, da er diese ja gerade einsparen
möchte. Handelt es sich dagegen um ein Zeitvertreibangebot, ist der Kunde wohl
eher bereit, an Kundenentwicklungsmaßnahmen teilzunehmen. Dementsprechend
können höhere Integrationsanforderungen an ihn gestellt werden.

Die im Rahmen der Dienstleistungskonsumtion verbrachte Zeit ist allerdings weiter
zu differenzieren. So unterscheidet Stauss (1991a, S. 82):

- Transferzeiten (Zeitaufwand für Hin- und Rückfahrt zum Dienstleister, Parkplatz-
  suche und sonstige Wege beim Dienstleister),

- Abwicklungszeiten (Zeitaufwand für Terminvereinbarungen, Ausfüllen von Formularen, Übergabe des externen Faktors, Buchungen oder Check-outs)

- Transaktionszeiten (Zeitaufwand für die eigentliche Dienstleistungserstellung) und

---

[243] Schon 1974 hat Berekoven (1974, S. 25) darauf hingewiesen, dass „bestimmte Leistungsprozes-
se - also Veränderungen im Zeitablauf - ihren Bedarfswert im Vorganghaften, Zeitverbrauchenden
haben".

- Wartezeiten (Zeitaufwand bei dem keine Transaktion zwischen Dienstleister und Kunde stattfindet, der Kunde aber dem Dienstleister dennoch zur Verfügung stehen muss).

Da in unserer heutigen Gesellschaft überwiegend ein lineares Zeitverständnis vorherrscht, d. h. der Kunde setzt das Aufbringen von Zeit mit Geldverbrauch bzw. Kosten gleich (Stauss 1995, S. 39), sollte der Dienstleister primär eine Minimierung der vom Kunden aufzubringenden Zeit anstreben. Dies gilt insbesondere für die so genannten Nicht-Transaktionszeiten (Stauss 1991a, S. 83; 1995, S. 39), d. h. für die Transfer-, Abwicklungs- und Wartezeiten (Ernenputsch 1986, S. 157), weil diese vom Kunden oftmals als notwendiges Übel empfunden werden (Stauss 1991a, S. 87). Da aber in der Regel eine gänzliche Vermeidung nicht möglich ist, sollte der Dienstleister des Weiteren die Zeitwahrnehmung seiner Kunden positiv beeinflussen.

Die angesprochenen Aspekte verdeutlichen, dass Dienstleister die (subjektiven) Zeitwahrnehmungen und -erwartungen ihrer Kunden erfassen (Rosenstiel/Neumann 1998, S. 44; Scheuch 1979, S. 9) und die Integrationsanforderungen danach konzipieren bzw. orientieren sollten.

6.4.6.4.4 Dienstleistungslebenszyklus

Eine Dienstleistung durchläuft idealiter - wie ein Sachgut - verschiedene Phasen eines Lebenszyklus (Laib 1998, S. 523). Eine exemplarische Darstellung eines Lebenszyklus von Dienstleistungen am Beispiel der Formen von Urlaubsreisen geht aus Abbildung 60 hervor (Meffert/Bruhn 2000, S. 137). Nach der Einführung einer neuen Dienstleistung folgt zunächst im Idealfall ein Mengen- bzw. Umsatzwachstum. Hiernach fällt die Steigerungsrate relativ betrachtet ab, weswegen von einer Reifephase gesprochen werden kann. Diese geht über in eine Sättigungsphase, bevor schließlich in einer Degenerationsphase ein negatives (relatives) Wachstum eintritt.

Absatzvolumen

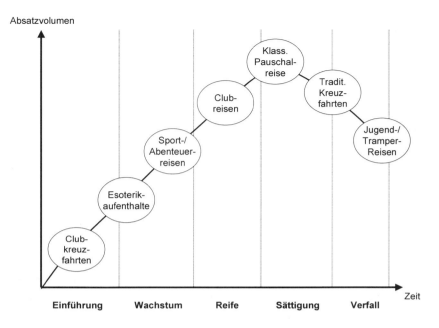

Abb. 60:   Lebenszyklus von Dienstleistungen am Beispiel der Formen von Urlaubsreisen
Quelle: Meffert/Bruhn 2000, S. 137.

Grundsätzlich ist dieses Konzept der strategischen Planung zwar nicht unumstritten. Probleme werden dabei vor allem in der Konzeptkonstruktion und marketingpolitischen Verwendung gesehen (Meinig 1995, Sp. 1401 f.). Insbesondere die Abgrenzung der Marktphasen ist als problematisch erörtert worden (Meffert 1999a, S. 420). Dennoch liefert dieses Modell wertvolle gedankliche Ansätze zum dynamischen Verlauf von Integrationsanforderungen. Während der Einführungsphase einer neuen Dienstleistung, gerade wenn es sich um Radikalinnovationen handelt, stellen sich hohe Anforderungen an den Kunden. Die damit einhergehende hohe Qualifikationsdiskrepanz lässt sich mit dem Einsatz von Kundenentwicklungsmaßnahmen beseitigen. Je länger die Dienstleistung im Markt ist, desto mehr weiß ein potentieller Kunde aufgrund von Sozialisationsprozessen über diese Dienstleistung. Damit spielen in fortgeschrittenen Phasen des Dienstleistungslebenszyklus Sozialisationsprozesse eine wichtigere Rolle als edukative Maßnahmen (Hennig-Thurau 1998, S. 195). Hier liegen die Integrationsqualifikationen bei der Bevölkerung weitgehend vor. Erst eine

Modifikation einer Dienstleistung (Inkrementalinnovation) bedingt einen abermaligen Bedarf an Kundenentwicklung.

Abschließend muss aber darauf hingewiesen werden, dass in dem beschriebenen Modell eine für die Kundenentwicklung zentrale Phase fehlt: die Entwicklung neuer Dienstleistungen. Gerade in diesem Lebenszyklusabschnitt findet die Planung und Fixierung der Integrationsanforderungen statt. Von daher wird für eine Erweiterung des beschriebenen Dienstleistungslebenszyklus um die Entwicklungsphase plädiert.

6.4.6.5 Analysefeld: Kunden

Den vierten und letzten in der vorliegenden Arbeit betrachteten Bereich der Kunden-entwicklungsbedarfsanalyse bilden die Kunden. Grundsätzlich stellen Maßnahmen der Kundenentwicklung kundenseitig personenbezogene Dienstleistungen dar.[244] Zum Ersten werden sie an der Person des Dienstleistungskunden vollzogen (Meyer 1994, S. 46), zum Zweiten haben sie die Aufgabe, die persönlichen Eigenschaften des Kunden in Form integrationsbezogener Qualifikationen zu erhalten bzw. zu verbessern. Schließlich hängt zum Dritten das Ergebnis der Kundenentwicklung in erheblichem Umfang von dem Eigenbeitrag des Kunden ab. Daher spielt der Kunde und die Voraussetzungen, die er in die Kundenentwicklung mit einbringt, wie z. B. seine Lernmotivation und seine Kenntnisse sowie Fähigkeiten, bei der Planung und Durchführung von Kundenentwicklungsinstrumenten eine zentrale Rolle.

Kunden sind daher zum einen von Relevanz zur Bestimmung des Kundenentwick-lungsbedarfs. So wurde in Kapitel 5.2 der Grundsatz postuliert, dass die Bedarfsinte-ressen der Kunden gleichermaßen zu berücksichtigen sind. Folglich kann ein Ent-wicklungsbedarf bzw. -bedürfnis auch aus der Perspektive des Kunden bestehen. Zum anderen stellen die Dienstleistungskunden das zentrale Untersuchungsobjekt der Kundenentwicklungs-Bedarfsanalyse dar, wenn es um die Ermittlung der aktuel-len und künftigen Integrationsqualifikationen geht.

---

[244] Zum Begriff der personenbezogenen Dienstleistung siehe z. B. Corsten (1985, S. 231; 1997a, S. 23 und S. 35).

Zwar werden zur Erfüllung der Kundenrollen bzw. der Integrationsaufgaben jeweils nur „spezielle Segmente" der Person bzw. der Persönlichkeit des Kunden benötigt, aber der Kunde bringt sich immer ganz mit sämtlichen charakterlichen Merkmalen ein, d. h. mit all seinen Stärken und Schwächen (Lefton 1970, S. 18 und S. 22). Folglich determinieren Marketing-Maßnahmen wie Kundenentwicklung nicht unmittelbar das Leistungsverhalten des Kunden, d. h. (direkt) seine Service Customer Performance, sondern werden in Abhängigkeit von den Erfahrungen, dem Wissen, den Einstellungen, den Motiven und den Gefühlen des Dienstleistungskunden in jeweils anderer Weise erlebt (Rosenstiel/Neumann 1998, S. 38 f.; Schanz 1992b, S. 13). Von daher ist es für die Kundenentwicklung zentral, „den Kunden gewissermaßen dort ‚abzuholen', wo er steht, um ihn zielorientiert zu beeinflussen" (Rosenstiel/Neumann 1998, S. 38). Damit sollte das Dienstleistungsunternehmen die Struktur und Merkmale seiner Kunden kennen und analysieren sowie sodann die Kundenentwicklung darauf abstimmen.

Dementsprechend beschäftigt sich Unterabsatz 6.4.6.5.1 zunächst mit den wichtigsten personalen, qualitativ geprägten Merkmalen der Kunden.[245] Im Anschluss daran stellt Unterabsatz 6.4.6.5.2 mögliche Auswirkungen der jeweilig durchschrittenen Lebenszyklusphase der Kundenbeziehung auf den Kundenentwicklungsbedarfs dar.

6.4.6.5.1 Personale Merkmale der Kunden

Sowohl die Planung der Integrationsanforderungen als auch die konkrete Ausgestaltung der Integrationsqualifikationen hängen von verschiedenen qualitativen Merkmalen des Kunden ab, auf die im Folgenden näher eingegangen wird. Zu den qualitativen Kundenmerkmalen zählen sozio-demographische und psychographische Charakteristika.

Zunächst spielen sozio-demographische Variablen wie das Alter und die Schulbildung für die Planung der Integrationsanforderungen eine wichtige Rolle (Bowen

---

[245] Auf eine quantitative, d. h. monetär ausgerichtete Segmentierung der Kunden geht demgegenüber Kapitel 7.1 ein.

1986, S. 380; Honebein 1997, S. 33; Prahalad/Ramaswamy 2000, S. 83). Diese Variablen können sich u. a. auf die Wahl und Gestaltung der Instrumente der Kundenentwicklung auswirken. So haben gerade ältere Personen oftmals haptische Schwierigkeiten mit einer Computermaus umzugehen (Hägele/Sljivljak/Köhler 2000, S. 4).
Daneben lassen mit zunehmendem Alter die kognitiven Fähigkeiten nach, insbesondere die Fähigkeiten der Informationsverarbeitung und des Informationsbehaltens
(Phillips/Sternthal 1977). Daneben nimmt bei steigendem Bildungsgrad die Nachfrage nach Informationen zu Dienstleistungen tendenziell zu (Waldrop 1991, S. 46), wie
aus Abbildung 61 hervorgeht. Zudem verbessert sich bei höherem Bildungsgrad die
Nutzung und Verwertung von Informationsangeboten (Wiswede 1995, S. 317). Als
weitere sozio-demographische Variablen, die aber für die Kundenentwicklung keine
wesentliche Rolle spielen, gelten Einkommen, Geschlecht, Beruf, Wohnort und Fa-
milienstand (Berekoven/Eckert/Ellenrieder 1999, S. 251; Freter 1983, S. 49-56).

Percent of adults who wish they knew more
about investing money or about health and medicine

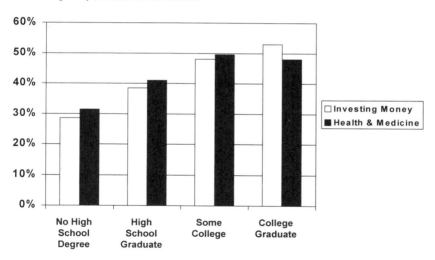

Abb. 61:   Bildungsgrad und Informationsnachfrage
Quelle: Waldrop 1991, S. 46.

Der Vorteil dieser Art von personalen Kundenmerkmalen ist deren Objektivität und
damit einhergehend einfache Messbarkeit (Berekoven/Eckert/Ellenrieder 1999,

S. 251). Der Nachteil liegt allerdings in der geringen direkten Verhaltensrelevanz dieser Merkmale (Freter 1983, S. 56). Diese wirken eher indirekt über eine Einflussnahme auf die psychographischen Merkmale letzten Endes auf das Verhalten.

Bei den psychographischen Kundenmerkmalen handelt es sich dagegen um nicht direkt messbare Merkmale. Zu diesen zählen insbesondere Persönlichkeitsmerkmale und der Lebensstil (Freter 1983, S. 82; Zollner 1995, S. 120). Bezüglich der Begriffsfassung von Persönlichkeit besteht noch immer keine einheitliche Meinung. Am ehesten lässt sich die Persönlichkeit als „unique psychological patterns" (Allport 1961, S. 3) verstehen. Die Persönlichkeit des Kunden setzt sich dabei aus verschiedenen Persönlichkeitsmerkmalen (so genannten „traits", z. B. selbstkontrolliert versus fremdkontrolliert) zusammen.

Zu den Persönlichkeitsmerkmalen gehören die individuelle Wahrnehmung des Risikos einer Dienstleistung und das Involvement des Kunden (Benkenstein/Güthoff 1996, S. 1503-1505). Beide Merkmale spielen im Kontext der Erhebung des Kundenentwicklungsbedarfs eine zentrale Rolle, da sie die Informationssuche von Kunden aktivieren (Ernenputsch 1986, S. 107; Kroeber-Riel/Weinberg 1999, S. 247-249; Mann 1998, S. 160). Folglich beeinflussen und steuern diese beiden Persönlichkeitsmerkmale die entwicklungsbezogene Investitionsbereitschaft des Kunden. Zudem hängen die individuelle Lernbereitschaft und -fähigkeit eines Kunden von dessen persönlichen Voraussetzungen bzw. Merkmalen ab (Kroeber-Riel/Weinberg 1999, S. 334 f.), wie dessen Wollen und Können (Becker, M. 1999, S. 162).

Unter dem wahrgenommenen Risiko wird eine kognitive Inkonsistenz bzw. ein kognitiver Konflikt verstanden (Kroeber-Riel/Weinberg 1999, S. 248; siehe auch Mengen 1993, S. 109). Dieser entsteht durch eine wahrgenommene Diskrepanz zwischen den Erfolgserwartungen (Standards) und den vorhersehbaren Folgen eines Kaufs. Die Folgen werden dabei zum einen als negativ beurteilt, zum anderen besteht Unsicherheit in Bezug auf das Auftreten dieser negativen Auswirkungen. Daher sind Kunden grundsätzlich an einer Reduktion des Risikos interessiert. Zur Lösung dieses Problems sind verschiedene Strategien denkbar. Eine im Kontext der Kundenentwicklungs-Bedarfsanalyse relevante Risikoreduktionsstrategie ist die aktive Suche nach weiteren Informationen. Hierbei lässt sich folgender Zusammenhang feststellen: „Je größer das wahrgenommene Kaufrisiko, um so stärker der Antrieb, zusätzliche Informationen zu suchen" (Kroeber-Riel/Weinberg 1999, S. 249).

Aus der Perspektive des Dienstleistungsunternehmens stehen diesem zur Risikoreduktion verschiedene Optionen zur Verfügung. So wird z. B. über Leistungs- bzw. Servicegarantien eine Verringerung der negativen Konsequenzen angestrebt. Daneben kann der Abbau von Unsicherheiten über die Vermittlung von Informationen, z. B. Schlüsselinformationen, erfolgen. In diesem Kontext ist die Kundenentwicklung im Dienstleistungsbereich anzusiedeln, die zur besseren Information des Kunden und damit einem geringeren wahrgenommenen Risiko führt. Als Beispiel sei auf die Patientenentwicklung im Krankenhaus hingewiesen (Gouthier 1999a und 2000). Dieser Informationsausbau kann beim Kunden auch zu einer Veränderung seines Verhaltens führen. Während ein Neukunde aufgrund von Unsicherheiten und Ängsten Tendenzen zur „Kriegsführung" gegenüber dem Dienstleister aufweist, zeigt sich ein erfahrener Kunde freundlicher und artikuliert Beschwerden sowie Kritik angemessener (Goodwin 1988, S. 74).

Aber nicht nur das wahrgenommene Risiko determiniert die Informationssuche von Kunden. Ganz generell unterscheiden sich Kunden nach ihrer persönlichen Informationsneigung (Ernenputsch 1986, S. 108). Solche mit einer stärkeren Informationsneigung suchen wesentlich mehr Informationen als Kunden mit geringer Informationsneigung. Erstere werden dementsprechend als „Informationssucher" bezeichnet (Kroeber-Riel/Weinberg 1999, S. 247). Manche Kunden beschreiben sich selbst als aktiv Informationssuchende, während andere sich als passiv Informationssuchende verstehen, die erst im „Ernstfall" nach Informationen suchen (Freiden/Goldsmith 1989, S. 48). Aktiv Informationssuchende sind informationsbewusster und generell darauf bedacht, bei einem Kauf über genügend Informationen zu verfügen (Kroeber-Riel/Weinberg 1999, S. 248). Demgegenüber müssen die passiven Informationssucher erst dazu motiviert werden, im Suchprozess aktiver zu werden (Freiden/Goldsmith 1989, S. 52). So schlagen Freiden/Goldsmith (1989, S. 52) für professionelle Dienstleister wie Ärzte oder Anwälte vor: „The communication could feature individuals caught in an emergency situation without a known professional to consult."

Grundsätzlich ist die Informationsneigung als eine individuelle Prädisposition anzusehen und damit ein Persönlichkeitsmerkmal wie die Risikoneigung. Das hinter dieser Informationsneigung stehende Engagement des Kunden wird als persönliches Involvement aufgefasst (Kroeber-Riel/Weinberg 1999, S. 248). Neben dem persönlichen Involvement lassen sich noch ein Produktinvolvement (Produktinteresse) und ein situatives Involvement anführen (Kroeber-Riel/Weinberg 1999, S. 248; siehe ähnlich Mann 1998, S. 160 f.). Daran wird ersichtlich, dass es sich beim Involvement um eine durch einen Stimulus bewirkte Motivation zur Informationsaufnahme und -verarbeitung handelt (Trommsdorff 1998, S. 50).

Auch bei dem Konstrukt des Involvements existiert noch keine einheitliche Begriffsfassung. Grundsätzlich lässt sich unter Involvement eine „Ich-Beteiligung" (Mann 1998, S. 160) bzw. ein „gedankliches Engagement" (Kroeber-Riel/Weinberg 1999, S. 338) verstehen.

Bei einem hohen wahrgenommenen Risiko der Inanspruchnahme einer Dienstleistung und/oder einem hohen Involvement wird der Kunde grundsätzlich zu intensiveren Lernanstrengungen bereit sein (Ernenputsch 1986, S. 107 f.; Wiswede 1995, S. 317). Lernen bedeutet schließlich für den Kunden einen Aufwand bzw. eine Investition (Goodwin 1988, S. 72). Durch ein hohes Risiko und ein hohes Involvement wird die Wollen-Komponente stimuliert. Die Rationalität der Reduktion des Risikos zielt auf eine kognitive Ebene und ein hohes Involvement auf die emotionale Ebene.

Hierbei ist darauf hinzuweisen, dass eine eindeutige Zuordnung der beiden beschriebenen Variablen rein zu den qualitativen Kundenmerkmalen nicht möglich ist. So finden sich sowohl Aussagen von Autoren, die das wahrgenommene Risiko als Leistungsmerkmal definieren (z. B. Hennig-Thurau 1998, S. 184-190), als auch von Autoren, die das Risiko eher dem Kunden zuordnen (Benkenstein/Güthoff 1996). Da letztlich der Kunde subjektiv über das Ausmaß des wahrgenommenen Risikos entscheidet, wurde dieses Merkmal der Kundenkategorie zugeordnet. Wichtig ist letztlich nur, sich zu vergegenwärtigen, dass die Risikowahrnehmung gleichermaßen von der Art der Dienstleistung abhängt. Generell wird Dienstleistungen im Vergleich zu Sachleistungen ein höheres Risiko zugerechnet (Stauss 1998, S. 1260 f.).

Ein weiteres, im Rahmen dieser Arbeit relevantes Persönlichkeitsmerkmal ist die Kreativität des Kunden. Diese Integrationsqualifikation, die besonders bei der Rolle des Kunden als Co-Developer eine Rolle spielt, kann als Fähigkeit des Kunden zum „productive thinking" (Hirschman 1980, S. 285) beschrieben werden. Kreativität zeichnet dementsprechend einen Kunden dann aus, wenn dieser nach geeigneten Lösungsmöglichkeiten sucht und diese findet.

Der Lebensstil (Lifestyle) ist ein weiteres, komplexes Konstrukt, das es im Rahmen dieser Arbeit zu betrachten gilt. Dieses bezieht sich darauf, wie Kunden leben und ihre Zeit verbringen (Hennig-Thurau 1998, S. 208-211). Für die Intensität der Kundenentwicklung kann zum einen die Entwicklung hin zum Self service bzw. zur Do-it-yourself-Orientierung als treibende Kraft angesehen werden. Dadurch wird in der Einführungsphase oftmals eine hohe Intensität der Kundenentwicklung erforderlich. Zum anderen ist die Technologieorientierung zum Lebensstil eines Kunden zu rechnen. Die Intensität hängt davon ab, zu welchem Innovationstypus der Kunde gehört. Es lassen sich verschiedene Innovationstypen unterscheiden in Abhängigkeit des Zeitpunkts der Adoption von Dienstleistungsinnovationen (Honebein 1997, S. 49). Ist der Kunde einer der frühen Innovatoren oder auch Adoptoren, so ist eine intensivere Schulung nötig als bei der späten Mehrheit, die zum Teil schon Kenntnisse zur Dienstleistung bzw. Dienstleistungserstellung über Sozialisationsprozesse erlangt. Die Übernehmer von Innovationen können in fünf Gruppen unterteilt werden (Rogers 1983, S. 245-251):

- Innovatoren,
- Frühe Übernehmer,
- Frühe Mehrheit,
- Späte Mehrheit,
- Nachzügler.

Die vorhandene Qualifikation (Scheuch 1982, S. 158) und das Qualifikationspotential (Meer 1984, S. 135) sowie die Lernfähigkeit und -bereitschaft (Goodwin 1988, S. 72) des Kunden[246] sind weitere qualitative Kundenmerkmale. So wird der individuelle

---

[246] Hennig-Thurau (1998, S. 198) spricht im Konsumgüterbereich von dem Kompetenzaufnahmepotential der Konsumenten verstanden als Fähigkeit der Konsumenten zur Aufnahme zusätzlicher Konsum-Kompetenz.

Lernprozess von biologischen Rahmenbedingungen, dem aktuellen Bedürfniszu-
stand und den bisherigen Erfahrungen in der persönlichen Lebenswelt des Kunden
determiniert (Musahl 1999, S. 329; siehe auch Flammer/Schmid 1982, S. 117 f.).

Die Intensität der Kundenentwicklung hängt grundsätzlich auch von dessen Wissen,
Können und Wollen sowie von der Fähigkeit zur Aneignung bestimmter Qualifikationen ab (Canziani 1997, S. 9). Grundsätzlich nimmt mit einem steigenden Qualifikationsniveau des Kunden die Intensität der Kundenentwicklung ab.[247] Ein neuer Kunde
benötigt i. d. R. mehr Informationen und Lerneinheiten als ein langjähriger Stammkunde, der die Prozesse schon mehrmals erfahren und verinnerlicht hat (Bowen
1986, S. 379; Ostrom/Roundtree 1998, S. 14 und S. 17; Solomon et al. 1985,
S. 108). Dementsprechend betonen Solomon et al. (1985, S. 108): „Facility in role
performance is a function of experience and communication." Ein Neukunde benötigt
auch mehr Informationen rund um den Service. So bietet z. B. der Finanzdienstleister Charles Schwab & Co. eine breite Palette an Informationsbroschüren
und Seminaren zu allen erdenklichen Themen rund um Investmentfragen, z. B. zu
Aktien, Bonds und Renditen (Honebein 1997, S. 50). Nach Engelhardt/Schwab
(1982, S. 506) verändert sich die Problemevidenz (siehe Absatz 3.2.1.2) im zeitlichen Ablauf: „Tritt eine Schwierigkeit [im Sinne eines durch eine Dienstleistung zu
lösendes Kundenproblem; Anm. d. Verf.] zum ersten Mals auf, ist sie dazu noch
komplex, wird die Dienstleistungsevidenz i. d. R. geringer sein als bei wiederholt
auftretenden Problemen. Im Zeitablauf nimmt das Erfahrungspotential des Nachfragers zu und somit seine Fähigkeit, Dienstleistungen als Instrument zur Lösung bestimmter Probleme zu erkennen." Damit kann die Problemevidenz bei einem Kunden
vorliegen, während sie bei einem anderen Kunden (noch) fehlt. Aus diesem Grund
liegt oftmals die Hauptaufgabe eines Dienstleisters darin, den Kunden zu erklären,
dass diese ein Problem haben (Nerdinger 1994, S. 52).

---

[247] Es kann aber auch durchaus vorkommen, dass Experten aufgrund ihres höheren Kenntnisstands
       von sich aus mehr Informationen wünschen, oder aber, dass sie diese aus Unternehmenssicht in
       ihrer Expertenrolle auch wirklich benötigen.

6.4.6.5.2 Kundenbeziehungs-Lebenszyklus

Die Integrationsanforderungen und -qualifikationen variieren mit der Phase, in der sich eine Kundenbeziehung befindet. Von daher wird im Folgenden das Konzept des Kundenbeziehungs-Lebenszyklus kurz dargestellt und dessen Relevanz für die vorliegende Thematik aufgezeigt.

Das Konzept des Kundenbeziehungs-Lebenszyklus basiert auf einer Übertragung des Produkt-Lebenszyklus-Konzeptes auf Kundenbeziehungen (Bruhn 2001, S. 44; Diller 1995c, S. 57-61; Diller/Kusterer 1988, S. 212; Diller/Lücking/Prechtel 1992; Dwyer/Schurr/Oh 1987; Grönroos 1983, S. 10 f.; Stauss 2000d, S. 15; Wackman/Salmon/Salmon 1987).[248] Demnach durchlaufen Geschäftsbeziehungen unterschiedliche Phasen,[249] die sich in der Intensität der Beziehung unterscheiden (siehe Abbildung 62). Die Beziehungsintensität lässt sich dabei anhand dreier Arten von Indikatoren charakterisieren. Zur ersten Gruppe zählen psychologische Indikatoren der Beziehungsqualität, wie die Beziehungsqualität, das Vertrauen des Kunden in den Dienstleister und das Commitment des Kunden (Bruhn 2001, S. 46 f.). Die zweite Gruppe enthält die verhaltensbezogenen Indikatoren. Dazu zählt Bruhn (2001, S. 46 f.) das Kauf-, das Informations-, das Integrations- und das Kommunikationsverhalten der Kunden. Hierbei kann konstatiert werden, das damit Teilleistungen der Service Customer Performance angesprochen sind. Diese Auflistung von Indikatoren ist jedoch für den Dienstleistungsbereich nicht vollständig, wie der Systematisierung der transaktionsorientierten Kundenrollen (siehe Unterabsatz 2.5.2.1.3) entnommen werden kann. Dementsprechend sei die Indikatorenliste ergänzt um das Innovationsverhalten, das Zurverfügungstellen des Co-Produktionsfaktors und das Verhalten des Kunden als Substitute for Leadership. Am häufigsten werden zur Messung der Beziehungsintensität jedoch ökonomische Indikatoren herangezogen. Zu diesen gehören der Kundendeckungsbeitrag und der Kundenwert (Bruhn 2001,

---

[248] Eine knappe, kritische Diskussion des Lebenszykluskonzepts findet sich bei Hentschel (1991, S. 27).

[249] Ein Beispiel eines Lebensphasenmodells von Bankkunden findet sich bei Zollner (1995, S. 121 f.). Mittels dieses Modells wird versucht, die Zeiträume des Sparens und Entsparens von Bankkunden zu identifizieren.

S. 46 f.; siehe auch Cornelsen 1996, S. 13; Homburg/Daum 1997, S. 400; Homburg/Schnurr 1999, S. 18).[250]

Die Phaseneinteilung erfolgt beim Kundenbeziehungs-Lebenszyklus ähnlich der des Produkt-Lebenszyklus, wobei sich in der Literatur von verschiedenen Autoren unterschiedliche Phasen-Modelle finden (siehe z. B. Bruhn 2001, S. 47; Diller 1995c, S. 57-61; Hentschel 1991, S. 26 f.; Homburg/Daum 1997, S. 400; Homburg/Schnurr 1999, S. 17; Schulz 1994, S. 81). Eine sehr differenzierte Phasenunterscheidung nimmt Stauss (2000d, S. 15 f.) vor. Er unterscheidet zwischen Anbahnungs-, Sozialisations-, Wachstums-, Reife-, Kündigungs-, Abstinenz- und Revitalisierungsphase sowie (mehreren) Gefährdungsphase(n) (siehe Abbildung 62).

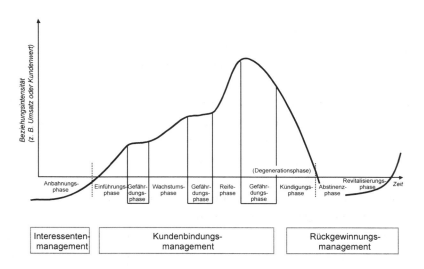

Abb. 62:   Kundenbeziehungs-Lebenszyklus
Quelle: In Anlehnung an Stauss 2000d, S. 16.

In der Anbahnungsphase erkundigt sich der potentielle Kunde (Interessent) über die Leistung(en) des Unternehmens und fällt seinen Kaufentschluss. Nimmt der Kunde zum ersten Mal die Dienstleistung in Anspruch, gelangt er in die Sozialisationspha-

---

[250]   Zur Messung des Kundenwerts siehe Unterabsatz 7.1.3.1.2.

se.[251] Da sich diese Phase jedoch nicht nur durch Sozialisations-, sondern gleichermaßen durch Qualifizierungsprozesse beim Neukunden auszeichnet (siehe Absatz 3.1.4.2), soll im Weiteren von der Einführungsphase gesprochen werden. Fragt der Kunde die Leistungen des Unternehmens mehrfach nach, so befindet er sich in der Wachstumsphase. Bei einer sinkenden Wachstumsrate des Kundenwerts geht die Kundenbeziehung in die so genannte Reifephase über. Zu Gefährdungsphasen kommt es immer dann, wenn sich Kunden, z. B. aufgrund von Unzufriedenheit, aus der Geschäftsbeziehung lösen wollen. Die Kündigungsphase zeichnet sich durch die Artikulation der Kündigung der Geschäftsbeziehung gegenüber dem Unternehmen aus. Ein Teil dieser Kunden sind nach einem gewissen zeitlichen Abstand, d. h. nach einer Abstinenzphase, eventuell wieder gewillt, eine erneute Geschäftsbeziehung mit dem Unternehmen einzugehen. Damit gelangt die Kundenbeziehung in die Revitalisierungsphase (Stauss 2000d, S. 16).

Aus dem Konzept des Kundenbeziehungs-Lebenszyklus lassen sich für die Kundenentwicklungs-Bedarfsanalyse mehrere Folgerungen bzw. Erkenntnisse ziehen. Zunächst wirkt sich die voraussichtliche Dauer der Kundenbeziehung auf die Investitionsbereitschaft des Unternehmens aus. Bei dem Konzept der Kundenentwicklung wird zwar von einer Geschäftsbeziehung zum Kunden (im Folgenden als „Kundenbeziehung" bezeichnet) ausgegangen (siehe Absatz 3.2.1.3). Die abzuschätzende Dauer der Kundenbeziehung kann jedoch stark variieren, z. B. in Abhängigkeit von der Art der Dienstleistung. Dabei wirkt sich ein längerer Zeithorizont von Kundenbeziehungen positiv auf den Einsatz von Kundenentwicklungsmaßnahmen aus, da eine höhere Chance besteht, diese als Investition getätigten Kundenentwicklungsmaßnahmen als Gewinn zu amortisieren (Diller/Kusterer 1988, S. 217).[252]

In der Einführungsphase macht der Kunde zum ersten Mal mit Produkten bzw. Leistungen des Unternehmens Bekanntschaft und lernt damit das Unternehmen kennen (Bruhn 2001, S. 48). Sein Beitrag zum periodenbezogenen Ergebnis ist zwar noch gering, die Kundenentwicklung - soll er zu einem Wachstumskunden werden – je-

---

[251] Im Gegensatz zu Bruhn (2001, S. 48 f.) wird die Sozialisation dem Bereich der Kundenbindung und nicht der Kundenakquisition zugerechnet. Dies ist u. a. darin begründet, dass ein zentrales Ziel eines Sozialisationsmanagements im Aufbau eines Bindungspotentials zu sehen ist.
[252] Siehe hierzu auch die Ausführungen in Absatz 4.2.2.3.

doch in dieser Phase überaus wichtig. Was der Kunde vom Unternehmen hält, lernt er in dieser Phase. Den höchsten Beitrag zum periodenbezogenen Ergebnis liefert der Kunde in der Wachstumsphase. Gerade hier gilt es, den Kunden weiterzuentwickeln, ihn für neue Produkte und Leistungen fit zu machen. In der Phase der Degeneration reduziert der Kunde seine Käufe, womit sein Beitrag zum periodenbezogenen Ergebnis sinkt. In der passiven Kundenbeziehungsphase wird die Kundenbeziehung beendigt. Hier kommt eventuell eine Wiedergewinnung in Erwägung.

Dieser investitionstheoretische Ansatz ist gleichermaßen auf die Kundenperspektive anwendbar. Lernen stellt für den Kunden eine Investition im Sinne einer nichtfinanziellen Aufwendung dar, die bei der Auflösung der Geschäftsbeziehung verloren wäre (Hentschel 1991, S. 26). In Abhängigkeit von der jeweiligen Beziehungsphase, in der sich ein Kunde gerade befindet, ist dieser in unterschiedlichem Maße zu Investitionsaktivitäten, und damit auch zu Lernaktivitäten bereit (Hentschel 1991, S. 27). Die Lernbereitschaft des Kunden hängt folglich von der jeweiligen Beziehungsphase ab. Dabei erhebt die nun folgende Beschreibung der Lernbereitschaft in den verschiedenen Phasen keinen Anspruch auf Allgemeingültigkeit, sondern soll lediglich Tendenzaussagen liefern.

Die Anbahnungsphase zeichnet sich durch eine mittlere Lernbereitschaft aus. Grundsätzlich interessiert sich der potentielle Kunden für das Unternehmen und die in Anspruch zu nehmende Leistung. Das Interesse wird beim Erstkauf im Allgemeinen noch etwas steigen, so dass von einer mittleren bis hohen Lernbereitschaft ausgegangen werden kann. Eine hohe Lernbereitschaft liegt insbesondere bei stark risikobelasteten oder persönlich bedeutsamen Leistungen vor. Zollner (1995, S. 74) spricht in diesem Falle von extensiven Kundenkontakten, bei denen die kognitive Beteiligung der Kunden stark ausgeprägt ist (siehe auch Ernenputsch 1986, S. 113).

In der Wachstumsphase, in welcher der Kunde Folgekäufe tätigt und eventuell weitere Leistungen nachfragt, wird der Höhepunkt der Lernbereitschaft erreicht oder sogar schon eventuell überschritten sein. Während die Lernbereitschaft für die bisher in Anspruch genommenen Leistungen sinkt - es kommt durch die Kauferfahrung zu limitierten Kundenkontakten (Zollner 1995, S. 74) -, liegt dagegen bei Cross-Buying-Leistungen grundsätzlich noch eine hohe Lernbereitschaft vor. Die Reifephase wird eher durch einen Sättigungsgrad (Homburg/Schnurr 1999, S. 19) und damit einhergehend eine geringer werdende Lernmotivation gekennzeichnet sein (Ernenputsch 1986, S. 113). So sind habitualisierte Kundenkontakte (Zollner 1995, S. 74) charakteristisch für diese Phase des Kundenbeziehungs-Lebenszyklus. Eher gering ist die Lernbereitschaft in den Gefährdungsphasen.[253] Gänzlich fehlen wird diese in der Kündigungsphase.

Mit den Ausführungen sollte auf die unterschiedliche Lernbereitschaft der Kunden in Abhängigkeit von der jeweiligen Beziehungsphase hingewiesen werden. Die Zugehörigkeit zu einer spezifischen Phase sollte sich auf die Gestaltung und den Einsatz von Anreizinstrumenten und -systemen zur Leistungs- sowie Entwicklungsbeteiligung auswirken.

Doch nicht nur die Lernbereitschaft unterscheidet sich in Abhängigkeit von der Beziehungsphase. Auch die Lerninhalte und damit der Kundenentwicklungsbedarf variieren mit der Beziehungsphase eines Kunden.[254] Praktisch jede Dienstleistung zeigt sich vor und während der ersten Inanspruchnahme durch den Kunden, d. h. in der Anbahnungs- und Sozialisationsphase, für diesen durchaus erklärungsbedürftig (Meyer 1994, S. 106).[255] In der Anbahnungsphase müssen insbesondere die Vorteile der Dienstleistung und die zu erwartenden externen Faktorveränderungen erläutert werden. Möglichst frühzeitig, aber spätestens während der ersten Leistungsinanspruchnahme sollte der Dienstleister den Leistungserstellungsablauf und das -ergebnis erklären (Meyer 1994, S. 106). Mit der Zeit eignet sich der Kunde durch Erfahrungen bei Folgekäufen ein regelrechtes Expertenwissen über die Leistung an (Biehal 1994, S. 50; Kießling/Koch 1999, S. 61 f.; Prahalad/Ramaswamy 2000, S. 81). Folglich gilt es in der Wachstumsphase, detailliertere Informationen zur Verfügung zu stellen. Zudem interessiert sich der Kunde eventuell für weitere Leistungen, so dass sich dementsprechend die Lerninhalte auf andere Dienstleistungen beziehen. Dagegen wird sich ein Kunde in der Reifephase lediglich über (gravierende)

---

[253] Dies bedeutet nicht, dass Kunden in diesen beiden Phasen keine unternehmens- bzw. leistungsbezogenen Informationen suchen. So studieren Kunden die Leistungskataloge des Unternehmens eventuell noch einmal besonders intensiv, aber mit der Intention, das Leistungsangebot mit Wettbewerbsangeboten zu vergleichen, um gegebenenfalls den Anbieter zu wechseln.

[254] Dieser Gedanke geht auf Meyer (1994, S. 106) zurück, der zwischen erklärungsbedürftigen und problemlosen Dienstleistungen unterscheidet.

[255] Zur besonderen Erklärungsbedürftigkeit von Dienstleistungen siehe auch Hilke (1989, S. 25).

Veränderungen informieren lassen. Die Basisinformationen sind für diesen nicht mehr von Interesse.

6.5   Reaktive Kundenentwicklungs-Bedarfsanalyse

Im Blickpunkt des fünften und letzten Kapitels des sechsten Teils der Arbeit steht die reaktive Ermittlung und Analyse des Kundenentwicklungsbedarfs. Diese Form der Bedarfsanalyse ist die Grundlage zur Realisierung einer kurativ ausgerichteten Kundenentwicklungsstrategie. Der Einsatz einer kurativen Kundenentwicklungsstrategie ist ergänzend zu dem der Präventivstrategie zu sehen. Während eine präventive Kundenentwicklung erst gar keine Qualifikationsmängel beim Kunden entstehen lassen möchte, setzt eine kurative Kundenentwicklung erst an der Behandlung sowie Beseitigung akuter, d. h. bereits aufgetretener Qualifikationslücken des Kunden. Wie sich der Ablauf solch einer reaktiven Analyse des Kundenentwicklungsbedarfs gestaltet, d. h. welche Elemente und Analysegrößen diese Form der Bedarfsanalyse beinhaltet, wird im nun folgenden Abschnitt 6.5.1 erläutert.

6.5.1   Relevanz und Überblick über die Elemente einer reaktiven Kundenentwicklungs-Bedarfsanalyse

Neben der antizipativen Ermittlung von Qualifikationsdefiziten bietet sich ergänzend die Durchführung einer kurativen, kurzfristig ausgerichteten Analyse des Kundenentwicklungsbedarfs an, da es trotz präventiver Kundenentwicklungsmaßnahmen zu Problemen bei der Kundenbeteiligung kommen kann. Begeht ein Kunde dementsprechend Fehler bei der Erfüllung seiner Integrationsaufgaben, d. h. zeigen sich Service Customer Performance-Probleme in dem Sinne, dass sich der Kunde nicht wie geplant verhält und damit die ihm zugeschriebenen Rollen sowie Aufgaben nicht bzw. nicht in dem gewünschten Maße erfüllt, liegt ein reaktiver Kundenentwicklungsbedarf vor. Dieser kann definiert werden als Abweichung zwischen dem qualifikationsbedingten Ist-Kundenverhalten (Ist-Kundenleistung) und dem Soll-Kundenverhalten (Soll-Kundenleistung), der mittels Kundenentwicklungsmaßnahmen behoben werden kann (Leistungs-Gap; siehe Abbildung 46).[256] Ein Kundenentwicklungs-bedarf liegt dementsprechend ausschließlich in solchen Fällen vor, in denen sich die Leistungslücke durch den Einsatz von Kundenentwicklungsmaßnahmen beseitigen lässt.

Damit besteht für das Unternehmen die Notwendigkeit zur Analyse der hierfür ver-antwortlichen Ursachen.[257] Ein möglicher Grund für ein Fehlverhalten des Kunden liegt in dessen mangelhafter Qualifikation. Von daher gilt es zunächst, aktuelle Ser-vice Customer Performance-Probleme zu identifizieren, die bereits erste Hinweise auf mögliche Ursachenquellen liefern (Abschnitt 6.5.2). In einem weiteren Schritt müssen sodann die Ursachen für die Service Customer Performance-Probleme tie-fergehend analysiert werden, denn nur ein Teil der Probleme lässt sich auf eine mangelhafte Qualifikation der Kunden zurückführen (Abschnitt 6.5.3). Da Kunden-entwicklungsmaßnahmen unternehmerische Ressourcen verbrauchen, ist ferner zu überlegen, inwieweit eine Priorisierung der Anstrengungen zur Behebung der Quali-fikationsdefizite vorgenommen werden kann (Abschnitt 6.5.4).

Einen Überblick über die zu betrachtenden Analysegrößen einer reaktiven Kun-denentwicklungs-Bedarfsanalyse liefert Abbildung 63.

Die reaktive Kundenentwicklungs-Bedarfsanalyse kann im Vergleich zur antizipativen Kundenentwicklungs-Bedarfsanalyse in vielen Fällen sogar die dominierende Analy-seform sein, da im Dienstleistungsbereich nur die allerwenigsten Unternehmen über ein systematisches Innovationsmanagement verfügen (Bullinger/Meiren 2001, S. 153; Gummesson 1996, S. 260; Kingman-Brundage 1989, S. 30; Shostack 1984, S. 133). Dieses stellt allerdings zumeist die grundlegende Voraussetzung dafür dar, dass Integrationsanforderungen im Vorhinein überhaupt formuliert werden. Wenn nun ein Dienstleistungsunternehmen über keine präventive Kundenentwicklung ver-fügt, ist der Einsatz einer reaktiven Kundenentwicklung und damit einer reaktiven Bedarfsanalyse umso wichtiger.

---

[256] In Anlehnung an die Definition von Bildungsbedarf nach Becker, M. (1999, S. 117).
[257] Meyer/Mattmüller (1987, S. 193) gehen sogar noch einen Schritt weiter, in dem sie postulieren: „Das Prozeßverhalten des Nachfragers sollte .. durch den Anbieter permanent erfaßt werden, um möglichen Fehlentwicklungen vorzubeugen" (siehe hierzu auch Bowen 1986, S. 381).

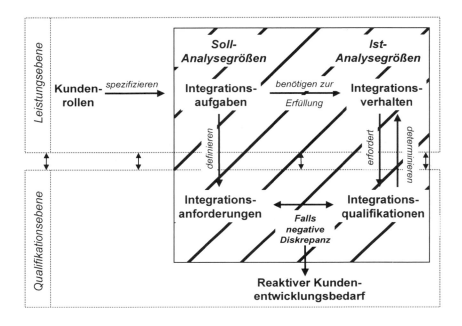

Abb. 63:   Analysegrößen einer reaktiven Kundenentwicklungs-Bedarfsanalyse
Quelle: Eigene Überlegungen.

6.5.2   Identifikation von Service Customer Performance-Problemen

Die Aufgabe einer reaktiven Kundenentwicklungs-Bedarfsanalyse ist die Bestimmung aktueller Qualifikationsdefizite der Kunden. Dabei ist ein Qualifikationsdefizit
definiert als negative Differenz zwischen den unternehmensseitig gestellten Integrationsanforderungen und den kundenseitig vorhandenen Qualifikationen. Problematisch ist, dass diese Abweichung nicht direkt beobachtbar ist, da es sich bei den Integrationsanforderungen und -qualifikationen jeweils um latente Größen handelt. Direkt ersichtlich sind dagegen negative Abweichungen zwischen dem gewünschten
(Soll-Leistung) und dem tatsächlichen Verhalten der Kunden (Ist-Leistung), die sich
u. a. auf eine mangelhafte Qualifikation der Kunden zurückführen lassen. Dementsprechend besteht die erste Teilaufgabe einer reaktiven Kundenentwicklungs-

Bedarfsanalyse im Aufdecken von Leistungs-Gaps,[258] d. h. in der Identifikation von Service Customer Performance-Problemen. Der zentrale Inhalt einer Leistungs-Gap-Analyse liegt dementsprechend im Vergleich, wie sich die Kunden momentan verhalten und wie sie sich verhalten sollten (Honebein 1997, S. 32). Eine Klassifikation möglicher Kundenfehler nach dem Zeitpunkt ihres Auftretens findet sich bei Fitzsimmons/Fitzsimmons (2001, S. 55), die aus Abbildung 64 hervorgehen.

Customer errors

Preparation:

- Failure to bring necessary materials

- Failure to understand role in transaction

- Failure to engage the correct service

Encounter:

- Failure to remember steps in process

- Failure to follow system flow

- Failure to specify desires sufficiently

- Failure to follow instructions

Resolution:

- Failure to signal service failure

- Failure to learn from experience

- Failure to adjust expectations

- Failure to execute post-encounter action

Abb. 64:   Klassifikation von Kundenfehlern
Quelle: Fitzsimmons/Fitzsimmons 2001, S. 55.

Zur Bestimmung von Service Customer Performance-Problemen und damit zur Ermittlung der Leistungs-Gaps stehen zwei Formen der Informationsbeschaffung zur Verfügung, die in der Marktforschung üblicherweise kombiniert eingesetzt werden (Hammann/Erichson 1994, S. 61). Der erste Ansatz greift auf bereits vorhandenes Datenmaterial zurück und wertet dieses neu aus. Diese Möglichkeit der Informati-

---

[258]   Siehe zum Begriff des Leistungs-Gaps Abschnitt 6.3.2.

onsgewinnung wird als Sekundärforschung (desk research) bezeichnet (Bereko-ven/Eckert/Ellenrieder 1999, S. 42; Böhler 1992, S. 54 f.; Hammann/Erichson 1994, S. 60). Angewandt auf die vorliegende Fragestellung bedeutet dies, dass bereits vorhandenes Datenmaterial unter dem speziellen Aspekt der Bestimmung von Service Customer Performance-Problemen gesammelt, analysiert und ausgewertet wird.

Als mögliche Indikatoren für Service Customer Performance-Probleme lassen sich verschiedenste Kennziffern heranziehen, wie Umsätze, Kundenzufriedenheit, Zahl von Beschwerden, Zahl der telefonischen Anfragen im Call Center u. v. m., die aus internen Datenquellen gewonnen werden können. Deren negative Veränderungen liefern erste Hinweise für Service Customer Performance-Probleme bzw. dienen als Warnsignale. Diese Indikatorgrößen lassen sich nach objektiv (z. B. Zeitverluste, Kostensteigerungen und Quantitätsdifferenzen) und subjektiv (z. B. Kundenunzufrie-denheit) messbaren Größen[259] klassifizieren und machen sich in einer Verschlechte-rung der Service Customer Performance bemerkbar. Die Vorteile dieser Dokumen-tenanalyse liegen in der Kostengünstigkeit, der schnellen Verfügbarkeit der Daten und der Einarbeitung in die Materie im Falle der Durchführung von Primärerhebun-gen (Berekoven/Eckert/Ellenrieder 1999, S. 43; Böhler 1992, S. 55; Hammann/ Erichson 1994, S. 61). Der Nachteil der angesprochenen Analyse von Indikatoren ist in deren hohen Aggregationsgrad zu sehen, weshalb lediglich Tendenzaussagen zu Kundenproblemen möglich sind.

Eine Methode, welche die beschriebene Problematik mindert, ist eine kundenprob-lembezogene Beschwerdeanalyse. Generell umfasst eine Beschwerdeanalyse „die systematische Auswertung der mündlichen und schriftlichen, direkt an das Unter-nehmen gerichteten Kundenbeschwerden" (Stauss/Hentschel 1991, S. 241). Im vor-liegenden Fall werden die Kundenbeschwerden speziell darauf hin untersucht, in-wieweit Service Customer Performance-Probleme vorliegen, die auf selbstverschul-deten, qualifikationsbedingten Mängeln beruhen können. Ein Vorteil der Beschwer-deanalyse, weshalb sie sich insbesondere zum Einsatz im Rahmen der reaktiven Kundenentwicklungs-Bedarfsanalyse eignet, ist die Aktualität der Beschwerdeinfor-mation. Beschwerden werden i. d. R. kurz nach Problemerleben artikuliert (Stauss

---

[259] Sofern die Indikatoren verwender- bzw. kundenunabhängig bestimmbar sind, wird von objektiven, im anderen Fall von subjektiven Größen gesprochen (Stauss/Hentschel 1991, S. 240).

1991b, S. 100; 2000a, S. 330). Allerdings hat solch eine Beschwerdeanalyse auch Nachteile. Ein Nachteil ist, dass diese in Bezug auf die artikulierten Probleme nicht repräsentativ ist (Stauss 1991b, S. 100; 2000a, S. 330). Daher sollte diese um weitere Instrumente ergänzt werden, um zu einer möglichst vollständigen Problemerfassung zu gelangen. Einen weiteren Nachteil stellt die Tatsache dar, dass die Wahrscheinlichkeit einer Beschwerde sinkt, wenn sich Kunden ihrer eigenen (Mit)Schuld bewusst sind (Stauss 1989, S. 53). Von daher werden gravierende Probleme, die der Kunde seiner eigenen Unzulänglichkeit zuschreibt, weniger gegenüber dem Unternehmen als Beschwerde geäußert.

Trotz der beschriebenen vielfältigen Möglichkeiten der Sekundärforschung erscheint es unerlässlich, eine zusätzliche Erhebung originärer Daten zum gewünschten und tatsächlichen Kundenverhalten durchzuführen, um zu detaillierten Aussagen zu aktuellen Service Customer Performance-Problemen zu gelangen. Folglich ist mittels Primärforschung (field research; Berekoven/Eckert/Ellenrieder 1999, S. 49; Böhler 1992, S. 76; Hammann/Erichson 1994, S. 60) zu erfassen, welche performancebezogenen Probleme bei den Kunden auftreten (Bowen 1986, S. 381). Dementsprechend wird die Integrationssituation als Handlungsrahmen des Kundenverhaltens analysiert.

Zur Gewinnung von Informationen über verhaltensorientierte Service Customer Performance-Probleme stehen einem Dienstleistungsunternehmen verschiedene Instrumente zur Verfügung,[260] die sich nach der Art der methodischen Vorgehensweise entweder dem Methodenstrang der Beobachtung oder der Befragung zurechnen lassen (Berekoven/Eckert/Ellenrieder 1999, S. 49; Böhler 1992, S. 76; Hammann/Erichson 1994, S. 65). Das Befragungsinstrumentarium reicht dabei von mündlichen (telefonischen oder persönlichen) Interviews über schriftliche Fragebogenerhebungen[261] mittels merkmals- und/oder ereignisorientierter Verfahren (z. B. auch im Internet) bis hin zu Gruppendiskussionen (Fokusgruppen; siehe z. B. Kießling/Koch 1999 und Lamnek 1998), bei denen die Sequentielle Ereignismethode oder die Critical

---

[260] Ähnlich den Instrumenten zur Erhebung des Mitarbeiterverhaltens; siehe hierzu u. a. Daele/Stevens/Looy (1998, S. 216); Hoyos (1980, S. 62) und Marr/Stitzel (1979, S. 322).

[261] Auf die Möglichkeiten und Spezifika von Online-Befragungen sei nicht näher eingegangen; siehe hierzu z. B. Hammann/Erichson (1994, S. 78 f. und S. 88 f.).

Incident-Technique eingesetzt werden (siehe Abbildung 65).

Der erste Instrumentenstrang begründet sich in der Beobachtung, um Rückschlüsse auf mögliche Service Customer Performance-Probleme zu ziehen, die auf Qualifikationsmängeln der Kunden beruhen. Dabei kann alles das beobachtet werden, was visuell erfassbar ist (Hammann/Erichson 1994, S. 98). Im Rahmen der vorliegenden Problemstellung erfolgt die Beobachtung im Sinne einer Fremdbeobachtung durch unabhängige Dritte (Berekoven/Eckert/Ellenrieder 1999, S. 146).

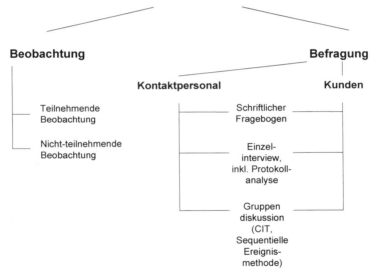

Instrumente zur Erhebung verhaltensorientierter Service Customer Performance-Probleme

Beobachtung   Befragung

Kontaktpersonal   Kunden

Teilnehmende Beobachtung   Schriftlicher Fragebogen

Nicht-teilnehmende Beobachtung   Einzel-interview, inkl. Protokoll-analyse

Gruppen diskussion (CIT, Sequentielle Ereignis-methode)

Abb. 65:   Instrumente zur Erhebung verhaltensorientierter Service Customer Performance-Probleme
Quelle: Eigene Überlegungen.

Dazu können die Beobachter selbst als Beteiligte auftreten (teilnehmende Beobachtung; Berekoven/Eckert/Ellenrieder 1999, S. 147; Böhler 1992, S. 93; Hammann/Erichson 1994, S. 99). So vermögen beispielsweise Beobachter als Testkunden (Mystery bzw. Silent Shoppers; Drees/Schiller 2000; Stauss 1991b, S. 100) verhaltensbezogene Service Customer Performance-Probleme aufspüren (kundensubstitutive teilnehmende Beobachtung). Dieses Verfahren ist allerdings zum Aufspüren von Qualifikationsproblemen der Kunden eher weniger geeignet, da die Testkunden (zumeist) über die benötigten Integrationsqualifikationen verfügen und damit ein anderes Problemempfinden aufweisen als reale Kunden. Erfolgversprechender erscheinen daher die Beobachtungsformen der teilnehmenden Beobachtung als (potentieller) Interaktionspartner des Kunden, wie z. B. als weiterer Kunde oder Kontaktmitarbeiter. Der Vorteil dieses Beobachtungsverfahrens liegt darin, dass die Beobachtung dem Kunden nicht direkt auffällt und es daher auch nicht zu Beobachtungseffekten kommt. Von Beobachtungseffekten wird dann gesprochen, wenn beim Kunden infolge des Wissens um das Beobachtet werden eine Verhaltensänderung eintritt (Berekoven/Eckert/Ellenrieder 1999, S. 147; Böhler 1992, S. 93; Hammann/Erichson 1994, S. 98).

Eine weitere Variante der Beobachtung ist die nicht-teilnehmende Beobachtung, bei der die Beobachter die Kundenaktivitäten als Außenstehende protokollieren (Zollner 1995, S. 111). Hierzu sollten auf jeden Fall geschulte Sozialforscher eingesetzt werden, die Hinweise auf offensichtliche Qualifikationsmängel der Kunden liefern können. Problematisch dabei ist, dass die Beobachtung häufig den Kunden auffällt, wodurch es zu Beobachtungseffekten kommen kann (Stauss 1991b, S. 100; 2000a, S. 329), wie einem schnelleren Abbruch der Selbstbedienungsaktivitäten an einem Automaten.[262] Um dieses Problem weitgehend zu vermeiden, können Aufzeichnungsgeräte wie Videokameras eingesetzt werden, die das Verhalten der Kunden während des Leistungserstellungsprozesses filmen. Da es sich um die Beobachtung von Vorgängen bzw. Abläufen handelt, sind Film- bzw. Videoaufzeichnungen besonders gut geeignet (Hammann/Erichson 1994, S. 100). Ein weiterer Vorteil ist die Registrierung von subtilen und flüchtigen Körperregungen, wie z. B. ein Anflug von Unsicherheit in den Gesichtern der Kunden. Darüber hinaus können die Videos gespeichert werden, was eine spätere Betrachtung und Analyse ermöglicht (Leonard/Rayport 1998, S. 76). Ein Beispiel der Nutzung von Videoaufzeichnungen ist

---

[262] Zu den verschiedenen Ausprägungen des Bewusstseinsgrads der Beobachteten siehe Berekoven/Eckert/Ellenrieder (1999, S. 146 f.). Im Folgenden wird von einer biotischen Situation ausgegangen, d. h. der beobachtete Kunde weiß weder um die Intention der Beobachtung, noch um seine Aufgabe, noch um seine Rolle als Beobachtungsobjekt. Damit bewegt er sich in vollkommener Ahnungslosigkeit (Berekoven/Eckert/Ellenrieder 1999, S. 147; Böhler 1992, S. 93), womit die aufschlussreichsten Beobachtungen möglich sind (Hammann/Erichson 1994, S. 98).

die Erkennung von Orientierungsproblemen von Reisenden auf einem Flughafenge-
lände (speziell Gate-Zutritt) (Meffert/Birkelbach 2000, S. 183). Eine weitere Möglichkeit, vom Kunden unentdeckt zu bleiben, ist die Beobachtung hinter verspiegeltem
Glas. Diese Methode setzte beispielsweise die Schweizerische Bankgesellschaft zur
Erhebung von Problemen ein, die Kunden im Umgang mit einem multimedialen Informationskiosk (MINNELLI) hatten. Gerade die Beobachtung der Mimik gab wertvolle Hinweise auf mögliche Akzeptanz- und Nutzungsprobleme (Steiger 1995,
S. 285 f.).

Ein Vorteil von Kundenbeobachtungen ist, dass Dienstleister zur Erhebung von Ser-
vice Customer Performance-Problemen nicht auf die Auskunftsbereitschaft und die
Verbalisierungsfähigkeiten der Kunden angewiesen sind. Des Weiteren „vergessen"
Stammkunden aufgrund von Gewöhnungseffekten bei mündlichen Befragungen zum
Teil die Nennung der Probleme einer Dienstleistungsnutzung (Leonard/Rayport
1998, S. 69). Weiterhin kann es vorkommen, dass Dienstleistungskunden bestimmte
Probleme einfach nicht bewusst wahrnehmen (Leonard/Rayport 1998, S. 73). Erst
durch eine explizite Kundenbeobachtung offenbaren sich diese. Zudem gestattet die
Beobachtung eine einfachere Erfassung von Kundenverhaltenssequenzen als dies
mit mündlichen Interviews oder schriftlichen Befragungen der Fall sein kann. Letztlich entfällt bei biotischen Beobachtungen weitgehend der Interviewereinfluss (Böhler
1992, S. 95).

Allerdings hat die Beobachtung auch diverse Nachteile. Neben dem schon beschriebenen Beobachtungseffekt, ist ein schwerwiegendes Problem, dass aus dem beobachteten Kundenverhalten nur unzureichend auf die dem Verhalten zugrunde liegenden Qualifikationen geschlossen werden kann (Böhler 1992, S. 95). Des Weiteren können nicht alle gewünschten Kundentätigkeiten auch beobachtet werden, wie
z. B. Aktivitäten des Kunden im Vorfeld einer oder im Anschluss an eine Dienstleistungserstellung.

Ähnlich wie bei einer Tätigkeitsanalyse bei Mitarbeitern (Nerdinger 1999, S. 139)
werden die beobachteten Handlungen der Kunden in konkrete einzelne Verhaltens-
einheiten zerlegt. Dieses Verhalten wird mit dem gewünschten Verhalten verglichen
und führt gegebenenfalls zu den Lücken. Damit ergibt sich der Analysezugang über

die Handlungsausführung des Kunden, d. h. über das beobachtbare Verhalten.[263] Die Operationalisierung des Kundenentwicklungsbedarfs erfolgt somit über verhaltensbezogene Variablen bei der Handlungsausführung des Kunden. Eine Schulung der Kunden setzt somit direkt an den beobachteten Verhaltensdefiziten der Kunden an und versucht diese zu eliminieren. Der Nachteil dabei ist, dass keine tiefergehende Analyse der dem Fehlverhalten zugrunde liegenden psychischen Prozesse beim Dienstleistungskunden erfolgt.

Der zweite Methodenstrang setzt sich aus den Verfahren der Befragung zusammen. Dazu zählen jene Instrumente der Informationserhebung, die Personen zu Äußerungen zum Erhebungsgegenstand bewegen (Böhler 1992, S. 77; Hammann/Erichson 1994, S. 78). Ein sehr gängiges Befragungsinstrument stellen dabei schriftliche Fragebogenerhebungen dar. Die zur Erhebung von Service Customer Performance-Problemen konzipierten Fragebögen können zum einen an die Mitarbeiter im Kundenkontakt und zum anderen an die Kunden direkt versendet werden. Dabei lassen sich im Rahmen einer schriftlichen Befragung sowohl merkmals- als auch ereignisorientierte Verfahren einsetzen. Während bei den merkmalsorientierten Verfahren die Kunden vom Dienstleister vorgegebene Qualitätsmerkmale einzuschätzen haben, setzen die ereignisorientierten Verfahren zur Ermittlung von Leistungsproblemen an der Erhebung und Auswertung von Kundenerlebnissen an (Stauss/ Hentschel 1991, S. 240 f.).

Ein weiteres gängiges Verfahren zur Befragung von Kunden, aber auch des Kontaktpersonals sind mündliche Einzelinterviews. Diese haben im vorliegenden Kontext die Zielsetzung, dass am Ende des Gesprächs dem Interviewer ein Katalog konkreter Hinweise auf Kundenprobleme vorliegt. Dabei ist es sinnvoll, zusätzlich auch Hinweise auf die Ursachen zu erlangen. Insbesondere sollte versucht werden, diejenigen Ursachen herauszukristallisieren, deren Beseitigung in den Kompetenzbereich der Kundenentwicklung fällt.

---

[263] Dies entspricht dem Behavior description approach der Personalentwicklung (Sonntag 1999b, S. 157).

Mögliche Fragen an die Kunden zur Identifikation von qualifikationsbezogenen Mängeln könnten sein:[264]

- Ist Ihnen bekannt, was von Ihnen im Rahmen der Leistungserstellung erwartet wird? (Abfrage der Rollenklarheit)
- Wissen Sie, wie die Dienstleistungserstellung üblicherweise vonstatten geht? (Abfrage von Rollenerfüllungswissen)
- Hatten Sie Probleme bei der Ausführung von Tätigkeiten im Rahmen der Leistungsinanspruchnahme? (Abfrage von mangelhaften Customer abilities und Customer skills)
- Haben Sie sich im Vergleich zu heute in der Vergangenheit schon einmal anders verhalten? (Abfrage der Customer motivation)

Während die den ersten drei Fragen jeweils zugrunde liegenden Intentionen offensichtlich sind, und daher keiner expliziten Erklärung bedürfen, ist dies bei der vierten Frage nicht unmittelbar der Fall. Der Hintergedanke dieser Frageformulierung ist die Offenlegung von intrapersonalen Verhaltensunterschieden, die auf (negative) Sozialisationseffekte zurückzuführen sind.

Kunden lernen während der Sozialisationsphase die Unternehmenswerte durch verschiedenste Informationsquellen kennen. Hierbei sind gerade auch die Einstellungen der anderen Kunden wichtig. Falls Neukunden die vom Unternehmen kommunizierten Wertvorstellungen auch im Verhalten der anderen Kunden wahrnehmen, wird die Wahrscheinlichkeit der Verhaltensanpassung höher sein als bei einem konträren Verhalten der Stammkunden. So untergraben nicht eingehaltene Rollenerwartungen der Stammkunden das Verhalten der Neukunden. Es ist z. B. denkbar, dass ein Kunde sich anfangs durchaus richtig verhalten hat, jedoch aufgrund der Missachtung von Verhaltensregeln durch andere Kunden sich mit der Zeit dem falschen Verhalten anpasst. Als Beispiel sei auf die Ruhewagen in den ICEs hingewiesen. Wenn ein Reisender tagtäglich erlebt, dass die Mitreisenden im Ruhewagen trotz Handyverbot ungeniert telefonieren, wird er sich aller Voraussicht nach dem Verhalten der Mitreisenden anpassen und damit ein unerwünschtes Verhalten an den Tag legen. Daher

---

[264] Dabei lehnen sich die Frageninhalte an die Unterscheidung der Elemente der Integrationsqualifikation bzw. -kompetenz an (siehe Unterabsatz 3.2.1.1.2).

wäre es gerade bei kollektiven Dienstleistungen für den Dienstleister wünschenswert, wenn der Kunde positive Werte wie Hilfsbereitschaft gegenüber den anderen Kunden entwickeln bzw. beibehalten würde (Goodwin 1988, S. 74).

Abschließend sei darauf hingewiesen, dass die obige Fragenliste weder einen Anspruch auf Vollständigkeit noch auf methodische Exaktheit der Fragenformulierung beansprucht. Sie soll lediglich der Illustration möglicher Interviewfragen dienen, die an die Kunden gerichtet werden könnten.[265]

Da Probleme im Rahmen des Kundenprozesses auftreten bzw. vom Kunden wahrgenommen werden, liegt es nahe, zur Ermittlung von Kundenproblemen durch eine individuelle Befragung von Kunden auch direkt am Kundenprozess anzuknüpfen. Dementsprechend sollen Kunden während des Durchlaufens bzw. Erlebens des Kundenprozesses wahrgenommene Probleme laut aussprechen. Diese Vorgehensweise ist bekannt als Methode der Protokollanalyse[266] und zählt zu den Instrumenten der Prozessverfolgungstechniken (Bauer 1989, S. 171). Neben der zeitgleichen Erhebung von Problemen, d. h. der Äußerung von Problemen während der Mitwirkung des Kunden am Leistungserstellungsprozess, ist gleichermaßen denkbar, den Kunden im nachhinein nach den wahrgenommenen Problemen zu befragen.

Die Identifikation von Service Customer Performance-Problemen ist jedoch nicht nur im Rahmen von Einzelinterviews möglich, sondern es sollten insbesondere auch Gruppendiskussionen eingesetzt werden, da mittels Gruppeninterviews mehr Informationen als durch Einzelinterviews gewonnen werden können (Böhler 1992, S. 79 f.). Zur konzeptionell-methodischen Gestaltung dieser Variante von Tiefeninterviews[267] lassen sich dabei insbesondere die Verfahren der sequentiellen Ereignismethode und der Critical Incident Technique einsetzen.

---

[265] Einen Einstieg in Aspekte des Aufbaus von Fragebögen, der Formulierung von Fragen und der Länge von Fragebögen liefern z. B. Böhler (1992, S. 89-92) und Hammann/Erichson (1994, S. 90-97).

[266] Ferner finden sich in der Literatur die Begriffe der Gedankenprotokollierung und der Methode des lauten Denkens (Bauer 1989, S. 171).

[267] Als Tiefeninterviews werden solche mündlichen Befragungen bezeichnet, bei denen der Interviewer entweder eine teilweise oder völlige Variationsfreiheit im Hinblick auf das Befragungsschemata inne hat (Böhler 1992, S. 77; Hammann/Erichson 1994, S. 88).

Eine Technik, die gleichermaßen zur Problemidentifikation und -analyse geeignet ist, stellt die Sequentielle Ereignismethode dar. Diese „beinhaltet die Ermittlung von positiven und negativen Ereignissen im Qualitätserleben von Dienstleistungskunden auf der Basis eines visualisierten Kundenpfades in mündlichen Interviews" (Stauss 2000a, S. 331; siehe auch Stauss/Weinlich 1996, S. 50). Damit bietet sich dieses Verfahren zur Ermittlung von Kundenproblemen an.

Grundsätzlich setzt sich das Verfahren aus vier Schritten zusammen (Stauss/ Weinlich 1996, S. 50 f.), wovon die ersten drei Schritte für die vorliegende Problemstellung von besonderer Relevanz sind. Im ersten Schritt ist der Kundenprozess zu visualisieren. Hierbei kann auf den im Rahmen der antizipativen Kundenentwicklungs-Bedarfsanalyse erstellten integrationsaufgabenbezogenen Kundenprozess zurückgegriffen werden (siehe Absatz 6.4.3.1). Gerade das Visualisieren der Kundenaktivitäten fördert die Erkennung von Service Customer Performance-Problemen im Dienstleistungsablauf und erlaubt damit eine profunde Ursachenanalyse (in Anlehnung an Stauss 1991b, S. 98; Zollner 1995, S. 108). Die Service Customer Participation Map vor Augen können die Kunden in einem zweiten Schritt nach ihren Erlebnissen zu den verschiedenen Tätigkeiten befragt werden (Stauss/Weinlich 1996, S. 50). Hierbei interessieren zwar primär die aufgetretenen Probleme während der Tätigkeitsausführung, aber auch die positiv bewältigten Integrationsaufgaben können für eine spätere Verbesserung der Beschreibung von Integrationsanforderungen dienen. Im dritten Schritt sollten die Kunden eine Einschätzung der Tätigkeitsausführung vornehmen, ob sie diese als positiv oder negativ wahrnahmen. Zudem könnten sie eine Bewertung der Relevanz der verschiedenen Tätigkeitsausführungen angeben (Stauss/Weinlich 1996, S. 50). Diese Bewertung gestattet eine, wie noch in Abschnitt 6.5.4 gezeigt wird, Einstufung der Relevanz von Service Customer Performance-Problemen nach weniger bedeutsamen und „kritischen" Kundenproblemen.

Eine weitere Methode, die sich zur Gewinnung von integrationsaufgabenbezogenen Problemen anbietet, ist die Critical Incident Technique (Methode der kritischen Ereignisse; Stauss/Hentschel 1991, S. 241). Bei diesem Verfahren steht die Erhebung und Analyse von kritischen Ereignissen, so genannten „Critical incidents" im Ablauf von Handlungsprozessen im Vordergrund (Flanagan 1954; siehe auch Bitner/ Booms/Tetreault 1990, S. 73; Nyquist/Bitner/Booms 1985, S. 196 f.; Stauss 1991b,

S. 100; 1994, S. 237; 2000a, S. 332; Stauss/Hentschel 1992, S. 117). Zur zuverläs-sigen Erhebung von Service Customer Performance-Problemen mittels der Methode der kritischen Ereignisse, welche die Basis zur Formulierung von Anforderungsdi-mensionen bilden, sind sowohl Kunden als auch Mitarbeiter zu befragen (Nerdinger 1999, S. 140; Nyquist/Bitner/Booms 1985, u. a. S. 210). Besondere Bedeutung kommt dabei der Kundenbefragung zu. Entweder lassen sich aus den von den Kun-den gewonnenen kritischen Ereignissen, die als außergewöhnlich positiv oder nega-tiv erlebte Vorfälle definiert werden (Bitner/Booms/Tetreault 1990, S. 73; Stauss 1994, S. 237; 2000a, S. 332; Stauss/Hentschel 1991, S. 241; Zollner 1995, S. 112), die negativ empfundenen integrationsaufgabenbezogenen Tätigkeitsbeschreibungen herausarbeiten oder aber die Kunden werden direkt nach ihren positiv und negativ empfundenen Tätigkeitsausführungen befragt. Mittels interpretativ-reduktiver Inhalts-analyse (Lamnek 1998, S. 180-188) können sodann spezifische Tätigkeitsproblem-kategorien gebildet werden.

Der Vorteil dieses Verfahrens liegt in der Detailliertheit der Informationen (Stauss 2000a, S. 332; siehe auch Zollner 1995, S. 156). Zudem wird das Unternehmen u. U. auf Tätigkeitsausführungen aufmerksam gemacht, die im Rahmen der Ausar-beitung des integrationsaufgabenbezogenen Kundenprozesses nicht eingeplant bzw. berücksichtigt wurden. Beispielsweise zeigte sich im Rahmen einer empirischen Stu-die im Bankwesen, dass sich unter den als besonders kritisch eingestuften Ereignis-sen insbesondere solche befanden, die auf einer als unzureichend, verspätet oder unverständlich wahrgenommenen Informationsversorgung der Kunden beruhten (Zollner 1995, S. 152 f.). Auch in der Studie von Bitner/Booms/Tetreault (1990, S. 82) wurde belegt, dass eine häufige Information des Kunden über „what hap-pened, what can be done, and why their needs or requests can or cannot be ac-commodated", Zufriedenheit bei den Kunden erzeugen oder zumindest Unzufrieden-heit vermindern kann.

In einer Untersuchung von Nyquist/Bitner/Booms, die gleichermaßen auf der An-wendung der Critical Incident Technique-Methode beruhte, die jedoch aus der Per-spektive des Kundenkontaktpersonals vorgenommen wurde, basierten 20 % der kri-tischen Vorfälle in der Mitarbeiter-Kunden-Interaktion auf unrealistischen Vorstellun-gen bzw. Erwartungen der Kunden (Nyquist/Bitner/Booms 1985, S. 204). Aber auch mangelhafte soziale Handlungen gegenüber den Mitarbeitern (13 %) oder Verstöße gegen soziale Normen (6 %) wurden (kumuliert betrachtet) am zweithäufigsten genannt. Kunden vermitteln zum Teil den Eindruck als wenn mit der Bezahlung die allgemeinen Umgangsregeln außer Kraft gesetzt sind (Nerdinger 1994, S. 123). Hier zeigt sich dementsprechend ein enormes Potential für Kundenentwicklungsmaßnahmen.

6.5.3   Ursachenanalyse der Service Customer Performance-Probleme zur Aufdeckung des reaktiven Kundenentwicklungsbedarfs

Falls ein Dienstleistungsunternehmen Service Customer Performance-Probleme registriert, gilt es im nächsten Schritt durch eine systematische Analyse der Service Customer Performance-Probleme herauszufinden, welche Ursachen dafür verantwortlich gemacht werden können (Honebein 1997, S. 23 f.). Diese integrationsbezogene Fehleranalyse will insbesondere die Entstehung von Fehlleistungen des Kunden ermitteln (siehe zur Fehleranalyse auch Hoyos 1980, S. 62). Die Aufgabe der Analyse der Service Customer Performance-Probleme besteht dementsprechend darin, die identifizierten Probleme unter Verwendung dafür geeigneter Instrumente im Hinblick auf deren Ursachen zu untersuchen (Honebein 1997, S. 35) und den aktuellen, akuten Entwicklungsbedarf der Kunden herauszukristallisieren.

Ausgangspunkt der Ursachenanalyse ist die genaue Problembeschreibung, wie sie mittels der in Abschnitt 6.5.2 geschilderten Methoden erhoben werden kann. Dabei zeigt sich in vielen Fällen, dass aus der Problemschilderung schon erste Hinweise auf diverse Ursachen erfolgen. Auch bieten sich einzelne Methoden der Problemerhebung, wie persönliche Interviews, gerade dazu an, den Probanden auch direkt nach möglichen Ursachen zu befragen. Daran anknüpfend sollte eine systematische Ursache-Wirkungs-Analyse betrieben werden. Hierfür lässt sich das Instrument des Ursache-Wirkungs-Diagramms (Fischgrät- oder Ishikawa-Diagramm; Sondermann 1994, S. 229; Stauss/Seidel 1998b, S. 226) einsetzen. Dieses versucht, alle möglichen Einflussgrößen (Ursachen) für ein konkretes Problem (Wirkung) zu ermitteln. Dabei werden die diversen Einflussgrößen in Hauptursachenkategorien zusammengefasst. Vorteilhaft an diesem Verfahren ist die systematische und visuelle Darstellung aller möglichen Einflussfaktoren eines Problems (Stauss/Seidel 1998b, S. 226).

Angewandt auf die vorliegende Aufgabenstellung der Ermittlung des reaktiven Kundenentwicklungsbedarfs ist zunächst eines der ermittelten Service Customer Performance-Probleme auszuwählen und als Wirkung bzw. Problem festzuschreiben. Daran anknüpfend sind die Hauptursachenquellen für das Service Customer Performance-Problem zu identifizieren. In vielen Fällen liefert, wie schon angedeutet, die Problemerhebung erste Hinweise auf potentielle Ursachenquellen. Als grundsätzliche Fehlerquellen lassen sich unterscheiden (siehe ähnlich auch Nyquist/Bitner/Booms 1985, S. 201 und Adams 1999, S. 54 f.):

1. Kunde

   Beim Kunden sind Qualifikationslücken vorhanden, die seine Performance beeinträchtigen (Bowen 1986, S. 381). Diese Qualifikationslücken können begründet sein in einem mangelhaften Kennen, Können und/oder Wollen des Kunden.

2. Dienstleister

   Beim Dienstleister treten potential-, prozess- und/oder ergebnisbezogene Mängel auf, die eine korrekte Kundenbeteiligung behindern. So vermögen insbesondere Ordinationsmängel im Service-System, d. h. Mängel in der konkreten Integrationsumgebung,[268] zu Service Customer Performance-Problemen führen.

Da diese Unterscheidung noch zu allgemein gehalten ist, sollten zumindest bei der Problemquelle Dienstleistungsunternehmen weitere Unterkategorien gebildet werden. Hierzu können relativ allgemeingültige Kategorien eines Service-Systems herangezogen werden, wie Kontaktmitarbeiter, Prozesse, Automaten/Maschinen und sonstiges physisches Umfeld.

Nachdem diese Hauptkomponenten als so genannte Gräten in das Ursache-Wirkungs-Diagramm eingezeichnet wurden, müssen in einem weiteren Schritt alle potentiellen Ursachen im Detail eruiert werden. Diese bilden die Verzweigungen an den Gräten. Die gefundenen Detailursachen sind im darauf folgenden Schritt danach

---

[268] In Anlehnung an den aus der Personalentwicklung stammenden Begriff der Ordinationsmängel. Dabei sind unter Ordinationsmängel Mankos in der Arbeitsumgebung der Mitarbeiter zu verstehen; siehe Becker, M. (1999, S. 122).

zu bewerten, mit welcher Wahrscheinlichkeit sie für das Auftreten des Service Customer Performance-Problems verantwortlich gemacht werden können. Auf diese kann im Ursache-Wirkungs-Diagramm explizit aufmerksam gemacht werden, z. B. durch Fettdruck oder Kursivschrift. Ein Beispiel solch eines Ursache-Wirkungs-Diagramms zur Analyse von Service Customer Performance-Problemen ist in Abbildung 66 dargestellt.

Für das Unternehmen sind sämtliche Fehlerquellen von Interesse, die es dementsprechend näher zu analysieren gilt. Es ist herauszufinden, welche der Fehlerquellen tatsächlich den stärksten Einfluss auf die Entstehung des Service Customer Performance-Problem ausübt.

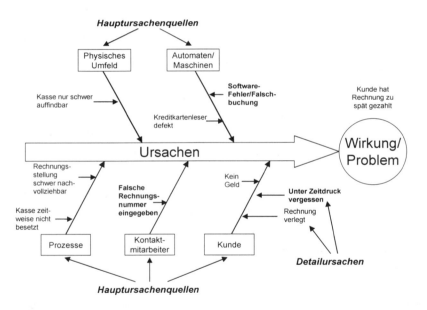

Abb. 66:   Exemplarische Darstellung eines Ursache-Wirkungs-Diagramms für ein Service Customer Performance-Problem
Quelle: Eigene Überlegungen.

Aber nicht jedes Problem des Kunden lässt sich mit dem Einsatz von Kundenentwicklungsmaßnahmen lösen (Honebein 1997, S. 24). Eventuell existieren andere Möglichkeiten bzw. Notwendigkeiten, die das Kundenproblem schneller und kostengünstiger lösen.[269] So können beispielsweise Programmierfehler die einwandfreie Nutzung von Internet-Services verhindern. Ein anderes Beispiel wäre der Defekt von Kreditkartenlesegeräten. Daneben sind eventuell die Mitarbeiter nur ungenügend über die Dienstleistungen informiert (Rushton/Carson 1989, S. 33 f.). Des Weiteren vermag das physische und das soziale Umfeld die Integrationsbereitschaft des Kunden negativ zu beeinflussen (Silpakit/Fisk 1985, S. 118).[270] In all diesen Fällen bleibt die gewünschte Service Customer Performance aus, ohne dass der Kunde (direkt) daran Schuld hat. Solche inadäquaten Service Designs führen immer wieder zu Problemen bei der Leistungserstellung (Gummesson 1996, S. 260; Oevretveit 1999, S. 405 f.).[271]

Der Dienstleister muss sich also fragen, ob und welche Widerstände von Kundenseite bestehen, sich nicht bzw. nur ungenügend zu integrieren (Meyer 1994, S. 88). Dies kennzeichnet den reaktiven Kundenentwicklungsbedarf. Dabei lassen sich drei Kern-Cluster von qualifikationsbezogenen Service Customer Performance-Problemquellen bilden. Dies sind Barrieren im Wollen (Nicht-Wollen), im Kennen (Nicht-Kennen) und im Können (Nicht-Können) der Kunden, die eine anforderungsgerechte Erfüllung der Integrationsaufgaben bzw. Kundenrollen behindern (Bowen 1986, S. 381; Scheuch 1982, S. 158; Thompson 1962, S. 316). Falls sich der Kunde nicht kooperativ zeigt, kann der Dienstleister Überlegungen zu möglichen Anreizen anstellen. Falls es Probleme im Bereich des Kennens und/oder Könnens gibt, ist der Kunde entsprechend zu schulen (Bowen 1986, S. 381; Thompson 1962, S. 316-318). Von Interesse für die vorliegende Arbeit sind somit nicht diejenigen Problemursachen, die beim Unternehmen liegen, sondern primär solche, die aufgrund von Qualifikationsdefiziten des Kunden entstehen. Eine Ausnahme stellen Ordinationsmängel im Service-System dar. Dabei handelt es sich um Faktoren eines Nicht-Dürfens des Kunden.[272] Da sich dieses Nicht-Dürfen in engem Zusammenhang mit

---

[269] Auf jeden Fall sollten diese Problempunkte in der Service Customer Participation Map berücksichtigt und Lösungsmöglichkeiten gefunden werden.
[270] Zu den Möglichkeiten der Gestaltung des physischen Umfelds siehe Abschnitt 8.6.2.
[271] Es soll jedoch nicht noch näher auf den Prozess der Verbesserung von Service-Systemen eingegangen werden. Zur Vertiefung sei z. B. auf die entsprechenden Ausführungen bei Oevretveit (1999, S. 406) hingewiesen.
[272] Siehe zur Relevanz des Dürfens als Determinante des Verhaltens im betrieblichen Kontext Nerdinger (1995, S. 10).

Fragen der Kundenentwicklung bewegt, wie z. B. der Unterstützung von Kundenentwicklungsaktivitäten, sollen Ordinationsaspekte in Teil 8 der Arbeit mit behandelt
werden.

Wichtig ist in jedem Falle, dass eine gewisse Sensibilität und Kreativität zur Identifikation von Problemursachen vorliegt. Dass eine bestimmte Kundenentwicklungsmaßnahme, wie ein Hinweisschild oder ein Handbuch, eingesetzt wird, heißt noch
lange nicht, dass dieses auch von den Kunden verstanden bzw. überhaupt genutzt
wird. Dementsprechend können Service Customer Performance-Probleme trotz
Kundenentwicklungsmaßnahmen auftreten.

Als Beispiel sei wieder auf die Ruhewagen in den ICEs der Deutschen Bahn hingewiesen: Das Piktogramm, das auf die Ruhebereiche in ICE-Zügen hinweist (siehe
Abbildung 67), wird von vielen Reisenden entweder nicht wahrgenommen, nicht richtig verstanden oder wohlweislich übersehen. Dass die Missachtung des Ruhegebots
z. B. durch Handybenutzung aufgrund von Unwissenheit oder fehlender Einsicht der
Fahrgäste entsteht, setzt jedoch die Einsicht voraus, dass der ausschließliche Einsatz dieses Piktogramms eventuell unzureichend ist.

Abb. 67:   Piktogramm „Ruhebereich" in ICE-Zügen der Deutschen Bahn AG
Quelle: Deutsche Bahn AG.

Im Falle der Identifikation von kundenseitigen Fehlern erfolgt also der Einsatz von
Kundenentwicklungsaktivitäten (Honebein 1997, S. 24). Neben relativ konstanten

Merkmalen, wie Fähigkeiten und Fertigkeiten,[273] die für die Probleme ursächlich sind, können auf Kundenseite kurzfristige, situative Faktoren,[274] wie Müdigkeit, Krankheit und Zeitdruck (Hoyos 1980, S. 66 f.; Schanz 1993, S. 87; Silpakit/Fisk 1985, S. 119), dafür sorgen, dass sich der Kunde nicht konsistent zu seinen normativen Erwartungen verhält. Ist beispielsweise der Klient eines Steuerberaters stark unter Zeitdruck, wird er dem Steuerberater eventuell nur bruchstückhafte Informationen weitergeben, weshalb es zu einer geringeren Service Customer Instrumental Performance kommt. Da die situativen Faktoren für eine Kompetenzvermittlung von nachgeordneter bzw. geringer Relevanz sind, sich zudem von dem Dienstleistungsunternehmen nur schwer managen lassen (Silpakit/Fisk 1985, S. 119), konzentrieren sich die weiteren Ausführungen auf die eher zeitstabilen Variablen in der Person des Kunden. Intraindividuelle Schwankungen der Leistungsfähigkeit wie Launen, psychische Ausgeglichenheit und Tagesverfassung (Hilke 1989, S. 27; Meyer 1991, S. 200; 1994, S. 24; Meyer/Mattmüller 1987, S. 189; Meyer/Westerbarkey 1995, S. 85; Rushton/Carson 1989, S. 36) des Kunden werden damit nicht betrachtet.

Wichtig ist, bei der Analyse darauf zu achten, dass sich der reaktive Kundenentwicklungsbedarf nicht nur an den unternehmerischen Anforderungen, sondern im Sinne der doppelten Zielsetzung der Kundenentwicklung im Dienstleistungsbereich (siehe Abschnitt 5.3.1) auch an den Wünschen und Bedürfnissen der Kunden auszurichten hat (Honebein 1997, S. 16). Hierzu stehen einem Dienstleister verschiedene Instrumente zur Verfügung, auf die schon zur Problemidentifikation zurückgegriffen wurde. Zunächst kann durch eine Analyse der Beschwerden der Kunden der Entwicklungsbedarf an den Vorstellungen der Kunden ausgerichtet werden.[275] Des Weiteren ist es denkbar, die Kunden in Einzel- oder Gruppengesprächen direkt nach ihrem Qualifikationsbedarf zu befragen (Webb 1994, S. 19). Hierdurch ist es mög-

---

[273] Diese gelten als zeitlich überdauernd, größtenteils erlernt und nur langsam veränderbar (Hoyos 1980, S. 64).

[274] Hoyos unterscheidet bei den so genannten zeitvariablen Leistungsbedingungen zwischen irreversiblen, reversiblen und zyklischen Veränderungen. Irreversible Veränderungen der Leistungsfähigkeit werden z. B. durch Krankheit bewirkt. Reversible Leistungsminderungen sind z. B. Ermüdungserscheinungen. Zyklische Leistungsschwankungen basieren auf tagesrhythmischen Veränderungen der Leistungsfähigkeit (Hoyos 1980, S. 66 f.).

[275] Hennig-Thurau (1998, S. 144) spricht im Konsumgüterbereich von der Kompetenznachfrage, worunter der „subjektiv empfundene Bedarf des Konsumenten an Konsum-Kompetenz [im Original kursiv] in Bezug auf ein Produkt verstanden werden soll".

lich, gleichermaßen die qualifikationsbezogenen Interessen der Kunden zu verfolgen.

6.5.4   Bewertung der Service Customer Performance-Probleme

Da der Einsatz von Maßnahmen zur Kundenqualifizierung mit einem Verbrauch unternehmerischer Ressourcen verbunden ist, sollte darüber nachgedacht werden, inwieweit eine Priorisierung der Beseitigung der verschiedenen integrationsqualifikationsbedingten Probleme vorgenommen werden kann. Nicht jedes Qualifikationsproblem der Kunden muss auch unbedingt behoben werden. Es gilt zu beachten, dass bei der Bedarfsklärung zwischen „Kundenschwächen"[276] unterschieden wird, mit denen sowohl der Kunde als auch das Unternehmen leben kann (z. B. muss der Kunde nicht notwendigerweise große technische Kenntnisse über einen PC haben), und Schwächen, deren Beseitigung existentiell wichtig ist, egal ob primär für den Kunden oder für das Unternehmen. Daher sollten die identifizierten Integrationsqualifikationsdefizite nach der Häufigkeit ihres Auftretens und der Wichtigkeit ihrer Behebung bewertet werden. Dazu sei auf die Vorgehensweise der Frequenz-Relevanz-Analyse für Probleme (FRAP) zurückgegriffen. Diese basiert auf der Überlegung, dass „ein Problem um so dringlicher der Aufmerksamkeit des Managements bedarf, je häufiger es auftritt und je ärgerlicher bzw. bedeutsamer sein Auftreten vom Kunden empfunden wird" (Stauss 2000a, S. 334). Damit eignet sich dieses Verfahren grundsätzlich auch zur Bewertung von Service Customer Performance-Problemen. Allerdings sollten nicht nur die Probleme und der hieraus erwachsende Entwicklungsbedarf aus einer Kundenperspektive, sondern insbesondere auch aus der Unternehmensperspektive betrachtet werden. Von daher ist die Problemrelevanz durch die unternehmerische Einschätzung zu ergänzen. Im Folgenden wird die Vorgehensweise zur Ermittlung der Dringlichkeit der Beseitigung der Qualifikationsdefizite beschrieben.

Zunächst ist eine Problemliste zu ermitteln (Stauss 1991b, S. 104). Die konkrete Erhebung dieser Probleme wurde schon in Abschnitt 6.5.2 beschrieben. Beruhend auf

---

[276] Rosemeier (1987, S. 71) spricht auch bei einer als insuffizient wahrgenommenen Verhaltensbefähigung von einem so genannten „Verhaltensdefizit".

dieser Liste können Problemkategorien gebildet werden, welche die Basis eines Fragebogens bilden (Stauss 1991b, S. 104). Dieser Fragebogen wird sowohl an die Kunden als auch an die Kundenkontaktmitarbeiter verteilt. Dabei sollen die Kunden angeben, ob ein bestimmtes Problem bei ihnen überhaupt schon einmal (oder mehrmals) aufgetreten ist. Die Kontaktmitarbeiter werden gefragt, ob sie dieses Problem häufig bei den Kunden wahrnehmen. Die so ermittelten Antworten ermöglichen eine Einschätzung der Häufigkeit des Problemauftritts. Daneben sollen die Kunden die Relevanz dieses Problems einschätzen. Gleichermaßen müssen die Kontaktmitarbeiter die Relevanz dieses Problems einschätzen und zwar aus ihrer Perspektive. Damit wird eine Einschätzung der Relevanz des Problems vorgenommen. Die Befragung kann schriftlich, mündlich, telefonisch oder je nach Dienstleistung auch per Computer geschehen. Im Rahmen der Auswertung gelangt man zu zwei Kennzahlen, die eine Aussage über die Häufigkeit des Auftritts bestimmter Probleme sowie die Relevanz dieser Probleme ermöglichen. Somit können die Qualifikationsdefizite in ein entsprechendes Raster eingeordnet werden (siehe Abbildung 68).

Hoch	*Individuelle Behebung*	*Sofortaktion*
Gering	*Beobachtung*	*Kontinuierliche Verbesserung*

Wichtigkeit der Behebung

Gering   **Hoch**

Häufigkeit des Problemauftritts

Abb. 68:   Bewertungsraster der Qualifikationsdefizite von Dienstleistungskunden
Quelle: Eigene Überlegungen.

Kundenprobleme, die sowohl häufig auftreten als auch deren Behebung als äußerst wichtig angesehen werden, bedürfen einer sofortigen Beseitigung. Dagegen sind Schwächen, die zwar häufig vorkommen, aber nicht als besonders kritisch wahrgenommen werden, mit der Zeit im Rahmen von kontinuierlichen Verbesserungsprozessen auszuräumen. In den Fällen, die selten eintreten, aber für den einzelnen Kunden sehr problematisch erscheinen, ist eine individuelle Behebung angebracht. Zuletzt erfordern Defizite, die selten vorkommen und eher unwichtig sind, keiner besonderen Aktion, sollten aber weiterhin durch den Dienstleister beobachtet werden.

Als weitere Möglichkeit der Einschätzung der Dringlichkeit der Behebung von Qualifikationsdefiziten ist eine Auswertung möglich, die den Beitrag der einzelnen Probleme für die Gesamtproblematik aufzeigt. Hierfür bietet sich die Pareto-Analyse an (Stauss 1991b, S. 105). Dazu wird zunächst für jedes Problem ein Problemwertindex gebildet. Dieser ist der Quotient aus dem Relevanzwert pro Problemdimension und der Summe der Relevanzwerte. Bei einer Kumulation lässt sich sodann erkennen, wie viel Prozent das jeweilige Problem am Totalproblemwertindex ausmacht.

Damit verfügt das Dienstleistungsunternehmen über ein Instrumentarium, um den reaktiven Kundenentwicklungsbedarf sowohl bestimmen als auch bewerten zu können.

7 Planung der Maßnahmen zur Kundenentwicklung im Dienstleistungsbereich

Das Fundament der Planung von Maßnahmen zur Kundenentwicklung im Dienstleistungsbereich stellt der in Teil 6 der Arbeit ermittelte antizipative und/oder reaktive Kundenentwicklungsbedarf dar. Wurde ein entsprechender Bedarf an Qualifizierung der Kunden festgestellt, gilt es daran anknüpfend, entsprechende Maßnahmen zur Deckung des Kundenentwicklungsbedarfs zu planen.

Kundenentwicklung richtet sich potentiell an alle Kunden, die ein Qualifikationsdefizit aufweisen. Da der Einsatz von Kundenentwicklungsmaßnahmen jedoch mit einem Verbrauch unternehmerischer Ressourcen einhergeht, ist zu überlegen, inwieweit eine Segmentierung der Zielkunden(gruppen), d. h. eine Zusammenfassung der Kunden mit vergleichbaren Merkmalsausprägungen zu Segmenten (Krafft/Albers 2000, S. 515), die in sich möglichst homogen und im Vergleich zueinander möglichst heterogen sind (Berekoven/Eckert/Ellenrieder 1999, S. 249), vorgenommen wird (Kapitel 7.1). Diese Segmente begründen einen differenzierten Einsatz von Kundenentwicklungsaktivitäten. Hat sich das Dienstleistungsunternehmen erst einmal auf bestimmte Zielkunden bzw. -gruppen festgelegt, sind in einem weiteren Schritt die gewünschten Kundenlernziele zu definieren (Kapitel 7.2). Diese stellen wiederum die Basis für diverse methodisch-didaktische und organisatorische Planungsaspekte von Kundenentwicklungsmaßnahmen dar (Kapitel 7.3).

7.1 Bestimmung der Zielkunden bzw. -gruppen

Ziel dieses Kapitels ist die Segmentierung von Zielkunden bzw. -gruppen, die eine unterschiedliche Behandlung mit Kundenentwicklungsmaßnahmen erfahren sollen. Dazu präsentiert Abschnitt 7.1.1 zunächst die grundsätzliche Vorgehensweise. Ausgangspunkt der Überlegungen stellt eine Grobsegmentierung der Kunden dar, anhand derer spezielle Problemkunden ausgeschlossen werden sollen (Abschnitt 7.1.2). Gegenstand der hieran anknüpfenden Feinsegmentierung (Abschnitt 7.1.3) bildet sodann zum einen die Ermittlung der ökonomischen Attraktivität der Kunden, d. h. die „Klassifikation von Kunden nach ihrer künftig möglichen Bedeutung für das

Unternehmen" (Köhler 1998, S. 331; siehe auch Cornelsen 1996, S. 24). Dadurch ist eine Priorisierung einzelner Geschäftsbeziehungen möglich (Tomczak 1994, S. 200). Zum anderen sollten qualitative Kundenmerkmale zur Clusterung herangezogen werden.

7.1.1   Grundsätzliche Vorgehensweise zur Festlegung der Zielkunden bzw. -gruppen

Bei der Analyse des Kundenentwicklungsbedarfs zeichneten sich schon erste Konturen für die anzusprechenden Zielkunden bzw. -gruppen ab. Aufgrund der Analyse der Ist-Qualifikationen der Kunden, welche die Grundlage der Ermittlung des Kundenentwicklungsbedarfs bildet, ist eine erste, wenn auch grobe Bestimmung der Zielkunden(gruppen) möglich. Generell sind sämtliche Kunden, bei denen ein Integrationsqualifikationsdefizit vorliegt, das vom Unternehmen behoben werden kann, Adressaten von Kundenentwicklungsmaßnahmen. Daher ist die Definition der anvisierten Zielkunden bzw. -gruppe(n) vergleichsweise unproblematisch. Im Gegensatz zur Personalentwicklung stellt sich bei der Kundenentwicklung im Dienstleistungsbereich jedoch häufig das Problem der Identifikation der zu qualifizierenden Kunden.[277] Dies ist besonders dann der Fall, wenn das Unternehmen über keine kundenindividuellen (Integrationsqualifikations-)Daten verfügt. Es ist zwar möglich, über die in Teil 6 beschriebenen Bedarfsermittlungsinstrumente Zielkunden(gruppen) zu definieren (z. B. durch Einsatz von marktforscherischen Aktivitäten und internen Expertenbefragungen), aber eine Identifikation der einzelnen Kunden unterbleibt.

Eine Ausnahme zeigt sich beim reaktiven Kundenentwicklungsbedarf. Hier können die Kontaktpunkte, insbesondere die persönlichen Interaktionen mit dem Kontaktpersonal, dazu genutzt werden, um Qualifikationsdefizite bei einzelnen Kunden und damit unmittelbar Entwicklungs-Adressaten zu erkennen. Im Weiteren sei davon

---

[277]   Dies ist ein häufig auftretendes Problem der Marktforschung. Zwar lässt sich der Personenkreis oftmals exakt bestimmen, aber zumeist nicht ohne weiteres identifizieren (Berekoven/Eckert/ Ellenrieder 1999, S. 49).

ausgegangen, dass Informationen über einzelne Kundenbeziehungen vorliegen.[278]

Sowohl bei Maßnahmen der Personal- als auch bei Aktivitäten der Kundenentwicklung handelt es sich um Investitionen, die mit einem Verbrauch unternehmerischer Ressourcen einhergehen. Daher ist eine möglichst optimale Allokation der einzusetzenden Mittel anzustreben (Krafft/Albers 2000, S. 515). Bei der Personalentwicklung bedeutet dies, als Mindestvoraussetzung zu betrachten, ob ein Mitarbeiter auch über das notwendige Qualifikationspotential verfügt (Berthel 2000, S. 249). In einem weiter gehenden Schritt können eine Rangliste der potentiellen Kandidaten nach ihrem Qualifikationspotential erstellt und diejenigen mit dem größten Entwicklungspotential ausgewählt werden (Stichwort der Begabtenförderung; Berthel 2000, S. 250). Aufgrund der Besonderheiten der Kundenentwicklung sollte sich der Ablauf der Bestimmung der Zielkunden bzw. -gruppen jedoch anders gestalten. Da beim Eintritt der Kunden in eine Geschäftsbeziehung im Gegensatz zur Personalauswahl von Mitarbeitern überwiegend keine Selektion erfolgt, sollte in einem ersten Schritt anhand von so genannten „Knock-out-Kriterien" (Köhler 1998, S. 342) eine Grobsegmentierung der Kunden in grundsätzlich entwicklungswürdige und von der Entwicklung auszuschließende Kunden vorgenommen werden (Abschnitt 7.1.2). So existieren - wenn auch vergleichsweise wenige - Kunden, bei denen von einer Kundenqualifikation abzusehen ist, wie im Falle so genannter „potentieller Gesetzesbrecher" (Bumbacher 2000, S. 428).

Nachdem eine derartige Grobsegmentierung erfolgt ist, kann im zweiten Schritt mit einer Feinsegmentierung der Kunden fortgefahren werden (Abschnitt 7.1.3). Da im Vergleich zur Personalentwicklung eine Investition in die Qualifikation eines Kunden für ein Unternehmen grundsätzlich mit einem höheren Risiko verbunden ist (siehe Absatz 4.2.2.3), gilt es, den Einsatz unternehmerischer Ressourcen zunächst nach der ökonomischen Attraktivität eines Kunden auszurichten. Es ist abzuschätzen, bei welchen Kunden Entwicklungsmaßnahmen voraussichtlich besonders lohnenswert sind (Köhler 1998, S. 335). Krafft/Albers (2000, S. 515) bezeichnen die Notwendig-

---

[278] Ist dies bei einem Dienstleistungsunternehmen nicht der Fall, so kann durch den Einsatz verschiedenster Maßnahmen, z. B. Kundenkarten, und den Aufbau eines kundenorientierten Informationssystems (siehe Abschnitt 10.5.2) versucht werden, eine Identifikation einzelner Kunden zu erreichen.

keit der Kunden(beziehungs)bewertung als Grundlage der produktivsten (Marketing-) Mittelverteilung gar als „ökonomisches Gebot" (siehe ähnlich Homburg/Schnurr 1999, S. 1). Diese Aussage beruht auf der Erkenntnis, dass nicht jeder Kunde bzw. jede Kundenbeziehung gleich viel wert ist (Cornelsen 1996, S. 1; Hentschel 1991, S. 26; Homburg/Schnurr 1999, S. 2).[279] Aus diesem Grund sind die Kunden nach ihrer ökonomischen Attraktivität - es lässt sich in diesem Falle auch von der Kundenentwicklungspriorität sprechen - in Kunden-Cluster zusammenzufassen (siehe auch Hennig-Thurau 1998, S. 199). Hierdurch wird sichergestellt, dass die Entwicklungsintensität in Abhängigkeit von der monetären Bedeutung eines Kunden variiert.

Es sei jedoch ergänzend zu den bisherigen Ausführungen darauf hingewiesen, dass es aus moralisch-ethischen Aspekten heraus durchaus notwendig sein kann, auf eine derartige, rein ökonomisch orientierte Segmentierung zu verzichten. Beispiele finden sich u. a. im Gesundheits- und Schulwesen. In diesen Dienstleistungsbereichen ist es als äußerst fragwürdig zu bezeichnen, wenn die Qualifizierungsintensität nach monetären Aspekten variiert. Stattdessen sollte grundsätzlich jedem „Kunden" in derartigen Dienstleistungsinstitutionen die gleiche Entwicklungsmöglichkeit zugestanden werden. Folglich ist die Entwicklungs- und nicht die Attraktivitätsperspektive in den Vordergrund zu rücken (siehe hierzu auch Bowen 1986, S. 380). Dieser alternative Weg der Verteilung eines Qualifizierungsbudgets auf die Zielkunden(gruppen) entspricht einer Linearisierung des Entwicklungsaufwands je Kunde bzw. je Kundengruppe.[280] Damit kommt jedem Kunden die gleiche Entwicklungsintensität zu, was dem Gedanken einer Kundengleichheit nahe kommt. Dies ist eben gerade bei sozialen Dienstleistungen wünschenswert (Gouthier 1999a, S. 20).

Die Anbieterressourcen, die für die Planung, Realisation und Evaluation der Maßnahmen der Kundenentwicklung aufgebracht werden und damit ökonomischen Restriktionen unterliegen, sind des Weiteren entwicklungsbedarfsbezogen einzusetzen.

---

[279] In der Literatur taucht im Kontext der Kundenwertanalyse immer wieder die so genannte 80/20-Pareto-Regel auf. Diese besagt, dass ein vergleichsweise kleiner Teil (etwa 20 %) der Dienstleistungskunden einen vergleichsweise hohen Teil (etwa 80 %) des Umsatzes, Gewinns oder Deckungsbeitrags (und dabei des langfristigen Umsatzes, Gewinns oder Deckungsbeitrags; siehe u. a. Cornelsen 1996, S. 1; Homburg/Daum 1997, S. 395; Homburg/Schnurr 1999, S. 11; Köhler 1998, S. 335; Krafft/Albers 2000, S. 519) ausmachen.

[280] Zur Linearisierung des Entwicklungsaufwands pro Entwicklungs-Adressat siehe Berthel (1997, S. 256).

Daher sollten im Anschluss an eine attraktivitätsbezogene Kundensegmentierung innerhalb der verschiedenen Zielkundengruppen (z. B. innerhalb von A-, B- und C-Kundengruppen; siehe Unterabsatz 7.1.3.1.2) weitere Untergruppen gebildet werden, die den gleichen Qualifikationsbedarf aufweisen (Canziani 1997, S. 11; Meyer/Westerbarkey 1995, S. 92; Mills/Morris 1986, S. 729). Dabei sind die Erkenntnisse aus der Analyse des Kundenentwicklungsbedarfs aus Teil 6 heranzuziehen. Letztlich können innerhalb dieser Untergruppen nochmals Subgruppen nach personalen Kundenmerkmalen (siehe Unterabsatz 6.4.6.5.1), z. B. nach dem Qualifikationspotential, vorgenommen werden (Hansen/Hennig 1995b, S. 81 f.; 1996, S. 164 f.). Aus der Argumentation wird ersichtlich, dass das Qualifikationspotential der Kunden durchaus eine relevante Größe ist, die aber im Vergleich zur Personalentwicklung eine eher untergeordnete Rolle spielt.

7.1.2   Grobsegmentierung der Kunden nach Knock-out-Kriterien

Bevor sich ein Dienstleistungsunternehmen differenzierte Gedanken zur Ermittlung der ökonomischen Kundenattraktivität macht, sollte es anhand von Knock-out-Kriterien (Köhler 1998, S. 342) unzumutbare Problemkunden(beziehungen)[281] identifizieren und bei diesen, wenn nicht gleich die Kundenbeziehung an sich beendet wird, zumindest von einer Kundenentwicklung absehen. Als eindeutiges Kriterium einer Unzumutbarkeit dient dabei die Illegalität von Kundenhandlungen (Bencivenga 2000, S. 28 f.; Bumbacher 2000, S. 428 f.) oder der schwerwiegende Verstoß gegen Grundregeln des Unternehmens (Nyquist/Bitner/Booms 1985, S. 202). Weniger gravierend, aber trotz alledem ebenso unzumutbar sind vermindert zurechnungsfähige Kunden, z. B. aufgrund von Alkoholkonsum (Bumbacher 2000, S. 428; Nyquist/Bitner/Booms 1985, S. 202). In beiden Fällen liegen Tatbestände vor, die aufgrund eines unerwünschten Kundenverhaltens[282] eine Beendigung der Kundenbeziehung bzw. einen Ausschluss aus dem Service-System rechtfertigen und daher Maßnahmen der Kundenentwicklung erübrigen.

---

[281] Siehe hierzu auch Abschnitt 5.1.2.
[282] Zu dem Begriff des „unerwünschten Kundenverhaltens" siehe Bencivenga (2000, S. 12) und Tomczak/Reinecke/Finsterwalder (2000, S. 404 f.).

Daneben treten Verhaltensweisen auf, die von anderen Kunden, die sich zur selben Zeit im Service-System aufhalten, als störend bis unerträglich wahrgenommen werden, z. B. Rauchen, ein primitives, lautes, aggressives und streitsüchtiges Auftreten sowie eine ordinäre Wortwahl (Nyquist/Bitner/Booms 1985, S. 201 f.; Pranter/Martin 1991, S. 44). Dieses Verhalten führt zu einer hohen Unzufriedenheit bei den anderen Kunden, kann jedoch vom Dienstleister selbst nur in seltenen Fällen als Ausschlusskriterium herangezogen werden. Eine andere Möglichkeit ist, diese Verhaltensweisen durch die verschiedensten Interventionsmaßnahmen im Rahmen eines Kundenkompatibilitätsmanagements[283] („Customer compatibility management"; Pranter/Martin 1991, S. 44) zu verhindern bzw. zu reduzieren, wie durch eine Schulung des Kunden (Pranter/Martin 1991, S. 48 f.) und damit generell dem Einsatz von Maßnahmen der Kundenentwicklung.

Aber nicht nur ein störendes Verhalten gegenüber anderen Kunden bereitet Probleme. Auch ein inakzeptables Auftreten gegenüber den eigenen Mitarbeitern, wie verbale oder sogar handgreifliche Attacken, sollte zu entsprechenden Reaktionen des Dienstleisters führen (Nyquist/Bitner/Booms 1985, S. 202).

Ein weiterer Grenzbereich der Kundenentwicklung sind die so genannten „Querulanten und Vorteilsschinder" (Bumbacher 2000, S. 427). Dies sind Kunden, die unverhältnismäßige Forderungen an den Dienstleister stellen (Nyquist/Bitner/Booms 1985, S. 202). Beruhen diese auf stark in der Persönlichkeit des Kunden verwurzelten Eigenschaften, wie Heimtücke, Unverschämtheit, Arroganz und Egoismus (Bailey 1994, S. 36; Bowen 1986, S. 381; Grandt 1999, S. 12 f.; o. V. 1999b), so helfen auch Maßnahmen der Kundenentwicklung nicht weiter.[284] Überzogene Forderungen können jedoch gleichermaßen aus Unkenntnis der realen Möglichkeiten eines Dienstleisters resultieren. In diesem Fall ist es gleichwohl Aufgabe der Kundenentwicklung, mittels einer entsprechenden Qualifizierung des Kunden realistische(re)

---

[283] Ein Kundenkompatibilitätsmanagement setzt sich aus drei Phasen zusammen. Während die erste Phase in der Gewinnung (relativ) homogener Kunden besteht, zeichnet sich die zweite Phase durch die im Vorfeld des Kundenkontakts vorbereitete Gestaltung des physischen Umfelds zur Unterstützung der Kompatibilität sowie der Definition von Regeln aus. Im Blickpunkt der dritten Phase steht sodann das konkrete Management der Kunden-Kunden-Interaktion (Pranter/Martin 1991, S. 44 und S. 46).

[284] Dies umso mehr, da im Rahmen dieser Arbeit eine persönlichkeitsbezogene Kundenentwicklung ausgeklammert wird (siehe Absatz 3.2.2.3).

Erwartungen zu erzeugen (Nyquist/Bitner/Booms 1985, S. 207).[285] Daher kann auch nicht pauschal empfohlen werden, bei unerwünschten Kundenbeziehungen oder Problemkunden immer von einer Kundenentwicklung abzusehen. In Fällen, in denen durch eine adäquate Qualifizierung die Kundenprobleme behoben werden können, ist es ja gerade die Aufgabe der Kundenentwicklung, aus derartigen Problemkunden (wieder) „gute Kunden" zu machen.

7.1.3   *Feinsegmentierung der zu entwickelnden Kunden*

Als Ergebnis der Grobsegmentierung stehen die grundsätzlich entwicklungswürdigen Kunden fest. Diese sind in einem ersten Schritt nach ihrer Attraktivität für das Dienstleistungsunternehmen zu segmentieren (Absatz 7.1.3.1). Im Anschluss hieran sollten innerhalb der verschiedenen Entwicklungsgruppen wiederum möglichst homogene Gruppen und zwar nach dem Qualifikationsbedarf gebildet werden (Absatz 7.1.3.2).

7.1.3.1   *Ökonomische Attraktivität der Kunden*

Nicht nur, aber gerade für den Dienstleistungsbereich plädieren einige Autoren dafür, die Kundenbewertung, die sich traditionellerweise rein auf ökonomische Größen stützt (Cornelsen 1996, S. 2), um vor-ökonomische Bewertungsgrößen[286] zu ergänzen (u. a. Gouthier/Schmid 2001, S. 229-231; Gremler/Brown 1998). Von daher drängt sich dem Leser die Frage auf, wieso sich die Arbeit in dem ersten Schritt der Feinsegmentierung ausschließlich auf die ökonomische Attraktivität der Kunden konzentriert. Die Antwort hierauf liefert Unterabsatz 7.1.3.1.1. Nachdem die verschiedenen Bewertungsgrößen der Kundenattraktivität erörtert wurden, erfolgt die Begründung für eine Konzentration auf die ökonomische Kundenattraktivität. Im Anschluss

---

[285] Siehe Stauss (1994, S. 247) zur Möglichkeit der Korrektur überzogener Kundenerwartungen durch den Einsatz von Instrumenten der Kommunikationspolitik.

[286] Neben den Begriffen des ökonomischen und vor-ökonomischen Kundenwerts finden sich in der Literatur gleichermaßen die Bezeichnungen der direkten sowie indirekten ökonomischen Bedeutung eines Kunden (Cornelsen 1996, S. 2).

präsentiert Unterabsatz 7.1.3.1.2 die in der Literatur gängigen Verfahren zur Bewertung der ökonomischen Kundenattraktivität.

7.1.3.1.1 Begründung für die Konzentration auf die ökonomische Attraktivität der Kunden

Der Wert eines Kunden setzt sich aus der Differenz seiner (positiven) Leistungsbeiträge, die er für das Unternehmen erbringt und den dem Unternehmen entstehenden Kosten zusammen. Allerdings sei bereits darauf hingewiesen, dass grundsätzlich nicht nur positive Leistungsbeiträge des Dienstleistungskunden in Form der Erfüllung von Kundenrollen existieren, sondern auch negative in Form eines opportunistischen Verhaltens des Kunden („Opportunistic behavior"; Gruen 1995, S. 459 f.; siehe auch Mills/Morris 1986, S. 732). Sein Beitrag besteht des Weiteren nicht nur in der Entrichtung des Kaufpreises einer Dienstleistung, sondern in der Erfüllung sämtlicher (gewünschter bzw. vorgesehener) transaktionsorientierter Kundenrollen (siehe Unterabsatz 2.5.2.1.3) sowie der beziehungsorientierten Partnerrolle (siehe Unterabsatz 2.5.2.1.4). Kommen Kunden diesen Rollen nach, erlangt das Unternehmen ökonomische und vor-ökonomische Leistungen im Sinne der Service Customer Performance (siehe auch Abschnitt 2.5.1). Der Leistungsnutzen abzüglich der Kosten, die für das Dienstleistungsunternehmen bei der einzelnen Transaktion anfallen, wird im Folgenden als transaktionsbezogener Kundenwert bezeichnet (Gouthier/Schmid 2001, S. 229). Bezieht sich die Kundenwertbetrachtung nicht nur auf eine einzelne Transaktion, sondern auf den gesamten Kundenbeziehungs-Lebenszyklus, soll vom beziehungsbezogenen Kundenwert gesprochen werden (Gouthier/Schmid 2001, S. 231). Im Fokus der folgenden Betrachtung steht jedoch zunächst der transaktionsorientierte Kundenwert.

Die Generierung eines ökonomischen Erfolgs, der sich unmittelbar monetär beziffern lässt, erfolgt durch die Rolle des Kunden als Käufer: Der Dienstleistungskunde erbringt eine monetäre Leistung und damit einen Wertbestandteil in Form des Bezahlens des Kaufpreises einer Dienstleistung (Simon 1981, S. 59). Die anderen Kundenrollen sind demgegenüber vor-ökonomischer Natur, d. h. nicht direkt monetär messbar, wirken sich aber letztlich auf das monetäre Ergebnis des Unternehmens aus

(Cornelsen 1996, S. 5 f.). So erhält die Dienstleistungsunternehmung vom Kunden als Co-Designer verschiedenste Informationen und Ideen, die sich in einer Produktivitäts- und Qualitätssteigerung sowie der Erhöhung des Innovationspotentials bemerkbar machen können (Bowen 1986, S. 382; Cornelsen 1996, S. 20-22; 1998, S. 3; Creusen 1995, S. 8; Günter 1996, S. 98; Homburg/Schnurr 1999, S. 5; Lehmann 1998 a, S. 838; 1998 b, S. 44 f.; Lehtinen 1986, S. 32; Normann 1987, S. 73; Prahalad/Ramaswamy 2000, S. 81).

In seiner Rolle als Co-Produktionsfaktor bzw. der Zurverfügungstellung des Co-Produktionsfaktors schafft der Kunde zunächst einmal die Voraussetzung der Erstellung der Dienstleistung (z. B. Meyer 1991, S. 199) und determiniert gleichzeitig den Leistungserstellungsprozess sowie das -ergebnis. Im Rahmen seiner Co-Interaktoren-Rolle trägt der Dienstleistungskunde idealiter zu einer reibungslosen Leistungserstellung bei und sorgt somit für eine bessere Qualität des Leistungsprozesses sowie -ergebnisses, für niedrigere Kosten der Leistungserstellung und schließlich für eine gestiegene Produktivität: „Quality and productivity, and consequently also profitability, are partly the outcome of a joint venture between the service provider and the customer" (Gummesson 1996, S. 264).[287] Des Weiteren steigt durch eine bessere Mitwirkung des Kunden an der Leistungserstellung, wie empirisch belegt wurde, dessen Zufriedenheit mit der Dienstleistung (Kelley/Skinner/Donnelly 1992).

Als Substitute for Leadership (Lehmann 1998 a, S. 835 f.; 1998 b, S. 35-40; Normann 1987, S. 73; Schneider/Bowen 1995, S. 86 und S. 101-104) kann der Kunde die Mitarbeiterzufriedenheit erhöhen und damit indirekt die Dienstleistungs- sowie Unternehmensergebnisse positiv beeinflussen. Aktuell am meisten diskutiert wird in der Literatur die Bedeutung des Dienstleistungskunden als Co-Marketer (Biehal 1994, S. 52; Bowers/Martin/Luker 1990, S. 63; Cornelsen 1996, S. 14-18; Gremler/ Brown 1998, S. 121; Höcht 1999, S. 621; Lehmann 1998a, S. 836-838; 1998b, S. 40-44; Lehtinen 1986, S. 32; Normann 1987, S. 74; Storbacka 1993, S. 83), der

---

[287] Gummesson (1996, S. 264) spricht in diesem Zusammenhang auch von der „customer productivity". Da es um die Rolle des Co-Interaktors geht, könnte auch von der „interactive productivity" gesprochen werden.

durch Weiterempfehlungen dem Unternehmen höhere Umsätze verschafft (Cornelsen 1996, S. 14-18; 1998).[288]

Einen Überblick über die verschiedenen transaktionsorientierten Kundenrollen und deren Nutzen für das Unternehmen zeigt Abbildung 69.

Erfüllung transaktions-orientierter Kundenrollen	Nutzen für das Unternehmen
Co-Designer	• Kundenorientierte Qualitäts- und Innovationsinformationen
Co-Produktionsfaktor	• Voraussetzung für die Leistungserstellung
	• Determinierung des Leistungserstellungsprozesses und des -ergebnisses
Co-Interaktor	• Reibungslose Leistungserstellung
	- Höhere Qualität des Leistungserstellungsprozesses und -ergebnisses
	- Niedrigere Kosten der Leistungserstellung
	- Gestiegene Produktivität
Substitute for Leadership	• Zufriedenere Mitarbeiter
Käufer	• Höherer Umsatz
	- Cross-Selling
	- Höhere Wiederkaufsrate
Co-Marketer	• Positive Referenzen

Abb. 69:   Transaktionsorientierte Kundenrollen und exemplarische Nutzenkategorien für das
            Dienstleistungsunternehmen
Quelle: In Anlehnung an Gouthier/Schmid 2001, S. 230.

Während im Falle des transaktionsbezogenen Kundenwerts i. d. R. von einem statischen Kundenwert gesprochen werden kann,[289] kommt beim beziehungsbezogenen Kundenwert durch die Betrachtung der gesamten Beziehungsdauer eine dynamische Komponente ins Spiel. Dieser dynamische Ansatz spiegelt sich in den letzten Jahren auch vermehrt in der Literatur zur Bestimmung des Kundenwerts wider. So wird der Kundenwert definiert als „Summe aller diskontierten Ein- und Auszahlungen eines einzelnen Kunden, die während der Akquisitionsphase und im Verlauf der gesamten Geschäftsbeziehung entstehen" (Meffert/Bruhn 2000, S. 145).

---

[288] Das dieser Rolle zugrunde liegende Word-of-mouth des Kunden spielt gerade im Internet eine zentrale Rolle. Durch die Breite der erreichbaren Personen und die Schnelligkeit der Verbreitung wird auch von „viral marketing" (Prahalad/Ramaswamy 2000, S. 83) gesprochen.

[289] Dies ist der Fall, sofern die Kosten und der Nutzen der Dienstleistungstransaktion periodenbezogen anfallen.

Kunden, die ihrer Partnerrolle gerecht werden, weisen bezüglich ihrer Mitwirkung an der Leistungserstellung zumeist ein besseres Qualifikationspotential als Neukunden auf. Dienstleistungskunden werden daher mit der Zeit tendenziell immer effektiver und effizienter bezüglich ihrer Leistungsbeteiligung. Insbesondere steigt ihre Bereitschaft zur freiwilligen und spontanen Erfüllung von Zusatzrollen im Sinne eines Customer citizenship behavior (Bettencourt 1997). Damit muss das Dienstleistungsunternehmen weniger eigene Ressourcen aufbringen, womit die Attraktivität des Kunden für den Dienstleister wiederum zunimmt (Gremler/Brown 1998, S. 121). Dies lässt sich am Beispiel der Erfüllung der Co-Designer-Rolle verdeutlichen. Als Co-Designer geben Dienstleistungskunden Ideen sowie Anregungen und verbessern auf diese Weise die Prozesse die Leistungen eines Unternehmens.

Einen abschließenden Überblick über die positiven Nutzeneffekte für das Dienstleistungsunternehmen und damit die Steigerung des beziehungsbezogenen Kundenwerts durch die Schaffung loyaler Kunden gibt Abbildung 70.

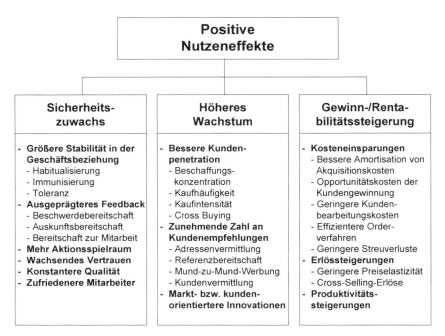

Abb. 70:   Positive Nutzeneffekte der Schaffung loyaler Dienstleistungskunden
Quelle: In Anlehnung an Diller 1995c, S. 32; 1996, S. 82.

Wie gezeigt, spielen im Dienstleistungsbereich neben den ökonomischen gerade die vor-ökonomischen Leistungen des Kunden für dessen Attraktivität bzw. dessen Wert eine wichtige Rolle. Von daher ist es im ersten Moment betrachtet durchaus eingängig, die vor-ökonomischen Größen simultan in die Bewertung der Kundenattraktivität einzubeziehen. Auf Basis der solchermaßen ermittelten Gesamtattraktivität der Kunden könnten sodann Art und Umfang der Kundenentwicklungsmaßnahmen gesteuert werden. Von einer derartigen Zusammenfassung ökonomischer und vor-ökonomischer Faktoren zu einer einzigen Attraktivitätsmessgröße soll jedoch Abstand genommen werden. Die Distanzierung von einer derartigen Ausrichtung der Kundenentwicklung auf einen einzigen aggregierten Kundenwert sei anhand eines einfachen Beispiels erläutert:

Kunde A und Kunde B nehmen im Rahmen ihrer Käuferrolle (in Periode t) die Dienstleistung C in gleichem Ausmaße in Anspruch. Damit weisen sie den gleichen ökonomischen Kundenwert ($öKW_A$ = $öKW_B$) auf. Hat nun aber Kunde B im Vergleich zu Kunde A Probleme bei der Erfüllung der sonstigen Kundenrollen, z. B. seiner Co-Interaktorenrolle, liegt folglich dessen vor-ökonomischer Kundenwert unter dem von Kunde A ($vöKW_A$ > $vöKW_B$). Für den Gesamtkundenwert von Kunde A (KW_A) im Vergleich zu dem von Kunde B (KW_B) bedeutet dies:

KW_A > KW_B, da:
$öKW_A$ + $vöKW_A$ > $öKW_B$ + $vöKW_B$

mit:

KW_A:	*Gesamtwert des Kunden A*
KW_B:	*Gesamtwert des Kunden B*
$öKW_A$:	*Ökonomischer Wert des Kunden A*
$vöKW_A$:	*Ökonomischer Wert des Kunden B*
$öKW_B$:	*Vor-ökonomischer Wert des Kunden A*
$vöKW_B$:	*Vor-ökonomischer Wert des Kunden B*

Würde sich nun die Kundenentwicklung am Gesamtkundenwert ausrichten, so würde Kunde A eine intensivere Qualifizierung als Kunde B erhalten,

wenngleich vom Bedarf aus betrachtet, Kunde B eine intensivere Qualifizie-
rung nötig hätte.

Aus diesem Grund wird im Rahmen dieser Arbeit eine zweistufige Vorgehensweise vorgeschlagen. Im ersten Schritt ist - wie gehabt - die ökonomische Attraktivität der Kunden zu bestimmen, um diese in entsprechende Kunden-Cluster zusammenzufassen. Innerhalb dieser Kundensegmente ist jedoch eine Ausrichtung der Kundenentwicklung nach dem jeweiligen Kundenentwicklungsbedarf notwendig.

7.1.3.1.2 Beurteilungsverfahren für die ökonomische Attraktivität von Kunden

Die wissenschaftliche Diskussion der Verfahren zur Bewertung der Kundenattraktivität erlebte in den letzten Jahren einen enormen Aufschwung. Daher existiert mittlerweile eine Bandbreite verschiedenster Instrumente zur Analyse des Kundenwerts. Einen guten Überblick über die geläufigen Ansätze geben Krafft/Albers (2000, S. 516-523), die diese zum einen danach typisieren, inwieweit eine kundenindividuelle oder -kumulierte Bewertung erfolgt, zum anderen auf Basis der einbezogenen Bewertungskriterien zwischen ein- und mehrdimensionalen Verfahren unterscheiden. Hieraus ergibt sich die in Abbildung 71 dargestellte Systematisierung (Krafft/Albers 2000, S. 517).

Im Rahmen der Kundenbewertung zur Kundenentwicklungspriorisierung werden im Rahmen der vorliegenden Arbeit lediglich die ökonomischen bzw. monetären Größen betrachtet. Von daher konzentrieren sich die folgenden Ausführungen auf die Darstellung der eindimensional, quantitativ ausgerichteten Verfahren der ABC-Analyse, der Kundendeckungsbeitrags-Rechnung und des Customer Lifetime Value.

Die so genannte ABC-Analyse basiert auf einer (zumeist) umsatzabhängigen Einteilung der Kunden in A-, B- und C-Kunden (Cornelsen 1996, S. 7 f.).[290] Dabei sind A-Kunden diejenigen Kunden, mit denen ein Unternehmen einen sehr hohen absoluten Jahresumsatz tätigt (Hentschel 1991, S. 26; Köhler 1998, S. 336; Link 1995, S. 108).

---

[290] Ihren historischen Ursprung hat die ABC-Analyse in der Unterstützung von materialwirtschaftlichen Entscheidungsproblemen bei General Electrics (Planer 1995, S. 382).

Sie werden folglich als besonders attraktiv für das Unternehmen angesehen. Damit gruppiert die ABC-Analyse Kunden nach deren Umsatzbeiträgen in sehr wichtige (A-Kunden), wichtige (B-Kunden) und weniger wichtige (C-Kunden) Kunden (Hentschel 1991, S. 26).

Zuordnung Bewertung	Individuelle Darstellung	Kumulierte Darstellung
Eindimensional	Qualitative Segmentierung Kundendeckungsbeitrags-Rechnung Customer Lifetime Value	Qualitatives Ranking aller Kunden ABC-Analyse
Mehrdimensional	Scoring-Ansätze Radarchart	Scoring-Portfolio Klassisches Kunden-Portfolio

Abb. 71:   Instrumente zur Kundenbewertung
Quelle: Krafft/Albers 2000, S. 517.

Die Illustration des Verfahrens erfolgt durch ein Anwendungsbeispiel aus dem Dienstleistungsbereich. In der Bankbrache werden Kunden nicht über den Umsatz, sondern vor allem über das Kriterium des monatlichen Nettoeinkommens segmentiert. Demnach lassen sich die Kundengruppen der „einfachen Privatkunden" (C-Kunden), der „besseren Privatkunden" (B-Kunden) und der „gehobenen Privatkunden" (A-Kunden) unterscheiden. Zwar variieren die konkreten Grenzwerte zwischen den verschiedenen Geldinstituten, aber als grobe Richtwerte können folgende Nettoeinkommensklassen genannt werden (Zollner 1995, S. 122):

- C-Kunden, d. h. einfache Privatkunden: bis 3.000 DM Nettoeinkommen;
- B-Kunden, d. h. besserer Privatkunden: zwischen 3.000 DM bis 5.000 DM;

- A-Kunden, d. h. gehobene Privatkunden: über 5.000 DM.

Unter Zugrundelegung dieser Methode kann als faustregelartige Schlussfolgerung gelten, dass eine intensivere Entwicklung von A-Kunden gegenüber den B- und C-Kunden gerechtfertigt ist (Köhler 1998, S. 336). Eine weitere logische Konsequenz wäre, nochmals eine intensitätsmäßige Abstufung zwischen den B- und C-Kunden vorzunehmen.

Problematisch an diesem Verfahren ist, dass es zum einen keine Aussagen zur Rentabilität der Kunden macht (Link 1995, S. 108). Ein hoher Umsatz bedingt nicht automatisch einen hohen Gewinnbeitrag für das Unternehmen (Cornelsen 1996, S. 9; Homburg/Schnurr 1999, S. 12; Krafft/Albers 2000, S. 519). Von daher sind zusätzlich Kostenaspekte zu berücksichtigen. Ein weiterer Kritikpunkt bezieht sich auf die mangelnde Potentialorientierung der ABC-Analyse (Köhler 1998, S. 336 f.). So ist die ABC-Analyse lediglich ein Status-Quo-Instrument, das aber keine Aussagen über das mögliche Potential der Kunden tätigt (Homburg/Daum 1997, S. 395). An diesen beiden Hauptkritikpunkten setzen nun zwei Verfahren an, die im Folgenden vorgestellt werden.

Die Lösung des Kostenproblems, d. h. die Betrachtung der Kundenbeziehung unter Profitabilitätsgesichtspunkten, strebt die Kundendeckungsbeitragsrechnung an (Homburg/Daum 1997, S. 398; Homburg/Schnurr 1999, S. 3; Link 1995, S. 109). Diese stellt den Umsatzerlösen jene Kosten gegenüber, die sich eindeutig auf die individuelle Kundenbeziehung zurückführen lassen (Homburg/Schnurr 1999, S. 8; Köhler 1998, S. 337). Damit kann der Beitrag des einzelnen Kunden zum Periodengewinn ermittelt werden (Cornelsen 1996, S. 12; Homburg/Schnurr 1999, S. 4; Link 1995, S. 109).

Die Grundstruktur einer Kundendeckungsbeitragsrechnung geht aus Abbildung 72 hervor.

Kunden-Bruttoerlöse zu Listenpreisen
- kundenbezogene Erlösschmälerungen

= Kunden-Nettoerlöse
- Kosten der vom Kunden bezogenen Produkte
  (variable Stückkosten, multipliziert mit den
  Kaufmengen)

= Kunden-Deckungsbeitrag I
- kundenspezifische Marketingkosten
  (z. B. Mailing, Kataloge)

= Kunden-Deckungsbeitrag II
- kundenspezifische Verkaufskosten
  (z. B. Außendienst, Fakturierung)

= Kunden-Deckungsbeitrag III
- kundenspezifische Zusatz-Servicekosten

= Kunden-Deckungsbeitrag IV

Abb. 72:   Grundstruktur einer Kundendeckungsbeitragsrechnung
Quelle: Köhler 1998, S. 338; Stauss 2000e, S. 443.

Grundsätzlich ist es zwar möglich, im Rahmen der Kundendeckungsbeitragsrechnung die künftige Kundenattraktivität über das Deckungsbeitragspotential eines
Kunden abzubilden (Cornelsen 1996, S. 12; Köhler 1998, S. 339; Link 1995, S. 109).
Trotzdem erhebt dieses Verfahren auch mit dieser Erweiterung nicht den Anspruch,
die Gesamtdauer der Kundenbeziehung abzubilden.

Ein weitaus geläufigerer Ansatz zur periodenunabhängigen Kundenwertanalyse stellt
der Customer Lifetime Value dar (Homburg/Schnurr 1999, S. IV). In ihm spiegelt sich
die Gesamtdauer einer Kundenbeziehung wider (Cornelsen 1996, S. 13 f.; Hom-
burg/Schnurr 1999, S. 17). Während im Falle des schon beschriebenen transaktionsbezogenen Kundenwerts i. d. R. von einem statischen Kundenwert gesprochen
werden kann, kommt bei diesem beziehungsbezogenen Kundenwert durch die Betrachtung der gesamten Beziehungsdauer eine dynamische Komponente ins Spiel
(Homburg/Daum 1997, S. 400; Krafft/Albers 2000, S. 518; Link/Gerth/Voßbeck 2000,
S. 146).

Besteht die Beziehung zu einem Kunden schon etwas länger, so können zum einen aus den vorhandenen Ist-Daten rückwirkend der retrospektive Kundenwert (vergangenheitsbezogene Kundenprofitabilität) und zum anderen vom heutigen Zeitpunkt ab betrachtet der prospektive Kundenwert (zukunftsbezogene Kundenprofitabilität) bestimmt werden (Köhler 1998, S. 351 f.). Dabei ergibt sich der prospektive Kundenwert durch „Abzinsung aller künftig aus der Geschäftsbeziehung erwarteten Ein- und Auszahlungen auf den Gegenwartszeitpunkt" (Köhler 1998, S. 352; siehe auch Diller 1995a, S. 443; Fischer/Decken 1999, S. 22; Homburg/Daum 1997, S. 402). Solch einem prospektiven Kundenwertverständnis liegt das Prinzip einer dynamischen Investitionsrechnung zugrunde (Homburg/Daum 1997, S. 400; Krafft/Albers 2000, S. 518; Link 1995, S. 109), wobei Annahmen über die konkrete Zahlungswirksamkeit der Erlöse und Kosten zu treffen sind.

Grundsätzlich ermittelt sich der prospektive Kundenwert wie folgt (in Anlehnung an Homburg/Daum 1997, S. 402; siehe auch Homburg/Schnurr 1999, S. 20; Köhler 1998, S. 352)[291]:

$$KW = \sum_{t=0}^{t=n} \frac{e_t - a_t}{(t + i)^t}$$

mit:

KW = prospektiver Kundenwert

e_t = (erwartete) Einzahlungen aus der Geschäftsbeziehung in der Periode t

a_t = (erwartete) Auszahlungen aus der Geschäftsbeziehung in der Periode t

i = Kalkulationszinsfuß zur Abzinsung auf einen einheitlichen Referenzzeitpunkt

t = Periode (t = 0, 1, 2, ..., n)

n = Dauer der Geschäftsbeziehung

Der Vorteil dieses Ansatzes liegt in der Abbildung des gesamten Kundenbeziehungs-Lebenszyklus. Hierin ist allerdings auch ein großer Nachteil begründet. Ein prospektiver Kundenwert beruht immer auf zum Teil erheblichen Schätzungenauigkeiten der künftigen periodenspezifischen Ein- und Auszahlungen (Cornelsen 1996, S. 24;

---

[291] Ein Beispiel für die Berechnung eines Customer Liftetime Values aus dem Business-to-Business-Bereich findet sich bei Homburg/Daum (1997, S. 403).

Krafft/Albers 2000, S. 518) sowie auf der subjektiven Schätzung der Rest-Beziehungsdauer (Stauss 2000e, S. 447).[292]

Zusammengefasst kann festgehalten werden, dass aus einer ökonomischen Attraktivitätsbetrachtung besonders diejenigen Kunden interessant sind, die aus wertbezogener Sicht einen hohen zukünftigen Erfolgsbeitrag und aus zeitbezogener Sicht eine hohe Restlebensdauer aufweisen (siehe u. a. Cornelsen 1996, S. 5).

Voraussetzung zur Attraktivitätsanalyse ist insbesondere die Verfügbarkeit kundenspezifischer Informationen. Je mehr und qualitativ bessere Informationen vorhanden sind, desto aussagekräftiger ist die Analyse (Schulz 1995, S. 22).

7.1.3.2 Kundensegmentierung anhand des Entwicklungsbedarfs

Nachdem die Verfahren zur Segmentierung der Kunden bzw. Kundengruppen anhand deren ökonomischer Attraktivität vorgestellt wurden, gilt es daran anknüpfend, innerhalb der gebildeten Zielkunden-Cluster die Kunden nach deren Entwicklungsbedarf zu klassifizieren. Hierbei sollte auf die Erkenntnisse aus der Kundenentwicklungs-Bedarfsanalyse zurückgegriffen werden (Teil 6 der Arbeit).

Wie in Abschnitt 6.4.4 erörtert, lassen sich Kunden bezüglich ihrer vorhandenen Integrationsqualifikationen in folgende vier Gruppen unterteilen:

- Kunde als Laie,
- Kunde als Anfänger,
- Kunde als Fortgeschrittener und
- Kunde als Experte.

Eine weitere Möglichkeit, die das obige Spektrum ergänzt, ist das Nichtvorhandensein einer Integrationsqualifikation. Damit liegen insgesamt fünf Abstufungen von Integrationsqualifikationen vor.

---

[292] Zu möglichen Lösungsansätzen dieser mangelhaften Schätzbarkeit siehe Schmalen (1999, S. 589-592).

Innerhalb der Kundenattraktivitäts-Cluster können somit grundsätzlich fünf Qualifikationsgruppen gebildet werden, je nachdem über welches Qualifikationsniveau der Kunde verfügt. Des Weiteren ist bei der Segmentierung zu beachten, welches Integrationsanforderungsniveau angestrebt wird. Auch dieses lässt sich gleichermaßen in die erwähnten fünf Stufen unterteilen (siehe Absatz 6.4.3.2). Je nach identifiziertem Kundenentwicklungsbedarf ist es somit möglich, Entwicklungsadressaten gezielt zu Kompetenzgruppen zusammenzufassen.

Bisher beschäftigen sich nur sehr wenige Autoren (siehe u. a. Hennig-Thurau 1998, insb. S. 220-222; Canziani 1997) mit der Möglichkeit, Kriterien der Kundenqualifikation bzw. der -kompetenz zur Segmentierung von Kunden heranzuziehen. Aufgrund der Differenziertheit, des direkten Bezugs auf den Dienstleistungsbereich sowie der abgeleiteten Implikationen für die Kundenentwicklung wird im Folgenden der Segmentierungs- und Bewertungsansatz von Canziani (1997) präsentiert sowie diskutiert.

Grundsätzlich lassen sich in Abhängigkeit von der Lebenszyklusphase, in der sich eine Kundenbeziehung befindet, verschiedene Aktionsfelder der Kundenentwicklung im Dienstleistungsbereich unterscheiden.[293] Wie Abbildung 73 zu entnehmen ist, gehören zur Kundenentwicklung i. w. S. eine Interessenten-, Neukunden-, Stammkunden-, Kündiger- und Wiederkundenentwicklung, wobei - siehe auch Absatz 3.2.1.2 - im Rahmen dieser Arbeit lediglich die Neu- und Stammkundenentwicklung, d. h. die Kundenentwicklung i. e. S., interessieren.

Der Ansatz von Canziani (1997) fokussiert nun auf die Entwicklung eines qualitativ geprägten Kompetenzportfolios für neue Dienstleistungskunden. Hierbei werden Kunden zum einen nach ihrem Grad an Erfahrungen mit Wettbewerbern und zum anderen nach der eigenen Einschätzung ihrer Integrationskompetenz segmentiert (Canziani 1997, S. 20 f.). Damit können für Neukunden idealtypisch folgende vier Kompetenztypen identifiziert werden (siehe Abbildung 74):

- Unbedarfter Neukunde (im Original „Virgin Newcomer"),
- Vorgeprägter Neukunde (im Original „Virtual Newcomer"),

---

[293] Zum Konzept des Kundenbeziehungs-Lebenszyklus siehe Unterabsatz 6.4.6.5.2.

- Wechselkunde (im Original „Value Switcher") und
- Fremdkunde (im Original „Vagabond Switcher").

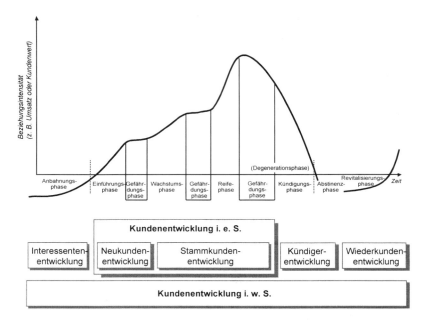

Abb. 73:   Aktionsfelder der Kundenentwicklung in Abhängigkeit von der Kundenbeziehungs-Lebens-
              zyklusphase
Quelle: Eigene Überlegungen und Stauss 2000d, S. 16.

Unbedarfte Neukunden haben weder Erfahrungen mit Wettbewerbern gesammelt,
noch schätzen sie ihre eigenen Kompetenzen als besonders detailliert ein. Zwar haben auch die vorgeprägten Neukunden noch keinerlei Erfahrungen in der Branche
gesammelt, aber sie schätzen sich dennoch als kompetent ein, da sie ein relativ ge-
naues Skript des Dienstleistungsprozesses vor Augen haben. Dieses Skript haben
sie sich z. B. durch Informationen aus der Werbung, aus dem Bekanntenkreis sowie
aus Zeitschriften und Magazinen angeeignet.

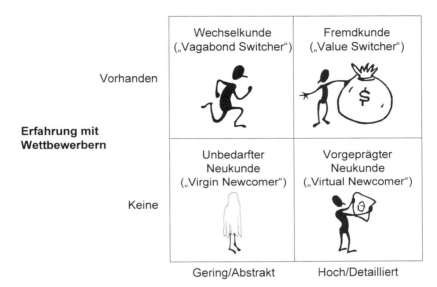

Abb. 74:   Kompetenz-Portfolio für Neukunden
Quelle: In Anlehnung an Canziani 1997, S. 21.

Fremdkunden waren bisher Kunden eines Wettbewerbers, die Erfahrungen mit einem Konkurrenten sammeln und sich sehr detaillierte Kenntnisse des Leistungserstellungsprozesses bei diesem Konkurrenten aneignen konnten, die nunmehr auf
den neuen Dienstleister übertragen werden. Da typische Wechselkunden relativ un-
gebunden schon Dienstleistungen verschiedener Firmen in Anspruch genommen
haben, aber nie länger bei einer Firma verweilten, schätzen sie ihre eigene Integrationskompetenz eher als abstrakt bzw. allgemein ein.

Die skizzierten Kompetenztypen stellen nun nach Canziani (1997, S. 22) einen Ansatzpunkt zur zielgruppengerechteren und damit erfolgreicheren Gestaltung von So-
zialisations- sowie Qualifizierungsmaßnahmen dar. Die aus den Kompetenztypen
ableitbaren Implikationen werden in Absatz 8.2.2.1 präsentiert.

Eine Identifikation dieser Kundentypen erfordert jedoch reliable und valide kundenbezogene Daten. Die benötigten Informationen lassen sich in den meisten Dienst-

leistungsbranchen allerdings nur sehr schwer, wenn überhaupt ermitteln (Mills/Morris 1986, S. 729). Hier müssen die verschiedenen Instrumente zur Analyse der vorhandenen Integrationsqualifikation, wie in Abschnitt 6.4.4 beschrieben, systematisch eingesetzt werden. Neben dieser methodischen Schwierigkeit ist das hohe Aggregationsniveau des Ansatzes zu monieren. Canziani (1997, S. 20 f.) differenziert auf den beiden Dimensionen „Erfahrung mit Wettbewerbern" und „Selbsteinschätzung der Integrationskompetenz" bei deren Ausprägungen lediglich zwischen „keine" und „vorhanden" bzw. zwischen „gering" und „hoch". Eine weitere Abstufung der beiden Dimensionen, z. B. nach den dieser Arbeit zugrunde liegenden Integrationsqualifikationsstufen, würde die Aussagekraft dieses Ansatzes erhöhen. Trotz der beschriebenen Probleme liefert der Ansatz von Canziani (1997) erste wertvolle konzeptionelle Ideen, welche die wissenschaftliche Diskussion des Managements der Kundenqualifizierung bereichern.

7.2　Ausarbeitung der Kundenlernziele

Ausgehend von dem identifizierten Kundenentwicklungsbedarf (siehe Teil 6) und den ausgewählten Zielgruppen (siehe Kapitel 7.1) sind entsprechende, möglichst operationalisierte Kundenlernziel(katalog)e abzuleiten (in Anlehnung an Becker, M. 1999, S. 109 und S. 160; Mentzel 1997, S. 199). Dementsprechend beschäftigt sich dieses Kapitel mit der Ausarbeitung von Kundenlernzielen, wobei zunächst der Begriff der Kundenlernziele zu definieren ist (Abschnitt 7.2.1). Daran anknüpfend werden verschiedene Systematisierungsansätze von Kundenlernzielen erörtert (Abschnitt 7.2.2). Von besonderer Relevanz - und dies stellt den Abschluss des Kapitels dar - ist die Festlegung der Kundenlernziele innerhalb eines Korridors, so dass an den Kunden keine zu hohen, aber auch keine zu niedrigen Lernanforderungen gestellt werden (Abschnitt 7.2.3).

7.2.1　Definition von Kundenlernzielen

Eine konkrete Planung von Kundenentwicklungsmaßnahmen ist erst dann möglich, wenn feststeht, welche (operationalisierten) Ziele durch den Einsatz der Maßnahmen überhaupt erreicht werden sollen. Folglich sind zu Beginn der Planung von integrationsbezogenen Qualifizierungsmaßnahmen Kundenlernziele zu formulieren. Dabei beschreiben die Kundenlernziele die Leistungen bzw. das Verhalten, die bzw. das ein Kunde oder eine Kundengruppe nach der Teilnahme an einer konkreten Entwicklungsmaßnahme aufzeigen soll (in Anlehnung an Kitzmann/Zimmer 1982, S. 27 und S. 137; siehe auch Lang 1997, S. 49 und Rüdenauer 1988, S. 78). Sie definieren insofern die unternehmerischen Erwartungen an das Kundenlernen hinsichtlich des angestrebten Integrationsqualifikationsniveaus. Anders formuliert: Das Kundenlernziel beschreibt, was der Kunde tun oder ausführen können muss, um zu zeigen, dass er das Lernziel erreicht hat (Becker, M. 1999, S. 161; Mentzel 1997, S. 202). Es charakterisiert somit die Kenntnisse, Fähigkeiten und Fertigkeiten sowie die Motivation, die sich der Kunde mittels Kundenentwicklungsmaßnahme(n) aneignen soll.

Somit weisen Kundenlernziele einen Mittelcharakter auf und sind nicht mit den (strategischen) Kundenentwicklungszielen (siehe Kapitel 5.3) zu verwechseln. Kundenlernziele sind sehr viel detaillierter und stellen erste Stufen auf dem Weg dar, die Kundenentwicklungsziele zu verwirklichen.

Ausgangspunkt der Formulierung von Kundenlernzielen stellen die vom Dienstleister ausgearbeiteten Integrationsanforderungen dar. Demgemäß sind die Integrationsanforderungen - die als individuelle qualifikationsbezogene Leistungsvoraussetzungen der Kunden zur adäquaten Erfüllung ihrer Integrationsaufgaben definiert wurden (siehe Abschnitt 6.3.1) - in Kundenlernziele zu transformieren. Ein diesbezügliches Beispiel geht aus Abbildung 75 hervor.

Ein reales Beispiel aus der Praxis findet sich bei der Firma DeTeMobil Deutsche Telekom MobilNet. Bei deren Handy-Schnupperseminaren sollten die Kunden u. a. lernen, die Anrufbeantworter-Funktion zu nutzen, mobil im Ausland zu telefonieren und Telefonnummern im persönlichen Telefonbuch zu speichern (siehe Anhang 3). Diese Kundenlernziele wurden explizit als Seminarinhalte formuliert und gegenüber den Kunden kommuniziert.

Kundenrolle:	Co-Interaktor
Integrationsaufgabe:	Aufladen der Geldkarte am Automaten
Integrationsanforderungen:	- Dabeihaben der Geldkarte
	- Kennen der benötigten Geheimzahl
	- Kenntnis der grundsätzlichen Ablaufschritte
	- Bereitschaft zur Nutzung des Automaten
	- Motorische Fähigkeiten zur Bedienung des Automaten
Kundenlernziele:	- Kunde hat seine Geldkarte dabei
	- Kunde benutzt Geldautomaten zum Aufladen der Geldkarte
	- Kunde tippt seine Geheimzahl richtig ein
	- Kunde geht zum Aufladen der Geldkarte in der richtigen Reihenfolge vor
	- Kunde bedient problemlos die Sensortasten

Abb. 75:   Transformation von Integrationsanforderungen in Kundenlernziele am Beispiel des Aufladens einer Geldkarte am Automaten
Quelle: Eigene Überlegungen.

Abschließend sei jedoch noch darauf hingewiesen, dass - neben dem schon beschriebenen Transformationsproblem von Integrationsaufgaben in -anforderungen - durch die Umsetzung von Integrationsanforderungen in Kundenlernziele weitere Ungenauigkeiten entstehen können. Ein möglicher Lösungsansatz wäre, auch hier über die Einberufung einer Expertenkommission die Ungenauigkeiten zumindest ansatzweise zu verringern.

7.2.2   Systematisierungsansätze von Kundenlernzielen

7.2.2.1   Kundenlernzielebenen

Kundenlernziele streben letztlich immer eine Veränderung des Kundenverhaltens an. Diese Verhaltensmodifikation lässt sich auf verschiedenen Konkretisierungs- bzw. Genauigkeitsgraden (Mentzel 1997, S. 200 f.) beschreiben, die sich in Anlehnung an die Personalentwicklung auf drei verschiedenen Lernzielebenen bewegen.

Grundsätzlich sind die Lernzielebenen der Richt-, Grob- und Feinziele zu unterscheiden (Becker, M. 1999, S. 161). Richtziele des Kundenlernens weisen eine große inhaltliche Spannbreite auf und liefern somit nur eine relativ allgemein gehaltene Orientierungshilfe (Becker, M. 1999, S. 165; Mentzel 1997, S. 201). Grobziele des Kundenlernens demonstrieren dagegen schon eine vage Beschreibung des gewünschten Kundenverhaltens und besitzen somit einen mittleren Detaillierungsgrad (Mentzel 1997, S. 201). Sie enthalten jedoch noch keine Aussagen zum Beurteilungsmaßstab (Becker, M. 1999, S. 166). Bewertungskriterien sind Bestandteil der Feinziele, die den höchsten Genauigkeitsgrad erkennen lassen (Kitzmann/Zimmer 1982, S. 139; Mentzel 1997, S. 201). Feinziele des Kundenlernens beschreiben lernschrittbezogene Erwartungen an das Endverhalten des Kunden (Becker, M. 1999, S. 166) und beinhalten Aussagen über die Bedingungen, unter denen das Endverhalten stattfinden soll.

Einen strukturierenden Überblick über die Kundenlernzielebenen liefert Abbildung 76.

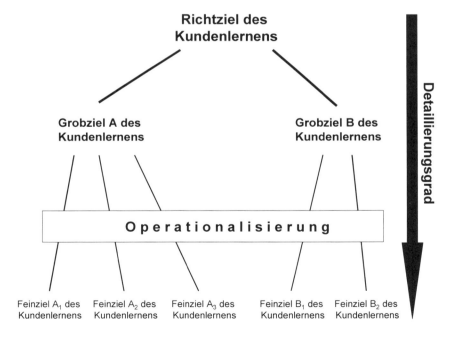

Abb. 76:   Ebenen von Kundenlernzielen
Quelle: In Anlehnung an Kitzmann/Zimmer 1982, S. 139.

Eine Operationalisierung findet demnach nur auf der Ebene der Feinzielformulierung statt. Insofern reicht es nicht aus, wenn ein Dienstleistungsunternehmen lediglich Richt- oder Grobziele des Kundenlernens formuliert.

Wie eine Abstufung von Kundenlernzielebenen konkret aussehen könnte, wird am Beispiel des Online-Orderns von Aktien gezeigt (siehe Abbildung 77).

Richtziel des Kundenlernens:	Beherrschen des Online-Orderns von Aktien im Internet.	
Grobziel des Kundenlernens:	Der Kunde soll spätestens beim zweiten Versuch, unter Heranziehen einer vorhandenen Hilfefunktion, ein Online-Ordern von Aktien vornehmen können.	
Feinziele des Kundenlernens:	- Der Kunde ist von der Online-Ordermöglichkeit von Aktien begeistert und empfiehlt den Discount-Broker weiter (affektives Kundenlernziel). - Der Kunde kann die zum Online-Ordern notwendigen Informationen nennen (kognitives Kundenlernziel).	

Abb. 77:   Abstufung von Kundenlernzielen am Beispiel des Online-Orderns von Aktien
Quelle: Eigene Überlegungen.

Gerade die Ausarbeitung der Feinziele, d. h. die Formulierung konkreter Kundenlernziele, ist für ein Dienstleistungsunternehmen besonders wichtig, da erst hierdurch eine konkrete Lernkontrolle ermöglicht wird (Lang 1997, S. 50; siehe generell zur Relevanz der Operationalisierung von Feinzielen Becker, M. 1999, S. 160; Kitzmann/ Zimmer 1982, S. 140). Zudem erleichtert eine klare Zielformulierung die spätere Auswahl und Festlegung von Kundenentwicklungsmaßnahmen (Lang 1997, S. 50).

Aus diesem Grund sollten die Feinziele als operationalisierte Kundenlernziele die Beschreibung konkreter Leistungen bzw. angestrebter Verhaltensweisen des Kunden beinhalten. Als Kriterien der Operationalisierung können genannt werden (Kitzmann/Zimmer 1982, S. 140; Mentzel 1997, S. 202; Sonntag 1999b, S. 174):

- Bezeichnung des gewünschten Endverhaltens des Kunden,

- Bezeichnung der situativen Rahmenbedingungen, unter denen das Verhalten zu erbringen ist und

- Bestimmung des Beurteilungsmaßstabs bzw. der Bewertungskriterien für das als ausreichend geltende Kundenverhalten.

Aufgrund der in Absatz 4.2.2.3 beschriebenen niedrigeren Komplexität der von Kunden im Vergleich zu den von Mitarbeitern zu erledigenden Aufgaben, lassen sich Kundenlernziele sehr viel genauer spezifizieren als dies im Falle der Mitarbeiter oftmals möglich ist. Daher sind häufig sehr genaue Angaben über die situativen Rahmenbedingungen, d. h. Umfeldbedingungen und physische Umgebung, möglich und notwendig. Dabei fallen unter die situativen Rahmenbedingungen zumeist Hilfsmittel (Mentzel 1997, S. 202), die der Kunde zu benutzen hat, z. B. Automaten und Software-Programme. Auch Angaben über die Ausprägung der Leistung, z. B. in qualitativer, quantitativer und zeitlicher Hinsicht, bereiten geringere Probleme als dies bei der Formulierung von Lernzielen im Personalbereich der Fall ist. Der Beurteilungsmaßstab bzw. die Bewertungskriterien sollten angeben, wie gut der Kunde das gewünschte Verhalten aufzeigen soll. Dazu können z. B. Toleranzgrenzen angeführt werden (Mentzel 1997, S. 203).

7.2.2.2 Kundenlernzielbereiche

Neben der Unterscheidung von Lernzielebenen findet sich in der einschlägigen Literatur zur Personalentwicklung gleichermaßen eine Kategorisierung der Lernziele nach Bereichen. Hierbei soll die in der Literatur einschlägige Einteilung von Lernzielen nach kognitiven, affektiven und psychomotorischen Lernzielen aufgegriffen (Becker, M. 1999, S. 161; Bloom 1974, S. 20; Kitzmann/Zimmer 1982, S. 142; Mentzel 1997, S. 200) und auf Kundenlernziele angewandt werden. Dementsprechend lassen sich kognitive, affektive und psychomotorische Kundenlernziele unterscheiden (Lang 1997, S. 50; Rüdenauer 1988, S. 78 f.). Mit der Realisierung der vom Unternehmen definierten Lernziele werden Änderungen im Kennen, Können und der Motivation der Lernenden (Mentzel 1997, S. 200), und damit der Kunden, angestrebt.

Eine eindeutige Zuordnung der Kundenlernzielbereiche zu den Qualifikationskomponenten ist jedoch nicht möglich. Allerdings können den einzelnen Bereichen Dominanzen zugesprochen werden. So unterstützen kognitive Kundenlernziele primär den Auf- und Ausbau des Kennens bzw. Wissens der Kunden. Demgegenüber zielen affektive Kundenlernziele auf eine Verbesserung der Wollen-Komponente beim Kunden. Zuletzt spiegeln sich psychomotorische Kundenlernziele primär in der Können-Komponente wider. Gerade an der letzten Qualifikationskomponente wird allerdings sehr deutlich sichtbar, dass eine eindeutige Zuordnung der Kundenlernzielbereiche nicht möglich ist. So prägen kognitive Lernziele gleichfalls die Können-Komponente sehr stark.

Die angesprochene Problematik wird zusätzlich noch dadurch verstärkt, dass die einzelnen Kundenlernzielbereiche nicht unabhängig voneinander sind. Psychomotorische Aktivitäten bedürfen entsprechender kognitiver Grundlagen. Affektive Verhaltensweisen des Kunden werden u. a. von dessen kognitiven Erfahrungen bzw. von seinem Wissen determiniert. Kognitiv geprägte Aktivitäten hängen wiederum u. U. von affektiven Grundhaltungen des Kunden ab. Im Folgenden soll nun näher auf die einzelnen Bereiche eingegangen werden.

Die Wissensebene steht im Fokus der kognitiven Kundenlernziele. Kognition bezieht sich auf sämtliche Prozesse, „die durch Wahrnehmungen transformiert, reduziert, verarbeitet, gespeichert, reaktiviert und verwendet werden" (Wiswede 1995, S. 79). Kognitive Lernziele beschreiben dabei „Lernvorgänge im Bereich der psychischen Funktionen; sie richten sich auf Kategorien des Wissens und Denkens, der Wahrnehmung, des Gedächtnisses bzw. ganz allgemein des Intellekts" (Mentzel 1997, S. 200; siehe auch Bloom 1974, S. 20) und streben eine Veränderung der intelligiblen Befähigung des Kunden an (Becker, M. 1999, S. 162). Damit beinhalten kognitive Lernziele gleichermaßen intellektuelle Fähigkeiten wie das Lösen von Problemen (Kitzmann/Zimmer 1982, S. 142) und in begrenztem Maße ein kreatives Denken (Bloom 1974, S. 29). Folglich umfassen kognitive Kundenlernziele nicht nur die Kennen-Komponente, sondern auch Bestandteile der Können-Komponente.

Nachfolgend seien einige Beispiele für mögliche kognitive Kundenlernziele genannt:

- Der Kunde kann sämtliche an ihn gestellte Aufgaben nennen, die er im Rahmen der Dienstleistungserstellung zu erfüllen hat.
- Er hält bestimmte Fristen, z. B. Reservierungs- und Stornierungsfristen, ein, da er über diese Bescheid weiß und sich deren Bedeutung bewusst ist.
- Der Kunde bringt sämtliche zum Zustandekommen einer Dienstleistungserstellung benötigten Unterlagen mit, da er darüber informiert ist, welche Dokumente, z. B. Personalausweis, benötigt werden.

- Der Kunde gibt sein Passwort oder seine ID-Nummer an, z. B. bei Geldabhebungen an Bankautomaten.

Affektive Lernziele „schließen Lernvorgänge im Bereich der psychischen Kräfte ein; sie beinhalten Kategorien des Empfindens, der inneren Einstellung, der Motivation, des Gefühls oder des Willens" (Mentzel 1997, S. 200). Somit stellt der affektive Kundenlernzielbereich den gefühlsmäßig ausgeprägten Lernbereich dar (Kitzmann/ Zimmer 1982, S. 142; siehe auch Bloom 1974, S. 21). Dabei ist die Berücksichtigung affektiver Kundenlernziele für eine erfolgreiche Kundenentwicklung besonders wichtig, da das Lernen des Kunden entscheidend von seiner Lernbereitschaft bzw. -motivation abhängt (Kitzmann/Zimmer 1982, S. 142).

Folgende Beispiele illustrieren die Ausgestaltung affektiver Kundenlernziele:

- Bei der Inanspruchnahme einer Dienstleistung und der Beteiligung an der Erstellung empfindet der Kunde Spaß. Er nimmt die Mitwirkung in keinster Weise als Stressfaktor wahr.
- Die Teilnehmer eines Managementseminars beteiligen sich aktiv an der Diskussion und steuern Ideen bei.[294]
- Kunden stehen einer Dienstleistungsinnovation positiv gegenüber und sind bereit, diese in Anspruch zu nehmen.
- Der Kunde identifiziert sich emotional mit dem Unternehmen. Er empfindet ein Mitgliedschafts- (Langeard 1981, S. 236) bzw. Dazugehörigkeitsgefühl (Meyer 1994, S. 86).

Psychomotorische Lernziele beinhalten „Lernvorgänge, die zum Erwerb von Bewegungen, d. h. zum Ausüben manueller oder motorischer Fertigkeiten erforderlich sind; sie betreffen die Kategorien des körperlichen, durch Muskelbewegungen hervorgerufenen Handelns" (Mentzel 1997, S. 200). Somit stehen hierbei manuelle Fertigkeiten des Kunden im Vordergrund. Diese psychomotorischen Kundenlernziele treten zumeist beim Umgang mit Maschinen auf.

---

[294] Schon 1966 haben Katz/Kahn (1966, S. 116) auf die besondere Relevanz der Kooperation der Kunden hingewiesen: „Moreover, their cooperation in an educational or even a therapeutic procedure is essential to its successful outcome."

So können als psychomotorische Kundenlernziele beispielsweise formuliert werden:

- Der Kunde bedient problemlos einen Touchscreen-Monitor, z. B. den neuen deutschlandweiten Fahrscheinautomat der Deutschen Bahn.
- Er benutzt die Geräte im Fitness-Studio in richtiger Art und Weise, d. h. ohne sich körperliche Schäden zuzuziehen.

Bei den genannten Beispielen hat der Kunde integrationsspezifische Fertigkeiten zu erlernen (Scheuch 1979, S. 18), die sich in seiner körperlichen Mitarbeit widerspiegeln (Langeard 1981, S. 236; Meyer 1994, S. 86).

Da sich Integrationsaufgaben in den meisten Fällen nicht auf einen der drei Lernzielbereiche beschränken, sind entsprechend häufig Kundenlernziele auf allen drei Ebenen gleichzeitig zu formulieren. Allerdings wird es zumeist möglich sein, eine dominante Kundenlernzielart zu formulieren, welche die Ausrichtung und Auswahl von Kundenentwicklungsmaßnahmen bestimmt.

7.2.2.3   Kundenlernzieltaxonomien

Anknüpfend an der Unterscheidung von Lernzielebenen und -bereichen wurde schon 1956 von Benjamin S. Bloom eine Lernzieltaxonomie zur Klassifikation von Feinlernzielen entwickelt, die in ihren Grundzügen auch auf die Kundenlernziele übertragen werden kann. Die Lernzieltaxonomie ordnet die Feinlernziele eines Lernbereichs nach deren Schwierigkeitsgrad (Komplexität) und ist hierarchisch strukturiert. Dementsprechend bauen die Feinlernziele einer Komplexitätsstufe auf den Lernzielen der vorhergehenden Stufe auf. Ein ranghöheres Lernziel ist erst dann erreichbar, wenn das rangniedrigere Lernziel erfolgreich bewältigt wurde (Kitzmann/Zimmer 1982, S. 143).

Für den kognitiven Bereich hat Bloom eine sechsstufige Taxonomie entwickelt (in Anlehnung an Becker, M. 1999, S. 167), die in Abbildung 78 dargestellt ist.

Hauptklassen	Verben der Verhaltensbeschreibung
1. Stufe: Wissen a. Reproduktion des Gelernten b. Methodisches Wissen c. Abstraktes Wissen	Nennen, aufzählen, aufschreiben, messen, darstellen, zeigen
2. Stufe: Verstehen Umformung des Gelernten	Beschreiben, erklären, interpretieren, deuten, übersetzen, verdeutlichen, begründen, erläutern
3. Stufe: Anwenden Übertragung des Gelernten	Berechnen, erstellen, entwickeln, abschätzen
4. Stufe: Analysieren Zerlegen von Inhalten	Entnehmen, zerlegen, untersuchen, gliedern, nachweisen, ableiten, aufdecken, zuordnen, trennen, identifizieren, gegenüberstellen, vergleichen
5. Stufe: Synthetisieren Kombinieren von Elementen und Beziehungen	Aufbauen, planen, entwerfen, definieren, aufstellen, formulieren, anordnen, kombinieren, konstruieren
6. Stufe: Bewerten Gesamtheit von Vergleichs-, Kontroll- und Wertungsoperationen	Beurteilen, Schlüsse ziehen, bemessen

Abb. 78:   Verben zur Verhaltensbeschreibung innerhalb der Lernzieltaxonomie im kognitiven Bereich nach Bloom
Quelle: In Anlehnung an Becker, M. 1999, S. 167.

Die erste Stufe der Lernzieltaxonomie und damit das Lernziel mit dem geringsten Komplexitätsgrad ist das anzueignende Wissen. Wird dieses kognitiv weiterverarbeitet, liegt ein Verstehen von Informationen vor. Dies stellt die zweite Stufe der Lernzieltaxonomie dar. Auf der dritten Stufe erfolgt die Anwendung bzw. die Übertragung des Ge- bzw. Erlernten auf neue Situationen. Die vierte Stufe zeichnet sich durch eine Analyse bzw. Zerlegung der Informationen aus. Die Synthese der zuvor zerlegten Inhalte geschieht auf der fünften Stufe der Lernzieltaxonomie. Die sechste und letzte Stufe zeichnet sich durch eine Bewertung der Inhalte aus.

Übertragen auf Kunden sind exemplarisch Kundenlernziele bei der Einführung einer neuen Anlageform für einen Discount-Broker in Abbildung 79 präsentiert.

Kundenlernziel 1 (Wissen):	Kunde ist über die Existenz einer neuen Anlageform informiert.
Kundenlernziel 2 (Verstehen):	Kunde begreift die Vorteile der neuen Anlageform.
Kundenlernziel 3 (Anwenden):	Kunde soll die neue Anlageform im Hinblick auf die eigene Vermögenssituation einschätzen.
Kundenlernziel 4 (Analysieren):	Kunde versteht das eigene Finanz-Portfolios.
Kundenlernziel 5 (Synthetisieren):	Kunde soll die neue Anlageform als Ergänzung in das eigene Finanz-Portfolios integrieren.
Kundenlernziel 6 (Bewerten):	Kunde soll die Entwicklung der neuen Anlageform beurteilen können.

Abb. 79:   Kognitive Kundenlernzieltaxonomie der Einführung einer neuen Anlageform bei einem Discount-Broker
Quelle: Eigene Überlegungen.

In Ergänzung zu dem kognitiven Lernzielbereich wurden von Krathwohl/Bloom/Masia (1975) für den affektiven Lernzielbereich fünf Intensitätsstufen definiert.[295] Diese lauten:

1. Aufnehmen von Reizen;

2. Reagieren auf diese Reize;

3. Bewerten der aufgenommenen Reize;

4. Errichten einer Wertordnung;

5. Einordnen des Werts in ein Gesamtsystem.

Dabei erfolgt die Ordnung der Intensitätsstufen nach dem Grad der Internalisierung, d. h. Verinnerlichung der Werte. Die Internalisierung beginnt, wenn der Kunde auf einen Wert aufmerksam wird und er diesen Wert von anderen Werten unterscheiden kann. Damit findet ein aktives Aufsuchen dieses Werts statt. Wird der Kunde häufig mit diesem Wert konfrontiert, so kommt es fast automatisch zu Reaktionen hierauf. Schlussendlich ordnet der Kunde diesen Wert in ein bestimmtes Wertsystem ein, das er bei der Lösung neuer Probleme heranzieht (Kitzmann/Zimmer 1982, S. 144 f.). Damit ist auch ersichtlich, dass es sich bei den affektiven Lernzielen eher um mittel- bis langfristig zu realisierende Ziele handelt, die zumeist nicht kurzfristig überprüfbar sind (Mentzel 1997, S. 203 f.).

---

[295]   Es sei allerdings angemerkt, dass die Stufen 3 bis 5 dem Verständnis von affektiv, wie es in der Literatur zum Konsumentenverhalten inhaltlich geprägt ist, nicht entsprechen, da Prozesse der Bewertung, Errichtung und Einordnung immer auch kognitive Vorgänge beim Individuum beinhalten.

Für den dritten Lernzielbereich, d. h. die psychomotorischen Fertigkeiten bzw. Lernziele, gibt es in der Literatur keine entsprechenden Ausarbeitungen, auf die zurückgegriffen werden kann. Da eine differenzierte und fundierte Entwicklung einer eigenen psychomotorischen Kundenlernzieltaxonomie den Rahmen dieser Arbeit sprengen würde, soll hierauf verzichtet werden. Stattdessen erfolgt nach dieser kurzen Darstellung der kognitiven Lernzieltaxonomen nach Bloom (1956) und der affektiven Lernzieltaxonomie nach Krathwohl/Bloom/Masia (1975) eine kritische Diskussion der Anwendbarkeit auf den Bereich der Kundenlernziele.

Die Lernzieltaxonomie wurde als ein „pädagogisches, logisches, psychologisches Klassifikationssystem" (Bloom 1974, S. 20) entwickelt, wobei die Reihenfolge der Begriffe ein Indiz für deren Gewichtung darstellt. Konkret bedeutet dies, dass auf die pädagogischen Aspekte im Rahmen der Entwicklung der Systematisierung der größte Wert gelegt wurde. Hier lässt sich schon erkennen, dass eine Modifikation für das Kundenlernen stattfinden muss, in dem ökonomische Aspekte eine wichtige Rolle spielen müssen. Die von Bloom ausgearbeitete Taxonomie ist „eine Klassifikation des Schülerverhaltens, das die beabsichtigten Ergebnisse des Erziehungsprozesses repräsentiert" (Bloom 1974, S. 26). Bloom geht weiter davon aus, „daß im wesentlichen dieselben Verhaltensweisen im üblichen Bereich der fachbezogenen Inhalte auf verschiedenen Ebenen der Erziehung (Elementarschule, höhere Schule bzw. Universität) und in verschiedenen Schulen beobachtet werden können". Zu prüfen wäre, mit welchen Modifikationen sich diese Systematisierung auf das Kundenlernen bzw. die Kundenentwicklung übertragen lässt. Zu beachten ist weiterhin, dass das Klassifikationsschema das beabsichtigte Verhalten erfasst und nicht das tatsächliche Verhalten nach einer Kundenentwicklungsmaßnahme.

Probleme treten bei dem Versuch auf, Verhaltensweisen vollständig und eindeutig zu unterscheiden. Zum einen ist der unterschiedliche Erfahrungshintergrund der zu Entwickelnden zu beachten und zum anderen schließen komplexere Verhaltensweisen die einfacheren mit ein (Bloom 1974, S. 29). Während dem ersten Aspekt zugestimmt werden kann, lässt sich über den zweiten Aspekt streiten. Es ist fraglich, ob eine eindeutige Hierarchie sinnvoll ist und ob nicht einzelne Stufen übersprungen werden können. Grundsätzlich soll aber dem Gedankengang, dass komplexe Verhaltensweisen auf einfachen Verhaltensweisen aufbauen, gefolgt werden. Dies bedeutet für die Kundenentwicklung, dass für eine komplexe Leistung verschiedene „einfache" Verhaltensweisen geschult werden müssen. Eine Schulung über mehrere einfache Verhaltensweisen erscheint erfolgsversprechender zu sein als eine einmalige komplexe Verhaltensschulung, da die Kunden i. d. R. keine allzu hohen Investitionen aufbringen wollen.

Da sich die Integrationsaufgaben von Kunden durch einen sehr viel niedrigeren Komplexitätsgrad kennzeichnen lassen als die Aufgaben von Mitarbeitern (siehe Absatz 4.2.2.3), bewegen sich die Feinziele des Kundenlernens oftmals auf niedrigeren Stufen. Eine vollständige Ausschöpfung der Lernzieltaxonomie wird wohl in den seltensten Fällen benötigt. Ein weitere Einschränkung, die grundsätzlich an den Lernzieltaxonomien moniert wurde, ist die schwierige, wenn nicht gar unmögliche Separierung von kognitiven und affektiven Lernprozessen (Kitzmann/Zimmer 1982, S. 146). Veränderungen auf einer kognitiven Ebene bedürfen oftmals zunächst einer Veränderung affektiver Größen und umgekehrt.

7.2.3 Formulierung von Kundenlernzielen innerhalb eines Kundenlernzielkorridors

Nachdem geklärt wurde, was unter Kundenlernzielen zu verstehen ist und wie sich diese strukturieren lassen, stehen im Blickpunkt der nun folgenden Ausführungen Einschränkungen der Formulierung von Kundenlernzielen.

Ein Grundsatz der Lernzielplanung im betrieblichen Kontext besagt, dass die Lernziele den Lernenden, d. h. den Mitarbeiter, weder unter- noch überfordern dürfen (Becker, M. 1999, S. 162; Ernenputsch 1986, S. 23). Eine Unter- oder Überforderung hemmt sowohl Motivation als auch Lernleistung (Becker, M. 1999, S. 187 und S. 202). Dieser Gedanke gilt analog für Kunden (Lang 1997, S. 38), wobei der Überforderung im Vergleich zur Unterforderung besondere Aufmerksamkeit zuteil werden muss.[296] Daher sind bei der Planung der Kundenlernziele die derzeitige In-

---

[296] Abhängig von verschiedenen Determinanten, wie der Persönlichkeit des Kunden, der Art der Dienstleistung und situativen Faktoren, z. B. Zeitdruck, empfindet ein Kunde eine Unterforderung eventuell sogar als (kognitiv) ent- und nicht als belastend.

tegrationsqualifikationsstufe des Kunden (Ist-Integrationsqualifikation) und das angestrebte Integrationsanforderungsniveau (Soll-Integrationsqualifikation) zu berücksichtigen (siehe Abbildung 80). Dabei kann auf die in Absatz 6.4.3.2 und Abschnitt
6.4.4 dargestellte Systematisierung der verschiedenen Integrationsanforderungs-
bzw. -qualifikationslevels zurückgegriffen werden.

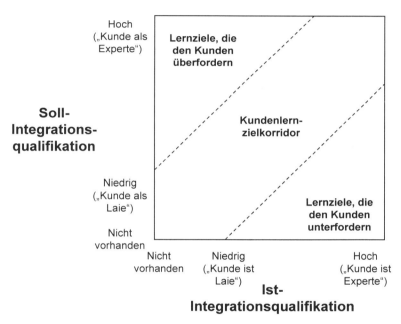

Abb. 80:   Kundenlernzielkorridor
Quelle: Eigene Überlegungen.

Ein Kunde, der momentan über eine gewünschte Soll-Integrationsqualifikation noch
nicht verfügt, kann - in Abhängigkeit von anforderungs- und persönlichkeitsbezogenen Faktoren - zumeist nicht sofort zum Experten gemacht werden. Stattdessen ist
er schrittweise durch eine mehrstufige Qualifizierung an den gewünschten Status
heranzuführen (siehe in einem allgemeineren Sinne Kreutzer 1995, Sp. 404). Wenn
beispielsweise ein Kunde bisher noch nicht in der Lage war, seine Bedürfnisse dem
Unternehmen gegenüber zu artikulieren, kann er nicht „über Nacht" zum Kommuni-
kationsexperten geschult werden. Im Sinne des grundsätzlichen Sender-Empfänger-
Schemas der Kommunikation treten kommunikative Fähigkeiten beim Kunden so-

wohl in seiner Sender- als auch in der Empfänger-Rolle auf. Im Kontext der Sender-Rolle sind Fähigkeiten zum verbalen und non-verbalen Ausdruck notwendig. Bei der Empfänger-Rolle spielt die Sensibilität des Kunden für die verbalen und non-verbalen Mitteilungen des Dienstleisters eine wichtige Rolle (Nerdinger 1994, S. 120). An diesen Ausführungen lässt sich erkennen, dass es sich hierbei um relativ komplexe Fähig- und Fertigkeiten des Kunden handelt, deren Erwerb nicht kurzfristig in vollem Maße realisierbar ist.

Ein anderes Beispiel betrifft den Kundenprozess. Falls dieser dem Kunden zu kompliziert ist bzw. erscheint, wird er frustriert die Leistungserstellung abbrechen und nicht bzw. nur sehr schwer von den Vorteilen eines neuen Verfahrens zu überzeugen sein (Hoffman/Bateson 1997, S. 256). Solche Stresssituationen durch Überforderung bzw. Überaktivierung (Wiswede 1995, S. 61) des Kunden gilt es zu vermeiden.[297] Anzustreben sind dagegen Situationen, in denen die Kunden durch neue Rollen und/oder neue Aufgaben bzw. veränderte Prozesse zwar gefordert, aber weder unter- noch insbesondere überfordert werden: „Additionally, it is likely that people will be more motivated to undertake roles that they understand and believe that they are able to perform" (Ostrom/Roundtree 1998, S. 16). Ein Zuviel an Informationen ist damit genauso zu vermeiden (Flik 1998, S. 25) wie ein Zuwenig (siehe auch Hoyos 1980, S. 68).[298] Graphisch lässt sich diese Anforderung an die Formulierung von Kundenlernzielen als Korridor darstellen (siehe Abbildung 80). Kundenlernziele sollten nicht außerhalb des Korridors liegen, da es ansonsten zu einer Über- oder Unterforderung des Kunden kommt.

Problematisch an diesem Konzept ist die Festlegung der Korridorgrenzen bzw. -schranken. Diese variieren u. a. in Abhängigkeit von der Persönlichkeitsstruktur der

---

[297]   Diese Problematik lässt sich auch aus einer investitionstheoretischen Perspektive erörtern. Dabei steht die optimale Abschätzung des Lernaufwands im Blickpunkt. Zwar erhöht sich durch die lernbezogene Investition des Kunden dessen Bindung, aber bei zu hohem Lernaufwand ist die Eintrittsbereitschaft neuer Kunden in eine solche Beziehung vergleichsweise gering. Deshalb sollte, sofern dies möglich ist, eine sukzessive Erhöhung des Lernaufwands betrieben werden (in Anlehnung an die Ausführungen von Hentschel 1991, S. 28 zu Investitionsaufwendungen und Produktpolitik).

[298]   Dies entspricht auch dem grundlegenden Gedanken der Aktivationstheorien, die besagen, dass bei einer mittleren Aktivierung des Kunden die Leistungen am höchsten sind und eine effiziente Informationsverarbeitung erfolgt (Wiswede 1995, S. 60 und S. 300). So wird eine umgekehrt U-förmige Beziehung zwischen Erregungsgrad und positiver Wirkung angenommen (Wiswede 1995, S. 60).

Kunden. Nach der Theorie der Leistungsmotivation suchen erfolgsmotivierte Personen die Art von Aufgaben, welche sie mit ihren Fähigkeiten gut bewältigen können. Demgegenüber neigt die Gruppe der misserfolgsmeidenden Personen zu den Extrembereichen, da sie bei leichten Aufgaben eine hohe Erfolgswahrscheinlichkeit vermutet und bei sehr schwierigen Aufgaben den Misserfolg anderen zuschreiben kann (Rosemeier 1987, S. 76; Wiswede 1995, S. 65). Ein Lösungsansatz für dieses Problem kann in der Selbstselektion der Kunden gesehen werden. So bietet ein Unternehmen für jeden möglichen Kundenentwicklungsbedarf spezifische Maßnahmen an, die Inanspruchnahme dieser Instrumente erfolgt allerdings durch die Kunden selbst. Durch diese Selbstauswahl der Kunden lässt sich kundenindividuell eine Über- und Unterforderung vermeiden.

7.3 Methodisch-didaktische und organisatorische Planungsinhalte der Kundenentwicklung im Dienstleistungsbereich

Das Kapitel 7.3, welches den planerischen Teil der Arbeit abschließt, dient sozusagen als Residuum weiterer, relevanter Planungsinhalte der Kundenentwicklung im Dienstleistungsbereich. Es ist jedoch nicht möglich, das gesamte denkbare Spektrum von Planungsinhalten erschöpfend zu behandeln.[299] Dies ist im Rahmen einer wissenschaftlichen Arbeit auch nicht anzustreben, da es letztlich in einer Einzelfallbetrachtung enden würde.

Unabdingbar ist die Beschäftigung mit den Lerninhalten, da die Vermittlung dieser erst eine Realisation der Kundenlernziele ermöglicht (Abschnitt 7.3.1). Damit ein Kunde sich aber überhaupt mit den Kundenlerninhalten auseinandersetzt, ist er zum einen über die Existenz von Kundenentwicklungsmaßnahmen in Kenntnis zu setzen (Abschnitt 7.3.2), zum anderen muss er die Bereitschaft aufweisen, an diesen teilzunehmen (Abschnitt 7.3.3). Neben dem Einsatz entsprechender Kommunikations- und Motivationsmaßnahmen sollten Dienstleistungsunternehmen des Weiteren Un-

---

[299] So soll beispielsweise die Planung der bzw. Entscheidung über die Budgetgröße und -verteilung ausgegrenzt werden. Zwar ist sich der Autor der Relevanz dieser Planungsgröße durchaus bewusst. Eine diesbezügliche Ausarbeitung von Heuristiken oder insbesondere mathematisch-quantitativer Methoden bedarf jedoch eines weiter gehenden Forschungsaufwands, der im Rahmen dieser Arbeit nicht geleistet werden kann.

terschiede in der Zeitwahrnehmung der Kunden (Abschnitt 7.3.4) und in der Möglichkeit der verschiedenartigen Positionierung sowie Bepreisung von Kundenentwicklungsinstrumenten kennen und zur Optimierung der Kundenentwicklung nutzen (Abschnitt 7.3.5).

Weitere Planungsaspekte werden zudem im achten Teil der Arbeit erörtert, der sich
mit der Realisierung einer integrationsgerechten Kundenqualifizierung beschäftigt.

7.3.1   *Festlegung der Lerninhalte von Kundenentwicklungsaktivitäten*

Während die Kundenlernziele die erwünschten Verhaltenszustände des Kunden aus
der Perspektive des Dienstleistungsunternehmens definieren, beschreiben die Kundenlerninhalte die hierzu erforderlichen Mittel. Kundenlerninhalte werden damit durch
die zuvor definierten Kundenlernziele näher bestimmt und stehen zu diesen in einer
Zweck-Mittel-Beziehung.

Eine generelle Aussage über die Art und den Umfang der Kundenlerninhalte ist nicht
möglich. Stattdessen entscheidet der ermittelte Kundenentwicklungsbedarf, der sich
ja auch in den Kundenlernzielen widerspiegelt, über die auszuwählenden Kundenlerninhalte. Folglich sind zielgerichtet jene Kundenlerninhalte auszuwählen, die zur
Bewältigung bzw. Erfüllung der Kundenrollen und Integrationsaufgaben vonnöten
sind. Damit wird dem in Kapitel 5.2 formulierten Grundsatz der Kundenentwicklung
entsprochen, dass Kundenentwicklung bedarfsgerecht zu gestalten ist.

Die Kundenlerninhalte werden über die Maßnahmen der Kundenentwicklung vermittelt. Hierbei ist in Abhängigkeit vom Commitment des Kunden zu überlegen, wie
umfassend die zu vermittelnden Lerninhalte sein sollten. Bei einem geringen Involvement des Kunden wird dieser eher passiv und absichtslos lernen (Kroeber-
Riel/Weinberg 1999, S. 338). Daher ist eine Vermittlung der Lerninhalte in kleinen
Schritten anzustreben (Goodwin 1988, S. 76). Dabei ist es sinnvoll, eine Klassifizierung der Kundenlerninhalte nach deren Relevanz vorzunehmen. So lassen sich
Muss-, Soll- oder Kann-Lerninhalte unterscheiden (Kitzmann/Zimmer 1982, S. 146;
Mentzel 1997, S. 205). Während Muss-Lerninhalte auf jeden Fall zu vermitteln sind,

ist zu überlegen, inwieweit Soll- oder Kann-Lerninhalte dem Kunden erst zu einem späteren Zeitpunkt nahe zu bringen sind.

Des Weiteren sind die Lerninhalte für den Kunden möglichst attraktiv und unterhaltsam zu gestalten, womit eine Realisierung der Entertainment-Strategie (siehe Abschnitt 5.4.4) angestrebt wird. Liegt ein eher geringes Involvement des Kunden vor, ist eine visuelle Informationsvermittlung einer verbalen vorzuziehen (Kroeber-Riel/Weinberg 1999, S. 339). Bilder erfordern vom Kunden weniger gedankliche Anstrengungen, werden von diesem weitgehend automatisch verarbeitet und daher bei einem geringen Involvement besser gelernt als Worte (Kroeber-Riel/Weinberg 1999, S. 339). Gerade bei Dienstleistungen bietet es sich an, ein Story-Board für den Kunden zu entwerfen. Dieses bildet ein Dienstleistungsskript als visuell veranschaulichte Sequenz der Ereignisse ab und ist daher für den Kunden leicht verständlich und schnell wahrnehmbar. Aber auch der Spaßfaktor („Enjoyment"; siehe Abschnitt 5.4.4) darf nicht fehlen. So ist zu überlegen, wie die Kundenlerninhalte anzubieten sind, damit sie vom Kunden leicht aufgenommen bzw. assimiliert werden können (Goodwin 1988, S. 78). So hat z. B. ein kleines Kino einen Kurzfilm entwickelt, der die Kinobesucher darum bittet, dass diese ihren Abfall in spezielle Behälter entsorgen sollten. Der Film zeigt im Stile eines Horrorfilms ein Monster, das ungehorsame Kinobesucher verschleppt. Wunschgemäß lachten die Besucher herzhaft darüber. Gleichzeitig war aber das Kino beim Verlassen der Besucher deutlich sauberer als gewöhnlich (Goodwin 1988, S. 76).

7.3.2   *Kommunikation für Kundenentwicklungsmaßnahmen*

In Abhängigkeit von der Kundenentwicklungsmaßnahme, z. B. einem Kundenseminar oder der Aufstellung eines Informationskiosks (multimediales, interaktives Informationssystem; Steiger 1995, S. 270), kann es notwendig sein, die Maßnahme gegenüber den (potentiellen) Kunden zu kommunizieren (Marchetti 1992, S. 36 f.; Steiger 1995, S. 273). Ein Beispiel findet sich in Anhang 3. So bewirbt die DeTeMobil Deutsche Telekom MobilNet ihre Handy-Schnupperseminare. Auch der Discount-Wertpapierhändler Charles Schwab Europe weist im Internet auf seine Investmentseminare hin (siehe Anhang 4). Zum einen sollte der Kunde auf die Existenz von

Kundenentwicklungsinstrumenten hingewiesen, zum anderen muss ihm oftmals der Nutzen dieser Maßnahmen explizit erläutert werden (Lang 1997, S. 65; Steiger 1995, S. 273).

Dazu stehen einem Dienstleistungsunternehmen verschiedene Instrumente zur Verfügung, die in einem abgestimmten Mix eingesetzt werden sollen. Zunächst ist es möglich, Werbung, z. B. für Kundenseminare, Videos oder Kiosksysteme, zu schalten (Steiger 1995, S. 273). Des Weiteren sind beispielsweise attraktive Kunden per Direkt-Mailing-Aktion zu Kundenvorträgen einzuladen (Lang 1997, S. 65). Daneben kann im Rahmen von Öffentlichkeitsarbeit für die Kundenentwicklung geworben werden. So ist denkbar, über eine Kundenentwicklungsmaßnahme einen Artikel in einem Wirtschaftsmagazin oder einer Regionalzeitung zu platzieren oder aber Pressemitteilungen zu versenden. Auch ließen sich Werbespots oder eine kleine Berichterstattung im Radio lancieren. Aber auch das Kontaktpersonal kann für die Entwicklungsmaßnahmen Werbung betreiben (Lang 1997, S. 65; Marchetti 1992).

7.3.3   *Anreizmöglichkeiten zur Stimulierung der Teilnahme- und Lernbereitschaft der Kunden im Dienstleistungsbereich*

Die besten Kundenentwicklungsmaßnahmen nutzen nichts, falls der Kunde keine Lernmotivation aufweist. Nur wenn der Kunde gewillt ist, an Kundenentwicklungsmaßnahmen physisch und/oder psychisch teilzunehmen,[300] kann Kundenentwicklung im Dienstleistungsbereich überhaupt erfolgreich sein (Lang 1997, S. 38). Die Lernbereitschaft hängt nun davon ab, inwieweit Kunden für sich persönlich auch einen Nutzen wahrnehmen (Bowen/Schneider 1985, S. 136; Ostrom/Roundtree 1998, S. 16). Für sie bedeutet Kundenentwicklung zumindest das Aufbringen von Zeit, damit einhergehend die Einengung der Freizeit, und folglich (Opportunitäts-)Kosten (Ernenputsch 1986, S. 117; Kroeber-Riel/Weinberg 1999, S. 250; Meer 1984, S. 133).[301] Als weitere Kostenkomponenten können ein physischer und psychischer Aufwand zur

---

[300] Hennig-Thurau (1998, S. 198) spricht im Falle von Konsumgütern von einer Kompetenznachfrage der Konsumenten. Darunter fasst er „die Bereitschaft der Kunden zur Teilnahme an Kompetenzvermittlungsaktionen des Herstellers".

[301] Zum zeitlichen Kostenaspekt siehe auch Thompson (1962, S. 316).

Aneignung der Qualifikationen sowie eventuelle Ausgaben zur Qualifikationsgewin-
nung, wie Telefonkosten, auftreten (Ernenputsch 1986, S. 117). Folglich werden
Kunden sich nur dann „weiterbilden", wenn der erwartete Nettoertrag aus den einzusetzenden Entwicklungskosten und dem erreichten Entwicklungsnutzen positiv ist
(Wiswede 1995, S. 317). Dabei kann der Nutzen des Kunden in der Einsparung monetärer und nicht-monetärer Kosten (Absatz 5.3.3.1), der Erhöhung des Kontroll-
bzw. Sicherheitspotentials (Absatz 5.3.3.2) sowie einer höheren Kundenzufriedenheit
(Absatz 5.3.3.3) gesehen werden. Es bleibt festzuhalten, dass Kunden Kosten-
Nutzen-Vergleiche anstellen (Ernenputsch 1986, S. 116; Kroeber-Riel/Weinberg
1999, S. 250). Je höher der Entwicklungsnettoertrag dabei ist, desto höher wird die
Wahrscheinlichkeit der Teilnahme an Entwicklungsmaßnahmen des Dienstleisters
sein.

Um die Teilnahmebereitschaft zu erhöhen, kann sich ein Unternehmen zudem
überlegen, inwiefern es den Kunden zusätzliche Anreize anbietet. Denkbar wäre,
den Teilnehmern z. B. ein kleines Geschenk zu versprechen (Marchetti 1992, S. 38).
Dieses Geschenk erhalten die Teilnehmer zu Beginn oder am Ende der Kundenent-
wicklungsveranstaltung. Des Weiteren kann der Teilnehmer eines Seminars bzw.
einer Schulung hierüber ein Teilnahmezertifikat und/oder ein Foto der Teilnehmer
erhalten. Eine andere Möglichkeit ist die Ausschreibung eines Wettbewerbs bzw.
Gewinnspiels (o. V. 1998, S. 33). So veranstaltete z. B. das Steuerberatungsunter-
nehmen H&R Block zur Einführung eines neuen Services („Premium Tax") einen
Wettbewerb, um die (potentiellen) Kunden zur Beschäftigung mit den Inhalten des
neuen Services zu bewegen. Dem Gewinner wurde als Preis die Zahlung der Ein-
kommensteuer versprochen. Über zehn Wochen erhielten die Teilnehmer wöchentlich drei Emails, die sie über allgemeine Steuerangelegenheiten, die Firma H&R
Block und den neuen Services informierten. Hierzu wurden ihnen Fragen gestellt, die
sie beantworten und an H&R Block zurücksenden mussten (Lovelock 2001, S. 309).
Einen Anreiz ganz anderer Art bot Globus, eine mittelständische Supermarktkette,
ihren Kunden an. Bei Teilnahme an einem Kundenseminar zum Thema „Wurst- und
Fleischproduktion des Hauses", erhielten die Kunden ein Drei-Gang-Menü, wenngleich dafür im Gegenzug ein Kostenbeitrag von 20 DM erhoben wurde (siehe Anhang 5).

Genauso wichtig wie das Vorhandensein von Nutzenelementen ist deren Wahrnehmung durch den Kunden. Nur wenn die Nutzenvorteile in den Wahrnehmungsbereich des Kunden gelangen, fließen sie in einen Kosten-Nutzen-Vergleich ein. Das Problem ist jedoch, dass die Nutzenelemente oftmals dem Kunden nicht als solche bewusst sind. In diesen Fällen ist es für den Dienstleister unabdingbar, die erzielbaren Vorteile dem Kunden gegenüber ausdrücklich zu kommunizieren, wie dies z. B. Berry/Lampo (2000, S. 268) für Self services propagieren.

Eine weitere Möglichkeit, den Kunden zur Beschäftigung mit Lerninhalten zu bewegen, setzt gleichermaßen an der Wahrnehmung des Kunden an. Der Grundgedanke ist, Informationen wertvoll erscheinen zu lassen. So sendet z. B. die Deutsche Bahn ihren BahnCard-Inhabern ein so genanntes Service-Scheckheft. Diese im Scheckformat gestaltete Informationsbroschüre enthält verschiedene so genannte Schecks, die BahnCard-Kunden über verschiedene Leistungen bzw. Zusatzleistungen informieren. So finden sich auf dem ersten Scheck die verschiedenen Hotline-Nummern der Bahn. Ein anderer Scheck informiert den Kunden über die Möglichkeit eines BahnCard Abonnements. Als ein kleines Dankeschön bekommt der BahnCard-Kunde mit einem weiteren Scheck einen Gutschein für ein Stück Kuchen, erhältlich in den Restaurantwagen der Deutschen Bahn (DB Reise&Touristik AG 2001). Diese Idee, Informationen als kostbar zu deklarieren, findet sich auch im so genannten Sparbuch der AOK wieder. Dieses Service- und Quittungsheft der AOK erläutert den Mitgliedern die wichtigsten Regelungen wie Zahnersatz-, Härtefall- und Zuzahlungsregelungen. Des Weiteren beinhaltet es Quittungsblöcke für geleistete Zuzahlungen für Arznei- und Verbandsmittel sowie für Heilmittel und Fahrkosten. Insgesamt verdeutlichen die genannten Beispiele, dass über die Layoutgestaltung (Scheckheftformat und Bezeichnung als Schecks bzw. als Sparbuch) versucht werden kann, Informationen lukrativ erscheinen zu lassen (siehe ähnlich Thiesler 2001, S. 206).

Des Weiteren hängt die Lernbereitschaft eines Kunden davon ab, inwieweit die Nutzenelemente überhaupt als solche empfunden werden. Nicht jeder Kunde weist die gleichen Präferenzen und damit die gleiche Nutzenempfindung auf. Damit die Bereitschaft des Kunden steigt, sich im anbieterseitigen Sinne zu entwickeln, muss ein Dienstleistungsunternehmen die Präferenzstrukturen seiner Kunden kennen (Bowers/Martin/Luker 1990, S. 65) und die Kundenentwicklung darauf abstimmen.

Abschließend sei darauf hingewiesen, dass es auch entwicklungsindifferente und -unwillige Kunden gibt. Hier ist von Unternehmensseite zu prüfen, inwieweit eine fehlende Lernbereitschaft unternehmensbezogene Gründe hat. So kann eine mangelnde Motivationsbereitschaft durchaus auf Erwartungsenttäuschungen auf Seiten der Kunden basieren (Schanz 1992b, S. 19).

7.3.4 Zeitwahrnehmungsorientierte Planung der Kundenentwicklungsaktivitäten

Wie in Unterabsatz 6.4.6.4.3 beschrieben, stellen Dienstleistungen Zeitverwendungsangebote dar (Stauss 1991a, S. 81). Diese werden vom Kunden entweder als Zeitspar- oder als Zeitvertreibangebote empfunden. Je stärker der Zeitsparaspekt beim Kunden ausgeprägt ist, desto geringer wird tendenziell dessen grundsätzliche Bereitschaft sein, für Lernmaßnahmen zusätzliche Zeit aufzubringen, da er diese ja gerade einsparen möchte. Damit ist der Spielraum für Kundenentwicklungsmaßnahmen eingeschränkt. In diesen Fällen sollte das Dienstleistungsunternehmen dazu übergehen, die Kundenprozesse einfach zu gestalten, und möglichst selbsterklärende Prozessabläufe einzurichten. Folglich sinken die so genannten „Konsumkosten"[302] (Rosenberger 2000, S. 352) durch die Verminderung der zeitlichen Kosten für den Kunden.

Liegt dagegen ein Zeitvertreibangebot vor, so ist der Kunde eher bereit, an Kundenentwicklungsmaßnahmen teilzunehmen. Dies ist insbesondere dann der Fall, wenn die Kundenqualifizierung im Sinne einer Entertainment-Strategie (siehe Abschnitt 5.4.4) unterhaltsam gestaltet wird. Die angesprochenen Aspekte verdeutlichen, dass Dienstleister die (subjektiven) Zeitwahrnehmungen und -erwartungen ihrer Kunden erfassen (Rosenstiel/Neumann 1998, S. 44; Scheuch 1979, S. 9) und die Kundenentwicklung daran orientieren sollten.

Die im Rahmen der Dienstleistungskonsumtion verbrachte Zeit kann des Weiteren differenziert werden nach Transfer-, Abwicklungs-, Transaktions- und Wartezeiten

---

[302] Konsumkosten bilden sich aus der Summe von monetären, zeitlichen und psychischen Kosten die der Kunde vor, beim und nach dem Kauf einer Dienstleistung aufbringen muss (Rosenberger 2000, S. 352).

(Stauss 1991a, S. 82; siehe auch Unterabsatz 6.4.6.4.3). Grundsätzlich ist eine Minimierung der vom Kunden aufzuwendenden Zeit anzustreben, da der Kunde das Aufbringen von Zeit mit einem Geldverbrauch gleichsetzt. Eine vollkommene Vermeidung ist aber in der Regel nicht möglich, weshalb der Dienstleister des Weiteren die Zeitwahrnehmung seiner Kunden positiv beeinflussen sollte.

Aus diesem Grund sind zunächst einmal die Transfer- und Abwicklungszeiten für den Kunden möglichst angenehm zu gestalten (Stauss 1991a, S. 87 f.). Die Umsetzung einer derartigen Beeinflussung der Zeitwahrnehmung des Kunden wird dabei durch das Management der Kundenentwicklung unterstützt. Gleichzeitig bekommt der Kunde integrationsrelevante Qualifikationen vermittelt. Falls z. B. ein Patient bei der Aufnahme in ein Krankenhaus beim Ausfüllen von Formularen Schwierigkeiten hat, ist er für eine persönliche Hilfestellung sehr dankbar. Diese fasst der Patient dann auch nicht als zusätzliche, negative Zeitverschwendung, sondern als angenehme (Lern-)Hilfe auf. So werden in der EURO-MED-CLINIC in Fürth dem Patienten die unterschiedlichsten Hilfestellungen gegeben: „Er bekommt Hilfe z. B. bei der Aufstellung [!] von Formularen, dem Auffinden verschiedener Räumlichkeiten und Funktionseinheiten und der Erduldung einer Behandlung oder einer körperlichen Behinderung" (Schreier 1998, S. 1810). Hierzu gehört weiterhin eine persönliche Betreuung, die u. a. „die persönliche Begleitung und Vorstellung [des Patienten, Anm. d. Verf.] bei den Repräsentanten anderer Abteilungen" (Schreier 1998, S. 1810) beinhaltet. Die Möglichkeiten der Kundenentwicklung sind aber hierbei auf Lerninhalte beschränkt, die kontaktpunktspezifisch auftretende Qualifikationsmängel betreffen. Weiterführende Lerninhalte wünscht der Kunde eher nicht, da sie die Abwicklungszeit ausschließlich verlängern würden.

In diesem Fall bietet die kundenentwicklungsorientierte Verwendung der Wartezeit einen praktikablen Ausweg an. Eine subjektive Verkürzung der Wartezeit kann durch die Aufnahme von Informationen erreicht werden: „Hat der einzelne wenig Informations-Input, scheint ihm die Zeit sehr langsam zu verstreichen; stürmen jedoch viele und außerdem emotional aufgeladene Informationen auf ihn ein, 'verfliegt' die Zeit" (Stauss 1991a, S. 88). Hierin kommt die Erkenntnis zum Ausdruck, dass sich die subjektiv wahrgenommene Wartezeit für den Kunden verkürzt, wenn dieser aktiv eingebunden wird (Rosenstiel/Neumann 1998, S. 44). Daher sind Nicht-

Transaktionszeiten aus zeittheoretischen Überlegungen zur Kundenentwicklung besonders geeignet. Im Krankenhaus kann die Wartezeit z. B. durch Videos verkürzt werden, die gleichzeitig der Informationsvermittlung dienen. Ein weiterer, geradezu prädestinierter Bereich ist der Personennah- und -fernverkehr. Während der Transaktionszeit, die der Reisende allerdings eher als Wartezeit auffasst, können diesem die verschiedensten Informationen vermittelt werden. Geschieht die Informationsvermittlung unter dem Gesichtspunkt der Qualifizierung des Kunden, dann findet entsprechend eine Kundenentwicklung statt. Ein Beispiel sind die Informationsterminals der Deutschen Bahn in den ICEs, bei denen sich der Kunde Informationen aller Art abrufen und damit mehr über die Leistungen der Deutschen Bahn erfahren kann. Denkbar ist des Weiteren z. B. die Nutzung von Flachbildschirmen in U- und S-Bahnen, den so genannten „Train-Infoscreens" (Biester 1998, S. 36), oder von Bordunterhaltungssystemen in Flugzeugen (Kiani-Kress 1998, S. 114 f.). Auch bei Banken findet dieser Gedanke Anwendung. So zeigte sich z. B. in den Niederlassungen der Schweizerischen Bankgesellschaft, dass Kunden zur Verkürzung der (wahrgenommenen) Wartezeit auf den nächsten Geldautomaten den dort zusätzlich aufgestellten Informationskiosk (MINNELLI) eifrig nutzten (Steiger 1995, S. 287).

Abschließend sei noch darauf hingewiesen, dass aus der lerntheoretischen Perspektive die eigentliche Transaktionszeit für die Kundenentwicklung besonders interessant erscheint. Wenn sich der Kunde bei der Leistungserstellung aktiv beteiligt, können ihm dort direkt Qualifikationen vermittelt werden. Dieses Learning-by-doing verheißt den höchsten Effektivitätsgrad von Kundenentwicklungsmaßnahmen, da eine Umsetzung der erlernten Kenntnisse, Fähigkeiten und Fertigkeiten unmittelbar möglich ist.

7.3.5   Positionierung und Bepreisung von Kundenentwicklungsaktivitäten

Die Positionierung und die Bepreisung von Kundenentwicklungsaktivitäten sind zwei wichtige Aspekte einer erfolgreichen Einführung von Kundenentwicklung. Dabei lassen sich aus der Positionierung der Kundenentwicklungsmaßnahmen Konsequenzen bezüglich der Bepreisung ableiten (Honebein 1997, S. 137).

Grundsätzlich lassen sich folgende zwei Arten der Positionierung von Dienstleistungen unterscheiden (Stauss 2000e, S. 432 f.; siehe auch Laib 1998, S. 515 f.; Meffert/ Bruhn 2000, S. 20 f.; Staffelbach 1988, S. 278):

- Kerndienstleistung (Primärdienstleistung)
- Angebotsbegleitende Dienstleistung (Sekundärdienstleistung)
  - Nebendienstleistung (obligatorische Sekundärdienstleistung)
  - Zusatzdienstleistung (freiwillige Sekundärdienstleistung)

Als Abgrenzungskriterium dient die Eigenständigkeit der Vermarktung (Laib 1998, S. 516). Kern- bzw. Primärdienstleistungen stellen Hauptleistungen dar, die als eigenständige Leistungen am Markt angeboten werden. Von diesen zu differenzieren sind die angebotsbegleitenden Dienstleistungen, auch Sekundärdienstleistungen genannt, die komplementär zur Kerndienstleistung angeboten werden. Damit wird entweder eine Sicherstellung der Funktionsfähigkeit der Kerndienstleistung (z. B. Installation) oder eine Nutzenerhöhung (z. B. Kundenschulung) angestrebt. Nebendienstleistungen bzw. obligatorische Sekundärdienstleistungen liegen dann vor, wenn ein Leistungsbündel ohne diese nicht zu verkaufen ist. Dagegen sind Zusatzdienstleistungen bzw. freiwillige Sekundärdienstleistungen kein zwingender Bestandteil eines Leistungsbündels, sondern ergänzen dieses (Laib 1998, S. 515). Damit unterscheiden sie sich auch in ihrer grundsätzlichen Zielsetzung. Obligatorische Sekundärdienstleistungen dienen der Sicherstellung der Funktionsfähigkeit eines Leistungsbündels und damit dessen Absetzbarkeit. Dagegen zielen freiwillige Sekundärdienstleistungen auf die Differenzierung des Leistungsangebots (Laib 1998, S. 516). Folglich ist auch eine unterschiedliche Preissetzung gegenüber dem Kunden möglich. Nebendienstleistungen unterscheiden sich von den Zusatzdienstleistungen durch ihre direkte Preissetzung. Zusatzdienstleistungen werden dementsprechend nicht preislich gegenüber den Kunden ausgewiesen (Stauss 2000e, S. 432).

Eine Positionierung der Kundenentwicklung als Kerndienstleistung ist schon aus Definitionsaspekten heraus nicht möglich.[303] Im Fokus der Kundenentwicklung steht die

---

[303] Anders Honebein (1997, S. 140 f.), der Customer education auch als „Stand-alone product" eines Unternehmens ansieht.

Qualifizierung der Kunden in Bezug auf eine Dienstleistung(serstellung). Von daher kann die Kundenentwicklung selbst keine eigenständige vermarktungsfähige Kerndienstleistung sein. Hier könnte von dem geneigten Leser als Kritik vorgebracht werden, dass z. B. Software-Schulungen durchaus als eigenständige, vermarktbare Dienstleistungen von einem Software-Hersteller angeboten werden. Dieser Einwand trifft zwar für die Vermarktungsfähigkeit durchaus oftmals zu, aber eben nicht für die Eigenständigkeit. Software-Schulungen eines Herstellers stehen immer in Abhängigkeit vom Produkt und sind daher als angebotsbegleitende Dienstleistungen anzusehen, die am Markt als Zusatzdienstleistung angeboten werden können.

Kundenentwicklungsmaßnahmen können als Nebendienstleistungen angeboten werden. Hierbei werden den Kunden neben den unbedingt notwendigen Kompetenzen auch weiter gehende Qualifikationen vermittelt. Kunden erwarten diese Schulungsleistungen nicht, halten diese aber für wertvoll (Honebein 1997, S. 139). Dies ist z. B. bei den meisten Kundenseminaren der Fall. Das Fehlen dieser Maßnahmen stimmt den Kunden also nicht automatisch unzufrieden. Bei Vorhandensein führen sie aber zur Zufriedenheit der Kunden.

Die Bepreisung von Kundenentwicklungsmaßnahmen, wie insbesondere von Kundenseminaren oder auch von Kunden-Videos, ist kontrovers zu diskutieren. So empfiehlt z. B. Krah (1999, S. 63), Kundenseminare grundsätzlich kostenlos anzubieten. Damit würde die Wertschätzung bei den Zielkunden steigen. Dem kann entgegengehalten werden, dass kostenlose Veranstaltungen zu sehr den Ruf von reinen Verkaufsveranstaltungen genießen. Wird dagegen ein Kostenbeitrag erhoben, erhoffen sich Kunden von den Veranstaltungen auch einen größeren Nutzwert. So verlangte z. B. die DeTeMobil Deutsche Telekom MobilNet für ihre Handy-Schnupperseminare eine Anmeldegebühr von 12 DM (siehe Anhang 3). Consors, einer der bekanntesten Discount-Broker in Deutschland, fordert von Kunden für die Teilnahme an Investmentseminaren 39 EURO bzw. für Nichtkunden 49 EURO (siehe Anhang 6). Auch Kunden-Videos werden zumeist mit einer Schutzgebühr belegt. So erhebt z. B. die Frauenklinik Pforzheim für ein Informations-Video über die Klinik eine Schutzgebühr von 20 DM. Demgegenüber bietet z. B. der Wertpapierhändler Charles Schwab seinen Kunden sämtliche Online-Trainingskurse kostenlos an (siehe Anhang 7).

Am häufigsten sind Kundenentwicklungsmaßnahmen jedoch als Zusatzdienstleistungen zu finden (Honebein 1997, S. 138; Meer 1984, S. 125; Rüdenauer 1988, S. 183). So lassen sich z. B. Hinweis- und Wegschilder nicht gesondert preislich beim Kunden bemessen. Sie sind ein integriertes Feature im Kontext der Dienstleistung, die von Kunden als sinnvoll und nützlich angesehen werden. Aber Kunden sind andererseits nicht bereit, dafür zu zahlen. Aus einer Qualitätsperspektive heraus lassen sich diese Qualifizierungsmaßnahmen als Routinekomponenten bezeichnen. Dies bedeutet, dass sie aus der Kundenperspektive als notwendig erachtet werden. Ein Fehlen dieser wird negativ bewertet (Honebein 1997, S. 138) und kann sogar in einer negativen Kaufentscheidung münden. Andererseits führt ein Vorhandensein derartiger Entwicklungsmaßnahmen nicht zu einer besonderen Zufriedenheit beim Kunden. Als Beispiel sei auf die Installationshinweise bei Softwareprogrammen verwiesen.[304] Diese Art von Kundenentwicklungsmaßnahmen teilt den Kunden mit, dass sie die Grundlagen für eine erfolgreiche Leistungserstellung erhalten (Honebein 1997, S. 139). Mit derartigen unentgeltlichen Maßnahmen kann auch Kundenvertrauen gefördert werden, da in diesem Falle die Kundenentwicklungsaktivitäten als investive Maßnahmen ohne direkte Gegenleistung des Kunden erfolgen. Damit wird dem Kunden gezeigt, dass das Dienstleistungsunternehmen in die Geschäftsbeziehung investiert und sich auch in Zukunft vertrauenswürdig verhalten möchte (Hennig-Thurau 1998, S. 149 f.). Am Rande sei auf die preispolitischen Besonderheiten bei der Vermittlung von Kompetenzen mittels Internet hingewiesen. Im Internet stellen zwar die Dienstleistungsanbieter die Informationen kostenlos zur Verfügung, für den Kunden geht die Inanspruchnahme allerdings doch mit Kosten, besonders für den Service- bzw. Internet-Provider, einher.

Zusammenfassend lässt sich festhalten (siehe auch Abbildung 81), dass die meisten Kundenentwicklungsmaßnahmen Zusatzleistungen darstellen, die dementsprechend unentgeltlich angeboten werden. In seltenen Fällen, wie z. B. bei Kundenseminaren, ist zu überlegen, inwieweit für Kundenentwicklungsmaßnahmen, da sie Nebendienstleistungen verkörpern, auch ein Entgelt verlangt wird.[305] Dies hängt im Einzel-

---

[304]   Eine Ausnahme stellt die Rechnungsstellung bei Ersatzbeschaffung dar, d. h. der Kunde hat sein Original-Manual verloren (siehe Honebein 1997, S. 143).

[305]   Zur Problematik der Preispolitik für Dienstleistungen und zu methodischen Preisbestimmungsansätzen siehe u. a. Berry/Yadav (1997); Meyer/Streich (1998); Paul/Reckenfelderbäumer (1998); Simon (1992, S. 563-588).

fall von der verfolgten Zielsetzung und der Wahrnehmung durch den Kunden ab.

Positionierung	Bepreisung	Beispiel
Nebendienstleistung	Möglich	Kundenseminar
Zusatzdienstleistung	Keine	Informationsbroschüre

Abb. 81:	Positionierung und Bepreisung von Kundenentwicklungsaktivitäten
Quelle:	Eigene Überlegungen.

8 Realisation der integrationsgerechten Qualifizierung der Kunden im Dienstleistungsbereich

8.1 Einstieg und Überblick

Unbestrittenermaßen finden Maßnahmen zur Kundenentwicklung im Dienstleistungsbereich in der Praxis schon ihre Anwendung, d. h. einzelne Instrumente der Kundenentwicklung sind nicht völlig neu, sondern schon mehr oder weniger stark verbreitet. Der Einsatz dieser Instrumente erfolgt jedoch eher punktuell und v. a. unsystematisch in Bezug auf den Entwicklungsaspekt. Daher beschäftigt sich der achte Teil der Arbeit mit dem systematischen Einsatz von Maßnahmen der Kundenentwicklung im Dienstleistungsbereich, die zur Realisierung der Kundenlernziele (siehe Kapitel 7.2) und letztlich der strategischen Kundenentwicklungsziele (siehe Kapitel 5.3) führen sollen.

In Abhängigkeit von der Kundenbeziehungs-Lebenszyklusphase existieren verschiedene Aktionsfelder der Kundenentwicklung (siehe auch Absatz 7.1.3.2). Während die Interessentenentwicklung, aber auch die Kündiger- und Wiederkundenentwicklung zum Management der Kundenentwicklung i. w. S. gehören, konzentrieren sich die Ausführungen dieser Arbeit auf die beiden Kernzielgruppen der Neu- und Stammkunden (Kundenentwicklung i. e. S.). Dabei stellen Neukunden im Vergleich zu Stammkunden andersartige Anforderungen an die Kundenentwicklung, weshalb der Einführung von Neukunden als ergänzendem Aktivitätsfeld der Kundenentwicklung im Dienstleistungsbereich ein separates Kapitel gewidmet wird (Kapitel 8.2).

Im Anschluss hieran erfolgt eine Strukturierung der Kundenentwicklungsmaßnahmen nach deren Beitrag zur Förderung der Integrationsbereitschaft (Wollen des Kunden), der -fähigkeit (Kennen und Können des Kunden) und der -ordination (Dürfen des Kunden) (Kapitel 8.3). Demgemäß werden zunächst einmal Ansätze zur Stimulierung der Integrationsbereitschaft des Kunden beschrieben (Kapitel 8.4). Neben dem Wollen des Kunden widmen sich Kundenentwicklungsmaßnahmen insbesondere der Förderung der Integrationsfähigkeit des Kunden, d. h. der Kennen- und Können-Komponente der Integrationsqualifikation (Kapitel 8.5). Die Integrationsbereitschaft und -fähigkeit vermögen sich aber nur dann zu entfalten, wenn dem Kunden auch die entsprechende Ordinationsmöglichkeit geliefert wird. Dementsprechend müssen zusätzlich zu den kunden(gruppen)bezogenen Entwicklungsmaßnahmen auch die entsprechenden Integrationsmöglichkeiten im Sinne eines Dürfens geschaffen werden (Kapitel 8.6).

8.2 Einführung von Neukunden als ergänzendes Aktivitätsfeld der Kundenentwicklung im Dienstleistungsbereich

Da der Arbeit ein im Vergleich zur angloamerikanischen Standardliteratur zur Sozialisation von Dienstleistungskunden partiell abweichendes Verständnis zugrunde liegt, widmet sich Abschnitt 8.2.1 zunächst dem Verständnis der Sozialisation von Neukunden im Dienstleistungsbereich. Die Gestaltung von Einführungsprozessen hängt vom Vorwissen des Kunden ab, weshalb in Abschnitt 8.2.2 Anforderungen an Einführungsprozesse in Abhängigkeit von der vorhandenen Kundenkompetenz präsentiert werden. Den Abschluss des Kapitels bildet Abschnitt 8.2.3, in dem ein Überblick über vom Dienstleistungsunternehmen verwendbare Einführungsinstrumente gegeben wird.

8.2.1 Allgemeine Grundlagen zum Verständnis der Einführung versus Sozialisation von Neukunden im Dienstleistungsbereich

Das Konzept der Kundenentwicklung kann im weitesten Sinne alle integrationsbezogenen Lernprozesse des Kunden beinhalten, dementsprechend auch Sozialisationsprozesse bei Dienstleistungskunden. Im Gegensatz zur angloamerikanischen Literatur zur Kundensozialisation, v. a. vertreten durch Bowen/Schneider (1985, S. 137), Goodwin (1988), Kelley/Donnelly/Skinner (1990, insbesondere S. 318 f.) und Ostrom/Roundtree (1998, S. 16), wird allerdings nicht jeder integrationsbezogene Lernprozess automatisch als Sozialisationsvorgang angesehen, sondern es wird eine Trennung in eine sozialisatorische und eine fachliche Kundenqualifizierung vorgenommen (siehe Absatz 3.1.4.2), da diese Separierung gezieltere Aussagen für die angesprochenen Einzelbereiche erlaubt. Im Rahmen dieser Arbeit werden folgende inhaltlichen, zielgruppen- und managementorientierten Einschränkungen zum Sozialisationsverständnis vorgenommen:

1. Sozialisation bezieht sich auf die Vermittlung von Werten, Normen und sozialen Verhaltensweisen.

2. Sozialisation dient der Eingliederung von Neukunden.

3. Es werden nur solche Aspekte der Sozialisation von neuen Dienstleistungskunden behandelt, die vom Management des Dienstleistungsunternehmens auch beeinflusst bzw. gesteuert werden können.

Während die inhaltliche Fokussierung auf die Vermittlung von Werten, Normen und sozialen Verhaltensweisen schon angesprochen wurde (siehe Absatz 3.1.4.2), sind zu den beiden anderen Einschränkungen einige kurze Erläuterungen angebracht. Unbestrittenermaßen fällt die Aufnahme einer neuen Geschäftsbeziehung zwischen Dienstleister und Neukunde in den Bereich der unternehmerischen Sozialisation. Dagegen ist jedoch die Inanspruchnahme einer für Stammkunden neuartigen Dienstleistung (bei dem bisherigen Dienstleister) dem Zuständigkeitsbereich der so genannten edukativen Kundenentwicklung zuzurechnen. Diese beschäftigt sich im Gegensatz zur sozialisatorischen Kundenentwicklung, bei der die soziale Eingliederung des Kunden in ein Service-System im Mittelpunkt steht, mit der integrationsbezogenen (fachlichen) Einarbeitung des Kunden.[306]

Die dritte Einschränkung bezieht sich darauf, dass der Sozialisationsprozess durch das Dienstleistungsmanagement beeinflussbar sein muss. Da z. B. die Beobachtung des Verhaltens der Stammkunden durch die Neukunden im Allgemeinen nicht durch das Dienstleistungsmanagement steuerbar ist,[307] wird dieser Sozialisationsvorgang ausgeblendet, da er nicht gemanagt werden kann (anderer Meinung sind z. B. Kelley/Donnelly/Skinner 1990, S. 318 f.).

Dem Gedanken der Einführung von Neukunden im Allgemeinen und der Eingliede-

---

[306] Kundenentwicklung im Dienstleistungsbereich beinhaltet demzufolge zum einen die Sozialisation von Neukunden und zum anderen die Qualifizierung der aktuellen Kunden. Diese Unterscheidung findet sich implizit auch bei Pranter/Martin (1991, S. 48), die zwischen einer Vermittlung von Normen und Erwartungen sowie einer funktionellen Schulung des Kunden unterscheiden.

[307] Eine Ausnahme hiervon stellt der Einsatz von Kunden-Tutoren dar (zum Begriff des Kunden-Tutors siehe Abschnitt 8.2.3).

rung durch Sozialisationsprozesse im Speziellen wurde bisher sowohl von Seiten der Praxis als auch der Wissenschaft vergleichsweise wenig Beachtung geschenkt. Während die Zahl der wissenschaftlichen Abhandlungen zu den Themen der Kundenbindung generell und des Kundenbindungsmanagements überwältigend ist, finden sich zum Einführungsmanagement bzw. zur Sozialisation von Neukunden im Dienstleistungsbereich so gut wie keine Veröffentlichungen.[308] Dies ist umso verwunderlicher, da die Phase der Einführung eines Neukunden (Stauss 2000d, S. 16) einen kritischen Abschnitt im Kundenlebenszyklus darstellt, die einerseits mit Startkosten für das Unternehmen verbunden ist, andererseits im Allgemeinen noch nicht zu kostendeckenden Gewinnen führt (Bruhn 2001, S. 48). In dieser frühen „Phase entscheidet sich, ob es zu einer länger andauernden Kundenbeziehung kommt" (Homburg/Schnurr 1999, S. 18), weshalb gerade der Einstieg eines Neukunden in eine neue Geschäftsbeziehung durch das Dienstleistungsunternehmen aufmerksam begleitet und gesteuert werden sollte (Schrick 2000, S. 479).

Eine gute bzw. vom Kunden als gut wahrgenommene Integrationskompetenz ist in einer frühen Phase der Leistungserstellung besonders wichtig, da es ansonsten für den Kunden zu (Rollen-)Stress und für den Dienstleister zu den damit verbundenen Kosten, z. B. bei Abbruch der Leistungserstellung, kommt (Mills/Morris 1986, S. 732; siehe auch Bruhn 2001, S. 52).

Aber nicht nur in der Wissenschaft, sondern auch in der Praxis ist eine Vernachlässigung dieses kundenbezogenen Aufgabenfelds zu konstatieren. Allenfalls weisen Dienstleister vereinzelt auf ein erwünschtes Verhalten durch Schilder, wie „Ruhe!" und „Rauchen nicht erlaubt!", hin. Diese Hinweisschilder verärgern die Kunden zum Teil jedoch mehr als dass sie helfen (Goodwin 1988, S. 72). Zugegebenermaßen existieren einzelne Ausnahmen, wie bei dem Discount-Broker Consors, der seinen Neukunden ein breites Spektrum an Qualifizierungsmaßnahmen bietet. So können Neukunden z. B. an einer so genannten „Einsteigertour" teilnehmen, um zu erfahren, wie eine Depoteröffnung funktioniert (siehe Anhang 8). Insgesamt betrachtet erhält

---

[308]   Eine der wenigen Ausnahmen im deutschsprachigen Raum stellt die Monographie von Bruhn (2001) dar, die sich zumindest auf anderthalb Seiten (S. 152-154) mit dem Management der Sozialisationsphase beschäftigt.

der Bereich der Neukundeneinführung aber bei Weitem nicht die ihm eigentlich zu-
stehende Aufmerksamkeit.

8.2.2 Anforderungen an Einführungsprozesse in Abhängigkeit von einer kom-petenzbezogenen Neukundentypologisierung und der Komplexität der zu erbringenden Service Customer Performance

8.2.2.1 Anforderungen an Einführungsprozesse in Abhängigkeit von einer kom-petenzbezogenen Neukundentypologisierung

Neukunden lassen sich nach deren Grad an Erfahrungen mit Wettbewerbern und
nach der eigenen Einschätzung ihrer Integrationskompetenz verschiedenen Gruppen
zuordnen (Canziani 1997, S. 20 f.). Dabei können idealtypisch folgende vier Kompetenztypen identifiziert werden (siehe Absatz 7.1.3.2):

- Unbedarfte Neukunden (keine Erfahrungen mit Wettbewerbern und geringe Integrationskompetenz),

- Vorgeprägte Neukunden (keine Erfahrungen mit Wettbewerbern, aber hohe Integrationskompetenz),

- Wechselkunden (Erfahrungen mit Wettbewerbern, aber nur abstrakte Integrationskompetenz) und

- Fremdkunden (Erfahrungen mit Wettbewerbern und hohe Integrationskompetenz).

Die Identifikation dieser Kompetenztypen kann dazu dienen, eine zielgruppenge-
rechtere und damit erfolgreichere Gestaltung von Sozialisations- sowie Qualifizierungsmaßnahmen zu erreichen (Canziani 1997, S. 22). Dazu seien die lerntheoretischen Erkenntnisse des Absatzes 3.1.2.2 zu den Formen des Neu-, Um-, Zu- und
Verlernens herangezogen und auf die einzelnen Neukundentypen bezogen (siehe
Abbildung 82). Auf die hieraus abzuleitenden Implikationen bezüglich der Gestaltung
von Entwicklungsmaßnahmen wird im Folgenden näher eingegangen.

Am unproblematischsten stellt sich die Situation bei den unbedarften Neukunden
dar. Da diese keinerlei Erfahrungen mit den Wettbewerbern haben und ihre Integra-

tionskompetenz als gering einschätzen, sind diese im Vergleich zu den anderen Kundentypen prinzipiell am aufgeschlossensten für Maßnahmen der Kundenentwicklung. Bei ihnen steht der Erwerb völlig neuer Einstellungen, Kenntnisse und/oder Verhaltensweisen im Blickpunkt (Neulernen), weshalb sie grundsätzlich auch an Entwicklungsmaßnahmen vor der eigentlichen Leistungserstellung interessiert sind.

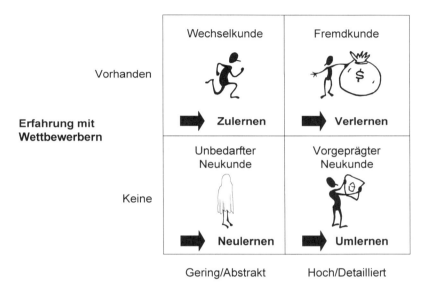

Selbsteinschätzung der Integrationskompetenz

Abb. 82:   Kompetenz-Portfolio für Neukunden und Lerntypen
Quelle: Canziani 1997, S. 21; eigene Überlegungen.

Auch Wechselkunden, die sich selbst gleichermaßen eine eher geringe bzw. abstrakte Integrationskompetenz bescheinigen, zeichnen sich lerntheoretisch betrachtet durch eine gute Ausgangsposition aus. Zwar liegen schon Erfahrungen mit anderen Wettbewerbern vor, da aber die Integrationskompetenz als rudimentär bezeichnet wird, kommt es zu keinen besonderen Interferenzen aufgrund eines zu umfangreichen Wissens. Hier kann von einem Zulernen gesprochen werden, bei dem an bisherige Qualifikationen anzuknüpfen ist. Dennoch sind diese Neukunden bei weitem nicht so aufgeschlossen für Qualifizierungsmaßnahmen wie die unbedarften Kunden. So baut der häufige Anbieterwechsel eine Lernbarriere dergestalt auf, dass die Wechselkunden nicht dazu bereit sind, hohe Lerninvestitionen, gerade im Vorfeld der Transaktion, aufzubringen. Dementsprechend reagieren diese vor allem positiv auf Orientierungshilfen während des Erstellungsprozesses, wie Hinweise, schriftliche Instruktionen und Lagepläne.

Bei den vorgeprägten Neukunden und den Fremdkunden tritt das Problem auf, dass sie über genaue Vorstellungen bezüglich des Prozessablaufs und ihre Rollen verfügen. Infolgedessen haben die vorgeprägten Neukunden und die Fremdkunden kein besonderes Interesse an Entwicklungsmaßnahmen, da sie sich selbst eine hohe Kompetenz zuschreiben. Allerdings wird der vorgeprägte Neukunde, da sich seine Kompetenz auf keine persönlichen Erfahrungen gründet, eher dazu bereit sein, sich mit den Anforderungen des Dienstleisters auseinander zu setzen. Dies ist vor dem Hintergrund zu sehen, dass er leichter davon zu überzeugen ist, dass das spezifische Service-System einem wünschenswerten Branchenstandard mehr entspricht als das bisher bei ihm bereits vorhandene kognitive Schemata (Canziani 1997, S. 22). Vorgeprägte Neukunden müssen somit umlernen. Dies bedeutet, dass sie sich im Vergleich zu den aktuellen Einstellungen, zu Wissen oder Tätigkeiten völlig andersartige Ausprägungen aneignen müssen.

Am schwierigsten sind die Fremdkunden zu Lernaktivitäten zu bewegen. Diese müssen zunächst ihre bisherigen Qualifikationen vergessen, um sich neue anzueignen. Damit handelt es sich um einen Verlernprozess, der jedoch beschwerlich zu realisieren ist. Fremdkunden sind davon zu überzeugen, dass es notwendig ist, dass sie ihr bisheriges Wissen und ihr eingeübtes Verhalten wieder aufgeben müssen. Daher ist ein wesentlicher Lernerfolg darin zu sehen, dass möglichst rasch und vollständig alte Qualifikationsbestände vergessen werden.

8.2.2.2   Anforderungen an Einführungsprozesse in Abhängigkeit von der Komplexität der zu erbringenden Service Customer Performance

Ein systematisches Management der Einführung von Neukunden ist nicht in allen Fällen erforderlich, sondern beschränkt sich primär auf solche Situationen, die sich durch eine hohe Komplexität der Service Customer Performance auszeichnen.[309] Im Gegensatz zu der Aussage von Bruhn (2001, S. 153) wird hiermit die Auffassung vertreten, dass die Komplexität von Leistungen an sich noch kein hinreichendes Kriterium für die Notwendigkeit einer Neukundenschulung darstellt. So kann beispielsweise eine Dienstleistung aus vielen verschiedenen Teilleistungen bestehen und damit komplex veranlagt sein. Solange dies aber mit keinen Konsequenzen für den Kunden verbunden ist, z. B. dass er sich in verschiedene Teilleistungsprozesse eingebunden sieht, stellt die Komplexität auch keine besonderen Anforderungen an den Neukunden. Von daher kommt es zum einen auf die subjektive Wahrnehmung der Komplexität durch den Kunden an und zum anderen auf die objektiven Anforderungen an den Kunden. Somit ist die Einführung von Neukunden in den Fällen besonders wichtig, in denen zum einen der Kunde eine systematische Eingliederung und Einarbeitung wünscht und zum anderen die Komplexität der instrumentellen und sozialen Handlungen hoch ist (siehe Abbildung 83).

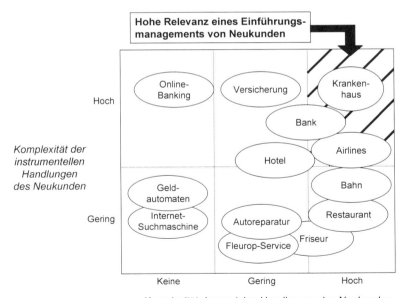

Abb. 83:   Relevanz des Einführungsmanagements von Neukunden
Quelle: Eigene Überlegungen.

---

[309] Siehe grundsätzlich auch die Ausführungen zur Relevanz der Kundenentwicklung in Absatz 3.2.1.4.

Nicht unbedingt notwendig, aber hilfreich wäre es, wenn mitgliedschaftsähnliche Beziehungen zu den Neukunden vorliegen würden. Somit verfügt der Dienstleister über kundenindividuelle Informationen, wodurch eine spezifische Einführung des Kunden erleichtert werden würde.

8.2.3   Einführungsmaßnahmen für Neukunden im Dienstleistungsbereich

In diesem Abschnitt 8.2.3 werden Instrumente erläutert, die sich speziell zur Einführung von Neukunden im Dienstleistungsbereich eignen. Dies bedeutet jedoch nicht, dass es sich hierbei um eine erschöpfende Darstellung handelt. In einigen Fällen ist es denkbar, allgemeine Qualifizierungsinstrumente, die in den folgenden Kapiteln behandelt werden, gleichermaßen zur Einarbeitung der Neukunden einzusetzen.

Eine zentrale Rolle zur Vermittlung von Werten und Normen spielt die Dienstleistungskultur eines Unternehmens (Lehtinen 1986, S. 43). Diese wird nicht nur von den Mitarbeitern eines Dienstleisters wahrgenommen, sondern zu einem gewissen Grade auch von den Kunden im Rahmen persönlicher Erlebnisse im Service-System (Kelley/Donnelly/Skinner 1990, S. 327; Lehtinen 1986, S. 47). Infolgedessen ist es wichtig, dass das Unternehmen über eine konsistente Unternehmenskultur, insbesondere eine starke Subkultur im Service-System verfügt. Nur in diesem Fall kann es gelingen, den Dienstleistungskunden angemessene und konsistente unternehmerische Werte zu vermitteln. Bekommt der Kunde z. B. über die Werbung mitgeteilt, dass dem Unternehmen Werte wie Freundlichkeit und Hilfsbereitschaft wichtig sind, bemerkt aber am Mitarbeiterverhalten, dass letztlich doch nur Schnelligkeit und Effizienz zählen, so wird sich diese Inkonsistenz auch in dessen Verhalten bzw. in seiner Verhaltensbereitschaft widerspiegeln (Kelley/Donnelly/Skinner 1990, S. 327).

Neben der Dienstleistungskultur existieren diverse Einzelmaßnahmen, die sich gleichermaßen zur Einführung von Neukunden einsetzen lassen. Gerade die ersten schriftlichen Informationen, die ein Neukunde von seinem Dienstleistungsanbieter erhält, sind immens wichtig, da sie das Bild prägen, das sich ein Kunde von seinem Anbieter macht. Daher sind die Unterlagen sowohl aus inhaltlicher als auch formaler Perspektive einwandfrei zu gestalten. Abhängig von der Art der Dienstleistung erscheint es besonders wichtig, dem Kunden den weiteren Ablauf zu erläutern. Dies kann schon vor einer Leistungsinanspruchnahme erfolgen. So sind z. B. Patienten möglichst frühzeitig im Vorfeld einer Operation durch das Krankenhaus schriftlich über den Ablauf zu benachrichtigen (Gouthier 2000, S. 343 f.). Neukunden einer Bank könnten gleichfalls bei Vertragsabschlüssen über die weiteren wesentlichen Schritte nochmals explizit schriftlich informiert werden. In Frage kommt hierzu der Einsatz von allgemeinen Informationsbroschüren, Merkblättern, Kundenzeitschriften und Reports (Kelley/Donnelly/Skinner 1990, S. 319).

Neben den schriftlichen Maßnahmen können gleichermaßen persönliche Einführungsaktivitäten eingesetzt werden. So können Neukunden als besonderen Willkommensgruß eine Einladung zu einem Kundenseminar erhalten (Krah 1999, S. 62; Marchetti 1992, S. 37). Darüber hinaus sind persönliche Gespräche mit dem Kontaktpersonal eine der zentralen Interventionen im Rahmen von Einführungsprogrammen. Neben den im Kontext des Service encounters stattfindenden situationsbedingten Gesprächen können des Weiteren Gesprächstermine vom Unternehmen institutionalisiert werden. So erkundigt sich z. B. die Advance Bank im Rahmen ihrer so genannten Honey Moon-Befragung bei den Neukunden sechs Wochen nach der Kontoeröffnung nach deren bisheriger Zufriedenheit mit verschiedenen Serviceangeboten bzw. -aspekten (Schrick 2000, S. 479).

Gerade in der Einführungsphase können erfahrene Dienstleistungskunden die Rolle von Tutoren übernehmen (Gremler/Brown 1998, S. 122; Grove/Fisk 1997, S. 78), die neue Kunden in die Organisation einführen (Bowers/Martin/Luker 1990, S. 63; Martin/Pranter 1989, S. 8). Die Tutoren sollen den neuen Kunden behilflich sein, sich im Service-System zurechtzufinden, sich mit den Werten und Normen des Dienstleistungsunternehmens vertraut zu machen sowie ihnen bei Problemen zur Seite stehen. Der Tutor fungiert damit als hilfreicher Ansprechpartner für neue Kunden. Bevor jedoch auf die verschiedenen Aufgaben eines Tutors eingegangen wird, soll zunächst der Begriff des Tutors geklärt werden.

In der Literatur, die sich mit dieser Rolle des Kunden beschäftigt (v. a. Bowers/Martin/Luker 1990, S. 63; Gremler/Brown 1998, S. 122; Grove/Fisk 1997, S. 78; Martin/Pranter 1989, S. 8; Pranter/Martin 1991, S. 48), wird zumeist der Begriff des

Mentors verwendet. Zwar ist der Begriff des Mentors der umgangssprachlich „schillerndere" Begriff im Vergleich zu dem des Tutors. Aus einer inhaltlichen Perspektive trifft jedoch bei Übertragung der Terminologie des Personalmanagements der Begriff des Mentors nicht den zugrunde liegenden Sachverhalt. Der Mentor, oder auch Pate bzw. Sponsor genannt, steht zum Geförderten im Normalfall in einer ranghöheren Position. So fungiert z. B. ein Top-Manager oftmals als Mentor für eine Spitzennachwuchskraft („High Potential"). Dagegen ist ein Tutor i. d. R. ein Kollege des Geförderten (Flarup 1997, S. 407). Übertragen auf den Kunden und dessen Aufgabe, neuen Kunden in der Einführungsphase unterstützend zur Seite zu stehen, ist dem Begriff des Mentors der des Tutors[310] vorzuziehen, da der Stammkunde nicht in einer hierarchisch übergeordneten Position steht. Ein Beispiel, das diesen Sprachgebrauch stützt, findet sich an Universitäten. Im Falle der Hilfestellung von Studenten für andere Studenten wird auch von Tutoren und nicht von Mentoren gesprochen. Ein weiteres Beispiel sind die so genannten „Guides" im Internet, die neuen Kunden bzw. Interessenten Fragen beantworten, wie dies z. B. bei AOL der Fall ist (o. V. 1999a).

Fungieren nicht Stammkunden als Ansprechpartner für Neukunden, sondern die Mitarbeiter, so können sie als Kunden-Coaches[311] bezeichnet werden (Bowers/ Martin/Luker 1990, S. 64). Diese schaffen eine individuelle Lernatmosphäre und können so wesentlich zum Erfolg von Kundenentwicklungsmaßnahmen beitragen. Gerade die Akzeptanz neuer Prozesse und Dienstleistungen hängt in starkem Maße von der Schulung der Kunden durch das Kontaktpersonal ab (Bowen/Schneider 1985, S. 130). Dabei ist der Mitarbeiter der Coach und der Kunde der Coachee. So kann der Portier dazu angeleitet werden, dass dieser die Gäste bezüglich des üblichen Ablaufprozedere instruiert (Goodwin 1988, S. 78). Falls die Betreuungsrolle statt vom Mitarbeiter von einem anderen Kunden übernommen wird, so ist der Begriff des Kunden-Tutoring zu verwenden. Diese Tutorenrolle trägt einerseits zu einem persönlicheren Umgang bei und steigert zudem das Selbstwertgefühl der Kunden-Tutoren. Erfahrene Kunden weisen zudem den Vorteil auf, dass sie nicht nur

---

[310]   Interessant ist, dass Lovelock (2001, S. 291 und S. 297) den Begriff des Tutors für das Kundenkontaktpersonal benutzt. Auch dies spricht für die in der Literatur herrschende Begriffsverwirrung.
[311]   Zum generellen Begriffsverständnis von Coaching siehe u. a. Angermeyer (1997) und Mentzel (1997, S. 151-159).

Faktenwissen weitergeben, sondern gerade auch Werte an die Neukunden kommunizieren können (Goodwin 1988, S. 72). So existiert z. B. beim Meinungsforum Epinions eine Rubrik, in der Mitglieder Ratschläge und Tipps an Neumitglieder geben (siehe Anhang 9).

Zuletzt bieten sich noch Gruppenveranstaltungen an, wo mehrere Kunden zum gleichen Zeitpunkt erstmalig mit dem Dienstleister konfrontiert werden. Denkbar ist dies z. B. bei Reisenden, die einen Cluburlaub gebucht haben. Hierbei könnte eine Einführungsveranstaltung in den ersten Tagen des Urlaubs angeboten werden, wie z. B. eine Party für Neuankömmlinge (Martin/Pranter 1989, S. 14). Die Einbeziehung von Stammgästen kann bei solchen Einführungsveranstaltungen besonders hilfreich sein.

8.3 Strukturierung der Kundenentwicklungsaktivitäten nach deren Förderung von Wollen, Kennen, Können und Dürfen des Kunden

Kundenentwicklung im Dienstleistungsbereich dient der Förderung des integrationsbezogenen Wollens, des Kennens und des Könnens von Kunden. Dementsprechend sollen in diesem Teil der Arbeit Maßnahmen betrachtet werden, die diese Komponenten quantitativ, d. h. bezogen auf die Zahl der Qualifikationselemente, und qualitativ, d. h. bezogen auf die Ausprägung der Qualifikationselemente, verbessern. Zunächst werden Ansätze aufgezeigt, welche die Integrationsbereitschaft der Kunden stimulieren (Kapitel 8.4). Daneben gilt es insbesondere, Instrumente einzusetzen, die eine Förderung der Integrationsfähigkeit der Kunden bewirken (Kapitel 8.5).

Zusätzlich zu den Komponenten der Integrationsqualifikation sollen Ordinationsaspekte im Sinne des Dürfens (Becker, M. 1999, S. 181; Hentze/Lindert 1998, S. 1015) betrachtet werden (Kapitel 8.6), denn neben dem Wollen, Kennen und Können ist letztlich ein Dürfen (Mills/Chase/Margulies 1983, S. 305) für den Erfolg der Kundenentwicklung im Dienstleistungsbereich entscheidend. Dieses Dürfen des Kunden wird über die Gestaltung des Service-Systems determiniert, insbesondere des Handlungsspielraums des Kunden (Abschnitt 8.6.1) und des physischen Umfelds (Abschnitt 8.6.2).

Im Rahmen des Konzepts der Kundenentwicklung im Dienstleistungsbereich erfolgt demnach eine Integration bisher stark voneinander losgelöst betrachteter Bereiche des Dienstleistungsmanagements unter dem gemeinsamen Dach der Kundenqualifizierung. Dementsprechend zählen zu dem Konzept der Kundenentwicklung im Dienstleistungsbereich neben personalen Maßnahmen der Kundenqualifizierung, wofür auch der Begriff des Customer Enablement verwendet werden, zugleich Fragen der Gestaltung des Handlungsspielraums des Kunden (Customer's Job Structuring) und des physischen Umfelds (Customer Environment). Die unternehmerischen Aufgaben eines Customer's Job Structuring und die Planung des Customer Environment bilden zusammengenommen den Bereich der apersonalen Maßnahmen.

Einen Überblick über die drei Maßnahmenbereiche der Kundenentwicklung zur Erreichung von Kundenintegrationskompetenz vermittelt Abbildung 84.

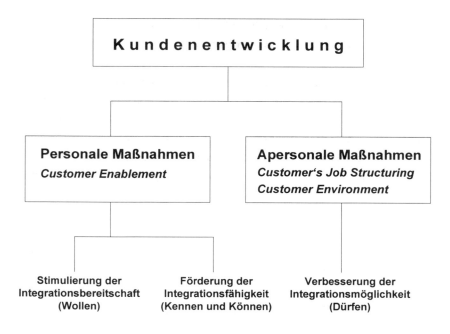

Abb. 84:   Maßnahmenbereiche der Kundenentwicklung im Dienstleistungsbereich
Quelle: In Anlehnung an den Strukturierungsansatz der Personalentwicklung nach Becker, M.
1999, S. 181; eigene Überlegungen.

Kundenentwicklung im Dienstleistungsbereich bedeutet dementsprechend nicht nur die Gestaltung, Durchführung und Kontrolle von Kundenentwicklungsmaßnahmen, sondern auch die Mitwirkung an der Planung des Service-Designs, um ein effektives und effizientes Leistungsverbundsystem von Kunden- und Unternehmensleistungen zu kreieren.

8.4 Stimulierung der Integrationsbereitschaft (Wollen) von Dienstleistungskunden

Dienstleistungsunternehmen müssen sich aufgrund des Merkmals der Kundenbeteiligung die Frage stellen, „wie man den Kunden motivieren kann, sich optimal einzubringen" (Gogoll 2000, S. 374), d. h. ihn dazu zu bewegen, dass er grundsätzlich gewillt ist, die ihm zugewiesenen Rollen und Aufgaben auch zu erfüllen (Bowen/ Schneider 1985, S. 136). Das wird im Allgemeinen nur dann der Fall sein, wenn der Kunde für sich selbst einen Nutzen wahrnimmt (Bowen/Schneider 1985, S. 136; Corsten 2000, S. 153; Ostrom/Roundtree 1998, S. 16). Konkret stellt sich dem Kunden die Frage, ob es sich für ihn überhaupt lohnt, sich so zu verhalten, wie dies von ihm erwartet wird (Nerdinger 1994, S. 246). Folglich müssen Dienstleister Überlegungen anstellen, inwiefern sie ihren Kunden Anreize zur Erfüllung des gewünschten Verhaltens offerieren (Lovelock 2001, S. 291 und S. 295; Martin/Pranter 1989, S. 14; Pranter/Martin 1991, S. 49).

Zur theoretischen Fundierung solcher Erwägungen kann die Anreiz-Beitrags-Theorie herangezogen werden. Wie in Abschnitt 2.4.2 erörtert, ist es möglich, Kunden als Mitglieder des Service-Systems und infolgedessen des Dienstleistungsunternehmens aufzufassen. Damit lassen sich die konventionellen, primär mitarbeiterorientierten Anreiz-Beitrags-Modelle dergestalt erweitern, dass sie den Kunden bzw. die Kundenbeziehung mit einschließen (Bowen 1986, S. 380 f.; Bowen/Schneider 1985, S. 143; Bowers/Martin/Luker 1990, S. 64 f.; Mills/Chase/Margulies 1983; Kelley/ Donnelly/Skinner 1990, S. 321 und S. 330). Dementsprechend sind zunächst die allgemeinen Grundlagen zu Anreizen und Anreizsystemen zu legen (Abschnitt 8.4.1), bevor auf die konkrete Gestaltung von Anreizsystemen zur Förderung der Integrationsbereitschaft der Kunden eingegangen werden kann (Abschnitt 8.4.2).

8.4.1   Allgemeine Grundlagen zu Anreizen und Anreizsystemen

Nach der Anreiz-Beitrags-Theorie, die auf Barnard (1938) zurückgeht, stellt ein Unternehmen den Eigentümern von Ressourcen Anreize zur Verfügung, um diese zu ihrem Beitrag zur Leistungserstellung zu veranlassen. Dementsprechend liegt der Grundgedanke von Anreiz-/Beitragsmodellen darin, dass „Individuen ihre Handlungen in Organisationen als Leistungen oder Beiträge verstehen, die in einem balancierten Verhältnis zu den von der Organisation gewährten Belohnungen oder Anreizen stehen müssen" (Nerdinger 1994, S. 76). Damit sind diese Ansätze den kognitiv geprägten Motivationstheorien zuzurechnen (Wiswede 1995, S. 59).[312]

Als Anreize gelten die von einer Organisation gewährten materiellen oder immateriellen Vergütungen für die Bereitschaft einer Person, entweder in eine Organisation als Mitglied einzutreten oder nach Annahme einer Mitgliedschaft individuelle Beiträge in Form von Zeit, Energie oder anderen Ressourcen zur Realisation des Organisationsziels zu leisten (Petersen 1989, S. 4).[313] In einem lerntheoretischen Sinne sind sie gewissermaßen „Verstärker im Vorgriff" (Wiswede 1995, S. 64; siehe auch Kossbiel 1994, S. 81).

Grundsätzlich lassen sich Anreize bezüglich ihrer Wirkung in Belohnungen und Bestrafungen unterscheiden (Kossbiel 1994, S. 78). Erstere können wiederum nach der Quelle der Befriedigung in intrinsische und extrinsische Belohnungen aufgeteilt werden. Intrinsisch motiviert ist ein Individuum dann, wenn es die Befriedigung aus der Handlung selbst erfährt, diese sozusagen um ihrer selbst willen vollzieht („von innen heraus"; Hentze/Lindert 1998, S. 1016; Nerdinger 1995, S. 51; Wiswede 1995, S. 206). Extrinsische Anreize liegen dagegen im Umfeld des Individuums begründet („von außen"; Hentze/Lindert 1998, S. 1016). Um ein extrinsisch motiviertes Verhalten handelt es sich dann, wenn ein Individuum äußere Belohnungen anstrebt.

Anreize können des Weiteren in materielle und immaterielle Anreize unterteilt wer-

---

[312] Ein Überblick und eine prägnante Einführung in die verschiedenen motivationstheoretischen Ansätze findet sich bei Wiswede (1995, S. 58-78).
[313] Da im Rahmen dieser Arbeit die Entwicklung von Interessenten explizit ausgeklammert wurde, interessieren die Anreize zur Beitrittsentscheidung nicht.

den (Hentze/Lindert 1998, S. 1019). Grundsätzliches Charakteristikum von immateriellen Anreizen ist das Fehlen monetärer Größen. Materielle Anreize umfassen dagegen finanzielle Anreize in Form von direkten Geldzuwendungen oder nichtfinanzielle in Form geldwerter Vorteile.

Um von einem Anreizsystem[314] sprechen zu können, genügt es jedoch nicht, lediglich die Summe der Anreize zu bilden. Neben der Menge von Anreizen gehört zu einem Anreizsystem auch die Menge der Bemessungsgrundlagen (Kriterien bzw. Bezugsobjekte) (Kossbiel 1994, S. 78; Ringlstetter 1997, S. 122). Zwischen diesen beiden Mengen besteht eine Abhängigkeitsbeziehung, die durch eine Kriteriums-Anreiz-Relationsvorschrift beschrieben wird (Ringlstetter 1997, S. 123; Schröder/Schweizer 1999, S. 611). Dabei gibt die Kriteriums-Anreiz-Relation in zeitlich differenzierter Form an, welche Ausprägungen der Bemessungsgrundlagen zu welchen Anreizansprüchen führen. Damit zeigt sie den Anreizwert einer Handlung an, da sie die Beziehung zwischen Mittel und Zweck definiert (Hentze/Lindert 1998, S. 1020).

Als Anforderung an die Ausgestaltung von Anreizsystemen lässt sich zunächst festhalten, dass die Zielsetzung der Bemessungsgrundlagen die Ziele des Unternehmens unterstützen sollten. Damit streben Anreize spezifische Handlungen und Ergebnisse an, die vom Dienstleistungsmanagement gewünscht sind. Weiterhin sollen Anreize individuelle Entscheidungen beeinflussen. Positive Anreize streben danach, erwünschte Handlungen beim Empfänger herbeizuführen. Negative Anreize sollen dagegen unerwünschte Verhaltensweisen möglichst verhindern (Schröder/Schweizer 1999, S. 610).

Eine weitere Anforderung besteht darin, dass die Anreizempfänger die Ausprägungen der Bemessungsgrundlagen durch ihre Handlungen maßgeblich beeinflussen können müssen (Kossbiel 1994, S. 81). Das Individuum sollte davon überzeugt sein, dass es mittels seiner Anstrengungen das gesetzte Leistungsziel, das als Bemessungsgrundlage fungiert, erreichen kann (Anstrengungs- bzw. Handlungs-Kriteriums-Erwartung). Ist die Ausprägung der Bemessungsgrundlage dagegen von situativen Faktoren oder Handlungen anderer abhängig, dann liegt es nicht im Ermessen des

---

[314]   Zur exemplarischen Veranschaulichung der Gestaltung eines Anreizsystems findet sich in Anhang 10 das Konzept der DHL.

Individuums, durch die eigenen Handlungen die Anreizsituation zu verändern. Dementsprechend tritt in diesem Fall keine Anreizwirkung beim Individuum auf. Der nächste Schritt ist sodann in der Konsequenz- bzw. Kriteriums-Anreiz-Erwartung zu sehen. Hierbei handelt es sich um die vom Individuum subjektiv empfundene Wahrscheinlichkeit, dass sich seine Leistungen auch in einem von ihm angestrebten Ergebnis bzw. Anreiz niederschlagen (Becker, F. G. 1999, S. 289; Hentze/Lindert 1998, S. 1017; Kossbiel 1994, S. 84 f.; Schanz 1992a, Sp. 413; 1992b, S. 11).

Darüber hinaus sollte als weitere Anforderung an ein Anreizsystem die Ausprägung der Bemessungsgrundlage zuverlässig feststellbar sowie einfach und intersubjektiv überprüfbar sein (Kossbiel 1994, S. 81 f.; Schröder/Schweizer 1999, S. 611). Ist die Bemessungsgrundlage für ein Individuum nicht feststellbar, so bleibt es unklar, wie die Anreizsituation durch eigenes Zutun verbessert werden kann. Folglich unterbleibt ein Anreizeffekt (Kossbiel 1994, S. 82).

Anreize fördern dann die Leistungsmotivation eines Individuums, wenn sie für das Individuum attraktiv und von Bedeutung sind. Diese müssen daher einen spezifischen persönlichen Wert aufweisen (Kossbiel 1994, S. 85) und insbesondere vom Individuum auch wahrgenommen werden (Hentze/Lindert 1998, S. 1017). Ein Anreizsystem kann beim Individuum entsprechend nur dann eine Verhaltensänderung bewirken, wenn es grundsätzlich in der Lage ist, die Motive des Individuums zu aktivieren.[315]

Schlussendlich sei noch darauf hingewiesen, dass die Wahrscheinlichkeit des Auftretens einer Handlung mit der Zunahme des Werts, der Häufigkeit und der Regelmäßigkeit der infolge einer derartigen Reaktion erhaltenen Belohnungen wächst (Grün 1993, Sp. 2598). Verspätet erfolgende Belohnungen sind dabei weniger wirksam für die Erhöhung der Wahrscheinlichkeit des Auftretens der belohnten Reaktionen als unmittelbar erfolgende (Kossbiel 1994, S. 83). Folglich gilt: Je später belohnt wird, umso unwirksamer ist eine Belohnung. Dies lässt sich auch lerntheoretisch begründen. Durch eine zeitliche Nähe (Kontiguität) von Verhalten und Verstärkung

---

[315] Diese versorgen das Individuum mit Energie und richten das Verhalten auf ein Ziel aus. Insofern beantwortet dieses Konstrukt das „Warum" menschlichen Handelns (Kroeber-Riel/Weinberg 1999, S. 141 ff.; Meffert 2000, S. 117).

(Folgereiz) wird das Erkennen der Kontingenz von Verhalten und Konsequenz begünstigt (Musahl 1999, S. 332). Dementsprechend wird bei größer werdendem zeitlichen Abstand von Verhalten und Konsequenz sowie bei komplexer werdendem Ereignisfeld, die Zuordnung schwieriger bzw. unsicherer (Musahl 1999, S. 332 f.).

8.4.2 Anreizsysteme als Instrumentarium zur Förderung der Integrationsbereitschaft von Kunden im Dienstleistungsbereich

Falls ein Dienstleister die Integration eines Kunden nicht erzwingen kann, was der Normalfall sein wird,[316] so muss dieser für geeignete Anreize sorgen (Parsons 1960, S. 72 f.). Von Interesse im Kontext der Arbeit ist entsprechend die Wirkung von Anreizsystemen zur Steigerung der Integrationsbereitschaft von Kunden. Dabei sollen die grundlegenden Werte und Normen des Dienstleistungsunternehmens mit Hilfe der Anreize internalisiert, erwünschte Kundenhandlungen durch positive Anreize im Sinne von Belohnungen verstärkt und unerwünschte Verhaltensweisen des Kunden durch negative Anreize, d. h. Bestrafungen, verhindert werden (analog zum Personalbereich; siehe Hentze/Lindert 1998, S. 1013).

Anreizsysteme bestehen aus der Menge der Anreize, der Menge der Kriterien (Bemessungsgrundlagen) und der Kriteriums-Anreiz-Relationsvorschrift. Dementsprechend beschäftigt sich Absatz 8.4.2.1 zunächst mit verschiedenen Anreizen zur Förderung der Integrationsbereitschaft der Kunden, bevor Absatz 8.4.2.2 auf die möglichen Bemessungsgrundlagen eingeht. Aspekte der Kriteriums-Anreiz-Relationsvorschriften werden sodann in Absatz 8.4.2.3 erörtert. Abschließend behandelt Absatz 8.4.2.4 zentrale Anforderungen an die Ausgestaltung eines kundenintegrationsbezogenen Anreizsystems.

8.4.2.1 Anreize zur Verbesserung des Wollens der Kunden

Anreize lassen sich nach ihrer Wirkung in Belohnungen und Bestrafungen unter-

---

[316] Sieht man einmal von Extrembeispielen wie Gefängnissen oder Schulen ab.

scheiden. Bestrafungen werden dabei bewusst eingesetzt, um ein vorangegangenes unerwünschtes Verhalten in der Häufigkeit des Auftretens zu reduzieren (Rosemeier 1987, S. 74). Dementsprechend führen sie lediglich zu einer Unterdrückung des unerwünschten „Fehlverhaltens". Dies geht aber nicht unbedingt mit einer Entwicklung des gewünschten Verhaltens einher. Dies sei an einem Beispiel kurz dargelegt. Ein negativer Anreiz, d. h. eine Bestrafung, liegt dann vor, wenn dem Kunden bei geringerer bzw. schlechterer Eigenbeteiligung höhere Kosten abverlangt werden. So berichten Kelley/Donnelly/Skinner (1990, S. 319) von einer amerikanischen Steuerberatung, die ihren Klienten im Vorfeld der Beratung diverse Formulare zuschickt. Falls der Klient diese nicht bis zu einem bestimmten Stichzeitpunkt ausfüllt, wird er mit einer längeren Beratungszeit und damit auch höheren Kosten belastet bzw. „bestraft". Mit dieser Form der Bestrafung lässt sich jedoch nicht erreichen, dass der Kunde die Formulare vor dem Stichzeitpunkt und zwar möglichst frühzeitig einsendet.

Ein weiterer Nachteil von Bestrafungen ist, dass diese für eine Verhaltenssteuerung wesentlich weniger wirksam und empfehlenswert sind als Belohnungen (Holling/ Liepmann 1993, S. 293; Kroeber-Riel/Weinberg 1999, S. 330). Dies gilt insbesondere im Falle von Kundenbeziehungen, da der Kunde im Vergleich zum Unternehmen oftmals die bessere Position inne hat. Dementsprechend ist es häufig erfolgversprechender, wenn ein Dienstleister mit Belohnungen bzw. Belohnungssystemen anstatt mit Bestrafungen arbeitet. Dabei wirken insbesondere intrinsische Belohnungen stark motivationsfördernd.

Im Falle von Dienstleistungskunden können intrinsische Anreize aus der Kundenbeteiligung selbst entstehen. Corsten (1997a, S. 343 f.; 2000, S. 153) spricht auch von der so genannten Schaffensfreude der Kunden (siehe auch Bowers/Martin/Luker 1990, S. 62; Ernenputsch 1986, S. 58; Meyer 1994, S. 88 und Meyer/Westerbarkey 1995, S. 94). Die Ausführung der Integrationsaufgabe an sich wirkt belohnend, wie beispielsweise die Teilnahme eines Urlaubsgasts am Animationsprogramm eines Hotels. Gerade neue Tätigkeiten werden vom Kunden als stimulierend und erregend wahrgenommen. Der intrinsische Anreiz liegt hierbei in der Abwechslung bzw. der Neugier des Kunden (Nerdinger 1995, S. 51). Diese intrinsisch geprägte Motivation (Schanz 1992a, Sp. 412) kann im Extremfall zu einem freudigen Aufgehen des Kunden in einer Handlung führen, was auch als Flow-Erleben (siehe u. a. Csikszentmi-halyi 2001), als „selbstvergessendes Handeln" (Nerdinger 1995, S. 52) bezeichnet wird. Anzutreffen ist dieses Flow-Erleben im Dienstleistungsbereich beispielsweise bei Mitgliedern bzw. Leadern von virtuellen Communities. Zusammengefasst lässt sich festhalten, dass die intrinsische Motivation dementsprechend in der Integrati-onsaufgabe selbst begründet liegt (Mills/Chase/Margulies 1983, S. 305).

Des Weiteren kann ein intrinsischer Anreiz im Bedürfnis des Kunden nach Darstel-lung und Ausübung der persönlichen Kompetenz gesehen werden (Nerdinger 1995, S. 51). Gerade in Situationen, in denen ein Kunde sichtlich unbeholfen in einem Ser-vice-System agiert, sind manche Stammkunden gerne bereit, diesem mit Rat und Tat zur Seite zu stehen, um ihre persönliche Kompetenz nach außen zu demonstrie-ren.[317] Die dritte Art von intrinsischen Anreizen basiert auf dem Kontrollmotiv (siehe Absatz 5.3.3.2). Dies beruht auf dem Umstand, dass eine selbst ausgeübte Tätigkeit im Rahmen der Leistungserstellung den (wahrgenommenen) Kontrollgrad erhöht und damit das Bedürfnis des Individuums nach Kontrolle befriedigt.

Als schwierig stellt sich die Zuordenbarkeit von Belohnungen dar. Eine allgemeingül-tige Auflistung bzw. pauschale Zuordnung von Belohnungen zur Gruppe der intrinsi-schen Anreizfaktoren ist zumeist nicht möglich. Ob ein Anreizfaktor als intrinsisch oder extrinsisch zu bezeichnen ist, liegt vielmals in der Person des Kunden begrün-det. Im Gegensatz zu den intrinsischen Anreizen strebt der Kunde bei den extrinsi-schen Anreizen eine äußere Belohnungsform an, z. B. in Form von Geld.

Neben der Systematisierung von Anreizen in Belohnungen und Bestrafungen exis-tiert in der Literatur ein weiterer Strukturierungsansatz, der auf dem Vorhandensein monetärer Größen beruht und Anreize in materielle sowie immaterielle untergliedert. Materielle Anreize umfassen dabei finanzielle und nicht-finanzielle Anreize. Unter finanziellen Anreizen sind z. B. Preissenkungen bzw. -ersparnisse bei besserer Ei-genleistung des Kunden zu fassen (Kelley/Donnelly/Skinner 1990, S. 326; Langeard 1981, S. 238; Lovelock 2001, S. 291; Meyer/Westerbarkey 1995, S. 94; Silpakit/Fisk 1985, S. 119; Steiger 1995, S. 273; Toffler 1980, S. 277). Denkbar ist, dass die

---

[317] Es existieren hierbei auch noch andere Motive, die ein solches Verhalten bewirken, z. B. Hilfsbe-reitschaft.

Kernleistung kostenlos genutzt werden kann. Beispielsweise bietet AOL seinen „Community Leaders" (siehe Absatz 2.5.2.2) als Gegenleistung einen kostenlosen Internetzugang an (o. V. 1999a). Bei der Direkt Anlage Bank, einer Tochtergesellschaft der Hypo-Vereinsbank, sparen die Kunden durch die Nutzung der Online-Trading-Möglichkeit (elektronischer Wertpapierhandel) im Vergleich zum Offline-Trading die Hälfte der sonst anfallenden Gebühren. So beträgt die Gebühr für eine Wertpapierorder Offline 18,78 DM. Online zahlt der Kunden dagegen lediglich 9 DM (Maier 2000). Ein weiteres Beispiel findet sich bei der Deutschen Bahn. Reisenden, die sich ihr Ticket an einem der neu eingeführten deutschlandweiten Fahrscheinautomaten selbst erstellen, wird die Gebühr für Reservierungen erlassen. Diese kostenlose Reservierung soll als zeitlich beschränkte Maßnahme eine Steigerung der Akzeptanz und letztlich eine höhere Nutzung der Automaten durch die Reisenden bewirken.

Aber auch direkte Entlohnungsformen für die Erbringung von Kundenleistungen, wie im Falle studentischer Tutoren an Hochschulen, sind denkbar. Ein typischer Bereich hierfür stellt die Mitgliederwerbung im Freundes- und Bekanntenkreis (Helm 2000) dar. Zur Stimulierung dieser Teilfunktion der Co-Marketer-Rolle werden den Kunden finanzielle Anreize geboten. So erhalten z. B. die Kunden des Internet-Buchhändlers Amazon für jedes neu geworbene Mitglied einen Gutschein über 10 DM. Daneben nehmen die Kunden an einer Verlosung teil. Das Besondere ist, dass auch die Neukunden einen Gutschein über 10 DM für ihren ersten Einkauf erhalten (siehe Anhang 11). Des Weiteren bietet Amazon seinen Kunden die Teilnahme an einem so genannten Rezensions-Gewinnspiel an. Wer von den Kunden zu einem Buch, einer Musik-CD, einem Video, einer DVD oder einer Spiele-/Software-CD-ROM die erste Rezension schreibt, hat die Chance, einen Einkaufsgutschein im Wert von 100 DM zu gewinnen (Stand: November 2001). Bei dem Verbraucherportal Vocatus.de (www.vocatus.de) erhalten die Kunden, die sich als Mitglieder registrieren lassen und Produktmeinungen bei Vocatus einstellen, Bonuspunkte, die bei dem Bonusprogramm-Partner webmiles eingelöst werden können. Mit den beschriebenen Maßnahmen dieser Internet-Dienstleister soll das Liefern von Inhalten (Content) durch die Kunden stimuliert werden. Zur Verbesserung der Co-Designer-Rolle ist denkbar, Förderpreise auszuschreiben. Damit werden die Kunden für innovative Ideen honoriert (Thiesler 2001, S. 206).

Darüber hinaus können dem Kunden nicht-finanzielle Anreize mit geldwertem Vorteil offeriert werden. Eine Möglichkeit nicht-finanzieller Anreize ist das kostenlose bzw. ermäßigte Angebot von Zusatzleistungen bzw. -produkten. So erhalten Kunden im Rahmen von Kunden-werben-Kunden-Aktionen Prämien für Mitgliederwerbung im Freundes- und Bekanntenkreis (Pranter/Martin 1991, S. 49). Zumeist können Kunden dieser Programme diverse Sachgüter zu einem wesentlich günstigeren Preis erwerben. Ein ganz anderes Beispiel eines nicht-finanziellen Anreizes mit geldwertem Vorteil findet sich in der Lebensmittelabteilung bei Hertie in Frankfurt. Hier wurde zur Steigerung der Akzeptanz des Selfscanning (siehe Unterabsatz 3.2.1.1.2) ein Bonuspunkt-System eingeführt. Bei jedem Einkauf, der über 25 DM betrug und per Selfscanner durchgeführt wurde, erhielt der Kunde einen Smiley-Bonuspunkt. Bei 20 Bonuspunkten gab es als Belohnung für ihn eine Flasche Sekt oder bei 60 Punkten eine Flasche Champagner (Clemens 1999, S. 44). Kunden der Lufthansa, die am Flughafen in Frankfurt am Main an den dafür vorgesehenen Automaten selbständig mit Gepäck eincheckten, bekamen hierfür 500 Bonusmeilen gutgeschrieben.

Bei den immateriellen Anreizen fehlen im Vergleich zu den materiellen Anreizen die monetären Größen als Steuerungsinstrument. Eine zentrale Gruppe innerhalb der immateriellen Anreize stellen dabei die psychischen Anreize („psychic rewards"; Lusch/Brown/Brunswick 1992, S. 128) dar. Zu diesen gehören Gefühle der Zufriedenheit, des Vergnügens, des Genusses und des Glücks (siehe auch Bowen/ Schneider 1985, S. 136). So basieren die freiwilligen Leistungen der Community Leader, für die Kunden zum Teil einen Großteil ihrer Freizeit opfern, neben dem kostenlosen Internetzugang zumeist rein auf der Anerkennung und Bestätigung durch die Community selbst. Eine explizite Bezahlung würden die meisten Community Leader sogar ablehnen. Der Anreiz besteht dagegen in Erhöhung des Selbstwertgefühls[318] des Kunden durch Anerkennung und Bestätigung, was wiederum zu einer Steigerung der Zufriedenheit der Kunden führt. Daher gilt es, über Lob, Anerkennung und positives Feedback das Selbstwertgefühl der Kunden zu erhöhen (Goodwin 1988, S. 76; Meyer/Westerbarkey 1995, S. 94; Pranter/Martin 1991, S. 49). So kann z. B. ein Automechaniker den Kunden loben, dass er sein Auto gut in Schuss gehalten hat (Goodwin 1988, S. 78). Ein anderes Beispiel wäre der Beifall

---

[318]   Zu Selbstkonzept-Theorien siehe Wiswede (1995, S. 96-98).

des Publikums für die Mitwirkung des Kunden an Animationsprogrammen (Meyer/ Westerbarkey 1995, S. 94). Auch bei Radiosendern findet sich ein weiteres Beispiel. So steigert die namentliche Nennung mit einem Dankesgruß der Moderatoren der Sendung das Selbstwertgefühl der so genannten „Stau-Scouts" bzw. „Stau-Melder".

Neben diesen sich aus der Leistungsbeteiligung direkt ergebenden Nutzenkomponenten ist zu überlegen, inwieweit zusätzliche immaterielle Anreize vom Dienstleister geschaffen werden können und müssen. Beispielsweise hängen im Foyer einer chiropraktischen Klinik die Namen derjenigen Patienten aus, welche die Klinik an andere weiterempfohlen haben (Gremler/Brown 1998, S. 124). Ein weiteres Beispiel wäre die Vergabe von öffentlichen Preisen, wie z. B. „Community Leader des Monats" (o. V. 1999a), oder wie bei Tupperware die Ernennung zur „Gastgeberin des Monats".

Des Weiteren können immaterielle Anreize convenience-orientiert sein. Dies wäre z. B. bei längeren Öffnungszeiten der Fall (Silpakit/Fisk 1985, S. 119). Auch Zeitgewinne lassen sich als immaterielle Anreize anführen (Bowen 1986, S. 381; Bowers/ Martin/Luker 1990, S. 62; Bullinger/Schäfer 1997, S. 10; Kelley/Donnelly/Skinner 1990, S. 326; Langeard 1981, S. 238; Lusch/Brown/Brunswick 1992, S. 127; Silpakit/Fisk 1985, S. 119; Toffler 1980, S. 277). Schlussendlich kann ein größerer Kontrollgrad und damit ein höheres Sicherheitsempfinden in Folge einer Steigerung der Transparenz des Leistungserstellungsprozesses ein immaterieller Anreizfaktor sein (Corsten 1997a, S. 343 f.; Lusch/Brown/Brunswick 1992, S. 129).

Einen abschließenden Überblick über die Menge möglicher Anreize liefert Abbildung 85.

8.4.2.2 *Service Customer Performance als Bemessungsgrundlage*

Anreizsysteme weisen die Intention auf, Unternehmens- und Marketingziele zu fördern. Im vorliegenden Kontext sollen Anreizsysteme zur Stimulierung der Integrationsbereitschaft der Kunden und damit auch zur Förderung von Unternehmens- und Marketingzielen eingesetzt werden. Diese Integrationsbereitschaft drückt sich letztlich im Verhalten des Kunden aus, d. h. der Kunde soll die gewünschten Leistungen, die Service Customer Performance erbringen. Als Bemessungsgrundlagen, d. h. als mögliche Ansatzpunkte für die Vergabe von Belohnungen und Bestrafungen, bieten sich folglich die verschiedenen Teilleistungen der Service Customer Performance an (Bowen 1986, S. 380 f.). Damit werden die Anreize abhängig gemacht von den erbrachten Leistungen bzw. dem Leistungsniveau des Kunden, weshalb sie sich auch als Service Customer Performance-basierte Anreize bezeichnen lassen.

Materielle Anreize		Immaterielle Anreize
Finanzielle Anreize	*Nicht-Finanzielle Anreize*	
• Kostenlose Nutzung der Kernleistung • Preissenkungen • Direkte Entlohnung für erbrachte Leistungen • Gewinnspiele • Förderpreise	• Kostenloses oder ermäßigtes Angebot von Zusatzleistungen bzw. -produkten	• Aussprechen von persönlichem Lob, Anerkennung und Bestätigung • Öffentlichkeitswirksame Anerkennung, z. B. in Kunden-Zeitschrift • Höhere Convenience • Zeitgewinne • Größeres Sicherheitsempfinden/Höhere Kontrolle

Abb. 85:   Integrationsbezogene Anreize für den Kunden
Quelle: Eigene Überlegungen.

Die Formulierung von Bemessungsgrundlagen setzt an der mit der Einrichtung eines Anreizsystems verfolgten Zielsetzung an. Im Falle der Kundenentwicklung im Dienstleistungsbereich geht es um die Verbesserung der Bereitschaft der Kunden zur Erfüllung der Service Customer Performance. Dementsprechend ist in einem weiteren Schritt die Service Customer Performance so zu operationalisieren, dass Bemessungsgrundlagen vorliegen, deren Ausprägungen eindeutig gemessen werden können. Damit beziehen sich die Kriterien insbesondere auf die in Unterabsatz 2.5.2.1.3 definierten transaktionsorientierten Kundenrollen. Für jede dieser Kundenrollen sind Operationalisierungsgrößen zu formulieren, die als Bemessungsgrundlagen heranzuziehen sind. Abbildung 86 gibt Beispiele solcher Operationalisierungsgrößen an, die einen Rückschluss auf die Ausprägung der Service Customer Performance zulassen. Jedoch erhebt diese Auflistung nicht den Anspruch auf Vollständigkeit.

Transaktionsorientierte Kunden-rollen	Operationalisierungsgrößen
Co-Designer	• Anzahl an gelieferten Qualitäts- und/oder Innovationsinformationen • Teilnahmehäufigkeit an Kundenforen etc. • Eingesparte Kosten durch Verbesserungsvorschläge
Co-Produktionsfaktor	• Kriterien des Aufbaus von Integrationsqualifikationspotential, z. B. Zusendung von Informationsmaterial • Kriterien der Integrationsqualifikation, z. B. Teilnahme an Kundenseminaren
Co-Interaktor	• Grad der Kooperationsbereitschaft • In Anspruch genommene Beratungszeit
Substitute for Leadership	• Anzahl an schriftlichen und verbalen Beschwerden über das sowie Lob des Kundenkontaktpersonals
Käufer	• Kaufhäufigkeit • Kaufintensität • Cross Buying-Umsatz • Umsatz • Deckungsbeitrag
Co-Marketer	• Zahl der vermittelten Adressen von Interessenten • Anzahl der positiven Referenzen • Anzahl der geworbenen Neukunden • Referenzwert

Abb. 86:   Transaktionsorientierte Kundenrollen und mögliche Operationalisierungsgrößen
Quelle: Eigene Überlegungen.

Als eine weitere Kundenrolle existiert die beziehungsorientierte Rolle des Kunden als Partner des Unternehmens (siehe Unterabsatz 2.5.2.1.4). Hierbei könnte z. B. die Dauer der Kundenbeziehung als Bemessungsgrundlage herangezogen werden. Dieses Kriterium ist jedoch nicht unproblematisch, da die Gewährung quasi automatisch und dauerhaft erfolgt, so dass die Anreizwirkung für die Kunden eher gering sein dürfte und zudem mit der Zeit aufgrund von Gewöhnungseffekten an Anreizwirkung verliert. Dennoch sollte im Zuge von Kundenbindungsmaßnahmen der diesbezügliche Einsatz unter Prüfung der Wirksamkeit getestet werden. Als rein ökonomische Größe könnte auch der Customer Lifetime Value als Bemessungsgröße dienen.

8.4.2.3 Ansätze der Kriteriums-Anreiz-Relation

Ein Anreizsystem entsteht, wenn zwischen den verschiedenen Anreizen und den Bemessungsgrundlagen (Kriterien) über Relationen eine Struktur definiert wird (Hentze/Lindert 1998, S. 1020). Demgemäß ist v. a. zu überlegen, welche Kriterien mit welchen Anreizen zu verknüpfen sind, z. B. pro eingereichtem Verbesserungs- vorschlag bekommt ein Kunde einen Einkaufsgutschein über 10 DM, für jede ins In- ternet eingestellte Produktmeinung werden dem Kunden 100 Bonuspunkte gutge- schrieben, wie bei Vocatus.de, und bei vollständiger sowie frühzeitiger Einreichung der benötigten Steuerunterlagen wird ein Prozent Sonderrabatt gewährt. Darüber hinaus ist zu erwägen, inwieweit welche Ausprägung des Kriteriums welche Anreiz- ausprägung nach sich ziehen soll, z. B. ab zehn eingestellten Produktmeinungen im Jahr erhält ein Kunde 200 Bonuspunkte und ab 20 Beiträgen 500 Bonuspunkte ext- ra, um die Existenz so genannter Heavy-User zu fördern. Denkbar sind grundsätzlich die unterschiedlichsten Verlaufsformen von Kriteriums-Anreiz-Relationen, wie linea- re, progressive oder degressive Verläufe. Daneben stellen sich Fragen der Stetigkeit oder Unstetigkeit sowie des Auftretens von Sprung- oder Knickstellen (Kossbiel 1994, S. 82). Eine allgemeingültige Aussage, welcher Verlaufsform die Präferenz zu geben ist, lässt sich nicht treffen, sondern muss im Einzelfall entschieden und vor allem überprüft sowie gegebenenfalls korrigiert werden.

Ein weiterer Aspekt, der zu prüfen wäre, ist die Beziehung zwischen der Anreizaus- prägung und dem individuellen Befriedigungspotential. Stellt die (in Aussicht gestell- te) Belohnung für den Kunden überhaupt einen Anreiz dar? Anreize fördern eben nur dann die Leistungsmotivation eines Kunden, wenn sie für den Kunden auch entspre- chend attraktiv und von Bedeutung sind (Bowen 1986, S. 380 f.).

Zuletzt soll noch auf ein besonderes Problem von Anreizsystemen hingewiesen wer- den. So kann die Parallelität von extrinsischen und intrinsischen Belohnungskompo- nenten zu dysfunktionalen Effekten führen. Dies sei an einem konkreten Beispiel demonstriert. Im Falle der Community Leader basieren die freiwillig erbrachten Leistungen auf der Anerkennung und Bestätigung durch die Community. Einer Be- zahlung bedarf es indes von Seiten des Unternehmens i. d. R. nicht. Zum Teil emp- finden die Kunden dies sogar als Beleidigung (o. V. 1999a). Dementsprechend korrumpieren in diesem Fall extrinsische Anreize die intrinsische Belohnung. Damit wird der intrinsische Wert der Kundenleistung durch die in Aussicht gestellte finanzielle Belohnung herabgesetzt.

8.4.2.4   Anforderungen an die Ausgestaltung eines kundenintegrationsbezogenen Anreizsystems

Eine erste Anforderung an ein kundenintegrationsbezogenes Anreizsystem ist, dieses dergestalt flexibel zu halten, dass in Abhängigkeit von der Wandlung der Präferenzstruktur der Kunden auch das Anreizsystem modifiziert werden kann (Hentze/ Lindert 1998, S. 1025).

Eine zweite Anforderung zielt auf die anzustrebende Flexibilität der Anreizgewährung für den Kunden. Dabei wäre an die Einrichtung eines Punktekontos als eine flexible Form der Anreizgewährung zu denken. Für besondere Leistungen erhält der Kunde hierbei Punkte. Diese sind auf einer (kreditkartenähnlichen) Kundenkarte digital zu speichern und können bei Wunsch eingelöst werden. Dadurch, dass neu erworbene Punkte immer wieder auf der Kundenkarte gutgeschrieben werden, ergibt sich ein zusätzlicher Bindungseffekt.

Die Notwendigkeit der Einrichtung von Erfassungssystemen für die Erhebung der Ausprägungen der Bemessungsgrundlage stellt die dritte Anforderung dar. Als mögliche Instrumente kommen automatische Erfassungssysteme, z. B. von Zahlungsvorgängen, das Kundenkontaktpersonal und eventuell auch der Kunde selbst, indem diesem eine Kunden- bzw. Punktekarte zur Selbstverwaltung in die Hand gegeben wird, in Frage.

Die Realisierung der vierten Anforderung ist mit am wichtigsten für ein erfolgversprechendes Anreizsystem. Der Kunde muss den Zusammenhang zwischen Leistungsbeteiligung und Belohnung erkennbar wahrnehmen (Kelley/Donnelly/Skinner 1990, S. 330). Die für den Kunden erzielbaren Vorteile sowie insbesondere die Beziehung zwischen Kundenverhalten und daraus resultierender Belohnung sollte in den meisten Fällen ausdrücklich durch das Dienstleistungsunternehmen kommuniziert werden

(Berthon et al. 1999, S. 94; Bowen/Schneider 1985, S. 136 f.; Bowers/Martin/Luker 1990, S. 65; Fassott 1995, S. 94), denn oftmals nimmt der Kunde diese nicht explizit als solche wahr (Bowen 1986, S. 381).[319]

8.5 Förderung der Integrationsfähigkeit (Kennen und Können) der Dienstleistungskunden

Nachdem in Kapitel 8.4 die anreiz-/beitragstheoretischen Möglichkeiten zur Stimulierung der Integrationsbereitschaft der Kunden im Blickpunkt standen, liegt die Zielsetzung von Kapitel 8.5 auf der Darstellung von Maßnahmen zur Förderung der Integrationsfähigkeit von Dienstleistungskunden. Dabei steht einem Dienstleistungsunternehmen zur Beseitigung von integrationsfähigkeitsbezogenen Mängeln der Kunden ein breites Spektrum an Instrumenten zur Verfügung (Meer 1984, S. 128 f.). Vor diesem Hintergrund stellt sich die grundlegende Frage nach der Trennbarkeit von Kommunikations- und Qualifizierungsinstrumenten (Abschnitt 8.5.1). Nach der Klärung dieser Abgrenzungsproblematik werden sodann die Instrumente zur Kundenentwicklung danach unterschieden, ob sie sich primär auf die Vermittlung von persönlichen Erfahrungen oder Informationen zur Verbesserung der Erfüllung der Kundenrollen beziehen (Abschnitt 8.5.2).

8.5.1 Grundlegende Überlegungen zum Zusammenhang von Kundenkommunikations- und -qualifizierungsinstrumenten

Spätestens in diesem achten Teil der Arbeit, in dessen Fokus die Durchführung der Qualifizierung von Kunden steht, stellt sich die grundsätzliche Frage nach dem Zusammenhang bzw. der Abgrenzung von Informations- bzw. Kommunikations- und Kundenentwicklungsinstrumenten. Um eine Antwort hierauf zu finden, bietet es sich zunächst an, unter Rückgriff auf die Literatur zur Personalentwicklung die dort herausgearbeiteten Unterschiede zwischen einer Qualifizierung und einer Information

---

[319] Diese Aussage treffen Fiala/Schmoll (2000, S. 51) speziell für den Einsatz von Selbstbedienungsgeräten.

von Mitarbeitern auf den Aspekt der Kundenentwicklung zu übertragen. Dieser Lösungsansatz scheitert aber an einer fehlenden Auseinandersetzung der Literatur zur Personalentwicklung mit dieser Abgrenzungsproblematik. Der Autor hat in keiner der einschlägigen Literaturquellen eine Diskussion dieser Fragestellung, geschweige denn eine exakte definitorische Abgrenzung gefunden.

Ein alternativer Weg setzt an der Sichtung der Literatur zur unternehmerischen Informations- bzw. Kommunikationspolitik an und untersucht, inwieweit in diesem Forschungsgebiet Zusammenhänge zwischen Information bzw. Kommunikation und Qualifizierung hergestellt werden. Im Gegensatz zur Personalentwicklungsliteratur existieren hier Beiträge, die sich diesem Thema widmen. Insbesondere in einem Aufsatz von Bruhn (2000b) zur „Sicherstellung der Dienstleistungsqualität durch integrierte Kommunikation" und dem zehnten Teil des Lehrbuchs „Services Marketing" von Lovelock (2001, S. 285-313) wird auf die angesprochene Thematik ausführlich eingegangen. Bruhn (2000b, S. 415) fasst die Qualifizierung von Mitarbeitern und gleichermaßen die von Kunden als eine spezifische Aufgabe der Unternehmenskommunikation von Dienstleistern auf.[320] Auch Lovelock (2001, S. 286) sieht die Qualifizierung der (potentiellen) Kunden als eine spezifische Aufgabe der Marketingkommunikation an und führt aus: „In service businesses, many communication efforts are concerned with educating customers".

Bei einer näheren Betrachtung der bei Bruhn (2000b) genannten Beispiele von Instrumenten der Unternehmenskommunikation fällt zudem direkt auf, dass unter den Bereich der Mitarbeiterkommunikation auch Personalentwicklungsinstrumente, wie z. B. Workshops, Seminare und Mentor-Programme, gefasst werden. Ebenso zählen Instrumente der Kundenentwicklung, wie Vorträge für Kunden oder Kundenkontaktgespräche zur Marktkommunikation bzw. unternehmerischen Kundenkommunikation.

An den genannten Beispielen wird ersichtlich, dass eine Annäherung von Kommunikations- und Qualifizierungsinstrumenten stattfindet. Dies ist auch aus einer theoretischen Perspektive heraus nachvollziehbar, da Lernen immer mit der Aufnahme von

---

[320] Zur Vermittlung von Qualifikationen als Aufgabe der Mitarbeiterkommunikation siehe auch Stauss/Hoffmann (1999, insb. S. 369-371).

Informationen einhergeht und damit eine Qualifizierung von Kunden automatisch auf einer Vermittlung von Informationen beruht. Eine klare Trennung von Kommunikations- und Qualifizierungsinstrumenten ist aus diesem Grund überhaupt nicht möglich. Daher können auch „klassische" Informations- und Kommunikationsinstrumente, wie z. B. Firmenbroschüren, als Kundenentwicklungsinstrumente angesehen werden. Dies gilt aber nur in dem Fall, dass deren primäre Zielsetzung bzw. Intention in der Qualifizierung der Kunden liegt. Eine explizite Trennung von Kommunikations- und Kundenentwicklungsmaßnahmen entfällt somit.

8.5.2   Instrumente zur Förderung der Integrationsfähigkeit der Dienstleistungskunden

8.5.2.1   Systematisierung der integrationsfähigkeitsbezogenen Maßnahmen nach dem Vermittlungssubjekt

Damit ein Dienstleistungskunde seine ihm zugewiesenen Rollen erfüllen kann, benötigt er ein entsprechendes Repertoire an integrationsbezogenen Kenntnissen sowie Fähigkeiten und Fertigkeiten. Diese Integrationsfähigkeit lässt sich auf zweierlei Art und Weise beim Kunden aufbauen. Zum Ersten ist es möglich, dass sich Kunden Integrationsqualifikationen auf Basis persönlicher Erfahrungen („experiences"; Webb 2000) aneignen. In diesem Fall bedarf es einer direkten Einbindung des Kunden in das Service-System des Dienstleisters, damit dieser seine Erfahrungen aus „erster Hand" sammelt. Der Kunde beteiligt sich somit aktiv an seiner Qualifizierung. Kroeber-Riel/Weinberg (1999, S. 409) sprechen auch von der „Erfahrungsumwelt" bzw. „Erfahrungswirklichkeit" der Kunden und verstehen darunter die Umwelt des Kunden, die dieser durch direkte Kontakte wahrnimmt.

Zum Zweiten kann ein Kunde über das Zusenden von Informationen qualifiziert werden. Der Kunde nimmt also hierbei eine eher passive Rolle ein. Mit Einsatz dieses Instrumentariums wird primär die Vertrautheit („familiarity"; Webb 2000) des Kunden mit den Angeboten eines Dienstleisters bzw. mit dem Anbieter an sich gesteigert. Das Wissen des Kunden stammt sozusagen aus „zweiter Hand", da dieses nicht durch eigene Erfahrungen erworben wurde (Webb 2000). Damit angesprochen wird die so genannte „Medienumwelt" bzw. „Medienwirklichkeit", die Kunden indirekt durch Medien vermittelt wird (Kroeber-Riel/Weinberg 1999, S. 409).[321]

Im Mittelpunkt dieses Systematisierungsansatzes steht folglich das Vermittlungssubjekt, das entweder in persönlichen Erfahrungen oder in „fremdgetriebenen" Informationen zu sehen ist. Dementsprechend lassen sich die Instrumente zur Förderung der Integrationsfähigkeit in erfahrungs- und informationsorientierte Maßnahmen der Kundenentwicklung unterscheiden. Diese tragen einerseits zum besseren Verständnis der Kundenrollen und andererseits auch zur besseren Handhabung selbiger bei. Während sich die erfahrungsorientierten Kundenentwicklungsmaßnahmen besonders zur Schulung der Kunden im Falle von komplexen Dienstleistungen zur Klärung der Kundenrollen und Integrationsaufgaben eignen, bietet sich der Einsatz von informationsorientierten Instrumenten insbesondere zur Vermittlung von Kundenlerninhalten bei einfachen, hochstandardisierten Dienstleistungen und Integrationsaufgaben an.

Innerhalb dieser zwei Maßnahmengruppen kann zwischen Kern- und Zusatzinstrumenten differenziert werden. Während die Zielsetzung der Kerninstrumente ausschließlich in der Qualifizierung der Kunden zu sehen ist, treten bei den Zusatzinstrumenten Qualifizierungseffekte als positive Begleiterscheinungen auf.

Einen Überblick über die verschiedenen erfahrungs- und informationsorientierten Kundenentwicklungsmaßnahmen, die in den beiden folgenden Absätzen behandelt werden, liefert Abbildung 87.

---

[321]   Beide zusammengenommen, d. h. Erfahrungs- und Medienumwelt, bilden die „Erlebniswirklichkeit" des Kunden (Kroeber-Riel/Weinberg 1999, S. 409).

<table>
<tr><td colspan="2" align="center">

Maßnahmen zur Förderung der Integrationsfähigkeit der Dienstleistungskunden

</td></tr>
<tr><td>

Erfahrungsorientierte Maßnahmen

• **Kerninstrumente**
  • Kundenunterweisung am Service encounter
  • Kunden-Coaching/-Tutoring
  • Kundenberatungsgespräch

• **Zusatzinstrumente**
  • Kundenforum
  • Kunden-Event
  • Kundenclub

</td><td>

Informationsorientierte Maßnahmen

• **Kerninstrumente**
  • Kundenvortrag
  • Kundenseminar/-schulung
  • Schriftliche Instruktionsmethode
  • Selbststudium des Kunden
    • Virtuelle Kundenunterweisung
    • Kunden-Video/Kunden-Audiokassette
    • Multimediale Kiosksysteme

• **Zusatzinstrumente**
  • Kunden-Telefon
  • Kundenzeitschrift
  • Kunden-TV
  • Werbung
  • Internetbasierte Anwendungs-programme

</td></tr>
</table>

Abb. 87:   Maßnahmen zur Förderung der Integrationsfähigkeit der Dienstleistungskunden
Quelle: Eigene Überlegungen.

8.5.2.2   Erfahrungsorientierte Maßnahmen der Kundenqualifizierung

Im Vordergrund der Betrachtung stehen Maßnahmen, die das Erlernen von Kenntnissen und Fähigkeiten integriert im Leistungserstellungsprozess ermöglichen
(Scheuch 1982, S. 142). Damit werden Kunden während der Ausführung ihrer Integrationsaufgaben in einen Lern- bzw. Entwicklungsprozess eingebunden (Da-
vis/Botkin 1994, S. 165); sie lernen durch Erfahrung.

8.5.2.2.1   Kerninstrumente der Erfahrungsvermittlung

Ein bedeutsames Kerninstrument der Erfahrungsvermittlung ist die persönliche Kundenunterweisung am Service encounter. Dieses Verfahren, dessen grundsätzliche
Vorgehensweise auf der Unterweisung am Arbeitsplatz beruht (siehe hierzu z. B.

Berthel 2000, S. 306 f.), dient der Vorbereitung des Kunden auf die Durchführung bzw. der Verbesserung der Erfüllung exakt definierbarer Integrationsaufgaben. Damit wird die Erreichung von affektiven, kognitiven und psychomotorischen Kundenlernzielen angestrebt (Rüdenauer 1988, S. 94). Es setzt sich, in Anlehnung an die Vier-Stufen-Methode der Arbeitsunterweisung (Berthel 2000, S. 307), grundsätzlich aus vier Schritten zusammen, auf die im Folgenden näher eingegangen wird.

In einem ersten Schritt ist zu überlegen, in welchen Integrationsaufgaben der Kunde bzw. die Kunden unterwiesen werden sollen. Dazu sind auch die Unterweisenden, wie Kundenkontaktmitarbeiter, im Hinblick auf den Unterweisungsvorgang zu schulen. Der zweite Schritt bezieht sodann die Kunden mit ein. Hierbei wird im Rahmen der Leistungserstellung dem Kunden der Lösungsweg zur Bewältigung der Integrationsaufgabe vorgeführt und erläutert. Der dritte Schritt besteht im Nachmachen bzw. Ausführen durch den Kunden selbst. Falls dabei Probleme auftreten, steht der Mitarbeiter dem Kunden weiterhin unterstützend zur Seite und kann diesem (durch Korrekturmaßnahmen) helfen (Fassott 1995, S. 94). Der Vollständigkeit halber sei auch noch der vierte Schritt erwähnt, der in einem Ausüben der Integrationsaufgabe bis hin zur vollkommenen Beherrschung der Integrationsaufgabe besteht. Dabei können dem Kunden bei Rückfragen Mitarbeiter als Ansprechpartner genannt werden. Bei diesem Verfahren werden observative Trainingsphasen im Sinne eines Beobachtungslernens (Lernen am Modell; siehe Absatz 3.1.2.3) mit aktionalen Trainingselementen verknüpft.

Grundsätzlich ist die Kundenunterweisung am Service encounter ein für den Kunden sehr angenehmes, da persönliches Verfahren zur Anleitung der Bewältigung neuer Integrationsaufgaben. Besonders hilfreich ist das Verfahren beim Einsatz neuer Technologien im Kundenkontakt. So können Kunden z. B. eine Unterweisung im Gebrauch von Handscannern im Einzelhandel oder im Umgang mit neuen Internet-Services, wie dem Internet-Banking (siehe z. B. Schrick/Weinlich 2001, S. 61 f.), erhalten. Des Weiteren erfolgt eine ausführliche Unterweisung der Kunden beim (erstmaligen) Mieten eines Wohnmobils. Eine einfache Variante der Kundenunterweisung ist die Anweisung der Kunden. Hierbei werden Kunden durch das Kontaktpersonal lediglich verbal instruiert. Denkbar sind z. B. Anweisungen von Bademeistern zum korrekten Verhalten im Schwimmbad oder von Hotelangestellten zur Benutzung der hoteleigenen Sauna.

Das zweite Kerninstrument zur Vermittlung von Erfahrungen an den Kunden ist der Einsatz von Kunden-Tutoren oder Kunden-Coaches. Dabei sollen im Falle von Kunden-Tutoren andere Kunden („Customers educate customers") und im Falle von Kunden-Coaches (Bowers/Martin/Luker 1990, S. 64) das Kundenkontaktpersonal eines Dienstleistungsunternehmens den Kunden behilflich sein, sich in einem Service-System sowohl in qualifikatorischer als auch sozialer Weise zurechtzufinden (Pranter/Martin 1991, S. 48). Somit liegt zwischen Kunden-Coach (Kontaktmitarbeiter) und Coachee (Kunde) bzw. Kunden-Tutor und Kunde eine Experten-/Novizen-Beziehung vor, wobei es sich beim Lerngegenstand um weiterzugebendes Erfahrungswissen (Sonntag 1996, S. 10) handelt. Da die begrifflichen Grundlagen und die Sozialisationsaufgabe dieser zwei Methoden bereits in Abschnitt 8.2.3 angesprochen wurden, soll lediglich auf deren Qualifizierungsaufgabe eingegangen werden.

Das Kundenkontaktpersonal vermag beim Eintritt eines Kunden in ein Service-System als Kunden-Coach zu agieren, eine individuelle Lernatmosphäre zu schaffen und so wesentlich zum Erfolg von Kundenentwicklungsmaßnahmen beizutragen (ähnlich Pranter/Martin 1991, S. 48-50). Gerade die Akzeptanz neuer Prozesse und Dienstleistungen hängt in starkem Maße von der Schulung des Kunden durch das Kontaktpersonal ab (Bowen/Schneider 1985, S. 130). So können Kunden-Tutoren bzw. im Falle von Krankenhäusern in Gestalt von Patienten-Tutoren (siehe Gouthier 2000, S. 349) anderen Patienten Hilfestellung beim Ausfüllen von Formularen geben. Sie stehen den Kunden für alle Fragen und Probleme zur Seite (Bouncken 1998, S. 47).

Beide bisher geschilderten Maßnahmen benötigen in mehr oder minder großem Maße der Unterstützung durch das Kundenkontaktpersonal. Hieran wird ersichtlich, dass Kundenberatungsgespräche als Grundlage einer erfahrungsorientierten Kundenqualifizierung bezeichnet werden können. Damit stellen Kontaktmitarbeiter Trainer der Kunden dar, die es entsprechend zu schulen gilt.

8.5.2.2.2 Zusatzinstrumente der Erfahrungsvermittlung

Ein erstes Instrument, das nebenbei zur Entwicklung von Dienstleistungskunden eingesetzt werden kann, ist das so genannte Kundenforum. Als Synonyme finden sich
in der Literatur auch die Begriffe der Fokusgruppe, (Customer) Focus Group oder
auch Kundenkonferenz (Biehal 1994, S. 46; Kießling/Koch 1999, S. 67-69; Lamnek
1998, S. 26 f.).[322] Primär dient dieses Instrument, das seine Bedeutung gegenüber
anderen empirischen Methoden in den letzten Jahren erheblich steigern konnte
(Lamnek 1998, S. 11), der Gewinnung von Informationen aus dem „Munde der Kunden". Dies können Kundenprobleme, -erwartungen, Verbesserungsvorschläge oder
auch die Generierung neuer Ideen sein (Creusen 1995, S. 8; Dahlhoff 1999, S. 30;
Okoniewski 1999, S. 110). Als Vorteil von Kundenforen im Vergleich zu Einzelinterviews wird aufgrund von gruppendynamischen Effekten eine intensivere und breitere
Auseinandersetzung mit einer bestimmten Thematik gesehen (Lamnek 1998,
S. 74 f.), durch die mehr und bessere Informationen gewonnen werden sollen. Kundenforen können grundsätzlich in allen Dienstleistungsbranchen eingesetzt werden,
z. B. in der Hotellerie (Gästeforen), bei Krankenversicherungen (Okoniewski 1999,
S. 110) oder in Krankenhäusern (Patientenforen).[323]

Aus einer qualifikatorischen Perspektive betrachtet, kann ein Kundenforum dazu
dienen, dass der Kunde lernt, sich über seine eigenen Wünsche, Bedürfnisse und
Erwartungen klar zu werden und diese dem Unternehmen mitzuteilen (Kießling/Koch
1999, S. 66). Oftmals ist das Problem vorhanden, dass sich Kunden ihrer Wünsche
und Bedürfnisse gerade nicht bewusst sind und folglich diese auch nicht verbalisieren können (Bosshart 1995, S. 43). Zudem wird durch den möglichen Einsatz von
Kreativitätstechniken das Kreativitätspotential der Kunden aktiviert, genutzt und letztlich verbessert (Creusen 1995, S. 12). Ein Kundenforum trägt somit zur Aktivierung
sowie Förderung der Artikulationsfähigkeit des Kunden im Rahmen seiner Co-
Designer-Rolle bei.

---

[322] Den verschiedenen Begriffen liegen zwar unterschiedliche Bedeutungsgehalte zugrunde, aber
eine ausführliche Erörterung dieser begrifflichen Nuancen würde den Leser zu weit von der eigentlichen Thematik wegführen. Deshalb sei zur Vertiefung auf Kepper (1994, S. 61 f.) und Lamnek (1998, S. 26-29) verwiesen, welche die definitorischen Unterschiede detailliert herausarbeiten.
[323] Zu möglichen allgemeinen und speziellen Nachteilen im Vergleich zum Einzelinterview siehe
Lamnek (1998, S. 75 f.).

Ebenso stellen Kunden-Events, wie ein Tag der offenen Tür oder Kundenparties[324], ein eher beiläufiges Instrument zur Kundenentwicklung im Dienstleistungsbereich dar (siehe zu diesem Instrument grundsätzlich auch Bruhn 2001, S. 153). Je nach beabsichtigter Intention der Durchführung eines Tags der offenen Tür oder von Kundenparties können diese zur Verbesserung einzelner Kundenrollen beitragen (Martin/Pranter 1989, S. 14). Gerade ein Tag der offenen Tür lässt sich sehr gut zu einer Erhöhung des Wissens über die Dienstleistung einsetzen. Des Weiteren werden die Fähigkeiten zur Interaktion mit anderen Kunden geschult. Was diese Kunden-Events anbetrifft, wird zudem die Erfüllung der Co-Marketer-Rolle gestärkt.

Kundenclubs werden von Unternehmen als Kundenbindungsinstrumente ins Leben gerufen (Diller 2001, u. a. S. 855). Dementsprechend sind sie besonders dafür geeignet, Erwartungen des Dienstleisters an den Kunden als Partner zu vermitteln, damit dieser seiner Partnerrolle angemessen nachkommen kann. Hierbei lässt sich ein bunt gemischtes Instrumentarium einsetzen. Dazu gehören u. a. Clubzeitschriften, Mitglieder-Mailings, Mitglieder-Treffen, Mitglieder-Events und Online-Dienste (siehe zu den Kundenclub-Instrumenten Diller 2001, u. a. S. 852 und Kreutzer 1995, Sp. 411).

8.5.2.3   *Informationsorientierte Maßnahmen der Kundenqualifizierung*

Informationsorientierte Maßnahmen konzentrieren sich auf eine Qualifizierung des Kunden durch das Vermitteln von Informationen. Diese werden in der Praxis zur Kundeninformation bereits häufig eingesetzt (Lovelock 2001, S. 305; Meer 1984, S. 137; Webb 1994, S. 19 f.).

8.5.2.3.1 *Kerninstrumente der Informationsvermittlung*

Ein erstes Kerninstrument, dem Kunden Informationen zu vermitteln, ist die Methode des Kundenvortrags. Dabei wird dem Kunden vom Unternehmen im Rahmen einer

---

[324] Siehe zum Einsatz von Kundenparties zur Sozialisation von Neukunden auch Abschnitt 8.2.3.

speziellen Veranstaltung, die entweder im Firmengebäude oder aber auch außerhalb des Geländes stattfinden kann, primär Faktenwissen vermittelt. Somit steht bei der Methode des Kundenvortrags die Realisation von Lernzielen im kognitiven Bereich im Vordergrund (Rüdenauer 1988, S. 89). Die Grundlage dieser Methode ist ein Monolog des Referenten, allenfalls unterbrochen durch eine abschließende Fragenrunde, wobei die Sitzungen i. d. R. zwischen zwanzig Minuten und anderthalb Stunden dauern.

Der Vorteil eines Kundenvortrags ist in seiner systematischen und konzentrierten Stoffvermittlung zu sehen. Als Nachteil stellt sich in Abhängigkeit von verschiedenen Faktoren, wie Persönlichkeitsmerkmalen der Kunden und situativen Faktoren, sehr bald ein Ermüdungseffekt bei den Kunden ein (Rüdenauer 1988, S. 87). Diesem kann durch eine unterhaltsame und medienreiche Gestaltung, beispielsweise durch die Einbindung von Videos, Flipchart und Metawand, vorgebeugt werden. Zudem sollte sich der Referent im Vorhinein genaue Vorstellungen über die teilnehmenden Kunden und deren Informationswünsche machen sowie seinen Vortrag, d. h. Struktur und Inhalte, danach ausrichten.

Sehr viel häufiger findet sich im Dienstleistungsbereich das Angebot so genannter Kundenseminare bzw. -schulungen. Bei diesen tritt an die Stelle des Monologs der (Lehr-)Dialog mit den teilnehmenden Kunden. Dabei beschränkt sich die Redemöglichkeit der Kunden nicht nur auf eine abschließende Diskussionsmöglichkeit wie im Falle des Kundenvortrags, sondern der Kunde wird aktiv in den Seminarverlauf miteinbezogen. Von daher könnte das Instrument des Kundenseminars, gerade wenn es verstärkt in Richtung einer interaktiven Schulung des Kunden tendiert, auch den erfahrungsorientierten Kerninstrumenten zugerechnet werden. Da allerdings häufig diese Seminare bzw. Schulungen der Informationsvermittlung außerhalb der regulären Geschäftszeiten abgehalten werden, wurden sie den informationsorientierten Kerninstrumenten zugeschrieben.

So betont z. B. Honebein, dass es bei Kundenseminaren außerordentlich wichtig ist, Zeit für Kundenfragen einzuplanen (Honebein 1997, S. 121). Ein Vorteil des permanenten Einbezugs der Kunden durch die dialogische Gestaltung der Kundensemina- re liegt darin, dass die Kunden somit „gezwungen" sind, den Gedankengängen des

Moderators bzw. Präsentators zu folgen. Zudem ermöglicht es dem Referenten, individuell auf die Kunden und deren Wünsche einzugehen (Rüdenauer 1988, S. 90). Des Weiteren sollten bei Kundenseminaren nicht nur lehrreiche Informationen vermittelt,[325] sondern auch unterhaltsame Programmpunkte eingebaut werden (Krah 1999, S. 62). Neben kognitiven Lernzielen können insbesondere auch affektive erreicht werden (Rüdenauer 1988, S. 90).

Kundenseminare sind besonders in der Finanzbranche beliebt (Honebein 1997, S. 13; Marchetti 1992, S. 36). Beispielsweise bieten die Wertpapierhändler Consors und Charles Schwab verschiedene Kundenseminare an, die sich zu einem großen Teil mit relativ allgemeinen Aspekten von Finanz- und Investmentfragen beschäftigen (siehe Anhang 4 und Anhang 6). Weiterhin werden die Vorteile des eigenen Unternehmens in diesen Kundenseminaren hervorgehoben, so dass auch integrationsspezifische Qualifikationsinhalte vermittelt werden. Die eigentliche Intention dieser Kundenseminare liegt primär darin, dass „these customers [potentielle Neukunden; Anm. d. Verf.] have a vivid image of the firm's service offerings" (McDougall/ Snetsinger 1990, S. 38), was die „Basic education task" eines Dienstleistungsunternehmens darstellt (siehe Absatz 3.2.1.2). Zudem besteht für das durchführende Unternehmen die Möglichkeit von Cross-Selling-Aktivitäten. Dementsprechend stellen Kundenseminare eine Kombination von Produkt- bzw. Leistungs-Promotion und Kundenentwicklung dar (Marchetti 1992, S. 36).

Aber auch in anderen Dienstleistungsbranchen werden Kundenseminare veranstaltet. So hat z. B. die DeTeMobil Deutsche Telekom MobilNet im Jahre 1999 interessierten Kunden Handy-Schnupperseminare angeboten. In deren Rahmen wurde den Kunden zum einen die Tarifstruktur erklärt. Zum anderen wurde ihnen gezeigt, wie sie die Anrufbeantworter-Funktion nutzen, wie sie mobil im Ausland telefonieren und wie das Speichern von Telefonnummern funktioniert (siehe Anhang 3).

Unternehmen bieten daneben Kunden-Seminare auch online an (Diller/Negelmann 1998, S. 6). So unterhält der Online-Broker Charles Schwab ein eigenes Learning

---

[325] Bei Kundenseminaren kann überlegt werden, inwieweit externe Referenten, gerade bei einer Seminarreihe, mit eingebunden werden. Dies erhöht grundsätzlich die Glaubwürdigkeit der Seminare (Krah 1999, S. 63; Marchetti 1992, S. 36).

Center, das den Kunden spezielle Online-Seminare bzw. -Schulungen anbietet. Diese Möglichkeit findet sich auch bei Consors (www.consors.de). Damit wird die Möglichkeit geschaffen, von einer primär instruktionistisch geprägten Qualifizierung, z. B. im Sinne von FAQ-Lists, zu einem konstruktivistischen Kundenlernen überzugehen. Der Kunde hat die Chance, ein weitgehend selbstgesteuertes Lernen zu betreiben. Damit werden dem Kunden vielseitige Wahlmöglichkeiten an die Hand gegeben. Der Vorteil dieser Online-Schulungen ist die hohe Lernflexibilität, welche die Kunden erhalten. Sie können selbst festlegen, wann, wie häufig und wie lange sie an einer Schulung teilnehmen (Hünerberg/Mann 2000, S. 365). Zudem sollten die Schulungen durch die Einbindung von Videos unterhaltsam gestaltet werden (Hünerberg/Mann 2000, S. 365).

Neben der persönlichen Unterweisung des Kunden im Service encounter, die für das Dienstleistungsunternehmen sehr personal- sowie zeitaufwendig und damit kostspielig ist, kann einem Kunden gleichermaßen im Vorfeld eine schriftliche Instruktion (Anleitung) zugeschickt bzw. im Service-System an die Hand gegeben werden, mit der er sich im Service-System zurecht finden soll bzw. die ihm die exakte Vorgehensweise zur Ausführung seiner Kundenrollen und Integrationsaufgaben schildert. Somit bewegt sich dieses zweite Kerninstrument informationsorientierter Maßnahmen, das als schriftliche Instruktionsmethode bezeichnet wird, an der Schnittstelle zu den erfahrungsorientierten Kerninstrumenten. Die Grundidee dieses Instruments ist es, dem Kunden eine schriftliche Anleitung an die Hand zu geben, die es ihm gestattet, sich auf seine Kundenrollen vorzubereiten und sich damit möglichst selbständig durch das Service-System zu bewegen sowie dabei stetig zu lernen. Dementsprechend eignet sich diese Methode insbesondere zur Realisation von kognitiven, aber auch von psychomotorischen Kundenlernzielen (Rüdenauer 1988, S. 98).

Als ein einfaches Beispiel für eine schriftliche Handlungsanweisung findet sich in Anhang 12 die Vorgehensweise für die Teilnahme am Rezensions-Gewinnspiel des Internet-Buchhändlers Amazon.de. Weitere Beispiele sind die schriftlichen Instruktionen von Autofahrern an Tankstellen zur Benutzung der Autowaschanlage und des Tankens per Geldautomat. Auf Dienstleistungen bezogene schriftliche Instruktionen lassen sich auch als „Script-based"-Training bezeichnen, da sie sich (zumeist) an

Dienstleistungsskripte (siehe zu Dienstleistungsskripten Absatz 3.1.4.1) anlehnen.[326] Zwei Beispiele schriftlicher Anleitungen zur Nutzung neuer Automaten, die ablaufbezogen strukturiert sind, finden sich in Anhang 13 und Anhang 14. In beiden Fällen - Instruktionen zur Nutzung der neuen Fahrscheinautomaten der Deutschen Bahn und der Check-in-Automaten der Lufthansa - handelt es sich um die Einführung neuer Selbstbedienungsautomaten, die zudem visuell durch ein Foto der Automaten unterstützt werden.

Fallen die Instruktionen sehr ausführlich aus, wird von so genannten Kundenhandbüchern (Bowers/Martin/Luker 1990, S. 63 f.) gesprochen, wie im Falle der 33-seitigen schriftlichen Nutzeranleitung zum Internet-Banking und -Broking der Deutschen Bank (Deutsche Bank 1999). Beschränken sich die Instruktionen dagegen auf eine Aufzählung einzelner Stichpunkte, so besitzen diese einen Checklisten-Charakter (siehe Anhang 15).

Das Problem der Instruktionsmethode ist, dass Kunden die Anleitungen oftmals, wenn überhaupt, erst nach dem Auftritt von Problemen lesen oder aber die Inhalte bis zum Eintritt in ein Service-System (zum Teil) wieder vergessen haben (Lovelock 2001, S. 289). Die eigentliche Intention von schriftlichen Instruktionen, nämlich die vorbeugende Wirkung, und damit die Realisation einer antizipativen Kundenentwicklungsstrategie, wird infolgedessen konterkariert. Ein möglicher Grund dafür ist die Textlastigkeit und die aufgrund der Verwendung von Fachtermini eher unverständliche Sprache. Schriftliche Instruktionen sollten daher im Sinne der Entertainment-Strategie (siehe Abschnitt 5.4.4) interessant, informativ und spannend gestaltet werden.

Insbesondere sind schriftliche Instruktionen auf das Involvement der Kunden auszurichten. Bei einem geringen Involvement wird ein Kunde eher passiv und absichtslos lernen (Kroeber-Riel/Weinberg 1999, S. 338; siehe auch Abschnitt 7.3.1), weshalb eine visuelle Informationsvermittlung einer verbalen vorzuziehen ist (Kroeber-Riel/Weinberg 1999, S. 339). Aus diesem Grund sollten schriftliche Instruktionen bei geringem Involvement der Kunden eher bildlastig sein.

---

[326] Zu „Script-based"-Trainings von Mitarbeitern im Kundenkontakt siehe Nerdinger (1999, S. 142 f.).

Neben den bisher geschilderten informationsorientierten Kerninstrumenten gibt es noch verschiedene Maßnahmen, mit denen sich ein Kunde selbständig qualifiziert. Diese sollen daher unter den Begriff des Selbststudiums des Kunden gefasst werden. Zu dieser Maßnahmengruppe zählt zunächst die virtuelle Kundenunterweisung.

Virtuelle Kundenunterweisungen beruhen auf einer elektronischen Anweisung des Kunden. Dabei lassen sich PC-basierte und internetbasierte Kundenunterweisungen unterscheiden.

PC-basierte Kundenunterweisungen beziehen sich auf einen isolierten Einsatz auf dem einzelnen Computer des Kunden. Dementsprechend werden diese Instrumente auf CD-ROM oder Diskette angeboten. Die Programme muss sich der Kunde im Falle der Speicherung auf Diskette zumeist auf den eigenen PC laden oder kann sie mittels CD-ROM auch direkt anschauen, wie im Falle des multimedialen Kundenhandbuchs der Bank 24. Dieses führt den Kunden, der auf elektronischem Wege Aktien-Orders erteilen möchte, durch die vielfältigen Funktionen und Möglichkeiten des Programms (Bongard 1998, S. 111) und macht somit das Online-Banking für den Kunden erlebbar (Brabeck/Schöne 2000, S. 61). Eine derartige CD-ROM bietet beispielsweise auch die Direkt Anlage Bank DAB ihren Kunden an. Die CD-ROM „Bank inside" informiert die Kunden über sämtliche Instrumente, wie den FondsInvestor, das Tradingsystem bis hin zu einem Musterdepot (www. direktanlagebank.de).

Die Vorteile von PC-basierten Kundenunterweisungen liegen in der Zentrierung auf den Lernenden, d. h. der Lernende kann dann lernen, wann er will (Zeitunabhängigkeit) und wie viel er will (individuelle Lerngeschwindigkeit). Zudem ist es möglich, Erkenntnisse des Edutainment-Konzepts, das bisher lediglich in der betrieblichen Personalentwicklung Anwendung findet, zu realisieren. Gerade durch den Einbau von Audio- und Videosequenzen, die eine realitätsnahe Vermittlung von Kundenlerninhalten ermöglichen, kann die Qualifizierung der Kunden unterhaltsam vonstatten gehen. Ein weiterer Vorteil liegt in den vergleichsweise geringen Kosten für das Unternehmen, der allerdings nur bei großer Teilnehmerzahl gegeben ist. Ein Nachteil ist trotz aller Möglichkeiten, die solche Programme bieten, die Standardisierung der Lerninhalte und -prozesse (Holling/Liepmann 1993, S. 297).

Zu den internetbasierten Kundenunterweisungen ist zunächst die Frequently Asked Question (FAQ)-List zu zählen.[327] Die Liste wird vom Unternehmen ins Netz (zumeist ins World Wide Web WWW) gestellt und enthält „offizielle" (Experten-)Antworten des Unternehmens auf die am häufigsten gestellten Fragen von Kundenseite. So finden sich z. B. in der FAQ-List des Internet-Buchhändlers Amazon.de Antworten auf folgende Fragen (siehe Anhang 17):

- Warum kann ich meine Bestellung nicht mit Rechnung bezahlen?
- Kann ich meine Zahlungsdaten wirklich ohne Risiko eingeben?
- In welche Länder liefern Sie?
- Wie kann ich meine Bestellung überprüfen?
- Was kostet der Versand?
- Ich habe mein Passwort vergessen.
- Ich weiß meine E-Mail-Adresse und mein Passwort nicht mehr.
- Wie löse ich meinen Geschenkgutschein ein?

Neben einer unsystematischen Aneinanderreihung von einzelnen Frage-Antwort-Sequenzen kann eine alphabetische Reihung von Stichwörtern vorgenommen werden. Auf der zweiten Stufe finden sich zu den einzelnen Stichwörtern sodann die themenbezogenen Fragen und Antworten. Eine derartig aufgebaute FAQ-List findet sich z. B. bei der Direkt Anlage Bank DAB (siehe Anhang 18). Auch existieren reine themenbezogene Strukturierungen von Frage-Antwort-Sequenzen, z. B. bei Lands' End, einem Versandhandelsunternehmen, zum „Thema Sicherheit auf den Lands' End Web-Seiten" (www.landsend.de). Eine häufige Strukturierung findet zudem nach den verschiedenen Leistungsbereichen eines Unternehmens statt (Vincent 1999). Hierzu findet sich ein Beispiel beim Online-Broker Charles Schwab (www.schwab. com).

Sehr ähnlich gehalten wie die FAQ-Lists sind die so genannten Trouble Shooting Guides. Diese liefern den Kunden Hilfestellungen bzw. Lösungen bei besonderen Nutzungs- bzw. Anwendungsproblemen mit der Kernleistung. Der Unterschied zu den FAQ-Lists besteht zum einen in der Fokussierung der Trouble Shooting Guides

---

[327] Mittlerweile hat der Gedanke der FAQ-List sogar in Printmedien Einzug gehalten. So findet sich z. B. im Kundenmagazin des Mobilfunkbetreibers D2 Mannesmann eine FAQ-List im typischen Online-Stil (siehe Anhang 16).

auf Probleme mit der Kernleistung, zum anderen sind sie nicht unbedingt als Frage-Antwort-Sequenzen aufgebaut (Hünerberg/Mann 1999, S. 320). Ebenso stellen die For Your Information (FYI)-Listen Informationen zu verschiedenen Themenbereichen dar, die somit den gleichen Zweck erfüllen wie die FAQ's (Dratva 1995, S. 116; Hünerberg/Mann 2000, S. 362).

Ein gewichtiger Vorteil dieser Instrumente liegt in ihrer Kostengünstigkeit, da dem Unternehmen hierdurch das Beantworten von Standardfragen erspart bleibt. Da diese Standardantworten jedoch nicht immer eine Antwort auf das Kundenbedürfnis bzw. -problem bereit halten, werden weitere Alternativen angeboten. So kann der Kunde z. B. in weiterführenden Datenbanken nach der Lösung seiner Fragen, die als Schlagworte oder als ganze Fragenformulierung eingegeben werden sollen, suchen. Daneben erhält der Kunde die Möglichkeit, sich bei Fragen auch per Telefon oder E-Mail an einen Kundenbetreuer zu wenden.

Gleichermaßen finden sich FAQ-Lists, die zwar nach der Fragen-Antworten-Systematik aufgebaut sind, allerdings sich strukturell am Kundenprozess orientieren. In diesem Fall soll eher von Online-Instruktionen bzw. -Anleitungen gesprochen werden. Dies ist beispielsweise bei dem Versandhaus Otto der Fall, das unter dem Motto „Otto-Online für Einsteiger", dem (Neu-)Kunden eine ablaufbezogene Anleitung zum Einkaufen über das Internet gibt (www.otto.de).[328]

BMW hat zur Handhabung ihres Car Configurators - ein Programm im Internet, mit dem sich Kunden ihr Wunschauto selbst zusammenstellen können - ein so genanntes Tutorial-Programm entwickelt, das dem Kunden einen Einführungskurs zur Handhabung des Car Configurators anbietet (o. V. 2000).

Daneben existieren die so genannten „Guided Tours", bei denen die Kunden systematisch durch verschiedene Bereiche geführt werden. So bietet beispielsweise Consors eine Guided Tour an, bei der Kunden einen Schnellkurs zu allen Vorteilen und Services rund um das Online-Brokerage-System von Consors finden (siehe An-

---

[328] Positiv hervorzuheben ist dabei der anfängliche Hinweis an die Kunden, dass die Anleitung über das Druckersymbol des Browsers ausdruckbar ist. Damit können Kunden die Anleitung beim ersten Online-Shopping sich unterstützend zur Seite legen.

hang 19). Auch die NetBank (www.netgic.de) bietet ihren Kunden eine Info-Tour an, bei der sie durch Nick Netgic als virtuellem Kundenbetreuer begleitet werden (siehe Anhang 20). Diese Touren können im Sinne der Entertainment-Strategie grundsätzlich unterhaltsam gestaltet werden, z. B. durch den Einbau von Video-Sequenzen.

In eine sehr ähnliche Richtung tendieren Kunden-Videos. Zu allen für den Kunden interessanten Themen können Videos produziert und den Kunden offeriert werden.[329] So bietet die Lufthansa ihren Kunden verschiedene Videos im Internet zum Downloaden an (www.lufthansa.com/deutsch/dl/dl_video.htm), wie zum Einsatz der Chip-Card. Das diesbezügliche Kunden-Video erläutert die Grundfunktionen, die Vorteile und zudem die Handhabung der ChipCard, die ein automatisches Check-in für die Passagiere ermöglicht.

Je nach Professionalität der Produktion dieser Videos schwanken die für dieses Instrument zu kalkulierenden Kosten. Professionell gedrehte Kundenvideos können sich leicht im fünfstelligen EURO-Bereich bewegen. Dagegen sind die bei Eigenproduktionen, z. B. mittels Video- oder Digitalkamera, entstehenden Kosten relativ gering und liegen eher im dreistelligen EURO-Bereich. Damit kann der Forderung von Marchetti (1992, S. 38), Kundenseminare grundsätzlich auf Video aufzunehmen, von unternehmerischer Seite relativ problemlos gefolgt werden. Die Kundenseminar-Videos sollen gegen eine entsprechende Kostenerstattung den teilnehmenden Kunden, aber auch zeitlich verhinderten Kunden, Interessenten u. a. zur Verfügung gestellt werden (Marchetti 1992, S. 38). Ein großer Vorteil dieses Kundenentwicklungsinstruments ist seine Anschaulichkeit und Bedienungsfreundlichkeit. Zudem können gerade Kunden-Videos dem Entertainment-Gedanken leicht Rechenschaft tragen. Ein weiterer Vorteil ist die visuelle Darstellung der einzelnen Schritte des Kundenprozesses (Lovelock 2001, S. 289), wodurch beim Kunden ein stabiles kognitives Skript entsteht, das eine weitgehend automatisierte Abwicklung der Interakti-

---

[329] Eine Ausnahme stellt der ärztliche Bereich dar. So sind im ärztlichen Kontext Videos zur Demonstration von Operationen oftmals eher ungünstig, „da sie entweder sehr blutig sind oder das Wesentliche der Operation sehr schwierig erkennen lassen" (Hägele/Sljivljak/Köhler 2000, S. 4). In diesen Fällen bieten Zeichentrick- oder 3D-Darstellungen den Vorteil, Informationen auf eine ästhetische und weniger emotional geprägte Art und Weise darzustellen. Problemlos sind dagegen Videos, die das Leistungsprogramm eines Krankenhauses oder einzelner Stationen zeigen. So offeriert z. B. die Frauenklinik Pforzheim interessierten werdenden Eltern ein Informations-Video, das einen Überblick über die Geburtshilfe in der Frauenklinik, wie die Kreißsäle, die Wochenstation und die verschiedenen Gebärhilfen, zeigt.

on ermöglicht (Nerdinger 1999, S. 143). Daneben können Hinweise auf die Können-Komponente gegeben werden im Sinne eines demonstrativen Vormachens per Video. Auch erste Hinweise auf ein gewünschtes soziales Verhalten können aufgezeigt werden.

Der Vollständigkeit halber soll auf das grundsätzlich denkbare Instrument der Kunden-Audiokassette hingewiesen werden. Die Kunden könnten Informationen oder Ratschläge grundsätzlich auch per Kassette erhalten. Dem Autor ist allerdings kein Beispiel bekannt, in dem eine Kassette als Schulungsinstrument für Kunden eingesetzt wird bzw. wurde. Dies liegt wohl darin begründet, dass eine Kassette im Vergleich zu einer Informationsbroschüre oder schriftlichen Instruktion keinen wesentlichen Vorteil aufweist, allerdings im Vergleich hierzu mit weit höheren Kosten einhergeht. Zudem muss ein Kunde über eine entsprechende Abspielmöglichkeit verfügen, die heutzutage bei modernen Hifi-Anlagen (Car-Hifi-Anlagen) zum Teil gar nicht mehr gegeben ist.

Einen zunehmenden Einsatz zur integrationsbezogenen Information des Kunden finden die so genannten Kiosksysteme. Dabei werden im Bereich des Service-Systems interaktive Multimedia-Automaten, die so genannten Kiosksysteme (Gruhn/Jendrzey/Krämer 2000; Steiger 1995, S. 272; Reimann 2000), platziert, an denen sich Kunden per Selbstbedienung Informationen beschaffen können. Neben diesen interaktiven Informationssystemen am Point-of-Information (POI) werden den Kunden gleichermaßen Informationen im Rahmen von interaktiven Verkaufssystemen am Point-of-Sale (POS) bereitgestellt.[330] Während bei ersteren die Informationsvermittlung bzw. Kommunikation zwischen Anbieter und Kunde im Vordergrund steht, zielen Verkaufs-Kiosksysteme primär auf eine marktliche Transaktion mit dem Kunden ab (Steiger 1995, S. 271). Dementsprechend sind diese als informationsorientierte Zusatzinstrumente der Kundenentwicklung zu verstehen. Von größerem Interesse im Rahmen dieser Arbeit sind dementsprechend die Informations-Kiosksysteme. Diese (zumeist) multifunktionalen, öffentlich zugänglichen Terminals haben eine vor Vandalismus geschützte Tastatur, Touchscreens und absturzsichere Software (Gruhn/Jendrzey/Krämer 2000, S. 417). Dazu müssen sich die Kunden

---

[330] Dabei ist eine zunehmende Verschmelzung von POI- und POS-Multimedia-Kiosksystemen feststellbar (Frost & Sullivan 1999).

mittels Berühren des Bildschirms durch ein Menü führen lassen. Mittlerweile werden diese Kiosksysteme sogar mit der Möglichkeit von Videokonferenzen ausgestattet, wobei der Kunde mit Beratern in Call Centern sprechen kann (Reimann 2000, S. 34). Derartige virtuelle Konferenzen zwischen Kunden und Berater werden z. B. bei der Bank GiroTel schon seit 1998 eingesetzt (Britz-Averkamp/Hoffmann 1998, S. 72 f.).

Der Einsatz dieser Kiosksysteme findet sich verstärkt bei Banken und Sparkassen (Frost & Sullivan 1999; Lovelock 2001, S. 305; Reimann 2000), im Einzelhandel (Frost & Sullivan 1999; Lovelock 2001, S. 305), z. B. gerade bei Kaufhäusern oder Baufachmärkten wie OBI (Biester 1998b, S. 10), bei der Deutschen Bahn (Fahrscheinautomaten mit Fahrplanauskunft) oder im Tourismus (Informationsterminal/-säule). Aber auch in anderen Dienstleistungsbranchen, wie dem Gesundheitswesen, stoßen diese Systeme grundsätzlich auf Interesse (Christ 1997, S. 251 f.).

Besonders wichtig hierbei erscheint, dass die Selbstbedienungsterminals mit der eingesetzten Software durch den Kunden leicht zu bedienen sind bzw. vom Kunden so wahrgenommen werden. Durch ein entsprechend gestaltetes multimediales System mit Text, Musik, Animationen, Grafiken und Videos erfolgt auch die Informationsaufnahme durch den Kunden schneller und unterhaltsamer (Hägele/Sljivljak/Köhler 2000, S. 4; Reimann 2000, S. 35; Steiger 1995, S. 272 f. und S. 285). Zudem bleiben die Informationen im Gedächtnis besser haften, da ein multimediales System mehrere Sinne des Kunden gleichzeitig anspricht (Hägele/Sljivljak/Köhler 2000, S. 4). Unterstützend können die Mitarbeiter des Unternehmens dazu eingesetzt werden, dem Kunden die Funktionen sowie die Bedienung der Terminals zu erklären (Fiala/Schmoll 2000, S. 51).

Als ein großer Vorteil dieses Systems wird die Entlastung der Kundenkontaktmitarbeiter von standardmäßigen Anfragen angesehen. Zudem können die Geräte, wenn sie an für den Kunden zugänglichen Orten stehen, rund um die Uhr genutzt werden. Ein Nachteil dieses Instruments liegt zum einen in der hohen Barriere der erstmaligen Benutzung dieser Selbstbedienungsautomaten, zum anderen in der situativen Zeitknappheit der Kunden. Nimmt der Kunde sein Informationsdefizit als sehr individuelles Problem wahr, so wird er überhaupt nicht auf den Gedanken kommen, sich die Auskünfte am Automaten zu holen, selbst wenn dieser die entsprechenden Informationen bereit halten sollte. Dementsprechend sollen sehr erklärungsbedürftige Angelegenheiten weiterhin auf dem persönlichen Weg angeboten werden. Hier kann das Kiosksystem jedoch Erstinformationen anbieten (Gruhn/Jendrzey/Krämer 2000, S. 418).

8.5.2.3.2 Zusatzinstrumente der Informationsvermittlung

Als ein Zusatzinstrument der Informationsvermittlung kann das Kunden-Telefon bzw. die Service-Hotline bezeichnet werden (Lovelock 2001, S. 305). Kunden haben, bei entsprechender Kenntnis der Servicenummer, einen sehr einfachen Weg, sich bei Fragen und Problemen direkt an das Dienstleistungsunternehmen bzw. an das Call Center zu wenden (Gouthier 2001a, S. 205). Somit eignet sich die Telefon-Hotline insbesondere zum Abbau von Wissensdefiziten bei den Kunden und zur Realisation einer kurativen Kundenentwicklungsstrategie.

Der Vorteil dieses Instruments ist in einer für den Kunden einfachen, schnellen und, bei Vorliegen einer kostenlosen Servicenummer (0800er Rufnummer), auch kostengünstigen Möglichkeit der Informationsgewinnung zu sehen. Aber auch das Unternehmen kann von dieser Art der Kundenentwicklung profitieren. So wurden im Leicester General Hospital in England die Patienten im Vorfeld eines Krankenhausaufenthalts nicht mehr schriftlich, sondern telefonisch kontaktiert und die Termine gemeinsam mit den Patienten vereinbart. Durch diese Umstellung konnte die Did-Not-Attend-Rate von elf auf ein Prozent deutlich gesenkt werden (Audit Commission 1993, S. 6).

Ein weiteres Instrument zur Vermittlung von Informationen ist die Kundenzeitschrift. Diese enthält neben eher sachlichen Themen, die sich zumeist um neue Leistungen oder Services drehen, wie dem Service-Teil der Kundenzeitschrift „DB mobil" der Deutschen Bahn, häufig auch interessant gestaltete Berichterstattungen zu Lifestyle-Themen, um den Kunden auch emotional anzusprechen. Neben der Deutschen Bahn finden sich Kundenzeitschriften bei internationalen Hotelketten, Luftfahrtgesellschaften u. v. m.

Kundenzeitschriften zollen dem Entertainment-Gedanken, falls sie professionell aufbereitet werden, am stärksten Tribut. Beispielsweise ist es möglich, das Editorial der Zeitschrift zu individualisieren, indem der Kunde zum einen persönlich angeredet und zum anderen auf einzelne, für ihn besonders interessante Artikel hingewiesen wird (Kreutzer 1995, Sp. 412).

Kunden-TV ist im Vergleich hierzu ein relativ kostspieliges Instrument zur Kundenqualifizierung. Der Einsatz dieses Mediums lohnt sich erst bei einer (relativ) großen Zahl von Kunden, die mit diesem Medium geschult werden. Dies kann jedoch dadurch etwas relativiert werden, dass ein einmal produzierter Beitrag wiederholt, d. h. mehrfach gesendet werden kann.

Moderne technologische Entwicklungen wie das Business Television als neues Instrument der Mitarbeiterkommunikation (Stauss/Hoffmann 1999) erlauben im Vergleich zur Einweg-Kommunikation des traditionellen Fernsehens ein interaktives Geschehen, indem die Kunden mit eingebunden werden können. In diesem Falle wäre es möglich, während der Sendung an den TV-Moderator auch Fragen zu stellen. Die technische Umsetzung solch einer Rückkoppelung ist denkbar per Telefon, Fax oder E-Mail. Laut Einschätzung von Experten wird diese Technologie künftig verstärkt im Bereich der Kundenqualifizierung eingesetzt (Seibold 1998, S. 28 f.).

Kundenentwicklung kann im Vorfeld einer Dienstleistungserstellung auch über Werbeaktivitäten erfolgen. Daher soll kurz auf den Überschneidungsbereich von Kundenentwicklungsmaßnahmen zu klassischen Werbemaßnahmen hingewiesen werden. Werbemaßnahmen vermitteln als Kommunikationsinstrument den Kunden Informationen und Emotionen. Da Werbung jedoch primär der Verhaltensbeeinflussung der Kunden im Sinne einer Absatzsteigerung oder -erhaltung dient (Wiswede 1995, S. 284; Zentes 1998, S. 375), soll sie im Rahmen dieser Arbeit als eine beiläufige Möglichkeit zur Kundenentwicklung angesehen werden, die wesentlich zur Verbesserung der Käuferrolle beiträgt.

Ein fast klassisches Instrument, um Wissensdefizite des Kunden beseitigen zu können, ist die E-Mail-Kommunikation. Hierbei wendet sich der Kunde per E-Mail-Anfrage an das Unternehmen, z. B. an eine spezielle Online-Hotline (Diller/

Negelmann 1998, S. 6), die i. d. R. auch per E-Mail antwortet. Fast alle im Internet vertretenen Unternehmen bieten mittlerweile einen E-Mail-Service für ihre Kunden an. Dabei können Kunden ihre Fragen bzw. Probleme entweder per klassischem E-Mail an das Unternehmen senden oder sie gelangen an ein E-Mail-Formular. Hier müssen die Kunden sich selbst zunächst einmal beispielsweise in eine Kundengruppe einordnen und zudem den Bereich angeben, den die Frage betrifft. Erst dann können sie ihre Fragen stellen. Solche E-Mail-Formulare finden sich z. B. bei Microsoft (www.microsoft.de) und der Advance Bank (www.advancebank.de).

Die Vorteile dieses Mediums, die Kostengünstigkeit und die Schnelligkeit wird aber für beide Seiten zur Zeit konterkariert. Aufgrund des immensen Anwachsens der E-Mail-Anfragen findet eine Überforderung der Unternehmen statt, d. h. es liegen keine entsprechenden Kapazitäten zur Beantwortung der Anfragen vor. Von daher ist das Antwortverhalten vieler Dienstleister aus Kundenperspektive inakzeptabel.

Neben dieser zeitlich asynchronen Kommunikationsmöglichkeit bietet der Online-Chat eine zeitlich synchrone Möglichkeit, einzelne oder mehrere Kunden zu qualifizieren. Grundlegende Voraussetzung zur Durchführung solcher „elektronischer Konferenzen" (Diller/Negelmann 1998, S. 1) ist, dass die Kunden zeitgleich im Chatroom präsent sind (Hünerberg/Mann 2000, S. 365). So beantwortet z. B. der Online-Chat von AOL den eigenen Kunden diverse Fragen (Honebein 1997, S. 100-102). Neben diesen persönlichen Chats werden nunmehr verstärkt so genannte Avatare als Gesprächspartner eingesetzt (Hanser/Schnettler 2001). Dabei unterhält sich der Kunde mit einem virtuellen Geschöpf, das dem Kunden auf seine Fragen gezielt Antworten liefert. Solch ein Avatar-getriebener Kundenchat findet sich beispielsweise bei der Netbank (siehe Anhang 21). Hier kann sich der Kunde mit Nick Netgic unterhalten, der als virtueller Kundenbetreuer fungiert. Dabei stellt der Avatar Nick Netgic eine der einfachsten Formen eines Avatars dar, da er lediglich als unbewegte Grafik konzipiert ist.[331]

Die institutionalisierte Versendung von standardisierten Informationen per E-Mail an einen großen Kundenkreis wird als Newsletter bzw. elektronische Zeitung bezeich-

---

[331]   Zu den verschiedenen Formen eines Avatars und deren Verwendung in der Praxis siehe Hanser/Schnettler (2001).

net. Dabei macht es im Sinne einer Berücksichtigung der Qualifizierungswünsche und -bedürfnisse des Kunden durchaus Sinn, den Kunden bei seiner ersten Interessenbekundung aus einer Liste spezifischer Themen, auch Teaser genannt (Hünerberg/Mann 2000, S. 364), diejenigen auswählen zu lassen, die ihn besonders interessieren. Die Verschickung des Newsletters erfolgt nach Zustimmung der Kunden in zumeist regelmäßigen Zeitabständen. Damit muss der Kunde diesen Newsletter beim ersten Mal aktiv anfordern,[332] d. h. ordern, und erhält ihn dann automatisch bis auf Widerruf zugesandt. So versendet z. B. die Allgemeine Deutsche Direktbank (Diba) zweiwöchentlich einen Newsletter an ihre Kunden zum Thema „Optimierung der privaten Finanzen" (Mai 2001, S. 44 f.). Zwar werden Newsletter noch relativ selten verwendet, deren Einsatz wird jedoch künftig zunehmen (siehe z. B. für die Bankbranche Brabeck/Schöne 2000, S. 62). Der Vorteil dieses Mediums liegt in dessen Kostengünstigkeit, da es sich um eine standardisierte Information handelt.

Eine weitere Möglichkeit der Vermittlung von Informationen über das Internet ist der Einsatz so genannter List-Server oder Mailing-Lists. Voraussetzung zur Teilnahme an einer Mailing-List ist auch hier, dass sich die Kunden zunächst einmal bei dem Dienstleister anmelden, der sie sodann auf die „Liste" setzt. Hiernach erhalten die Kunden die Beiträge der anderen Listenteilnehmer als E-Mail. Konkret gestaltet es sich dermaßen, dass ein Kunde seine Mitteilung, wie z. B. eine Anfrage oder Stellungnahme, an den Moderator der Mailing-Liste schickt, der diese dann an die anderen Listenteilnehmer weiterleitet. Dieser Versand der E-Mails erfolgt einzeln oder als Bündel („digest"), d. h. beispielsweise über einen Tag gesammelt (Dratva 1995, S. 119 f.).

Als elektronische Diskussionsplattform eignen sich auch die so genannten Bulletin Boards[333] und Newsgroups als spezielle Bulletin Boards. Dabei werden die Nachrichten auf dem Server des Dienstleisters abgespeichert, auf welchen die Kunden auf der Oberfläche eines Schulungs-Boards zugreifen können (Hünerberg/Mann 2000, S. 365). Grundsätzlich verfügen die Kunden dabei nicht nur über eine Lese-,

---

[332] Wie eine Eingabemaske zur Anforderung eines Newsletters konkret gestaltet sein kann, findet sich in Anhang 22 am Beispiel des Versandhauses Schwab.

[333] Als Synonyme finden sich die Begriffe „schwarze Bretter" und „elektronische Pinwände" (Diller/ Negelmann 1998, S. 1).

sondern auch gleichermaßen eine Schreibberechtigung zum Einstellen von Nachrichten im Bulletin Board (Dratva 1995, S. 117). Zumeist werden jedoch die Beiträge durch Moderatoren des Unternehmens gefiltert, so dass nur „gewünschte" Inhalte eingestellt werden können (Diller/Negelmann 1998, S. 1; Dratva 1995, S. 118). Moderatoren haben allerdings noch weitere wichtige Funktionen inne. So sollten sie z. B. in relativ kurzer Zeit Antworten auf von Kunden eingestellte Fragen geben oder neue Themen initialisieren (Diller/Negelmann 1998, S. 2). Beispielsweise könnten Berater von Finanzdienstleistern als Moderatoren von Bulletin Boards oder Newsgroups zu finanziellen Themen agieren und auch eigene Beiträge beisteuern (Duchrow 2000, S. 62).

Ist der Zugang zu den Bulletin Boards oder Newsgroups nur bestimmten Kunden vorbehalten, d. h. liegt kein allgemeiner Zugang für Kunden vor, handelt es sich um Online-Kundenclubs. Zu diesen erhalten die Clubmitglieder eine persönliche Zugangsberechtigung, z. B. mit Nutzerkennung und Passwort, um auf clubspezifische Informationen zugreifen zu können.

8.5.2.4 Abschließende Beurteilung der erfahrungs- und informationsorientierten Instrumente der Kundenqualifizierung

Zur Abrundung der Darstellung von Instrumenten zur Förderung der Integrationsfähigkeit der Dienstleistungskunden sollen im Folgenden zunächst die allgemeinen Vor- und Nachteile der erfahrungs- und informationsorientierten Instrumente erörtert werden (Unterabsatz 8.5.2.4.1). Im Anschluss hieran erfolgt abschließend eine plausibilitätsgestützte Diskussion der Eignung der Kerninstrumente zur Unterstützung der Erfüllung der Kundenrollen (Unterabsatz 8.5.2.4.2).

8.5.2.4.1 Vor- und Nachteile der erfahrungs- und informationsorientierten Instrumente der Kundenqualifizierung

Ein großer Vorteil der erfahrungsorientierten Instrumente liegt in ihrer hohen Praxisrelevanz, da eine permanente Wechselbeziehung zwischen Mitwirkung und Qualifizierung der Kunden vorliegt. Fehler können somit durch die „Experten", wie Kontaktmitarbeiter oder Stammkunden, simultan bei Auftritt korrigiert werden. Aufgrund dieser unmittelbaren Hilfestellung wird der Kunde als Lernender von aktuellen Schwierigkeiten entlastet und eine Überforderung vermieden. Hiermit liegt ein erfahrungsgeleitetes Lernen (Sonntag 1996, S. 10) vor, das in realen Integrationssituationen stattfindet. Folglich eignen sich diese Instrumente insbesondere zur Realisierung einer reaktiven Kundenentwicklungsstrategie. Eine spezielle Kundenhandlung wird durch ein tatsächliches Ausführen direkt erlernt. Eine persönliche Beratung ist jedoch im Vergleich zu unpersönlichen Qualifizierungsinstrumenten, wie schriftlichen Medien, relativ kostspielig (Lovelock 2001, S. 297). Als Nachteil fällt des Weiteren die eher unsystematische Lernsituation der Kunden ins Gewicht, die situativ abhängig unter (starkem) Zeitdruck des Kunden bzw. des Personals geschehen muss. Damit gleicht dieser Qualifizierungsstrang eher einem trial-and-error-Verfahren.

Ein großer Vorteil der Gruppe der informationsorientierten Maßnahmen ist die Möglichkeit der systematischen Planung dieser Kundenentwicklungsinstrumente. Der Kunde kann oftmals selbst darüber entscheiden, wann er sich die Lerninhalte aneignet. Bei Verständnisproblemen kann er Instrumente, wie die schriftlichen Instruktionen oder Infobroschüren, immer wieder zur Hand nehmen und nochmals nachlesen. Ein weiterer immenser Vorteil liegt in der Vorbereitung des Kunden auf die Beteiligungssituation. Wie schon in Abschnitt 5.4.2 beschrieben, sollten Unternehmen eine antizipative Kundenentwicklung anstreben. Diese wird unterstützt bzw. realisiert durch informationsorientierte Maßnahmen.

Ein Nachteil der informationsorientierten Verfahren liegt dagegen darin, dass bis zum Zeitpunkt des Eintritts des Kunden in das Service-System die gelernten Inhalte wieder (zu einem gewissen Teil) vergessen sind. Auch ist bei den genannten schriftlichen Instrumenten ein direktes Nachfragen bei Nichtverstehen von Lerninhalten nicht direkt möglich. Aus diesem Grunde wird dazu übergegangen, informations- und erfahrungsorientierte Maßnahmen miteinander zu verknüpfen. So lassen sich z. B. Mitarbeiter im Kundenkontakt dafür einsetzen, im persönlichen Gespräch die Kunden für ein Internetangebot zu schulen (Vincent 1999). Dieser Ansatz, der bereits einige Zeit erfolgreich in den USA praktiziert wird, wie das Beispiel amerikanischer Investment Center zeigt (Schrick/Weinlich 2001, S. 62), kommt nun auch nach

Deutschland. So hat die Advance Bank jüngst ein Investment-Center in Berlin eröffnet, in dem den Kunden die Vorzüge der Geldanlage per Internet erläutert werden. Diesem Center sollen bis ins Jahre 2002 weitere 20 bis 25 Investment-Center folgen, die allesamt mit der Intention gegründet werden, den (Neu-)Kunden bei der Inanspruchnahme der internetbasierten Leistungen unterstützend zur Seite zu stehen (o. V. 2001c, S. 5; Schrick/Weinlich 2001, S. 62).

8.5.2.4.2 Eignung der erfahrungs- und informationsorientierten Instrumente der Kundenqualifizierung zur Unterstützung der Realisierung der Kundenrollen

In diesem Unterabsatz der Arbeit wird der Frage nachgegangen, wie gut sich die einzelnen Kerninstrumente zur Förderung der Integrationsfähigkeit bezogen auf die verschiedenen Kundenrollen eignen. Dies erfolgt vor dem Hintergrund, dass letztlich die Maßnahmen der Kundenentwicklung die integrationsbezogenen Leistungen der Kunden und damit die Erfüllung der Kundenrollen verbessern sollen. Insgesamt betrachtet lässt sich feststellen, dass sich die erfahrungsorientierten Kerninstrumente aufgrund der Interaktionen des Kunden im Service-System für die Verbesserung der Co-Interaktoren-Rolle besser eignen als die informationsorientierten. Diese haben ihre Vorzüge prinzipiell im Aufbau von Qualifikationspotentialen und damit zur Stärkung des Co-Produktionsfaktors. Begonnen wird zunächst mit der Diskussion der erfahrungsorientierten Kerninstrumente.

Eine visuelle Vorschau der kundenrollenbezogenen Eignung der erfahrungsorientierten Kerninstrumente liefert Abbildung 88. Dabei beruhen die Einstufungen der Eignung der einzelnen Kundenentwicklungsinstrumente auf Plausibilitätsüberlegungen und sind daher lediglich als Tendenzaussagen zu interpretieren.

Das Instrument der Kundenunterweisung am Service encounter ist grundsätzlich zum aktiven Auf- sowie Ausbau von Integrationsqualifikationen für jegliche Kundenrolle geeignet. Die Stärke dieses Instruments liegt jedoch insbesondere bei der Unterstützung der Co-Interaktoren-Rolle. Durch die unmittelbare Unterweisung des Kunden während der Leistungsinanspruchnahme werden mögliche Defizite des Kunden bei der Ausführung der verschiedenen Co-Interaktorenrollen durch die Vermittlung entsprechender Integrationsqualifikationen simultan behoben. Diese Erfahrungen wirken sich wiederum positiv auf den Kunden als Co-Produktionsfaktor aus. Da sich als Themen der Kundenunterweisung auch Prinzipien und Vorgehensweisen bei der Erfüllung der Co-Designer- und Substitute for Leadership-Rolle anbieten, ist dieses Kerninstrument auch zur Unterstützung dieser beiden Rollen prinzipiell gut geeignet. Nur bedingt einsetzbar bzw. eher nicht geeignet zeigt sich die Kundenunterweisung zur qualifikationsbedingten Unterstützung der Käufer-, Co-Marketer- und Partner-Rolle, da ein Kunde in diesen nicht unterweisbar ist.

Qualifizierungs-eignung in Bezug auf die Kundenrollen	Erfahrungsorientierte Maßnahmen		
	Kundenunter-weisung am Service encounter	Kunden-Coaching/-Tutoring	Kunden-beratungs-gespräch
Co-Designer	X	(X)	0
Co-Produktionsfaktor	X	XX	X
Co-Interaktor	XX	XX	(X)
Substitute for Leadership	X	X	0
Käufer	(X)/0	(X)	XX
Co-Marketer	(X)/0	(X)	XX
Partner des Unternehmens	(X)/0	(X)	(X)

XX = sehr gut geeignet   X = gut geeignet   (X) = bedingt geeignet   (X)/0 = bedingt bis nicht geeignet   0 = nicht geeignet

Abb. 88:   Eignung der erfahrungsorientierten Kerninstrumente zur kundenrollenbezogenen Qualifizierung
Quelle: Eigene Überlegungen.

Ebenso wie die Kundenunterweisung am Service encounter unterstützen Kunden-Coaching und -Tutoring den aktiven Auf- sowie Ausbau von Integrationsqualifikationen, die insbesondere zur Verbesserung der Co-Produzentenrolle beitragen. Gerade auf der (persönlichen) Interaktionsebene vermögen diese beiden Instrumente zu Verbesserungen beizutragen. Zudem eignen sie sich prinzipiell dazu, Einfluss auf den Kunden bei der Ausübung seiner Substitute for Leadership-Rolle zu nehmen.

Zur Förderung der Käufer und der Co-Marketer-Rolle, d. h. der Steigerung des Kaufpotentials und der Verbesserung des Referenzpotentials, können Kundenberatungsgespräche die notwendige qualifikatorische Basis vermitteln (Lovelock 2001, S. 297).
Gerade bei Dienstleistungen spielt im Vergleich zu Sachgütern das persönliche Verkaufen eine wichtige Rolle (Parasuraman/Varadarajan 1988, S. 60). So ist beispielsweise bei der Vorbereitung und Buchung einer Pauschalreise das persönliche Bera-
tungsgespräch im Reisebüro die zentrale Informations- und Entscheidungsvorberei-
tungsquelle, trotz der Vielzahl an verfügbaren elektronischen Informationsmöglich-
keiten (Armbrecht/Moritz 1998, S. 74). Auch in der Bankenbranche zeigt sich, dass
die Kunden häufig eine persönliche Beratung vorziehen (Steiger 1995, S. 293).

Nach dieser Vorstellung der Eignung der erfahrungsorientierten Kerninstrumente zur
Unterstützung des Qualifikationsauf- und -ausbaus der einzelnen Kundenrollen er-
folgt jetzt eine analoge Diskussion für die informationsorientierten Kerninstrumente.
Einen Überblick liefert vorab Abbildung 89.

Der Einsatz von Kundenvorträgen und -seminaren erfolgt primär zur Verbesserung
der Rolle des Kunden als Co-Produktionsfaktor. Kundenvorträge und -seminare
vermitteln Wissen und unterstützen damit den aktiven Auf- sowie Ausbau von Integrationsqualifikationen.

Die Instruktionsmethode eignet sich gleichermaßen besonders zur Verbesserung der
Rolle des Kunden als Co-Produktionsfaktor. So vermindern schriftliche Instruktionen
die emotionale sowie kognitive Unsicherheit des Kunden und erhöhen damit seine
Qualität als Co-Produktionsfaktor. Die Discount-Brokerfirma Charles Schwab & Co.
versendet beispielsweise einen so genannten „Guide to Using TeleBroker", dem die
Kunden entnehmen können, wie sie telefonisch den Service in Anspruch nehmen
können (Honebein 1997, S. 121). Aber auch das gewünschte Verhalten während der
Leistungserstellung kann im Vorfeld durch schriftliche Instruktionen geklärt werden.
Des Weiteren ist denkbar, dass der Kunde Instruktionen darüber erhält, wie er seiner
Rolle als Substitute for Leadership nachkommen kann. So bindet die mittelständische Supermarktkette Globus ihre Kunden in Mitarbeitermotivationsprogramme derart ein, dass die Kunden drei Rosen an besonders sympathische und entgegen-
kommende Mitarbeiter verteilen sollen. Diese Aktion motiviert das Kundenkontakt-

personal zu besonders kundenfreundlicher Leistung. Voraussetzung dafür ist, dass der Kunde diese Aktion versteht und entsprechend unterstützt. Abhängig von der konkreten Dienstleistung muss der Kunde eventuell darüber instruiert werden, was beim Kauf einer Dienstleistung zu beachten ist. Letztlich ist es möglich, dass bei Vorhandensein von Kunden-werben-Kunden-Programmen der Kunde über das Prozedere dieser Programme instruiert wird.

Qualifizierungs-eignung in Bezug auf die Kundenrollen	Informationsorientierte Maßnahmen			
	Kunden-vortrag	Kunden-seminar	Instruktions-methode	Selbststudium des Kunden
Co-Designer	0	(X)	X	X
Co-Produktionsfaktor	XX	XX	XX	XX
Co-Interaktor	X	X	X	X
Substitute for Leadership	(X)	X	X	(X)
Käufer	X	X	0	(X)
Co-Marketer	(X)	(X)	0	(X)
Partner des Unternehmens	(X)	X	0	(X)

XX = sehr gut geeignet   X = gut geeignet   (X) = bedingt geeignet   (X)/0 = bedingt bis nicht geeignet   0 = nicht geeignet

Abb. 89:   Eignung der informationsorientierten Maßnahmen zur kundenrollenbezogenen Qualifizierung
Quelle: Eigene Überlegungen.

Schriftliche Instruktionen bieten sich des Weiteren insbesondere auch zur Verbesserung der Co-Designerrolle an, wie am Beispiel der Durchführung von Kundenforen bei dem Baufachmarkt OBI dargestellt wird. So bekommt jeder Kunde, der sich zu einer Teilnahme an einem Kundenforum bereit erklärt hat, schon einige Zeit vor dem Kundenforum Vorbereitungsunterlagen zugeschickt, die ihn dazu einladen, den Baufachmarkt in den nächsten Tagen zu besuchen. Dabei hat er die Aufgabe, sich lediglich das Unternehmen anzuschauen und Eindrücke zu sammeln. Diese Eindrücke sind sodann zu Hause zu notieren, insbesondere zu Aspekten wie Warenpräsentation, Verkaufsförderungsaktionen, Freundlichkeit und Fachkompetenz des Personals. Als nächste Aufgabe soll der Kunde einen Testeinkauf tätigen und sich auch diese Eindrücke wiederum notieren. Alle derart gesammelten persönlichen Erfahrungen des Kunden dienen als Diskussionsgrundlage des Kundenforums (Creusen 1995, S. 9). Mit diesen diversen Tätigkeiten, die der Kunde zu erfüllen hat, soll sein Beitrag zur Erfüllung der Co-Designer-Rolle verbessert werden. Dementsprechend dient die schriftliche Instruktion in diesem Falle der Unterstützung dieser speziellen Kundenrolle.

Zuletzt sei auf die grundsätzliche Eignung der Instrumentengruppe des Selbststudiums eingegangen. Auch diese eignen sich prinzipiell zur Qualifikationsvermittlung bei sämtlichen Kundenrollen. So sorgt gerade das Internet dafür, dass sich der Kunde umfassend informieren und damit für die Erfüllung der Kundenrollen qualifizieren kann, unter anderem durch Rückgriff auf die Erfahrungen und das kollektive Wissen anderer Kunden (Prahalad/Ramaswamy 2000, S. 80). Allerdings ist diese Aussage vor dem Hintergrund einer zur Zeit noch eher unterentwickelten Instrumentalebene zu sehen. So zeigte sich bei einer groß angelegten Befragung von Dienstleistungsunternehmen,[334] dass Online-Kommunikationsinstrumente, wie Mailinglisten, Newsgroups und Chats, nur äußerst selten eingesetzt werden[335] (Hünerberg/Mann 2001).[336]

8.6   Gestaltung von Aspekten der Integrationsordination (Dürfen) zur Unterstützung der Kundenentwicklung im Dienstleistungsbereich

Die Integrationsbereitschaft und -fähigkeit von Kunden können nur dann voll zur Entfaltung kommen, wenn dem Kunden die entsprechenden Rahmenbedingungen geboten werden und keine Ordinationsmängel (Nicht-Dürfen) im Service-System

---

[334] Die Bruttostichprobe betrug 2.500 Dienstleistungsunternehmen, wovon 287 Dienstleister an der Befragung teilnahmen, was einer Rücklaufquote von 11,48 % entspricht (Hünerberg/Mann 2001).

[335] Als Mittelwerte ergaben sich für Mailinglisten 4,5, für Newsgroups 4,7 und für Chats 4,5, wobei die Skala von „1 = sehr häufiger Einsatz" bis „5 = sehr seltener bis kein Einsatz" reichte.

[336] Eine Studie von Brabeck/Schöne (2000) belegt diese Aussage für den Dienstleistungssektor der Banken und Sparkassen. Auch hier zeigte sich im Rahmen einer Befragung, dass Online-Kommunikationsinstrumente, wie Chats, Newsgroups und Newsletter, noch relativ selten eingesetzt werden.

vorliegen. Dieses Dürfen des Kunden, das im Sinne einer Unterstützung der Kundenqualifizierung begrifflich sehr weit gefasst wird, hängt von der konkreten Gestaltung des Service-Systems ab. Gerade die Ausformung des Handlungsspielraums des Kunden, die sich im Design der Kundenprozesse widerspiegelt, sowie des physischen Umfelds vermögen die Kundenentwicklung im Dienstleistungsbereich zu unterstützen oder im negativen Falle zu hemmen oder gar zunichte zu machen. Zwar sind, und dies soll explizit festgehalten werden, die im Folgenden angesprochenen Aspekte des Handlungsspielraums und des physischen Umfelds keine originären Kundenentwicklungsmaßnahmen. Dennoch sollen sie aufgrund ihres direkten Einflusses auf die Kundenentwicklung in diesem maßnahmenbezogenen Teil der Arbeit Beachtung finden. So kann z. B. das physische Umfeld als eine Form der nonverbalen Kommunikation des Unternehmens mit dem Kunden (Bitner 1992, S. 62; Zeithaml/Bitner 2000, S. 263) und damit als nonverbale Qualifizierungsmaßnahme angesehen werden. Dabei wird mit der Darstellung von Variationsmöglichkeiten der Ausformung des Handlungsspielraums des Kunden begonnen (Abschnitt 8.6.1), bevor auf Aspekte der Gestaltung des physischen Umfelds näher eingegangen wird (Abschnitt 8.6.2).

8.6.1 Ansätze zur Veränderung des Handlungsspielraums der Kunden

Im Blickpunkt dieses Abschnitts stehen unternehmerische Ansätze zur Veränderung des Handlungsspielraums des Kunden. Diese Variation beeinflusst die Integrationsqualifikation und das Verhalten der Kunden, weshalb sich die Arbeit diesem speziellen unternehmerischen Aufgabenfeld widmet. Bezogen auf die Kundenentwicklung im Dienstleistungsbereich bedeutet das, dass die Kundenintegration selbst zur Qualifizierung der Kunden beiträgt. Damit kann der Aussage von Johnsen/Knudsen (1995) gefolgt werden, die den „Service encounter as a learning process" auffassen.

Grundsätzlich beinhaltet das Konzept des Handlungsspielraums die zwei Kerndimensionen des Tätigkeitsspielraums sowie des Entscheidungs- und Kontrollspielraums (Conradi 1983, S. 70 f.; Oechsler 1997, S. 234 f.). Im Hinblick auf den Kunden bestimmt der Tätigkeitsspielraum den Umfang der zu erbringenden Service Customer Performance, d. h. die Zahl der Integrationsaufgaben, und stellt somit die quantitative Dimension des Handlungsspielraums der Kunden dar. Dagegen determiniert der Entscheidungs- sowie Kontrollspielraum den Grad des autonomen Handelns des Kunden und kann damit als Anspruch der Aufgabenbewältigung bezeichnet werden. Der Entscheidungs- und Kontrollspielraum spiegelt folglich die qualitative Dimension des Handlungsspielraums der Kunden wider.

Veränderungen des Handlungsspielraums beziehen sich entsprechend auf eine Verminderung oder Vergrößerung der Tätigkeiten und/oder der Entscheidungs- und Kontrollmöglichkeiten der Kunden. Dementsprechend können die Ansätze zur Veränderung des Handlungsspielraums der Kunden in zwei Gruppen eingeteilt werden: Ansätze, die den Handlungsspielraum für den Kunden vergrößern und solche, die den Handlungsspielraum für den Kunden verkleinern. Während sich Absatz 8.6.1.1 zunächst mit den Ansätzen der Vergrößerung des Handlungsspielraums beschäftigt, widmet sich Absatz 8.6.1.2 den handlungsspielraumverkleinernden Ansätzen.

8.6.1.1   Ansätze der Vergrößerung des Handlungsspielraums der Kunden

Wie soeben beschrieben definiert sich der Handlungsspielraum des Kunden über die beiden Dimensionen des Tätigkeitsspielraums sowie des Entscheidungs- und Kontrollspielraums. Damit lässt sich ein zweidimensionaler Raum aufspannen, innerhalb dessen sich die konkreten Handlungsspielräume abzeichnen. Soll nun der Handlungsspielraum des Kunden vergrößert werden, stehen einem Unternehmen hierfür grundsätzlich drei Varianten zur Verfügung (siehe Abbildung 90):

- Vergrößerung des Tätigkeitsspielraums (Customer's Job Enlargement),
- Vergrößerung des Entscheidungs- und Kontrollspielraums (Customer's Job Enrichment) und
- Vergrößerung sowohl des Tätigkeitsspielraums als auch des Entscheidungs- und Kontrollspielraums (Customer Empowerment).

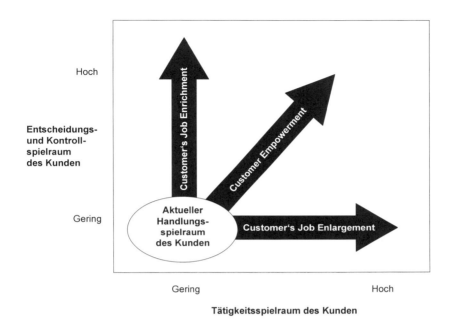

Abb. 90:   Ansätze der Vergrößerung des Handlungsspielraums von Kunden
Quelle: Eigene Überlegungen.

Dabei ist zu beachten, dass sowohl der Tätigkeitsspielraum als auch der Entschei-
dungs- und Kontrollspielraum nicht unendlich ausdehnbar sind, wie dies aus der
gängigen graphischen Darstellung des Handlungsspielraums hervorgeht (siehe z. B.
Conradi 1983, S. 71), sondern sich durch zwei Fixpole auszeichnen. So reicht die
Bandbreite des Entscheidungs- und Kontrollspielraums von einer fast völligen
Fremdbestimmung des Kunden durch das Unternehmen bis hin zu einer fast totalen
Selbstbestimmung des Kunden. Sowohl eine vollkommene Fremd- als auch Selbstbestimmung des Kunden sind nicht möglich, da es den Marktpartnern obliegt, in einen Tausch bzw. eine Transaktion einzuwilligen.[337] Auch bezüglich der Ausdehnung
des Tätigkeitsspielraums sind Grenzen gesetzt. Die Möglichkeiten reichen von einer
fast vollkommenen Fremderstellung der Dienstleistung durch den Dienstleister, d. h.
einer passiven Präsenz des Kunden und reinen Zurverfügungstellung des externen

---

[337] Ausnahmen könnten aufgrund von vertraglichen Bestimmungen, technologischen Notwendigkei-
       ten oder rechtlichen Bestimmungen, wie der Einweisung eines Individuums in eine Strafvollzugs-
       anstalt auftreten.

Faktors durch den Kunden, bis hin zu einer fast vollständigen Selbsterstellung durch den Kunden (Lehmann 1998 b, S. 25). Eine völlige Untätigkeit des Kunden ist nicht möglich, da dieser zumindest seiner Käuferrolle nachkommen muss. Auch eine komplette Eigenerstellung der Dienstleistung kann ausgeschlossen werden, da sich ansonsten der Dienstleister selbst obsolet machen würde.

Die erste Variante der Vergrößerung des Handlungsspielraums besteht in der quantitativen Erweiterung der vom Kunden zu erfüllenden Integrationsaufgaben. So bieten z. B. die Stadtwerke Hannover ihren Kunden an, Strom-, Gas- und/oder Wasserzähler selbst abzulesen und die Zählerstände an die Stadtwerke per E-Mail weiterzuleiten (Stadtwerke Hannover 1999). Damit dehnt sich der Tätigkeitsspielraum des Kunden aus. Dieser in der Dienstleistungsliteratur als Externalisierung von Teilleistungen bekannte Ansatz (siehe insbesondere Corsten 1995; 2000) lässt sich in Analogie zum Job Enlargement (Conradi 1983, S. 70) auch als Customer's Job Enlargement bezeichnen.

Grundsätzlich ist eine Erweiterung der Integrationsaufgaben im Sinne des Customer's Job Enlargement-Gedankens für den Kunden nur dann erstrebenswert, wenn er bereit und fähig ist, die Mehraufgaben zu übernehmen. Eine Verlagerung von Aufgaben an den Kunden ohne eine entsprechende Kommunikation des Nutzens und, abhängig von der Aufgabe, entsprechende Schulung des Kunden führt eher zu Problemen als zu positiven Wirkungen für das Unternehmen (Corsten 2000, S. 152-154). Hieran wird die Verknüpfung des Handlungsspielraums mit der Kundenentwicklung besonders deutlich. Auf der einen Seite erfährt der Kunde durch eine Ausdehnung des Handlungsspielraums eine Erhöhung seines Qualifikationspotentials, der aber andererseits eventuell erst eine entsprechende Qualifizierung vorauszugehen hat. So weist z. B. Ernenputsch (1986, S. 23) darauf hin, dass eine Auslagerung von Tätigkeiten an den Kunden nur dann möglich ist, wenn die zusätzlichen Belastungen nicht zu einer physischen und/oder intellektuellen Überforderung des Kunden führen.

Dass dieser Ansatz aber auch kritische Stimmen findet, zeigt sich bei einem Blick in die Literatur zum Dienstleistungsmanagement. Ein besonders extremer Gegner der Auslagerung von Aufgaben an den Kunden, insbesondere im Hinblick auf das Angebot von Self services, ist Erlhoff (1997, S. 41): „Offenkundig ist der ganze gegenwärtige Wust an Self service banale Zeitverschwendung, unbequem, gar inhuman, völlig überflüssig, eine gemeine Verschlechterung der Lebensqualität und mit schuld daran, daß Arbeitsplätze abgeschafft werden." In eine ähnliche Richtung zielen auch die Aussagen von Nerdinger (1994, S. 247), die sich gegen das Verständnis von Dienstleistungskunden als Partial employees richten: „Aufschlußreich an der Diskussion bleibt aber, daß das vom Marketing gepflegte Bild des Bedienten [im Sinne eines Kunden; Anm. d. Verf.] als ‚König' unter Effizienzgesichtspunkten zum Bild vom unbezahlten Mitarbeiter [Partial employee; Anm. d. Verf.] degenerieren kann" (ähnlich auch Ritzer 1995, S. 76-83). Ansätze, die eher diesen Auffassungen entsprechen, finden sich im anschließenden Absatz 8.6.1.2, in dem Möglichkeiten zur Verringerung des Handlungsspielraums der Kunden präsentiert werden.

Wie aus Abbildung 90 ersichtlich, ist auf der vertikalen Achse der Entscheidungs- und Kontrollspielraum des Dienstleistungskunden abgebildet. Wird der Entscheidungs- und Kontrollspielraum des Kunden erweitert, so soll in Anlehnung an den mitarbeiterbezogenen Ansatz des Job Enrichment (Conradi 1983, S. 70) vom Customer's Job Enrichment gesprochen werden. Damit wird dem allgemeinen Bedürfnis von Individuen nach einer erhöhten (wahrgenommenen) Kontrolle über die Umwelt (siehe Absatz 5.3.3.2) und mehr (Mit-)Entscheidungsmöglichkeiten (mastery-seeking consumers; siehe Unterabsatz 6.4.6.2.2) entsprochen. Der Ansatz des Customer's Job Enrichment sieht damit eine qualitative Anreicherung der Integrationsaufgaben des Kunden vor. Hiermit steigt das Anforderungsniveau an den Kunden.

Bezüglich des Entscheidungs- und Kontrollspielraums lassen sich unterschiedliche Intensitätsgrade identifizieren, die sich am Beispiel des Gesundheitswesens leicht veranschaulichen lassen. Die einfachste Variante eines Customer's Job Enrichment stellt die Möglichkeit des Patienten dar, zwischen verschiedenen Alternativen wählen zu können (Auswahlmöglichkeit) (Webb 1994, S. 18). Ein Schritt weiter reicht das Recht des Patienten, mit eigenen Vorschlägen auf den Arzt zugehen zu können (Vorschlagsrecht). Einen höheren Grad an Einfluss gewinnt der Patient bei einer Mitbestimmung. In diesem Fall obliegt dem Arzt jedoch noch immer die letzte Entscheidungsgewalt. Eine Intensitätsstufe höher liegen gleichwertige Rollenbeziehungen vor (Stark 1996, S. 17). Dementsprechend würden Patient und Arzt in einem gleichberechtigten Entscheidungsprozess zu einer Lösung gelangen (Mitentscheidung). Die extremste Form eines Customer's Job Enrichment liegt in der weitgehenden Selbstbestimmung des Patienten, der fast völlig autark handelt. Insgesamt lässt sich hiermit ein Kontinuum aufspannen, das von fast völliger Fremd- bis zur fast vollständigen Selbstbestimmung reicht.

Nicht jeder Kunde nimmt jedoch eine Erweiterung des eigenen Entscheidungs- und Kontrollspielraums, und damit auch der Verantwortung, positiv wahr. Die neu gewonnene Freiheit, z. B. im Gesundheitswesen, kann gerade bei älteren Patienten Ängste auslösen und die Übertragung von Verantwortung zu Vermeidungsstrategien führen (siehe auch die Ausführungen in Absatz 8.6.1.2). Kurzfristige Maßnahmen werden daher eher selten von Erfolg gekrönt sein. Anzustreben sind längerfristig angelegte Programme, die letztlich auch zu den gewünschten positiven Effekten führen können. Generell stellt sich in diesem Kontext die Frage nach möglichen Determinanten des Einsatzes des Konzepts des Customer Empowerment. So ist denkbar, dass neben Persönlichkeitsmerkmalen des Kunden auch Dienstleistungsmerkmale, z. B. ob es sich um High Involvement-Leistungen handelt, eine wichtige Rolle spielen. Dies verdeutlicht, dass zu diesem Feld über diese Arbeit hinaus noch zusätzlicher Forschungsbedarf besteht.

Werden nun die beiden Ansätze des Customer's Job Enlargement und Customer's Job Enrichment miteinander verknüpft, d. h. wird sowohl der Tätigkeits- als auch der Entscheidungs- und Kontrollspielraum der Kunden ausgedehnt, liegt ein Customer Empowerment vor. Zwar findet der Begriff des Customer Empowerment - im Gegensatz zu den Begriffen des Customer's Job Enlargement und Customer's Job Enrichment - schon in der Literatur Verwendung (siehe z. B. Deloitte Research 1999; Fritz 2000, S. 86; Hood 1998, S. 36; Peters 1998, S. 252-267), eine fundierte inhaltlich-konzeptionelle Auseinandersetzung steht indes noch aus. Customer Empowerment befindet sich bei einem Blick in die angeführte Literatur noch in einem rudimentären

„Schlagwort-Stadium" ohne entsprechenden theoretischen Unterbau.[338] Daher soll zur Fundierung zunächst kurz auf den Begriff des Empowerment eingegangen werden, bevor unter Rückgriff auf Erkenntnisse aus dem Personalmanagement die Inhalte des Konzepts eines Customer Empowerment ansatzweise erarbeitet werden.[339]

Der Begriff Empowerment bedeutet übersetzt Ermächtigung und Bevollmächtigung (Schäfer 1996, S. 274). Dementsprechend ist der Gedanke des Empowerment in vielen sozialen und damit auch organisatorischen Bereichen anwend- sowie auffindbar.[340] Über fundierte Erfahrungen bezüglich des Empowerment von Individuen verfügt insbesondere das unternehmerische Personalmanagement. So bedeutet Empowerment im Betrieb, dass Mitarbeiter ermächtigt und befähigt werden, mehr oder weniger große Aufgaben selbständig sowie eigenverantwortlich zu bewältigen. Damit müssen sowohl deren Tätigkeitsspielraum, d. h. die Aufgaben(vielfalt), als auch deren Entscheidungs- und Kontrollspielraum erweitert werden (Gerum/Schäfer/Schober 1996, S. 500).

Übertragen auf die Situation der Kunden heißt dies, dass zu deren Ermächtigung sowohl Tätigkeits- als auch Entscheidungs- und Kontrollspielraum zunehmen müssen. Wenn nun die Integrationsaufgaben, die Entscheidungs- und die Kontrollmöglichkeiten anwachsen, ist es jedoch nur konsequent, dass auch die Eigenverantwortung der Kunden, z. B. bezüglich der Dienstleistungsqualität (Goodwin 1988, S. 71), steigen sollte. So weisen Mills/Chase/Margulies (1983, S. 305) darauf hin, dass „they [die Kunden; Anm. d. Verf.] also must accept some responsibility for how satisfying the ensuing results will be". Durch diese Übernahme von Entscheidungs- und Kontrollkompetenzen, Aufgaben und Verantwortung wird der Kunde zu eigenmächtigen Handlungen „befähigt" (Bieger 1998, S. 140; Gerum/Schäfer/Schober 1996, S. 500),

---

[338] So behandelt beispielsweise Fritz (2000, S. 86) Customer Empowerment als ein Merkmal des Internets in einem äußerst kurzen Absatz und versteht darunter die gestiegene Marktmacht des Kunden im Internet. Die gestärkte Rolle des Kunden begründet sich zum einen in einer höheren Markttransparenz aufgrund des zunehmenden, weltweiten Informationsangebots im Internet, und zum anderen aufgrund neuer Formen des internetgestützten kooperativen Einkaufs (Community Shopping).

[339] Eine vertiefte Auseinandersetzung mit dem Konzept des Empowerment, speziell des Patienten-Empowerment findet sich bei Gouthier (2001b).

[340] Beispielsweise hat der Gedanke der Ermächtigung von Individuen im Gesundheitswesen schon seit langem Einzug gefunden. Dementsprechend ist unter Patienten-Empowerment eine aktive Form der Bewältigung von gesundheitsbezogenen Situationen durch den Patienten zu verstehen (Gouthier 2001b).

er wird empowert (Peters 1998, S. 252-267).

Dieses Customer Empowerment, d. h. die selbständige und eigenverantwortliche Bewältigung von integrationsbedingten Aufgaben, muss von den Dienstleistungsanbietern ge(währ)leistet werden. Das erfordert ein neues Verständnis im Unternehmensmanagement, bei dem Kunden als die Experten angesehen werden.

Zunehmende Entscheidungs- und Kontrollbefugnisse, ein anwachsendes Aufgabenspektrum und eine höhere Verantwortung können vom Kunden allerdings auch nur dann übernommen werden, wenn sich seine Integrationsbereitschaft und -fähigkeit verbessern (Gerum/Schäfer/Schober 1996, S. 500; Webb 1994, S. 18).[341] Es entsteht ein Bedarf an Kundenentwicklung.

Als positiver Nebeneffekt wird durch eine aktive Gestaltung der Rahmenbedingungen die Selbstentwicklung der Kunden gefördert. Diese Selbstentwicklung trägt zu einer Förderung solcher Qualifikationen bei, die sich in der Persönlichkeit des Kunden widerspiegeln[342] und besonders im Kontext einer persönlichkeitsbezogenen Kundenentwicklung zu stimulieren ist. Daneben kann das Empowerment von Kunden aber auch positiv auf das Unternehmen zurückwirken, indem die Kunden ein Extra-role behavior, d. h. freiwillige Zusatzleistungen (siehe Absatz 2.5.2.2), an den Tag legen. Wenn die Spielräume und die Verantwortung des Kunden bei entsprechender Integrationskompetenz steigen, tritt ein spontanes und innovatives Verhalten mit einer höheren Wahrscheinlichkeit auf (Mills/Morris 1986, S. 733).

Abschließend sei noch auf zwei Punkte hingewiesen. Zum Ersten kann der Einwand vorgebracht werden, dass mit der Vergrößerung des Handlungsspielraums ein altbekannter Ansatz in Gestalt der Externalisierung ohne jegliche inhaltliche Veränderung einhergeht. Dem ist entgegenzuhalten, dass eine inhaltliche Abweichung zwischen den beiden Konzepten vorliegt. So nimmt der Ansatz der Externalisierung in Bezug

---

[341] Aus einer rollentheoretischen Sichtweise ist darauf hinzuweisen, dass: „Greater contact intensity, co-operative behaviours and closer interdependence can be achieved in the service provider-client interface, but it frequently demands new role scripts within the dyadic encounters" (Broderick 1998, S. 354 f.).
[342] Zu Begriff und Bedeutung von Selbstentwicklung siehe Berthel (1997, S. 231 f.).

auf die Art der an den Kunden „auszulagernden" Aktivitäten keine weitere Abstufung vor. Dagegen differenziert das Konzept des Handlungsspielraums die Kundenaktivitäten in Ausführungs- und Kontroll- bzw. Entscheidungsaufgaben. Von daher sind über die Begriffe des Customer's Job Enlargement, Customer's Job Enrichment und Customer Empowerment differenziertere Aussagen möglich.

Zum Zweiten soll noch darauf hingewiesen werden, dass es sehr wichtig ist, auf die Wünsche und Ziele der Kunden sowie deren Integrationsbereitschaft und -fähigkeit zu achten. Diese sind allerdings nicht automatisch als Konstanten, sondern als durchaus veränderbare Größen anzusehen. Falls der Kunde mit der Zeit immer besser informiert ist, kann sich sein Wunsch nach Mitwirkung an der Leistungserstellung erhöhen.

8.6.1.2 Ansätze der Verkleinerung des Handlungsspielraums der Kunden

Zur Beseitigung von Qualifikationslücken kann grundsätzlich an zwei Stellschrauben gedreht werden. Entweder sind die Qualifikationen zu erhöhen oder die Anforderungen zu verringern. Bisher wurden ausschließlich Methoden und Ansätze angesprochen, die eine Verbesserung der Integrationsqualifikation der Kunden bewirken sollten. Diese Vorgehensweise findet sich üblicherweise auch in der gängigen Personalentwicklungspraxis. Bei einer Erhöhung der Qualifikationsanforderungen an die Mitarbeiter reagieren Unternehmen fast ausschließlich mit einem Angebot von Bildungsmaßnahmen. Aufgrund der besseren Machtposition des Kunden und seiner geringeren Lernbereitschaft ist es bei der Zielgruppe der Kunden durchaus angebracht zu überlegen, inwiefern alternativ zu einem Qualifizierungsprogramm die Anforderungen an den Kunden zu verringern sind (siehe Abschnitt 6.3.1), wodurch sich die Wahrnehmung der Kundenrollen aus der Perspektive der Kunden verbessert.

Zur Beseitigung von Diskrepanzen zwischen Anforderungen und Qualifikationen muss nicht immer und automatisch eine Schulung des Kunden durchgeführt werden. So weist Corsten (1986, S. 27) darauf hin, dass „die gleiche Qualität eines Dienstleistungsprodukts durch unterschiedliche Fähigkeiten und Bereitschaften seitens der Anbieter und Nachfrager realisierbar ist. Der Leistungsgeber ist damit grundsätzlich in der Lage, Schwächen auf der Leistungsnehmerseite aufzufangen, und dem Nachfrager die gleiche qualitative Leistung zu erbringen, wie einem Nachfrager mit höherer Fähigkeit und Bereitschaft."

Wie bei der Vergrößerung des Handlungsspielraums der Kunden stehen einem Unternehmen zur Reduktion des Handlungsspielraums der Kunden wiederum drei Varianten zur Verfügung (siehe Abbildung 91):

- Verkleinerung des Tätigkeitsspielraums (Customer's Job Reduction),
- Verkleinerung des Entscheidungs- und Kontrollspielraums (Customer's Job Derogation) und
- Verkleinerung sowohl des Tätigkeitsspielraums als auch des Entscheidungs- und Kontrollspielraums (Customer Disempowerment).

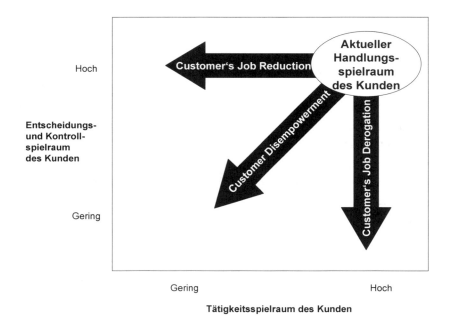

Abb. 91:   Ansätze der Verkleinerung des Handlungsspielraums von Kunden
Quelle: Eigene Überlegungen.

Zunächst einmal ist denkbar, die bloße Zahl der Integrationsaufgaben zu reduzieren. Damit würden der Tätigkeitsspielraum des Kunden eingeschränkt und Integrationsaufgaben an den Dienstleister rückdelegiert. Folglich handelt es sich in diesem Falle um eine Internalisierung von Ausführungsaufgaben an den Dienstleister. Dieser Ansatz der Reduzierung des Handlungsspielraums soll als Customer's Job Reduction bezeichnet werden. Solch eine Reduktion der vom Kunden auszuführenden Integrationsaufgaben erfolgt jedoch zumeist nicht aus „Fürsorge um den Kunden", sondern unter dem Gesichtspunkt der Elimination von Ineffizienzen im Betriebsablauf (siehe auch Abschnitt 5.1.3).

Die zweite Variante zur Verkleinerung des Handlungsspielraums setzt an der Dimension des Entscheidungs- und Kontrollspielraums des Kunden an. Der Ansatz des Customer's Job Derogation reduziert dementsprechend die Anzahl der Entscheidungs- und Kontrollaufgaben des Kunden und überträgt diese dem Dienstleister. So sieht sich das Dienstleistungsunternehmen wieder mehr in der Lage, den Leistungserstellungsprozess unabhängiger vom Einfluss der Kunden zu gestalten.

Wie in Absatz 8.6.1.1 schon kurz angedeutet wurde, sehen nicht alle Kunden den Gedanken eines Customer Empowerment als positiv an. Einige Kunden werden durch höhere Kompetenzen, Aufgaben und Verantwortung verängstigt und stehen einer solchen Entwicklung eher ablehnend gegenüber (Bowers/Martin/Luker 1990, S. 65; siehe auch Silpakit/Fisk 1985, S. 120). Manche Kunden möchten einfach keine Mehrarbeit und höhere Verantwortung übernehmen (Bowers/Martin/Luker 1990, S. 65). Gerade für Kunden, die sich mit dem aktuellen Handlungsspielraum überfordert fühlen, bietet sich der Ansatz des Customer Disempowerment an. Dieser strebt eine Reduktion sowohl der Integrations- als auch der Entscheidungs- und Kontrollaufgaben an. Er kombiniert somit die Ansätze des Customer's Job Reduction und des Customer's Job Derogation.

Zusammenfassend soll nochmals darauf hingewiesen werden, dass dieser Ansatz, der genau das Gegenteil des Gedankens eines Customer Empowerment repräsentiert, gleichermaßen eine Existenzberechtigung hat. Diese wird besonders deutlich, wenn folgendes Zitat von Meyer/Davidson (2001, S. 678) berücksichtigt wird: „Wie viele Wahlmöglichkeiten, Informationen und auch Macht verträgt der Kunde überhaupt? Viele Indizien sprechen dafür, dass wir Kunden immer mehr überfordern, indem wir ihnen zu viele Wahlmöglichkeiten und zu viele Informationen anbieten." Hat ein Kunde zu viele Informationen, so folgt daraus Stress und Frustration (Meyer/ Davidson 2001, S. 679). Dieser Kundenstress wird durch ein Customer Disempowerment bzw. durch die Ansätze des Customer's Job Reduction und des Customer's Job Derogation vermieden.

8.6.2   Gestaltung des physischen Umfelds (Customer Environment)

Ein Service-System wird vor allem von folgenden drei Ressourcen geprägt: Kontaktpersonal, Kunde und physisches Umfeld (Grönroos 1983, S. 11). Demgemäß „erfordert die Integration des Kunden auch eine entsprechende Ausgestaltung aller jener Einrichtungen, mit denen der Kunde Kontakt hat (Personal, Räumlichkeiten, technische Ausstattung)" (Berekoven 1986, S. 29; siehe auch Corsten 1986, S. 24; Meyer/ Mattmüller 1987, S. 192 f.). Im Rahmen dieser Arbeit interessiert die Gestaltung von Kundenkontaktelementen jedoch nur vor dem Hintergrund des Qualifizierungsaspekts. Während auf die Möglichkeiten des Einsatzes von Mitarbeitern im Kundenkontakt zur Schulung der Kunden schon an diversen Stellen näher eingegangen wurde, wie z. B. auf die Rolle des Mitarbeiters als Kunden-Coach, bedarf es noch einer expliziten Behandlung des physischen Umfelds. Dies ist insofern notwendig, als dass sich das physische Umfeld, wie Gebäude und Räume des Dienstleisters, zum einen auf die Lernbereitschaft sowie -fähigkeit des Kunden auswirkt und es zum anderen auch direkt als Qualifizierungsinstrument einsetzbar ist (siehe grundsätzlich Fassott 1995, S. 94). Pranter/Martin sprechen auch von der Rolle des Unternehmens als „Environmental Engineer" (Pranter/Martin 1991, S. 45), das sich um die Gestaltung und Planung des physischen Umfelds zu kümmern hat. Dieser unternehmerischen Aufgabe wird jedoch im Vergleich zu anderen Aspekten eines Dienstleistungsmarketing, wie Preis- und Kommunikationspolitik, sehr viel weniger Beachtung geschenkt (Bitner 1992, S. 58). Bevor nun die entwicklungsrelevanten Aspekte des physischen Umfelds im Blickpunkt stehen, soll zunächst einmal die definitorische Basis gelegt werden.

Grundsätzlich lässt sich die Umwelt des Kunden, die er unmittelbar erlebt, in eine physische und soziale Umwelt einteilen (Kroeber-Riel/Weinberg 1999, S. 409). In Anlehnung an Zeithaml/Bitner (2000, S. 252) wird unter dem physischen Umfeld die

Umwelt verstanden, in dem die Dienstleistung erstellt wird und in der das Unternehmen sowie der Kunde miteinander interagieren. Darüber hinaus zählen sämtliche materiellen Güter dazu, welche die Leistung oder die Kommunikation der Dienstleistungen unterstützen. Dagegen gehören zur sozialen Umwelt die Menschen, insbesondere die Kontaktmitarbeiter und andere Kunden, ihre Interaktionen und die Dienstleistungsorganisation mit ihren Werten und Normen (in Anlehnung an Kroeber-Riel/Weinberg 1999, S. 409). Da die Elemente der sozialen Umwelt bereits an anderer Stelle auf ihre Wirksamkeit bezüglich des Einsatzes zur Kundenentwicklung im Dienstleistungsbereich erörtert wurden, fokussiert sich dieser Abschnitt auf Fragen der Gestaltung der physischen Umwelt zur Förderung der Kundenqualifizierung.[343]

Da im Kontext der Arbeit lediglich die Elemente des physischen Umfelds interessieren, die das Erleben einer Dienstleistung (Bitner 1990; Johns 1999, S. 967; Rosenstiel/Neumann 1998, S. 43; Stauss 2000a, S. 325) als auch das Verhalten bzw. die Leistung des Kunden (Bitner 1992, S. 59 f.; Hoyos 1980, S. 57; Martin/Pranter 1989, S. 14; Zeithaml/Bitner 2000, S. 254) prägen, soll im Weiteren auch von dem Customer Environment gesprochen werden.

Grundsätzlich lassen sich beim physischen Umfeld drei verschiedene Umweltdimensionen differenzieren, die in Bezug auf die Unterstützung der Kundenentwicklung im Dienstleistungsbereich relevant sind (Bitner 1992, S. 65-67):

- Ambiente,
- Raum/Funktion sowie
- Zeichen, Symbole und Artefakte.

---

[343] Zur Vertiefung einer Gesamtsicht der Umwelt, d. h. der Verknüpfung der physischen und sozialen Umwelt, sei auf den Forschungsbereich der Umwelt- bzw. Ökologischen Psychologie verwiesen (z. B. Kaminski 1986). Im Verständnis der Ökologischen Psychologie sind die anderen beteiligten Menschen nämlich ein wesentlicher Bestandteil der Umwelt. Auf besonderes Interesse ist dabei das Konzept des Behavior Setting gestoßen. Dieses besagt, dass intra- und interindividuelle Verhaltens-Variabilität weniger durch die Motive, Ziele und Eigenschaften der Individuen als durch überindividuell-systemare „Kontexte" („Behavior Setting") determiniert zu sein scheinen; siehe zur Diskussion des Konzepts des Behavior Setting u. a. Kruse (1986); Kaminski (1986) und (1990). Im Rahmen der folgenden Ausführungen seien lediglich Erkenntnisse der Umweltpsychologie herangezogen, welche die physische Umwelt betreffen.

Das Ambiente beinhaltet Merkmale wie die Raumtemperatur, Farben, Luftqualität, Lärmpegel, Gerüche und Musik (Nerdinger 1994, S. 226). Diese räumlichen Merkmale können sich positiv oder negativ auf das Kundenlernen auswirken und sollten daher vom Dienstleistungsunternehmen geplant werden. So erzeugt beispielsweise die Farbwahl in einem Raum emotionale Reaktionen beim Kunden und determiniert damit bis zu einem gewissen Grade das Kundenverhalten (Kroeber-Riel/Weinberg 1999, S. 421). So geht z. B. von der Farbe Rot die stärkste Aktivierung aus. Grün dagegen erregt die Betrachter am wenigsten. Lärm wirkt sich zumeist negativ auf die menschliche Leistung aus (Forgas 1994, S. 284). Auch die Temperatur und die Luftqualität beeinflussen das physische Empfinden des Kunden positiv oder negativ (Bitner 1992, S. 64) und damit die Lernleistung.

Die Dimension Raum/Funktion zielt auf die Funktionalität der Räume zur Problemlösung ab. So wird auch von einer „Gebrauchsarchitektur" gesprochen, d. h. einer Architektur, die auf die Nützlichkeit für die Kunden abzielt (Nerdinger 1994, S. 227).

Von besonderer Bedeutung im Kontext der Kundenentwicklung sind Zeichen (Kelley/Donnelly/Skinner 1990, S. 318 f.). Sie dienen der Orientierung des Kunden im Raum sowie der Orientierung des Kunden über seine Kundenrollen bzw. Integrationsaufgaben. Wer sich in einem Dienstleistungsumfeld nicht zurecht findet, erlebt dies als Verlust von Kontrolle über seine Umwelt, was sich negativ auf die Interaktionswahrnehmung auswirkt (Nerdinger 1994, S. 227). Hier dienen oftmals Zeichen zur Orientierung im Raum. So erhalten z. B. Touristen bei Disney World Informationen darüber, wie sie sich im Park zurecht finden. Dazu gehören u. a. auch eine Karte und ein Netzwerk von Hinweisschildern (Kelley/Donnelly/Skinner 1990, S. 320).

Kunden entwickeln zur leichteren räumlichen Orientierung gedankliche Lagepläne (cognitive maps; Forgas 1994, S. 284). Dies sind vereinfachte innere Bilder einer räumlichen Ordnung (Kroeber-Riel/Weinberg 1999, S. 415). Der Aufbau solcher Lagepläne und damit das räumliche Orientierungsvermögen der Kunden wird nun durch auffallende Zeichen in der physischen Umwelt erleichtert (Kroeber-Riel/Weinberg 1999, S. 416).

Unbeabsichtigte oder widersprüchliche visuelle Signale an den Kunden sind dagegen zu vermeiden. Diese verwirren den Kunden und wecken bei ihm ein Gefühl des Verlorenseins (Pine/Gilmore 1999, S. 62). Deutliche Signale steigern indes die Lernleistung des Kunden. So ist auf dem Flughafenparkplatz in Chicago jede Ebene mit je einem Abzeichen einer Sportmannschaft, z. B. Bulls oder White Sox, markiert. Zudem hat jede Parkebene einen eigene Hintergrundmelodie (Pine/Gilmore 1999, S. 63), was bei den Parkenden zu einer hohen Wiedererkennung und damit Lernleistung führt.

Räumlichkeiten können auch symbolischen Charakter haben, z. B. stellt ein Schalter für den Kunden eine „symbolische Barriere" dar. Auch das erst nach Aufforderung erlaubte Eintreten in ein Büro einer Behörde, vermittelt dem Kunden bzw. Bürger ein Gefühl des Eindringens in ein „fremdes Revier". Er nimmt sich selbst symbolisch gesehen als Eindringling wahr (Forgas 1994, S. 283). Daraus wird ersichtlich, dass die Gestaltung des räumlichen Umfelds ganz bestimmte Interaktionen fördern und andere behindern kann (Rosenstiel/Neumann 1998, S. 43). So haben bei McDonalds die Abfalleimer und Tablettständer einen hohen Aufforderungscharakter, die den Kunden signalisieren, dass es deren Aufgabe ist, das Tablett zu säubern und in den Ständer einzustellen. Damit wird ein schnelles „Sich-Einarbeiten" des Kunden, und damit Kundenlernen gefördert (Bowen 1986, S. 379).

Häufig liegt der symbolische Wert der Umweltgestaltung für den Kunden in einer Repräsentanz emotionaler Erlebnisqualitäten (Nerdinger 1994, S. 228). Hieran wird ersichtlich, dass Umfeldelemente den Kunden nicht nur kognitiv, sondern auch emotional ansprechen (Nerdinger 1994, S. 232; siehe auch Kroeber-Riel/Weinberg 1999, S. 415-428). Damit bietet sich die Möglichkeit, die Entertainment-Strategie an räumlichen Elementen zu verwirklichen. Dies sei an einem einfachen Beispiel dargestellt. Häufig tragen Mülleimer in Fast-Food-Restaurants die Aufschrift „Danke". Viel unterhaltsamer wäre es, den Abfalleimer in eine sprechende, müllschluckende Figur zu verwandeln, die ihre Dankbarkeit erklärt, sobald das Maul aufgesperrt wird (Pine/Gilmore 1999, S. 63).

Zuletzt wirken noch so genannte Artefakte auf den Kunden ein. So erwecken Diplome an der Wand einer Arztpraxis ein gewisses Vertrauen in dessen Fähigkeiten.

Während Stoffservietten im Restaurant einen gehobenen Service symbolisieren, stehen Plastikgabeln für das Gegenteil.

Abschließend soll am Leit- und Orientierungssystems der geriatrischen Klinik Markt Indersdorf exemplarisch beschrieben werden, wie eine räumliche Gestaltung Kundenlernen fördern kann (Fräulin/Eipl-Fräulin 1998). Gerade in einem Krankenhaus, das sich durch eine Vielzahl von Gebäuden, Stationen, Gängen und Räumen auszeichnet, ist die Einrichtung eines für den Patienten leicht verständlichen Leit- und Orientierungssystems von besonderer Relevanz. Im Falle der geriatrischen Klinik Markt Indersdorf kommt erschwerend hinzu, dass es sich um geriatrische Patienten und Menschen mit neurologischen Erkrankungen handelt (Fräulin/Eipl-Fräulin 1998, S. 24). Die gängigen Visualisierungsmethoden - Piktogramme, Schrift und Farben - erscheinen für diesen speziellen Patientenkreis ungeeignet: „Die nötigen Abstraktions- und Lernprozesse werden ... häufig als Überforderung erlebt, führen zu Frustrationen und Demotivation" (Fräulin/Eipl-Fräulin 1998, S. 24). Daher wurde ein System entwickelt, das auf fotografischen Abbildungen beruht. Dieses „soll auf spontane Akzeptanz treffen und den Lernprozess als solchen gar nicht ins Bewusstsein treten lassen. Die Identifikation mit den dargestellten Personen - im Falle von Markt Indersdorf sympathischen, sichtbar lebenstüchtigen älteren Menschen - hat das Ziel, zusätzlich zur positiven Motivation der Patienten beizutragen" (Fräulin/Eipl-Fräulin 1998, S. 25). Mit diesem Leit- und Orientierungssystem wird das Orientierungsverhalten der Patienten trainiert und trägt somit zur reibungsloseren Leistungserstellung sowie höheren Zufriedenheit bei.

9 Kontrolle der Kundenentwicklung im Dienstleistungsbereich

Kundenentwicklung im Dienstleistungsbereich verbraucht wie alle anderen unternehmerischen Funktionen gleichermaßen betriebliche Ressourcen. Schon aus diesem Grund ist die Kundenentwicklung einer systematischen Bewertung zu unterziehen, um zu sehen, inwiefern Abweichungen von den angestrebten Zielen bestehen. Diese Abweichungsermittlung ist der Grundstock zur Analyse diesbezüglicher Ursachen und der Entwicklung von Anpassungsmaßnahmen. Dementsprechend bedarf es zur Optimierung der Kundenentwicklungsarbeit im Unternehmen entsprechender Kontrollaktivitäten.

Ausgangspunkt des neunten Teils der Arbeit ist die Verortung der Kontrolle als wichtige Aufgabe eines unternehmerischen Controllings (Kapitel 9.1). Bevor auf die verschiedenen Kontrollmöglichkeiten im Bereich der Kundenentwicklung eingegangen werden kann, sind zunächst die hierfür benötigten Grundlagen zu legen (Kapitel 9.2). Insbesondere gilt es, die verschiedenen Formen der Kontrolle der Kundenentwicklung im Dienstleistungsbereich zu systematisieren (Kapitel 9.3). Um eine Kundenentwicklung im Dienstleistungsbereich zu beurteilen, werden zunächst Aussagen über die Höhe der Kosten benötigt (Kapitel 9.4). Eine Beurteilung darf sich jedoch nicht hierauf beschränken, sondern muss sich insbesondere auch mit dem aus der Kundenentwicklung resultierenden Nutzen beschäftigen (Kapitel 9.5). Sind Aussagen zu beiden Bereichen getroffen, ist es möglich, grundsätzliche Überlegungen zur Rentabilität der Kundenentwicklung durchzuführen (Kapitel 9.6).

9.1 Kontrolle als wichtige Aufgabe eines unternehmerischen Controllings

Das Controlling stellt in Unternehmen eine nicht mehr wegzudenkende Managementfunktion dar. Trotz ihrer praxisbezogenen Relevanz und der jahrzehntelangen wissenschaftlichen Beschäftigung mit diesem Forschungsfeld[344], existiert bis heute

---

[344] Eine gelungene Einführung in die historische Entwicklung des Controllings gibt Lingnau (1998).

noch immer kein einheitliches Verständnis von Controlling (Küpper 1997, S. 1; Weber 1999, S. 19). Dieses Faktum lässt sich u. a. auf die Vermengung einer funktionalen mit einer institutionellen Perspektive zurückführen. Während Controlling als Funktion eine von mehreren Teilfunktionen eines Führungsprozesses in Unternehmen darstellt, bedeutet Controlling aus institutioneller Sicht die organisatorische Verselbständigung der Aufgaben in Form einer Controller-Stelle (Horváth 1998, S. 106 f.; Küpper 1997, S. 6; Weber 1999, S. 1 f.). So stellt sich institutional betrachtet die Frage, ob die zu bewältigenden Aufgaben einer Verselbständigung in Form einer Stelle bedürfen oder bei den jeweiligen Funktionsbereichen mit erledigt werden sollen. Scheint eine Stellenbildung ratsam, so schließt sich daran die Frage nach der Einordnung in die Unternehmenshierarchie sowie der Vergabe von Kompetenzen und Verantwortung an. Von höherer Relevanz ist jedoch die funktionale Perspektive.

Unter funktionaler Betrachtung stehen Koordinations-, Anpassungs-, Innovations-, Zielausrichtungs- und Servicefunktion im Blickpunkt der Betrachtung (Küpper 1997, S. 17 f.). Dabei kann die Koordination als zentrale Funktion des Controllings aufgefasst werden. Diese lässt sich in eine systembildende und -koppelnde Koordinationsaufgabe untergliedern (Horváth 1998, u. a. S. 120). Unter der systembildenden Koordination ist die Schaffung der Koordinationsvoraussetzungen im Führungssystem zu verstehen. Wie das Führungssystem eines Unternehmens aufgebaut ist, geht aus Abbildung 92 hervor (Küpper 1997, S. 15). Zu den zu koordinierenden Führungsteilsystemen lassen sich vor allem das Planungs-, das Kontroll- und das Informationssystem rechnen (Link/Gerth/Voßbeck 2000, S. 9), aber auch das Organisations- und das Personalführungssystem[345] (Küpper 1997, S. 15; Link/Gerth/Voßbeck 2000, S. 10).

Während also zur systembildenden Koordination die Bildung der funktionellen und institutionellen Subsysteme zählen, wird unter der systemkoppelnden Aufgabe die Befriedigung konkreter Koordinationsbedarfe verstanden. Dementsprechend stehen hier Maßnahmen zur Anpassung, Weiterentwicklung und Aufrechterhaltung bestehender Subsysteme im Vordergrund.

---

[345] Das Wertesystem, insbesondere die Unternehmens- und Führungsgrundsätze, rechnet Küpper (1997, S. 15) zum Personalführungssystem.

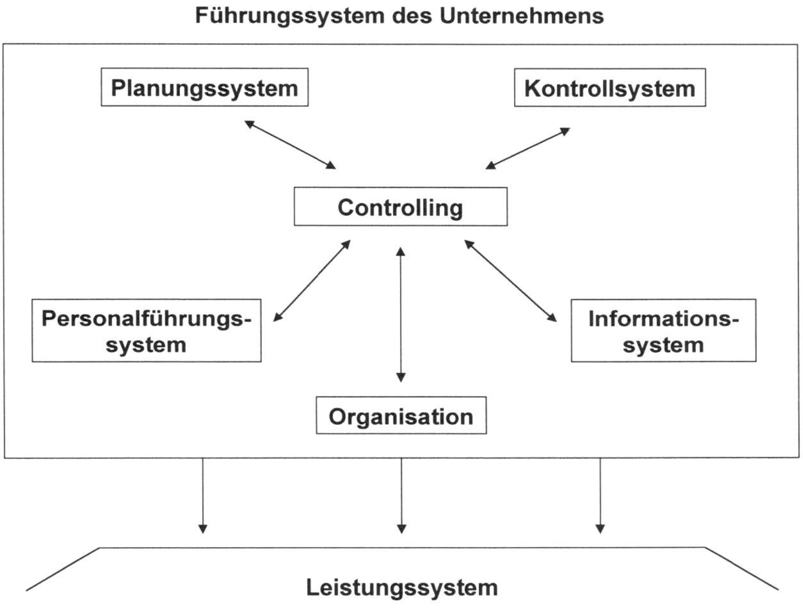

Führungssystem des Unternehmens

Abb. 92:   Struktur des Führungssystems eines Unternehmens
Quelle: Küpper 1997, S. 15.

Dabei lässt sich die systemkoppelnde Koordination nochmals unterscheiden nach der Koordination innerhalb einzelner Führungsteilsysteme und zwischen verschiedenen Führungsteilsystemen (Küpper 1997, S. 20). Eine Koordination innerhalb eines einzelnen Führungsteilsystems wird dann notwendig, wenn dieses sehr ausdifferenziert ist. Das trifft insbesondere auf das Informations- und Planungssystem zu (Küpper 1997, S. 22). So sind z. B. gerade die verschiedenen Teilpläne, wie Investitions-, Produktions- und Absatzpläne, aufeinander abzustimmen (Seidenschwarz/Gleich 1998, S. 259). Bei der Koordination zwischen verschiedenen Führungsteilsystemen ist ein zentrales Feld in der Ausrichtung des Informationssystems auf die anderen Führungsteilsysteme, wie Planung und Kontrolle, zu sehen (Küpper 1997, S. 23).

Aber auch die Koordination von Planung und Kontrolle ist eine zentrale Aufgabe eines unternehmerischen Controllings. Dies ist vor dem Hintergrund zu betrachten, dass die Kontrolle in der betriebswirtschaftlichen Führungslehre als Zwillingsfunktion bzw. Pendant zur Planung angesehen wird (Horváth 1998, u. a. S. 161). Dabei fällt der Kontrolle die Aufgabe zu, den Realisierungsgrad von Normgrößen festzustellen, Abweichungen zu analysieren und gegebenenfalls Anpassungsmaßnahmen einzuleiten. Diese Art der Kontrolle wird auch als Feedback-Kontrolle bezeichnet (Schrey-ögg/Steinmann 1985, S. 392). Gerade die Durchführung von Soll-Ist-Vergleichen und Abweichungsanalysen, d. h. einer Kontrolle i. e. S., stellt eine wichtige Aufgabe des Controllings dar (Horváth 1998, S. 162).

Aus der Koordinationsfunktion lassen sich weitere Funktionen ableiten bzw. sind in dieser begründet. Aufgrund einer permanenten Veränderung der Umwelt sehen sich Unternehmen gezwungen, sich dieser Entwicklung kontinuierlich anzupassen. Streben Unternehmen im Gegensatz zu dieser Anpassungsfunktion eine aktive Veränderung bzw. Beeinflussung ihrer Umwelt an, übernehmen sie eine Innovationsfunktion (Küpper 1997, S. 17).

Eine weitere wichtige Funktion des Controllings ist in der Zielausrichtung zu sehen. Letztlich sollen durch ein Controlling die unternehmerischen Ziele besser erreicht werden als ohne eine derartige Managementfunktion. Damit liefert das unternehmerische Zielsystem die Kriterien, an denen sich das Controlling auszurichten hat (Küpper 1997, S. 18).

Zuletzt finden sich in der Literatur Aussagen von Autoren, die dem Controlling eine Servicefunktion[346] zuschreiben (u. a. Link/Gerth/Voßbeck 2000, S. 10; Ossadnik 1998, S. 34). Diese dient der Entlastung des Managements. So bietet Controlling durch die Koordination der Führungsteilsysteme eine bessere Erfüllung der isolierten Führungsaufgaben und damit eine unterstützende Funktion. Des Weiteren stellt das Controlling den Führungskräften entsprechende Methoden zu Verfügung, um diese Koordination zu bewerkstelligen. Zudem versorgt das Controlling die Führungskräfte mit den benötigten Informationen, weshalb ihm eine Informationsfunktion als Servicekomponente zugeschrieben wird (Küpper 1997, S. 19; Seidenschwarz/Gleich 1998, S. 259).

---

[346] Zur Kritik dieses Verständnisses siehe Küpper (1997, S. 19).

9.2 Fokussierung auf den Kontrollaspekt eines Kundenentwicklungs-Controllings im Dienstleistungsbereich

Soll die Kundenentwicklung eines Dienstleisters im Zeitablauf optimiert werden, bedarf es der Einrichtung eines entsprechenden Controllingsystems. Dieses unterstützt die Bildung, den Einsatz und die Weiterentwicklung von Planungs-, Kontroll-, Informations-, Organisations- und Personalführungssystemen im Kundenentwicklungsbereich.[347] Die zentrale Aufgabe eines Kundenentwicklungs-Controllings besteht jedoch in der Koordination der genannten kundenentwicklungsbezogenen Systeme untereinander. Dazu gehört die Planung, Analyse und Steuerung der Kundenentwicklungsmaßnahmen.[348] Darüber hinaus ist die Kundenentwicklung, wie in den Kapiteln 5.1 und 5.2 beschrieben, mit den Unternehmens- und Marketingzielen abzustimmen. Zusammenfassend lässt sich festhalten, dass die Kundenentwicklung als ein neues Objekt[349] des betrieblichen Controllings angesehen werden kann.

Ein Kundenentwicklungs-Controlling im Dienstleistungsbereich zeichnet sich dabei durch verschiedene Besonderheiten aus. Zum Ersten bedeutet ein Controlling der Qualifizierung von Kunden, dass verstärkt externe Informationen bereitgestellt werden müssen. Damit geht eine verstärkte Öffnung des Controllings nach außen einher (siehe ähnlich Link/Gerth/Voßbeck 2000, S. 16). Zum Zweiten basiert ein Kundenentwicklungs-Controlling auf einer Vielzahl von qualitativen, d. h. nicht-monetären Größen bzw. Kennzahlen. Zum Dritten leiten sich aus den Charakteristika von Dienstleistungen besondere Herausforderungen an ein Controllingsystem der Kundenentwicklung ab.

Vor dem Hintergrund, dass auf die Systeme der Planung (Teil 7), Information (Kapitel 5.1, Teil 6 und Abschnitt 10.5.2), Organisation (Abschnitt 10.5.1) sowie in Ansätzen der diesbezüglichen Personalführung schon an anderer Stelle eingegangen

---

[347] Siehe Link/Gerth/Voßbeck (2000, S. 14) zu den Inhalten eines Marketing-Controllings.
[348] In Analogie zur Koordinationsfunktion eines Bildungscontrollings; siehe Scholz (2000, S. 539 f.).
[349] Als Objekte des Controllings werden die verschiedenen Haupt- und Querschnittsfunktionen des Unternehmens verstanden, wie u. a. Beschaffung, Produktion, Marketing, Logistik und Personal (Ossadnik 1998, S. 56 ff.).

wurde bzw. noch eingegangen wird,[350] erfolgt eine Konzentration auf den Aspekt der Kontrolle, dem sich die Arbeit noch nicht entsprechend gewidmet hat. Hierbei ist auf eine zieladäquate und kostenoptimale Qualifizierung der Kunden abzustellen. Diese Fokussierung stellt somit, und darauf sei explizit hingewiesen, in keiner Weise eine Reduzierung des Controlling-Gedankens auf die Aufgabe der Kontrolle dar.

9.3 Inhalte und Systematisierung einer Kontrolle der Kundenentwicklung im Dienstleistungsbereich

9.3.1 Inhalte einer Kontrolle der Kundenentwicklung im Dienstleistungsbereich

Kontrolle bedeutet grundsätzlich den Vergleich einer Normgröße mit einer zu prüfenden Größe (Küpper 1997, S. 165). Dementsprechend müssen bei Kontrolle der Kundenentwicklung im Dienstleistungsbereich zunächst einmal die Normgrößen bestimmt werden. Dazu werden im Rahmen dieser Arbeit die bisher angesprochenen Zielgrößen der Kundenentwicklung herangezogen. Zu diesen zählen die Kundenentwicklungsziele aus der Perspektive des Dienstleisters sowie der Kunden und die Kundenlernziele. Daran anknüpfend erfolgt in einem zweiten Schritt die Messung der tatsächlichen Reaktionen, d. h. der zu prüfenden Größen (Kotler 1999, S. 149).

Eine Beschränkung der Kundenentwicklungskontrolle auf eine reine Vergleichsbeurteilung greift aber zu kurz. Zur systematischen Verbesserung des Managements der Kundenentwicklung bedarf es eines umfassenderen Kontrollverständnisses. Neben der Überprüfung des Abweichungsgrads von den Normgrößen beinhaltet Kontrolle insbesondere auch die Analyse möglicher Ursachen der Abweichung (Küpper 1997, S. 27), der Ermittlung eventueller Hemmnisse der Kundenentwicklung, der Initiierung der Hemmnisbeseitigung, d. h. das Entwickeln sowie Ergreifen von Kor-

---

[350] Hierbei wird aus den genannten Gründen bewusst auf eine tiefer gehende Darstellung der wichtigen Funktion der Koordination der verschiedenen Teilsysteme verzichtet. Der Leser sei auf die einschlägige Literatur, wie Horváth (1998), Küpper (1997), Ossadnik (1998) und Weber (1999), verwiesen.

rekturmaßnahmen, und gegebenenfalls der Anpassung der Planungsprämissen.[351]

Damit lassen sich verschiedene Phasen der Kontrolle der Kundenentwicklung im Dienstleistungsbereich identifizieren. Ausgangspunkt jeder Kontrolle ist die Entdeckung eines zu kontrollierenden Problems. So ist von der Annahme auszugehen, dass sich zwischen angestrebter und tatsächlicher Ausprägung eine Differenz zeigen wird, wodurch es zu einer Zielabweichung kommt. Der sich hieran anschließende Schritt ist die Bestimmung, wer die Kontrolle durchführen (Kontrollträger) und wie diese verwirklicht werden soll. Die eigentliche Realisation der Kontrolle basiert auf der Ermittlung der Zielgröße und der zu prüfenden Größe. Sind diese Größen bekannt, kann die Abweichung bestimmt werden. Diese ist anschließend in Bezug auf die Bedeutung für die Zielerreichung zu beurteilen, so dass der Grundstock für eine Planung der vorzunehmenden Anpassungen gelegt ist. Dazu sind die möglichen Ursachen für die Abweichung zu analysieren, womit in einem letzten Schritt Anpassungsmaßnahmen entwickelt werden können (Küpper 1997, S. 173 f.).

Kundenentwicklung ist ein dynamischer Prozess, der Veränderungen unterliegt, sei es aufgrund von Wandlungen der Rahmenbedingungen, der Anforderungen oder der Motivationen des Kunden. Daher ist sowohl der Einsatz der Maßnahmen der Kundenentwicklung (Prozesskontrolle) als auch die Erreichung der Zielgrößen der Kundenentwicklung (Ergebniskontrolle) permanent zu überprüfen.

Die Intentionen, die mit der Durchführung von Kontrollen im Rahmen der Kundenentwicklung im Dienstleistungsbereich bezweckt werden, sind mannigfaltig. Von besonderer Bedeutung ist zunächst einmal die Dokumentation von möglichen Abweichungen. Ferner sollen aus den Differenzen Erkenntnisse gewonnen werden, die der Verbesserung der Kundenentwicklung im Dienstleistungsbereich dienen. So stellt sich z. B. die Frage, ob ein Kundenlernziel (Soll-Wert) durch den gewählten Einsatz von Kundenentwicklungsinstrumenten erreicht worden ist. So wäre z. B. von der Firma DeTeMobil zu prüfen, ob der Einsatz ihrer Handy-Schnupperseminare zu der

---

[351] Siehe grundsätzlich zu solch einem Kontrollverständnis Küpper (1997, S. 165) und Schreyögg/ Steinmann (1985). Angewandt auf den Bereich des Bildungscontrollings findet sich dieser Kontrollprozess z. B. bei Berthel (1997, S. 333) oder der Marketingkontrolle u. a. bei Kotler (1999, S. 149).

gewünschten Nutzung der Anrufbeantworter-Funktion, des Telefonierens im Ausland und der Speicherung von Telefonnummern im persönlichen Telefonbuch bei den Teilnehmern geführt hat.[352] Damit bildet die Kontrolle zudem die Grundlage für Entscheidungen. So initiiert z. B. eine große Differenz zwischen den Ist- und den Soll-Werten die Erarbeitung von Anpassungsmaßnahmen, womit Kontrollen Impulse für die Planung liefern. Ein mögliches Ergebnis der Kontrolle der Handy-Schnupperseminare könnte für die Firma DeTeMobil bei einer Abweichung von den angestrebten Kundenlernzielen darin bestehen, den Teilnehmern zusätzlich noch schriftliche Unterlagen mit nach Hause zu geben. Daneben ermöglichen Kontrollen die Bewertung von Plänen und Entscheidungen (Küpper 1997, S. 166). Letztlich ist der am häufigsten genannte Zweck der Durchführung von Kontrollen in der Überprüfung der Realisation vorgegebener Ziele und damit einer Sicherung der Zielerreichung zu sehen (Küpper 1997, S. 167).[353]

9.3.2   Systematisierung einer Kontrolle der Kundenentwicklung im Dienstleistungsbereich

Kontrolle bzw. Kontrollaktivitäten lassen sich nach den verschiedensten Kriterien strukturieren. Ein gängiger Systematisierungsansatz, der sich gleichermaßen für den Aufgabenbereich der Kundenentwicklung anbietet, unterscheidet in eine operative und strategische Kontrolle.

Im Blickpunkt der operativen Kontrolle der Kundenentwicklung im Dienstleistungsbereich steht die Beurteilung der Planung, Durchführung und Kontrolle von Kundenentwicklungsmaßnahmen. Dabei sollten alle Phasen des operativen Managementprozesses der Kundenentwicklung einer Abweichungsanalyse unterzogen werden. Dies beginnt mit einer Beurteilung der Kundenentwicklungsbedarfsanalyse. Ein falsch identifizierter Qualifizierungsbedarf kann, wenn überhaupt, nur noch äußerst schwer nachträglich korrigiert werden. Dies trifft insbesondere auf den Einsatz von

---

[352] Die Darstellung dieses Beispiels findet sich in Kapitel 7.2 und Anhang 3.
[353] In der Praxis erfüllt Kontrolle des Weiteren eine Legitimationsfunktion. Da Kundenentwicklung Kosten verursacht (Canziani 1997, S. 6; Mills/Morris 1986, S. 726), sollte zur Rechtfertigung der Bereitstellung eines Budgets bzw. zur Begründung der Beantragung eines höheren Budgets eine Überprüfung der gesetzten Ziele erfolgen (Meer 1984, S. 133 und 138).

informationsorientierten, schriftlichen Kundenentwicklungsinstrumenten zu. Bei den erfahrungsorientierten Kundenentwicklungsinstrumenten, wie Kundenunterweisungen am Service encounter, bestehen noch während des Qualifizierungsprozesses Möglichkeiten der Anpassung an einen andersartigen, da falsch ermittelten Kundenentwicklungsbedarf. Auch die Phase der operativen Planung von Kundenentwicklungsmaßnahmen sollte auf ihre Richtigkeit hin kontrolliert werden. So ist zu überlegen, inwieweit die richtigen Zielkunden(gruppen) ausgewählt wurden. Des Weiteren sind insbesondere die Kundenlernziele zu überprüfen. Hierbei stellen sich Fragen wie:

- Wurden die Integrationsanforderungen korrekt in Kundenlernziele transformiert?
- Wurden die Kundenlernziele hinreichend operationalisiert?
- Lagen die Kundenlernziele im angestrebten Lernzielkorridor, d. h. wurden die Kunden weder unter- noch insbesondere überfordert?

Ebenso sind die methodisch-didaktischen und organisatorischen Planungsinhalte zu überprüfen. Beispielsweise sollte geklärt werden, inwieweit die Positionierung und besonders die Bepreisung einzelner Kundenentwicklungsmaßnahmen von den Kunden akzeptiert wird. Gegebenenfalls ist eine Neupositionierung und Änderung der Bepreisung vorzunehmen.

Auch während der Durchführung der Kundenentwicklungsmaßnahmen (Stichwort: Prozesskontrolle), allerdings abhängig vom jeweils eingesetzten Instrument, können Kontrollaktivitäten durchgeführt werden. Falls die Kunden sich im Service-System des Dienstleisters bewegen, ist es möglich, sie bei der Nutzung der Kundenentwicklungsmaßnahme, wie eines Informations-Kiosksystem zu beobachten, um auf mögliche Probleme in der Akzeptanz bzw. Bedienung zu stoßen. Dies hat den Vorteil, dass noch während der Durchführung der Kundenqualifizierung Ursachen für die spätere Abweichung der erzielten Ergebnisse erkannt werden können. Dazu stehen einem Unternehmen in Abhängigkeit von der eingesetzten Kundenentwicklungsmaßnahme verschiedene Instrumente zur Verfügung. Grundsätzlich lassen sich die Methodenstränge der Beobachtung oder der Befragung einsetzen (siehe Abschnitt 6.5.2). Werden zur Qualifizierung der Kunden beispielsweise Informationskiosk-Systeme eingesetzt, so bietet sich als Instrument der Prozesskontrolle u. a. die Beobachtung an (Steiger 1995, S. 279). Aber auch persönliche Interviews während oder unmittelbar im Anschluss an die Benutzung der Kiosk-Systeme können zur Ermittlung von Abweichungen und Ursachenanalyse dienen (Steiger 1995, S. 280).

Neben einer operativen Kontrolle der Instrumente, die zur Förderung der Integrationsfähigkeit der Kunden eingesetzt werden, sollte eine Beurteilung der Anreizsysteme erfolgen. Es stellen sich Fragen der Erfolgswirksamkeit der Anreize, der korrekten Wahl und Operationalisierung der Bemessungsgrundlagen sowie nach der richtigen Festlegung der Kriteriums-Anreiz-Relation.

Abschließend fehlt noch eine Kontrolle der Integrationsordination in Gestalt des Handlungsspielraums der Kunden und des physischen Umfelds. Gerade der Handlungsspielraum des Kunden ist aufgrund der Veränderung verschiedenster Faktoren, wie Informationsstand der Kunden, Modifikation oder Neugestaltung der Dienstleistungen und damit des Leistungserstellungsprozesses, einer dynamischen Entwicklung unterworfen, die eine kontinuierliche Überwachung und gegebenenfalls Anpassung bedingen.

Der Vollständigkeit halber sei noch auf die Kontrolle der Implementierung (siehe Teil 10), wie der Organisations- und Informationssysteme, und der Kontrolle selbst hingewiesen. Auch diese bedürfen einer systematischen Abweichungs- und Ursachenanalyse.

Die strategische Kontrolle der Kundenentwicklung beschäftigt sich dagegen mit Abweichungsanalysen auf der Ebene des strategischen Managementprozesses (Schreyögg/Steinmann 1985, S. 391). In einem ersten Schritt findet eine Prämissenkontrolle statt (siehe auch Horváth 1998, S. 169), d. h. dass die strategischen Schlüsselannahmen der Kundenentwicklung fortlaufend kontrolliert werden. So ist z. B. danach zu fragen, ob die Annahmen über gesellschaftliche Veränderungen und damit Prämissen zur strategischen Entwicklung des Kundenentwicklungsbedarfs noch stimmen. Aber auch interne Prämissen, wie die Setzung der Integrationsziele und -strategien (siehe Abschnitt 5.1.3), sind einer ständigen Überwachung zu unterziehen.

Die Kontrolle der Wirkungen und unbeabsichtigten Nebenwirkungen strategischer Ziele wird als Durchführungskontrolle bezeichnet (Schreyögg/Steinmann 1985, S. 402). Dementsprechend beschäftigt sich die Durchführungskontrolle im Rahmen der Kundenentwicklung im Dienstleistungsbereich mit der Überprüfung der (strategischen) Kundenentwicklungsziele (siehe insbesondere Abschnitt 5.3.2). Damit ist die Durchführungskontrolle „von ihrem Charakter her eine Ergebnis(feedback-)kontrolle, die jedoch zu strategischen Steuerungszwecken (feedforward) eingesetzt wird" (Schreyögg/Steinmann 1985, S. 403). Sie unterscheidet sich von der operativen Kontrolle insofern, dass sie danach fragt, ob angesichts der Ergebnisse der durchgeführten Kundenentwicklungsmaßnahmen die strategische Ausrichtung der Kundenentwicklung noch beibehalten werden kann. Die operative Kundenentwicklungskontrolle beschäftigt sich indes damit, ob die durchgeführten Kundenentwicklungsinstrumente dazu geeignet waren, die formulierten Strategien und Ziele zu realisieren.[354] Eine Strategieänderung bzw. -anpassung wird nicht in Erwägung gezogen.

Zuletzt kann noch die Kontrollart der strategischen Überwachung angeführt werden. Hierbei handelt es sich im Gegensatz zu der Prämissen- und Durchführungskontrolle um eine ungerichtete Beobachtungsaktivität (Schreyögg/Steinmann 1985, S. 403 f.). Der Fokus dieser Kontrollvarianten liegt auf der Überwachung des gewählten Kundenentwicklungskonzepts.

Aus den Ausführungen zur operativen und strategischen Kundenentwicklungskontrolle wurde deutlich, dass die Ergebniskontrolle eine zentrale Rolle spielt. Diese lässt sich in die Bereiche der

- Kostenkontrolle (siehe Kapitel 9.4),
- Nutzenkontrolle (siehe Kapitel 9.5) mit den Unterbereichen des
  - pädagogisch-psychologischen Nutzens (Lernerfolg) und
  - ökonomischen sowie vor-ökonomischen Nutzens und
- Rentabilitätskontrolle (siehe Kapitel 9.6)

unterteilen.[355]

---

[354] Siehe generell zur Abgrenzung der Durchführungskontrolle von der operativen Kontrolle Schreyögg/Steinmann (1985, S. 391).
[355] In Anlehnung an die Unterscheidung im Bildungscontrolling; siehe Becker, M. (1999, S. 67); Bronner/Schröder (1983, S. 51); Graf (2001, S. 70); Scholz (2000, S. 540); Thierau-Brunner/Stangel-Meseke/Wottawa (1999, S. 266)

9.4   Kostenkontrolle

So wie generell mit dem Auf- und Ausbau von Kundenbeziehungen Kosten verbunden sind (Bruhn/Grund 1999, S. 497), so verursacht auch die Kundenentwicklung Kosten für das Dienstleistungsunternehmen. Dabei ist unter den Kosten der in Geld ausgedrückte sachzielbezogene Werteverbrauch im Rahmen der ordentlichen Geschäftstätigkeit in einer Periode zu verstehen (Schmalen 1999, S. 647). Folglich liegt eine Zielsetzung der Erfassung von Kundenentwicklungskosten in der verursachungsgerechten Bewertung der Kundenentwicklungsaktivitäten eines Dienstleisters.

Kundenentwicklungskosten sollten in ihrer Höhe, Zusammensetzung und Veränderung ermittelt, analysiert, überwacht und gesteuert werden. Diese Aufgaben einer Kostenkontrolle sind aufgrund der Charakteristika von Dienstleistungen mit besonderen Problemen behaftet (Abschnitt 9.4.1). Nachdem diese Besonderheiten einer Kostenkontrolle im Dienstleistungsbereich angesprochen wurden, stellt sich sodann die Frage nach der Erfassung von Kundenentwicklungskosten und deren Ausprägungen (Abschnitt 9.4.2). Abschließend wird eine wirkungsorientierte Kategorisierung von Kundenentwicklungskosten präsentiert, die dem Management die Erfolgsrelevanz der Kundenentwicklung verdeutlicht (Abschnitt 9.4.3).

9.4.1   *Problemfelder einer Kostenkontrolle der Kundenentwicklung im Dienstleistungsbereich*

Aufgrund der Charakteristika von Dienstleistungen existieren besondere Herausforderungen, die sich an eine Kontrolle von Kosten im Dienstleistungsbereich allgemein stellen und sich insbesondere in einer erschwerten Bestimmung der Kosten widerspiegeln (Rushton/Carson 1989, S. 35). Manche davon betreffen die Erfassung und Analyse der Kundenentwicklungskosten stärker, andere schwächer, wie im Folgenden zu erörtern sein wird.

Ein wichtiger Faktor, welcher der Kostenrechnung Probleme bereitet und zentral für Fragen einer Kontrolle der Kundenentwicklungskosten ist, stellt die Berücksichtigung der Integration des externen Faktors dar. Kosten, die aufgrund einer mangelhaften

Beteiligung des Kunden anfallen,[356] werden i. d. R. nicht erfasst (Dokumentations-problem; Reckenfelderbäumer 1998, S. 399). Damit bleibt eine systematische Über-wachung der in Kundenproblemen begründeten Kosten außen vor. Folglich ist es gleichfalls nicht möglich, die aufgrund des Einsatzes von Kundenentwicklungsmaß-nahmen eingesparten Kosten zu errechnen (siehe generell zu dieser Problematik im Dienstleistungsbereich Paul/Reckenfelderbäumer 1998, S. 642).

Des Weiteren zeichnet sich der Dienstleistungsbereich aufgrund des uno-actu-Prinzips durch die Bereitstellung eines Leistungspotentials aus. Hieraus lässt sich eine Dominanz der Bereitstellungskosten ableiten. Diese Fixkosten, die unabhängig von der erstellten und verkauften Menge an Dienstleistungen anfallen,[357] stellen zu-dem üblicherweise Gemeinkosten dar. Damit ist eine Zurechnung einzelner Kosten-bestandteile mit traditionellen Kostenrechnungsverfahren auf die Kostenträger, wie die einzelne Kundenentwicklungsaktivität, nur schwer, wenn überhaupt möglich (Paul/Reckenfelderbäumer 1998, S. 641; Reckenfelderbäumer 1998, S. 398).

Eine für die Kundenentwicklung weniger relevante Problematik ergibt sich aufgrund der Individualität von erbrachten Dienstleistungen. Da sich Dienstleistungen durch einen vergleichsweise hohen Individualisierungsgrad auszeichnen, kann theoretisch fast jede Dienstleistung als eigenes Produkt angesehen werden. Damit stellt sich das Problem der Kostenträgerdefinition, da jede Dienstleistung als eigener Kostenträger definiert werden müsste (Paul/Reckenfelderbäumer 1998, S. 641; Reckenfelder-bäumer 1998, S. 399 f.). Dies gilt prinzipiell auch für die persönlichen, nicht aber für die schriftlichen und (multi)medialen Kundenentwicklungsaktivitäten.

---

[356] Zu diesen Kosten gehören u. a. Arbeitskosten durch ein erhöhtes Beschwerdeaufkommen, Bin-dung von Personalkapazitäten aufgrund von Nachbesserungen und Opportunitätskosten durch negative Referenzen.

[357] Schmalen (1999, S. 654) spricht von der Unabhängigkeit der Fixkosten von der Höhe des so ge-nannten Beschäftigungsgrads.

9.4.2   Kostenerfassung und traditionell orientierte Kostenarten der Kundenentwicklung im Dienstleistungsbereich

Kosten entstehen für alle Tätigkeiten, die im Rahmen eines Managements der Kundenqualifizierung anfallen. Dies können Kosten der operativen Planung, Durchführung und Kontrolle von Maßnahmen der Kundenentwicklung sein. Des Weiteren entstehen dem Dienstleistungsunternehmen Kosten aufgrund der Notwendigkeit der systematischen Ausarbeitung eines in sich stimmigen und auf die anderen unternehmerischen Bereiche abgestimmten Konzepts der Kundenentwicklung. Daneben fallen Kosten der Implementierung des Managements der Kundenentwicklung an, z. B. Kosten der Mitarbeiterschulung sowie der benötigten Hard- und Software (siehe auch Teil 10). Auch die Entscheidungsunterstützung des Managements in Form einer kundenentwicklungsbezogenen Situationsanalyse verbraucht unternehmerische Ressourcen. Dementsprechend ist eine Kategorisierung der Kundenentwicklungskosten nach den verschiedenen Managementphasen der Kundenentwicklung (siehe Kapitel 4.3) denkbar. So lassen sich

- Kosten der kundenentwicklungsbezogenen Situationsanalyse
  - Kosten der Analyse strategisch relevanter Informationen
  - Kosten der Analyse des Kundenentwicklungsbedarfs
- Kosten des strategischen Managements der Kundenentwicklung
  - Kosten der Konzipierung der Grundsätze der Kundenentwicklung
  - Kosten der Konzipierung der Ziele der Kundenentwicklung
  - Kosten der Konzipierung der Strategien der Kundenentwicklung
- Kosten des operativen Managements der Kundenentwicklung
  - Kosten der Planung der Kundenentwicklungsinstrumente
  - Kosten der Durchführung von Kundenentwicklungsinstrumenten
  - Kosten der Kundenentwicklungs-Kontrolle
- Kosten der Implementierung der Kundenentwicklung im Dienstleistungsbereich
  - Kosten der Umsetzung der Kundenentwicklung
  - Kosten der Durchsetzung der Kundenentwicklung

unterscheiden.

Diese phasenbezogenen Kosten sind am einfachsten zu erfassen, wenn die Kundenentwicklungsaktivitäten in einer Stelle bzw. Organisationseinheit zentralisiert wären (isolierte Kundenentwicklungsaktivitäten; in Anlehnung an Bruhn/Georgi 1999, S. 99). Diese Institutionalisierung der Kundenqualifizierung würde bewirken, dass sämtliche bzw. die überwiegenden Kosten, die diese Stelle bzw. Organisationseinheit verursacht, als Kundenentwicklungskosten angesehen werden können. Dabei lassen sich die Kosten der Kundenentwicklung, wie bei allen anderen unternehmerischen Funktionsbereichen auch, in Personal- und Sachkosten differenzieren. Zu den Personalkosten gehören zunächst einmal das zu zahlende Gehalt der Kundenentwicklungsstelle bzw. die Gehälter für eine entsprechende Organisationseinheit. Darunter fallen beispielsweise Kosten der Konzipierung, der Planung und Durchführung von Kundenentwicklungsmaßnahmen sowie der Dateneingabe und der -pflege. Dagegen lassen sich zu den Sachkosten Verwaltungskosten, wie Raummieten und Kosten für Strom, Büromaterial, Druck, Porto, Internet und Telefon, rechnen.

Exemplarisch seien in Abbildung 93 einmal die (operativen) Kosten für eine Instruktionsbroschüre angesetzt (in Anlehnung an Honebein 1997, S. 146).

Fixkosten		
Schreibkosten	12.500 EUR	
Layout-Kosten	4.000 EUR	
Kosten für fotografische Abbildungen	2.000 EUR	
Gesamte Fixkosten		**18.500 EUR**
Variable Kosten		
Druckkosten pro Stück	1 EUR	
Versandkosten pro Stück	0,40 EUR	
Gesamte variable Kosten bei 1000 Stück		**1.400 EUR**
Gesamte Kosten bei 1000 Stück		**19.900 EUR**

Abb. 93:   Beispielrechnung der Gesamtkosten einer schriftlichen Instruktionsbroschüre
Quelle: In Anlehnung an Honebein 1997, S. 146.

Darüber hinaus können aufgrund der vielfältigen Interdependenzen der Kundenentwicklungsstelle Personalkosten in anderen Organisationseinheiten anfallen, wie z. B.

der Marketingabteilung, der Personalentwicklung, dem Verkauf und dem Service.

Aufgrund dieses Ressourcenzugriffs müssen die in diesen Einheiten für die Kundenqualifizierung entstehenden Kosten den Kundenentwicklungskosten zugerechnet
werden (integrierte Kundenentwicklungsaktivitäten; in Anlehnung an Bruhn/Georgi
1999, S. 99 f.).[358] Führt z. B. die Personalentwicklungsabteilung Kundenseminare
durch, so werden diese Kosten, die im Bildungsbereich eines Unternehmens für
Kunden anfallen, als Bildungsaufwand für Betriebsfremde angesetzt (Scholz 2000,
S. 540 f.). Zwar ist es prinzipiell denkbar, diese anteiligen Kosten mit einem Verrech-
nungsschlüssel auf die Kundenentwicklungskosten umzulegen, in der Realität wird
sich dies aber aufgrund der eher beiläufigen Beschäftigung mit Aufgaben der Kundenqualifizierung schwierig gestalten (Rüdenauer 1988, S. 183).

Es lässt sich festhalten, dass sich die Gesamtkosten der Kundenentwicklung im
Dienstleistungsbereich aus den Kosten, die durch eine zentrale Kundenentwicklungsabteilung anfallen würden, und den funktionsübergreifenden Kosten zusam-
mensetzen. Das große Problem an dieser Kostenerfassung ist jedoch, dass eine
Institutionalisierung der Kundenentwicklung in der Praxis die absolute Ausnahme
darstellt (Meer 1984, S. 1).

9.4.3   *Wirkungsorientierte Einteilung der kundenentwicklungsbezogenen Kosten*

Die Gefahr einer rein kostenorientierten Betrachtung von Kundenentwicklungsaktivitäten liegt in dem in der Praxis vorherrschenden Verständnis begründet, Kosten als
eine zu minimierende Größe aufzufassen. Eine wirkungsorientierte Betrachtung beschäftigt sich dagegen mit den positiven Wirkungen der Kundenentwicklung für den
Unternehmenserfolg. So erbringen kompetente Kunden, d. h. Kunden, die über die
benötigte Integrationsqualifikation zur Erfüllung von Kundenrollen bzw. Integrationsaufgaben verfügen, dem Dienstleistungsunternehmen verschiedenste Leistungen
(Service Customer Performance) und damit einen unternehmerischen Nutzen. Die

---

[358] Ein neuerer Ansatz, um Gemeinkosten verursachungsgerechter auf die einzelnen Kostenträger
verrechnen zu können, stellt die Prozesskostenrechnung dar. Hier sei der Leser auf die einschlägige Literatur verwiesen, wie z. B. die Ausführungen bei Köhler (1998, S. 339-341) oder bei Reckenfelderbäumer (1998, S. 402-409), der sich speziell mit dem Ansatz der Prozesskostenrechnung für den Dienstleistungsbereich auseinandersetzt.

Voraussetzung hierfür ist oftmals in einer vorherigen Vermittlung von Integrationsqualifikationen zu sehen. Dementsprechend fallen für das Unternehmen Kosten der
Kompetenzschaffung an.[359] Zu diesen Kompetenzschaffungskosten können die Kosten gerechnet werden, die durch Kundenentwicklungsmaßnahmen zur Schließung
der Integrationsqualifikationslücke entstehen. Dementsprechend gehören sämtliche
Kosten, die im Rahmen der Planung, Durchführung und Kontrolle von Kundenentwicklungsaktivitäten anfallen, zu den Kompetenzkosten. Darin enthalten sind auch
die Kosten zur Ermittlung und Analyse des Kundenentwicklungsbedarfs, sei es einer
antizipativen und/oder reaktiven Bedarfsanalyse. Kompetenzkosten leisten somit
einen Beitrag zum Unternehmenserfolg und können als Investition des Dienstleistungsunternehmens in zukünftige Transaktionen mit dem Kunden angesehen werden (siehe auch Absatz 3.2.1.2).[360]

Grundsätzlich können neben den Kompetenzschaffungskosten aufgrund der höheren Kompetenz des Kunden dem Dienstleister gleichermaßen Opportunitätskosten
entstehen. Diese kompetenzbedingten Opportunitätskosten stellen damit für den
Anbieter einen entgangenen Nutzen dar. Die verschiedenen Ausprägungen der Opportunitätskosten basieren auf den in Kapitel 5.5 präsentierten Risiken der Kundenentwicklung im Dienstleistungsbereich und sollen daher nur nochmals repetierend
aufgelistet werden.

Zum Ersten können kompetente Kunden die Leistung des Anbieters besser beurteilen (McKenna 1991, S. 175 f.) und damit auch die Angebote der Konkurrenten. Als
Konsequenz lässt die Unsicherheit des Kunden in Bezug auf einen möglichen Anbieterwechsel nach und die Wechselbereitschaft steigt. Bei einem hierdurch bedingten Anbieterwechsel fallen dem Dienstleister Opportunitätskosten in Höhe des
prospektiven Kundenwertes (zukunftsbezogene Kundenprofitabilität; siehe Unterabsatz 7.1.3.1.2) an.

Eine weitere Extremform von kompetenzbedingten Opportunitätskosten stellen Kan-
nibalisierungseffekte dar. Dienstleistungskunden können bei ausreichendem Know-

---

[359] Hennig-Thurau (1998, S. 169) spricht von den so genannten „echten" Vermittlungskosten.
[360] Dabei ist unter einer Investition „die Anlage [Hervorhebung im Original] eines vorhandenen oder
       noch zu entleihenden Geldbetrages" zu verstehen (Schmalen 1999, S. 569).

how die einzelne Dienstleistung selbst erstellen (Ernenputsch 1986, S. 56; Hennig-Thurau 1998, S. 169),[361] weshalb es zu einem entsprechendem Umsatzverlust beim Dienstleister kommt (Hennig-Thurau 1998, S. 169 f.). Kunden werden somit zum Konkurrenten des Dienstleisters (Zeithaml 1981, S. 189) und verdrängen durch die Eigenerstellung die am Markt gehandelten Dienstleistungen (Toffler 1980, S. 286).

Eine weitere Ausprägung von Opportunitätskosten, wenn auch nicht in dem extremen Maße, ist das „Feilschen" um niedrigere Preise. Kompetente, besser informierte Kunden führen zu einem intensiveren Preiskampf zwischen den Anbietern (Prahalad/Ramaswamy 2000, S. 86 f.; siehe auch McKenna 1991, S. 176). Dadurch dass Kunden sowohl bezüglich der Leistungen des Anbieters als auch der Wettbewerber über bessere Kenntnisse verfügen, können erfahrene Kunden härter mit dem Dienstleistungsunternehmen verhandeln und die Preise drücken. Kompetente Kunden haben demnach eine größere Chance, Preiszugeständnisse auszuhandeln (Wiswede 1995, S. 296).

Kompetenzschaffungskosten und kompetenzbedingte Opportunitätskosten werden im Folgenden unter dem Begriff der Kompetenzkosten (Costs of Customer's Competence) zusammengefasst.

Demgegenüber begründen sich die Inkompetenzkosten (Costs of Customer's Incompetence) in einer Integrationsqualifikationslücke des Dienstleistungskunden. Diese kommen in Abweichungen des Kundenverhaltens von der gewünschten Service Customer Performance zum Ausdruck.[362] Hierzu gehören z. B. Kulanzkosten und zusätzliche Personalkosten zur Bearbeitung von Beschwerden, die auf Kundenproblemen beruhen, welche in einer unzureichenden Qualifikation begründet sind.[363]

Einen Überblick über die wirkungsorientierte Einteilung der kundenentwicklungsbe-

---

[361]　Damit es zu einer Selbsterstellung der Dienstleistung kommt, müssen allerdings noch weitere Faktoren gegeben sein, wie z. B. ein entsprechendes Zeitbudget. Einen Überblick über die verschiedenen Faktoren, welche die Entscheidung zwischen einer Eigen- versus einer Fremderstellung beeinflussen, findet sich bei Lusch/Brown/Brunswick (1992).

[362]　Zur Ermittlung und Analyse von Service Customer Performance-Problemen siehe die Abschnitte 6.5.2 und 6.5.3.

[363]　Diese Kosten stellen eine Kategorie der so genannten (Qualitäts-)Fehlerkosten dar (Adams 1999, S. 55).

zogenen Kosten liefert Abbildung 94.

Abb. 94: Wirkungsorientierte Einteilung der kundenentwicklungsbezogenen Kosten
Quelle: Eigene Überlegungen.

Zusammenfassend kann festgehalten werden, dass die Kompetenzschaffungskosten zur Schließung der Integrationsqualifikationslücke anfallen. Dementsprechend sollten diese, da sie zum Unternehmenserfolg beitragen, weder dem Gedanken der Kostenminimierung zum Opfer fallen, noch unter einem euphorischem Einsatz von Kundenentwicklungsmaßnahmen völlig vernachlässigt werden. So gilt, dass nicht sämtliche Qualifikationsmankos der Kunden zu beheben sind. Bei einigen mögen die Kosten der Kompetenzschaffung höher sein als die Kosten der Inkompetenz. Bezieht man die kompetenzbezogenen Opportunitätskosten mit in die Überlegungen ein, so lässt sich folgende formelmäßige Aussage für die anzustrebende Höhe der Kompetenz- und Inkompetenzkosten treffen:

$$\text{Kompetenzkosten} \leq \text{Inkompetenzkosten}$$

Oder anders formuliert:

$$KK (KSK + kOK) \leq IK$$

mit:

KK   = Kompetenzkosten
KSK   = Kompetenzschaffungskosten
kOK   = kompetenzbedingte Opportunitätskosten
IK   = Inkompetenzkosten

Diese Art der Kostenkategorisierung bietet sich dann an, wenn ein Dienstleistungsunternehmen lediglich eine Kontrolle der Kundenentwicklungskosten durchführen
möchte. Dann werden wenigstens die Inkompetenzkosten als positiver Nutzen erfasst. Allerdings sind mit den Inkompetenzkosten bei weitem noch nicht alle Nutzen-
bestandteile erfasst, wie z. B. der Informationsnutzen, den Kunden im Rahmen ihrer
Co-Designer-Rolle erbringen können. Daher sind zusätzlich zu den Kosten auch die
positiven Konsequenzen der Kundenentwicklung in Form eines Nutzens zu erheben,
womit sich das nächste Kapitel beschäftigt.

9.5   Kontrolle des Nutzens der Kundenentwicklung im Dienstleistungsbe-
reich

9.5.1   *Allgemeine Grundlagen zur Kontrolle des Nutzens der Kundenentwicklung*
im Dienstleistungsbereich

Da Kundenentwicklung im Wettstreit mit anderen unternehmerischen Funktionen um
knappe Ressourcen steht, und unter dem Primat der Wirtschaftlichkeit betrachtet, ist
es besonders wichtig, dass neben den entstehenden Kosten insbesondere auch der
resultierende Nutzen (zumindest ansatzweise) bestimmt, dokumentiert und gegenüber dem Management in Form eines Reports kommuniziert wird. Dabei soll unter
dem Nutzen der Kundenentwicklung im Folgenden der Grad der Zielerreichung
durch den Einsatz von Kundenentwicklungsaktivitäten verstanden werden (in Anlehnung an Bruhn/Georgi 1999, S. 73). Da der primäre Zweck der Kundenentwicklung
in der Qualifizierung der Kunden besteht, um die Service Customer Performance zu
verbessern, ist Kundenentwicklung somit effektiv, wenn diese es schafft, den Kunden die entsprechenden Integrationsqualifikationen zu vermitteln (in Anlehnung an

Lang 1997, S. 69 f. und Rüdenauer 1988, S. 174). Dieses Verständnis entspricht dem einer Zielkontrolle. Mit dem Begriff der Zielkontrolle wird der Vergleich des durch ein Ziel vorgegebenen Sollwertes mit erreichten Ist-Werten beschrieben. Effizient ist die Kundenentwicklung indes, wenn sie es schafft, die angestrebten Ziele mit einem möglichst geringen Mitteleinsatz zu erreichen (in Anlehnung Lang 1997, S. 69 und Rüdenauer 1988, S. 174).

Als zu realisierende Ziele der Kundenentwicklung wurden in Kapitel 5.3 die (strategischen) Kundenentwicklungsziele und in Kapitel 7.2 die (operativen) Kundenlernziele definiert (siehe auch Abbildung 42). Während bei der Beurteilung der Erreichung von Kundenentwicklungszielen aus Dienstleister- und Kundenperspektive ökonomische und vor-ökonomische Aspekte im Vordergrund stehen, findet eine Überprüfung der Kundenlernziele auf einer pädagogisch-psychologischen Ebene (siehe grundsätzlich Thierau-Brunner/Stangel-Meseke/Wottawa 1999) statt. Dementsprechend gilt es im Rahmen einer derartigen Nutzenkontrolle sowohl den Realisationsgrad der Kundenentwicklungsziele als auch der Kundenlernziele zu erheben und zu überprüfen.

9.5.2 Ebenen der Kontrolle des Nutzens der Kundenentwicklung im Dienstleistungsbereich

Wie im vorangegangenen Abschnitt erörtert, soll unter der Kontrolle des Nutzens der Kundenentwicklung eine Kontrolle der Zielerreichung der Kundenentwicklung verstanden werden. Dabei existieren verschiedene Zielperspektiven und -ebenen, die es zu erfassen und zu überprüfen gilt. Von besonderer Relevanz sind die Ziele der Kundenentwicklung aus Unternehmensperspektive, die in Abbildung 42 als Zielhierarchie dargestellt wurden. Keinesfalls zu vergessen sind darüber hinaus die Ziele der Kundenentwicklung aus der Perspektive des Kunden. Auch diese sollten im Rahmen einer Zielkontrolle erhoben, analysiert und überwacht werden. Dementsprechend existiert eine Vielzahl von Kriterien, welche die Zielerreichung messen.[364] Daher ist die Identifikation geeigneter Kriterien eine der zentralen Erfolgsbedingungen der Kundenentwicklungskontrolle (in Anlehnung an Rüdenauer 1988, S. 175).

---

[364] Diese können auch als Ergebnisvariablen bezeichnet werden (siehe Rüdenauer 1988, S. 174).

Ein Modell, das die genannten Zielperspektiven und -ebenen gut abbildet, ist das 4-Stufen-Modell von Kirkpatrick (siehe Unterabsatz 4.2.1.3.4). Dieses entstammt zwar der betrieblichen Personalentwicklung und wurde folglich bisher lediglich im Bereich der beruflichen Bildung eingesetzt. Allerdings kann die Stufenbetrachtung als Grundgerüst dieses Ansatzes problemlos auf den Bereich der Kundenqualifizierung angewandt werden. Diese Einschätzung wird durch die Ausführungen von Rüdenauer (1988, S. 177) gestützt, der ein leicht modifiziertes Modell zur Erfolgskontrolle von Kundenschulungen präsentiert, allerdings keinen Verweis auf das Modell von Kirkpatrick (1975; 1987; 1994) vornimmt.

Im Gegensatz zum Ursprungsmodell von Kirkpatrick (1975; 1987; 1994) wird jedoch keine Hierarchisierung der verschiedenen Ebenen postuliert. Zudem sei darauf hingewiesen, dass zwischen den verschiedenen Ebenen Rückkopplungen und damit gegenseitige Beeinflussungsmöglichkeiten existieren (Rüdenauer 1988, S. 177). Innerhalb der einzelnen Ebenen ist sodann eine Anpassung bzw. Modifizierung der Inhalte vorzunehmen.

Übertragen auf das Konzept der Kundenentwicklung lassen sich folgende vier Ebenen differenzieren:

• Kundenreaktionen (bisher: Reaktionen),

• Kundenlernen (bisher: Lernen),

• Kundenverhalten (bisher: Verhalten) und

• Unternehmens- und Marketingergebnisse (bisher: Ergebnisse).

Zu den Kundenreaktionen können die subjektiven Bewertungen, Einstellungen und Gefühle der Kunden in Bezug auf eine Kundenentwicklungsmaßnahme gefasst werden. Idealer Weise sollten die Kundenreaktionen möglichst im Anschluss an die Durchführung der Kundenentwicklungsaktivität erfasst werden. Die Erhebung an sich kann über Beobachtung, Interviews und schriftliche Befragung der Kunden geschehen (Rüdenauer 1988, S. 176 und S. 184). Dies ist bei den erfahrungsorientierten Kundenentwicklungsinstrumenten vergleichsweise einfach möglich, da sich die Kunden im direkten Zugriffsbereich des Dienstleisters befinden. So können z. B. während oder im Anschluss an eine Kundenunterweisung Gespräche über die Methodik, die Motivation und die Stimmung der Kunden geführt werden (Rüdenauer 1988,

S. 184). Auch Krah (1999, S. 63) empfiehlt Unternehmen, sich im Anschluss an ein Kundenseminar ein ausführliches Feedback einzuholen. Dieses beinhaltet Fragen zu: „Wie hat es Ihnen gefallen?", „Welchen Nutzen konnten Sie daraus ziehen?" und „Was sollte in Zukunft anders gemacht werden?". Dies stellt zudem einen ersten Ansatz dar, um die Ziele der Kundenentwicklung aus der Perspektive der Kunden zu erfassen. Ferner kann die Reaktion der Kunden erste Hinweise auf mögliche Probleme bei der Zielrealisierung geben. Ist ein Kunde mit der Qualifizierungsmaßnahme sehr unzufrieden, kann mit einer gewissen Wahrscheinlichkeit darauf geschlossen werden, dass die angestrebten Kundenlernziele nicht erreicht wurden.

Bei informationsorientierten, schriftlichen Kundenentwicklungsaktivitäten gestaltet sich eine Abfrage der Kundenreaktion schwieriger, da sich der Kunde nicht im direkten Zugriffsbereich des Dienstleisters befindet. Damit stellt sich die Frage nach Möglichkeiten der Erhebung der Reaktionen (Steiger 1995, S. 278 ff.). Hier bietet sich z. B. der Versand von schriftlichen Fragebögen an. So erkundigt sich z. B. die Advance Bank sechs Wochen nach der Kontoeröffnung bei ihren Neukunden nach deren Einschätzung bezüglich der Aussagekraft der zugeschickten Unterlagen (Schrick 2000, S. 479). Des Weiteren wird die Bereitschaft des Kunden zur Evaluierung der Maßnahmen eher gering sein.

Daher stellt schon die Ermittlung der Kundenreaktionen in Abhängigkeit von verschiedenen Determinanten, wie von der durchgeführten Kundenentwicklungsmaßnahme sowie von den situativen und personalen Faktoren, eine Herausforderung für Unternehmen dar.

Kundenlernen wird über die Aufnahme, Verarbeitung und Bewältigung der Lerninhalte und -prinzipien durch die Kunden abgebildet. Dabei bilden die zuvor definierten Kundenlernziele die Maßstäbe für den Lernerfolg ab (Lang 1997, S. 70; Rüdenauer 1988, S. 175). Prüfkriterien sind folglich die zu vermittelnden Lerninhalte, die in die Formulierung von Fragen oder Aufgaben einfließen (Rüdenauer 1988, S. 180). Damit wird der entsprechende Qualifikationszuwachs bei den Kunden gemessen. Voraussetzung ist die vorhergehende Definition operationaler Feinziele unter Berücksichtigung der entsprechenden Lernzielbereiche und -stufe. Hieran anknüpfend sind entsprechende Prüfkriterien in Form von Fragen oder Aufgaben auszuarbeiten. Diese sollten eindeutige Aussagen ermöglichen, inwieweit die Kundenlernziele erreicht wurden (Rüdenauer 1988, S. 179).

Diese Lernzielerreichung lässt sich z. B. über eine Einschätzung des Kundenkontaktpersonals zum Lernfortschritt, d. h. über die Beobachtung der Kunden während oder im Anschluss an die Durchführung einer Kundenqualifizierungsmaßnahme, über die Erhebung integrativitätsbezogener Fehlerzahlen im Anschluss an eine Kundenentwicklungsmaßnahme, per Befragung der Kunden oder mit einem Lerntest ermitteln (siehe ähnlich Rüdenauer 1988, S. 184 f.).

Wie solch ein Test aussehen kann, sei exemplarisch am Beispiel des Steuerberatungsunternehmens H&R Block dargestellt. Diese hatten, wie in Abschnitt 7.3.3 beschrieben, im Rahmen der Einführung eines neuen Services („Premium Tax") einen Wettbewerb ausgeschrieben. Dieses Preisausschreiben zielte darauf, dass sich die Kunden mit den Inhalten des neuen Services beschäftigen sollten. Dazu erhielten die Teilnehmer über zehn Wochen lang wöchentlich drei E-Mails, die sie über die Firma H&R Block, allgemeine Steuerangelegenheiten und den neuen Services informierten. Hierzu wurden ihnen Fragen gestellt, die sie beantworten und an H&R Block zurücksenden mussten. Bei einem Vergleich von Nichtteilnehmern und Teilnehmern an diesem Preisausschreiben zeigte sich, dass die Nichtteilnehmer über so gut wie keine Kenntnis bezüglich des neuen Service verfügten. Dagegen wiesen 54 % der aktiven Teilnehmer ein gutes Verständnis auf (Lovelock 2001, S. 309). Mit dieser Vorgehensweise erfolgt eine pädagogisch-psychologische Erfolgskontrolle, indem die Kundenlerninhalte direkt abgeprüft werden.

Wie schon die Kundenreaktionen kann der durch die Kundenentwicklungsaktivität gewonnene Lernfortschritt direkt im Anschluss an eine Maßnahme erhoben werden. Hier wäre es aber auch gleichermaßen denkbar, eine gewisse zeitliche Verzögerung einzuplanen, um die Behaltens- bzw. Vergessenseffekte (siehe Absatz 3.1.2.2) abzubilden.

Die Realisation der Kundenlernziele bedeutet jedoch noch nicht, dass die erworbenen Integrationsqualifikationen sich auch im Verhalten der Kunden widerspiegeln (Rüdenauer 1988, S. 176). Daher reicht eine Kontrolle des Kundenlernens zur Nutzenbestimmung der Kundenentwicklung nicht aus. Das Ziel der Kundenentwicklung liegt ja gerade in einer Verhaltensbeeinflussung der Kunden zur Erreichung der gewünschten Service Customer Performance.

Das Kundenverhalten spiegelt sich in der Service Customer Performance wider, welche im Vergleich zu den vorherigen Aspekten die eigentliche, das Dienstleistungsunternehmen interessierende Größe ist. Dabei setzt sich die Service Customer Performance aus den verschiedenen Leistungsbeiträgen des Kunden zusammen, die nach den transaktionsorientierten Kundenrollen (siehe Unterabsatz 2.5.2.1.3) sowie der beziehungsorientierten Partnerrolle (siehe Unterabsatz 2.5.2.1.4) systematisiert werden können. Kommen Kunden diesen Rollen nach, erlangt das Unternehmen folglich ökonomische und vor-ökonomische Leistungen (siehe auch Abschnitt 2.5.1). Dementsprechend ist bei einer Kontrolle der Teilziele der Kundenentwicklung die Veränderung der Service Customer Performance, d. h. der Grad der Erfüllung der einzelnen Kundenrollen zu erfassen und zu bewerten.

Eine quantitative Messung des Leistungsbeitrags ist am einfachsten bei der Rolle des Kunden als Käufer durchzuführen. Hier kann unmittelbar eine monetäre Bewertung stattfinden. Die weiteren Kundenrollen sind demgegenüber vor-ökonomischer Natur und damit nicht direkt monetär messbar. Zwar existieren Ansätze, um einzelne Kundenrollen quantitativ zu bewerten, wie z. B. Referenzwertmodelle zur Bewertung der Co-Marketer-Rolle (siehe z. B. Cornelsen 1998). Da aber deren exakte Beschreibung einen zu großen Raum einnehmen würde und zum anderen mit diversen (kritischen) Annahmen verbunden ist, soll auf deren explizite Darstellung verzichtet werden. Ein gangbarer Weg, um das Problem der Bewertung bzw. des Nachweises der Veränderung der Service Customer Performance zumindest ansatzweise zu lösen, kann der Einsatz von Kennzahlen darstellen, die als Indikatoren zur Bewertung der einzelnen Kundenleistungen genutzt werden.[365] Diese ermöglichen es zudem, das Kundenverhalten sowohl in einer kurz-, mittel- und langfristigen Perspektive abzubilden.

---

[365] Dieser Weg wird auch im Bereich des Personalentwicklungscontrollings beschritten und ist dort als kennzahlenorientierter ökonomischer Kontrollansatz bekannt (siehe Thierau-Brunner/Stangel-Meseke/Wottawa 1999, S. 268).

Einen Überblick über mögliche Kennzahlen für die verschiedenen transaktionsorientierten Kundenrollen findet sich in Abbildung 95.

Transaktionsorientierte Kundenrollen	Nutzenorientierte Kennzahlen
Co-Designer	• Anzahl der gelieferten Qualitäts- und Innovationsvorschläge
Co-Produktionsfaktor	• Geringere Kundenbearbeitungskosten
Co-Interaktor	• Schnellere Durchlaufzeiten
Substitute for Leadership	• Mitarbeiterzufriedenheit in Bezug auf Kundeninteraktion
Käufer	• Umsatz
Co-Marketer	• Zahl der positiven Referenzen

Abb. 95:   Transaktionsorientierte Kundenrollen und Beispiele nutzenorientierter Kennzahlen
Quelle: Eigene Überlegungen.

Interessant und von besonderer Relevanz für die Kundenentwicklungskontrolle ist ein Vergleich der Kundenlern- zur Verhaltensebene. Zeigt sich z. B., dass sich die Kunden die Lerninhalte erfolgreich angeeignet haben, diese aber nicht im Verhalten umsetzen, so stellt sich dem Dienstleister die wichtige Frage, woran der Lerntransfer, d. h. die Übertragung und Anwendung des Gelernten in der Praxis, gescheitert ist (Rüdenauer 1988, S. 180). So können andere Faktoren, wie Fehler im Service-System, einen erfolgreichen Kundenlerntransfer behindert haben, die es durch den Einsatz entsprechender Maßnahmen zu beseitigen gilt.

Dies bringt zum Ausdruck, dass die Erfassung des Nutzens der Kundenentwicklung im Dienstleistungsbereich durch eine Zurechnungsproblematik erschwert wird. Veränderungen des Kundenverhaltens bzw. der Service Customer Performance lassen sich nicht alleinig auf den Einsatz von Kundenentwicklungsaktivitäten zurückführen. Zum einen können situative Faktoren das Kundenverhalten beeinflussen. Zum anderen wirken sich insbesondere Aktivitäten anderer Funktionsbereiche, wie z. B. preispolitische Maßnahmen, auf das Kundenverhalten aus.

Ein Ansatz, um diese Problematik zu lösen bzw. zu verringern, ist der Einsatz von Kontrollgruppen. Während die Testgruppe, unter der Voraussetzung eines gleichen Vorqualifikationsstands gegenüber der Kontrollgruppe, an einer Kundenentwicklungsmaßnahme teilnimmt, bleibt der Kontrollgruppe diese Maßnahme verwehrt. Im

Anschluss an die Durchführung dieser Maßnahme, wie z. B. eines Kundenseminars, werden die Ergebnisdifferenzen bei der Testgruppe im Vergleich zur Kontrollgruppe als Lernerfolge angesehen (Nieschlag/Dichtl/Hörschgen 1994, S. 679).[366]

Letztlich soll sich die Veränderung der Service Customer Performance in der Erreichung der übergeordneten Unternehmens- und Marketingziele (positiv) bemerkbar machen. Damit bewegt sich die Zielkontrolle auf der Ebene der Unternehmens- und Marketingergebnisse und folglich findet eine mittel- bis langfristige Bewertung statt.

In den meisten Fällen wird jedoch ein direkter Nachweis der Verbesserung von Unternehmens- bzw. Marketingzielen, wie eine Steigerung des Umsatzes, des Gewinns und der Kundenbindung oder eine Senkung der Kosten, nicht möglich sein, da diese parallel von diversen anderen Faktoren, z. B. der Preispolitik eines Dienstleisters, Wettbewerbereinflüsse und der Marktentwicklung, beeinflusst werden. Ein Rückschluss von Veränderungen der unternehmerischen Zielgrößen, wie des Gewinns, oder Marketing-Zielgrößen, wie des Marktanteils, auf den Einsatz von Kundenentwicklungsmaßnahmen ist daher in der Realität so gut wie unmöglich (siehe ähnlich Rüdenauer 1988, S. 176 und S. 183). Aufgrund dieser immensen Probleme der Isolierbarkeit und Zurechenbarkeit einzelner Kundenqualifizierungswirkungen sei von einer diesbezüglichen Diskussion abgesehen. Daher können zwar theoretisch-konzeptionell Überlegungen zur Rentabilität der Kundenentwicklung im Dienstleistungsbereich angestellt werden. In der Praxis wird jedoch eine genaue Rentabilitätsberechnung nur sehr schwer, wenn überhaupt möglich sein (siehe auch Rüdenauer 1988, S. 184). Dies sollte allerdings nicht dazu verleiten, auf Wirtschaftlichkeitsrechnungen gänzlich zu verzichten. Es sollte schon versucht werden, ausreichend robuste Schätzungen vorzunehmen, die allerdings nicht den Anspruch auf rechnerische Exaktheit erheben können. Die Grundlagen hierfür werden in Kapitel 9.6 geliefert.

---

[366] Siehe vertiefend zum Design von Experimenten und dem Einsatz von Experimentalgruppen u. a. Nieschlag/Dichtl/Hörschgen (1994, S. 678-680). Zu Problemen eines derartigen experimentellen Designs im Bereich der betrieblichen Weiterbildung vgl. z. B. Bronner/Schröder (1983, S. 55-63).

9.6   Grundsätzliche Überlegungen zur Rentabilität der Kundenentwicklung im Dienstleistungsbereich

Intensive Kundenentwicklungsaktivitäten müssen sich nicht unbedingt in einem ökonomischen Erfolg widerspiegeln. So ist auch bei dem Einsatz von Kundenentwicklungsmaßnahmen, wie bei anderen unternehmerischen Funktionen gleichermaßen, von Sättigungstendenzen auszugehen. Ab einem gewissen Punkt wird ein Mehreinsatz unrentabel. Daher sollte die Rentabilität der Kundenentwicklung so gut wie nur möglich bestimmt und überwacht werden.

Zur Berechnung der Rentabilität sind gemäß dem Wirtschaftlichkeitsprinzip Input-(Kosten-) und Output-(Nutzen-)Größen zu ermitteln und einander gegenüberzustellen (Bruhn/Georgi 1999, S. 33; Stauss/Seidel 1998b, S. 279). Dementsprechend steht bei der Ermittlung der Rentabilität der Kundenentwicklung das Verhältnis zwischen den eingesetzten Mitteln und der Erreichung von Kundenentwicklungs- und -lernzielen im Blickpunkt der Betrachtung. Zusätzlich kann im Einzelfall bei einer Bepreisung der Kundenentwicklungsmaßnahmen, z. B. bei Kundenseminaren, die hierdurch gewonnenen Erlöse noch zum Nutzen hinzugerechnet werden (Rüdenauer 1988, S. 183).

Zur Beurteilung der Rentabilität können nun verschiedene Arten der Rentabilitätsanalyse unterschieden werden. Zum einen ist eine absolute Rentabilitätsanalyse möglich. Diese betrachtet die Wirtschaftlichkeit der Kundenentwicklung bzw. einer Kundenentwicklungsmaßnahme in Bezug zu einem Fixpunkt, i. d. R. zum Nullpunkt. Somit werden Kundenentwicklungsaktivitäten als rentabel angesehen, wenn der Nutzen die Kosten übersteigt (Bruhn/Georgi 1999, S. 35). Die relative Rentabilitätsanalyse beschäftigt sich dagegen mit dem Vergleich von zwei oder mehreren Kundenentwicklungsinstrumenten. Damit wird eine Optimierung des Kundenentwicklungsmaßnahmen-Mix angestrebt, die sich allerdings durch eine hohe Komplexität auszeichnet.

Nach der Ermittlung der Kosten und Nutzen der Kundenentwicklung ist es nun prinzipiell möglich, durch eine Gegenüberstellung dieser Größen eine Aussage über die Rentabilität der Kundenentwicklung(smaßnahmen) zu treffen. Dabei gilt es die Kompetenzschaffungskosten und die kompetenzbezogenen Opportunitätskosten, d. h. die Kompetenzkosten, zu erfassen. Als dem gegenüberzustellenden Nutzen sind zum einen der Grad der Zielerreichung und zum anderen die Verringerung (bzw. Vermeidung) von Inkompetenzkosten anzusehen (siehe Abbildung 96). Damit wird ein „Return on Customer Education RoCEd" errechnet.

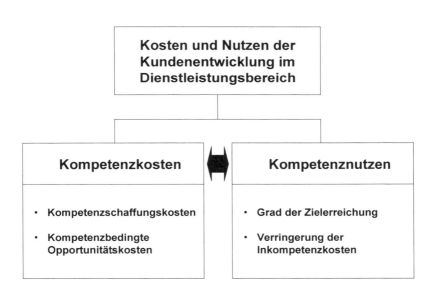

Abb. 96:   Kosten und Nutzen der Kundenentwicklung im Dienstleistungsbereich
Quelle: Eigene Überlegungen.

Nimmt man das Beispiel aus Abschnitt 9.4.2, so ergaben sich für den Einsatz von Instruktionsbroschüren Gesamtkosten in Höhe von 19.900 EURO. Bei 1.000 Instruktionsbroschüren betragen die Kosten pro Broschüre 1,99 EURO. Folglich wäre der Einsatz dieser Broschüren rentabel, wenn in dieser Höhe ein Nutzen entstehen würde (absolute Rentabilitätsanalyse). Zeigt sich, dass die Kosten dieser Broschüren geringer sind als die Kosten anderer Instrumente bei gleichem Nutzenanfall, so wären die Informationsbroschüren auch relativ betrachtet rentabel.

Bei der erläuterten Rentabilitätsbetrachtung handelt es sich um eine statische Analyse. Soll hingegen der Investitionscharakter der Kundenentwicklung zum Ausdruck gebracht werden, bedarf es des Einsatzes investitionsrechnerischer Verfahren, wie z. B. der Kapitalwertmethode (Schmalen 1999, S. 572-575). Der Einsatz von Methoden der dynamischen Investitionsrechnung ist jedoch im Bereich der Kundenentwicklung sehr problematisch, da zum einen die Bestimmung der anzusetzenden Perioden, in denen Erträge dem Unternehmen zurückfließen, und zum anderen die Höhe der Einzahlungen mit großen Unsicherheiten (Schätzungenauigkeiten) behaftet ist. Daher soll auf eine (ohnehin nur exemplarische) Darstellung verzichtet werden.

10 Implementierungsaspekte der Kundenentwicklung im Dienstleistungsbereich

10.1 Einführende Anmerkungen und Kurzüberblick

Ein Konzept der Kundenentwicklung muss nicht nur professionell geplant, sondern insbesondere auch konsequent implementiert, d. h. in die praktische Realität überführt (Oelsnitz 1999, S. 41) werden. Dieses Vorhaben scheint auf den ersten Blick relativ unproblematisch realisierbar zu sein. Das dem nicht unbedingt so ist, lässt sich anhand der Identifikation verschiedenster potentieller Hemmnisse zeigen, die im Folgenden als Implementierungsbarrieren der Kundenentwicklung im Dienstleistungsbereich bezeichnet werden. Die hieraus erwachsende Implementierungslücke bzw. -problematik stellt ein generelles und häufig vorkommendes Problem der Praxis bei dem Versuch der Realisation neuer Managementkonzepte dar. Mit dieser Lücke ist der Sachverhalt angesprochen, dass Konzepte bzw. Strategien leichter zu definieren als zu implementieren sind (Köhler 2000, S. 254; Meffert 2000, S. 1101; Wohlgemuth 1998, S. 789).

Als Strukturierungshilfe zur systematischen Darstellung der Barrieren dient dabei die in der Literatur zum Marketing und Dienstleistungsmarketing häufig vorgenommene Unterscheidung in die Implementierungsdimensionen der Unternehmenskultur, der Mitarbeiter, der Organisationsstruktur und der Systeme, insbesondere der Informationssysteme (Köhler 2000, S. 261; Meffert 1994, S. 532). Da sich Kapitel 5.2 bereits ausführlich mit den unternehmenskulturellen Implementierungsschwierigkeiten in Gestalt eines negativen Kundenbilds und einer ablehnenden Haltung der Mitarbeiter und Führungskräfte bezüglich der Entwicklungsfähigkeit von Kunden beschäftigt sowie diesbezügliche Lösungsansätze aufgezeigt hat, wird diese Basisdimension im Folgenden nicht weiter erörtert.

Somit beschäftigt sich dieser zehnte Teil der Arbeit mit zentralen Fragestellungen einer systematischen Kundenentwicklungsimplementierung. Eine vollständige Behandlung aller möglichen Implementierungsaspekte und -ansätze ist jedoch aufgrund der Fülle und Heterogenität an diesbezüglichen Forschungsfeldern sowie Inhalten, wie der Organisationsentwicklung, der lernenden Organisation und des Change Ma-

nagements, und Implementierungsproblemen, wie der Entstehung von Polyzentris-
mus in Unternehmen und damit einhergehend ein Verlust an Gestaltungskontrolle
(Ringlstetter 1997, S. 278-286), nicht möglich.[367] Es soll und kann lediglich ein Ein-
blick in für die Arbeit wichtige, zu beachtende Fragestellungen gegeben werden.

Ausgangspunkt der Diskussion ist die Beschreibung möglicher Barrieren der Realisation der Kundenentwicklung (Kapitel 10.2). Im Anschluss hieran werden konzeptionelle Überlegungen zur Beseitigung bzw. Minderung dieser Barrieren dargelegt
(Kapitel 10.3). Diese beruhen auf einem systematischen Implementierungsansatz,
der eine Durchsetzung des Konzepts bei den Beschäftigten (Kapitel 10.4) und eine
notwendige Anpassung der Unternehmenspotentiale, d. h. dessen Umsetzung (Kapitel 10.5), beinhaltet.

10.2 Zentrale Barrieren der Realisation eines Kundenentwicklungsmana-
gements im Dienstleistungsbereich

Zentrale Barrieren der Implementierung eines Kundenentwicklungskonzepts zeigen
sich insbesondere in Bezug auf die Mitarbeiter (Abschnitt 10.2.1), die Organisationsstruktur (Abschnitt 10.2.2) und das Informationssystem (Abschnitt 10.2.3). Darüber
hinaus existieren noch weitere Einzelhemmnisse, auf die lediglich ergänzend hingewiesen sei (Abschnitt 10.2.4).

10.2.1   Mitarbeiterbezogene Barrieren einer Kundenentwicklungsimplementierung

Soll ein Kundenentwicklungsmanagement erfolgreich realisiert werden, so bedarf es
der Unterstützung durch das Personal des Dienstleisters. Speziell interessieren hierbei die Führungskräfte im Front office-Bereich, da sie die Rahmendaten für die Kundenqualifizierung vorgeben, und die Mitarbeiter im Kundenkontakt, da sie letztlich
diejenigen sind, die in der Interaktion mit den Kunden als Lehrer, Trainer und/oder

---

[367] Bislang existiert noch immer keine allgemein akzeptierte Theorie der Implementierung (Hilker
2001, S. 829).

Coachs agieren müssen (Lovelock 2001, S. 305; McKenna 1991, S. 52). Damit kommt dem Kundenkontaktpersonal bei der konkreten Kundenqualifizierung eine aktive Rolle zu (Webb 2000), das während der Leistungserstellung einen erheblichen Einfluss auf den Kunden und dessen Integrationskompetenzen hat (Mills/Morris 1986, S. 731; siehe auch Bruhn/Grund 1999, S. 506; Kleinaltenkamp 2000, S. 13 und Schneider/Schechter 1991, S. 221 f.). Bevor auf das Kontaktpersonal und dessen Widerstände näher eingegangen wird, seien vorab noch in kurzen Zügen die besondere Rolle der Führungskräfte im Rahmen von Implementierungsprozessen und mögliche Implementierungsbarrieren beschrieben.

Führungskräfte spielen als Schlüsselpersonen eine zentrale Rolle bei jeglicher Art von Strategieimplementierung. Nur wenn diese vom Konzept der Kundenentwicklung überzeugt und bereit sind, dieses aktiv und nachhaltig zu fördern, kann sich die Leitidee der Kundenentwicklung im Dienstleistungsunternehmen durchsetzen. Problematisch ist es, wenn Manager ein negatives Kundenbild und eine Einstellung derart haben, dass Kunden nicht entwicklungsfähig sind. Da diese Aspekte schon im Rahmen der Unternehmenskultur (Kapitel 5.2) behandelt wurden, sei auf diese Widerstände nicht weiter eingegangen und der eigentliche Schwerpunkt auf das Kontaktpersonal sowie dort auftretende Implementierungshemmnisse gelegt.

Um den Kunden in Bezug auf seine Integrationsleistung richtig schulen zu können, benötigen Mitarbeiter im Kundenkontakt selbst ein umfassendes Fachwissen über die Dienstleistungen (funktionale Kompetenz der Mitarbeiter; Nerdinger 1999, S. 138), d. h. über das Service-Konzept, das Service-System und die Service-Standards (Bitner/Booms/Tetreault 1990, S. 82; siehe auch Lovelock 2001, S. 297; Wohlgemuth 1998, S. 787). Ein reines „Skriptwissen", im Sinne eines Prozessablaufs wie bei McDonalds, reicht oftmals nicht aus (Bitner/Booms/Tetreault 1990, S. 82). Falls diese Kenntnisse beim Personal nicht vorhanden sind, entsteht eine Implementierungsbarriere aufgrund fachlicher Qualifikationslücken (Nicht-Wissen) des Personals.

Ein mangelhaftes Sachwissen über die Dienstleistungen stellt jedoch häufig ein eher kleines Problem dar, da dieses den Mitarbeitern sehr schnell und relativ einfach vermittelt werden kann. Sehr viel schwieriger auf- bzw. auszubauen sind dagegen methodische und soziale Kompetenzen. Gerade die Sozialkompetenz spielt beim Kundenkontaktpersonal generell (Wohlgemuth 1998, S. 790 f.), und auch speziell bei der Kundenqualifizierung eine wichtige Rolle (Meer 1984, S. 133). So sollte der Mitarbeiter z. B. ein gutes Einfühlungsvermögen verfügen, um die integrationsbezogenen Qualifikationen des Kunden abschätzen zu können. Des Weiteren benötigt der Mitarbeiter didaktische, d. h. methodische Fertigkeiten, um eine Kundenunterweisung oder -schulung möglichst lehrreich durchführen zu können. Von daher stellen mangelnde Methoden- und Sozialkompetenzen (Nicht-Können) weitere Implementierungshemmnisse dar.

Selbst wenn die fachlichen, methodischen und sozialen Kompetenzen beim Personal vorhanden sind, bedeutet dies nicht automatisch, dass der Grundgedanke der Kundenqualifizierung auch tatsächlich umgesetzt wird. Gerade ein absentes Wollen (Nicht-Wollen) der Mitarbeiter vermag die Durchführung der Kundenentwicklung zu behindern. Die Ursachen hierfür können u. a. in fehlenden Anreizen oder konträr verlaufenden Anreizsystemen gesehen werden.

Zusammenfassend lässt sich konstatieren, dass eine fehlende Bereitschaft und Qualifikation des Personals, insbesondere der Kundenkontaktmitarbeiter, zentrale Barrieren der Kundenentwicklungsimplementierung darstellen.

10.2.2 Organisationsstrukturelle Barrieren einer Kundenentwicklungsimplementierung

Die Implementierung des Konzepts der Kundenentwicklung kann zudem nur dann gelingen, wenn die entsprechenden Aufgaben, Kompetenzen und Verantwortungen zur Kundenqualifizierung im Unternehmen klar geregelt sind. Doch gerade hierin ist eine weitere Schwachstelle zu sehen. Die Planung, Durchführung und Kontrolle der verschiedenen Instrumente der Kundenentwicklung liegt in den unterschiedlichsten Händen:

- Kundenunterweisungen führen die Mitarbeiter im Kundenkontakt durch,
- Kundenseminare betreibt der Außendienst,
- Werbemaßnahmen plant das Marketing,

- Kundenzeitschriften gestaltet die PR-Abteilung,
- das physische Umfeld wird durch externe Architekten kreiert und
- um die internetbasierten Instrumente kümmert sich die EDV-Abteilung oder spezielle Online-Redakteure.

Institutionalisierte Abstimmungs- und Entscheidungsregeln für die verschiedenen Kundenentwicklungsaktivitäten existieren indes i. d. R. nicht. Dies hängt eng mit der Problematik zusammen, dass eine organisatorisch verankerte, zentrale Stelle, die für die Konzeption und Realisation der Kundenentwicklung verantwortlich ist, in der Unternehmenspraxis die absolute Ausnahme darstellt (Meer 1984, S. 1).

10.2.3   Systembezogene Barrieren einer Kundenentwicklungsimplementierung

Nicht zu unterschätzen ist die Relevanz von Informationssystemen für die Implementierung der Kundenentwicklung. Ein zentrales Element der Kundenentwicklung stellt die Gewinnung, Auswertung und Nutzung kundenindividueller Daten über die Qualifikationen und mögliche Qualifikationslücken der Kunden dar. Dies ist jedoch in vielen Dienstleistungsbranchen, wie gerade bei Banken, Versicherungen und Krankenhäusern, ohne entsprechende informationstechnologische (IT-)Systemunterstützung nicht mehr realisierbar. Zwar stellt ein Database-Marketing in der Praxis durchaus nicht mehr die Ausnahme dar, gerade bedingt durch den immensen Auftrieb des Einsatzes von Customer Relationship Management CRM-Software, eine Integration kundenentwicklungsrelevanter Daten ist in diesen Systemen jedoch explizit noch nicht vorhanden. Von daher stellt ein fehlendes Kundenentwicklungs-Informationssystem (KEIS) eine weitere zentrale Implementierungsbarriere dar.

10.2.4   Weitere Einzelbarrieren einer Kundenentwicklungsimplementierung

Neben den bisher genannten zentralen Hemmnissen der Realisation des Kundenentwicklungskonzepts existieren weitere Implementierungswiderstände (siehe ähnlich Mills/Morris 1986, S. 731), die eher von nachrangiger Bedeutung sind, und von daher in den weiteren Ausführungen nicht mehr explizit aufgegriffen werden.

Zum Ersten verfügen nur vergleichsweise wenige Dienstleistungsunternehmen über ein (institutionalisiertes) Innovationsmanagement. Umso weniger besitzen Dienstleister bisher die notwendigen Kompetenzen in Bezug auf die Ausarbeitung und Formulierung von integrationsbezogenen Kundenrollen und Aufgaben. Die Festlegung dieser stellt jedoch die Voraussetzung zur Ermittlung des Kundenentwicklungsbedarfs und somit der Planung sowie des systematischen Einsatzes von Kundenentwicklungsinstrumenten dar. Hiermit liegt also ein methodisches Defizit als Implementierungsschwierigkeit vor. Dazu gilt es allerdings anzumerken, dass in jüngster Zeit unter dem Schlagwort des „Service Engineering" (siehe z. B. Bullinger/Meiren 2001; Haller 2000a; 2000b) eine verstärkte Tendenz im Dienstleistungsbereich zur Beschäftigung mit dem Einsatz systematischer Methoden zur Generierung, Entwicklung und Markteinführung von Dienstleistungsinnovationen feststellbar ist.

Zum Zweiten können Kundenentwicklungsmaßnahmen in einem hoch kompetitiven Umfeld risikoreich und kosteninfektiv sein, da die Wettbewerber von kompetenten Kunden profitieren vermögen, weil sie diese nicht selbst entwickeln müssen. Folglich amortisieren sich die in die Kundenentwicklung getätigten Investitionen nicht (vollständig) bzw. erbringen keinen Gewinn. Dienstleistungsunternehmen sollten sich daher - falls möglich - auf die Vermittlung firmenspezifischer Qualifikationen konzentrieren. Damit wird nicht nur eine Stärkung der Konkurrenten vermieden, sondern es erfolgt gleichfalls eine Bindung des Kunden an das Unternehmen, da es sich für den Kunden bei der Teilnahme an Kundenentwicklungsaktivitäten um das Aufbringen von spezifischen Lerninvestitionen handelt.

10.3   Konzeptionelle Überlegungen zur Beseitigung bzw. Minderung der Barrieren der Kundenentwicklungsimplementierung

Das Ziel eines Implementierungsmanagements zur Realisierung des Kundenentwicklungskonzepts liegt nun darin, die zuvor präsentierten Barrieren idealiter vollständig zu beseitigen oder diese zumindest auf ein möglichst geringes Maß zu reduzieren. Dazu bietet sich ein Implementierungsansatz an, der die zwei zentralen Module der Durchsetzung und der Umsetzung (Kolks 1990, S. 79) des Konzepts der

Kundenentwicklung umfasst. Während die Aufgabe der Durchsetzung in der Akzeptanzschaffung für das Konzept der Kundenentwicklung bei den (betroffenen) Führungskräften und Mitarbeitern sowie des Fähigkeitsausbaus liegt, d. h. sich den mitarbeiterbezogenen Barrieren widmet, beschäftigt sich die Umsetzungsphase primär mit der Anpassung der entsprechenden Unternehmenspotentiale.[368] Dazu zählen im Sinne der vorgenommenen Ausgrenzung der Unternehmenskultur sodann noch die Veränderungen der Organisationsstruktur sowie des Informationssystems in Dienstleistungsunternehmen (Meffert 1994, S. 532) zur Beseitigung der entsprechenden Barrieren.

Soll die Implementierung zielgerichtet verlaufen, sind demgemäß entsprechende Ziele zur Realisation der Kundenentwicklung zu formulieren. Nur in diesem Falle können Fehlentwicklungen entdeckt, analysiert sowie korrigiert werden. Dabei lassen sich folgende Zielebenen unterscheiden (siehe auch Abbildung 97):

- Oberziel,
- Systemziele und
- Durchführungsziele

der Kundenentwicklungsimplementierung.

Als Oberziel fungiert die erfolgreiche Implementierung der Kundenentwicklung im Dienstleistungsunternehmen. Hieran anknüpfend lassen sich sowohl für die Durchsetzung als auch die Umsetzung entsprechende Systemziele formulieren.

Bei der Durchsetzung des Konzepts der Kundenentwicklung steht die Schaffung der notwendigen Akzeptanz bei den Führungskräften und Mitarbeitern im Vordergrund. Falls die Kunden als Störenfriede und als nicht entwicklungsfähig angesehen werden sowie die Mitarbeiter nicht über die notwendigen Kompetenzen verfügen, wird die Realisation der Kundenentwicklung (stark) gehemmt. Dies entspricht im Ansatz der allgemeinen Erkenntnis bei Veränderungsprozessen, dass neue Konzepte oftmals aufgrund von internen Widerständen der von der Neuerung betroffenen Organisati-

---

[368] Zwar verweist Kolks (1990, S. 78 f.) neben der Anpassung der Unternehmenspotentiale noch auf die Spezifizierung des Strategievorhabens als weitere Teilaufgabe der Umsetzung. Da aber im Rahmen dieser Arbeit sehr detailliert auf das operative Management der Kundenentwicklung eingegangen wurde, kann dieser Aspekt im Folgenden ausgespart werden.

onsmitglieder misslingen (Hauschildt/Kirchmann 1997, S. 68; Hauschildt/Schewe 1997, S. 507; siehe auch Ringlstetter 1997, S. 117 und S. 278).

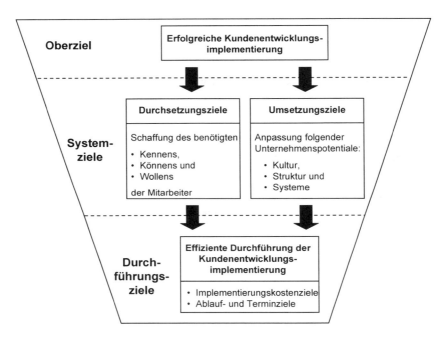

Abb. 97:   Zielhierarchie der Kundenentwicklungsimplementierung
Quelle: In Anlehnung an Meffert 2000, S. 1104.

Wenn im Dienstleistungsunternehmen die Einsicht für die Notwendigkeit strategie-unterstützender Änderungen fehlt, ist der Implementierungsprozess häufig zum Scheitern verurteilt (Wohlgemuth 1998, S. 790). Folglich spielt das Personal bei der Realisierung von strategischen Konzepten und damit auch der Kundenentwicklung eine ganz besondere Rolle (Becker 1995, Sp. 2422).

Die Widerstände des Personals begründen sich, wie in Abschnitt 10.2.1 erörtert, in einem Nicht-Wissen, einem Nicht-Können und einem Nicht-Wollen der Beteiligten (siehe generell zu diesen Implementierungswiderständen Hauschildt/Kirchmann 1997, S. 68; Hauschildt/Schewe 1997, S. 508). Dementsprechend ist ein zentrales Durchsetzungsziel in der Schaffung der notwendigen Leistungsfähigkeit, d. h. im Kennen und Können, und der Leistungsbereitschaft, d. h. im Wollen des Personals zur Unterstützung von Kundenentwicklungsaktivitäten, zu sehen. So sollten die Mitarbeiter und Führungskräfte z. B. die Inhalte des Kundenentwicklungskonzepts kennen, verstehen und anwenden können.[369]

Während die Durchsetzungsziele auf einer verhaltensorientierten Ebene liegen, betreffen die Umsetzungsziele strukturorientierte Aspekte (in Anlehnung an Hilker 2001, S. 835). So ist zu überlegen, welche Unternehmenskultur(en), Organisationsstrukturen sowie Informationssysteme zur Erreichung des Kundenentwicklungskonzepts anzustreben sind.[370] Zuletzt beschreiben die Durchführungsziele konkrete Anforderungen an eine effiziente Realisation der Kundenentwicklungsimplementierung. Hier stellt sich u. a. die Frage nach den anzustrebenden Kosten und der Realisierungsdauer (Wohlgemuth 1998, S. 793). Da die Durchführungsebene rein operativer und vor allem firmenspezifischer Natur ist, sei im Folgenden lediglich auf zentrale Durchsetzungs- (Kapitel 10.4) und Umsetzungsaspekte (Kapitel 10.5) eingegangen.

10.4 Beseitigung bzw. Minderung der mitarbeiterbezogenen Implementierungsbarrieren mittels Durchsetzung der Kundenentwicklung

Ziel der Durchsetzung ist die Beseitigung bzw. Minderung der mitarbeiterbezogenen Implementierungsbarrieren in Gestalt des Nicht-Wissens, Nicht-Könnens und Nicht-Wollens des Personals. Dementsprechend beschäftigt sich diese mit der Schaffung einer profunden Akzeptanz- und Fähigkeitsbasis bezüglich des Kundenentwicklungskonzepts beim betroffenen Personal des Dienstleistungsunternehmens. Infolgedessen sind die Führungskräfte und Mitarbeiter für das Thema der Kundenentwicklung zu sensibilisieren und adäquat zu trainieren (Meer 1984, S. 138; siehe ähnlich Meffert/Bruhn 1997, S. 451). Als Instrument zur Erreichung dieser Zielsetzung findet insbesondere die Personalentwicklung ihren Einsatz (Glomb 1995, S. 258). Daher werden im Folgenden schwerpunktmäßig mögliche Felder eines kundenentwicklungsbezogenen Personalentwicklungsbedarfs und erste Instrumente zur

---

[369] Hierbei wird ersichtlich, dass es sich bei den Durchsetzungszielen um eine klassische Formulierung von Lernzielen handelt (zur Formulierung von Lernzielen siehe auch Kapitel 7.2).
[370] Gerade zum Zusammenhang zwischen Strategie und Struktur gibt es eine Vielzahl an Literaturquellen (siehe z. B. die Standardwerke von Chandler 1993 und Miles/Snow 1990).

Schließung der identifizierten Qualifikationslücken aufgezeigt.

In einem ersten Schritt gilt es, die Anforderungen bezüglich der Realisierung des Kundenentwicklungskonzepts zu ermitteln. Auf der Mitarbeiterebene sind daher zunächst einmal die Kundenentwicklungsaufgaben eines jeden Angestellten mit Kundenkontakt, z. B. Schalterpersonal bei Banken, Ärzte und Pflegepersonal in Krankenhäusern sowie Call Center-Agenten von Versicherungen, zu analysieren. Daraus lassen sich die benötigten Qualifikationsanforderungen ableiten. Im Folgenden sollen exemplarisch einige generelle Anforderungen in Bezug auf die Methoden- und Sozialkompetenzen erörtert werden. Dies entbindet Dienstleistungsunternehmen aber auf keinen Fall davon, eine arbeitsplatz- bzw. dienstleistungsspezifische Anforderungsanalyse durchführen zu müssen.

Oftmals muss eine Differenzierung der Art und Weise der Kundenentwicklung direkt im Leistungserstellungsprozess erfolgen. Damit sind die Kundenkontaktmitarbeiter gefordert, den Entwicklungsbedarf des einzelnen Dienstleistungskunden vor Ort abzuschätzen, um ihn dann adäquat zu qualifizieren. Nerdinger (1994, S. 139) spricht auch von der psychologischen Diagnostik, die ein grundlegendes Handwerkszeug von Dienstleistern sei (siehe ähnlich auch Bailey 1994, S. 38). Hierbei geht es um die adäquate Einschätzung der Kunden als Interaktionspartner während der Dienstleistungserstellung. So ordnen Kundenkontaktmitarbeiter die einzelnen Kunden zu bestimmten Personenschemata zu und bilden damit Kundentypologien (Nerdinger 1994, S. 139). Im Falle der Kundenentwicklung sind eben entwicklungsbedarfsbezogene Kundengruppen zu bilden. Zur Bewältigung dieser Diagnoseaufgabe müssen Mitarbeiter über ein ausreichendes Einfühlungsvermögen, und folglich die Fähigkeiten zur Empathie und Perspektivenübernahme (Bruhn/Grund 1999, S. 506), verfügen (Hilke 1989, S. 28 f.; siehe ähnlich Kleinaltenkamp 2000, S. 13 und Lovelock 2001, S. 297). Somit vermag der Kontaktmitarbeiter nicht nur die Kundenqualifikation einzuschätzen, sondern er kann gezielt zum Abbau von Informationsasymmetrien beitragen (Bruhn/Grund 1999, S. 507) und schließlich den Lernerfolg einschätzen (Rüdenauer 1988, S. 188). Damit ist eine weitere wichtige Qualifikation des Kundenkontaktpersonals angesprochen, die Flexibilität des Mitarbeiters im Kundenkontakt (Hilke 1989, S. 29). Letztlich benötigt das Kundenkontaktpersonal zudem didaktische bzw. pädagogische Kompetenzen zur Vermittlung der benötigten Kundenqualifikationen.

Nach der Bestimmung der Qualifikationsanforderungen sind in einem zweiten Schritt die aktuell vorhandenen Qualifikationen der Kontaktmitarbeiter zu ermitteln. Dazu ist im Sinne einer kundenentwicklungsorientierten Potentialanalyse (zur Potentialanalyse siehe auch Kreikebaum 1997, S. 133-135) das Personal des Dienstleistungsunternehmens im Hinblick auf dessen Verfügbarkeit und Eignung zur Qualifizierung der Kunden zu überprüfen. Es stellt sich die Frage, inwieweit das Dienstleistungsunternehmen überhaupt schon Kompetenzen im Bereich der Kundenentwicklung besitzt.

Dazu müssen die verschiedensten Funktionsbereiche auf bisherige, wenn auch eventuell unbewusst durchgeführte Aktivitäten zur Kundenentwicklung untersucht werden, z. B. per Dokumentenanalyse (Küpper 1997, S. 141). Zu den prädestinierten Funktionsbereichen gehören das Marketing, insbesondere die Markt- bzw. Kundenkommunikation, der Verkauf und, falls vorhanden, die Abteilung bzw. Projektgruppe(n) zur Entwicklung neuer oder Veränderung existenter Dienstleistungen (Abteilung Service Design, Service Development bzw. Dienstleistungsinnovationsmanagement). Daneben sollten die Fähigkeiten und Aktivitäten der Personalentwicklungseinheit erfasst werden, da hier auf methodisch-konzeptionelles Know-how zur Qualifizierung von Personen zurückgegriffen werden kann.[371]

Im Anschluss an die Erhebung der Anforderungen und Qualifikationen kann ein Soll-Ist-Vergleich durchgeführt werden, um die Deckungslücke, d. h. den konkreten Personalentwicklungsbedarf, zu ermitteln. Hierauf aufbauend können spezifisch einzusetzende Bildungsmaßnahmen geplant, durchgeführt und evaluiert werden. Dabei bieten sich u. a. Vorträge, Lehrgespräche und schriftliche Unterlagen zur Vermittlung der benötigten Fachkenntnisse, wie z. B. von Hintergrundinformationen über das Service-Konzept, an. Aber auch Erfahrungsaustauschgruppen oder Qualitätszirkel können hierfür genutzt werden. Zur Schulung der Mitarbeiter in Bezug auf methodische und soziale Kenntnisse kommen insbesondere die Verfahren des Verhaltens-

---

[371] Das hieraus entstehende Fähigkeitsprofil des Dienstleistungsunternehmens dient auch der fundierten Abschätzung von Make-or-Buy-Entscheidungen (Engelhardt/Schwab 1982, S. 505 f.) im Bereich des Managements der Kundenentwicklung (siehe Absatz 10.5.1.1).

trainings, Rollenspiels und der Teamentwicklung in die nähere Auswahl. Aber auch Coaching, Tutoring, Mentoring und Mitarbeitergespräche lassen sich hierfür sinnvoll einsetzen.[372]

In Bezug auf die Beseitigung des Nicht-Wollens der Mitarbeiter wird generell versucht, Akzeptanzbarrieren möglichst frühzeitig aufzuspüren und auszuräumen (Glomb 1995, S. 258). Die Widerstände begründen sich dabei in der Wahrnehmung von Veränderungen als potentielle Bedrohungen. Die positiven Aspekte der Einführung neuer Konzepte werden dagegen oftmals nicht gesehen. Ursachen hierfür sind eine fehlende Einbindung betroffener Organisationsmitglieder in die Entwicklung neuer Konzepte (siehe ähnlich Glomb 1995, S. 259). Wohlgemuth bezeichnet diese Veränderungsstrategie, bei der ein neues Konzept sozusagen „im Geheimen" entwickelt und erst am Tag X den Führungskräften sowie Mitarbeitern präsentiert wird, als Bombenwurfstrategie (Wohlgemuth 1998, S. 792). Um die hieraus entstehenden Probleme vor allem in Gestalt hoher Widerstände bei der Implementierung zu reduzieren, sollten Führungskräfte und Mitarbeiter bei der Entwicklung des (Kundenentwicklungs-)Konzepts möglichst frühzeitig einbezogen werden (Glomb 1995, S. 261; Ringlstetter 1997, S. 278 f.; Wohlgemuth 1998, S. 792 f.). Die Partizipation[373] der Betroffenen geschieht zumeist in Form der Bildung eines interdisziplinären Projektteams, auf das noch in Unterabsatz 10.5.1.2.2 näher eingegangen wird.

Ein weiterer Ansatzpunkt zur Förderung der Implementierungsbestrebungen bildet der Einbezug von so genannten Promotoren (Köhler 2000, S. 270), wobei zwischen Macht- und Fachpromotoren unterschieden wird. Diese stellen als Implementierungsträger aufgrund ihrer Machtpotentiale zur Beseitigung der in Kapitel 10.2 genannten internen Blockaden einen besonderen Einflussfaktor dar. Machtpromotoren setzen ihre hierarchischen Kompetenzen ein, um das neue Konzept der Kundenentwicklung gegen Widerstände des Nicht-Wollens durchzusetzen. Die Barriere des Nicht-Wissens überwinden dagegen die Fachpromotoren. Diese überzeugen durch ihr Fachwissen die Gegner des neuen Konzepts von dessen Vorteilen (Hau-

---

[372] Zu den genannten Methoden der Personalentwicklung siehe auch Absatz 4.2.1.5.
[373] Zum Begriff, den Dimensionen und möglichen Problemen der Partizipation im betrieblichen Kontext siehe Domsch/Reinecke (1982, S. 68 f.).

schildt/Kirchmann 1997, S. 68; siehe grundsätzlich auch Glomb 1995, S. 262).[374] Dementsprechend gehören Fachpromotoren im Gegensatz zu den Machtpromotoren nicht zwangsläufig zur Führungsebene, sondern können auch aus dem Mitarbeiterkreis kommen.

Für die nicht unmittelbar eingebundenen Personen sind möglichst frühzeitig Aufklärungsmaßnahmen anzubieten. Ein Konzept der Kundenentwicklung muss von allen Unternehmensmitgliedern verstanden, akzeptiert, verinnerlicht und schließlich auch umgesetzt werden (siehe generell zur Umsetzung von Marketing-Konzeptionen: Becker 1995, Sp. 2422 f.). Dabei werden zunächst einmal den Führungskräften die Gründe des Einsatzes eines Kundenentwicklungskonzepts, seine Vorteile, Inhalte und vor allem die hieraus erwachsenden Implikationen veranschaulicht. In einem weiteren Schritt sind sodann die Mitarbeiter und insbesondere diejenigen mit Kundenkontakt über die Kundenentwicklungsinhalte zu informieren. Auch hier gilt es mitzuteilen, welche Auswirkungen die Kundenentwicklung auf die (tägliche) Arbeit hat. So könnten die Kontaktmitarbeiter Bedenken äußern, dass eine explizite Qualifizierung der Kunden für sie mit Mehrarbeit und dementsprechend Zusatzbelastung verbunden ist. Um diese Besorgnisse zu mildern, müssen ihnen die Vorteile der Einführung des Kundenentwicklungskonzepts geschildert werden und die Mitarbeiter mit entsprechender Zeitkapazität ausgestattet werden. Dies wird jedoch in der Praxis eher selten der Fall sein. Daher ist zu überlegen, inwieweit das Kontaktpersonal einen derartigen Zeitverbrauch über das Angebot von Anreizen honoriert bekommt. Insbesondere spielt die Befriedigung psychologischer Bedürfnisse der Mitarbeiter eine wichtige Rolle. So erfahren gerade vom Kunden „dominierte" Kontaktmitarbeiter (Langeard 1981, S. 236) eine gewisse Anerkennung und Macht (Expertenmacht), da sie im Kontext der Kundenentwicklung als Lehrer, Trainer bzw. Coach der Kunden fungieren.

Die Aufgabe der Durchsetzung darf sich jedoch nicht nur auf eine einmalige Infor-

---

[374] Hauschildt/Kirchmann (1997) und Hauschildt/Schewe (1997) führen als dritten Promotortyp den Prozesspromotor ein. Dieser sorgt in komplexen Organisationen, wie gerade in Großunternehmen, aufgrund seiner profunden Organisationskenntnis für einen Abbau der Nicht-Dürfen-Barriere, d. h. er überwindet organisatorische und administrative Widerstände. Da der Dienstleistungssektor durch eine eher mittelständische Unternehmensstruktur geprägt ist, sei auf diesen Promotortyp allerdings nicht näher eingegangen.

mationsaktion oder einen singulären Appell an die Belegschaft beschränken. Neben der allgemeinen Information des Personals müssen die zur Umsetzung der Kundenentwicklung benötigten Fähigkeiten vermittelt und ständig aktualisiert bzw. trainiert werden.[375] Gerade das Kundenkontaktpersonal benötigt entsprechende Qualifikationen, um seiner Rolle als Lehrer nachkommen zu können (Pranter/Martin 1991, S. 45).

Abschließend sei noch darauf hingewiesen, dass die Qualifizierung von Kunden generell als eine Aufgabe des Kundenkontaktpersonals angesehen und damit die Schulung des Mitarbeiters als eine weitere Anforderung im Anforderungskatalog für das Kundenkontaktpersonal aufgenommen werden kann. Somit spielt Kundenentwicklung schon bei Auswahlprozessen eine Rolle.

10.5   Beseitigung bzw. Minderung der organisationsstrukturellen und systembezogenen Implementierungsbarrieren mittels Umsetzung der Kundenentwicklung

Nach der Erörterung der Durchsetzungsmöglichkeiten des Konzepts der Kundenentwicklung wird nunmehr auf die Notwendigkeit der Anpassung der entsprechenden Unternehmenspotentiale eingegangen. Zur erfolgreichen Umsetzung von Konzepten wie der Kundenentwicklung bedarf es des Abbaus der organisationsstrukturellen sowie systembezogenen Implementierungsbarrieren und damit dem Aufbau einer tragfähigen Organisationsstruktur sowie eines effizienten Informationssystems (Hinterhuber 1999, S. 18 f.). Dementsprechend stehen im Blickpunkt dieses Kapitels organisationsstrukturelle Anpassungsnotwendigkeiten (Abschnitt 10.5.1) und die Einrichtung eines Informationssystems, und hierbei insbesondere der Aufbau einer Kundenentwicklungs-Datenbank (Service Customer Education Database) (Abschnitt 10.5.2).

---

[375] So gehen zwar Meyer/Mattmüller (1987, S. 192) nicht auf die spezielle Schulung des Kontaktpersonals in Bezug auf die Aufgabe der Kundenqualifizierung ein, weisen aber grundsätzlich darauf hin, dass „die später im Kundenkontakt stehenden Personen des Dienstleistungsbetriebes ... hinsichtlich ihrer kundenorientierten Grundeinstellung und ihrer Bereitschaft zur kundengerechten Kommunikation einer ständigen Schulung zu unterziehen" sind (siehe ähnlich auch Nerdinger 1994, S. 122 und Zollner 1995, S. 31).

10.5.1 Kundenentwicklungsorganisatorische Überlegungen

Im Rahmen dieses Abschnitts soll zunächst auf die grundsätzliche Frage der Eigenerstellung versus des Fremdbezugs von Kundenentwicklungsaktivitäten eingegangen werden (Absatz 10.5.1.1). Im Anschluss hieran können Überlegungen zu einer unternehmensinternen Ansiedlung der Kundenentwicklung angestellt werden (Absatz 10.5.1.2).

10.5.1.1 Eigenerstellung versus Fremdbezug

Grundsätzlich besteht bei Aktivitäten im Kontext der Kundenentwicklung die Möglichkeit, diese selbst zu erstellen oder von einer externen Firma zu beschaffen (Engelhardt/Schwab 1982, S. 505). Die Entscheidung hierüber hängt von verschiedenen internen, aber auch externen Faktoren ab. Ein Fremdbezug kommt besonders dann in Erwägung, wenn die erforderlichen Expertenkompetenzen zur Konzeption und Implementierung der Kundenentwicklung nicht im Dienstleistungsunternehmen vorhanden sind oder eine Aneignung der Kompetenzen aus technischen, zeitlichen, personellen oder ökonomischen Aspekten (Lusch/Brown/Brunswick 1992, S. 125 f.) nicht in Betracht kommt. Neben einer derart fehlenden Fachkompetenz (Berekoven 1986, S. 32) können aber auch gleichermaßen fehlende Kapazitäten zur Fremdbeschaffung führen (Lusch/Brown/Brunswick 1992, S. 127), gerade wenn diese Kapazitäten auch nicht aufgebaut werden sollen. Diese Strategie wird von Unternehmensseite gefahren, um organisations- und kostenmäßig flexibler zu bleiben (Berekoven 1986, S. 32).

Eine Eigenerstellung kommt dagegen insbesondere dann in Frage, wenn die benötigten Leistungen einer Kundenqualifizierung extern nicht zu beziehen sind. Während bei den erfahrungsorientierten Kundenentwicklungsmaßnahmen eine Externalisierung nur schwer vorstellbar ist, wie im Falle von Kundenunterweisungen am Service encounter, kann dagegen ein Fremdbezug von informationsorientierten Instrumenten, wie schriftlichen Instruktionen, grundsätzlich in Erwägung gezogen werden.

Die letztendliche Entscheidung über die Selbsterstellung oder den Fremdbezug hängt bei Unternehmen insbesondere von folgenden vier Aspekten ab (Engelhardt/ Schwab 1982, S. 506; siehe etwas differenzierter auch Lusch/Brown/Brunswick 1992, S. 124-131):

- Kostenüberlegungen,
- Ertrags- und Erfolgsgesichtspunkte,
- Kapitalgründe und
- Risikoaspekte.

Jedes Dienstleistungsunternehmen sollte die Vor- und Nachteile der einzelnen Punkte individuell abwägen sowie gewichten. Bei allen vier Aspekten gibt es Argumente, die für und gegen eine Selbsterstellung bzw. einen Zukauf kundenentwicklungsspezifischer Leistungen sprechen. So sind die Einfluss- und Kontrollmöglichkeiten bei einer Selbsterstellung höher als bei einem Fremdbezug (Lusch/Brown/ Brunswick 1992, S. 129). Damit können die Konzeption der Kundenentwicklung und der Einsatz der Instrumente individueller auf die Rahmenfaktoren des Dienstleisters abgestellt und zielgerichteter eingesetzt werden. Je nach Dienstleistung besteht eventuell auch die Möglichkeit, durch Einrichtung eines Profit-Centers „Kundenentwicklung" neue Ertragspotentiale zu erschließen (siehe Abschnitt 7.3.5 zur Bepreisung von Kundenentwicklungsmaßnahmen), wie z. B. bei Investmentfirmen, die professionell Kundenseminare anbieten. Weiterhin können unausgelastete Kapazitäten für die Kundenentwicklung, z. B. im Call Center, genutzt werden. Unter Kostenaspekten sind, zumindest kurzfristig, zumeist zugekaufte Dienste günstiger als der Aufbau eigener Kapazitäten und damit die Bindung von Kapital (Engelhardt/Schwab 1982, S. 506). Der Zugriff auf spezialisierte externe Anbieter kann zudem die Qualität der Kundenentwicklungsinstrumente erhöhen, z. B. beim Einsatz multimedialer Instrumente, wie Avataren. Falls auf standardisierte Anwendungen, die eventuell den Gegebenheiten des Unternehmens leicht angepasst werden, zurückgegriffen werden kann, sind zudem die Kosten niedriger als bei einer Selbsterstellung.

Es sei abschließend darauf hingewiesen, dass für das Dienstleistungsmanagement nicht nur die Optionen der Eigenerstellung oder des Fremdbezugs von Leistungen der Kundenentwicklung existieren. Darüber hinaus gibt es diverse Outsourcinggrade.

Inwieweit eine Teilauslagerung in Erwägung gezogen wird, ist u. a. davon abhängig, wie es um das Know-how zur Qualifizierung der Kunden bestellt ist. Hier stellen sich Fragen, wie:[376]

- Wie gut ist das eigene Know-how, wie gut das des Fremdunternehmens, z. B. eines Call Centers.

- Wie gestaltet sich die Einbindung der outgesourcten Maßnahme in den eigenen Instrumenten-Mix?

- Wie sieht es mit der Kontrollierbarkeit aus?

- Ist Vertrauen zu der Fremdfirma vorhanden?

- Wie hoch ist die Flexibilität, bei veränderten Rahmenfaktoren auch die Instrumente zu verändern?

Die Beantwortung dieser Fragen liefert dem Management eine erste Einschätzung von Auslagerungsmöglichkeiten. Eine generelle Empfehlung für oder gegen eine Eigenerstellung kann nicht gegeben werden, sondern ist firmenindividuell zu prüfen.

10.5.1.2 *Aufbauorganisatorische Überlegungen*

Falls sich ein Dienstleistungsanbieter für eine Eigenerstellung der Kundenentwicklung entschieden hat, stellt sich als nächste Herausforderung die Frage nach der Institutionalisierung der Kundenentwicklung in der Unternehmensorganisation. Zwar werden einzelne Maßnahmen der Kundenentwicklung schon von Dienstleistern angeboten, eine Institutionalisierung dieser Funktion in Form einer Stelle in Dienstleistungsunternehmen existiert dagegen selten (Meer 1984, S. 1).

Zur Klärung dieser Problemstellung wird im Folgenden eine zweistufige Vorgehensweise gewählt. Zunächst ist zu erörtern, wo die Kundenentwicklung als Ganzes innerhalb der Organisationsstruktur angesiedelt sein sollte (Unterabsatz 10.5.1.2.1). Des Weiteren gilt es zu diskutieren, wie die Struktur der Kundenentwicklung an sich zu gestalten ist (Unterabsatz 10.5.1.2.2).

---

[376] Siehe zu einzelnen Aspekten, wie der Kontroll- und Vertrauensfrage, Lusch/Brown/Brunswick (1992, S. 124-131).

10.5.1.2.1 Organisatorische Ansiedlung der Kundenentwicklung im Dienstleistungsunternehmen

Ausgangspunkt der Diskussion bildet die Frage nach der Einbindung der Kundenentwicklung in die bestehende Organisationsstruktur. Dabei kann konstatiert werden, dass eine konkrete organisatorische Einbindung der Kundenentwicklung abhängig ist von der vorgegebenen Unternehmensorganisation. Von daher können in diesem Unterabsatz lediglich Tendenzaussagen gegeben werden.

Des Weiteren erfolgt eine Konzentration auf die Eingliederung in die Aufbauorganisation eines Dienstleistungsunternehmens, wobei sich eine Aufbauorganisation (Aufbaustruktur) mit den strukturellen Möglichkeiten der Organisationsgestaltung im Sinne einer Abgrenzung von Verantwortungsbereichen beschäftigt (Maier/Wolfrum 1998, S. 362). Ablauforganisatorische Aspekte, im Sinne einer Organisation von Unternehmensprozessen zur Erfüllung von Aufgaben (Laux/Liermann 1997, S. 18; Maier/Wolfrum 1998, S. 362), werden nicht angesprochen.

Im Folgenden wird von einer idealtypischen, funktionalen Organisationsform eines Dienstleistungsunternehmens ausgegangen. Dabei ist sich der Autor durchaus bewusst, dass der Dienstleistungssektor durch eine große Vielfalt an Organisationsstrukturen gekennzeichnet ist (Wohlgemuth 1998, S. 783). Zudem ist gerade die funktionale Organisationsstruktur bei Dienstleistungsanbietern äußerst umstritten (Maier/Wolfrum 1998, S. 364). Eine funktionale Organisationsstruktur, insbesondere die Trennung von Produktion und Marketing bzw. Vertrieb, erscheint vielfach nicht sinnvoll (Altenburger 1980, S. 66; Grönroos 1990b, S. 7; Maier/Wolfrum 1998, S. 364; Reckenfelderbäumer 1995, S. 27; Stauss 1992b, S. 675). Aus diesem Grund wird von vielen Autoren eine an den Prozessen orientierte Gestaltung der Organisationsstruktur (Prozessorganisation) gefordert (siehe u. a. Maier/Wolfrum 1998, S. 363; Wohlgemuth 1998, S. 787). Die Gestaltung der Dienstleistungsorganisation sollte sich dabei an den zentralen Prozessen ausrichten.

Verschiedene Argumente sprechen dennoch für eine Orientierung an einer funktionalen Organisationsstruktur. Zum einen kann auch bei der Prozessorganisation nicht vollständig auf eine funktionale Arbeitsteilung verzichtet werden. Viel wichtiger aber ist der Vorteil, dass die funktionale Trennung als einfache Strukturierungs- sowie Denkhilfe dient und somit Aussagen zur Zuordnung der Kundenentwicklung erleichtert. Bei der Prozessorganisation, mit dem häufigen Einsatz von Projektteams, wäre eine generelle Erörterung dagegen fast unmöglich.

Wie aus Abbildung 98 hervorgeht, wird der Einfachheit halber von sechs Funktionsbereichen ausgegangen, die in Abhängigkeit von der Unternehmensgröße i. d. R. als Abteilungen organisiert sein werden. Als Funktionen finden sich:

- Einkauf,
- Forschung und Entwicklung (F&E),
- Produktion
- Marketing,
- Finanzen und Controlling sowie
- Personal.

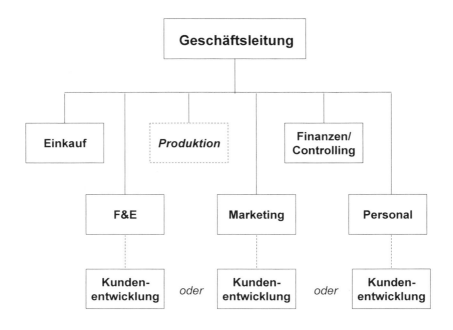

Abb. 98:   Ansiedlungsvarianten der Kundenentwicklung in einer funktionalen Organisationsstruktur
Quelle: Eigene Überlegungen.

Eine unumstrittene Zuordnung der Kundenentwicklung zu einem der sechs Funktionsbereiche ist nicht möglich. Diese ist eine Querschnittsfunktion im Dienstleistungsunternehmen, die zwar nicht alle Bereiche gleichermaßen tangiert, aber aufgrund ihrer Aufgaben gleich drei, wenn nicht gar vier Funktionen zugeordnet werden kann.

Zunächst sei auf den vierten Bereich hingewiesen, der in Abbildung 98 jedoch keine explizite Verknüpfung zur Kundenentwicklung erfährt. Dabei handelt es sich um die Produktion. Da Dienstleistungen in einigen Fällen direkt durch das Kundenkontaktpersonal erbracht werden, was wiederum einen der wichtigsten Kundenentwicklungsfaktoren darstellt, ließe es sich verargumentieren, Kundenentwicklung in diesem Bereich zu etablieren. Dagegen spricht, dass im Dienstleistungssektor im Gegensatz zum Sachgüterbereich keine eigentliche Produktionsabteilung existiert. Von daher kann es auch keine aufbauorganisatorische Ansiedlung geben.

Da sich die Anforderungen an die Kundenentwicklung in hohem Maße aus dem Design der Dienstleistung(en) ergeben, ist eine starke Abstimmung zwischen dem Dienstleistungsinnovationsmanagement, der Einfachheit halber als Forschungs- und Entwicklungsbereich (F&E) bezeichnet, und der Kundenentwicklung notwendig. Von daher könnten Überlegungen angestellt werden, Kundenentwicklung bei der F&E-Abteilung anzusiedeln. Da jedoch im Dienstleistungsbereich nur selten eine Institutionalisierung des Innovationsmanagements überhaupt existiert (Gummesson 1996, S. 260; Kingman-Brundage 1989, S. 30; Shostack 1984, S. 133), ist eine derartige Platzierung auch eher unwahrscheinlich und auf den Einzelfall beschränkt. Zudem könnte zwar für die Planung der (antizipativen) Kundenentwicklungsaktivitäten behauptet werden, dass diese an der richtigen Stelle positioniert wären. Dies trifft aber für die zentrale Aufgabe der Vermittlung der Kundenqualifikationen nicht zu. Die entsprechenden Kompetenzen sind nicht in diesem Bereich angesiedelt.

Wenn es um die Qualifizierung von Personen geht, kann dagegen die Personalabteilung, insbesondere die Personalentwicklungsabteilung, auf profunde Kompetenzen verweisen. Dementsprechend finden sich auch in der Literatur Aussagen von Autoren (z. B. Matthes 1993; Noel/Ulrich/Mercer 1990), welche die Aufgabe der Kundenentwicklung bzw. Customer education als neues Tätigkeitsfeld der Personalentwicklung verstehen. Demgemäß wäre die Kundenentwicklung als Stelle bei der Personalabteilung bzw. Personalentwicklungsabteilung zu institutionalisieren. Diese Argumentation ist zwar vor dem Hintergrund methodisch-konzeptioneller Erfahrungen nachvollziehbar, allerdings liegen bei der Personal- bzw. -entwicklungsabteilung keinerlei Kenntnisse über die Kunden, deren Bedürfnisse und Wünsche sowie die extern zu erbringenden Dienstleistungen vor. Von daher ist auch von solch einer organisatorischen Regelung eher abzusehen.

Den stärksten Bezug zum Kunden hat dagegen die Marketingabteilung. Da die Ziele der Kundenentwicklung primär Marketingziele von Dienstleistungsunternehmen unterstützen (siehe Abschnitt 5.3.2), kann das Management der Kundenentwicklung als eine Aufgabe des Marketing angesehen werden (Meer 1984, S. 122). Dementsprechend wird im Rahmen dieser Arbeit am ehesten für eine Positionierung innerhalb der Marketingabteilung plädiert.

Aber auch im Rahmen der Marketingorganisation stellt sich wiederum die Frage nach der konkreten Zuordnung der Kundenentwicklung. Auch hier sind verschiedene Organisationsvarianten vorstellbar. Dabei sei als Grundmodell wiederum eine funktionale Organisationsstruktur gewählt. Wie solch eine Struktur aussehen könnte, zeigt Abbildung 99. Wie die organisatorische Ausgestaltung der Kundenentwicklung, d. h., ob diese in der Linie oder als Stabsstelle gestaltet wird, erfolgt jedoch erst im nächsten Unterabsatz 10.5.1.2.2.

Zunächst einmal ist es denkbar, Kundenentwicklung als Funktion neben die Bereiche der Marketingplanung und -forschung, der Kommunikation, des Verkaufs sowie der physischen Distribution zu stellen. Der Vorteil hieran liegt in der Gleichstellung zu den anderen Marketingfunktionen, worin sich eine entsprechende Wertschätzung ausdrückt. Diese Form der organisatorischen Einbettung hängt folglich in starkem Maße von der tatsächlichen Relevanz der Kundenentwicklung ab, die wiederum von verschiedenen Faktoren, wie den Integrationszielen und -strategien determiniert wird. Spielen Kundenkompetenzen keine große Rolle für das Dienstleistungsunternehmen, so wäre der Bereich der Kundenentwicklung zu hoch angesiedelt und würde nicht die entsprechende Akzeptanz finden. Ein Nachteil dieser Organisationsform besteht zudem in einer möglichen Schnittstellenproblematik. Schnittstellenprobleme könnten zu anderen, benötigten Bereichen, insbesondere der Kommunikationsabteilung, auftreten.

Abb. 99:   Einbindungsvarianten der Kundenentwicklung in eine funktionale Marketingorganisation
Quelle: Funktionale Marketingorganisation in Anlehnung an Meffert 2000, S. 1072.

Nicht abwegig ist gleichermaßen eine Positionierung beim Verkauf (Meer 1984, S. 124), da die persönlichen Kundenberatungsgespräche eine Möglichkeit der Kundenqualifizierung darstellen. Da jedoch die primäre Intention dieses Bereichs, wie der Name schon sagt, im Verkauf von Dienstleistungen liegt, weniger in der Qualifizierung der Kunden, stellt diese Organisationsvariante eine eher sub-optimale Lösung dar.

Intentional am besten vertreten wird der Gedanke der Kundenqualifizierung von dem Funktionsbereich der Kommunikation. Dementsprechend könnte die Kundenqualifizierung auch bei der Kommunikationsabteilung platziert werden (Meer 1984, S. 124). Wie bereits in Abschnitt 8.5.1 erörtert, stellt die Qualifizierung der Kunden eine Aufgabe der Marketingkommunikation dar (Bruhn 2000b, S. 415) und geht eben oftmals mit dieser einher (Lovelock 2001, S. 305). Aus diesem Grund bietet sich eine Einbettung der Kundenentwicklung in den Kommunikationsbereich geradezu an. Betrachtet man sich zudem den Kommunikations-Mix im Dienstleistungsmarketing, beispielhaft in Abbildung 100 skizziert, so fällt auf, dass die meisten Instrumente einen Bezug zur Kundenqualifizierung haben bzw. auch als Kundenentwicklungsinstrumente eingesetzt werden können. Lovelock (2001, S. 296), auf dessen Ausführungen Abbildung 100 beruht, bezeichnet sogar einen Kommunikationsstream explizit als Instruktionsmaterialien und fasst darunter schriftliche und (multi)mediale Instrumente, wie Webseiten, Broschüren oder Videos. Daneben wird Customer Training im Sinne von Kundenschulungen als eine persönliche Kommunikationsmaßnahme beschrieben.

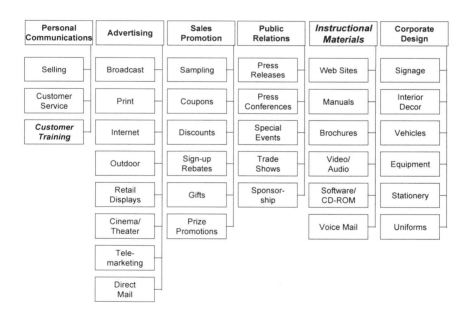

Personal Communications	Advertising	Sales Promotion	Public Relations	*Instructional Materials*	Corporate Design
Selling	Broadcast	Sampling	Press Releases	Web Sites	Signage
Customer Service	Print	Coupons	Press Conferences	Manuals	Interior Decor
Customer Training	Internet	Discounts	Special Events	Brochures	Vehicles
	Outdoor	Sign-up Rebates	Trade Shows	Video/ Audio	Equipment
	Retail Displays	Gifts	Sponsor-ship	Software/ CD-ROM	Stationery
	Cinema/ Theater	Prize Promotions		Voice Mail	Uniforms
	Tele-marketing				
	Direct Mail				

Abb. 100:   Kommunikations-Mix im Dienstleistungsmarketing
Quelle: In Anlehnung an Lovelock 2001, S. 296.

Abschließend sei noch darauf hingewiesen, dass unabhängig von der konkreten aufbauorganisatorischen Eingliederung und Strukturierung der Kundenentwicklung zu gewährleisten ist, dass es zu einer effizienten Koordination der verschiedenen Kundenentwicklungsaktivitäten und zu einer Abstimmung mit den angrenzenden

Funktionsbereichen des Dienstleistungsunternehmens, wie der Innovations- und Personalentwicklungsabteilung, kommt.

Letztlich ist es nicht möglich, eine allgemeingültige Präferenz, einen „one best way" für eine spezifische Ansiedlung der Kundenentwicklung zu erarbeiten. Diese muss im Einzelfall unter Beachtung der spezifischen Situation des Dienstleistungsunternehmens geschehen.

10.5.1.2.2 Organisationsstruktur der Kundenentwicklung im Dienstleistungsbereich

Sollen Überlegungen zur Organisationsstruktur der Kundenentwicklung angestellt werden, steht das Dienstleistungsmanagement vor dem grundsätzlichen Organisationsproblem der „Aufteilung der entsprechenden Aufgabe in verschiedene Teilaufgaben und die Koordination dieser Teilaufgaben, um die Aufgabe zu erfüllen" (Ringlstetter 1997, S. 1). Dementsprechend gilt es zu überlegen, wie die Aufgabe der Kundenentwicklung in Teilaufgaben abzugrenzen ist und diese sodann auf organisatorische Teileinheiten zugeordnet werden. Dieser gesamte Vorgang wird in der Literatur auch als Konfiguration bezeichnet (Ringlstetter 1997, S. 41 und S. 57).

Im Rahmen der Konfiguration lassen sich nochmals eine Leistungskonfiguration und Leitungskonfiguration unterscheiden. Dabei ist unter der Leistungskonfiguration die Zuordnung der Teilaufgaben auf einzelne organisatorische Einheiten zu verstehen (Ringlstetter 1997, S. 58). Diese kann weiter differenziert werden nach Verrichtungen, Objekten oder geographischen Kriterien (Maier/Wolfrum 1998, S. 366; Ringlstetter 1997, S. 68).

Die Leitungskonfiguration beschäftigt sich dagegen mit der Zuordnung unterschiedlicher Leitungsaufgaben auf spezifische Teileinheiten (Ringlstetter 1997, S. 58). Im Kontext der Arbeit interessiert insbesondere die Art der Weisungsbeziehungen zwischen den verschiedenen Organisationseinheiten. Abhängig von der Ausgestaltung dieser Weisungsbeziehungen lassen sich insbesondere Liniensysteme und Stabsstellen unterscheiden. Zuletzt interessiert noch die Gestaltung der Führung in Gestalt

der Zentralität bzw. Dezentralität von Verantwortung und Entscheidungskompeten-
zen (Maier/Wolfrum 1998, S. 367).

Oftmals fehlen einem Dienstleistungsunternehmen in der existenten Organisationsstruktur zur Erledigung neuer Aufgaben die entsprechenden freien Kapazitäten. Zur
Lösung dieser Problematik werden aus der bestehenden Organisation heraus Gruppen gebildet, die sich neben- oder hauptamtlich der Bewältigung neuer Aufgabenstellungen widmen (Frese 1998, S. 481). So ist es durchaus denkbar und sinnvoll,
für die erstmalige Konzipierung und Implementierung der Kundenentwicklung eine
eigenständige Projektgruppe (zu den Vorteilen interdisziplinärer Projektteams siehe
Kador 1995, S. 134; Oevretveit 1999, S. 401 f.; Picot/Dietl/Franck 1997, S. 232-236;
Wohlgemuth 1989, S. 341) bzw. „Task Force" (Köhler 1995, Sp. 1606) ins Leben zu
rufen.[377]

Dieses Team, das zeitlich begrenzt agiert (Chase/Aquilano/Jacobs 1998, S. 48),
sollte neben dem Management (z. B. Service-Designer, Controller und Front office-
Manager) die direkt Betroffenen, also das Personal mit Kundenkontakt, umfassen.
Damit können diese für den Gedanken der Kundenentwicklung gewonnen und zu
dessen Implementierung motiviert werden (Meffert 1998, S. 134). Mit die wichtigste
Person, die früher oder später in das Team integriert werden sollte, ist zudem der
Kunde (Wohlgemuth 1998, S. 795).

Zu den Aufgaben des Projektteams gehören die Ausarbeitung von Standards, Inhalten und Ressourcen der Kundenentwicklung im Dienstleistungsbereich. Gerade
das Kundenkontaktpersonal ist dabei prädestiniert als Lieferant („gatekeeper of information"; Bowen/Schneider 1985, S. 129) von Impulsen aus der Umwelt (Bowen/
Schneider 1985, S. 127).

Mittel- bis langfristig sollte aber - falls die Kundenentwicklung für das Unternehmen
von Relevanz ist, d. h. komplexe Kundenhandlungen und Geschäftsbeziehungen
vorliegen - eine dauerhafte Institutionalisierung und Personalisierung der Kundenentwicklung erfolgen. Diese Bündelung der Aufgaben auf einen oder mehrere Ent-

---

[377] Zu den Basisvarianten einer Projektkonfiguration siehe Ringlstetter (1997, S. 94 f.). Einen guten
Einstieg ins Projektmanagement liefern Chase/Aquilano/Jacobs (1998, S. 46-79).

scheidungsträger spiegelt die Akzeptanz durch das Topmanagement wider. Die einfachste Variante hierfür wäre die Einrichtung einer Stabsstelle „Kundenentwicklung". Sie kann grundsätzlich als „Leitungshilfsstelle" (Ringlstetter 1997, S. 84) charakterisiert und direkt dem Marketingleiter oder dem Bereichsleiter Kommunikation zugeordnet werden. Die Stabsstelle wäre dabei mit Aufgaben der Entscheidungsvorbereitung, Kontrolle und der fachlichen Beratung betraut (Kieser/Kubicek 1992, S. 135-138; Ringlstetter 1997, S. 84). Problematisch ist, dass sie über keine eigenen Entscheidungs- und Weisungsbefugnisse verfügt.

Dementsprechend ist zu überlegen, inwieweit in der Linie eine Stelle Kundenentwicklung eingerichtet wird. Der Stelleninhaber müsste in ständigem Kontakt zu allen Personen mit direktem Kundenkontakt stehen, um so über Probleme und Fortschritte informiert zu sein. Gerade bei individualisierten Dienstleistungen sind die internen Querinformationen von besonderer Bedeutung (Wohlgemuth 1989, S. 342). Darüber hinaus ist er mit einem entsprechenden Budget auszustatten, um entsprechende Maßnahmen, z. B. die Erstellung von Informationsbroschüren, realisieren zu können (Honebein 1997, S. 27). Dazu gehört beispielsweise auch die externe Vergabe der Gestaltung von Handbüchern oder Broschüren an externe Agenturen, von Kunden-Videos an entsprechende Filmstudios und internetbasierten Maßnahmen an kompetente Internet-Firmen.

Ein Aufbau einer eigenen Abteilung „Kundenentwicklung" kommt, wenn überhaupt, nur sehr selten und bei großen Dienstleistungsunternehmen in Frage, z. B. den führenden Banken. Hierbei wäre zu überlegen, wie eine Aufgabengliederung innerhalb der Kundenentwicklungsabteilung aussehen könnte. Dazu bietet sich eine Strukturierung an nach:

- Funktionen,
- Dienstleistungen,
- Kunden(gruppen) und
- Regionen.

Eine verrichtungsorientierte Leistungskonfiguration heißt, dass die Teilleistungen nach funktionalen Wertschöpfungsbereichen bzw. nach den unterschiedlichen Funktionsbereichen einzelnen Organisationseinheiten zugeordnet werden (Maier/Wolfrum

1998, S. 366). Dementsprechend wird auch von einer funktionalen Organisationsstruktur gesprochen. Im Falle der Kundenentwicklung könnte in die Bereiche der Analyse, Planung, Realisation und Kontrolle unterteilt werden, wobei jedem dieser Bereiche eine Stelle oder Unterabteilung zugewiesen werden könnte (siehe Abbildung 101).

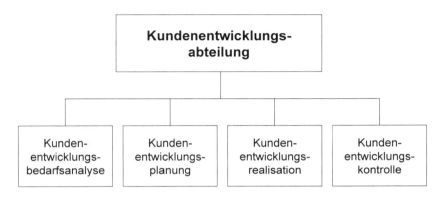

Abb. 101:   Funktionale Organisationsstruktur der Kundenentwicklung im Dienstleistungsbereich
Quelle: Eigene Überlegungen.

Die Vorteile dieser Organisationsform liegen in der Spezialisierung der Mitarbeiter in den einzelnen Bereichen. Eine der genannten Aufgaben, wie z. B. die Planung von Kundenschulungsmaßnahmen, würde für alle Dienstleistungen von ein und demselben Spezialistenteam geplant werden. Dadurch wäre unternehmensweit für eine einheitliche Kundenentwicklung gesorgt, womit auch Abstimmungen bei der Planung und dem Einsatz von Kundenentwicklungsaktivitäten problemlos machbar sind. Dementsprechend liegen in diesen Vorteilen auch die Nachteile dieser Organisationsform begründet. Eine Ausrichtung nach den einzelnen Dienstleistungen oder nach Kunden erfolgt nur untergeordnet, wodurch es diesbezüglich zu sub-optimalen Lösungen kommen kann.

Als eine weitere Ausprägungsform der Leistungskonfiguration kann die objektorientierte Konfiguration genannt werden. Diese orientiert sich an einem spezifischen Objekt, wie Dienstleistungen, Kunden(gruppen) oder Absatzregionen (Ringlstetter 1997, S. 73).

Zunächst sei auf die leistungsorientierte Kundenentwicklungsorganisation eingegangen. Hierbei stellen die Dienstleistungen das primäre Strukturierungskriterium dar. Damit wird ersichtlich, dass diese Konfigurationsform überhaupt nur dann in Erwägung gezogen werden kann, wenn das Dienstleistungsunternehmen über ein breites bzw. heterogenes Leistungsprogramm verfügt. Der Vorteil liegt in einer größeren Spezialisierung auf die einzelne Dienstleistung und damit der Kenntnis der für die Kundenentwicklung relevanten Spezifika. Dem stehen mögliche Parallelarbeiten in den einzelnen Dienstleistungssparten gegenüber. Zudem ist ein ganzheitliches Kundenentwicklungskonzept schwieriger durchsetzbar und eine Koordination zwischen den einzelnen Bereichen wird schwieriger. Überdies können im Vergleich zur funktionalen Kundenentwicklungsorganisation Kompetenzschwächen in einzelnen Funktionen auftreten.

Als weitere Variante einer objektorientierten Konfiguration ist die kunden(gruppen)orientierte Kundenentwicklungsorganisationsstruktur zu nennen. Hierbei erfolgt eine Aufteilung der Kundenentwicklungsabteilung nach verschiedenen Zielkundengruppen. Denkbar ist, unter Betrachtung der Erkenntnisse von Teil 7, eine Unterscheidung nach ökonomisch attraktiven und weniger attraktiven Kunden oder nach Interessenten, Neukunden und Stammkunden. Ein großer Vorteil dieser Organisationsform liegt in ihrer konsequenten Ausrichtung auf die Kunden und deren Entwicklungsbedürfnisse. Als Nachteile treffen grundsätzlich die bei der leistungsorientierten Organisationsform genannten Argumente zu, weshalb diese nicht nochmals explizit dargestellt werden.

Als dritter Bezugspunkt zur Gestaltung der Leistungskonfiguration bietet sich die geographische Lage, d. h. der Standort der Teileinheit, an. Auf diese Art der Leistungskonfiguration soll jedoch im Weiteren nicht näher eingegangen werden, da diese im Kontext der Arbeit von untergeordneter Relevanz ist.

Bisher wurde angenommen, dass die Aufgaben, Kompetenzen und Verantwortung gebündelt in den Händen einer Stelle bzw. Organisationseinheit liegen. Gerade in größeren Dienstleistungsfirmen mit verschiedenen Filialen, z. B. bei Banken, ist jedoch denkbar, dass Teile der Aufgaben, Kompetenzen und Verantwortung in die einzelnen Standorte verlagert werden, wodurch es zu einer Dezentralisierung der

Kundenentwicklung kommt. Dazu könnten Kundenentwicklungsreferenten eingeführt werden. Ansätze hierfür finden sich in einzelnen Dienstleistungsbranchen, wie Patientenfürsprecher und Gästebetreuer.

So ist z. B. die Durchführung von Kundenseminaren bei Merrill Lynch Angelegenheit der örtlichen Büros und damit dezentral organisiert. Aber es gibt im Headquarter einen hauptamtlichen „Investor information specialist", der nur für Customer education-Aufgaben zuständig ist (Meer 1984, S. 98). Ähnlich einer Stabsstelle ist diese Stelle für die Entwicklung von Konzepten zur Kundenentwicklung zuständig. Für inhaltliche Fragen wird auf die jeweiligen Fachspezialisten zugegriffen. Anschließend werden diese Seminare den örtlichen Filialen zum Einsatz angeboten. Zu solch einem Seminar-Kit für ein Kundenseminar gehören Entwürfe für Einladungsschreiben, audiovisuelles Material, Werbeinformationen und eine Anleitung für den Seminarleiter (Meer 1984, S. 98).

Wenn verschiedene Stellen in einem Unternehmen für Kundenentwicklungsmaßnahmen zuständig sind, kann es jedoch zu Abstimmungsproblemen kommen. Als Beispiel sei auf die Deutsche Bundesbahn hingewiesen. Diese hat seit einiger Zeit die so genannten Ruhewagen in den ICEs eingeführt. Dabei weisen jedoch die in den ICEs ausliegenden Reisepläne, die intern von unterschiedlichen Stellen erarbeitet werden, bezüglich des Umfangs von in Ruhewagen unerwünschten Tätigkeiten eine weite Spannbreite auf. Während in dem einen Reiseplan lediglich von einem Handyverbot die Rede ist, sind laut einem anderen Reiseplan sämtliche lauten Aktivitäten, u. a. auch die Benutzung von Notebooks, verboten. Diese unterschiedlich artikulierte Randnorm (siehe Unterabsatz 2.5.2.1.1) trägt zu einer Verunsicherung der Reisenden bei, da keine generelle Regelung existiert, an die man sich halten könnte.

Auch bei dieser Fragestellung ist es nicht möglich, eine allgemeingültige Präferenz für eine spezifische Ausgestaltung der Kundenentwicklung abzugeben. Diese muss im Einzelfall unter Beachtung der spezifischen Situation des Dienstleistungsunternehmens geschehen (Meffert 2000, S. 1065; siehe auch Ringlstetter 1997, S. 246).

10.5.2   Informationssystem zur Kundenentwicklung im Dienstleistungsbereich

Informationen spielen im Rahmen des Managements der Kundenentwicklung im Dienstleistungsbereich eine zentrale Rolle. So ist gerade eine zielgerichtete Planung und ein optimierter Einsatz von Kundenentwicklungsinstrumenten nur dann möglich, wenn Informationen über den konkreten Kundenentwicklungsbedarf vorliegen, d. h. sowohl die Integrationsanforderungen an den Kunden als auch dessen Qualifikation erfasst sind (siehe Teil 6). Dementsprechend ist bei der Implementierung der Kundenentwicklung u. a. auch auf den Auf- bzw. Ausbau eines entsprechenden Informationssystems zu achten und damit die systembezogenen Barrieren (Abschnitt 10.2.3) aus dem Weg zu räumen. Daher sollen im Folgenden zentrale Aspekte der Implementierung eines Kundenentwicklungs-Informationssystems (KEIS) aufgezeigt werden. Dazu liefert Absatz 10.5.2.1 zunächst die allgemeinen Grundlagen des Aufbaus und der Inhalte eines KEIS. Absatz 10.5.2.2 fokussiert dann speziell auf das Element der Kundenentwicklungs-Datenbank (Service Customer Education Database).

10.5.2.1   Allgemeine Grundlagen zum Aufbau eines Kundenentwicklungs-Informationssystems (KEIS)

Zu einem Informationssystem werden grundsätzlich alle Elemente gerechnet, durch die in einem Unternehmen Informationen ermittelt, aufbereitet und bereitgestellt werden. Dazu gehören im weiteren Sinne die Personen und Sachmittel, welche die Informationen aktiv bearbeiten. Darüber hinaus beinhaltet ein Informationssystem entsprechende Informationsinstrumente, wie Softwareprogramme, und zuletzt die Informationen selbst (Küpper 1997, S. 105). Dementsprechend bedarf es zum Aufbau eines KEIS der genannten Bausteine, die sich jedoch speziell auf kundenentwicklungsrelevante Informationen beziehen. Anzumerken bleibt, dass die informelle Kommunikation außerhalb der Betrachtung steht, da sich diese nicht durch das Unternehmen gestalten und steuern lässt.

Basis der Ausrichtung eines Informationssystems ist der zu deckende Informationsbedarf (Kreutzer 1995, Sp. 405; Link/Gerth/Voßbeck 2000, S. 40). Im Falle der Kundenentwicklung im Dienstleistungsbereich ist dieser Informationsbedarf nicht mit dem Kundenentwicklungsbedarf (siehe Teil 6) zu verwechseln, der im Rahmen des Managements der Kundenentwicklung anfällt. Der kundenentwicklungsbezogene Informationsbedarf beinhaltet alle Informationen, die zur Erfüllung von Aufgaben der Kundenentwicklung benötigt werden (in Anlehnung an Küpper 1997, S. 134). Dabei ist ein informationswirtschaftliches Gleichgewicht anzustreben. Dies bedeutet, dass die objektiv benötigten Informationen sowohl von mit der Erledigung von Kunden-entwicklungsaufgaben beauftragten Stelle(n) nachgefragt als auch vom KEIS ange-boten werden (Link/Gerth/Voßbeck 2000, S. 40). Liefert ein Informationssystem viel mehr Informationen an als benötigt, kommt es zum so genannten „Information-Overload". Schon seit längerem wird postuliert, dass das eigentliche Problem nicht mehr in der Generierung von Marketing-Informationen liegt, sondern in deren sinn-voller Aufbereitung und Verbreitung (Diller 1991, S. 160).

Eine weitere Informationspathologie ist die überzeichnete Nachfrage von irrelevanten Informationen durch die Entscheidungsträger (Kreutzer 1995, Sp. 405; Link/Gerth/ Voßbeck 2000, S. 40 f.). Aus diesen Gründen gilt es, den objektiven Bedarf an ent-scheidungsrelevanten Informationen zu ermitteln. Die Erhebung des Informationsbe-darfs setzt dabei zum einen an den zu erledigenden Aufgaben der Kundenentwick-lung an und zum anderen an den Entscheidungsträgern. Eine Analyse der zur Erfül-lung der Aufgabenstellungen notwendigen Informationen ist ein erster wichtiger Schritt. Dieser sollte jedoch durch eine Befragung und Beobachtung der für die Kun-denentwicklung zuständigen Stellen bezüglich ihres wahrgenommenen Informati-onsbedarfs ergänzt werden (Link/Gerth/Voßbeck 2000, S. 41 f.).

Grundsätzlich sind für eine kundenindividuelle Entwicklung folgende Prozessschritte erforderlich (in Anlehnung an die Komponenten einer kundenindividuellen Marktbe-arbeitung; siehe Papesch 1999, S. 1):

- Informationsbeschaffung: Ermittlung und Einbeziehung aller verfügbaren internen und externen Informationen, welche das Kundenverhalten bzw. die Service Customer Performance, die Integrationsanforderungen sowie die aktuellen Kun-denqualifikationen, Qualifikationsdefizite, die Anreizstrukturen der Kunden und weitere Kundenmerkmale beschreiben.

- Informationsspeicherung und -bereitstellung: Einsatz eines EDV-gestützten Informationssystems. Dieses beinhaltet interne und externe Kundeninformationen in einer Kundendatenbank.

- Informationsauswertung und -analyse: Einsatz von Methoden und Modellen, die aus den Informationen Aussagen über die qualifikationsbezogene Kundenstruktur liefern können.

Wesentliche Komponenten von Informationssystemen sind dementsprechend Daten, Methoden und Modelle sowie die entsprechende Hard- und Software (Kreutzer 1995, Sp. 405; Link/Gerth/Voßbeck 2000, S. 43). Dabei kommt der Datenbasis eine besondere Bedeutung zu, weil diese grundsätzlich die Auswertungsmöglichkeiten bestimmt. Zu den Methoden, die in einer Methodenbank abgespeichert werden, zählen einfache arithmetische und statistische Operationen über die multivariaten Verfahren bis hin zum OLAP-Ansatz (siehe u. a. Bonne/Arminger 2001; Chamoni 2001; Gabriel/Chamoni/Gluchowski 2000; Grabmeier 2001; Küsters 2001; Küsters/Bell 2001; Küsters/Kalinowski 2001; Poddig/Sidorovitch 2001; Wilde 2001). In der Modellbank sind die für Marketingentscheidungen hilfreichen rechenbaren Sachzusammenhänge (Link/Gerth/Voßbeck 2000, S. 44) abgebildet. Unter den präsentierten Komponenten interessieren im Folgenden primär die Kundendaten. Um fundierte Aussagen zu anwendbaren Methoden und Modellen bezüglich der Kundenentwicklung treffen zu können, bedarf es jedoch weiterer Forschungsanstrengungen, die an dieser Stelle nicht geleistet werden können.

Um zu einer gezielten Qualifizierung der Kunden zu gelangen, ist es, abhängig von der Anzahl der Kunden, fast unvermeidbar, die benötigten Informationen zu dokumentieren und in einer Datenbank abzuspeichern (Hünerberg/Mann 1999, S. 324). Dementsprechend kann in Anlehnung an den Begriff des Database-Marketing (siehe Kreutzer 1995, Sp. 403; Link/Hildebrand 1995, S. 32; Link/Gerth/Voßbeck 2000, S. 51; Wilde/Hippner 1998a; 1998b) auch von einer Database-Kundenentwicklung gesprochen werden. Dies bedeutet, dass die Qualifizierungsmaßnahmen kundenindividuell auf der Basis von in einer Datenbank gespeicherten Informationen stattfinden. Damit wird die Basis geschaffen, um folgenden zwei Grundsätzen der Kundenentwicklung nachzukommen:

• Die Auswahl der Adressaten von Kundenentwicklungsaktivitäten erfolgt nach quantitativen und qualitativen Kundenmerkmalen.

• Die Aufgaben und die (operativen) Phasen der Kundenentwicklung werden bedarfsgerecht und interessen- bzw. zielorientiert gestaltet.

10.5.2.2 Kundenentwicklungs-Datenbank (Service Customer Education Database)

Innerhalb der Kundenentwicklungs-Datenbank (Service Customer Education Database) werden kundenindividuell alle Informationen gespeichert, die für eine Kundenqualifizierung von Bedeutung sein könnten. Die konkrete Ausgestaltung der Kundenentwicklungs-Datenbank hängt dabei u. a. von der Kundenentwicklung und den diesbezüglich angestrebten Anwendungen des Dienstleisters ab. Von daher können im Folgenden lediglich Tendenz- bzw. sehr allgemeine Aussagen zum Aufbau einer Kundenentwicklungs-Datenbank getroffen werden.

Das Spektrum einer Datenbank setzt sich grundsätzlich aus Grund-, Potential-, Aktions- und Reaktionsdaten zusammen (Link/Gerth/Voßbeck 2000, S. 52). Dabei können die Grunddaten[378], die in Marketing- bzw. kundenorientierten Informationssystemen[379] standardmäßig erfasst werden, gleichermaßen für die Kundenentwicklung genutzt werden. Zu diesen Grunddaten gehören längerfristig gleichbleibende und weitgehend leistungsunabhängige Kundendaten, wie Name, Anrede sowie Adresse der Kunden, d. h. die üblichen für die Kontaktierung benötigten Angaben. Sollen informationsorientierte Maßnahmen der Kundenentwicklung eingesetzt werden, so sind für den Versand gleichermaßen die Kundenkontaktdaten unerlässlich. Daneben ist die Kundennummer zur eindeutigen Identifikation der Kunden wichtig. Dies gilt insbesondere bei der Verwendung relationaler Datenbanken, die flexible Auswertungen und zweckabhängige Informationsverknüpfungen ermöglichen (Köhler 1998, S. 333). Des Weiteren lassen sich die soziodemographischen Kundenmerkmale, z. B. Alter, Geschlecht, Einkommen und Beruf, zu den Grunddaten rechnen. Diese

---

[378] Kreutzer (1995, Sp. 406) spricht von den so genannten Profildaten.

[379] Zu Marketing-Informationssystemen (MAIS) und speziell kundenorientierten Informationssystemen (KIS) siehe Link/Gerth/Voßbeck (2000, S. 43-50) und Meffert (1994, S. 537).

Angaben können, wie in Unterabsatz 6.4.6.5.1 beschrieben, als Determinanten der Kundenentwicklungs-Bedarfsanalyse herangezogen werden.

Die Potentialdaten sollen integrativitätsbezogene Anhaltspunkte für den kundenindividuellen Entwicklungsbedarf liefern. Dementsprechend beinhalten diese Angaben bezüglich der Soll-Integrationsqualifikationen mit der jeweiligen Abstufung (Integrationsanforderungen), die Ist-Integrationsqualifikationen mit der jeweiligen Abstufung und den Kundenentwicklungsbedarf. Potentialdaten liefern dem Dienstleistungsunternehmen die Antwort auf die Frage, welcher integrativitätsspezifische Qualifikationsbedarf zu welchen Zeitpunkten voraussichtlich bei den Kunden auftreten wird. So kann z. B. der richtige Zeitpunkt der Einladung zu einem Kunden-Seminar abgepasst werden (Link/Gerth/Voßbeck 2000, S. 55).

Unter den Aktionsdaten (Kreutzer 1995, Sp. 406; Rapp/Guth 1999, S. 257) werden alle Informationen über kundenbezogene Entwicklungsmaßnahmen hinsichtlich ihrer Art, Intensität, Häufigkeit und ihres Zeitpunkts erfasst. Gleichermaßen können auch die Kosten hierfür festgehalten werden. Ohne eine derartige Erfassung ist keine gezielte Kontrolle und gegebenenfalls Revision der Planung möglich.

Die verhaltensbezogenen Reaktionen der Kunden auf die Kundenentwicklungsaktivitäten werden als Reaktionsdaten bezeichnet (Kreutzer 1995, Sp. 406; Link/Hildebrand 1995, S. 32). Hier können das Kundenverhalten bzw. die Service Customer Performance festgehalten werden. Aber auch Zufriedenheitsangaben mit den Kundenentwicklungsmaßnahmen, die Kundgebung eines individuellen Kundenentwicklungsbedüfnisses und Beschwerdeangaben lassen sich erfassen.

Die angesprochenen Daten sind zum Teil im System schon vorhanden. Gerade die Grunddaten liegen in den MAIS bzw. KIS schon vor und müssen dementsprechend für Zwecke der Kundenentwicklung nicht mehr erhoben werden. Auch die Aktionsdaten können wenigstens zum Teil herangezogen werden. So sind z. B. die Angaben über den Versand von Informationsbroschüren, Kundenzeitschriften etc. sinnvoll in eine Kundenentwicklungs-Datenbank einzubeziehen. Auch die Reaktionsdaten können genutzt werden. So ist es sinnvoll, Kundenanfragen bezüglich weiterer Informationen oder auch Beschwerden im Hinblick auf qualifikationsbedingte Kundenprobleme auszuwerten (siehe Abschnitt 6.5.2). Dagegen müssen die Potentialdaten in den meisten Fällen erstmalig erhoben werden (Hennig-Thurau 1998, S. 360), bevor diese sodann in die Datenbank eingespeist werden können. Die Potentialdaten erhält man beispielsweise über Reports, die das Kontaktpersonal ausfüllen sollte. Kundenkontaktmitarbeiter können dementsprechend als Marktforscher des Dienstleistungsunternehmens angesehen werden (Meyer 1994, S. 94). Eine andere Möglichkeit zur Ermittlung der Kundenqualifikation ist die Selbsteinschätzung der Kunden im Rahmen einer Kundenbefragung.

Die derart gewonnenen und die ohnehin vorliegenden Daten können nun für die verschiedensten Zwecke im Rahmen des Kundenentwicklungsmanagements aufbereitet und ausgewertet werden. So ist es z. B. möglich, die in Kapitel 7.1 empfohlene Analyse der ökonomischen Attraktivität bei entsprechender Datenlage kundenindividuell durchzuführen. Damit erfolgt eine Bewertung und Selektion möglicher zu qualifizierender Kunden.

11 Zusammenfassung und Ausblick

Kunden können im Dienstleistungsbereich aufgrund ihrer Mitwirkung an der Leistungserstellung als Organisationsmitglieder bzw. Partial employees betrachtet werden. Sie erbringen für ein Dienstleistungsunternehmen die verschiedenartigsten Leistungen, die im Rahmen dieser Arbeit als Service Customer Performance bezeichnet wurden. Ohne diese Leistungen, insbesondere die Einbringung der Basisleistungen, kann ein Dienstleister nicht existieren. Dementsprechend lassen sie sich als zentrale Ressourcen eines Dienstleistungsunternehmens bezeichnen (Gouthier/ Schmid 2001).

Streng genommen sind aber nicht die Kunden die Ressourcen, die Wettbewerbsvorteile schaffen. Es ist vielmehr die Fähigkeit des Dienstleistungsanbieters, den Kunden optimal in den Leistungserstellungsprozess einzubinden und dessen Verhalten zu managen (Bowen/Schneider 1985, S. 136; Canziani 1997, S. 5; Ostrom/ Roundtree 1998, S. 14; Swartz/Bowen/Brown 1992, S. 6). Die Schaffung dieser Voraussetzung ist eine von mehreren wichtigen Fähigkeiten eines Unternehmens zur Erlangung von Wettbewerbsvorteilen. „Für die einzelne Dienstleistungsunternehmung kann dies heißen, mit den aus den typisch dienstleistungsbedingten Besonderheiten sich ergebenden Problemen ... besser fertig zu werden als die Konkurrenzunternehmungen" (Staffelbach 1988, S. 280). Auch Kutschker sieht als eigentliche Basis für Wettbewerbsvorteile nicht Ressourcen an, sondern die Fähigkeiten des Managements, Ressourcen rententrächtig zu bündeln bzw. zu koordinieren (Kutschker 1999, v. a. S. 59 f.; siehe auch Castanias/Helfat 1991; Grant 1991, S. 122; Gummesson 1996, S. 253; Meffert 1999a, S. 425). Wichtig ist eben die Transformation von Ressourcen, im vorliegenden Falle der Kunden bzw. -beziehungen, in Nutzen (Malik 2001, S. 1). Somit besteht eine besondere Stärke eines Dienstleistungsunternehmens in dessen Fähigkeit, die Unternehmens- optimal mit den Kundenressourcen zu verknüpfen. Fähigkeiten zur Kundenentwicklung stellen somit eine wichtige „capability" von Dienstleistungsunternehmen dar.

Unbestrittenermaßen finden Maßnahmen zur Kundenentwicklung im Dienstleistungsbereich in der Praxis bereits vereinzelt Anwendung, z. B. in Form von Kundenseminaren. Der Einsatz dieser Instrumente erfolgt jedoch eher punktuell und unsystematisch (McCarthy 1995). Aber nicht nur der Praxis ist ein diesbezügliches Defizit zu bescheinigen. Gerade aus einer wissenschaftlichen Perspektive betrachtet, besteht ein erheblicher Forschungsbedarf. Eine theoretisch-konzeptionelle Erörterung dieses Themas in Form der Ausarbeitung eines fundierten managementorientierten Konzepts für den Dienstleistungsbereich fand bisher - wenn überhaupt ohnehin nur in der angloamerikanischen Literatur - allenfalls ansatzweise statt (Hennig-Thurau 1998, S. 100-102). Dass die Qualifikation der Kunden für Unternehmen einen Erfolgsfaktor darstellt, wurde dagegen für den Konsumgüterbereich schon belegt (Hansen/Hennig 1996 und Hennig-Thurau 1998; 1999). Auch im Investitionsgüterbereich steht die Relevanz der Kundenkompetenz außer Frage (siehe z. B. Baaken 1991; Baaken/Simon 1987; Fließ 1996; McCarthy 1995 und Roleff/Wimmer 1999, S. 60 und S. 64-67). Bereits 1977 hat Mansur auf die besondere Bedeutung einer kontinuierlichen und professionellen Kundenentwicklung im Investitionsgüterbereich hingewiesen.[380] Durch die dem Dienstleistungsbereich immanente Beteiligung des Kunden im Rahmen des Dienstleistungserstellungsprozesses und die damit einhergehende hohe Relevanz eines optimalen Kundenverhaltens erscheint die bisherige Vernachlässigung dieses Themenbereichs umso erstaunlicher.

Die vorliegende Arbeit hat daher zum Ziel, die besondere Relevanz der Kundenentwicklung als Managementaufgabe für den Dienstleistungsbereich aufzuzeigen und die notwendigen theoretisch-konzeptionellen sowie methodischen Grundlagen zu erarbeiten. Dazu wird zunächst auf die besondere Relevanz der Service Customer Performance als Erfolgsfaktor des Dienstleistungsmarketing aufmerksam gemacht. Da diese in der deutschsprachigen Literatur zum Dienstleistungsmarketing noch nicht thematisiert und in der angloamerikanischen Literatur allenfalls ansatzweise aufbereitet ist, liegt ein Schwerpunkt auf der Aufarbeitung dieser unternehmerischen Zielgröße. Grundvoraussetzung hierfür ist die Darlegung des der Arbeit zugrunde liegenden Begriffsverständnisses von Dienstleistungen und von Kunden. Eine Besonderheit hierbei stellt die Auffassung des Dienstleistungskunden als Partial employee dar. Eine Randbedingung, um bei der vom Kunden erbrachten Leistung von der Service Customer Performance sprechen zu können, ist zudem, dass diese

---

[380] Mittlerweile finden sich in der Marketingliteratur sogar erste Überlegungen, den Grundgedanken der Kundenentwicklung im Rahmen eines abteilungsbezogenen internen Marketing anzuwenden (Roleff 2001, S. 201 und S. 239 f.).

zu einem vom Unternehmen gewünschten Ergebnis beiträgt. Dementsprechend werden für das Unternehmen schädliche Handlungen der Kunden, wie z. B. opportunistisches Verhalten, aus der Betrachtung ausgeklammert.

Die wenigen existierenden wissenschaftlichen Abhandlungen, die sich mit den vom Kunden zu erbringenden Leistungen beschäftigen, beschränken sich dabei zumeist auf eine enumerative Darstellung dieser (Gouthier/Schmid 2001, S. 224). Als sinnvoll erwiesen haben sich jedoch eine Strukturierung der Kundenleistungen nach einem rollen- und verhaltensbasierten Ansatz. Gerade der rollenbasierte Systematisierungsansatz, der verschiedene transaktionsorientierte Kundenrollen und eine beziehungsorientierte Partnerrolle unterscheidet, liefert für die Arbeit eine wertvolle Strukturierungshilfe, auf die immer wieder zurückgegriffen wird.

Um nun die vom Unternehmen gewünschte Service Customer Performance zu erbringen, braucht der Kunde eine entsprechende Integrationsbereitschaft und -fähigkeit, die durch den Dienstleister oftmals erst auf- bzw. ausgebaut werden muss. Damit stellt die Qualifizierung von Kunden eine neue, unternehmerische Herausforderung für das Dienstleistungsmanagement dar. Dabei interessieren lediglich solche Lernprozesse beim Kunden, die sich auf eine anbieterseitig von der Zielgröße der Service Customer Performance geleitete Veränderung der Verhaltensprädisposition des Kunden beziehen. Dieses Kundenlernen ist eine wichtige (lern)theoretische Grundlage der Kundenentwicklung. Während allerdings schon bei jeder Einzeltransaktion Kundenlernen auftreten kann, erfordert das Konzept der Kundenentwicklung das Vorliegen einer Geschäftsbeziehung zwischen Unternehmen und Kunde. Kundenentwicklung im Dienstleistungsbereich hat damit die anbieterseitig von der Zielgröße der Service Customer Performance geleitete systematische Vermittlung von Integrationsqualifikationen zur Schaffung integrationskompetenter Dienstleistungskunden zur Aufgabe.

Der Einsatz der Kundenentwicklung ist allerdings nicht immer und automatisch sinnvoll und notwendig. Eine Voraussetzung hierfür wurde schon genannt: das Vorliegen einer Geschäftsbeziehung. Des Weiteren hängt die Dringlichkeit der Durchführung von Kundenentwicklungsaktivitäten insbesondere von der Komplexität der Kundenrollen ab. Je komplexer und damit je erklärungsbedürftiger die zu leistende Service

Customer Performance ist, desto wichtiger wird der Einsatz der Kundenentwicklung im Dienstleistungsbereich. Daher fokussieren sich die Ausführungen zum Kundenentwicklungskonzept auf komplexe Kundenhandlungen, die oftmals, aber nicht immer mit der Inanspruchnahme von komplexen Dienstleistungen einhergehen.

Die Vermittlung von kauf- und kundenprozessrelevanten Informationen ist keine ausschließliche Domäne der Kundenentwicklung. Auch die Verbraucherpolitik und die Klientenschulung bzw. -beratung qualifizieren den Kunden. Im Gegensatz zu diesen Konzepten der Kundenqualifizierung wird die Kundenentwicklung aber primär durch die Ziele des Dienstleistungsunternehmens und sodann sekundär durch Kundeninteressen geleitet.

Wenn nun der Kunde einen Partial employee eines Dienstleistungsunternehmens darstellt, liegt es in einem weiteren Schritt nahe, Erkenntnisse der Personalentwicklung aufzugreifen und diese auf ihre Übertragbarkeit sowie Anwendbarkeit zur Konzeption der Kundenentwicklung zu prüfen. Dazu müssen zunächst die Besonderheiten der Unternehmens-Kunden- im Vergleich zur Unternehmens-Mitarbeiter-Beziehung ausgearbeitet werden, um sich in einem weiteren Schritt mit deren Auswirkungen auf die Gestaltung der Entwicklung von Kunden zu beschäftigen. Damit liefert die Personalentwicklung wertvolle methodisch-konzeptionelle Hinweise, während der strukturelle Rahmen zur Konzeption der Kundenentwicklung dem Strategischen Management entstammt.

Ausgangspunkt aller Aktivitäten stellt daher die Schaffung einer adäquaten strategischen Informationsgrundlage dar. Die Realisation eines Kundenentwicklungsmanagements kann nicht völlig autark geschehen, sondern ist in das Unternehmensgeschehen zu integrieren. Dementsprechend ist ein wichtiger Schritt in dem Entwurf von Grundsätzen der Kundenentwicklung und deren unternehmenspolitischer Einbindung zu sehen. Hieran anknüpfend lassen sich die Ziele der Kundenentwicklung ableiten. Wie auch bei der Personalentwicklung, allerdings aufgrund der Besonderheiten der Unternehmens-Kunden-Beziehung in noch stärkerem Maße, sind neben den unternehmerischen Zielsetzungen die Wünsche und Bedürfnisse der Kunden zu berücksichtigen. Dennoch stehen die Ziele der Kundenentwicklung aus der Perspektive des Dienstleisters eindeutig im Vordergrund der Betrachtung. Zu diesen zählen

u. a. die Unterstützung übergeordneter Ziele, wie die Stärkung der Kundenbindung und die Reduzierung von Kosten, und als Oberziel die Schaffung, Sicherung und/oder Verbesserung der Integrationsbereitschaft und -fähigkeit der Kunden. Letztlich versucht die Kundenentwicklung, und hier schließt sich der Kreis zum zweiten Teil der Arbeit, die Service Customer Performance über die Kundenqualifizierung zu verbessern.

Zur Erreichung dieser Ziele lassen sich verschiedene Strategien der Kundenentwicklung einsetzen, wobei den Handlungsstrategien im Rahmen dieser Arbeit eine zentrale Rolle zukommt. So ist nach dem Zeitpunkt und der Dringlichkeit der Qualifizierung eine reaktive und eine antizipative Kundenentwicklungsstrategie zu unterscheiden. Sollen diese beiden Handlungsstrategien in die Tat umgesetzt werden, bedarf es einer entsprechenden Analyse des Entwicklungsbedarfs. Nur wenn Kunden Integrationsqualifikationslücken (Qualifikations-Gaps) aufweisen, macht eine Qualifizierung auch Sinn. Dieses Gap stellt dabei die zentrale Lücke in einem speziell entwickelten Service Customer Performance Gap-Modell dar.

Soll ein möglicher Entwicklungsbedarf schon im Vorfeld der Einführung bzw. Modifikation von Dienstleistungen erhoben werden, so wird zunächst eine Erfassung der entsprechenden Integrationsaufgaben und -anforderungen benötigt. Dazu können verschiedene Verfahren, wie die Integrationsaufgaben-Inventarlisten und die integrationsaufgabenbezogene Kundenprozessanalyse sowie integrationsanforderungsanalytische Verfahren, eingesetzt werden. Aus dem Vergleich mit den aktuell vorhandenen Integrationsqualifikationen der Kunden ergibt sich sodann die Deckungslücke. Dabei werden die Anforderungen an den Kunden von verschiedenen Faktoren beeinflusst, zu denen die Makro-Umwelt, die Wettbewerber, die Dienstleistungen an sich sowie die Kunden selbst zählen.

Trotz aller Vorkehrungen kann es dennoch zu kundenbasierten Problemen im Service-System kommen, weshalb sich eine reaktive Kundenentwicklungs-Bedarfsanalyse als unerlässlich zeigt. Dabei sind primär solche Kundenprobleme zu beheben, die zum einen häufig auftreten und zum anderen auch relevant sind.

Falls ein Kundenentwicklungs-Bedarf identifiziert wurde, schließt sich die Aufgabe der Planung entsprechender Maßnahmen zur Schließung der Integrationsqualifikationslücke unmittelbar hieran an. Dabei sind zunächst mittels Knock-out-Kriterien diejenigen Kunden auszusortieren, mit denen eine Geschäftsbeziehung nicht weiterverfolgt wird. Im Anschluss hieran kann eine Segmentierung nach ökonomischen und qualifikationsbezogenen Kriterien vorgenommen werden.

Für die derartig identifizierten Zielgruppen sind vor dem Hintergrund des Kundenentwicklungsbedarfs spezielle Kundenlernziele zu formulieren. Diese geben an, welche Verhaltensweisen die Kunden im Anschluss an die Durchführung von Kundenentwicklungsmaßnahmen aufzeigen sollen. Dabei gilt es, die Ziele derartig zu formulieren, dass die Kunden weder unter-, noch insbesondere überfordert werden. Aus diesen Kundenlernzielen leiten sich sodann die konkreten, zu vermittelnden Lerninhalte ab. Kunden werden sich diese Lerninhalte aber zumeist nur dann aneignen, wenn sie zum einen über die (Durchführung der) Kundenentwicklungsmaßnahmen informiert sind, zum anderen auch Anreize wahrnehmen, an diesen teilzunehmen. In einzelnen Fällen, wie dem Durchführen von Kundenseminaren bzw. -schulungen, ist es sogar denkbar, für diese Veranstaltungen Geld von den Kunden zu verlangen, und damit (wenigstens zum Teil) die Kosten zu decken.

Besondere Anforderungen stellen Neukunden an ein Management der Kundenentwicklung im Dienstleistungsbereich, weshalb diesem speziellen Aktivitätsfeld ein eigenes Kapitel gewidmet ist. Im Gegensatz zur angloamerikanischen Literatur wird dabei zwischen einer edukativen und sozialisatorischen Neukundenentwicklung, zumindest auf einer theoretisch-konzeptionellen Ebene, differenziert. Im Anschluss hieran lag der Schwerpunkt der Betrachtung auf den Maßnahmen, die das Wollen, Kennen, Können und Dürfen des Kunden fördern. Nur wenn der Kunde Anreize explizit wahrnimmt und diese höher einschätzt als seine Kosten, wird er zu der gewünschten Mitwirkung bereit sein. Dementsprechend gilt es, nicht nur für Mitarbeiter, sondern gerade auch für Kunden, Anreizsysteme zu schaffen. Wenn Kunden nun die Bereitschaft zur Integration aufweisen, müssen sie des Weiteren auch kompetent zur Ausführung ihrer Rollen und Aufgaben sein. Infolgedessen sind dem Kunden mittels erfahrungs- und informationsorientierter Maßnahmen die benötigten Integrationsqualifikationen zu vermitteln. Da im Blickpunkt dieser Arbeit komplexe Kunden-

handlungen stehen, kommen den Kerninstrumenten der erfahrungs-, z. B. Kundenunterweisung am Service encounter, und informationsorientierten Maßnahmen, z. B.
Kundenseminar, eine besondere Bedeutung zu.

Eher derivativen Charakter haben dagegen die Instrumente zur Gestaltung der Integrationsordination. So wirkt sich eine Veränderung des Handlungsspielraums der
Kunden auf die Qualifizierungslücke aus und determiniert damit den Einsatz anderer
Kundenentwicklungsmaßnahmen. Bei einer geringfügigen Erhöhung des Handlungsspielraums kann es unmittelbar zu einer Qualifikationssteigerung beim Kunden
kommen, ohne dass ein Einsatz von Kundenentwicklungsinstrumenten vonnöten
wäre. Dagegen bedingt eine starke Ausdehnung des Handlungsspielraums i. d. R.
auch eine separate Qualifizierung der Kunden. Daneben ist es möglich, das physische Umfeld als weiteres Qualifizierungsinstrument einzusetzen. Unmittelbar ein-
sichtig ist dies bei visuellen Orientierungshilfen, wie Wegweisern.

Soll das Kundenentwicklungsmanagement möglichst effektiv und effizient arbeiten,
so bedarf es einer permanenten Kontrolle der Aktivitäten. Während eine Kostenkontrolle noch relativ einfach durchführbar ist, stellt die Erhebung des Kundenentwick-
lungsnutzens ein größeres Problem dar. Am einfachsten gestaltet sich die Erfassung
der Kundenreaktionen, die zumeist auf eine Erhebung der Zufriedenheit der Kunden
mit der Entwicklungsmaßnahme abstellen. Etwas anspruchsvoller ist die Prüfung des
Lernerfolgs. Hier lässt sich z. B. über Lerntests ermitteln, ob die gewünschten Kundenlernziele auch erreicht wurden. Noch einen Schritt weiter reicht die Analyse der
Änderungen des Kundenverhaltens aufgrund der Qualifizierungsmaßnahmen. Am
schwierigsten ist jedoch die Kontrolle des ökonomischen Erfolgs der Kundenentwicklungsmaßnahmen, da oftmals ein eindeutiger Zusammenhang zwischen Instru-
mentaleinsatz und ökonomischen Ergebnis nicht vorliegt.

Selbst wenn sämtliche dieser Managementelemente vom Dienstleistungsunternehmen konzipiert wurden, können bei der Realisation dieses Konzepts Schwierigkeiten
auftreten. Dabei lassen sich insbesondere kulturelle, mitarbeiterbezogene, organisationsstrukturelle und systembezogene Implementierungsbarrieren identifizieren, die
es mittels eines gezielten Implementierungsprogramms zu beseitigen gilt. Während
sich die Durchsetzung der Kundenentwicklung der Beseitigung bzw. Minderung der

mitarbeiterbezogenen Barrieren widmet, beschäftigt sich die Umsetzung mit Ansätzen zur Reduktion der organisationsstrukturellen und systembezogenen Hindernisse.

Nach dieser zusammenfassenden Darstellung der Inhalte der Arbeit sei auf offen gebliebene Forschungsfragen hingewiesen. Ein Konzept wie das der Kundenentwicklung im Dienstleistungsbereich lebt - bei seiner konkreten Ausgestaltung - insbesondere von den Unterschiedlichkeiten der Branchen. Daher wird sich bei der Anwendung dieses grundlegenden Konzepts in verschiedenen Dienstleistungsunternehmen eine Ausdifferenzierung der global gehaltenen Managementphasen sowie -inhalte und damit weiter gehende, tiefere Erkenntnisse ergeben. Dies hat sich ansatzweise bei einer Anwendung des Konzepts im Krankenhauswesen bereits gezeigt (siehe Gouthier 1999a und 2000). Demzufolge ist der nächste Schritt in der Anwendung der Kundenentwicklung in verschiedenen Dienstleistungssektoren zu sehen. Dies gilt insbesondere auch für eine Kundenentwicklung im Internet. Dieser Bereich, der Unternehmen sehr viele Möglichkeiten für Qualifizierungsmaßnahmen eröffnet, weist ein breites Spektrum an interessanten Fragestellungen in Bezug auf Aspekte der Kundenentwicklung auf.

Des Weiteren wurde im Rahmen der Arbeit eine wesentliche Einschränkung derart getroffen, dass nur die Qualifizierung von Neu- und Stammkunden betrachtet wurde. Die Gruppe der potentiellen Kunden stellt allerdings gleichermaßen ein lohnenswertes Forschungsfeld dar. Gerade diese Gruppe wird für Informationen sehr aufgeschlossen sein. Wie es mit der Vermittlung von Integrationsqualifikationen aussehen könnte, wäre indes zu prüfen. Zudem stehen im Gesundheits- und Sozialwesen manche Institutionen, wie z. B. Kindergärten und Krankenhäuser, vor der Aufgabe, die Angehörigen zu schulen.

Abschließend soll aber nochmals ausdrücklich auf die doppelte, und insbesondere komplementäre Bedeutung einer Kundenorientierung hingewiesen werden: Kundenorientierung bedeutet zum einen eine Orientierung am Kunden und zum anderen eine Orientierung des Kunden. Keine dieser beiden Perspektiven ist zu vernachlässigen. Eine unzureichende Prozess- und Leistungsentwicklung darf nicht durch Kundenentwicklungsmaßnahmen kaschiert werden. Wenn einfache Prozesse einer

komplizierten Beschreibung bedürfen, so ist dies zumeist ein Hinweis auf ein mangelhaftes Service-Design und nicht auf die Notwendigkeit der Durchführung von
Kundenentwicklungsmaßnahmen.

*„For the future, I see a great potential in a para-
digm shift from maintenance of customer ignorance
to a more educational role of marketing."*
Gummesson 1996, S. 258

Anhangsverzeichnis

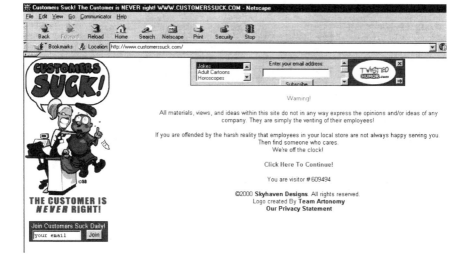

Anhang 1:   Webseite „Customers Suck" zu Erlebnissen von Mitarbeitern mit Kunden
Quelle: http://www.customerssuck.com, abgerufen am 26. Oktober 2000.

Anhang 2:   Plakat „Bahnhofsordnung"
Quelle: DB Station&Service AG.

Anhang 3:   Handy-Schnupperseminare von T-D1
Quelle: DeTeMobil Deutsche Telekom MobilNet GmbH 1999.

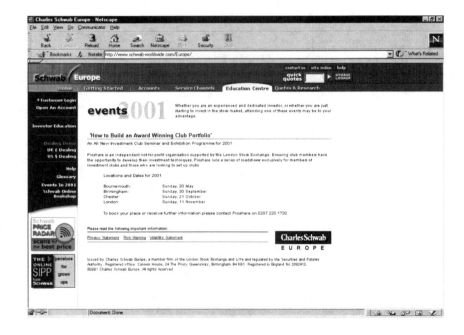

Anhang 4:   Investmentseminar-Angebot des Wertpapierhändlers Charles Schwab Europe
Quelle: http//:www.schwab-worldwide.com/Europe/, abgerufen am 02. Mai 2001.

Anhang 5:   Kundenseminar von Globus Wiesental
Quelle: Globus Wiesental 2001.

Anhang 6:   Investmentseminar des Discount-Brokers Consors
Quelle: http//:www.consors.de/finanzplanung/lernen/seminare/einsteiger/optionen.html, abgerufen
              am 08. Mai 2001.

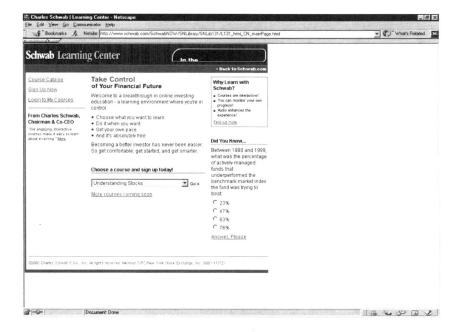

Anhang 7: Learning Center des Wertpapierhändlers Charles Schwab mit dem Angebot kostenloser
           Online-Kundenseminare
Quelle: http//:www.schwab.com/SchwaNOW/SNLibrary/SNLib131/L131_html_CN_mainPage.html,
           abgerufen am 07. Mai 2001.

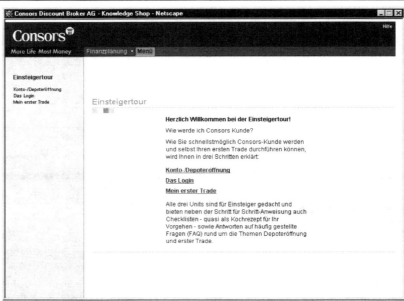

Anhang 8:   Neukundenqualifizierung bei Consors
Quelle: http://www.consors.de, abgerufen am 09. Mai 2001.

Anhang 9:   Customers educate customers-Programm des Meinungsforums Epinions
Quelle: http//:www.epinions.com/member/, abgerufen am 07. Mai 2001.

Provisionierung für umsatzverantwortliche Verkäufer (Außendienst, Telefonverkauf)	
Zielsetzung:	Fokussierung der Verkaufsmannschaft auf Umsatzsteigerung; unmittelbare Beteiligung am Erfolgsfaktor Umsatzwachstum, dadurch Sicherung des Marktanteils in einem stark wachsenden Markt
Provisionsbasis:	Umsatz des individuell betreuten Kundenkreises
Provisionskriterium:	Umsatzsteigerung
Berechnungsmethodik:	Progressiv wirkende Formel, die überdurchschnittlich vergütet, Teilzeitfaktor kommt zur Anwendung
Berechnungsperiode:	Monatlich

Jährliche Erfolgsbeteiligung

Zielsetzung:	Identifikation der Belegschaft mit dem Unternehmen und dem Unternehmungsergebnis; Personalbindung durch Anerkennung langjähriger Dienstzugehörigkeit
Teilnehmerkreis:	Alle Mitarbeiter der GmbH
Ausschüttungskriterium:	Von der Unternehmensleitung festgelegter Anteil des ausgewiesenen Jahresergebnisses
Ausschüttungsberechnung:	Bestimmter DM-Wert pro Jahr Betriebszugehörigkeit, funktionsunabhängig, Teilzeitfaktor kommt zur Anwendung

Gruppenprämie

Zielsetzung:	Identifikation mit der Betriebseinheit und deren unternehmerisches Ergebnis; Förderung von Kostenbewusstsein und Verkaufsunterstützung; Förderung von Teamgeist innerhalb der Einheit
Teilnehmerkreis:	Alle Mitarbeiter der GmbH
Berechnungsbasis:	Deckungsbeitragsanaloges Erfolgskriterium pro Betriebseinheit (Niederlassung, Hauptverwaltung)
Berechnungsmethodik:	Progressiv wirkende Formel, überdurchschnittliche Erfolgssteigerungen werden überdurchschnittlich vergütet
Berechnungsperiode:	Quartalsergebnis
Ausschüttung:	funktionsunabhängig, Teilzeitfaktor kommt zur Anwendung

Wettbewerbe

Situative Umsatz- oder kundenbezogene Wettbewerbe für Verkaufs- oder Kundendienstmitarbeiter; Kriterien und Berechnung je nach individueller Zielsetzung

Nicht-monetäre Motivations- und Anreizsysteme

Jährliche Mitarbeitergespräche mit der Möglichkeit individueller Gehaltsaufbesserung für High Performancer; wiederkehrende Kulturanalyse durch Mitarbeiterbefragung

Anhang 10: Anreizsystem der DHL
Quelle: Hentze/Lindert 1998, S. 1023 f.

Anhang 11: Freundschaftswerbung des Internetbuchhändlers Amazon.de
Quelle: http://www.amazon.de/exec/obidos/subst/partners/friends/signup.html, abgerufen am 10.
            Mai 2001.

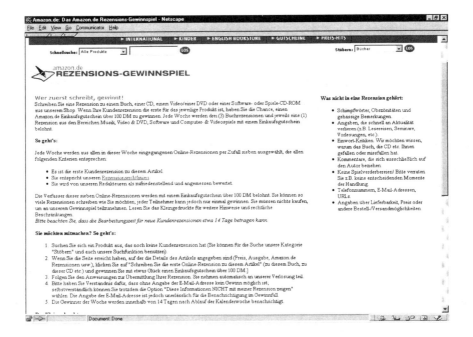

Anhang 12:   Schriftliche Handlungsanweisung des Internetbuchhändlers Amazon.de zur Teilnahme
am Rezensions-Gewinnspiel

Quelle: http://www.amazon.de/, abgerufen am 01. November 2001.

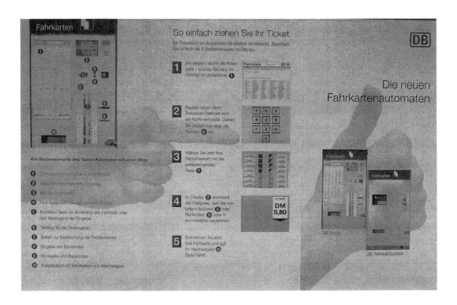

Anhang 13: Informationsbroschüre zur Nutzung der neuen Fahrscheinautomaten der Deutschen Bahn
Quelle: Deutsche Bahn AG 1999.

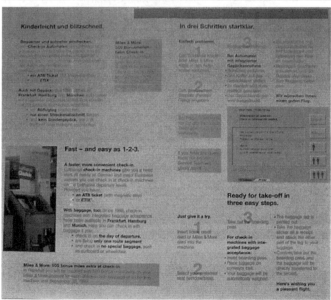

Anhang 14: Informationsbroschüre zur Nutzung der Check-in-Automaten der Lufthansa
Quelle: Lufthansa AG 1999.

Consors Discount-Broker AG - Knowledge Shop - Netscape

Checkliste Depoteröffnung/Legimitation

✓ Mit dieser Checkliste können Sie überprüfen, ob Sie alle Schritte für eine erfolgreiche Online-Depoteröffnung durchgeführt haben.

☐ Haben Sie den Antrag vollständig ausgefüllt und online abgesendet?

☐ Haben Sie gleich nach der Absendung eine e-mail-Bestätigung bekommen? (Nur, wenn Sie auch Ihre e-mail-Adresse angegeben haben)

Dann erhalten Sie in Kürze folgende Mitteilungen und Unterlagen:

☐ Ihre Konto- und Depotnummer

Meine Kontonummer: ....
Meine Depotnummer: ....

☐ Das Antragsformular, die Legitimations-coupons und das Orderpaket
☐ Ihre Online-PIN
☐ Die Phone PIN
☐ Die TAN-Liste

Und so geht's dann weiter:

☐ Überprüfen Sie das Antragsformular: Ist es korrekt vorausgefüllt?

☐ Unterschreiben Sie das Antragsformular zweimal und verschließen Sie ihn im Vertraulich-Umschlag.

Anhang 15: Checkliste Depoteröffnung für Neukunden von Consors
Quelle: http//:www.consors.de, abgerufen am 07. Mai 2001.

Anhang 16: FAQ-List in der Kundenzeitschrift der Mannesmann Mobilfunk GmbH
Quelle: o. V. 1999 2, S. 28 f.

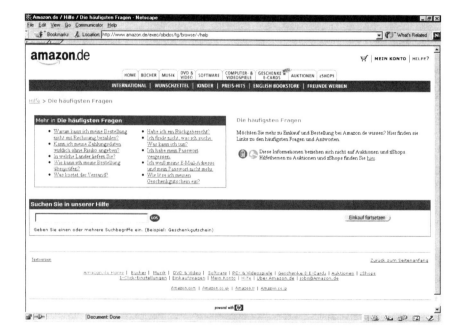

Anhang 17: FAQ-List des Internet-Buchhändlers Amazon.de
Quelle: http://www.amazon.de/exec/obidos/tg/browse/-/help, abgerufen am 07. Mai 2001.

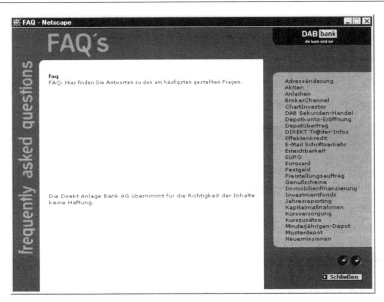

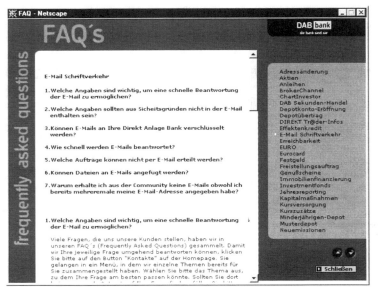

Anhang 18: FAQ-List der Direkt Anlage Bank DAB
Quelle: http://www.dab.com, abgerufen am 03. Mai 2001.

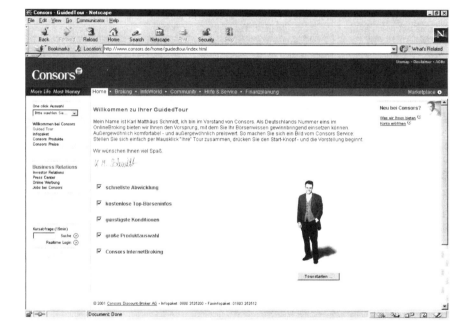

Anhang 19: Guided Tour bei Consors
Quelle: http//:www.consors.de/home/guidedtour/index.html, abgerufen am 07. Mai 2001.

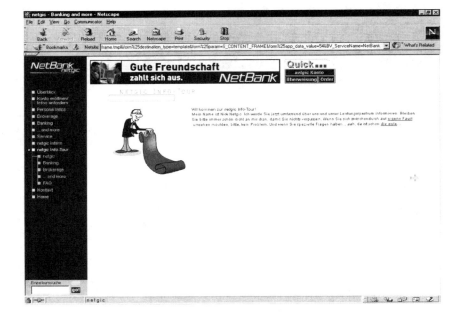

Anhang 20: Info-Tour der NetBank
Quelle: http//:www.netgic.de/, abgerufen am 12. Juli 2001.

Anhang 21: Avatar-getriebener Kundenchat der NetBank
Quelle: http//:www.netgic.de/, abgerufen am 12. Juli 2001.

Anhang 22: Anforderungsmaske für den elektronischen Newsletter des Versandhauses Schwab
Quelle: http//:www.schwab.de, abgerufen am 07. Mai 2001.

Literaturverzeichnis

Abelson, R. P. (1976): Script Processing in Attitude Formation and Decision Making, in: Carroll, J. S./Payne, J. W. (Hrsg.): Cognition and Social Behavior, Hillsdale, S. 33-45.

Abelson, R. P. (1981): Psychological Status of the Script Concept, in: American Psychologist, 36. Jg., Nr. 7, S. 715-729.

Adams, R. (1999): Mit klaren Regeln weniger Fehler im Wertpapiergeschäft, in: Bank Magazin, 7. Jg., Nr. 4, S. 54-56.

Alliger, G. M./Janak, E. A. (1989): Kirkpatrick's Levels of Training Criteria: Thirty Years Later, in: Personnel Psychology, 42. Jg., Nr. 2, S. 331-342.

Allport, F. H. (1933): Institutional Behavior. Essays toward a Re-Interpreting of Contemporary Social Organization, New York.

Allport, G. W. (1961): Pattern and Growth in Personality, New York.

Altenburger, O. A. (1980): Ansätze zu einer Produktions- und Kostentheorie der Dienstleistungen, Berlin/München.

Anderson, E. W./Sullivan, M. W. (1993): The Antecedents and Consequences of Customer Satisfaction for Firms, in: Marketing Science, 12. Jg., Nr. 2, S. 125-143.

Angermeyer, H. C. (1997): Coaching - eine spezielle Form der Beratung, in: Zeitschrift Führung und Organisation zfo, 66. Jg., Nr. 2, S. 105-109.

Armbrecht, J./Moritz, C.-H. (1998): Verbraucherinformationspolitik, in: Haedrich, G./Kaspar, C./Klemm, K./Kreilkamp, E. (Hrsg.): Tourismus-Management, 3. Aufl., Berlin/New York, S. 69-78.

Audit Commission (1993): What Seems to be the Matter: Communication between Hospitals and Patients, National Health Service Report Nr. 12, London.

Averill, J. R. (1973): Personal Control Over Aversive Stimuli and Its Relationship to Stress, in: Psychological Bulletin, 80. Jg., Nr. 4, S. 286-303.

Baaken, T. (1991): Qualifizierung des Kunden als integrative Aufgabe im Technologie-Marketing, in: Töpfer, A./Sommerlatte, T. (Hrsg.): Technologie-Marketing, Landsberg/Lech, S. 201-220.

Baaken, T./Simon, D. (Hrsg.) (1987): Abnehmerqualifizierung als Instrument des Technologie-Marketing, Berlin.

Bailey, D. (1994): How to Avoid Being Bullied by Unreasonable Customers, in: Managing Service Quality, 4. Jg., Nr. 5, S. 36-38.

Barnard, C. I. (1938): The Functions of the Executive, Cambridge.

Barnard, C. I. (1970): Die Führung großer Organisationen, Essen.

Baron, S./Harris, K./Davies, B. J. (1996): Oral participation in retail service delivery: a comparison of the roles of contact personnel and customers, in: European Journal of Marketing, 30. Jg., Nr. 9, S. 75-90.

Barrett, C. (1999): Southwest Airlines - Liebe deine Kunden, in: Wiersema, F. (Hrsg.): Nur der Service zählt, Landsberg/Lech.

Bartl, H. (1998): Rechtliche Aspekte von „Dienstleistungen", in: Bruhn, M./Meffert, H. (Hrsg.): Handbuch Dienstleistungsmanagement, Wiesbaden, S. 343-371.

Bartscher, T. R./Fritsch, S. (1992): Personalmarketing, in: Gaugler, E./Weber, W. (Hrsg.): Handwörterbuch des Personalwesens, 2. Aufl., Stuttgart, Sp. 1747-1758.

Bateson, J. E. G./Hoffman, K. D. (1999): Managing services marketing, 4. Aufl., Fort Worth u. a.

Bauer, H. H. (1989): Marktabgrenzung, Berlin.

Bauer, M. (1997): Lerntheorien, in: Hierdeis, H./Hug, T. (Hrsg.): Taschenbuch der Pädagogik, Band 3, 5. Aufl., Hohengehren, S. 1038-1049.

Bea, F. X. (2000): Wissensmanagement, in: Wirtschaftswissenschaftliches Studium WiSt, 29. Jg., Nr. 7, S. 362-367.

Becker, F. G. (1996): Personalentwicklung, in: Kern, W./Schröder, H.-H./Weber, J. (Hrsg.): Handwörterbuch der Produktionswirtschaft, 2. Aufl., Stuttgart, Sp. 1371-1381.

Becker, F. G. (1999): Marketingorientierte Ausrichtung der Personalentwicklung in Dienstleistungsunternehmen - am Beispiel von Finanzdienstleistern, in: Bruhn, M. (Hrsg.): Internes Marketing: Integration der Kunden- und Mitarbeiterorientierung, 2. Aufl., Wiesbaden, S. 271-292.

Becker, F. G./Günther, S. (1998): Personalentwicklung als Führungsaufgabe im Dienstleistungssektor, in: Bruhn, M./Meffert, H. (Hrsg.): Handbuch Dienstleistungsmanagement, Wiesbaden, S. 751-778.

Becker, J. (1995): Strategisches Marketing, in: Tietz, B./Köhler, R./Zentes, J. (Hrsg.): Handwörterbuch des Marketing, 2. Aufl., Stuttgart, Sp. 2411-2425.

Becker, J. (1998): Marketing-Konzeption, 6. Aufl., München.

Becker, M. (1999): Aufgaben und Organisation der betrieblichen Weiterbildung, 2. Aufl., München/Wien.

Becker, W. S./Wellins, R. S. (1990): Customer-Service Perceptions and Reality, in: Training & Development Journal, 44. Jg., Nr. 3, S. 49-51.

Behrens, G. (1995): Lerntheorien, in: Tietz, B./Köhler, R./Zentes, J. (Hrsg.): Handwörterbuch des Marketing, 2. Aufl., Stuttgart, Sp. 1406-1415.

Bell, M. L. (1986): Some Strategy Implications of a Matrix Approach to the Classification of Marketing Goods and Services, in: Journal of the Academy of Marketing Science, 14. Jg., Nr. 1, S. 13-20.

Bencivenga, M. (2000): Die Beendigung unerwünschter Kundenbeziehungen aus der Sicht eines Dienstleistungsanbieters, Diplomarbeit am Lehrstuhl für Allgemeine Betriebswirtschaftslehre und Dienstleistungsmanagement, Wirtschaftswissenschaftliche Fakultät Ingolstadt der Katholischen Universität Eichstätt, Ingolstadt.

Benkenstein, M./Güthoff, J. (1996): Typologisierung von Dienstleistungen, in: Zeitschrift für Betriebswirtschaft ZfB, 66. Jg., Nr. 12, S. 1493-1510.

Berekoven, L. (1974): Der Dienstleistungsbetrieb, Wiesbaden.

Berekoven, L. (1983): Der Dienstleistungsmarkt in der Bundesrepublik Deutschland, Band 1, Göttingen.

Berekoven, L. (1986): Der Dienstleistungsmarkt - Sachliche Besonderheiten und empirische Befunde, in: Pestel, E. (Hrsg.): Perspektiven der Dienstleistungswirtschaft, Göttingen, S. 24-37.

Berekoven, L./Eckert, W./Ellenrieder, P. (1999): Marktforschung, 8. Aufl., Wiesbaden.

Bergmann, W. (1998): Das Ekel: Der Umgang mit schwierigen Kunden, in: Buchner, D. (Hrsg.): Service-Exzellenz, Wiesbaden, S. 103-118.

Berry, L. L. (1984): The Employee as Customer, in: Lovelock, C. H. (Hrsg.): Services Marketing, Englewood Cliffs, S. 271-278.

Berry, L. L./Lampo, S. K. (2000): Teaching an Old Service New Tricks, in: Journal of Service Research, 2. Jg., Nr. 3, S. 265-275.

Berry, L. L./Yadav, M. S. (1997): Oft falsch berechnet und verwirrend - die Preise für Dienstleistungen, in: Harvard Business manager, 19. Jg., Nr. 1, S. 57-67.

Berthel, J. (1997): Personal-Management, 5. Aufl., Stuttgart.

Berthel, J. (2000): Personal-Management, 6. Aufl., Stuttgart.

Berthel, J./Becker, F. G. (1986): Strategisch-orientierte Personalentwicklung, in: das wirtschaftsstudium WISU, 15. Jg., Nr. 11, S. 544-549.

Berthon, P./Pitt, L./Katsikeas, C. S./Berthon, J. P. (1999): Virtual Services Go International: International Services in the Marketspace, in: Journal of International Marketing, 7. Jg., Nr. 3, S. 84-105.

Bettencourt, L. A. (1997): Customer Voluntary Performance: Customers As Partners In Service Delivery, in: Journal of Retailing, 73. Jg., Nr. 3, S. 383-406.

Bieger, T. (1998): Dienstleistungsmanagement, Bern u. a.

Biehal, F. (1994): Dienstleistungsmanagement und die schlanke Organisation, in: Biehal, F. (Hrsg.): Lean Service: Dienstleistungsmanagement der Zukunft für Unternehmen und Non-Profit-Organisationen, 2. Aufl., Bern u. a., S. 9-67.

Biester, S. (1998a): Test in Hamburg, in: Lebensmittelzeitung, 50. Jg., Nr. 43, S. 36.

Biester, S. (1998b): Mehr Service mit Obi-Kundenkarte, in: Lebensmittelzeitung, 50. Jg., Nr. 46, S. 10.

Bilstein, F. F. (1998): Schluß mit dem Doppeldenken, in: Wirtschaftswoche, 52. Jg., Nr. 20, S. 142.

Bitner, M. J. (1990): Evaluating Service Encounters: The Effects of Physical Surroundings and Employee Responses, in: Journal of Marketing, 54. Jg., Nr. 2, S. 69-82.

Bitner, M. J. (1992): Servicescapes: The Impact of Physical Surroundings on Customers and Employees, in: Journal of Marketing, 56. Jg., Nr. 2, S. 57-71.

Bitner, M. J./Booms, B. H./Tetreault, M. S. (1990): The Service Encounter: Diagnosing Favorable and Unfavorable Incidents, in: Journal of Marketing, 54. Jg., Nr. 1, S. 71-84.

Bitner, M. J./Faranda, W. T./Hubbert, A. R./Zeithaml, V. A. (1997): Customer contributions and roles in service delivery, in: International Journal of Service Industry Management, 8. Jg., Nr. 3, S. 193-205.

Bliemel, F. W./Eggert, A. (1998): Kundenbindung - die neue Sollstrategie?, in: Marketing ZFP, 20. Jg., Nr. 1, S. 37-46.

Bloom, B. S. (1956): Taxonomy of educational objectives: the classification of educational goals, Handbook 1: Cognitive domain, New York.

Bloom, B. S. (1974): Taxonomie von Lernzielen im kognitiven Bereich, 4. Aufl., Weinheim u. a.

BMW Bank GmbH (2000): Die BMW Card als Partnerkarte, Informationsbroschüre der BMW Bank GmbH, München.

Boam, R./Sparrow, P. (1992): Designing and achieving competency, London u. a.

Böhler, H. (1992): Marktforschung, 2. Aufl., Stuttgart u. a.

Bohlen, F. N. (1997): Hat der Kunde wirklich immer recht?, in: Der Karriereberater, o. Jg., Nr. 5, S. 97-104.

Bongard, S. (1998): Börsenfieber, in: Horizont, 15. Jg., Nr. 43 vom 22. Oktober 1998, S. 111.

Bonne, T./Arminger, G. (2001): Diskriminanzanalyse, in: Hippner, H./Küsters, U./Meyer, M./Wilde, K. D. (Hrsg.): Handbuch Data Mining im Marketing, Braunschweig/Wiesbaden, S. 193-239.

Botschen, G./Botschen, M. (1999): Kundenintegrierte Neuproduktentwicklung von Dienstleistungen, in: Hinterhuber, H. H./Matzler, K. (Hrsg.): Kundenorientierte Unternehmensführung, Wiesbaden S. 337-354.

Bouncken, R. B. (1998): Guest-Coaching in der Hotellerie - Umsetzung einer Erlebnisorientierung, in: Thexis, 15. Jg., Nr. 3, S. 47-48.

Bowen, D. E. (1986): Managing Customers as Human Resources in Service Organizations, in: Human Resource Management, 25. Jg., Nr. 3, S. 371-383.

Bowen, D. E. (2000): The „Customer as Employee" Revisited, Vortragsunterlagen, QUIS-Konferenz, 15. Juni 2000, Karlstad, Schweden.

Bowen, D. E./Schneider, B. (1985): Boundary-Spanning-Role Employees and the Service Encounter: Some Guidelines for Management and Research, in: Czepiel, J. A./Solomon, M. R./Surprenant, C. F. (Hrsg.): The Service encounter, Lexington, S. 127-147.

Bowers, M. R./Martin, C. L./Luker, A. (1990): Trading Places: Employees as Customers, Customers as Employees, in: The Journal of Services Marketing, 4. Jg., Nr. 2, S. 55-69.

Brabeck, R./Schöne, K. (2000): Defizite beim Dialog mit dem Kunden, in: Bank Magazin, 48. Jg., Nr. 4, S. 60-62.

Brandebusemeyer, G. (1996): Mitarbeiterbefragungen im Rahmen des Qualitätsmanagements, Diplomarbeit am Lehrstuhl für Allgemeine Betriebswirtschaftslehre und Dienstleistungsmanagement, Wirtschaftswissenschaftliche Fakultät Ingolstadt der Katholischen Universität Eichstätt, Ingolstadt.

Brandsma, J./Kessler, F./Münch, J. (1995): Berufliche Weiterbildung in Europa, Bielefeld.

Brinkmann, T./Peill, E. (1996): Kundenbindung durch Servicegarantien, in: Die Bank, o. Jg., Nr. 5, S. 284-287.

Britz-Averkamp, I./Hoffmann, A. (1998): Kundenberater per Mausklick, in: geldinstitute, 29. Jg., Nr. 9, S. 72-73.

Broderick, A. J. (1998): Role theory, role management and service performance, in: The Journal of Services Marketing, 12. Jg., Nr. 5, S. 348-361.

Bronner, R./Schröder, W. (1983): Weiterbildungserfolg, München.

Bruhn, M. (2000a): Kundenerwartungen - Theoretische Grundlagen, Messung und Managementkonzept, in: Zeitschrift für Betriebswirtschaft ZfB, 70. Jg., Nr. 9, S. 1031-1054.

Bruhn, M. (2000b): Sicherstellung der Dienstleistungsqualität durch integrierte Kommunikation, in: Bruhn, M./Stauss, B. (Hrsg.): Dienstleistungsqualität: Konzepte - Methoden - Erfahrungen, 3. Aufl., Wiesbaden, S. 405-431.

Bruhn, M. (2001): Relationship Marketing, München.

Bruhn, M./Georgi, D. (1999): Kosten und Nutzen des Qualitätsmanagements, München/Wien.

Bruhn, M./Grund, M. A. (1999): Interaktionen als Determinante der Zufriedenheit und Bindung von Kunden und Mitarbeitern, in: Bruhn, M. (Hrsg.): Internes Marketing, 2. Aufl., Wiesbaden, S. 495-523.

Bruhn, M./Homburg, C. (2000): Handbuch Kundenbindungsmanagement, 3. Aufl., Wiesbaden.

Bühner, R. (1997): Personalmanagement, 2. Aufl., Landsberg am Lech.

Bullinger, H.-J./Krogoll, T. (1992): Arbeitsanforderungen, in: Gaugler, E./Weber, W. (Hrsg.): Handwörterbuch des Personalwesens, 2. Aufl., Stuttgart, Sp. 51-59.

Bullinger, H.-J./Meiren, T. (2001): Service Engineering - Entwicklung und Gestaltung von Dienstleistungen, in: Bruhn, M./Meffert, H. (Hrsg.): Handbuch Dienstleistungsmanagement, 2. Aufl., Wiesbaden, S. 149-175.

Bullinger, H.-J./Schäfer, M. (1997): Kundenorientierung und lernende Unternehmen: Wie Sie von Kunden lernen, in: Gablers Magazin, 11. Jg., Nr. 4, S. 8-11.

Bumbacher, U. (2000): Beziehungen zu Problemkunden, in: Bruhn, M./Stauss, B. (Hrsg.): Dienstleistungsmanagement Jahrbuch 2000, Wiesbaden, S. 423-447.

Burton, S. (1990): The Framing of Purchase for Services, in: The Journal of Services Marketing, 4. Jg., Nr. 4, S. 55-67.

Canziani, B. F. (1997): Leveraging customer competency in service firms, in: International Journal of Service Industry Management, 8. Jg., Nr. 1, S. 5-25.

Chandler, A. D. Jr. (1993): Strategy and Structure, 18. Aufl., Cambridge/London.

Chase, R. B. (1981): The Customer Contact Approach to Services: Theoretical Bases and Practical Extensions, in: Operations Research, 29. Jg., Nr. 4, S. 698-706.

Chase, R. B. (1991): The Service Factory: A Future Vision, in: International Journal of Service Industry Management, 2. Jg., Nr. 3, S. 60-70.

Chase, R. B./Garvin, D. A. (1989): The Service Factory, in: Harvard Business Review, 67. Jg., Nr. 4, S. 61-69.

Chase, R. B./Tansik, D. A. (1983): The customer contact model for organization design, in: Management Science, 29. Jg., Nr. 9, S. 1037-1050.

Chase, R. B./Aquilano, N. J./Jacobs, F. R. (1998): Production and Operations Management: Manufacturing and Services, 8. Aufl., Boston u. a.

Christ, M. (1997): >>Das gesunde Klima<<, in: Erlhoff, M./Mayer, B./Manzini, E. (Hrsg.): Dienstleistung braucht Design, Neuwied u. a., S. 243-257.

Christopher, M./Payne, A./Ballantyne, D. (1991): Relationship Marketing: Bringing quality, customer service and marketing together, Oxford u. a.

Clemens, B. (1999): Strichcode-Skepsis, in: Lebensmittelzeitung, 51. Jg., LZ Spezial Nr. 1, S. 44-45.

Collier, D. A. (1983): The Service Sector Revolution: The Automation of Services, in: Long Range Planning, 16. Jg., Nr. 6, S. 10-20.

Collins, B./Payne, A. (1999): Internes Marketing: Eine neue Perspektive für das Human Resource Management, in: Payne, A./Rapp, R. (Hrsg.): Handbuch Relationship Marketing, München, S. 187-205.

Conradi, W. (1983): Personalentwicklung, Stuttgart.

Cornelsen, J. (1996): Kundenwert, Arbeitspapier Nr. 43, Nürnberg: Universität Erlangen-Nürnberg, Lehrstuhl für Marketing.

Cornelsen, J. (1998): Kundenbewertung mit Referenzwerten, Arbeitspapier Nr. 64, Nürnberg: Universität Erlangen-Nürnberg, Lehrstuhl für Marketing.

Corsten, H. (1985): Die Produktion von Dienstleistungen, Berlin.

Corsten, H. (1986): Zur Diskussion der Dienstleistungsbesonderheiten und ihre ökonomischen Auswirkungen, in: Jahrbuch der Absatz- und Verbrauchsforschung, 32. Jg., Nr. 1, S. 16-41.

Corsten, H. (1995): Externalisierung und Internalisierung als strategische Optionen von Dienstleistungsunternehmungen, in: Bruhn, M./Stauss, B. (Hrsg.): Dienstleistungsqualität: Konzepte - Methoden - Erfahrungen, 2. Aufl., Wiesbaden, S. 189-206.

Corsten, H. (1997a): Dienstleistungsmanagement, 3. Aufl., München u. a.

Corsten, H. (1997b): Integratives Dienstleistungsmanagement - Idee und Elemente, Schriften zum Produktionsmanagement Nr. 12, Kaiserslautern: Universität Kaiserslautern.

Corsten, H. (2000): Der Integrationsgrad des externen Faktors als Gestaltungsparameter in Dienstleistungsunternehmen - Voraussetzungen und Möglichkeiten der Externalisierung und Internalisierung, in: Bruhn, M./Stauss, B. (Hrsg.): Dienstleistungsqualität: Konzepte - Methoden - Erfahrungen, 3. Aufl., Wiesbaden, S. 145-168.

Crane, F. G./Clarke, T. K. (1988): The Identification of Evaluative Criteria and Cues Used in Selecting Services, in: The Journal of Services Marketing, 2. Jg., Nr. 2, S. 53-59.

Creusen, U. (1995): Das Kundenforum als Maßnahme der Personal- und Organisationsentwicklung, in: Geissler, K. (Hrsg.): Handbuch Personalentwicklung und Training, Loseblattsammlung, 27. Ergänzungslieferung von Juni 1995, Abschnitt 8.1.3.0, Köln, S. 1-12.

Creusen, U. (1999): Kundenbindung im Handel: Das Beispiel der OBI Bau- und Heimwerkermärkte, in: Bruhn, M./Homburg, C. (Hrsg.): Handbuch Kundenbindungsmanagement, 2. Aufl., Wiesbaden, S. 607-617.

Csikszentmihalyi, M. (2001): Flow: Das Geheimnis des Glücks, 9. Aufl., Stuttgart.

Czepiel, J. A./Solomon, M. R./Surprenant, C. F./Gutman, E. G. (1985): Service Encounters: An Overview, in: Czepiel, J. A./Solomon, M. R./Surprenant, C. F. (Hrsg.): The Service encounter, Lexington, S. 3-17.

Daele, B. van/Stevens, W./Looy, B. van (1998): Competencies and service organisations, in: Looy, B. van/Dierdonck, R. van/Gemmel, P. (Hrsg.): Services management, London u. a., S. 211-227.

Dahlhoff, D. (1999): Ideenzirkel für Produkt, Preis und Service, in: Horizont, 16. Jg., Nr. 18 vom 6. Mai 1999, S. 30.

Davenport, T. H. (1998): Managing Customer Knowledge, in: CIO Magazine, 1. Juni 1998, elektronisch veröffentlicht unter der URL: http://www.cio.com/archive/ 060198_think_content.html, abgerufen am 11.03.1999.

Davis, S./Botkin, J. (1994): The Coming of Knowledge-Based Business, in: Harvard Business Review, 72. Jg., Nr. 5, S. 165-170.

DB Reise&Touristik AG (2001): BahnCard Service Scheckheft, Leipzig.

Deloitte Research (1999): The Emergence of the E-Health Consumer, a health care study by Deloitte Consulting and Deloitte & Touche, ohne Ortsangabe.

Deutsche Bank (1999): Internet Banking + Broking - Nutzeranleitung 4.x, elektronisch veröffentlicht unter der URL: http://www.deutsche-bank.de/, abgerufen am 05.05.1999.

Dill, P./Hügler, G. (1997): Unternehmenskultur und Führung betriebswirtschaftlicher Organisationen - Ansatzpunkte für ein kulturbewußtes Management, in: Heinen, E./Fank, M. (Hrsg.): Unternehmenskultur, 2. Aufl., München/Wien, S. 141-209.

Diller, H. (1991): Entwicklungstrends und Forschungsfelder der Marketingorganisation, in: Marketing - ZFP, 13. Jg., Nr. 3, S. 156-163.

Diller, H. (1992): Kunde, in: Diller, H. (Hrsg.): Vahlens großes Marketing-Lexikon, München, S. 583.

Diller, H. (1994): Geschäftsbeziehungen als Gegenstand der Konsumentenforschung, in: Forschungsgruppe Konsum und Verhalten (Hrsg.): Konsumentenforschung, München, S. 201-214.

Diller, H. (1995a): Beziehungs-Marketing, in: Wirtschaftswissenschaftliches Studium WiSt, 24. Jg., Nr. 9, S. 442-447.

Diller, H. (1995b): Kundenmanagement, in: Tietz, B./Köhler, R./Zentes, J. (Hrsg.): Handwörterbuch des Marketing, 2. Aufl., Stuttgart, Sp. 1363-1376.

Diller, H. (1995c): Kundenbindung als Zielvorgabe im Beziehungs-Marketing, Arbeitspapier Nr. 40, Nürnberg: Universität Erlangen-Nürnberg, Lehrstuhl für Marketing.

Diller, H. (1996): Kundenbindung als Marketingziel, in: Marketing - ZFP, 18. Jg., Nr. 2, S. 81-94.

Diller, H. (2001): Stichwort Kundenclub, in: Diller, H. (Hrsg.): Vahlens Großes Marketinglexikon, 2. Aufl., München, S. 851-855.

Diller, H./Kusterer, M. (1988): Beziehungsmanagement, in: Marketing - ZFP, 10. Jg., Nr. 3, S. 211-220.

Diller, H./Müllner, M. (1998): Kundenbindungsmanagement, in: Meyer, A. (Hrsg.): Handbuch Dienstleistungs-Marketing, Band 2, Stuttgart, S. 1219-1240.

Diller, H./Negelmann, B. (1998): Kundenchats als innovative Kommunikationsinstrumente im Beziehungsmarketing, Arbeitspapier Nr. 67, Nürnberg: Universität Erlangen-Nürnberg, Lehrstuhl für Marketing.

Diller, H./Lücking, J./Prechtel, W. (1992): Gibt es Kundenlebenszyklen im Investitionsgütergeschäft?, Arbeitspapier Nr. 12, Nürnberg: Universität Erlangen-Nürnberg, Lehrstuhl für Marketing.

Döring, N. (1999): Sozialpsychologie des Internet, Göttingen u. a.

Domsch, M. (1998): Personal, in: Bitz, M./Dellmann, K./Domsch, M./Wagner, F. W. (Hrsg.): Vahlens Kompendium der Betriebswirtschaftslehre, Band 1, 4. Aufl., München, S. 411-473.

Domsch, M./Reinecke, P. (1982): Partizipative Personalentwicklung, in: Kossbiel, H. (Hrsg.): Personalentwicklung, Schmalenbachs Zeitschrift für betriebswirtschaftliche Forschung zfbf, Sonderheft 14, Wiesbaden, S. 64-81.

Dratva, R. (1995): Elektronische Informationsdienste: Zukunftsweisende Konzepte und prototypische Umsetzung im Bankenbereich, in: Schmid, B. (Hrsg.): Electronic Mall, Stuttgart, S. 95-179.

Drees, N./Schiller, S. (2000): Mystery-Shopping - Ein Instrument zur Überprüfung der Servicequalität, in: Absatzwirtschaft, 43. Jg., Nr. 9, S. 68-71.

Drosdowski, G./Müller, W./Scholze-Stubenrecht, W./Wermke, M. (Hrsg.) (1996): Duden, Rechtschreibung der deutschen Sprache, Band 1, 21. Aufl., Mannheim u. a.

Duchrow, M. (2000): Mit zusätzlichem Nutzen, in: Bank Magazin, 48. Jg., Nr. 11, S. 62-64.

Dwyer, F. R./Schurr, P. H./Oh, S. (1987): Developing Buyer-Seller Relationships, in: Journal of Marketing, 51. Jg., Nr. 2, S. 11-27.

Dyson, E. (1997): Release 2.0: A Design for Living in the Digital Age, New York.

Endruweit, G. (1992): Arbeitnehmer, in: Gaugler, E./Weber, W. (Hrsg.): Handwörterbuch des Personalwesens, 2. Aufl., Stuttgart, Sp. 191-202.

Engelhardt, W. H. (1990): Dienstleistungsorientiertes Marketing - Antwort auf die Herausforderung durch neue Technologien, in: Adam, C./Backhaus, K./Meffert, H./Wagner, H. (Hrsg.): Integration und Flexibilität. Eine Herausforderung für die allgemeine BWL, Wiesbaden, S. 269-288.

Engelhardt, W. H./Schnittka, M. (1998): Entwicklungstendenzen des Dienstleistungsmanagements aus Sicht der Wissenschaft, in: Bruhn, M./Meffert, H. (Hrsg.): Handbuch Dienstleistungsmanagement, Wiesbaden, S. 915-932.

Engelhardt, W. H./Schwab, W. (1982): Die Beschaffung von investiven Dienstleistungen, in: Die Betriebswirtschaft DBW, 42. Jg., Nr. 4, S. 503-513.

Engelhardt, W. H./Kleinaltenkamp, M./Reckenfelderbäumer, M. (1993): Leistungsbündel als Absatzobjekte, in: Schmalenbachs Zeitschrift für betriebswirtschaftliche Forschung zfbf, 45. Jg., Nr. 5, S. 395-426.

Engelhardt, W. H./Kleinaltenkamp, M./Reckenfelderbäumer, M. (1995): Leistungstypologien als Basis des Marketing - ein erneutes Plädoyer für die Aufhebung der Dichotomie von Sachleistungen und Dienstleistungen, in: Die Betriebswirtschaft DBW, 55. Jg., Nr. 5, S. 673-678.

Erlhoff, M. (1997): Transformationen, in: Erlhoff, M./Mayer, B./Manzini, E. (Hrsg.): Dienstleistung braucht Design, Neuwied u. a., S. 21-45.

Ernenputsch, M. A. (1986): Theoretische und Empirische Untersuchungen zum Beschaffungsprozess von konsumtiven Dienstleistungen, Bochum.

Faix, W. G./Buchwald, C./Wetzler, R. (1991): Skill-Management, Wiesbaden.

Fassott, G. (1995): Dienstleistungspolitik industrieller Unternehmen, Wiesbaden.

Fiala, P./Schmoll, A. (1999): Der Bankbesuch wird zum Erlebnis, in: Bank Magazin, 48. Jg., Nr. 12, S. 50-52.

Filipczak, B. (1991): Customer Education (some assembly required), in: Training, 28. Jg., Nr. 12, S. 31-35.

Fischer, H. P. (1996): Von der Herausforderung, das Verlernen und Umlernen zu organisieren, in: Sattelberger, T. (Hrsg.): Die lernende Organisation, 3. Aufl., Wiesbaden, S. 229-244.

Fischer, L. (1992): Rollentheorie, in: Frese, E. (Hrsg.): Handwörterbuch der Organisation, 3. Aufl., Stuttgart, Sp. 2224-2234.

Fitzsimmons, J. A./Fitzsimmons, M. J. (2001): Service Management, 3. Aufl., New York u. a.

Flammer, A./Schmid, H. (1982): Lerntests: Konzept, Realisierungen, Bewährung, in: Schweizerische Zeitschrift für Psychologie, 41. Jg., Nr. 2, S. 114-138.

Flanagan, J. C. (1954): The critical incident technique, in: Psychological Bulletin, 51. Jg., Nr. 4, S. 327-358.

Flarup, J. (1997): Personalentwicklung, in: Maess, T./Maess, K. (Hrsg.): Das Personal-Jahrbuch 1997, Neuwied u. a., S. 399-425.

Fletcher, J./Snee, H. (1985): The Need for Output Measurements in the Service Industries: A Comment, in: The Service Industries Journal, 5. Jg., Nr. 1, S. 73-78.

Fließ, S. (1996): Prozeßevidenz als Erfolgsfaktor der Kundenintegration, in: Kleinaltenkamp, M./Fließ, S./Jacob, F. (Hrsg.): Customer Integration, Wiesbaden, S. 91-103.

Flik, H. (1998): Natural Leadership im Unternehmen und Product Leadership im Markt - Integratives Marketing von GORE, in: FGM (Hrsg.): 24. Münchener Marketing-Symposium: Kunden und Mitarbeiter mobilisieren und beteiligen, Arbeitspapier Nr. 94, Lehrstuhl für Marketing, München, S. 24-34.

Flohr, B./Niederfeichtner, F. (1982): Zum gegenwärtigen Stand der Personalentwicklungsliteratur: Inhalte, Probleme und Erweiterungen, in: Kossbiel, H. (Hrsg.): Personalentwicklung, Schmalenbachs Zeitschrift für betriebswirtschaftliche Forschung zfbf, Sonderheft 14, Wiesbaden, S. 11-49.

Forgas, J. P. (1994): Soziale Interaktion und Kommunikation, 2. Aufl., Weinheim.

Fräulin, M./Eipl-Fräulin, T. (1998): Statt „da kenne ich mich nicht aus" ein „Ach, so ist das!", in: Krankenhaus-Umschau ku, 67. Jg., Nr. 1, S. 24-26.

Freiden, J. B./Goldsmith, R. E. (1989): Prepurchase Information-Seeking for Professional Services, in: The Journal of Services Marketing, 3. Jg., Nr. 1, S. 45-55.

Frese, E. (1998): Grundlagen der Organisation, 7. Aufl., Wiesbaden.

Freter, H. (1983): Marktsegmentierung, Stuttgart u. a.

Fritz, W. (2000): Internet-Marketing und Electronic Commerce, Wiesbaden.

Frost & Sullivan (1999): Interaktive Multimediakioske bleiben ein Nischenmarkt, Pressemitteilung zur Studie „Der europäische Markt für interaktive Multimediakioske", Report Nr. 3707, Frankfurt am Main.

Frost & Sullivan (2001): Der globale Markt für SmartCards, Pressemitteilung zur Studie „Frost & Sullivan's Analysis Of The Global Smart Card Market", Report Nr. 6334D3, Frankfurt am Main.

Fuchs, J. (1998): Karriere ohne Hierarchie - Wie man im 21. Jahrhundert Karriere macht, in: BDU Depesche, o. Jg., Nr. 10, S. 1-2.

Fuchs, K. (1980): Rationalisierung und Automation in Dienstleistungsunternehmen, in: Mayer, E. (Hrsg.): Management der achtziger Jahre, Wien, S. 203-224.

Ganesan, S. (1994): Determinants of Long-Term Orientation in Buyer-Seller Relationships, in: Journal of Marketing, 58. Jg., Nr. 2, S. 1-19.

Gaugler, E. (1989): Arbeitsorganisation und Mitarbeiterqualifikation beim Einsatz moderner Informations- und Kommunikationstechniken, in: Adam, D. (Hrsg.): Integration und Flexibilität, Wiesbaden, S. 181-195.

Gersuny, C./Rosengren, W. R. (1973): The service society, Cambridge.

Gerum, E./Schäfer, I./Schober, H. (1996): Empowerment - viel Lärm um nichts?, in: Wirtschaftswissenschaftliches Studium WiSt, 25. Jg., Nr. 10, S. 498-502.

Glomb, H. J. (1995): Multimedia-Akzeptanz bei Kunden, Management und Mitarbeitern, in: Silberer, G. (Hrsg.): Marketing mit Multimedia: Grundlagen, Anwendungen und Management einer neuen Technologie im Marketing, Stuttgart, S. 255-267.

Gogoll, A. (2000): Service-QFD: Quality Function Deployment im Dienstleistungsbereich, in: Bruhn, M./Stauss, B. (Hrsg.): Dienstleistungsqualität: Konzepte - Methoden - Erfahrungen, 3. Aufl., Wiesbaden, S. 363-377.

Goldstein, I. L./Gessner, M. J. (1988): Training and development in work organizations, in: Cooper, C. L./Robertson, I. (Hrsg.): International Review of Industrial and Organizational Psychology, Chichester, S. 43-72.

Goodfellow, J. H. (1983): The Marketing of Goods and Services as a Multidimensional Concept, in: The Quarterly Review of Marketing, 8. Jg., Spring, S. 19-27.

Goodwin, C. (1988): „I can do it myself:" Training the service consumer to contribute to service productivity, in: The Journal of Services Marketing, 2. Jg., Nr. 4, S. 71-78.

Gouthier, M. H. J. (1997): Dienstleister auf Personalsuche, in: Personalwirtschaft, 24. Jg., Nr. 1, S. 23-26.

Gouthier, M. H. J. (1999a): Patientenentwicklung als Erfolgsfaktor im Krankenhaus - Management der integrationsgerechten Qualifizierung von Patienten, Diskussionsbeitrag Nr. 130, Ingolstadt: Wirtschaftswissenschaftliche Fakultät Ingolstadt der Katholischen Universität Eichstätt, Lehrstuhl für Dienstleistungsmanagement.

Gouthier, M. H. J. (1999b): Kundenentwicklung im Dienstleistungsbereich, Diskussionsbeitrag Nr. 113, Ingolstadt: Wirtschaftswissenschaftliche Fakultät Ingolstadt der Katholischen Universität Eichstätt, Lehrstuhl für Dienstleistungsmanagement.

Gouthier, M. H. J. (2000): Patientenentwicklung im Krankenhaus, in: Woratschek, H. (Hrsg.): Neue Aspekte des Dienstleistungsmarketing, Wiesbaden, S. 323-358.

Gouthier, M. H. J. (2001a): Stichwort Call-Center, in: Diller, H. (Hrsg.): Vahlens Großes Marketinglexikon, 2. Aufl., München, S. 205-206.

Gouthier, M. H. J. (2001b): Patienten-Empowerment, in: Kreyher, V. J. (Hrsg.): Handbuch Gesundheits- und Medizinmarketing, Heidelberg, S. 53-82.

Gouthier, M. H. J./Schmid, S. (2001): Kunden und Kundenbeziehungen als Ressourcen von Dienstleistungsunternehmungen, in: Die Betriebswirtschaft DBW, 61. Jg., Nr. 2, S. 223-240.

Gouthier, M. H. J./Spielkamp, A. (1995): Dienstleistungsbefragungen ermöglichen neue Erkenntnisse, in: ZEW Newsletter, 4. Jg., Nr. 2, S. 26-27.

Grabmeier, J. (2001): Segmentierende und clusterbildende Methoden, in: Hippner, H./Küsters, U./Meyer, M./Wilde, K. D. (Hrsg.): Handbuch Data Mining im Marketing, Braunschweig/Wiesbaden, S. 299-361.

Grandt, M. (1999): Alptraum Kunde: was Verkäufer zum Wahnsinn treibt, Frankfurt am Main/New York.

Gremler, D. D./Brown, S. W. (1998): Worth beyond Revenue: The Full Value of a Loyal Customer, in: Scheuing, E./Brown, S. W./Edvardsson, B./Johnston, R. (Hrsg.): Pursuing Service Excellence: Practices and Insights, Warwick, S. 119-128.

Griffin, J. (1995): Customer Loyalty, San Francisco.

Grönroos, C. (1983): Innovative Marketing Strategies and Organization Structures for Service Firms, in: Berry, L. L./Shostack, G. L./Upah, G. D. (Hrsg.): Emerging Perspectives on Services Marketing, Proceedings Series, American Marketing Association, Chicago, S. 9-21.

Grönroos, C. (1990a): Service Management and Marketing, Massachusetts.

Grönroos, C. (1990b): Relationship Approach to Marketing in Service Contexts: The Marketing and Organizational Behavior Interface, in: Journal of Business Research, 20. Jg., Nr. 1, S. 3-11.

Große-Oetringhaus, W. F. (1993): Sozialkompetenz - ein neues Anspruchsniveau für die Personalpolitik, in: Schmalenbachs Zeitschrift für betriebswirtschaftliche Forschung zfbf, 45. Jg., Nr. 3, S. 270-295.

Grove, S. J./Fisk, R. P. (1997): The Impact of Other Customers on Service Experiences: A Critical Incident Examination of ‚Getting Along‘, in: Journal of Retailing, 73. Jg., Nr. 1, S. 63-85.

Gruen, T. W. (1995): The Outcome Set of Relationship Marketing in Consumer Markets, in: International Business Review, 4. Jg., Nr. 4, S. 447-469.

Grün, O. (1993): Lerntheorien und Betriebswirtschaftslehre, in: Wittmann, W./Kern, W./Köhler, R./Küpper, H.-U., Wysocki, K. von (Hrsg.): Handwörterbuch der Betriebswirtschaft, 5. Aufl., Teilband 2, Stuttgart, Sp. 2594-2608.

Gruhn, V./Jendrzey, G./Krämer, H. (2000): Kiosksysteme - ein neuer Weg zum Markt für Sparkassen, Kommunen und weitere Partner, in: Sparkasse, 117. Jg., Nr. 9, S. 417-422.

Grund, M. A. (1998): Interaktionsbeziehungen im Dienstleistungsmarketing, Wiesbaden.

Güldenberg, S. (1998): Wissensmanagement und Wissenscontrolling in lernenden Organisationen, 2. Aufl., Wiesbaden.

Günter, B. (1996): „Werter Kunde - beraten Sie uns doch öfter!“, in: Absatzwirtschaft, 39. Jg., Nr. 6, S. 96-102.

Gummesson, E. (1996): Service Management - An Evaluation and the Future, in: Edvardsson, B./Modell, S. (Hrsg.): Service Management, Stockholm, S. 249-273.

Gummesson, E./Kingman-Brundage, J. (1992): Service Design and Quality: Applying Service Blueprinting and Service Mapping to Railroad Services, in: Kunst, P./Lemmink, J. (Hrsg.): Quality Management in Services, Aasen/ Maastricht, S. 101-114.

Haedrich, G. (1998): Leitbild und Positionierung, in: Haedrich, G./Kaspar, C./Klemm, K./Kreilkamp, E. (Hrsg.): Tourismus-Management, 3. Aufl., Berlin/New York, S. 279-286.

Hägele, M./Sljivljak, N./Köhler, C. O. (2000): Multimediales Patienteninformierungssystem - der erste Schritt auf dem Weg zu CAPS (Computer Aided Patient Support), elektronisch veröffentlicht unter der URL: http://www.rzuser.uniheidelberg.de/~mhaegele/gesmed.htm, abgerufen am 08.02.2000.

Haglund, L. (1996): Researching new services, in: Edvardsson, B./Modell, S. (Hrsg.): Service Management, Stockholm, S. 81-94.

Hahn, D./Link, J. (1975): Motivationsfördernde Arbeitsfeldstrukturierung in der Industrie, in: Zeitschrift für Organisation, 44. Jg., Nr. 2, S. 65-71.

Hamann, A. (1998): Performance Improvement: Das neue Schlüsselwort im Training, in: BDU-Depesche - Informationsdienst des Bundesverbandes Deutscher Unternehmensberater BDU e. V., o. Jg., Nr. 3, S. 1-2.

Hammann, P./Erichson, B. (1994): Marktforschung, 3. Aufl., Stuttgart u. a.

Hansen, U. (1993): Verbraucher, Verbraucherverbände und Verbraucherpolitik, in: Wittmann, W./Kern, W./Köhler, R./Küpper, H.-U./Wysocki, K. von (Hrsg.): Handwörterbuch der Betriebswirtschaft, 5. Aufl., Stuttgart, Sp. 4463-4477.

Hansen, U./Hennig, T. (1995a): Der Co-Produzenten-Ansatz im Konsumgütermarketing. Darstellung und Implikationen einer Neuformulierung der Konsumentenrolle, in: Hansen, U. (Hrsg.): Verbraucher- und umweltorientiertes Marketing, Stuttgart, S. 309-331.

Hansen, U./Hennig, T. (1995b): Konsum-Kompetenz als Zielgröße eines beziehungsorientierten Konsumgütermarketing, in: Diller, H. (Hrsg.): Beziehungsmanagement, Nürnberg, S. 69-96.

Hansen, U./Hennig, T. (1996): Konsum-Kompetenz - Wie kompetent sind Ihre Kunden?, in: Absatzwirtschaft, 39. Jg., Sondernummer Oktober, S. 160-166.

Hanser, P./Schnettler, D. (2001): Mein Freund, der Avatar, in: Absatzwirtschaft, 44. Jg., Nr. 7, S. 86-89.

Hardt, P. (1996): Organisation dienstleistungsorientierter Unternehmen, Wiesbaden.

Hauschildt, J./Kirchmann, E. M. W. (1997): Arbeitsteilung im Innovationsmanagement, in: Zeitschrift Führung und Organisation zfo, 66. Jg., Nr. 2, S. 68-73.

Hauschildt, J./Schewe, G. (1997): Gatekeeper und Promotoren: Schlüsselpersonen in Innovationsprozessen in statischer und dynamischer Perspektive, in: Die Betriebswirtschaft DBW, 57. Jg., Nr. 4, S. 506-516.

Heinen, E. (1997): Unternehmenskultur als Gegenstand in der Betriebswirtschaftslehre, in: Heinen, E./Fank, M. (Hrsg.): Unternehmenskultur, 2. Aufl., München/Wien, S. 1-48.

Heinen, E./Dill, P. (1986): Unternehmenskultur - Überlegungen aus betriebswirtschaftlicher Sicht, in: Zeitschrift für Betriebswirtschaft ZfB, 56. Jg., Nr. 3, S. 202-218.

Helm, S. (2000): Wie Sie aus Ihren Kunden Verkäufer machen, in: Absatzwirtschaft, 43. Jg., Nr. 7, S. 60-65.

Hennig-Thurau, T. (1998): Konsum-Kompetenz: Eine neue Zielgröße für das Management von Geschäftsbeziehungen: theoretische Begründung und empirische Überprüfung der Relevanz für das Konsumgütermarketing, Frankfurt am Main u. a.

Hennig-Thurau, T. (1999): Steigert die Vermittlung von Konsum-Kompetenz den Erfolg des Beziehungsmarketing? Das Beispiel Consumer Electronics, in: Die Unternehmung, 53. Jg., Nr. 1, S. 21-37.

Hennig-Thurau, T./Thurau, C. (1999): Sozialkompetenz als vernachlässigter Untersuchungsgegenstand des (Dienstleistungs-)Marketing, in: Marketing ZFP, 21. Jg., Nr. 4, S. 297-311.

Henning, K./Isenhardt, I./Steinhagen de Sanchez, U./Dassen-Housen, P./Strina, G. (1997): Dienstleistung 2000plus. Qualifikationen für die Zukunft, in: Q-Magazin, o. Jg., Nr. 1/2, S. 20-25.

Hentschel, B. (1991): Beziehungsmarketing, in: das wirtschaftsstudium WISU, 20. Jg., Nr. 1, S. 25-28.

Hentschel, B. (1992): Dienstleistungsqualität aus Kundensicht, Wiesbaden.

Hentze, J. (1992): Personalwirtschaftliche Instrumente, in: Gaugler, E./Weber, W. (Hrsg.): Handwörterbuch des Personalwesens, 2. Aufl., Stuttgart, Sp. 1893-1910.

Hentze, J./Lindert, K. (1998): Motivations- und Anreizsysteme in Dienstleistungs-Unternehmen, in: Meyer, A. (Hrsg.): Handbuch Dienstleistungs-Marketing, Band 1, Stuttgart, S. 1010-1030.

Herzlinger, R. E. (1997): Market-driven health care: who wins, who loses in the transformation of America's largest service industry, Reading u. a.

Hetzler, H. W. (1992): Arbeitgeber-Arbeitnehmer-Beziehungen, in: Gaugler, E./Weber, W. (Hrsg.): Handwörterbuch des Personalwesens, 2. Aufl., Stuttgart, Sp. 100-108.

Hilke, W. (1989): Grundprobleme und Entwicklungstendenzen des Dienstleistungs-Marketing, in: Hilke, W. (Hrsg.): Dienstleistungs-Marketing, Schriften zur Unternehmensführung SzU, Band 35, Wiesbaden, S. 5-44.

Hilker, J. (2001): Marketingimplementierung - Grundlagen und Umsetzung für das Dienstleistungsmanagement, in: Bruhn, M./Meffert, H. (Hrsg.): Handbuch Dienstleistungsmanagement, 2. Aufl., Wiesbaden, S. 827-849.

Hinterhuber, H. H. (1999): Die Rolle der Kundenzufriedenheit in der strategischen Unternehmungsführung, in: Hinterhuber, H. H./Matzler, K. (Hrsg.): Kundenorientierte Unternehmensführung, Wiesbaden, S. 3-23.

Hirschman, E. C. (1980): Innovativeness, Novelty Seeking, and Consumer Creativity, in: Journal of Consumer Research, 7. Jg., Nr. 3, S. 283-295.

Höcht, G. (1999): Kundenbindung im Versandhandel: Das Beispiel Otto Versand, in: Bruhn, M./Homburg, C. (Hrsg.): Handbuch Kundenbindungsmanagement, 2. Aufl., Wiesbaden, S. 619-634.

Hoffman, K. D./Bateson, J. E. G. (1997): Essentials of Services Marketing, Fort Worth u. a.

Hofstätter, P. R. (1957): Psychologie, Frankfurt am Main.

Holling, H./Liepmann, D. (1993): Personalentwicklung, in: Schuler, H. (Hrsg.): Lehrbuch Organisationspsychologie, Bern u. a., S. 285-316.

Homburg, C./Daum, D. (1997): Die Kundenstruktur als Controlling-Herausforderung, in: Controlling, 9. Jg., Nr. 6, S. 394-405.

Homburg, C./Bruhn, M. (1999): Kundenbindungsmanagement - Eine Einführung in die theoretischen und praktischen Problemstellungen, in: Bruhn, M./Homburg, C. (Hrsg.): Handbuch Kundenbindungsmanagement, 2. Aufl., Wiesbaden, S. 3-35.

Homburg, C./Faßnacht, M. (1998a): Kundennähe, Kundenzufriedenheit und Kundenbindung bei Dienstleistungsunternehmen, in: Bruhn, M./Meffert, H. (Hrsg.): Handbuch Dienstleistungsmanagement, Wiesbaden, S. 405-428.

Homburg, C./Faßnacht, M. (1998b): Wettbewerbsstrategien von Dienstleistungs-Anbietern, in: Meyer, A. (Hrsg.): Handbuch Dienstleistungs-Marketing, Band 1, Stuttgart, S. 527-541.

Homburg, C./Schnurr, P. (1999): Was ist Kundenwert?, Arbeitspapier Nr. M41, Mannheim: Universität Mannheim, Institut für Marktorientierte Unternehmensführung.

Honebein, P. (1997): Strategies for Effective Customer Education, Chicago.

Hood, P. (1998): Who's the Boss?, in: NewMedia, 8. Jg., Nr. 11, S. 30-37.

Horváth, P. (1998): Controlling, 7. Aufl., München.

Hoyningen-Huene, G. von (1992): Arbeitsvertrag, in: Gaugler, E./Weber, W. (Hrsg.): Handwörterbuch des Personalwesens, 2. Aufl., Stuttgart, Sp. 415-428.

Hoyos, C. Graf (1980): Arbeitspsychologie, in: Hoyos, C. Graf/Kroeber-Riel, W./Rosenstil, L. von/Strümpel, B. (Hrsg.): Grundbegriffe der Wirtschaftspsychologie, München, S. 57-72.

Huber, K. H. (1992): Einführungsprogramme für neue Mitarbeiter, in: Gaugler, E./Weber, W. (Hrsg.): Handwörterbuch des Personalwesens, 2. Aufl., Stuttgart, Sp. 763-773.

Hühn, M. (2000): Der Kunde als Consultant, in: Die Bank, o. Jg., Nr. 8, S. 532-535.

Hünerberg, R./Mann, A. (2000): Online-Service, in: Bliemel, F./Fassot, G./Theobald, A. (Hrsg.): Electronic Commerce, 3. Aufl., Wiesbaden, S. 357-375.

Hünerberg, R./Mann, A. (2001): Kundenorientierung und Dialogmarketing in Dienstleistungsunternehmen, Vortragsunterlagen, 8. Dienstleistungsworkshop, 02.-03. Februar 2001, Innsbruck.

Hufeld, F./Wassiluk, M. (1997): Banken im Veränderungsprozeß, in: Duvvuri, S. A./Schäfer, T. (Hrsg.): Qualitätsmanagement-Report der Banken, Wiesbaden, S. 3-33.

Hugle, R. (1998): Zukunft der Arbeits- und Berufswelt, in: Institut der deutschen Wirtschaft Köln (Hrsg.): Wirtschaft und Unterricht, 24. Jg., Nr. 4.

Johns, N. (1999): What is this thing called service?, in: European Journal of Marketing, 33. Jg., Nr. 9/10, S. 958-973.

Johnsen, H. C. G./Knudsen, H. (1995): The Service Encounter as a Learning Process, in: Kunst, P./Lemmink, J. (Hrsg.): Managing Service Quality, London, S. 133-150.

Juran, J. M. (1993): Der neue Juran - Qualität von Anfang an, Landsberg/Lech.

Kador, F.-K. (1995): Voraussetzungen und Chancen einer modernen Personalentwicklungspolitik, in: Heidack, C. (Hrsg.): Arbeitsstrukturen im Umbruch, Festschrift für Prof. Dr. Dr. h.c. Friedrich Fürstenberg, München/Mering, S. 133-143.

Kaminski, G. (1986): Zwischenbilanz einer „psychologischen Ökologie", in: Kaminski, G. (Hrsg.): Ordnung und Variabilität im Alltagsgeschehen, Göttingen u. a., S. 9-29.

Kaminski, G. (1990): Behavior-Setting-Analyse, in: Kruse, L./Graumann, C.-F./ Lantermann, E.-D. (Hrsg.): Ökologische Psychologie, München, S. 154-159.

Katz, D./Kahn, R. L. (1966): The Social Psychology of Organizations, New York u. a.

Katz, E./Eisenstadt, S. N. (1960): Some Sociological Observations on the Response of Israeli Organizations to New Immigrants, in: Administrative Science Quarterly, 5. Jg., Nr. 1, S. 113-133.

Kelley, S. W. (1989): Efficiency in Service Delivery: Technological or Humanistic Approaches?, in: The Journal of Services Marketing, 3. Jg., Nr. 3, S. 43-50.

Kelley, S. W./Donelly, J. H. Jr./Skinner, S. J. (1990): Customer Participation in Service Production and Delivery, in: Journal of Retailing, 66. Jg., Nr. 3, S. 315-335.

Kelley, S. W./Skinner, S. J./Donelly, J. H. Jr. (1992): Organizational Socialization of Service Customers, in: Journal of Business Research, 25. Jg., Nr. 3, S. 197-214.

Kepper, G. (1994): Qualitative Marktforschung, Wiesbaden.

Kiani-Kress, R. (1998): Videothek im Sitz, in: Wirtschaftswoche, 52. Jg., Nr. 35, S. 114-115.

Kieser, A./Kubicek, H. (1992): Organisation, 3. Aufl., Berlin/NewYork.

Kießling, B./Koch, H. (1999): Kundenforum, Wiesbaden.

Kim, W. C./Mauborgne, R. (2001): Damit die Innovation kein Flop wird, in: Harvard Business manager, 23. Jg., Nr. 2, S. 86-97.

Kingman-Brundage, J. (1989): The ABC's of Service System Blueprinting, in: Bitner, M. J./Crosby, L. A. (Hrsg.): Designing a winning service strategy, Proceedings Series, American Marketing Association, Chicago, S. 30-33.

Kirkpatrick, D. L. (1975): Evaluating Training Programs, Madison.

Kirkpatrick, D. L. (Hrsg.) (1987): More Evaluating Training Programs, Alexandria.

Kirkpatrick, D. L. (1994): Evaluating Training Programs, San Francisco.

Kirsch, W./Trux, W. (1981): Perspektiven eines strategischen Managements, in: Kirsch, W. (Hrsg.): Unternehmenspolitik: Von der Zielforschung zum strategischen Management, München, S. 290-396.

Kitzmann, A./Zimmer, D. (1982): Grundlagen der Personalentwicklung, Weil der Stadt.

Klaus, P. G. (1984): Auf dem Weg zu einer Betriebswirtschaftslehre der Dienstleistungen: Der Interaktionsansatz, in: Die Betriebswirtschaft DBW, 44. Jg., Nr. 3, S. 467-475.

Kleinaltenkamp, M. (1997): Kundenintegration, in: Wirtschaftswissenschaftliches Studium WiSt, 26. Jg., Nr. 7, S. 350-354.

Kleinaltenkamp, M. (2000): Blueprinting - Grundlage des Managements von Dienstleistungsunternehmen, in: Woratschek, H. (Hrsg.): Neue Aspekte des Dienstleistungsmarketing, Wiesbaden, S. 3-28.

Klug Redman, B. (1996): Patientenschulung und -beratung, Berlin/Wiesbaden.

Knudsen, H./Johnsen, H. C. G. (1997): The Service-Encounter as a Learning-Process, in: Johnsen, H. C. G. (Hrsg.): Market Learning and Service Provision: Studies in Organisational Response to Customer Information, Agder College, Schriftenserie Nr. 17, S. 7-26.

Köhler, R. (1995): Marketing-Management, in: Tietz, B./Köhler, R./Zentes, J. (Hrsg.): Handwörterbuch des Marketing, 2. Aufl., Stuttgart, Sp. 1598-1614.

Köhler, R. (1998): Kundenorientiertes Rechnungswesen als Voraussetzung des Kundenbindungsmanagements, in: Bruhn, M./Homburg, C. (Hrsg.): Handbuch Kundenbindungsmanagements, Wiesbaden, S. 329-357.

Köhler, R. (2000): Marketingimplementierung - Was hat die deutschsprachige Marketingforschung an Erkenntniszugewinn erbracht?, in: Backhaus, K. (Hrsg.): Deutschsprachige Marketingforschung, Stuttgart, S. 253-277.

Kolks, U. (1990): Strategieimplementierung, Wiesbaden.

Kolmerer, H./Kuhn-Krainick, S. (1998): Bildungsbedarfsanalyse und Mitarbeitergespräch, in: Schwuchow, K./Gutmann, J. (Hrsg.): Jahrbuch Personalentwicklung
und Weiterbildung 1998/99, Neuwied/Kriftel, S. 139-142.

Kossbiel, H. (1994): Überlegungen zur Effizienz betrieblicher Anreizsysteme, in: Die
Betriebswirtschaft DBW, 54. Jg., Nr. 1, S. 75-93.

Kotler, P. (1999): Grundlagen des Marketing, 2. Aufl., München u. a.

Krafft, M./Albers, S. (2000): Ansätze zur Segmentierung von Kunden - Wie geeignet
sind herkömmliche Konzepte?, in: Schmalenbachs Zeitschrift für betriebswirtschaftliche Forschung zfbf, 52. Jg., Nr. 6, S. 515-536.

Krah, E.-S. (1999): Kundenforen - Kontakte knüpfen ohne Druck, in: Sales-Profi,
o. Jg., Nr. 9, S. 62-64.

Krathwohl, D. R./Bloom, B. S./Masia, B. B. (1975): Taxonomie von Lernzielen im
affektiven Bereich, Weinheim u. a.

Kreutzer, R. T. (1995): Database-Marketing, in: Tietz, B./Köhler, R./Zentes, J.
(Hrsg.): Handwörterbuch des Marketing, 2. Aufl., Stuttgart, Sp. 403-414.

Kroeber-Riel, W./Weinberg, P. (1999): Konsumentenverhalten, 7. Aufl., München.

Kruse, L. (1986): Drehbücher für Verhaltensschauplätze oder: Scripts für Settings,
in: Kaminski, G. (Hrsg.): Ordnung und Variabilität im Alltagsgeschehen, Göttingen u. a., S. 135-153.

Küpper, H.-U. (1997): Controlling, 2. Aufl., Stuttgart.

Küspert, A. (1991): Bildung und Bewertung strategischer Geschäftsfelder im Privat-
kundengeschäft einer Universalbank, München.

Küsters, U. (2001): Data Mining Methoden: Einordnung und Überblick, in: Hippner,
H./Küsters, U./Meyer, M./Wilde, K. D. (Hrsg.): Handbuch Data Mining im Marketing, Braunschweig/Wiesbaden, S. 95-130.

Küsters, U./Bell, M. (2001): Zeitreihenanalyse und Prognoseverfahren: Ein metho-
discher Überblick über klassische Ansätze, in: Hippner, H./Küsters, U./Meyer,
M./Wilde, K. D. (Hrsg.): Handbuch Data Mining im Marketing, Braunschweig/
Wiesbaden, S. 255-297.

Küsters, U./Kalinowski, C. (2001): Traditionelle Verfahren der multivariaten Statis-
tik, in: Hippner, H./Küsters, U./Meyer, M./Wilde, K. D. (Hrsg.): Handbuch Data
Mining im Marketing, Braunschweig/Wiesbaden, S. 131-192.

Kuhlmann, E. (1990): Verbraucherpolitik, München.

Kuhlmann, E. (1995): Verbraucherpolitik, in: Tietz, B./Köhler, R./Zentes, J. (Hrsg.): Handwörterbuch des Marketing, 2. Aufl., Stuttgart, Sp. 2529-2545.

Kulhavy, E. (1974): Dienstleistung, in: Tietz, B. (Hrsg.): Handwörterbuch der Absatzwirtschaft, Stuttgart, Sp. 455-459.

Laib, P. (1998): Grundlegende strategische Entscheidungen von Dienstleistungs-Anbietern, in: Meyer, A. (Hrsg.): Handbuch Dienstleistungs-Marketing, Band 1, Stuttgart, S. 509-526.

Lamnek, S. (1998): Gruppendiskussion, Weinheim.

Lang, U. (1997): Kundenschulung als Marketing-Instrument, Diplomarbeit an der Wirtschaftswissenschaftlichen Fakultät Ingolstadt der Katholischen Universität Eichstätt, Ingolstadt.

Lange, M. (2000): Informationspflichten von Finanzdienstleistern, Berlin.

Langeard, E. (1981): Grundfragen des Dienstleistungsmarketing, in: Marketing ZFP, 3. Jg., Nr. 4, S. 233-240.

Laux, H./Liermann, F. (1997): Grundlagen der Organisation, 4. Aufl., Berlin u. a.

Lefton, M. (1970): Client Characteristics and Structural Outcomes: Toward the Specification of Linkages, in: Rosengren, W. R./Lefton, M. (Hrsg.): Organizations and Clients, Columbus, S. 17-36.

Lehmann, A. P. (1989): Dienstleistungsmanagement zwischen industriell-orientierter Produktion und zwischenmenschlicher Interaktion, St. Gallen.

Lehmann, A. P. (1998a): Dienstleistungsbeziehungen zwischen Kunde und Unternehmen, in: Bruhn, M./Meffert, H. (Hrsg.): Handbuch Dienstleistungsmanagement, Wiesbaden, S. 827-842.

Lehmann, A. P. (1998b): Qualität und Produktivität im Dienstleistungsmanagement, Wiesbaden.

Lehtinen, J. R. (1986): Quality Oriented Services Marketing, Tampere.

Lengnick-Hall, C. A. (1996): Customer contributions to quality: a different view of the customer-oriented firm, in: Academy of Management Review, 21. Jg., Nr. 3, S. 791-824.

Leonard, D./Rayport, J. F. (1998): Innovative Produkte durch empathische Kundenbeobachtung, in: Harvard Business manager, 20. Jg., Nr. 3, S. 68-78.

Licht, G./Hipp, C./Kukuk, M./Münt, G. (1997): Innovationen im Dienstleistungssektor, Baden-Baden.

Liechty, M. G./Churchill, G. A. Jr. (1979): Conceptual Insights into Consumer Satisfaction with Services, in: Beckwith, N./Houston, M./Mittelstaedt, R./Monroe, K. B./Ward, S. (Hrsg.): Educators' Conference Proceedings, American Marketing Association, Chicago, S. 509-515.

Lingnau, V. (1998): Geschichte des Controllings, in: Wirtschaftswissenschaftliches Studium WiSt, 27. Jg., Nr. 6, S. 274-281.

Link, J. (1995): Welche Kunden rechnen sich?, in: Absatzwirtschaft, 38. Jg., Nr. 10, S. 108-110.

Link, J./Hildebrand, V. G. (1995): Mit IT immer näher zum Kunden, in: Harvard Business manager, 17. Jg., Nr. 3, S. 30-39.

Link, J./Gerth, N./Voßbeck, E. (2000): Marketing-Controlling, München.

Lovelock, C. H. (1983): Classifying Services to Gain Strategic Marketing Insights, in: Journal of Marketing, 47. Jg., Nr. 3, S. 9-20.

Lovelock, C. H. (1996): Services Marketing, 3. Aufl., Upper Saddle River.

Lovelock, C. H. (2001): Services Marketing, 4. Aufl., Upper Saddle River.

Lusch, R. F./Brown, S. W./Brunswick, G. J. (1992): A General Framework for Explaining Internal vs. External Exchange, in: Journal of the Academy of Marketing Science, 20. Jg., Nr. 2, S. 119-134.

Mai, C. (2001): Step by Step zum One to One, in: Bankmagazin, 49. Jg., Nr. 6, S. 44-45.

Maier, K.-D./Wolfrum, U. (1998): Aufbauorganisation von Dienstleistungs-Unternehmen, in: Meyer, A. (Hrsg.): Handbuch Dienstleistungs-Marketing, Band 1, Stuttgart, S. 361-375.

Maier, M. (2000): Die Rolle des Kunden als Co-Produzent und Co-Designer bei der Dirket Anlage Bank AG, Vortragsunterlagen, Konferenz „Erfolgsfaktor Dienstleistung - Innovation und Wachstum", Workshop „Dienstleistungs-Qualität", 26. Januar 2000, München.

Maleri, R. (1997): Grundlagen der Dienstleistungsproduktion, 4. Aufl., Berlin u. a.

Malik, F. (2001): Management - Die Kunst der Wirksamkeit, in: BDU Depesche, o. Jg., Nr. 4, S. 1-2.

Mann, A. (1998): Erfolgsfaktor Service, Wiesbaden.

Marchetti, K. J. (1992): Nine Ways to Add Value to Your Customer Seminars, in: Bank Marketing, 24. Jg., Nr. 11, S. 36-38.

Marr, R./Stitzel, M. (1979): Personalwirtschaft, München.

Martin, C. R., Jr./Horne, D. A. (1993): Services Innovation: Successful versus Unsuccessful Firms, in: International Journal of Service Industry Management, 4. Jg., Nr. 1, S. 49-65.

Martin, C. L./Pranter, C. A. (1989): Compatibility Management: Customer-to-Customer Relationships in Service Environments, in: The Journal of Services Marketing, 3. Jg., Nr. 3, S. 5-15.

Mäschle, W. (2000): Schulung: Nicht immer umsonst, in: das wirtschaftsstudium WISU, 29. Jg., Nr. 10, S. 1252.

Matthes, K. (1993): Customer Education: HR´s New Approach to Better Service, in: HRfocus, 70. Jg., Nr. 3, S. 1 und S. 6-7.

McCarthy, S. (1995): Don't Miss This Exciting Opportunity: Customer Education, in: Telephony, Sonderausgabe: Customer Care Special Supplement vom 6. November 1995, S. 8.

McDougall, G. H. G./Snetsinger, D. W. (1990): The Intangibility of Services: Measurement and Competitive Perspectives, in: The Journal of Services Marketing, 4. Jg., Nr. 4, S. 27-40.

McGregor, D. (1960): The Human Side of Enterprise, New York u. a.

McGuire, E. P. (1973): The Consumer Affairs Department: Organization and Functions, New York.

McKenna, R. (1991): Relationship Marketing, Reading u. a.

Meer, C. G. (1984): Customer education, Chicago.

Meffert, H. (1992): Marketingforschung und Käuferverhalten, 2. Aufl., Wiesbaden.

Meffert, H. (1994): Marktorientierte Führung von Dienstleistungsunternehmen - neuere Entwicklungen in Theorie und Praxis, in: Die Betriebswirtschaft DBW, 54. Jg., Nr. 4, S. 519-541.

Meffert, H. (1995): Entgegnung zum Beitrag von W. H. Engelhardt/M. Kleinaltenkamp und M. Reckenfelderbäumer >>Leistungstypologien als Basis des Marketing - ein erneutes Plädoyer für die Aufhebung der Dichotomie von Sachleistungen und Dienstleistungen<<, in: Die Betriebswirtschaft DBW, 55. Jg., Nr. 5, S. 678-682.

Meffert, H. (1998): Dienstleistungsphilosophie und -kultur, in: Meyer, A. (Hrsg.): Handbuch Dienstleistungs-Marketing, Band 1, Stuttgart, S. 121-138.

Meffert, H. (1999a): Marketing - Entwicklungstendenzen und Zukunftsperspektiven, in: Die Unternehmung, 53. Jg., Nr. 6, S. 409-432.

Meffert, H. (1999b): Kundenbindung als Element moderner Wettbewerbsstrategien, in: Bruhn, M./Homburg, C. (Hrsg.): Handbuch Kundenbindungsmanagement, 2. Aufl., Wiesbaden, S. 115-133.

Meffert, H. (2000): Marketing: Grundlagen marktorientierter Unternehmensführung: Konzepte - Instrumente - Praxisbeispiele, 9. Aufl., Wiesbaden.

Meffert, H./Birkelbach, R. (2000): Qualitätsmanagement in Dienstleistungszentren - Konzeptionelle Grundlagen und typenspezifische Ausgestaltung, in: Bruhn, M./Stauss, B. (Hrsg.): Dienstleistungsqualität: Konzepte - Methoden - Erfahrungen, 3. Aufl., Wiesbaden, S. 169-199.

Meffert, H./Bruhn, M. (1997): Dienstleistungsmarketing, 2. Aufl., Wiesbaden.

Meffert, H./Bruhn, M. (2000): Dienstleistungsmarketing, 3. Aufl., Wiesbaden.

Meinig, W. (1995): Lebenszyklen, in: Tietz, B./Köhler, R./Zentes, J. (Hrsg.): Handwörterbuch des Marketing, 2. Aufl., Stuttgart, Sp. 1392-1405.

Mengen, A. (1993): Konzeptgestaltung von Dienstleistungsprodukten, Stuttgart.

Mentzel, W. (1997): Unternehmenssicherung durch Personalentwicklung, 7. Aufl., Freiburg im Breisgau.

Meyer, A. (1987): Die Automatisierung und Veredelung von Dienstleistungen - Auswege aus der dienstleistungsinhärenten Produktivitätsschwäche, in: Jahrbuch der Absatz- und Verbrauchsforschung, 33. Jg., Nr. 1, S. 25-46.

Meyer, A. (1991): Dienstleistungs-Marketing, in: Die Betriebswirtschaft, 51. Jg., Nr. 2, S. 195-209.

Meyer, A. (1994): Dienstleistungsmarketing, 6. Aufl., München.

Meyer, A. (1998a): Kommunikationspolitik von Dienstleistungs-Anbietern: Bedeutung und Gestaltungsbereiche, in: Meyer, A. (Hrsg.): Handbuch Dienstleistungs-Marketing, Band 1, Stuttgart, S. 1065-1093.

Meyer, A. (1998b): Grußwort des Tagungsleiters, in: FGM (Hrsg.): 24. Münchener Marketing-Symposium: Kunden und Mitarbeiter mobilisieren und beteiligen, Arbeitspapier Nr. 94, Lehrstuhl für Marketing, München, S. 1-7.

Meyer, A./Blümelhuber, C. (1997): Marketing orientiert sich zuwenig am Kunden, in: Belz, C. (Hrsg.): Marketingtransfer: Kompetenz für Marketing-Innovationen, Schrift 5, St. Gallen, S. 58-74.

Meyer, A./Blümelhuber, C. (1998): Leistungsziele - Orientierungsgröße, Effektivitäts- und Effizienzmaßstab für Management und Mitarbeiter, in: Meyer, A. (Hrsg.): Handbuch Dienstleistungs-Marketing, Band 1, Stuttgart, S. 174-199.

Meyer, A./Davidson, J. H. (2001): Offensives Marketing, Freiburg im Breisgau.

Meyer, A./Mattmüller, R. (1987): Qualität von Dienstleistungen. Entwurf eines praxisorientierten Qualitätsmodells, in: Marketing ZFP, 9. Jg., Nr. 3, S. 187-195.

Meyer, A./Streich, K. (1998): Preispolitik für Dienstleistungen, in: Meyer, A. (Hrsg.): Handbuch Dienstleistungs-Marketing, Band 1, Stuttgart, S. 846-865.

Meyer, A./Westerbarkey, P. (1995): Bedeutung der Kundenbeteiligung für die Qualitätspolitik von Dienstleistungsunternehmen, in: Bruhn, M./Stauss, B. (Hrsg.): Dienstleistungsqualität: Konzepte - Methoden - Erfahrungen, 2. Aufl., Wiesbaden, S. 81-103.

Miles, R./Snow, C. C. (1990): Organizational Strategy, Structure and Process, New York.

Miller, D. C./Form, W. H. (1951): Industrial Sociology, New York.

Mills, P. K. (1986): Managing service industries, Cambridge.

Mills, P. K./Morris, J. H. (1986): Clients as „Partial" Employees of Service Organizations: Role Development in Client Participation, in: Academy of Management Review, 11. Jg., Nr. 4, S. 726-735.

Mills, P. K./Chase, R. B./Margulies, N. (1983): Motivating the Client/Employee System as a Service Production Strategy, in: Academy of Management Review, 8. Jg., Nr. 2, S. 301-310.

Mittal, B./Lassar, W. M. (1996): The Role of Personalization in Service Encounters, in: Journal of Retailing, 72. Jg., Nr. 1, S. 95-109.

Moore, M. L./Dutton, P. (1978): Training Needs Analysis: Review and Critique, in: Academy of Management Review, 3. Jg., Nr. 3, S. 532-545.

Morrison, E. W. (1996): Organizational Citizenship Behavior as a Critical Link between HRM Practices and Service Quality, in: Human Resource Management, 35. Jg., Nr. 4, S. 493-512.

Müller, S. (1999): Integration von Kunden- und Mitarbeiterorientierung, in: Bruhn, M. (Hrsg.): Internes Marketing: Integration der Kunden- und Mitarbeiterorientierung, 2. Aufl., Wiesbaden, S. 331-364.

Musahl, H.-P. (1999): Lernen, in: Graf Hoyos, C./Frey, D. (Hrsg.): Arbeits- und Organisationspsychologie, Weinheim, S. 328-343.

Muthig, K.-P. (1999): Kognitive Prozesse: Aufnahme und Verarbeitung von Informationen, in: Graf Hoyos, C./Frey, D. (Hrsg.): Arbeits- und Organisationspsychologie, Weinheim, S. 251-264.

Nerdinger, F. W. (1994): Zur Psychologie der Dienstleistung, Stuttgart.

Nerdinger, F. W. (1995): Motivation und Handeln in Organisationen, Stuttgart.

Nerdinger, F. W. (1999): Dienstleistung, in: Graf Hoyos, C./Frey, D. (Hrsg.): Arbeits- und Organisationspsychologie, Weinheim, S. 137-147.

NetValue Deutschland GmbH (2001): Deutschland ist attraktivster Markt für Internetbanking, Pressemitteilung vom 08. März 2001 zur NetValue-Studie über die weltweite Nutzung von Finanz Websites, Eschborn bei Frankfurt am Main.

Neuberger, O. (1994): Personalentwicklung, 2. Aufl., Stuttgart.

Neuhaus, P. (1996): Interne Kunden-Lieferanten-Beziehungen, Wiesbaden.

Nieschlag, R./Dichtl, E./Hörschgen, H. (1991): Marketing, 16. Aufl., Berlin.

Nieschlag, R./Dichtl, E./Hörschgen, H. (1994): Marketing, 17. Aufl., Berlin.

Noel, J. L./Ulrich, D./Mercer, S. R. (1990): Customer Education: A New Frontier for Human Resource Development, in: Human Resource Management, 29. Jg., Nr. 4, S. 411-434.

Nötzel, R. (1979): Kunde, in: Falk, B./Wolf, J. (Hrsg.): Handlexikon für Handel und Absatz, München, S. 392-393.

Normann, R. (1987): Dienstleistungsunternehmen, Hamburg u. a.

Nyquist, J. D./Bitner, M. J./Booms, B. H. (1985): Identifying Communication Difficulties in the Service Encounter: A Critical Incident Approach, in: Czepiel, J. A./Solomon, M. R./Surprenant, C. F. (Hrsg.): The Service encounter, Lexington, S. 195-212.

Oechsler, W. A. (1997): Personal und Arbeit, 6. Aufl., München u. a.

Oechsler, W. A./Strohmeier, S. (1993): Widersprüche und Probleme von theoretischen Ansätzen zur Personalentwicklung, in: Laske, S./Gorbach, S. (Hrsg.): Spannungsfeld Personalentwicklung, Wiesbaden, S. 75-91.

Oelsnitz, D. von der (1999): Marktorientierter Unternehmenswandel, Wiesbaden.

Oevretveit, J. (1999): Integrated Quality Development for Professional Services, in: Edvardsson, B./Gustafsson, A. (Hrsg.): Nordic School of Quality Management, Lund, S. 393-412.

o. V. (1997): Customer education, in: American Printer, 219. Jg., Nr. 4, S. 12.

o. V. (1998): Educational inspiration, in: American Printer, 220. Jg., Nr. 5, S. 33.

o. V. (1999a): Sweet and Sour, in: Spiegel Online, o. Jg., Nr. 19 vom 14. Mai 1999, elektronisch veröffentlicht unter der URL: http://www.spiegel.de/netzwelt/ ebusiness/0,1518,22225,00.html.

o. V. (1999b): Besuch vom Schwarzen Peter, in: Der Handel, o. Jg., Nr. 2, S. 28-30.

o. V. (1999c): Flachbildschirme in der U-Bahn, in: Horizont, 16. Jg., Nr. 32, S. 8.

o. V. (1999d): S-Bahn-TV erobert bald den Berliner Untergrund, in: Horizont, 16. Jg., Nr. 3, S. 17.

o. V. (2000): Surfer-Service: Wunsch-BMW per Mausclick, in: Horizont, 17. Jg., Nr. 8, S. 90.

o. V. (2001a): E-Learning legt zu, in: Absatzwirtschaft, 44. Jg., Nr. 3, S. 140.

o. V. (2001b): Online-Abschluss bei der Versicherungskammer Bayern, in: AssCompact, o. Jg., Nr. 2, S. 20.

o. V. (2001c): Advance Bank eröffnet Investment-Center in Berlin, in: Geldinstitute, 32. Jg., Nr. 6, S. 5.

o. V. (2001d): Kunden als Werbehelfer, in: Absatzwirtschaft, 44. Jg., Nr. 7, S. 23.

Okoniewski, U. (1999): Business Excellence für Krankenkassen, Stuttgart u. a.

Ossadnik, W. (1998): Controlling, 2. Aufl., München/Wien.

Ostrom, A. L./Roundtree, R. I. (1998): Factors influencing Consumers' Performance of Co-Production Service Roles, in: Scheuing, E./Brown, S. W./Edvardsson, B./Johnston, R. (Hrsg.): Pursuing Service Excellence: Practices and Insights, Warwick, S. 13-20.

Papesch, G. (1999): Konzeptionelle Gestaltung eines Informationssystems zur Kundenstrukturanalyse und Sortimentsanalyse in kleinen und mittleren Unternehmen, Augsburg.

Parasuraman, A./Varadarajan, P. (1988): Future Strategic Emphases in Service Versus Goods Businesses, in: The Journal of Services Marketing, 2. Jg., Nr. 4, S. 57-66.

Parsons, T. (1960): Structure and Process in Modern Societies, New York.

Parsons, T. (1970): How Are Clients Integrated in Service Organizations?, in: Rosengren, W. R./Lefton, M. (Hrsg.): Organizations and Clients: Essays in the Sociology of Service, Columbus, S. 1-16.

Paschen, M. (1998): Competencies - Konkret und praxisnah, in: consult - Kunden-zeitschrift der Kienbaum und Partner GmbH, o. Jg., Nr. 3, S. 4-7.

Paul, M./Reckenfelderbäumer, M. (1998): Preisbildung und Kostenrechnung bei Dienstleistungen auf der Basis neuerer Kostenrechnungsverfahren, in: Bruhn, M./Meffert, H. (Hrsg.): Handbuch Dienstleistungsmanagement, Wiesbaden, S. 633-664.

Pawlowsky, P./Bäumer, J. (1995): Konzepte betrieblicher Weiterbildungsstrategien, in: Heidack, C. (Hrsg.): Arbeitsstrukturen im Umbruch, Festschrift für Prof. Dr. Dr. h.c. Friedrich Fürstenberg, München/Mering, S. 145-161.

Payne, A./Rapp, R. (1999): Relationship Marketing: Ein ganzheitliches Verständnis von Marketing, in: Payne, A./Rapp, R. (Hrsg.): Handbuch Relationship Marke-ting, München, S. 3-16.

Petermann, F. (Hrsg.) (1997a): Patientenschulung und Patientenberatung, 2. Aufl., Göttingen u. a.

Petermann, F. (1997b): Patientenschulung und Patientenberatung - Ziele, Grundla-gen und Perspektiven, in: Petermann, F. (Hrsg.): Patientenschulung und Pati-entenberatung, 2. Aufl., Göttingen u. a., S. 3-21.

Peters, T. J. (1998): Der Innovationskreis, Düsseldorf/München.

Petersen, T. (1989): Optimale Anreizsysteme, Wiesbaden.

Pfeifer, W. (1997): Etymologisches Wörterbuch des Deutschen, 3. Aufl., München.

Phillips, L./Sternthal, B. (1977): Age Differences in Information Processing, in: Journal of Marketing Research, 14. Jg., S. 444-457.

Pichler, S. (1998): Die Vertriebsstrategie der Deutschen Lufthansa AG - Wie Bran-chengrenzen überwunden und Wertschöpfungsketten neu gestaltet werden können, in: FGM (Hrsg.): 24. Münchener Marketing-Symposium: Kunden und Mitarbeiter mobilisieren und beteiligen, Arbeitspapier Nr. 94, Lehrstuhl für Mar-keting, München, S. 43-56.

Picot, A./Dietl, H./Franck, E. (1997): Organisation, Stuttgart.

Pine, B. J./Gilmore, J. H. (1999): Willkommen in der Erlebnisökonomie, in: Harvard Business manager, 21. Jg., Nr. 1, S. 56-64.

Planer, D. (1995): ABC-Analyse, in: Wirtschaftswissenschaftliches Studium WiSt, 24. Jg., Nr. 7, S. 382-385.

Plinke, W. (1998): Effizienz und Effektivität im Management von Geschäftsbeziehungen auf industriellen Märkten, in: Büschken, J./Meyer, M./Weiber, R. (Hrsg.): Entwicklungen des Investitionsgütermarketing, Wiesbaden, S. 179-199.

Poddig, T./Sidorovitch, I. (2001): Künstliche Neuronale Netze: Überblick, Einsatzmöglichkeiten und Anwendungsprobleme, in: Hippner, H./Küsters, U./Meyer, M./Wilde, K. D. (Hrsg.): Handbuch Data Mining im Marketing, Braunschweig/ Wiesbaden, S. 363-402.

Prahalad, C. K./Ramaswamy, V. (2000): Co-opting Customer Competence, in: Harvard Business Review, 78. Jg., Nr. 1, S. 79-87.

Pranter, C. A./Martin, C. L. (1991): Compatibility Management: Roles in Service Performers, in: The Journal of Services Marketing, 5. Jg., Nr. 2, S. 43-53.

Probst, G. J. B./Raub, S. P./Romhardt, K. (1997): Wissen managen, 1. Aufl., Frankfurt am Main u. a.

Quinn, J. B./Gagnon, C. E. (1987): Die Dienstleistungen werden automatisiert, in: Harvard Manager, 9. Jg., Nr. 2, S. 74-81.

Raffée, H. (1989): Gegenstand, Methoden und Konzepte der Betriebswirtschaftslehre, in: Baetge, J./Bitz, M. (Hrsg.): Vahlens Kompendium der Betriebswirtschaftslehre, Band 1, 2. Aufl., München, S. 1-46.

Raffée, H./Fritz, W./Wiedmann, K.-P. (1994): Marketing für öffentliche Betriebe, Stuttgart.

Rafiq, M./Ahmed, P. K. (1992): The Limits of Internal Marketing, in: Lemmink, J./Kunst, P. (Hrsg.): 2nd Workshop on Quality Management in Services, Proceedings, Maastricht, S. 184-198.

Rafiq, M./Ahmed, P. K. (2000): Advances in the internal marketing concept: definition, synthesis and extension, in: The Journal of Services Marketing, 14. Jg., Nr. 6, S. 449-462.

Rapp, R./Guth, S. (1999): Data Mining Anwendungen im Relationship Marketing, in: Payne, A./Rapp, R. (Hrsg.): Handbuch Relationship Marketing, München, S. 245-260.

Ratzek, W. (1996): Die multimediale Gesellschaft: Entertainment als Attraktor, in: NfD - Zeitschrift für Informationswissenschaft und -praxis, 47. Jg., Nr. 1, S. 33-38.

Reckenfelderbäumer, M. (1995): Marketing-Accounting im Dienstleistungsbereich: Konzeption eines prozeßkostengestützten Instrumentariums, Wiesbaden.

Reckenfelderbäumer, M. (1998): Marktorientiertes Kosten-Management von Dienstleistungs-Unternehmen, in: Meyer, A. (Hrsg.): Handbuch Dienstleistungs-Marketing, Band 1, Stuttgart, S. 394-418.

Reichardt, I. (1996): „Verlerne das Alte oder: Wer nicht mit der Zeit geht, geht mit der Zeit", in: Office Management, 44. Jg., Nr. 10, S. 64-65.

Reimann, E. (2000): Kiosksysteme brauchen Könner, in: Geldinstitute, 31. Jg., Nr. 3-4, S. 34-36.

Reischauer, C. (1997): Plötzlich fröhlich, in: Wirtschaftswoche, 51. Jg., Nr. 44, S. 219-220.

Riekhof, H.-C. (1992): Strategieorientierte Personalentwicklung, in: Riekhof, H.-C. (Hrsg.): Strategien der Personalentwicklung, 3. Aufl., Wiesbaden, S. 49-75.

Ringlstetter, M. (1997): Organisation von Unternehmen und Unternehmensverbindungen, München/Wien.

Ringlstetter, M./Kniehl, A. (1995): Professionalisierung als Leitidee eines Humanressourcen-Managements, in: Wächter, H./Metz, T. (Hrsg.): Professionalisierte Personalarbeit?, München/Mering, S. 139-161.

Ritzer, G. (1995): Die McDonaldisierung der Gesellschaft, Frankfurt am Main.

Rogers, E. M. (1983): Diffusion of innovations, 3. Aufl., New York u. a.

Roleff, R. (2001): Marketing für die Marktforschung, Wiesbaden.

Roleff, R./Wimmer, F. (1999): Marktforschungskonstellationen in der Konsumgüterindustrie - Eine Typologie der Beziehungen zwischen Marktforschung und Marketing, Arbeitspapier Nr. 120, Bamberg: Otto-Friedrich-Universität Bamberg, Lehrstuhl für BWL, insbesondere Absatzwirtschaft.

Rosemeier, H. P. (1987): Verhaltensänderung durch Lernprozesse, in: Rosemeier, H.P. (Hrsg.): Medizinische Psychologie, 3. Aufl., Stuttgart, S. 61-78.

Rosenberger, G. (2000): Messung der Dienstleistungsqualität durch die Stiftung Warentest, in: Bruhn, M./Stauss, B. (Hrsg.): Dienstleistungsqualität: Konzepte - Methoden - Erfahrungen, 3. Aufl., Wiesbaden, S. 341-359.

Rosenstiel, L. von/Neumann, P. (1998): Psychologische Grundlagen des Dienstleistungs-Marketing, in: Meyer, A. (Hrsg.): Handbuch Dienstleistungs-Marketing, Band 1, Stuttgart, S. 33-46.

Rother, G. (1996): Personalentwicklung und strategisches Management, Wiesbaden.

Rüdenauer, M. R. A. (1988): Kundenschulungen, Köln.

Rushton, A. M./Carson, D. J. (1989): The Marketing of Services: Managing the Intangibles, in: European Journal of Marketing, 23. Jg., Nr. 8, S. 23-44.

Sattelberger, T. (1989): Personalentwicklung als strategischer Erfolgsfaktor, in: Sattelberger, T. (Hrsg.): Innovative Personalentwicklung, Wiesbaden, S. 15-37.

Sattelberger, T. (1998): Humanressourcen-Politik in virtuellen Organisationen, in: Schwuchow, K./Gutmann, J. (Hrsg.): Jahrbuch Personalentwicklung und Weiterbildung 1998/99, Neuwied/Kriftel, S. 9-15.

Schäfer, H. (1999): Dauerhafte Geschäftsbeziehungen, Finanzdienstleistungen und Kundenbindungsstrategien, in: Bank-Archiv, 47. Jg., Nr. 1, S. 15-25.

Schäfer, W. (1996): Wirtschaftswörterbuch, Band 1: Englisch-Deutsch, 5. Aufl., München.

Schanz, G. (1992a): Arbeitsverhalten, in: Gaugler, E./Weber, W. (Hrsg.): Handwörterbuch des Personalwesens, 2. Aufl., Stuttgart, Sp. 405-415.

Schanz, G. (1992b): Verhaltenswissenschaftliche Aspekte der Personalentwicklung, in: Riekhof, H.-C. (Hrsg.): Strategien der Personalentwicklung, 3. Aufl., Wiesbaden, S. 3-21.

Schanz, G. (1993): Personalwirtschaftslehre, 2. Aufl., München.

Schein, E. H. (1980): Organisationspsychologie, Wiesbaden.

Schelten, A. (1995): Grundlagen der Arbeitspädagogik, 3. Aufl., Stuttgart.

Scheuch, F. (1979): Ein verhaltenstheoretischer Ansatz für Diensteangebote im Fremdenverkehr: Organisatorische und programmpolitische Konsequenzen, in: Journal für Betriebswirtschaft, 29. Jg., Nr. 1, S. 2-22.

Scheuch, F. (1982): Dienstleistungsmarketing, München.

Schmalen, H. (1999): Grundlagen und Probleme der Betriebswirtschaft, 11. Aufl., Köln.

Schmidt, C. (1996): Personalmanagement-Konzept für Dienstleistungsunternehmungen, München/Mering.

Schmidt, L.R./Dlugosch, G.E. (1997): Psychologische Grundlagen der Patientenschulung und Patientenberatung, in: Petermann, F. (Hrsg.): Patientenschulung und Patientenberatung, 2. Aufl., Göttingen u. a., S. 23-51.

Schneider, B./Bowen, D. E. (1995): Winning the Service Game, Boston.

Schneider, B./Schechter, D. (1991): Development of a Personnel Selection System for Service Jobs, in: Brown, S./Gummesson, E./Edvardsson, B./Gustavsson, B. (Hrsg.): Service Quality, Lexington, S. 217-235.

Schneider, D. (1998): Oberziele von Dienstleistungs-Anbietern, in: Meyer, A. (Hrsg.): Handbuch Dienstleistungs-Marketing, Band 1, Stuttgart, S. 163-173.

Scholz, C. (1988): Management der Unternehmenskultur, in: Harvard Manager, 10. Jg., Nr. 1, S. 81-91.

Scholz, C. (1995): Strategische Personalentwicklung (Überblick), in: Scholz, C./Djarrahzadeh, M. (Hrsg.): Strategisches Personalmanagement, Stuttgart, S. 231-245.

Scholz, C. (2000): Personalmanagement, 5. Aufl., München.

Schreier, J. (1998): Integrierte Medizin im vernetzten System unter einem Dach: Das EURO-MED-CLINIC-System für die Medizin der Zukunft, in: Meyer, A. (Hrsg.): Handbuch Dienstleistungs-Marketing, Band 2, Stuttgart, S. 1808-1811.

Schreyögg, G. (1993): Organisationskultur, in: das wirtschaftsstudium WISU, 22. Jg., Nr. 4, S. 313-322.

Schreyögg, G./Steinmann, H. (1985): Strategische Kontrolle, in: Schmalenbachs Zeitschrift für betriebswirtschaftliche Forschung zfbf, 37. Jg., Nr. 5, S. 391-410.

Schrick, K. (2000): Management von Dienstleistungsqualität im Call Center der Advance Bank, in: Bruhn, M./Stauss, B. (Hrsg.): Dienstleistungsqualität: Konzepte - Methoden - Erfahrungen, 3. Aufl., Wiesbaden, S. 461-486.

Schrick, K./Weinlich, B. (2001): Customer Relationship Management im Communication Center der Advance Bank, in: Wilde, K. (Hrsg.): eCRM 2001, Düsseldorf, S. 61-64.

Schröder, G. A./Schweizer, T. (1999): Anreizsysteme als Steuerungsinstrument in Sparkassen, in: Schmalenbachs Zeitschrift für betriebswirtschaftliche Forschung zfbf, 51. Jg., Nr. 6, S. 608-622.

Schüller, A. (1967): Dienstleistungsmärkte in der Bundesrepublik Deutschland, Köln/Opladen.

Schuler, H./Funke, U. (1993): Diagnose beruflicher Eignung und Leistung, in: Schuler, H. (Hrsg.): Lehrbuch Organisationspsychologie, Bern u. a., S. 235-283.

Schulz, B. (1995): Kundenpotentialanalyse im Kundenstamm von Unternehmen, Frankfurt am Main u. a.

Schulze, H. S. (1992): Internes Marketing von Dienstleistungsunternehmungen, Frankfurt am Main u. a.

Schwetje, T. (1999): Kundenzufriedenheit und Arbeitszufriedenheit bei Dienstleistungen, Wiesbaden.

Seibold, H.-J. (1998): Infotainment für die Aktionäre, in: Office Management, 46. Jg., Nr. 7, S. 28-29.

Seidenschwarz, W./Gleich, R. (1998): Controlling und Marketing als Schwesterfunktionen, in: Reinecke, S./Tomczak, T./Dittrich, S. (Hrsg.): Marketingcontrolling, St. Gallen, S. 258-272.

Shair, D. (2000): Find, close skill gaps with competence manager, in: HRMagazine, 45. Jg., Nr. 5, S. 172-178, elektronisch veröffentlicht in: ProQuest ABI/Inform, abgerufen am 14.03.2001.

Shostack, G. L. (1982): How to Design a Service, in: European Journal of Marketing, 16. Jg., Nr. 1, S. 49-63.

Shostack, G. L. (1984): Designing services that deliver, in: Harvard Business Review, 62. Jg., Nr. 1, S. 133-139.

Shostack, G. L. (1985): Planning the Service Encounter, in: Czepiel, J. A./Solomon, M. R./Surprenant, C. F. (Hrsg.): The Service encounter, Lexington, S. 243-253.

Shostack, G. L. (1987): Service Positioning Through Structural Change, in: Journal of Marketing, 51. Jg., Nr. 1, S. 34-43.

Silpakit, P./Fisk, R. P. (1985): „Participatizing" the service encounter: A theoretical framework, in: Bloch, T. M./Upah, G. D./Zeithaml, V. A. (Hrsg.): Services marketing in a changing environment, Proceedings series, American Marketing Association, S. 117-121.

Simon, H. (1988): Management strategischer Wettbewerbsvorteile, in: Zeitschrift für Betriebswirtschaft ZfB, 58. Jg., Nr. 4, S. 461-480.

Simon, H. (1992): Preismanagement, 2. Aufl., Würzburg.

Simon, H./Tacke, G. (1996): Lernen von Kunden und Konkurrenz, in: Sattelberger, T. (Hrsg.): Die lernende Organisation, 3. Aufl., Wiesbaden, S. 167-181.

Simon, H. A. (1981): Entscheidungsverhalten in Organisationen, 3. Aufl., Landsberg am Lech.

Slywotzky, A. J. (2000): The Age of the Choiceboards, in: Harvard Business Review, 78. Jg., Nr. 1, S. 40-41.

Solomon, M. R./Surprenant, C./Czepiel, J. A./Gutman, E. G. (1985): A Role Theory Perspective on Dyadic Interactions: The Service Encounter, in: Journal of Marketing, 49. Jg., Nr. 1, S. 99-111.

Sondermann, J. P. (1994): Instrumente des Total Quality Managements: Ein Überblick, in: Stauss, B. (Hrsg.): Qualitätsmanagement und Zertifizierung, Wiesbaden, S. 223-253.

Sonntag, K. (1996): Personalentwicklung und Qualifikation, in: von Rosenstiel, L./Hockel, M./Molt, W. (Hrsg.): Handbuch der Angewandten Psychologie, Landsberg, S. 1-19.

Sonntag, K. (1999a): Personalentwicklung - ein Feld psychologischer Forschung und Gestaltung, in: Sonntag, K. (Hrsg.): Personalentwicklung in Organisationen, 2. Aufl., Göttingen u. a., S. 15-29.

Sonntag, K. (1999b): Ermittlung tätigkeitsbezogener Merkmale: Qualifikationsanforderungen und Voraussetzungen menschlicher Aufgabenbewältigung, in: Sonntag, K. (Hrsg.): Personalentwicklung in Organisationen, 2. Aufl., Göttingen u. a., S. 157-179.

Sonntag, K./Schaper, N. (1999): Förderung beruflicher Handlungskompetenz, in: Sonntag, K. (Hrsg.): Personalentwicklung in Organisationen, 2. Aufl., Göttingen u. a., S. 211-244.

Spencer, L. M. Jr./Spencer, S. M. (1993): Competence at Work, New York u. a.

Stadtwerke Hannover (1999): Selbstablesen, elektronisch veröffentlicht unter der URL: http://www.stadtwerke.de/privatkunden/selbstablesen, abgerufen am 05.05.1999.

Staffelbach, B. (1988): Strategisches Marketing von Dienstleistungen, in: Marketing ZFP, 10. Jg., Nr. 4, S. 277-284.

Staehle, W. H. (1994): Management, 7. Aufl., München.

Stahl, H. K. (1996): Beziehungskompetenz, in: Hinterhuber, H. H./Al-Ani, A./ Handlbauer, G. (Hrsg.): Das Neue Strategische Management, Wiesbaden, S. 217-244.

Stahl, H. K. (1999): Kundenloyalität kritisch betrachtet, in: Hinterhuber, H. H./ Matzler, K. (Hrsg.): Kundenorientierte Unternehmensführung, Wiesbaden, S. 41-59.

Stark, W. (1996): Empowerment, Freiburg im Breisgau.

Statistisches Bundesamt (1990): Zum Datenangebot über Dienstleistungen in der Bundesstatistik, 3. Aufl., Wiesbaden.

Staudt, E. (2000): Neues am Markt - Dienstleistung und die Defizite des Innovationsmanagements, in: Karriereführer Special Informationstechnologie, 2. Jg., Nr. 1, S. 136-138.

Staudte, W. (1998a): Scanning 2 - Auf eigene Rechnung, in: Der Handel, o. Jg., Nr. 1, S. 46-47.

Staudte, W. (1998b): Electronic Banking - Rasantes Wachstum, in: Der Handel, o. Jg., Nr. 6, S. 72-73.

Stauss, B. (1982): Verbraucherbegriff und Verbraucherpolitik, in: Wirtschaftswissenschaftliches Studium WiSt, 11. Jg., Nr. 3, S. 114-118.

Stauss, B. (1989): Beschwerdepolitik als Instrument des Dienstleistungsmarketing, in: Jahrbuch der Absatz- und Verbrauchsforschung, 35. Jg., Nr. 1, S. 41-62.

Stauss, B. (1991a): Dienstleister und die vierte Dimension, in: Harvard Manager, 13. Jg., Nr. 2, S. 81-89.

Stauss, B. (1991b): Augenblicke der Wahrheit, in: Absatzwirtschaft, 22. Jg., Nr. 6, S. 96-105.

Stauss, B. (1992a): Verbraucherpolitik, in: Diller, H. (Hrsg.): Vahlens Großes Marketinglexikon, München, S. 1194-1197.

Stauss, B. (1992b): Dienstleistungsmarketing und Dienstleistungsmanagement, in: Die Betriebswirtschaft DBW, 52. Jg., Nr. 5, S. 675-689.

Stauss, B. (1994): Der Einsatz der <<Critical Incident Technique>> im Dienstleistungsmarketing, in: Tomczak, T./Belz, C. (Hrsg.): Kundennähe realisieren, St. Gallen, S. 233-250.

Stauss, B. (1995): Kundenprozeßorientiertes Qualitätsmanagement im Dienstleistungsbereich, in: Preßmar, D. B. (Hrsg.): Total Quality Management II, Schriften zur Unternehmensführung SzU, Wiesbaden, S. 25-50.

Stauss, B. (1996a): Dienstleistungen als Faktoren, in: Kern, W./Schröder, H.-H./Weber, J. (Hrsg.): Handwörterbuch der Produktionswirtschaft, 2. Aufl., Stuttgart, Sp. 318-327.

Stauss, B. (1996b): Marketing: Monolog und Dialog - Zur Gleichzeitigkeit unterschiedlicher Kommunikationsformen des Marketing, in: Hansen, U. (Hrsg.): Marketing im gesellschaftlichen Dialog, Frankfurt am Main, S. 205-223.

Stauss, B. (1997): Global Word of Mouth, in: Marketing Management, 6. Jg., Nr. 3, S. 28-30.

Stauss, B. (1998): Beschwerdemanagement, in: Meyer, A. (Hrsg.): Handbuch Dienstleistungs-Marketing, Band 2, Stuttgart, S. 1255-1271.

Stauss, B. (1999a): Management interkultureller Dienstleistungskontakte, in: Kutschker, M. (Hrsg.): Perspektiven der internationalen Wirtschaft, Wiesbaden, S. 269-304.

Stauss, B. (1999b): Kundenbindung durch Beschwerdemanagement, in: Bruhn, M./Homburg, C. (Hrsg.): Handbuch Kundenbindungsmanagement, 2. Aufl., Wiesbaden, S. 213-235.

Stauss, B. (1999c): Kundenzufriedenheit, in: Marketing ZFP, 21. Jg., Nr. 1, S. 5-24.

Stauss, B. (2000a): „Augenblicke der Wahrheit" in der Dienstleistungserstellung - Ihre Relevanz und ihre Messung mit Hilfe der Kontaktpunkt-Analyse, in: Bruhn, M./Stauss, B. (Hrsg.): Dienstleistungsqualität: Konzepte - Methoden - Erfahrungen, 3. Aufl., Wiesbaden, S. 321-340.

Stauss, B. (2000b): Internes Marketing als personalorientierte Qualitätspolitik, in: Bruhn, M./Stauss, B. (Hrsg.): Dienstleistungsqualität: Konzepte - Methoden - Erfahrungen, 3. Aufl., Wiesbaden, S. 203-222.

Stauss, B. (2000c): Using New Media for Customer Interaction: A Challenge for Relationship Marketing, in: Hennig-Thurau, T./Hansen, U. (Hrsg.): Relationship Marketing, Berlin u. a., S. 233-253.

Stauss, B. (2000d): Perspektivenwandel: Vom Produkt-Lebenszyklus zum Kundenbeziehungs-Lebenszyklus, in: Thexis, 17. Jg., Nr. 2, S. 15-18.

Stauss, B. (2000e): Servicekosten, in: Fischer, T. M. (Hrsg.): Kostencontrolling, Stuttgart, S. 429-452.

Stauss, B./Hentschel, B. (1991): Dienstleistungsqualität, in: Wirtschaftswissenschaftliches Studium WiSt, 20. Jg., Nr. 5, S. 238-244.

Stauss, B./Hentschel, B. (1992): Messung von Kundenzufriedenheit, in: Marktforschung & Management, 36. Jg., Nr. 3, S. 115-122.

Stauss, B./Hoffmann, F. (1999): Business Television als Instrument der Mitarbeiterkommunikation, in: Bruhn, M. (Hrsg.): Internes Marketing, 2. Aufl., Wiesbaden, S. 365-387.

Stauss, B./Mang, P. (1999): „Culture shocks" in inter-cultural service encounters?, in: The Journal of Services Marketing, 13. Jg., Nr. 4/5, S. 329-346.

Stauss, B./Seidel, W. (1998a): Prozessuale Zufriedenheitsermittlung und Zufriedenheitsdynamik bei Dienstleistungen, in: Simon, H./Homburg, C. (Hrsg.): Kundenzufriedenheit, 3. Aufl., Wiesbaden, S. 201-224.

Stauss, B./Seidel, W. (1998b): Beschwerdemanagement: Fehler vermeiden - Leistung verbessern - Kunden binden, 2. Aufl., München/Wien.

Stauss, B./Weinlich, B. (1996): Die Sequentielle Ereignismethode – ein Instrument der prozeßorientierten Messung von Dienstleistungsqualität, in: der markt, 35. Jg., Nr. 1, S. 49-58.

Steiger, P. (1995): Die Akzeptanzprüfung bei Multimedia-Anwendungen, in: Silberer, G. (Hrsg.): Marketing mit Multimedia: Grundlagen, Anwendungen und Management einer neuen Technologie im Marketing, Stuttgart, S. 269-308.

Steiner, G. (1992): Lerntheorien, in: Gaugler, E./Weber, W. (Hrsg.): Handwörterbuch des Personalwesens, 2. Aufl., Stuttgart, Sp. 1264-1274.

Storbacka, K. (1993): Customer Relationship Profitability in Retail Banking, Research Report No. 29, Swedish School of Economics and Business Administration, Helsinki.

Stuhlmann, S. (1999): Die Bedeutung des externen Faktors in der Dienstleistungsproduktion, in: Corsten, H./Schneider, H. (Hrsg.): Wettbewerbsfaktor Dienstleistung, München, S. 23-58.

Swartz, T. A./Bowen, D. E./Brown, S. W. (1992): Fifteen years after breaking free: services then, now and beyond, in: Swartz, T. A./Bowen, D. E./Brown, S. W. (Hrsg.): Advances in Services Marketing and Management, 1. Jg., Greenwich/London, S. 1-21.

Thierau-Brunner, H./Stangel-Meseke, M./Wottawa, H. (1999): Evaluation von Personalentwicklungsmaßnahmen, in: Sonntag, K. (Hrsg.): Personalentwicklung in Organisationen, 2. Aufl., Göttingen u. a., S. 261-286.

Thiesler, E. (2001): „Mitglieder-und-mehr"-Kundenbindungsprogramm: Die Zukunft für Volksbanken und Raiffeisenbanken liegt im Relationship-Banking, in: Bank-Archiv, 49. Jg., Nr. 3, S. 203-209.

Thom, N. (1987): Personalentwicklung als Instrument der Unternehmungsführung, Stuttgart.

Thom, N. (1999): Personalmanagement - Entwicklungstendenzen und Zukunftsperspektiven, in: Die Unternehmung, 53. Jg., Nr. 6, S. 433-447.

Thompson, J. D. (1962): Organizations and Output Transactions, in: The American Journal of Sociology, 68. Jg., o. Nr., S. 309-324.

Toffler, A. (1980): Die Zukunftschance, München.

Tomczak, T. (1994): Relationship-Marketing - Grundzüge eines Modells zum Management von Kundenbeziehungen, in: Tomczak, T./Belz, C. (Hrsg.): Kundennähe realisieren, St. Gallen, S. 193-215.

Tomczak, T./Reinecke, S./Finsterwalder, J. (2000): Kundenausgrenzung: Umgang mit unerwünschten Dienstleistungskunden, in: Bruhn, M./Stauss, B. (Hrsg.): Dienstleistungsmanagement Jahrbuch 2000, Wiesbaden, S. 399-421.

Trommsdorff, V. (1998): Konsumentenverhalten, 3. Aufl., Stuttgart u. a.

Ulrich, P./Fluri, E. (1988): Management, 5. Aufl., Bern/Stuttgart.

Van Dyne, L./LePine, J.A. (1998): Helping and Voice Extra-Role Behaviors: Evidence of Construct and Predictive Validity, in: Academy of Management Journal, 41. Jg., Nr. 1, S. 108-119.

Vincent, L. (1999): Substance in cyberspace, in: Bank Marketing, 31. Jg., Nr. 4, S. 24-25, elektronisch veröffentlicht in: ProQuest ABI/Inform, abgerufen am 02.03.2001.

Wackman, D. B./Salmon, C. T./Salmon, C. C. (1987): Developing an Advertising Agency-Client Relationship, in: Journal of Advertising Research, 26. Jg., Dezember 1986/January 1987, S. 21-28.

Wagner, R. (2000): Symbiose von Internet- und klassischem Banking, in: Sparkasse, 117. Jg., Nr. 9, S. 423-425.

Waldrop, J. (1991): Educating the Customer, in: American Demographics, 13. Jg., September, S. 44-47.

Webb, B. W. (1994): Educating Customers to Build Image & Census, in: Nursing Homes, 43. Jg., Nr. 9, S. 18-21.

Webb, D. (2000): Understanding customer role and its importance in the formation of service quality expectations, in: The Service Industries Journal, 20. Jg., Nr. 1, S. 1-21, elektronisch veröffentlicht in: ProQuest ABI/Inform, abgerufen am 02.03.2001.

Weber, J. (1999): Einführung in das Controlling, 8. Aufl., Stuttgart.

Weber, W./Klein, H. (1992): Strategische Personalplanung, in: Gaugler, E./Weber, W. (Hrsg.): Handwörterbuch des Personalwesens, 2. Aufl., Stuttgart, Sp. 2142-2154.

Weber, W./Mayrhofer, W./Nienhüser, W. (1993): Grundbegriffe der Personalwirtschaft, Stuttgart.

Weinberg, P. (1999): Verhaltenswissenschaftliche Aspekte der Kundenbindung, in: Bruhn, M./Homburg, C. (Hrsg.): Handbuch Kundenbindungsmanagement, 2. Aufl., Wiesbaden, S. 39-53.

Welbourne, T.M./Johnson, D.E./Erez, A. (1998): The Role-Based Performance Scale: Validity Analysis of a Theory-Based Measure, in: Academy of Management Journal, 41. Jg., Nr. 5, S. 540-555.

Wener, R. E. (1985): The Environmental Psychology of Service Encounters, in: Czepiel, J. A./Solomon, M. R./Surprenant, C. F. (Hrsg.): The Service encounter, Lexington, S. 101-112.

Wernerfelt, B. (1996): Efficient Marketing Communication: Helping the Customer Learn, in: Journal of Marketing Research, 33. Jg., Mai, S. 239-246.

Wiedmann, K.-P./Kreutzer, R. (1989): Strategische Marketingplanung - Ein Überblick, in: Raffée, H./Wiedmann, K.-P. (Hrsg.): Strategisches Marketing, 2. Aufl., Stuttgart, S. 61-141.

Wilde, K. D. (2001): Data Warehouse, OLAP und Data Mining im Marketing - Moderne Informationstechnologien im Zusammenspiel, in: Hippner, H./Küsters, U./Meyer, M./Wilde, K. D. (Hrsg.): Handbuch Data Mining im Marketing, Braunschweig/Wiesbaden, S. 1-19.

Wilde, K. D./Hippner, H. (1998a): Database Marketing in Dienstleistungs-Unternehmen, in: Meyer, A. (Hrsg.): Handbuch Dienstleistungs-Marketing, Band 1, Stuttgart, S. 319-347.

Wilde, K. D./Hippner, H. (1998b): Database Marketing - Vom Ad-Hoc-Direktmarketing zum kundenspezifischen Marketing-Mix, in: Marktforschung & Management M&M, 42. Jg., Nr. 1, S. 6-10.

Wildemann, H. (2000): Das Management intelligenter Technologien als Kernkompetenz, in: Frankfurter Allgemeine Zeitung FAZ, o. Jg., Nr. 49 vom 28.02.2000, S. 35.

Wirtz, B. W. (2000): Electronic Business, Wiesbaden.

Wiswede, G. (1995): Einführung in die Wirtschaftspsychologie, 2. Aufl., München/Basel.

Wohlgemuth, A. C. (1989): Führung im Dienstleistungsbereich - Interaktionsintensität und Produktionsstandardisierung als Basis einer neuen Typologie, in: Zeitschrift Führung und Organisation zfo, 58. Jg., Nr. 5, S. 339-345.

Wohlgemuth, A. C. (1998): Organisatorische Gestaltung von Dienstleistungsunternehmen, in: Bruhn, M./Meffert, H. (Hrsg.): Handbuch Dienstleistungsmanagement, Wiesbaden, S. 779-799.

Zabava Ford, W. S. (1995): Evaluation of the Indirect Influence of Courteous Service on Customer Discretionary Behavior, in: Human Communication Research, 22. Jg., Nr. 1, S. 65-89.

Zeithaml, V. A. (1981): How Consumer Evaluation Processes Differ Between Goods and Services, in: Donnelly, J. H./George, W. R. (Hrsg.): Marketing of Services, Chicago, S. 186-190.

Zeithaml, V. A./Bitner, M. J. (2000): Services Marketing, 2. Aufl., Boston u. a.

Zeithaml, V. A./Berry, L. L./Parasuraman, A. (2000): Kommunikations- und Kontrollprozesse bei der Erstellung von Dienstleistungsqualität, in: Bruhn, M./Stauss, B. (Hrsg.): Dienstleistungsqualität: Konzepte - Methoden - Erfahrungen, 3. Aufl., Wiesbaden, S. 115-144.

Zentes, J. (1998): Marketing, in: Bitz, M./Dellmann, K./Domsch, M./Wagner, F. W. (Hrsg.): Vahlens Kompendium der Betriebswirtschaftslehre, Band 1, 4. Aufl., München, S. 329-409.

Zilahi-Szabó, M. G. (1993): Controlling in Dienstleistungsbetrieben, in: Controlling, 5. Jg., Nr. 2, S. 74-80.

Zollner, G. (1995): Kundennähe in Dienstleistungsunternehmen, Wiesbaden.